潍坊年鉴

WEIFANG YEARBOOK

2014

潍 坊 市 人 民 政 府　　主办
潍坊市地方史志办公室　　编

方志出版社
Publishing House of Local Records

图书在版编目（CIP）数据

潍坊年鉴. 2014 / 潍坊市地方史志办公室编. — 北京：方志出版社，2014. 12
ISBN 978-7-5144-1462-2

Ⅰ. ①潍… Ⅱ. ①潍… Ⅲ. ①潍坊市－2014－年鉴 Ⅳ. ①Z525. 23

中国版本图书馆CIP数据核字（2014）第274146号

潍坊年鉴（2014）

编　　者：	潍坊市地方史志办公室
责任编辑：	梅中英
出 版 人：	冀祥德
出 版 者：	方志出版社
	地址　北京市东朝阳区潘家园东里 9 号(国家方志馆 4 层)
	邮编　100021
	网址　http: //www. fzph.org
发　　行：	方志出版社发行中心
	电话(010)67110500
经　　销：	各地新华书店
印　　刷：	山东水文印务有限公司
开　　本：	889×1194　　1/16
印　　张：	24.625 印张
字　　数：	959 千字
版　　次：	2014 年 12 月第 1 版　　2014 年 12 月第 1 次印刷
印　　数：	0001～3000 册

ISBN 978-7-5144-1462-2/K·1198　　**定价：** 300. 00 元

潍坊市地方史志编纂委员会

《潍坊年鉴》2014卷编审人员

编 辑 说 明

一、《潍坊年鉴》是在中共潍坊市委领导下，由潍坊市人民政府主办，潍坊市地方史志办公室编纂的地方性、综合性、资料性工具书。该书旨在全面、系统、翔实、客观地记述潍坊市政治、经济、文化、社会等各方面的新成就、新特点、新情况，为各行各业提供咨询服务，为各级领导科学决策提供可靠依据，同时也为国内外朋友全面了解潍坊提供方便。

二、《潍坊年鉴》2014卷系创刊以来的第20卷，主要内容的记述时限原则上为2013年1月1日至12月31日。为反映事物的全貌，给读者以完整印象，部分资料适当上溯或下延。

三、本卷《潍坊年鉴》采取分类编辑法。全书设27个类目，即特载、大事记、全市概况、中共潍坊市委、潍坊市人民代表大会、潍坊市人民政府、政协潍坊市委员会、中共潍坊市纪律检查委员会、民主党派 工商联 人民团体、人民武装、法治、经济监督管理、农业、工业、交通 邮政 通信、建设 环保、商贸 旅游、中小企业和民营经济、财政 税务、金融、教育、科学、文化 卫生 体育、社会生活、县市区、开发区、人物。记述形式分类目、分目、条目3个层次，条目为主要信息载体和基本撰写形式，年鉴多数内容在条目中记载。

四、全书的资料大部分由潍坊市各县（市、区）和潍坊市直各部门提供，主要统计数字以市统计局公布的统计资料为准，有些使用了有关业务部门、单位的数据。为使年鉴资料准确无误、真实可靠，各供稿单位所供稿件均经该单位领导审核。各撰稿人在相应的条目后署名，以示负责。

五、本卷《潍坊年鉴》的编辑出版，是在各级各部门领导的关怀和支持下，经过广大年鉴工作者通力合作、辛勤劳动所取得的丰硕成果。在此，谨向关心和支持年鉴编辑工作的单位和个人表示衷心的感谢。

六、《潍坊年鉴》内容涉及各行各业，面广量大，再加我们水平有限，错误与疏漏在所难免，敬请广大读者给予指正，以使《潍坊年鉴》的质量不断提高。

市委书记杜昌文（左二）到滨海区调研华创机器人项目

市委副书记、市长刘曙光（左三）到基层调研

第 31 届潍坊国际风筝会

第 31 届潍坊国际风筝会于 2014 年 4 月 19 日至 4 月 27 日举行。本届风筝会由国家体育总局、国际风筝联合会、潍坊市人民政府共同主办，举办了风筝、文化、招商 3 大板块计 15 项重点活动。世界风筝锦标赛和夜光风筝邀请赛共有来自国内外的 100 余支高水平风筝代表队参赛。国内分区选拔赛共选拔出的 50 多支代表队参加第 10 届世界风筝锦标赛。潍坊风筝大赛共有 91 支代表队、1098 只风筝参赛，并首次移师潍坊滨海区人工沙滩举办。潍坊蓝黄“两区”建设重点项目推介会签约合同项目 19 个，合同利用市外资金 92.8 亿元，协议项目 13 个，协议利用市外资金 79.6 亿元。2014 外交使节潍坊行对接会有越南、老挝、美国、德国、法国、韩国等的 30 多位外交使节到潍坊实地考察，在有关领域达成了合作意向。2014 会展经济转型发展（潍坊）高峰论坛，突出“创新、转型、发展”主题，国家体育总局副局长、国际风联主席冯建中，中国会展经济研究会会长袁再青等领导和专家，从理论与实践的结合上作了精彩演讲。

浮烟山风筝放飞场

开幕式

第 20 届鲁台经贸洽谈会

第 20 届鲁台经贸洽谈会由国务院台办和山东省人民政府共同主办，2014 年 9 月 1 日至 4 日在潍坊市举行。本届会议以“两岸一家亲、鲁台共发展”为主题，共举办两岸产业合作齐鲁峰会、海峡两岸博览会、百名台商滨海行、齐鲁台湾城两岸共建恳谈会、中国食品谷合作对接会等 4 大板块 11 项活动。会议期间，潍坊市达成台资合同、协议、意向项目 33 个，总投资额 19.1 亿美元，其中台方投资额 17.72 亿美元。海峡两岸博览会，展出面积达 5 万平方米，参展企业、单位 491 家，参展台商 500 多人，吸引来自北京、上海、天津、辽宁、江苏、浙江等地的 15.3 万人次到会，实现现场交易额 8.9 亿元人民币，签订意向交易额 23.6 亿元人民币。会议期间，中央电视台《新闻联播》等各级媒体共刊发鲁台会重点报道 500 余篇，500 多家网站转载报道 4500 余篇次。

① 省委书记姜异康会见台湾知名人士和重要台商
② 国台办主任张志军，中国国民党荣誉副主席詹春柏，省委常委、统战部部长颜世元，副省长夏耕，市委书记杜昌文、市长刘曙光等参观海峡两岸博览会
③ 国台办主任张志军为齐鲁台湾城“海峡两岸交流基地”授牌
④ 开幕式暨两岸产业合作齐鲁峰会
⑤ 省委常委、统战部部长颜世元，副省长夏耕陪同国台办主任张志军参观海峡两岸博览会
⑥ 参加展会的台湾少数民族

宣传工作

——正确引导舆论，弘扬社会主义核心价值观

市委宣传部认真贯彻中央和省市委各项决策部署，宣传弘扬社会主义核心价值观，大力实施“四德工程”建设，巩固壮大主流思想舆论，深化文化体制改革，丰富群众精神文化生活，为实现更高层次新发展、建设富裕文明新潍坊提供了有力的思想保证、舆论支持、精神动力和文化条件。

2013 年，全市重点调度的投资过千万元的文化产业项目 263 个，国家级文化产业示范基地 4 家，省级文化产业示范园区 1 家，省级文化产业示范基地 9 家，文化产业发展步伐加快。2014 年 4 月，成功举办第四届中国画节•第七届文展会，参观总人数 45. 1 万人次，交易额达 10. 38 亿元，参观人数和交易额创历史新高；以筹办十艺节为契机，完善公共文化服务体系，潍坊、诸城荣膺首批省级公共文化服务体系示范区（示范县），潍水文化生态保护实验区建设扎实推进，全市新增国家级、省级重点文物保护单位 99 处；以创建全国文明城市为抓手，统筹城乡精神文明建设，全市城市文明程度指数和未成年人思想道德建设测评成绩分别位居全国同类城市第 1 名。

① 5天共有45万人次的客人参观中国画节展厅
② 全市党委政府新闻发言人培训班
③ 高端展品吸引来自各地的客人参观
④ 靓丽鸢都

工业兴市 创新强市

2013年，全市规模以上工业企业达到4201家，实现主营业务收入12180亿元，实现利税1025.2亿元，利润675.1亿元，完成工业用电量305.6亿千瓦时。潍坊市被确定为全省唯一的国家首批循环经济示范创建城市、国家首批信息消费试点市、国家首批基于云计算的电子政务公共平台建设和应用试点示范地区。

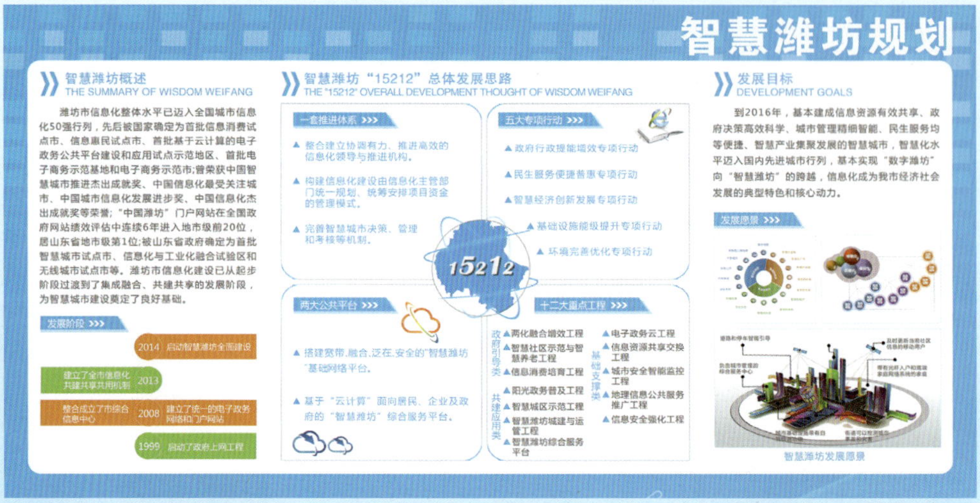

①
②
③
⑤ ④

① 智慧潍坊规划
② 智慧政务（电子政务）
③ 智慧经济（农业和两化）
④ 潍坊工业展览馆门口
⑤ 山东迈赫自动化装备公司焊装生产线

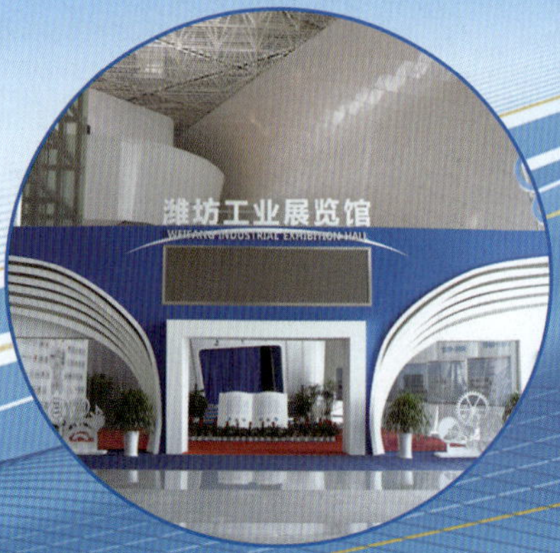

城市建设日新月异

2013 年，全市建筑业一级资质企业达到 43 家，年产值过 40 亿元的企业达到 3 家，其中，昌大建设集团达到 51.4 亿元。2014 年上半年，全市建筑业发展态势良好，资质以上建筑企业完成产值 326.7 亿元，实现建筑业税收 23.3 亿元，同比增长 68.4%，高于全省平均水平 34.73 个百分点。2013 年，全市共创出国家优质工程 3 项、泰山杯 13 项，位居全省前列。

白浪河畔

鲁台会展中心

文化艺术中心

城市风光

城市综合体

风筝广场

河畔家园

虞舜公园

构筑大交通，实现大发展

“中国好人”宋丰升荣获2013年感动交通年度人物

2013 年，全市交通建设完成投资 83.8 亿元，新建改建农村公路 2923.6 公里，全市公路通车里程达 2.52 万公里，公路密度每百平方公里 156.3 公里。全市农村公路完成路面工程 2870 个、2923.6 公里，全市 9039 个行政村全部实现通油路，通油路率达到 100%。

市域铁路网全长 443.78 公里，有胶济、胶新、大莱龙、益羊、青临 5 条铁路，路网密度每百平方公里 3.7 公里。

潍坊港连续开通至烟台、大连、京唐、盘锦和营口 5 条集装箱航线，为黄三角地区目前唯一运营集装箱业务的港口。

全市公路运输完成客运量 2.35 亿人次、旅客周转量 114.46 亿人公里，货运量 2.46 亿吨、货物周转量 3787.4 亿吨公里；潍坊机场完成旅客吞吐量 13.4 万人次、货邮吞吐量 1.7 万吨；潍坊港完成货物吞吐量 2331.92 万吨，创历史新高；水路运输货运量、货物周转量累计完成 1366.6 万吨、105 亿吨公里。

① ②
③ ④

① 4月3日，潍坊市政府与山东高速集团、国家开发银行山东省分行签订合作建设开发潍坊港协议
② 8月2日，潍坊市首批40台新能源空调车上线运营
③ 地方铁路益羊铁路改线工程已于2013年10月份全面完成路基、桥涵工作，进入全面铺轨阶段
④ 潍坊机场

潍坊首座互通立交桥——开元立交桥，于2013年10月1日竣工通车

攻坚克难 重点突破
让全市人民共享水利改革发展成果

饮水安全工程建设。2013年，完成投资10.97亿元，至年底规模化集中供水工程达到70处，集中供水覆盖人口94.6%，全市9325个村庄的680万人实现饮水安全，提前两年完成国家提出的饮水安全目标。

构建现代水网体系。完成了列入2013年中小河流治理国家规划的安丘汶河等河流治理项目的建设任务。南水北调配套工程寿光供水单元、滨海供水单元完成年度建设任务。列入国家规划的青州弥河拦河闸除险加固工程开工建设。寿光羊口防潮堤完成主体工程建设，建成防潮堤7公里，建设挡潮闸1座。

农田水利建设。完成了寿光、安丘等9个小农水重点县年度建设任务，省级绩效考评获优秀等次。全市农田水利基本建设共完成投资34.1亿元，建成“旱能浇、涝能排”高标准农田40.65万亩。

水生态文明建设。治理水土流失面积191平方公里，有效防止了自然因素造成的水土流失。青州弥河等6处景区被评为山东省水利风景区。开展了“三八六”环保行动河道生态修复和自备井整治战役，水生态建设取得明显成效。

高密农村饮水安全工程现场

青州花卉利用高效喷灌节水

寿光南水北调配套工程施工图

国家级水利工程规范化管理单位高崖水库管理局

青州水土保持工程

山东省胶东调水局潍坊分局

2009年4月15日，山东省水利厅厅长杜昌文、潍坊市委副书记崔建平检查胶东调水工程昌邑明渠段

2010年7月18日，国家发改委农经司司长高俊才调研昌邑段输水河

2010年7月9日，国调办主任张基尧视察胶东调水工程王耨泵站

2013年4月18日，山东省水利厅厅长王艺华、潍坊市副市长孙起生视察胶东调水工程昌邑明渠段

2011年10月21日，国调办副主任于幼军视察昌邑段输水河

胶东调水工程是山东省“T”型调水大动脉的重要组成部分，输水线路总长482公里，其中潍坊段全长118.4公里，途径寿光、寒亭、昌邑、高密4个市（区）、20个乡镇、137个自然村。辖段建有宋庄、王耨两座大型泵站，倒虹及穿输水河倒虹67座，各类涵闸34座，公路桥、生产桥129座。自工程建成通水以来，共引水39.91亿立方米。

践行党的群众路线
建设人民满意的服务型民政

养老服务体系建设

2013 年，新建社区日间照料中心 150 处、农村幸福院 280 处，免费为 1000 户居家养老困难家庭实施了无障碍设施改造，全年新增养老床位 9600 张。全市登记注册社会养老服务机构 64 家。

优抚安置工作

为 8961 户义务兵家庭发放优待金 11156 万元。完成了 2012 年冬季退役士兵 4012 人的接收安置任务。调整了部分优抚对象抚恤和生活补助标准，发放抚恤定补金 23215.5 万元。

社会救助工作

中心城区城市低保标准提高到每人每月 450 元；中心城区和诸城市、寿光市农村低保标准提高到每人每年 2700 元，其他县市提高到每人每年 2400 元。五保集中和分散供养标准分别提高到每人每年 4800 元和 3600 元。

城乡社区和基层民主政治建设

新建及改扩建城乡社区综合服务中心 112 处，城市社区综合服务设施覆盖率 97%。

社会组织管理服务

全市社会组织总数达到 2734 家，其中社会团体 1186 家，民办非企业单位 1548 家。

福利和慈善事

为 1.8 万名 80 周岁以上老年人发放了高龄津贴，保障了 939 名社会散居和 289 名集中供养孤儿基本生活。全市福利彩票发行量达 12 亿元。全市募集慈善款物 1.2 亿元，新增基金 2.8 亿元，救助困难群众 8 万多人次。

2013年4月3日-4日，民政部监察局局长肖登峰，中国殡葬协会会长戚学森到潍坊调研，将潍坊工作总结为“潍坊经验”

2013年5月21日，省民政厅原厅长孙建功到潍坊考察基层民政能力建设情况

2013年5月27日，民政部原副部长戴均良到潍坊考察调研民政工作

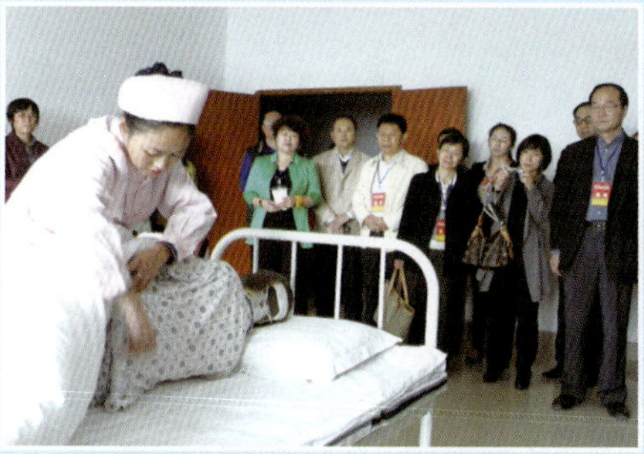

2013年10月26日-27日，第二届养老护理员大赛，省民政厅组织全省民政部门分管领导到会学习指导

2013年12月16日，爱在富华慈善义演，爱心企业当场募捐

2013年4月20日，全国华夏养老院长联谊会在潍坊召开

人力资源和社会保障工作

——为经济社会发展提供智力支持

① 2013年，山东最大楼宇型大学生创业孵化基地在潍坊建立。图为在潍坊市人民政府新闻办公室召开的潍坊市大学生创业孵化中心招商新闻发布会上，潍坊市人社局局长李静波（左三）在发布会现场答记者问

② 2013年，潍坊市建立了全省首家人力资源服务产业园，促进了人力资源服务产业化和人才服务社会化，满足了区域经济发展对各类人才的需求。图为人社部留学人员和专家服务中心党委书记雷鹏（左六），在山东省人社厅巡视员黄麟英（右六）、潍坊市委副书记王献玲（左五）和潍坊市人社局局长李静波（左四）等陪同下为山东潍坊人力资源服务产业园揭牌

③ 图为市委书记杜昌文到市大学生创业孵化中心视察指导工作

④ 图为潍坊市委副书记、市长刘曙光（左三）在潍坊市人社局局长李静波（左二）陪同下到潍坊市大学生创业孵化中心视察指导工作

⑤ 潍坊市第一个实体创业大学潍坊创业大学经市政府批复同意成立。图为省委组织部副部长，省人社厅厅长、党组书记韩金峰（右二）在潍坊市副市长、滨海经济技术开发区党工委书记王树华（左三）和潍坊市人社局局长、党委书记李静波（右三）的陪同下到潍坊创业大学建设现场调研

⑥ 2013年9月27日，山东半岛蓝色经济区第二届高端人才项目招聘洽谈会在潍坊召开。图为潍坊市委副书记王献玲（左四）、潍坊市委常委、组织部部长刘炳国（左二）和潍坊市人社局局长李静波（右一）等陪同部分参会领导合影

⑦ 2013年9月27日，2013中国（潍坊）创新创业峰会在潍坊市文化艺术中心举办。图为人社部留学人员和专家服务中心党委书记雷鹏（右五），在山东省人社厅巡视员黄麟英（右四）、潍坊市委副书记王献玲（右六）和潍坊市人社局局长李静波（左五）等陪同下出席开幕式

⑧ 2013年2月21日，2013半岛城市群（潍坊）春季人才交流洽谈会在金宝国际会展中心举办，近600家企业报名参加，提供3万多个工作岗位

① ②
③ ④ ⑤
⑥ ⑦
⑧

审计工作

——为经济社会发展保驾护航

近年来，潍坊市审计局先后荣获“全国文明单位”“全国社会保障资金审计先进公务员集体三等功”“全国债务资金审计先进公务员集体嘉奖”“全国巾帼文明岗”“全省审计系统先进集体”“市直部门综合考核先进单位”“市直部门突出贡献奖”等多项荣誉称号，是全国审计系统首个荣获“全国五一劳动奖状”的审计机关。市委、市政府和省审计厅先后4次印发通报，将该局的成果和经验在全市、全省予以推广。2013年，市审计局共完成审计（调查）项目121个，查出违规金额62.27亿元、管理不规范金额371.48亿元、被审计单位损益或财政收支不实问题金额25.56亿元，直接为财政增收节支56.14亿元。市政府专门为该局荣记集体二等功，以表彰该局为保障全市经济社会实现更高层次更高质量发展做出的突出贡献，并号召全市各级各部门和广大干部群众向审计局学习。

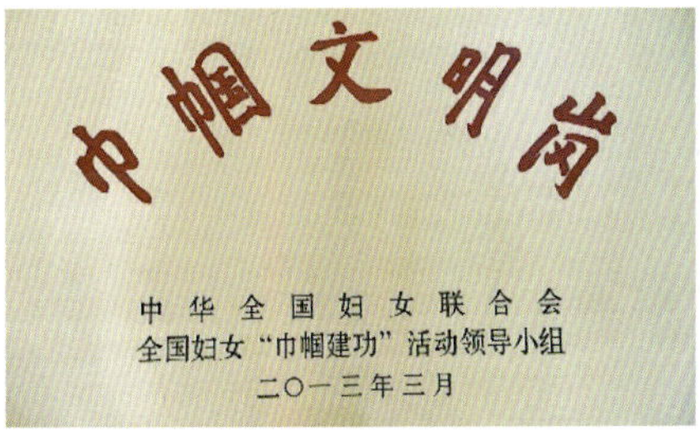

审计署审计长刘家义到潍坊视察工作

省审计厅厅长马青山观摩潍坊市审计数字化管理系统

潍坊市审计局创作并唱响了《潍坊审计之歌》

潍坊市审计局关注校舍安全工程三年规划落实情况

潍坊市审计局开设为政修德大讲堂

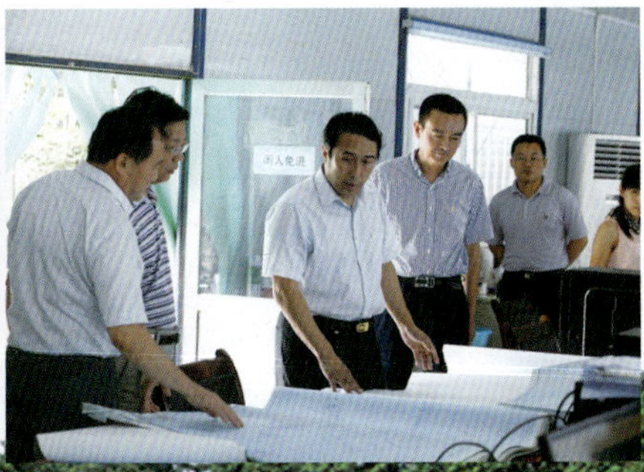

潍坊市审计局局长宫智到鲁台会展中心审计项目现场检查指导

体育事业

2013 年，各级组织群众体育活动 600 余项，举办第三届全民健身运动会、第四届全市老年人运动会和全省“百千万”三大赛潍坊赛区比赛等大型活动。第 21 届中日韩青少年运动会 8 月 23 日至 29 日在潍坊市成功举办。潍坊市运动员参加第十二届全国运动会，夺得 12 枚金牌、17 枚银牌和 7 枚铜牌，其中 28 人次获得金牌、38 人次获得银牌、22 人次获得铜牌。

2013 年，体育彩票累计销量 10.72 亿元。临朐、寿光、诸城、青州四个县市体彩销量超过了 1 亿元。

省运会男子手球亚军

国民体质监测

省运会男子手球亚军

太极拳表演

KUIWEN
KUIWEN IMPRESSION
中国·潍坊·奎文

强力推进 产业集聚 转型发展
—加快建设现代化商务中心区

■ 奎文区“五年再造一个新奎文”

奎文区位于世界风筝都—山东省潍坊市的城市核心区域，因建于清代的“奎文门”而得名，1994 年 9 月经国务院批准正式成立。

行政区划面积：187.78 平方公里，直辖面积 57.6 平方公里

直辖人口：44.34 万

2013 年地区生产总值：200.9 亿元

第一产业增加值：0.6 亿元

第二产业增加值：41.6 亿元

第三产业增加值：158.7 亿元

工业总产值：73.0 亿元

财政总收入：35.4 亿元

社会消费品零售总额：107.7 亿元

城镇居民人均可支配收入：28386 元

欢迎国内外朋友到奎文
旅游观光、投资兴业！

宜居宜业新潍城

潍城区即古潍县，明洪武十年（1377 年）设县，城东有潍河，故以“潍”字冠名。1983 年 8 月设立潍城区，1984 年 1 月施政。

总面积：269.5 平方公里

总人口：35.37 万

地区生产总值：208.65 亿元

第一产业增加值：9.13 亿元

第二产业增加值：88.67 亿元

第三产业增加值：110.85 亿元

公共财政预算收入：16.5 亿元

社会消费品零售总额：122.47 亿元

城镇居民人均可支配收入：28386 元

农村居民人均纯收入：13961 元

潍城区委书记王兆辉（左三）、区长刘泮英（左二）调研城关街道“天网”工程二级平台项目

潍坊节能环保产业园孵化器

佳乐家物流园

十笏园文化街区

潍坊豪德贸易广场

生态之河——大于河

国家广告产业园区

百年商埠 投资热土

——坊子区

唐代潍县南往安丘、诸城驿道 30 里处凿井一眼，旁筑一方土堆为标志。清末，土堆旁开一客店取名“坊子店”，坊子区因此而得名。1983 年 12 月设立坊子区。

总面积：412 平方公里

总人口：31.4 万

地区生产总值：116.09 亿元

第一产业增加值：8 亿元

第二产业增加值：64.02 亿元

第三产业增加值：44.07 亿元

公共财政预算收入：9.46 亿元

居民储蓄存款余额：84.78 亿元

社会消费品零售总额：47.54 亿元

城镇在岗职工平均工资：4.63 万元

农村居民人均纯收入：1.34 万元

山东测绘地理信息产业园建设顺利

坊茨小镇列入全国重点文物保护单位

白沙河综合治理提升城市品质和价值

虞河综合治理改善自然生态和人居环境

低碳社区建设做法被《人民日报》刊发推广

FBA篮球联赛被评为全省“县级特色全民健身项目”

《坊子区志（1990—2007）》出版发行
并荣获2013年度“山东省优秀史志成果奖”

风筝故里，年画之乡

——寒亭区

寒亭之名源于夏代古方国寒国，东汉王莽时改古国为亭，是为寒亭。1983 年 10 月设立寒亭区。

总面积：623 平方公里

总人口：37.2 万

地区生产总值：170.3 亿元

第一产业增加值：11.2 亿元

第二产业增加值：93.5 亿元

第三产业增加值：65.6 亿元

财政总收入：17.7 亿元

公共预算收入：12.2 亿元

居民储蓄存款余额：103.6 亿元

限额以上消费品零售总额：28.3 亿元

农村居民人均纯收入：13232 元

④	①
⑤	②
⑥	③

① 城市建设日新月异
② 杨家埠民俗大观园
③ 禹王生态湿地
④ 齐鲁农村产权交易中心
⑤ 潍柴铸锻工业园
⑥ 新型农村社区一角

国家历史文化名城

——青州市

青州为古九州之一，“海岱为青州”（《尚书 禹贡》），按古代五行学说，东方属木，其色为青，青州在中华大地的东方，故名。1986 年 3 月撤销原益都县设立青州市。2013 年 11 月 18 日，国务院批复同意将青州市列为国家历史文化名城，成为潍坊市首个国家历史文化名城。

总面积：1569 平方公里

总人口：92.45 万

地区生产总值：504.3 亿元

第一产业增加值：47.5 亿元

第二产业增加值：257.6 亿元

第三产业增加值：199.2 亿元

公共财政预算收入：34.3 亿元

居民储蓄存款余额：349.4 亿元

社会消费品零售总额：181.2 亿元

农村居民人均纯收入：13257.7 元

2013年9月27日，青州古城游启动仪式

2013年9月28日翰墨青州•2013中国书画年会开幕

国家AAAA级旅游景区——云门山

中国历史文化名街十六强——昭德古街

青州宋城

中国龙城——诸城市

诸城汉代置县，始称东武，隋代称诸城，宋代为密州州治所在地，明清时期又称诸城，1987 年撤县建市。

总面积：2151 平方公里

总人口：109.1 万人

地区生产总值：642.7 亿元

规模以上工业企业主营业务收入：2181.8 亿元

农村经济总收入：2325.2 亿元

公共财政预算收入：57.1 亿元

社会消费品零售总额：183.8 亿元

城镇居民人均可支配收入：23788 元

农民人均纯收入：14408 元

山东省委副书记、省长郭树清带领省政府党组成员到诸城调研

山东美晨科技公司

山东惠发公司

山东迈赫自动化公司

国家森林公园常山景区

诸城荣获国家园林城市称号

中国蔬菜之乡——寿光市

寿光因闾邱先生向齐宣王乞寿的故事而得名。汉景帝中元二年(公元前148年)置寿光县，1993年6月撤县设市。

总面积：2072平方公里

总人口：105万

地区生产总值：701亿元

第一产业增加值：86.4亿元

第二产业增加值：341.3亿元

第三产业增加值：273.6亿元

地方财政收入：70.69亿元

居民储蓄存款余额：352.7亿元

社会消费品零售总额：204亿元

城镇居民人均可支配收入：31901元

农村居民人均纯收入：14408元

① 仓圣公园冬景
② 城市建设
③ 农产品物流园
④ 全福元夜景
⑤ 新农村

宜业、宜居、宜游，富强、秀美、幸福的新安丘

安丘因安丘侯国而得名，公元前 148 年置安丘县。1994 年 1 月撤县设市。

总面积：1760 平方公里

总人口：95 万

地区生产总值：247.9 亿元

第一产业增加值：45.9 亿元

第二产业增加值：113 亿元

第三产业增加值：89.1 亿元

地方公共财政预算收入：13.76 亿元

居民储蓄存款余额：194.35 亿元

社会消费品零售总额：134.6 亿元

城镇居民人均可支配收入：23567 元

农村居民人均纯收入：12131 元

① 白头山水库
② 鼎正机械生产车间
③ 辉渠山区夏日风光
④ 汶河晨曲
⑤ 安丘长安路

诺贝尔文学奖获得者莫言的故乡
——高密市

高密，西周称夷维，战国始有高密之名，秦置高密县。1994年5月撤县设市。

全市总面积：1526平方公里

总人口：87.6万

地区生产总值：501.4亿元

第一产业增加值：50.51亿元

第二产业增加值：284.02亿元

第三产业增加值：166.83亿元

地方财政收入：36.3亿元

居民储蓄存款余额：202.8亿元

社会消费品零售总额：139.5亿元

在岗职工平均工资：44100元

农民人均纯收入：13136元

第四届红高粱艺术节开幕式暨电视剧红高粱开机新闻发布会

体育场

南湖植物园

文体公园

高密全景

国家级生态示范区、中国（江北）铝型材第一县
——临朐

临朐县因县城东临朐山而得名，西汉初年始置临朐县。

总面积：1831 平方公里

总人口：88 万人

地区生产总值：205.6 亿元

第一产业增加值：32.7 亿元

第二产业增加值：94.6 亿元

第三产业增加值：78.3 亿元

财政总收入：17.6 亿元

公共财政预算收入：10.4 亿元

城乡居民储蓄余额：186.4 亿元

社会消费品零售总额：105 亿元

城镇居民人均可支配收入：20815 元

农民人均纯收入：11835 元

山东省省长郭树清（右三）到临朐县调研

潍坊市委书记杜昌文（左二）到临朐县调研

县委书记顾建华（右二）、县长刘裕斌（右三）视察学校建设

县委书记顾建华（右二）视察大项目建设

中国国际门帘幕墙博览城

临朐大樱桃交易市场

国家AAAAA级旅游景区——沂山风景区

临朐县城新貌

中国蓝宝石之都
——昌乐

昌乐县是潍坊市的近郊县，宋朝建隆三年（公元962年）始置，取昌盛安乐之意。

总面积：1101平方公里

总人口：61.8万

地区生产总值：238.5亿元

公共财政预算收入：18亿元

年末居民储蓄存款余额：140.16亿元

社会消费品零售总额：102.8亿元

在岗职工平均工资：40213元

农民人均纯收入：13037元

①　②
③　④

① 2014年7月22日，副省长赵润田（左二）到昌乐职业农民讲习所调研，县委书记张新强（左一）陪同

② 2013年6月23日，县长高立伯（左二）陪同全省第四期港澳台海外代表人士国情研修班一行参观考察比德文公司

③ 英轩重工装载机组装车间

④ 中国宝石城

昌乐城区新貌

潍坊高新区光电产业园

日新月异的潍坊高新技术产业开发区

潍坊高新技术产业开发区成立于 1991 年，1992 年获批国家级。

总面积：110 平方公里

总人口：19.6 万

地区生产总值：308.5 亿元

工业总产值：745 亿元

高新技术产业产值：513.9 亿元

财政总收入：56.95 亿元

公共财政预算收入：27.73 亿元

固定资产投资：200.9 亿元

社会消费品零售总额：259.17 亿元

魅力浞河

潍坊软件园

市民文化中心夜间远景

有水则灵 人类尚海

潍坊滨海经济技术开发区

潍坊滨海经济技术开发区成立于 1995 年，2010 年升级为国家级开发区，是“蓝黄”两大国家战略的叠加区、“黄区”重点发展的四大临港产业区之一。

陆域面积：677 平方公里

海域面积：510 平方公里

海岸线长：69 公里

总人口：20 万

地区生产总值：220 亿元

规模以上工业主营业务收入：663 亿元

固定资产投资：266 亿元

财政总收入：36.6 亿元

公共财政预算收入：20.5 亿元

欢乐海旅游度假区

潍柴大马力船用发动机项目

景世乾太阳能光伏发电项目

中国潍坊滨海国际风筝冲浪公开赛

山东省首条免费低碳公交

潍坊港全貌

潍坊的水源地
——峡山生态经济发展区

峡山生态经济发展区于 2008 年 1 月 1 日正式组建运行。

总面积：491 平方公里

总人口：23 万

公共财政预算收入：9388 万元

全社会固定资产投资：20 亿元

农民人均纯收入：10066 元

森林覆盖率：43%

“峡山情”暨“大美峡山”中国百名将军书画摄影展

2014潍坊（峡山）国际乡野马拉松邀请赛

市人大常委会党组书记、第一副主任胡岗为潍坊实验中学网球特长班揭牌

省委副书记王军民到峡山区视察有机农业发展情况

省委常委、常务副省长孙伟到峡山区视察社会力量办医办学工作

副省长赵润田到峡山区视察抗旱工作

市委书记杜昌文到峡山区视察抗旱工作

市委副书记、市长刘曙光到峡山区视察防汛与生态文明建设

市政协主席崔建平到峡山区调研生态文明建设

崛起中的潍坊综合保税区

潍坊综合保税区于 2011 年 1 月经国务院批准设立，是全国第 14 个综合保税区，具有“保税加工、保税物流、货物贸易、服务贸易、虚拟口岸”五大功能。

总规划面积：20 平方公里

总人口：4 万

进出口总额：6.2 亿美元

进区企业：1000 家

		②
	①	③
	④	⑤
⑥	⑦	⑧

① 综合保税区管委会办公楼
② 综合保税区
③ 红酒展示交易中心
④ 电子商务和总部经济中心项目
⑤ 综合保税区网内网外结合发展示意图
⑥ 中俄冷链国际物流项目
⑦ 国家级食品检测认证培训中心项目
⑧ 歌尔电子产业园项目

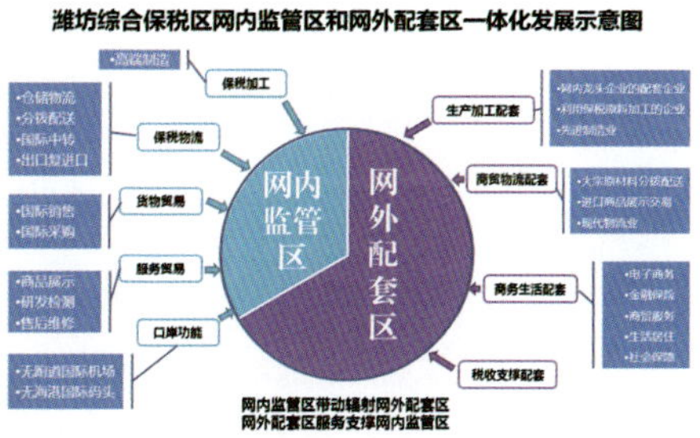

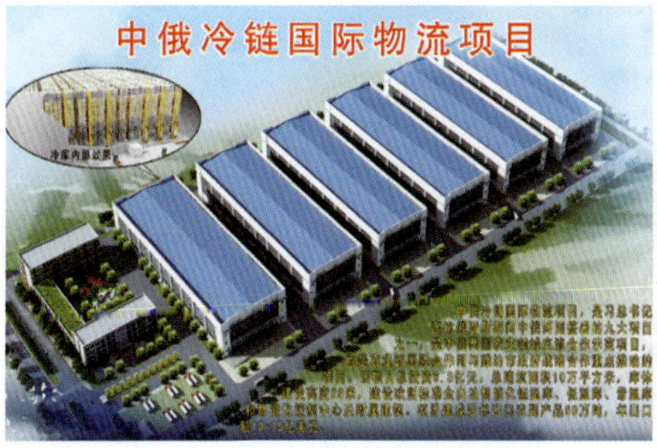

发展中的山东潍坊经济开发区

山东潍坊经济开发区是 1994 年 5 月经省政府批准成立、2006 年 4 月国家发改委审核确认的省级开发区。

总规划面积 :96 平方公里

总人口：15 万

地区生产总值：37.9 亿元

固定资产投资：85 亿元

规模以上工业企业主营业务收入：98.6 亿元

公共财政预算收入：4.24 亿元

	①
⑤	②
⑥	③
⑦	④

① 经济区与总部基地（中国）控股集团签署合作协议

② 市委书记杜昌文到经济区前阙庄村调研

③ 市委副书记、市长刘曙光到经济区调研高成长性企业

④ 市委副书记、市长刘曙光陪同副省长邓向阳到经济区调研

⑤ 经济区与华安保险签署全面战略合作协议

⑥ 国家级科技企业孵化器

⑦ 白浪河国家湿地公园

开发区全景

潍坊世界风筝博物馆

潍坊世界风筝博物馆是我国第一座人型风筝博物馆，建筑面积 8100 平方米，建筑造型选取了潍坊龙头蜈蚣风筝的特点，屋脊是一条完整的组合巨龙，似蛟龙遨游长空伏而又起，设计风格在国内独树一帜，是“世界风筝都”的标志性建筑。

潍坊世界风筝博物馆旨在收藏、陈列古今中外的风筝珍品及风筝的相关资料。该馆共设有七个展厅和一个多功能厅。展览以翔实的风筝资料以及照片、文字、绘画、复制品等，全面展示了风筝的历史文化、现代文化、国际文化及延伸文化，充分体现了中华民族灿烂文化所独具的艺术魅力，成为传播和弘扬风筝文化的艺术交流中心。

博物馆内景

博物馆外景

多功能厅

手工体验

风筝展示

白浪河春日花海

潍坊市文化旅游建设投资集团

潍坊市文化旅游建设投资集团创立于2007年，组建于2014年3月，是市委、市政府直属的国有独资大型投资集团。公司以三河项目发展公司、北辰绿洲建设发展有限公司、东兴建设发展有限公司、潍坊文化产权交易所等全资、控股及参股企业为基础，整合市域内文化、旅游等优质资源组建而成。拥有国家AAAA级旅游景区、国家级城市湿地白浪河绿洲湿地公园、国家AA级旅游景区北辰绿洲湿地公园的经营管理权及沿河 2 万亩的文创产业基地开发权。截至2014年6月底集团公司注册资本3.2亿元，总资产约100亿元。

拾萃园全景

白浪河

北辰绿洲湿地公园“北辰水韵”音乐会

电视剧《潍县集中营》主演同文投集团董事长在湿地公园合影

华春投资集团
HUACHUN INV.GROUP

山东华春生物药业有限公司

新疆华春投资集团董事局主席兼总裁
李成功

山东华春生物药业有限责任公司(简称: 山东华春药业)是新疆华春投资集团子公司，成立于2013年9月，法人代表李成功。山东华春药业产业园位于潍坊市滨海开发区先进制造业产业园，是潍坊市滨海开发区重点招商引资项目。目前正在严格按照国家GMP标准紧锣密鼓打造，现项目建设已初具规模。

山东华春药业产业园项目总占地面积2200亩，分三期建成。其中一期占地面积600亩，预计工程总投资约为29.4亿元，项目建成后设计产能可达100亿元/年。该项目预计将在3年内完成，建成投产当年，预计可直接安排就业人员1500人，实现销售收入38.2亿元。

山东华春药业旨在实现新疆华春投资集团进军医药高科技领域的战略发展目标，新疆华春投资集团生物药业产业拥有的一批从事生物技术、天然药物研发、市场运作及企业管理的精英团队、紧密的合作伙伴以及所取得的多项重大科技成果，将充分依托新疆地区丰富的特色药材生物资源和传统独特有效的维吾尔、哈萨克医药方，以生物技术为核心，将研制开发的中药品种实现生产化，并大力发展生物医药、天然药物、中药和民族药产业。

山东寿光宏安路桥有限公司

山东寿光宏安路桥有限公司董事长　朱学森

山东寿光宏安路桥有限公司成立于 2001 年 3 月，是以路桥工程施工为主的综合性股份制企业，下设寿光市天隆水泥制品有限公司、山东巨兴塑业有限公司，年生产总值 3 亿多元。

宏安路桥具有公路工程施工总承包二级资质、市政工程三级资质，资产过亿元，各类技术人员 243 人，其中中高级技术人员 56 人。多年来公司始终以打造精品路桥，情系业主客户，真诚回报社会为宗旨，施工了海化大海路、裕源路、南大路、北环路、寿光的幸福路、羊田路、南环路改造、北环路改造、洛兴街、淄博杨寨环形立交桥、羊田路中桥、进港路大桥等优质工程并获得多项山东省市政金杯奖。

寿光天隆水泥制品有限公司主要生产直径 1500 毫米以下的钢筋混凝土排水管道、彩色地面砖、路沿石及公路、市政工程配套产品。

山东巨兴塑业有限公司地处寿光晨鸣工业园，是集研发、生产、安装于一体的塑料管材企业，主要生产 HDPE 供水管、HDPE 燃气管、矿用管、PVC 灌溉及建筑排水管、PP-R 供水管及配套管件、PE-RT 地暖管等管材，技术力量雄厚，专业检测设备齐全，先后取得了 HDPE 燃气管材国级 A1 级生产制造许可证、矿用 HDPE 管材安全生产许可证，取得了 ISO9001-2008 国际质量体系认证，ISO14001 环境管理体系认证及 OHSAS18001 职业健康安全管理体系认证，山东省卫生厅颁发的《涉水产品卫生许可证》等国家要求的各类资质证书。

山东商鼎投资集团置业有限公司

潍坊中心透视图二

山东商鼎投资集团置业有限公司成立于 2006 年，是一家以房地产开发为主，集项目投资、有机农业、装饰工程、物业管理、园林绿化、广告传媒为一体的投资集团，2013 年成立中国共产党山东商鼎投资集团委员会。

公司自成立以来，坚持秉承“增强社会责任，提升客户价值”的开发理念，通过专业化团队的运作和品牌地产管理模式的引进，成功开发了雍和家园、御海蓝岸等多个楼盘。尤其是以潍坊中心命名的坐落于市区 CBD 核心区域的双塔写字楼，总高均为 99.7 米，配备三层地下停车场，全智能化管理，建成后将成为山东半岛地区高端写字楼之一。

2010 年，商鼎投资集团以其强烈的社会责任感和打造精致生活的经营理念，承接了潍坊最大的城中村改造项目---水岸莲城项目。该项目位于潍坊市白浪河湿地南岸，环境优雅，毗邻国家 AAAA 级风景区白浪绿洲湿地公园，总占地约 1113 亩，总建筑面积约 60 万平方米，项目包含多层花园洋房、联排别墅、独栋别墅、五星级企业会所和滨水主题商业，以“原生态、低密度、高品质”作为项目的核心价值，项目建成后将开启潍坊低密度高档房产的大盘时代。

公司一直遵循“德为先、人为本、创为优、和为贵”的企业行为准则，发扬“致广大、尽精微”企业精神，坚持多元化发展，立足潍坊，走向全国，目前集团公司正以崭新的面貌迎接新的挑战。

目　录

特　载

在市委十一届五次全体会议第二次会议上的讲话 …… 杜昌文(1)
政府工作报告 …… 刘曙光(8)

大　事　记

1月 …… (15)
2月 …… (16)
3月 …… (17)
4月 …… (18)
5月 …… (20)
6月 …… (21)
7月 …… (23)
8月 …… (25)
9月 …… (27)
10月 …… (29)
11月 …… (30)
12月 …… (31)

全市概况

自然环境 …… (34)
地理环境 …… (34)
自然资源 …… (34)
气候 …… (34)
自然灾害 …… (34)
政区　人口　民族 …… (35)
行政区划 …… (35)
建置沿革 …… (35)
人口　民族 …… (36)
组织机构 …… (36)
经济和社会发展 …… (55)
精神文明建设 …… (59)
概况 …… (59)
文明城市创建 …… (59)
文明单位建设管理 …… (60)
公民思想道德建设 …… (60)

中共潍坊市委

重要会议 …… (61)
全市表彰大会 …… (61)
市委常委(扩大)会议 …… (61)
全市招商与转调创工作座谈会 …… (61)
全市经济工作调度会议 …… (61)
加快滨海开发推进会议 …… (61)
全市“三八六”环保行动动员大会 …… (62)
市委常委会 …… (62)
市委理论学习中心组读书会 …… (62)
市委十一届四次全体会议 …… (62)
全市金融工作会议 …… (63)

市委民主协商会议 …… (63)
市委十一届五次全体会议 …… (63)
政策研究 …… (63)
综合文稿起草 …… (63)
调查研究 …… (63)
《潍坊通讯》宣传工作 …… (64)
干部队伍建设 …… (64)
组织工作 …… (64)
扎实开展组织部门教育实践活动 …… (64)
领导班子和干部队伍建设 …… (64)
干部人事制度改革 …… (65)
人才工作 …… (65)
基层党组织建设 …… (65)
干部教育培训和远程教育工作 …… (65)
党建研究与信息工作 …… (65)
宣传工作 …… (65)
社会主义核心价值体系建设 …… (65)
舆论引导 …… (66)
文化改革发展 …… (66)
公共文化服务体系建设 …… (66)
队伍建设和人才培养 …… (66)
统一战线工作 …… (66)
学习贯彻中共十八大精神 …… (66)
参政议政建言献策工作 …… (66)
引资引智助推经济发展工作 …… (67)
服务社会促进和谐工作 …… (67)
党外代表人士队伍建设 …… (67)
领导调研活动 …… (67)
保密工作 …… (68)
保密管理 …… (68)
保密宣传教育 …… (68)
保密专项检查 …… (68)
保密技术保障与服务 …… (68)
机构编制工作 …… (68)
服务全市发展大局 …… (68)
行政管理体制改革 …… (69)
事业单位改革与监管 …… (69)
机构编制管理 …… (69)
自身建设 …… (69)
市直机关中共工作 …… (69)
学习型机关党组织建设 …… (69)
服务型机关党组织建设 …… (69)
创新型机关党组织建设 …… (70)
廉洁型机关党组织建设 …… (70)
信访工作 …… (70)
概况 …… (70)
重点时期的信访工作 …… (70)
信访体制机制创新稳步推进 …… (70)
进京非访专项治理稳妥推进 …… (71)
信访责任得到更好落实 …… (71)
党史工作 …… (71)
概况 …… (71)
党史资料征集研究进展顺利 …… (71)
拓宽党史宣传教育渠道 …… (71)
群众工作 …… (71)
联系服务群众工作 …… (71)
民情分析 …… (71)
“三问”调研活动 …… (71)
群众工作宣传 …… (72)
重要会议及活动 …… (72)
党校工作 …… (72)
教学工作 …… (72)
科研工作 …… (72)
学风建设 …… (72)
队伍建设 …… (72)
业务指导 …… (72)
老干部工作 …… (72)
落实老干部政治生活待遇 …… (72)
离退休干部“两项建设”工作 …… (73)
服务管理 …… (73)

潍坊市人民代表大会

重要会议 …… (74)
市十六届人大二次会议 …… (74)
市十六届人大常委会第八次会议 …… (74)
市十六届人大常委会第九次会议 …… (74)
市十六届人大常委会第十次会议 …… (74)
市十六届人大常委会第十一次会议 …… (75)
市十六届人大常委会第十二次会议 …… (75)
市十六届人大常委会第十三次会议 …… (75)
市十六届人大常委会第十四次会议 …… (75)
重要工作 …… (75)
推动市委决策贯彻落实 …… (75)
维护群众利益 …… (76)
推进依法治市 …… (76)

创新代表工作 …… (76)
督办大会议案和代表建议 …… (76)
人事任免 …… (76)

潍坊市人民政府

重要会议 …… (78)
第 14 次常务会议 …… (78)
第 15 次常务会议 …… (78)
第 16 次常务会议 …… (78)
第 17 次常务会议 …… (78)
第 18 次常务会议 …… (78)
第 19 次常务会议 …… (78)
第 20 次常务会议 …… (78)
第 21 次常务会议 …… (78)
第 22 次常务会议 …… (78)
第 23 次常务会议 …… (78)
督查工作 …… (79)
绩效考核目标工作完成 …… (79)
督查制度改革 …… (79)
重要工作 …… (79)
打击走私工作 …… (79)
组织领导工作 …… (79)
队伍建设 …… (79)
基层反走私综合治理 …… (80)
突发事件应对工作 …… (80)
完善应急体制机制 …… (80)
信息报送工作 …… (80)
提高应急处置能力 …… (80)
强化应急保障能力 …… (81)
应急平台和网络建设 …… (81)
食品安全工作 …… (81)
夯实食品安全监管根基 …… (81)
完善食品安全制度体系 …… (81)
食品安全治理整顿 …… (81)
开展食品安全风险隐患排查 …… (82)
健全完善监管长效机制 …… (82)
增强食品安全监管力度 …… (82)
市长公开电话 …… (82)
概况 …… (82)
业务工作 …… (83)
加大质检督导力度 …… (83)
宣传工作 …… (83)
地方史志工作 …… (83)
市志续修工作 …… (83)
县市区修志工作 …… (83)
年鉴工作 …… (83)
业务指导工作 …… (83)
地情书籍编纂工作 …… (84)
《潍坊人物年鉴》编纂 …… (84)
市情网站建设 …… (84)
方志馆建设 …… (84)
社会服务工作 …… (84)
包村扶贫活动 …… (84)
“蓝黄”两区建设 …… (84)
滨海开发建设 …… (84)
特色产业发展 …… (84)
基础设施建设 …… (84)
政策事项落实 …… (85)
综合协调服务 …… (85)
油区协调和油气管道监管 …… (85)
人事工作 …… (85)
高层次人才队伍建设 …… (85)
技能人才队伍建设 …… (85)
公务员管理 …… (85)
事业单位人事制度改革 …… (85)
军转安置 …… (85)
对台工作 …… (85)
第 19 届鲁台经贸洽谈会 …… (85)
经贸合作再上新台阶 …… (86)
潍台交流开创新局面 …… (86)
对台宣传影响力提升 …… (86)
涉台环境进一步优化 …… (86)
外事与侨务 …… (86)
提高对外合作层次 …… (86)
增强服务经济能力 …… (86)
塑造涉外文化品牌 …… (86)
提升侨务工作水平 …… (87)
着力维护涉外安全 …… (87)
积极践行服务宗旨 …… (87)

政协潍坊市委员会

重要会议 …… (88)
市政协全委会议 …… (88)
市政协常委会议 …… (88)

市政协主席会议 …………………………………………… (88)
市政协其它重要会议 ………………………………………… (89)
重要工作 ……………………………………………………… (89)
考察调研 …………………………………………………… (89)
全省政协文史工作会议暨政协文史干部培训 ……… (89)
全国及省级政协领导到潍坊考察视察 ………………… (89)

中共潍坊市纪律检查委员会

重要会议 ……………………………………………………… (91)
市纪委十一届四次全会 ……………………………………… (91)
重要工作 ……………………………………………………… (91)
加强作风建设 ……………………………………………… (91)
整治损害发展环境的突出问题 ………………………… (91)
查处党员干部违纪违法案件 …………………………… (91)
开展廉政教育 ……………………………………………… (92)
加强党内监督 ……………………………………………… (92)
深化巡查工作 ……………………………………………… (92)
推进机制制度创新 ………………………………………… (92)
加强组织建设 ……………………………………………… (92)
开展党的群众路线教育实践活动 ……………………… (92)

民主党派　工商联　人民团体

中国国民党革命委员会潍坊市委员会 ………………… (93)
组织建设 …………………………………………………… (93)
参政议政 …………………………………………………… (93)
社会服务 …………………………………………………… (93)
中国民主同盟潍坊市委员会 …………………………… (93)
概况 ………………………………………………………… (93)
参政议政 …………………………………………………… (93)
社会服务 …………………………………………………… (93)
自身建设 …………………………………………………… (94)
中国民主建国会潍坊市委员会 ………………………… (94)
参政议政 …………………………………………………… (94)
组织建设 …………………………………………………… (94)
思想建设 …………………………………………………… (94)
社会服务 …………………………………………………… (94)
中国民主促进会潍坊市委员会 ………………………… (94)
自身建设 …………………………………………………… (94)
参政议政 …………………………………………………… (94)
社会服务 …………………………………………………… (94)
中国农工民主党潍坊市委员会 ………………………… (95)
组织建设 …………………………………………………… (95)
参政议政 …………………………………………………… (95)
社会服务 …………………………………………………… (95)
培训工作 …………………………………………………… (95)
中国致公党潍坊市委员会 ……………………………… (95)
参政议政 …………………………………………………… (95)
社会服务 …………………………………………………… (95)
2013 海峡科技论坛 ………………………………………… (95)
海外联谊工作 ……………………………………………… (95)
思想政治建设 ……………………………………………… (96)
九三学社潍坊市委员会 ………………………………… (96)
概况 ………………………………………………………… (96)
参政议政 …………………………………………………… (96)
社会服务 …………………………………………………… (96)
自身建设 …………………………………………………… (96)
潍坊市工商业联合会 …………………………………… (97)
政治引领 …………………………………………………… (97)
参政议政 …………………………………………………… (97)
经济服务 …………………………………………………… (97)
基层组织和队伍建设 ……………………………………… (97)
潍坊市总工会 …………………………………………… (97)
服务经济社会发展 ………………………………………… (97)
深入推进“两个普遍” ……………………………………… (97)
和谐劳动关系创建 ………………………………………… (98)
职工维权服务工作 ………………………………………… (98)
职工宣传教育工作 ………………………………………… (98)
共青团潍坊市委 ………………………………………… (98)
概况 ………………………………………………………… (98)
服务中心工作 ……………………………………………… (98)
思想引导工作 ……………………………………………… (99)
服务青少年工作 …………………………………………… (99)
基层基础工作 ……………………………………………… (99)
潍坊市妇女联合会 ……………………………………… (99)
参与富裕文明潍坊建设 …………………………………… (99)
依法维护妇女儿童权益 ………………………………… (100)
基层妇联工作 …………………………………………… (100)
举办第十五届妇女就业蓝黄两区专场招聘洽谈暨第十届妇女创业项目展示会 ……………………………… (100)
召开全市妇女优化发展环境暨巾帼建功行动大会 ……………………………………………………… (100)
省委、省政府对全市“两个规划”实施情况进行专项督查 ……………………………………………………… (100)
潍坊市文学艺术界联合会 ……………………………… (100)

概况 …………………………………………… (100)
文艺特色品牌成效明显 ……………………… (101)
主题性文艺活动影响广泛 …………………… (101)
文艺精品力作不断涌现 ……………………… (101)
基层文艺队伍不断壮大 ……………………… (101)
对外文化交流开展广泛 ……………………… (101)
助推全市文化产业发展 ……………………… (102)
潍坊市科学技术协会 …………………………… (102)
科学普及工作 ……………………………… (102)
科技创新工作 ……………………………… (102)
全民科学素质工作 ………………………… (102)
学会工作 …………………………………… (102)
科技馆建设 ………………………………… (102)
自身建设 …………………………………… (102)
潍坊市归国华侨联合会 ………………………… (103)
服务经济建设 ……………………………… (103)
对外宣传 …………………………………… (103)
侨界公益 …………………………………… (103)
联络联谊 …………………………………… (103)
为侨服务 …………………………………… (103)
七届六次全委会 …………………………… (103)
潍坊市社会科学界联合会 ……………………… (104)
应用理论研究 ……………………………… (104)
设立突破滨海专项研究课题 ……………… (104)
应用对策研究 ……………………………… (104)
设立社会科学普及读物出版资助项目 …… (104)
举办第十届社科普及周 …………………… (104)
举办高端理论讲座 ………………………… (104)
社科优秀成果评奖 ………………………… (104)
优秀社科人才评选 ………………………… (104)
理论阵地建设 ……………………………… (104)
举办全省县(市、区)社科联建设工作会议 ………… (105)
中国国际贸易促进委员会潍坊市委员会 ……… (105)
对外联络工作 ……………………………… (105)
开拓国际市场 ……………………………… (105)
出证认证工作 ……………………………… (105)
潍坊市残疾人联合会 …………………………… (105)
贯彻落实《残疾人保障法》 ………………… (105)
残疾人事业发展政策体系进一步完善 …… (105)
重点民生实事全面完成 …………………… (105)
社会保障工作稳中有进 …………………… (106)
社会服务工作扎实有效 …………………… (106)
残疾人特色工作不断涌现 ………………… (106)

人民武装

潍坊军分区 ……………………………………… (107)
概况 …………………………………………… (107)
组织现役干部强化训练考核 ……………… (108)
组织军分区常委和人武部、预备役高炮团军政主官集训 …………………………………………… (108)
开展全市应急应战和国防动员调研 ……… (108)
预备役高炮团完成海上适应性训练 ……… (108)
参加省军区实弹战术演习 ………………… (109)
完成征兵工作任务 ………………………… (109)
完成省军区安全管理集训筹备保障任务 … (109)
开展军车管理专项整顿和驾驶员教育整顿活动 … (109)
信息安全保密专项整治 …………………… (109)
双拥工作 …………………………………… (109)
高标准完成“阳光理财”试点任务 ………… (110)
中国人民武装警察部队潍坊市支队 ……… (110)
中心任务 …………………………………… (110)
依法从严治警 ……………………………… (110)
基层建设 …………………………………… (110)
后勤建设 …………………………………… (110)
党委班子建设 ……………………………… (110)
党委三届二次全体(扩大)会议 …………… (111)
退伍老兵欢送仪式 ………………………… (111)
处置一起劫持人质事件 …………………… (111)
人民防空 …………………………………………… (111)
防空防灾一体化建设 ……………………… (111)
人防工程建设 ……………………………… (111)
依法行政 …………………………………… (111)
人防宣传教育 ……………………………… (111)

法　治

政法委及综治工作 ……………………………… (112)
概况 …………………………………………… (112)
维护社会稳定 ……………………………… (112)
服务经济发展 ……………………………… (112)
平安潍坊建设 ……………………………… (112)
法治潍坊建设 ……………………………… (113)
法治政府建设 …………………………………… (113)
规范性文件审查工作 ……………………… (113)
强化执法监督 ……………………………… (113)

行政复议裁决工作 ……………………………… (113)
政府民事合同审查工作 ………………………… (113)
公共行政服务 …………………………………… (113)
公共资源交易工作 ……………………………… (113)
仲裁工作 ………………………………………… (114)
公安工作 ………………………………………… (114)
概况 ……………………………………………… (114)
提升警务实战效能 ……………………………… (114)
提升社会管理服务能力 ………………………… (114)
深化平安潍坊建设 ……………………………… (114)
增强公安队伍素质和战斗力 …………………… (114)
检察工作 ………………………………………… (115)
概况 ……………………………………………… (115)
查办和预防职务犯罪 …………………………… (115)
强化诉讼监督 …………………………………… (115)
维护群众合法权益 ……………………………… (115)
加强执法规范化建设 …………………………… (115)
加强派驻检察室建设 …………………………… (116)
法院工作 ………………………………………… (116)
概况 ……………………………………………… (116)
刑事审判 ………………………………………… (116)
民事审判 ………………………………………… (116)
商事审判 ………………………………………… (116)
行政审判 ………………………………………… (117)
执行工作 ………………………………………… (117)
立案、信访和司法救助工作 …………………… (117)
规范审判权科学运行 …………………………… (117)
司法公开工作 …………………………………… (117)
司法行政工作 …………………………………… (117)
概况 ……………………………………………… (117)
普法依法治理工作 ……………………………… (118)
人民调解工作 …………………………………… (118)
特殊人群管理服务工作 ………………………… (118)
法律服务管理工作 ……………………………… (118)
劳教工作 ………………………………………… (118)
全国“法律进单位”专场推进会 ……………… (119)
“六五”普法依法治理中期检查 ……………… (119)
突破滨海“转调创”专项法律服务 …………… (119)

经济监督管理

发展改革 ………………………………………… (120)
概况 ……………………………………………… (120)
宏观调控 ………………………………………… (120)
固定资产投资 …………………………………… (120)
重点项目建设 …………………………………… (120)
服务业 …………………………………………… (120)
县域经济和区域合作 …………………………… (121)
改革创新 ………………………………………… (121)
国有资产监督管理 ……………………………… (121)
概况 ……………………………………………… (121)
国资监管体制改革 ……………………………… (121)
市级政府投融资体制改革 ……………………… (121)
国有企业改革重组 ……………………………… (121)
企业融资工作 …………………………………… (121)
产权管理和财务监督监管工作 ………………… (121)
国土资源管理 …………………………………… (122)
概况 ……………………………………………… (122)
土地管理 ………………………………………… (122)
地质矿产管理 …………………………………… (122)
测绘地理信息工作 ……………………………… (122)
国土资源科技创新 ……………………………… (122)
工商行政管理 …………………………………… (123)
服务市场主体发展 ……………………………… (123)
维护公平竞争市场秩序 ………………………… (123)
实施商标广告战略 ……………………………… (123)
深化消费维权 …………………………………… (123)
工商行政管理体制调整和职能划转 …………… (123)
价格管理 ………………………………………… (123)
概况 ……………………………………………… (123)
价格管理 ………………………………………… (123)
收费管理 ………………………………………… (124)
价格监督检查 …………………………………… (124)
价格认证 ………………………………………… (124)
价格法制 ………………………………………… (124)
质量技术监督 …………………………………… (124)
质量强市战略深入推进 ………………………… (124)
标准化战略不断深化 …………………………… (124)
质量基础保障水平稳步提升 …………………… (125)
质量安全监管力度持续加大 …………………… (125)
名牌战略取得成效 ……………………………… (125)
食品药品监督管理 ……………………………… (125)
监管机制创新 …………………………………… (125)
食品药品专项整治 ……………………………… (125)
食品药品日常监管 ……………………………… (126)
投诉举报中心建设 ……………………………… (126)

服务经济发展 …… (126)
安全生产监督管理 …… (126)
概况 …… (126)
隐患整治 …… (126)
重点领域监管 …… (126)
依法行政 …… (126)
基础管理 …… (127)
审计监督 …… (127)
概况 …… (127)
财政审计 …… (127)
政府投资审计 …… (127)
企业金融审计 …… (127)
专项资金审计 …… (127)
经济责任审计 …… (127)
统计工作 …… (127)
概况 …… (127)
统计质量效益年活动 …… (128)
日常统计报表工作 …… (128)
统计创新工作 …… (128)
统计监测工作 …… (128)
第三次经济普查工作 …… (128)
“突破滨海”工作 …… (128)
统计信息咨询职能 …… (128)
社情民意调查工作 …… (128)
依法治统 …… (129)
检验检疫 …… (129)
概况 …… (129)
外贸出口 …… (129)
执法把关 …… (129)
服务发展 …… (129)
改革创新 …… (129)
示范区深化提升 …… (129)
海关 …… (129)
概况 …… (129)
服务经济发展 …… (130)
廉政建设 …… (130)

农　业

推进农业现代化 …… (132)
概况 …… (132)
现代农业在转型发展中持续提升 …… (132)
农村产权制度改革深入推进 …… (132)
生态文明乡村建设扎实推进 …… (132)
“两河”流域综合开发开局良好 …… (133)
农业基础条件不断改善 …… (133)
构建新型农业社会化服务体系 …… (133)
农村社会事业不断发展 …… (133)
种植业 …… (133)
概况 …… (133)
农业产业化水平进一步提高 …… (133)
农产品质量安全监管水平提升 …… (133)
农业科技支撑能力增强 …… (133)
农村改革取得新突破 …… (134)
农业对外合作水平提高 …… (134)
对台农业合作取得新成果 …… (134)
2013 中国(潍坊)农业生产资料博览会 …… (134)
全市扶贫开发工作领导小组重新调整 …… (134)
省扶贫开发工作有序开展 …… (134)
林业 …… (134)
概况 …… (134)
生态建设 …… (134)
林业产业 …… (135)
林业改革 …… (135)
森林资源保护 …… (135)
林业科技 …… (135)
生态文化 …… (135)
畜牧业 …… (135)
畜牧产业链建设 …… (135)
畜牧品牌建设 …… (135)
重点项目建设 …… (135)
畜牧科技创新平台建设 …… (135)
畜牧业面源污染治理 …… (136)
病死畜禽无害化处理长效机制建设 …… (136)
海洋与渔业 …… (136)
概况 …… (136)
服务滨海工作 …… (136)
出台《潍坊市海域使用权流转办法》 …… (136)
现代渔业建设 …… (136)
海洋与渔业项目争取工作 …… (137)
“三招三引”工作 …… (137)
水利 …… (137)
概况 …… (137)
农村供水 …… (137)
现代水网建设 …… (137)
农村水利建设 …… (137)

水系生态建设 …… (137)
水利管理 …… (138)
市级重点工作 …… (138)
南水北调工程 …… (138)
调整配套工程规划 …… (138)
胶东调水 …… (138)
概况 …… (138)
输送水圆满完成并试通水一次成功 …… (138)
多元化调水取得新突破 …… (138)
开展《山东省胶东调水条例》执法年活动 …… (139)
绿色产业提质增效 …… (139)
技术输出成效显著 …… (139)
农业机械化 …… (139)
概况 …… (139)
农业机械化综合水平 …… (139)
农机化投入及农机服务体系建设 …… (139)
农机化科技推广 …… (139)
农机化公共服务 …… (139)
农业综合开发 …… (140)
概况 …… (140)
5 万亩高标准农田建设项目 …… (140)
实施“效益提升工程” …… (140)
实施“十大”项目带动计划 …… (140)
龙头企业带动产业化发展试点 …… (140)
国家农发办副主任周可到潍调研 …… (140)

工　　业

综述 …… (141)
概况 …… (141)
工业转型发展呈现新格局 …… (141)
“两化”融合深入推进 …… (141)
工业创新能力持续提升 …… (141)
品牌市场不断拓展 …… (141)
制造服务化加快推进 …… (141)
科学投入迈上新台阶 …… (142)
企业素质进一步增强 …… (142)
循环经济加快推进 …… (142)
节能减排取得实效 …… (142)
工业发展环境不断优化 …… (142)
轻工业 …… (142)
概况 …… (142)
推动工艺美术产业的发展 …… (142)
潍坊市首届工艺美术节 …… (142)
招商引资 …… (143)
加快“转调创”步伐 …… (143)
纺织工业 …… (143)
概况 …… (143)
9 家企业入围中国纺织服装企业竞争力 500 强 …… (143)
安全生产监督管理 …… (143)
推进招商与转调创工作 …… (143)
机械电子工业 …… (143)
概况 …… (143)
2013 中国(潍坊)国际发动机工业大会暨展览会 …… (143)
招商引资 …… (144)
行业协会建设 …… (144)
安全生产 …… (144)
推荐先进工作 …… (144)
化学与建材工业 …… (144)
化学工业概况 …… (144)
化工园区建设具备一定规模 …… (144)
科技创新能力进一步增强 …… (144)
项目建设成效明显 …… (145)
医药工业 …… (145)
概况 …… (145)
技术创新 …… (145)
项目建设 …… (145)
招商引资 …… (145)
煤炭冶金工业 …… (145)
概况 …… (145)
安全生产 …… (145)
重点钢铁企业联合重组 …… (145)
淘汰落后生产能力 …… (146)
电力 …… (146)
概况 …… (146)
安全基础工作 …… (146)
智能电网建设 …… (146)
服务能力增强 …… (146)
主动履行社会责任 …… (146)
盐及盐化工 …… (147)
概况 …… (147)
行业管理 …… (147)
食盐专营 …… (147)
盐政执法 …… (147)
食品工业 …… (147)
概况 …… (147)

各县市区食品工业发展势态良好 …………………… (148)
龙头企业不断壮大 …………………………………… (148)
外贸出口平稳增长 …………………………………… (148)
科技创新能力不断提升 ……………………………… (148)

交通　邮政　通信

交通 ……………………………………………………… (149)
概况 …………………………………………………… (149)
公路建设 ……………………………………………… (149)
铁路建设 ……………………………………………… (150)
港航建设 ……………………………………………… (150)
民航建设 ……………………………………………… (150)
综合运输 ……………………………………………… (151)
公共交通 ……………………………………………… (151)
站场物流 ……………………………………………… (151)
智慧交通 ……………………………………………… (152)
节能减排 ……………………………………………… (152)
工程质监 ……………………………………………… (152)
行业管理 ……………………………………………… (152)
行业文明 ……………………………………………… (153)
邮政 ……………………………………………………… (153)
概况 …………………………………………………… (153)
普遍服务管理 ………………………………………… (153)
快递行业监管 ………………………………………… (153)
发展环境优化 ………………………………………… (154)
行业协会建设 ………………………………………… (154)
口岸 ……………………………………………………… (154)
概况 …………………………………………………… (154)
口岸建设 ……………………………………………… (154)
口岸开放 ……………………………………………… (154)
口岸管理 ……………………………………………… (155)
中国移动山东潍坊分公司 ……………………………… (155)
概况 …………………………………………………… (155)
无线城市建设 ………………………………………… (155)
自身建设 ……………………………………………… (155)
加大通信网络建设力度 ……………………………… (155)
中国联通潍坊分公司 …………………………………… (155)
概况 …………………………………………………… (155)
网络能力明显提升 …………………………………… (155)
行业信息化应用深入推广 …………………………… (156)
营销渠道体系进一步优化 …………………………… (156)
客户服务水平显著提高 ……………………………… (156)
运营管理效益全面改善 ……………………………… (156)
队伍管理持续优化 …………………………………… (156)
无线电管理 ……………………………………………… (156)
概况 …………………………………………………… (156)
无线电频率台站管理 ………………………………… (156)
无线电安全保障任务 ………………………………… (156)
无线电行政执法活动 ………………………………… (157)
市长公开电话受理件办理 …………………………… (157)

建设　环保

城市规划 ………………………………………………… (158)
概况 …………………………………………………… (158)
重要规划编制 ………………………………………… (158)
重要规划调研 ………………………………………… (158)
规划审批管理 ………………………………………… (158)
重点工程建设 ………………………………………… (159)
规划管理创新转型 …………………………………… (159)
城市建设 ………………………………………………… (159)
概况 …………………………………………………… (159)
城建重点项目 ………………………………………… (159)
住宅与房地产业 ………………………………………… (160)
概况 …………………………………………………… (160)
房地产市场管理 ……………………………………… (160)
住房保障 ……………………………………………… (160)
房屋登记管理 ………………………………………… (160)
商品房预售款监管 …………………………………… (161)
物业管理 ……………………………………………… (161)
城市管理行政执法 ……………………………………… (161)
市区公共自行车系统 ………………………………… (161)
园林绿化工作 ………………………………………… (161)
环境卫生管理 ………………………………………… (161)
市政设施养护管理 …………………………………… (161)
城市照明 ……………………………………………… (162)
城市防汛 ……………………………………………… (162)
公用事业 ……………………………………………… (162)
节水治污和节能降耗 ………………………………… (162)
城市管理行政执法工作 ……………………………… (162)
数字化城市管理工作 ………………………………… (162)
村镇建设 ………………………………………………… (163)
城镇化体系建设 ……………………………………… (163)
小城镇建设 …………………………………………… (163)
农村新型社区建设 …………………………………… (163)

农房建设和危房改造工作 ……(163)
建筑业 ……(163)
概况 ……(163)
建筑市场管理 ……(163)
质量安全监管 ……(163)
勘察设计管理 ……(164)
招投标管理 ……(164)
有形市场管理 ……(164)
标准定额管理 ……(164)
建设科技与建筑节能 ……(164)
低碳社区建设 ……(164)
绿色建筑 ……(164)
可再生能源建筑应用 ……(164)
既有建筑节能改造 ……(164)
环境保护 ……(165)
概况 ……(165)
“三八六”环保行动取得明显成效 ……(165)
大气污染治理取得积极进展 ……(165)
水污染防治保持良好态势 ……(165)
稳步推进污染物总量减排 ……(165)
建设项目审批提速增效 ……(166)
环保执法 ……(166)
节能降耗工作 ……(166)
概况 ……(166)
严格落实节能目标责任 ……(166)
加强节能预警调控 ……(166)
严格新上项目节能评估审查 ……(166)
加快推进节能技术进步 ……(166)
加快节能技术改造 ……(166)
全面推进循环经济发展 ……(166)

商贸　旅游

商业贸易 ……(167)
概况 ……(167)
商贸流通 ……(167)
开发区建设 ……(167)
对外经贸 ……(167)
对外贸易 ……(167)
利用外资 ……(168)
对外经济技术合作 ……(168)
招商工作 ……(168)
概况 ……(168)
政策落实和学习调研 ……(168)
整合招商资源 ……(169)
搭建招商平台 ……(169)
对外开展招商活动 ……(169)
加强对外联络和投资服务 ……(169)
创新招商方法 ……(169)
严格招商考核和跟踪问效 ……(169)
供销合作经济 ……(169)
概况 ……(169)
农村现代经营服务网络 ……(169)
农业社会化服务体系 ……(170)
农产品经营服务 ……(170)
基层组织建设 ……(170)
农民合作经济组织 ……(170)
机采棉试验示范 ……(170)
粮食流通 ……(171)
概况 ……(171)
粮食安全保障 ……(171)
仓储管理建设 ……(171)
行政执法 ……(171)
三项惠民工程 ……(171)
烟草 ……(172)
概况 ……(172)
烟叶生产经营 ……(172)
卷烟销售和网络建设 ……(172)
专卖管理和市场控制 ……(172)
企业基础管理 ……(172)
队伍建设 ……(172)
旅游 ……(172)
概况 ……(172)
营造发展氛围 ……(172)
AAAAA级旅游景区创建 ……(173)
省级旅游度假区创建 ……(173)
重点旅游项目建设 ……(173)
宣传促销 ……(173)
乡村旅游 ……(173)
接待服务水平 ……(173)
旅游商品 ……(173)

中小企业和民营经济

综述 ……(182)
概况 ……(182)

小微企业发展考核办法 ……………………………（182）
产业集聚 ………………………………………（182）
融资渠道拓宽 …………………………………（182）
科技创新 ………………………………………（182）
信息化服务 ……………………………………（183）
公共服务平台建设 ……………………………（183）
全市民营经济暨中小企业工作会议 …………（183）
全省融资平台对接活动暨启动仪式在潍坊举行 …（183）
中小企业参加第十届中国国际中小企业博览会 …（183）
民营企业简介 ……………………………………（183）
歌尔声学股份有限公司 ………………………（183）
豪迈集团股份有限公司 ………………………（184）
山东华建铝业集团 ……………………………（184）
潍坊金丝达实业有限公司 ……………………（184）
山东德勤投资担保公司 ………………………（184）
2012 年度百强民营企业和百佳民营服务企业 ………（184）
潍坊市 2012 年度百强民营企业 ……………（184）
潍坊市 2012 年度百佳民营服务企业 ………（185）
2012 年度 20 强特色产业镇、十大产业集群、十佳小企业创业辅导基地 …………………………………………（186）
潍坊市 2012 年度 20 强特色产业镇 …………（186）
潍坊市 2012 年度十大产业集群 ……………（186）
潍坊市 2012 年度十佳小企业创业辅导基地 ………（186）
第十五届潍坊市优秀民营企业家 ………………（186）

财政　税务

财政 …………………………………………（188）
概况 …………………………………………（188）
保障和改善民生 ………………………………（188）
推进经济转型发展 ……………………………（188）
支撑提升城市品质 ……………………………（189）
完善财政管理体系 ……………………………（189）
国家税务 ……………………………………（189）
概况 …………………………………………（189）
组织收入 ………………………………………（190）
金税三期试点 …………………………………（190）
推行“营改增” …………………………………（190）
营造优质税收服务环境 ………………………（190）
税收征管建设 …………………………………（190）
地方税务 ……………………………………（190）
概况 …………………………………………（190）
组织收入 ………………………………………（191）
金税三期试点 …………………………………（191）
优化服务 ………………………………………（191）
税收征管 ………………………………………（191）
队伍建设 ………………………………………（191）

金　　融

综述 …………………………………………（193）
金融运行 ………………………………………（193）
债券和股权融资 ………………………………（193）
保险业发展 ……………………………………（193）
金融组织体系建设 ……………………………（193）
金融稳定 ………………………………………（193）
金融服务质量进一步提升 ……………………（193）
银行业 ………………………………………（194）
概况 …………………………………………（194）
信贷资金向重点区域、重点行业倾斜 ………（194）
银行业组织体系建设 …………………………（194）
中国人民银行潍坊市中心支行 ………………（194）
中国工商银行股份有限公司潍坊分行 ………（194）
中国农业银行潍坊分行 ………………………（195）
中国建设银行潍坊分行 ………………………（196）
交通银行潍坊分行 ……………………………（196）
中国银行潍坊分行 ……………………………（197）
中国农业发展银行潍坊市分行 ………………（197）
潍坊银行 ………………………………………（198）
潍坊市农村信用合作社联合社 ………………（198）
邮政储蓄银行潍坊市分行 ……………………（199）
兴业银行潍坊分行 ……………………………（199）
浦发银行潍坊分行 ……………………………（200）
中国民生银行潍坊分行 ………………………（200）
中信银行潍坊分行 ……………………………（201）
招商银行潍坊分行 ……………………………（201）
恒丰银行潍坊分行 ……………………………（202）
中国光大银行潍坊分行 ………………………（202）
保险业 ………………………………………（202）
概况 …………………………………………（202）
中国人民财产保险股份有限公司潍坊市分公司 …………………………………………（205）
中国人寿保险股份有限公司潍坊分公司 ……（205）
中国太平洋财产保险股份有限公司潍坊中心支公司 …………………………………………（206）
新华保险潍坊中心支公司 ……………………（206）

证券　期货 ……………………………………………… (206)
齐鲁证券有限公司潍坊分公司 …………………… (206)
中信万通证券潍坊四平路营业部 ………………… (207)
西藏同信证券潍坊营业部 ………………………… (207)
招商证券股份有限公司潍坊通亭街证券营业部 … (207)
长城证券潍坊玄武东街证券营业部 ……………… (207)
英大期货有限公司潍坊营业部 …………………… (208)
投资公司　小额贷款公司 ……………………… (208)
潍坊市投资公司 …………………………………… (208)
潍坊经济开发区财富小额贷款股份有限公司 …… (208)
潍坊市奎文区民兴小额贷款股份有限公司 ……… (209)
临朐县恒丰小额贷款股份有限公司 ……………… (209)

教　　育

综述 ……………………………………………………… (210)
中小学素质教育荣膺全国教育改革创新最高奖 … (210)
新增 2 项国家改革试点项目 ……………………… (210)
专家办学的制度体系全面建立 …………………… (210)
教育均衡发展迈上新台阶 ………………………… (210)
民办教育发展呈现新格局 ………………………… (210)
部门职能加快转变 ………………………………… (211)
教育惠民服务机制建设 …………………………… (211)
教育品牌影响力辐射全国 ………………………… (211)
学前教育 ………………………………………………… (211)
学前教育三年行动计划超额完成 ………………… (211)
幼儿园生均经费拨款机制全面建立 ……………… (211)
幼儿教师队伍建设取得新成效 …………………… (211)
组织评选普及学前教育工作先进镇街 …………… (211)
基础教育 ………………………………………………… (212)
教育保障水平大幅提升 …………………………… (212)
中考改革不断完善 ………………………………… (212)
特别关爱特殊群体学生 …………………………… (212)
中小学教师队伍建设切实加强 …………………… (212)
教育质量效益全面提升 …………………………… (212)
职业教育 ………………………………………………… (212)
职业教育改革创新强力推进 ……………………… (212)
人才培养模式改革不断深化 ……………………… (212)
特色品牌专业建设成果显著 ……………………… (212)
职业教育基础能力建设加快推进 ………………… (212)
校企合作育人模式日趋成熟 ……………………… (212)
职业院校技能大赛再创佳绩 ……………………… (213)
高等教育 ………………………………………………… (213)
潍坊医学院 ………………………………………… (213)
潍坊学院 …………………………………………… (213)
潍坊职业学院 ……………………………………… (214)
潍坊工程职业学院 ………………………………… (215)
山东经贸职业学院 ………………………………… (216)
山东交通职业学院 ………………………………… (216)
潍坊护理职业学院 ………………………………… (217)
潍坊技师学院 ……………………………………… (218)
山东畜牧兽医职业学院 …………………………… (219)

科　　学

科技工作 ………………………………………………… (221)
概况 ………………………………………………… (221)
高新技术及其产业 ………………………………… (221)
科技计划 …………………………………………… (221)
农业与社会发展 …………………………………… (221)
科技成果 …………………………………………… (221)
科技创新资源与能力建设 ………………………… (221)
科技合作与交流 …………………………………… (222)
滨海建设 …………………………………………… (222)
海洋科技创新 ……………………………………… (222)
政策法规与环境建设 ……………………………… (222)
知识产权 ………………………………………………… (222)
概况 ………………………………………………… (222)
知识产权管理体系建设 …………………………… (222)
知识产权试点示范 ………………………………… (222)
知识产权运用能力增强 …………………………… (222)
国家知识产权质押融资城市试点 ………………… (222)
知识产权保护力度加大 …………………………… (223)
防震减灾 ………………………………………………… (223)
概况 ………………………………………………… (223)
监测预报 …………………………………………… (223)
地震应急 …………………………………………… (223)
气象测报 ………………………………………………… (223)
概况 ………………………………………………… (223)
人工增雨防雹 ……………………………………… (223)
雷电防护与防雷审批 ……………………………… (223)
依法行政 …………………………………………… (223)
装备与保障 ………………………………………… (223)
人工影响天气效益显著 …………………………… (224)
气象为农服务水平加强 …………………………… (224)
汛期气象服务卓有成效 …………………………… (224)

水文 …… (224)
概况 …… (224)
降水量及分布特征 …… (224)
水库水情 …… (224)
河道水情 …… (224)
水文情报预报 …… (224)
地下水位变化 …… (224)
地下水漏斗区变化 …… (225)
浅层地下水蓄水量变化 …… (225)
地表水水质状况 …… (225)
地下水水质状况 …… (225)
主要水源地水质状况 …… (225)

文化　卫生　体育

社会文化 …… (226)
公共文化服务体系建设 …… (226)
第十届中国艺术节 …… (226)
新闻出版 …… (226)
概况 …… (226)
广播影视 …… (227)
概况 …… (227)
新闻宣传 …… (227)
产业发展 …… (228)
技术保障 …… (228)
机制改革 …… (228)
风筝文化 …… (228)
第30届潍坊国际风筝会 …… (228)
潍坊风筝万里行活动 …… (229)
2013中国(潍坊)国际品牌食品博览会 …… (229)
国际风筝联合会第三届代表大会 …… (229)
文物博物 …… (229)
概况 …… (229)
档案工作 …… (229)
档案资源建设 …… (229)
档案文化建设 …… (230)
档案公共服务建设 …… (230)
档案规范化建设 …… (230)
档案基础业务建设 …… (230)
非物质文化遗产保护 …… (230)
概况 …… (230)
卫　生 …… (230)
概况 …… (230)
新型农村合作医疗制度 …… (230)
基层医疗卫生服务体系 …… (231)
国家基本药物制度 …… (231)
基本公共卫生服务 …… (231)
重点疾病防控与卫生应急工作 …… (231)
卫生监督执法 …… (231)
行业管理 …… (231)
全省第一家在全域内规划健康产业 …… (232)
全国县级公立医院综合改革试点顺利通过国务院评估 …… (232)
全省率先建立市、县、镇(街)、社区四级心理健康服务体系 …… (232)
体育 …… (232)
概况 …… (232)
第21届中日韩青少年运动会圆满成功 …… (232)
群众体育迈上新台阶 …… (232)
竞技体育实现新突破 …… (233)
市体校建设 …… (233)
体彩发行销售 …… (233)

社会民生

人口 …… (234)
计划生育 …… (234)
概况 …… (234)
宣传教育 …… (234)
强基提质 …… (234)
依法行政 …… (234)
优质服务 …… (234)
扶助机制建设 …… (235)
信息化建设 …… (235)
居民生活 …… (235)
城区居民生活 …… (235)
农村居民生活 …… (235)
社会保障 …… (236)
养老保险 …… (236)
失业保险 …… (236)
医疗保险 …… (236)
工伤保险 …… (236)
社会保险经办 …… (236)
社会保险基金监督 …… (236)
劳动就业 …… (236)
概况 …… (236)

就业政策落实 …… (236)
高校毕业生就业 …… (236)
创业带动就业 …… (237)
困难群体就业 …… (237)
公共就业服务体系建设 …… (237)
民政工作 …… (237)
养老服务体系建设 …… (237)
优抚安置 …… (237)
社会救助 …… (237)
城乡社区和基层民主政治建设 …… (237)
社会组织管理服务 …… (237)
双拥共建 …… (237)
防灾减灾 …… (237)
社会工作人才队伍建设 …… (238)
福利和慈善事业 …… (238)
社会事务工作 …… (238)
老龄工作 …… (238)
概况 …… (238)
养老保障体系建设 …… (238)
医疗保障体系建设 …… (238)
养老服务体系建设 …… (239)
老年维权保障 …… (239)
基层老龄组织建设 …… (239)
敬老氛围更加浓厚 …… (239)
机关建设 …… (239)
民族宗教 …… (239)
民族工作 …… (239)
宗教工作 …… (240)

县 市 区

奎文区 …… (241)
国民经济和社会发展概况 …… (241)
经济开发区(廿里堡街道) …… (242)
大虞街道 …… (243)
梨园街道 …… (243)
潍州路街道 …… (243)
东关街道(泰华城商务园区) …… (244)
北苑街道 …… (244)
广文街道 …… (244)
北海路街道 …… (244)
潍城区 …… (245)
国民经济和社会发展概况 …… (245)
潍城区荣获“全省计划生育优质服务先进单位”称号 …… (246)
社区卫生服务建设卓有成效 …… (247)
中小企业服务体系建设进一步完善 …… (247)
鲁台会展中心荣膺“中国十佳品牌会展中心”称号 …… (247)
于河街道 …… (247)
潍坊鸢都湖—浮烟山综合开发区 望留街道 …… (247)
北关街道 …… (248)
西关街道 …… (249)
南关街道 …… (249)
城关街道 …… (249)
山东潍城经济开发区 …… (250)
乐埠山生态经济发展区 …… (250)
军埠口综合项目区 …… (251)
坊子区 …… (251)
国民经济和社会发展概况 …… (251)
《坊子区志(1990—2007)》出版发行 …… (253)
山东测绘地理信息产业园建设顺利 …… (253)
坊茨小镇列入全国重点文物保护单位 …… (253)
白沙河综合治理成效显著 …… (253)
凤凰山高新技术产业园区 …… (253)
经济发展区 …… (253)
工业发展区 …… (254)
坊城街道 …… (254)
坊安街道 …… (254)
九龙街道 …… (254)
黄旗堡街道 …… (255)
寒亭区 …… (255)
国民经济和社会发展概况 …… (255)
杨家埠旅游开发区 …… (256)
寒亭街道 …… (257)
开元街道 …… (257)
固堤街道 …… (258)
高里街道 …… (258)
朱里街道 …… (259)
青州市 …… (259)
国民经济和社会发展概况 …… (259)
翰墨青州·2013 中国书画年会 …… (262)
青州成为潍坊市首个国家历史文化名城 …… (262)
王府街道 …… (262)
益都街道 …… (262)
云门山街道 …… (262)

黄楼街道 ……………………………………………（263）
弥河镇 ………………………………………………（263）
王坟镇 ………………………………………………（263）
庙子镇 ………………………………………………（264）
邵庄镇 ………………………………………………（264）
高柳镇 ………………………………………………（264）
何官镇 ………………………………………………（264）
东夏镇 ………………………………………………（265）
谭坊镇 ………………………………………………（265）
青州经济开发区 ……………………………………（265）
诸城市 ……………………………………………（265）
国民经济和社会发展概况 …………………………（265）
荣获多项荣誉称号 …………………………………（266）
省委副书记、省长郭树清到诸城调研 ………………（266）
全省农村新型社区建设工作会议在诸城召开 ……（266）
全国烟叶收购暨现代烟草农业建设现场会在诸城召开 ……………………………………………………（267）
省委副书记王军民到诸城调研 ……………………（267）
密州街道 ……………………………………………（267）
龙都街道 ……………………………………………（267）
舜王街道 ……………………………………………（267）
枳沟镇 ………………………………………………（268）
贾悦镇 ………………………………………………（268）
石桥子镇 ……………………………………………（268）
相州镇 ………………………………………………（268）
昌城镇 ………………………………………………（269）
百尺河镇 ……………………………………………（269）
辛兴镇 ………………………………………………（269）
林家村镇 ……………………………………………（269）
桃林镇 ………………………………………………（270）
皇华镇 ………………………………………………（270）
诸城经济开发区 ……………………………………（270）
南湖生态经济发展区 ………………………………（270）
高新技术产业园 ……………………………………（271）
寿光市 ……………………………………………（271）
国民经济和社会发展概况 …………………………（271）
稻田镇 ………………………………………………（272）
古城街道 ……………………………………………（272）
侯镇 …………………………………………………（272）
化龙镇 ………………………………………………（272）
纪台镇 ………………………………………………（273）
洛城街道 ……………………………………………（273）
上口镇 ………………………………………………（273）
圣城街道 ……………………………………………（274）
双王城生态经济区 …………………………………（274）
孙家集街道 …………………………………………（274）
台头镇 ………………………………………………（275）
田柳镇 ………………………………………………（275）
文家街道 ……………………………………………（275）
羊口镇 ………………………………………………（275）
营里镇 ………………………………………………（276）
安丘市 ……………………………………………（276）
国民经济和社会发展概况 …………………………（276）
安丘市被评为全国农田水利建设先进单位 ………（278）
安丘市省级森林城市创建成功 ……………………（278）
柘山镇评为全国一村一品示范村镇 ………………（278）
安丘市获"山东省优秀旅游城市"荣誉称号 ………（278）
安丘市省级园林城市创建成功 ……………………（278）
安丘市农业综合标准化研究所挂牌 ………………（278）
经济开发区 …………………………………………（278）
新安街道 ……………………………………………（279）
兴安街道 ……………………………………………（279）
大汶河旅游开发区 …………………………………（279）
景芝镇 ………………………………………………（280）
凌河镇 ………………………………………………（280）
石埠子镇 ……………………………………………（280）
大盛镇 ………………………………………………（281）
辉渠镇 ………………………………………………（281）
郚山镇 ………………………………………………（282）
石堆镇 ………………………………………………（282）
柘山镇 ………………………………………………（282）
官庄镇 ………………………………………………（282）
金冢子镇 ……………………………………………（283）
高密市 ……………………………………………（283）
国民经济和社会发展概况 …………………………（283）
"百家企业提升行动"成效显著 ……………………（284）
农村改革取得较大进展 ……………………………（284）
通过省级生态市验收 ………………………………（284）
文体事业欣欣向荣 …………………………………（284）
经济开发区 …………………………………………（285）
密水街道 ……………………………………………（285）
醴泉街道 ……………………………………………（285）
朝阳街道 ……………………………………………（285）
柏城镇 ………………………………………………（286）
姜庄镇 ………………………………………………（286）
大牟家镇 ……………………………………………（286）

阚家镇 …… (286)
井沟镇 …… (287)
柴沟镇 …… (287)
胶河疏港物流园区 …… (287)
咸家工业区 …… (287)
胶河生态发展区 …… (288)
昌邑市 …… (288)
国民经济和社会发展概况 …… (288)
中国中小城市综合实力百强和最具投资潜力中小城市百强 …… (289)
首批国家智慧城市试点市 …… (289)
城乡环卫一体化工作被列为国家标准化试点项目 …… (289)
全国唯一县级“和谐矿区建设示范点” …… (290)
农村土地承包经营确权登记颁证工作经验在全省推广 …… (290)
奎聚街道 …… (290)
都昌街道 …… (290)
围子街道 …… (290)
龙池镇 …… (291)
柳疃镇 …… (291)
下营镇 …… (291)
卜庄镇 …… (291)
饮马镇 …… (292)
北孟镇 …… (292)
临朐县 …… (292)
国民经济和社会发展概况 …… (292)
沂蒙山旅游区荣膺国家5A级旅游景区 …… (293)
中国国际门窗幕墙博览城建成 …… (293)
城关街道 …… (293)
东城街道 …… (294)
五井镇 …… (294)
冶源镇 …… (294)
寺头镇 …… (294)
九山镇 …… (295)
辛寨镇 …… (295)
蒋峪镇 …… (295)
柳山镇 …… (296)
山旺镇 …… (296)
龙山高新技术产业园 …… (296)
沂山风景区 …… (296)
昌乐县 …… (297)
国民经济和社会发展概况 …… (297)
昌乐火山地质公园入选国家地质公园 …… (298)
昌乐古火山群入选国家自然遗产 …… (298)
昌乐县获全国科技进步先进县称号 …… (298)
昌乐县被表彰为全国群众体育先进单位 …… (298)
昌乐县被命名为首批全省水资源管理规范化建设示范县 …… (298)
昌乐经济开发区(宝城街道) …… (298)
朱刘街道 …… (299)
宝都街道 …… (299)
五图街道 …… (299)
乔官镇 …… (299)
营丘镇 …… (300)
红河镇 …… (300)
鄌郚镇 …… (300)
高崖水库库区 …… (300)

开　发　区

潍坊高新技术产业开发区 …… (302)
国民经济和社会发展概况 …… (302)
潍坊高新区获批“国家可持续发展实验区” …… (303)
盛瑞8AT十万台生产线投产现场评估暨国家乘用车自动变速器工程技术研究中心建设 …… (303)
潍坊高新区成为全国首批创新型产业集群试点 …… (303)
清池街道 …… (303)
新昌街道 …… (303)
新城街道 …… (304)
新钢街道 …… (304)
潍坊滨海经济技术开发区 …… (304)
国民经济和社会发展概况 …… (304)
突破滨海战略 …… (305)
建立“三制三零三全”服务机制 …… (306)
探索园区企业化运营模式 …… (306)
大家洼街道 …… (306)
央子街道 …… (306)
峡山生态经济发展区 …… (306)
国民经济和社会发展综述 …… (306)
举办第四届环湖国际马拉松邀请赛 …… (307)
加快创建国家“生态文明先行示范区” …… (307)
城乡环卫一体化初步形成 …… (308)
环湖综合整治 …… (308)
有机农业实现新突破 …… (308)
民本民生得到新改善 …… (308)

王家庄街道 …… (308)
太保庄街道 …… (308)
峙山街道 …… (308)
郑公街道 …… (309)
潍坊综合保税区 …… (309)
国民经济和社会发展概况 …… (309)
综合保税区北区筹建全面启动 …… (310)
综合保税区通过国家正式验收 …… (310)
汶泉发展区 …… (310)
山东潍坊经济开发区 …… (310)
国民经济和社会发展概况 …… (310)
半岛总部基地项目落户经济区 …… (311)
潍坊白浪河国家湿地公园获批国家级试点 …… (312)
经济区与华安保险签署全面战略合作协议 …… (312)
经济区列入省级园区循环化改造示范试点园区 … (312)
科技企业孵化器成功获批国家级 …… (312)
张氏街道 …… (312)
北城街道 …… (312)
双杨街道 …… (313)

人　物

新任市级领导人 …… (314)
2013 年全国五一劳动奖章获得者 …… (314)
2013 年山东省劳动模范(56 名) …… (314)
2013 年山东省先进工作者（14 名） …… (315)
2013 年潍坊市劳动模范(182 名) …… (315)
2013 年潍坊市先进工作者(77 名) …… (318)
第四届全国道德模范(1 人) …… (319)
第四届全国道德模范提名奖(1 人) …… (319)
第四届全省道德模范(5 人) …… (319)
第四届全省道德模范提名奖(5 人) …… (319)
潍坊市第四届道德模范(12 人) …… (319)
中国好人(3 人) …… (319)
山东好人(49 人) …… (319)
2013 年度“潍坊好人”(178 人) …… (320)
“潍坊最美”系列人物(36 人) …… (322)
逝世人物 …… (323)

附　录

2013 年市委主要文件目录 …… (324)
2013 年市政府重要文件目录 …… (325)

索　引

主题索引 …… (326)

CONTENTS

Special Collection

At the second meeting of the eleven session of the Committee five plenary meeting of the speech
Changwen Du …… (1)
Government work report
Shuguang Liu …… (8)

Chronicle of Events

January …… (15)
February …… (16)
March …… (17)
April …… (18)
May …… (20)
June …… (21)
July …… (23)
August …… (25)
September …… (27)
October …… (29)
November …… (30)
December …… (31)

General Survey

Nature general survey …… (34)
Administrative division · Population · Nationalities …… (35)
Organizations and institutions …… (36)
The economic and social development …… (55)
The construction of spiritual civilization …… (59)

Weifang Municipal Committee of the Communist Party Of China Important meeting …… (61)
Policy Research …… (63)
Organized Affairs …… (64)
Propaganda Affairs …… (65)
United Front Affairs …… (66)
Confidential work …… (68)
Organization Establishment …… (68)
Organs directly under the party building work …… (69)
The petition work …… (70)
Party history job …… (71)
The mass work …… (71)
The work of the Party School …… (72)
The work of veteran cadres …… (72)

Weifang municipal People's Congress

Important meeting …… (74)
Important work …… (75)

Weifang municipal People's Government

Important meeting …… (78)
Supervision and inspection work …… (79)
Anti smuggling work …… (79)
Emergency management …… (80)
Food safety work …… (81)
The mayor's public telephone …… (82)
Local Records Work …… (83)
"Blue yellow" and construction …… (84)

Human Resources …… (85)
Taiwan Affairs …… (85)
Foreign affairs? and overseas Chinese Affairs …… (86)

Weifang municipal Committee of the Chinese People's Political Consultative Conference

Important meeting …… (88)
Important work …… (89)
Weifang Commission for Discipline Inspection of the CPC Important meeting …… (91)
Important work …… (91)

Democratic Parties, Association of Industry and Commerce

Weifang Municipal Committee of Revolutionary Committee of the Kuomintang …… (93)
Weifang Municipal Committee of China Democratic League …… (93)
Weifang Municipal Committee of China? Democratic? national Construction? Association …… (94)
Weifang Municipal Committee of China Association for Promoting Democracy …… (94)
Weifang Municipal Committee of Chinese Peasants'and Workers' Democratic Party …… (95)
Weifang Municipal Committee of China Zhi Gong Dang …… (95)
Weifang Municipal Committee of Nine three Society Democratic …… (96)
Weifang Municipal Association of Industry and Commerce …… (97)
Weifang municipal Federation of Labor Unions …… (97)
Weifang municipal Committee of the Communist Youth League of China …… (98)
Weifang municipal Women's Federation …… (99)
Federation of Literature and Art Circles of Weifang …… (100)
Association of Science and Technology of Weifang …… (102)
Federation of Returned Overseas Chinese of Weifang …… (103)
Federation of Social Science Circles of Weifang …… (104)
China Council for the Promotion of Internationgal Trade Weifang Sub - council …… (105)
Weifang Disabled Person's Federation …… (105)

People's Armed Forces

Weifang Military Region …… (107)
Weifang City People's Armed Police Detachment Chinese …… (110)
People's air defense …… (111)

Rule by law

Politics and Law Committee and the comprehensive management of public security work …… (112)
The construction of the rule of law …… (113)
Public Secruity …… (114)
Procuratorial Work …… (115)
The work of the court …… (116)
The judicial administrative work …… (117)

Economic Supervision And Administration

Macroeconomic Management …… (120)
State - owned Assets Administration …… (121)
Land and Resources Management …… (122)
Administration for Industry and Commerce …… (123)
Price Administration …… (123)
Quality and Technical Supervision …… (124)
Food and Drug Administration …… (125)
Production Safety Supervision and Administration …… (126)
Audit Supervision …… (127)
Statistical work …… (127)
Inspection and quarantine …… (129)
Weifang Customs …… (129)

Agriculture

To promote the modernization of Agriculture …… (132)
Planting …… (133)
Forestry …… (134)
Animal Husbandry …… (135)
Sea and Aquatic products Industry …… (136)
Water Conservancy …… (137)
Jiaodong water transfer …… (138)
The mechanization of Agriculture …… (139)

Agricultural Comprehensive Development ················ (140)

Industry

Overview ·· (141)
Light Industry ·· (142)
Textile Industry ·· (143)
Machinery & electric Industry ······························ (143)
Chemical Industry and Construction Materials Industry ·· (144)
Pharmaceutical Industry ·································· (145)
Coal and Metallurgical Industry ···························· (145)
Power Industry ·· (146)
Salt and Salt Chemical Industry ···························· (147)
Food Industry ·· (147)

Transportation, Post and Communication

Transportation ·· (149)
Post Service ·· (153)
Port Work ·· (154)
China Mobile Shandong Weifang branch ······················ (155)
China Unicom Weifang branch ······························ (155)
Radio management ·· (156)

Construction and Environmental Protection

Urban Planning ·· (158)
City Construction ·· (159)
Housing and real estate industry ·························· (160)
City Administration and Law enforcement ···················· (161)
Construction of Villages and Towns ························ (163)
Building Industry ·· (163)
Construction Science & Technology and Construction Energy_Saving ·· (164)
Environmental Protection ·································· (165)
Energy Saving Work ······································ (166)

Trade and Tourism

Commercial Trade ·· (167)
Foreign Trade ·· (167)
Investment Work ·· (168)
Supply and Marketing Cooperative Economy ·················· (169)
Grain Circulation ·· (171)
Tobacco Industry ·· (172)
Tourism ·· (172)

Small and Medium - sized Enterprises and Private Economy

Overview ·· (182)
Private Enterprises ·· (183)
2012 annual list of top 100 private enterprises and private service enterprise PARKnSHOP ································ (184)
The 2012 annual 20 strong characteristic industry town, ten industrial clusters, the top ten small enterprise business counseling base list ·· (186)
Outstanding private entrepreneurs, the fifteenth session of the Weifang city list ·· (186)

Finance and Taxation

Finance ·· (188)
National Taxation ·· (189)
Local Taxation ·· (190)

Banking

Overview ·· (193)
Banks ·· (194)
Insurance ·· (202)
The securities and Futures ································ (206)
Investment companies, small loan companies(208)

Education

Overview ·· (210)
Preschool Education ······································ (211)
Fundamental Education ···································· (212)
Vocational Education ······································ (212)
Higher Education ·· (213)

Science

Science and Technology ···································· (221)
Intellectual Property Rights ································ (222)
Earthquake Prevention and disaster reduction ················ (223)
Weather forecast ·· (223)
Hydrology ·· (224)

Culture, Health and Sports

Social Culture ·· (226)
Journalism and Publication ································ (226)
Broadcast and Television ·································· (227)
Kite Culture ·· (228)
Heritage Museum ·· (229)
Archives Work ·· (229)
The Protection of Intangible Cultural Heritage ·············· (230)
Health ·· (230)
Sports ·· (232)

The people's livelihood

Population ······ (234)
Birth Control ······ (234)
Life of Resident ······ (235)
Social security ······ (236)
Labour and Employment ······ (236)
Civil Administration ······ (237)
Working for the Aged ······ (238)
National and Religious Affairs ······ (239)

The county urban district

Kuiwen District ······ (241)
Weicheng District ······ (244)
Fangzi District ······ (251)
Hanting Distrcit ······ (255)
Qingzhou City ······ (259)
Zhucheng City ······ (265)
Shouguang City ······ (271)
Anqiu City ······ (276)
Gaomi City ······ (283)
Changyi City ······ (288)
Linqu County ······ (292)
Changle County ······ (297)

Developing Zones

Weifang High - Tech Industry Development Zone ······ (302)
Weifang Binhai Economic Development Area ······ (304)
Weifang Xiashan eco_economic Develoment Zone ······ (306)
Comprehensive Bonded Zone ······ (309)
Weifang Shandong Economic Development Zone ······ (310)

Figure

The new municipal leaders ······ (314)
2013 national five one labor certificate of merit for unit ······ (314)
In 2013 five one national labor medal winner ······ (314)
National worker's pioneer ······ (314)
In 2013 Shandong province labor model ······ (314)
In 2013 the Shandong province advanced workers ······ (315)
2013 Weifang city model worker ······ (318)
2013 Weifang City, advanced workers ······ (319)
The fourth session of the national moral models ······ (319)
The fourth session of the province's moral model ······ (319)
The fourth session of the province's Moral Model Award nomination ······ (319)
Weifang City, the fourth session of the moral model ··· (319)
China good ······ (319)
Good people in Shandong ······ (319)
2013 good people in Weifang ······ (320)
Weifang is the most beautiful series of characters ······ (322)
Death figures ······ (323)
Appendix ······ (324)
Indexes ······ (326)

特　　载

在市委十一届五次全体会议第二次会议上的讲话

中共潍坊市委书记　杜昌文

2013 年 12 月 29 日

当前,世界经济在经历了金融危机的重大冲击之后正在进行深度调整,我国经济已由 30 多年的高速增长进入中高速增长阶段,而且是改革攻坚期、结构调整阵痛期、刺激政策消化期叠加,支撑经济发展的环境条件发生了一系列变化。党的十八届三中全会作出了全面深化改革的决定,我国改革开放和现代化建设站在了新的历史起点上。面对新的形势和任务,在下步工作中,我们要着力把握好四个关系全局的重大问题。

一、坚持稳中求进,增强持续发展后劲和竞争力

稳中求进是中央在把握我国当前所处的历史方位、发展阶段,综合分析国内外形势和各种因素的基础上,确定的明年和今后一个时期经济工作的总基调。一方面,改革开放 30 多年来,我国经济社会发展取得了举世瞩目的重大成就,成为了世界第二大经济体。用总书记的话讲,我国从来没有像今天这样更加接近中华民族伟大复兴的目标,但是我们还要清醒地看到,当前我国仍然处在社会主义初级阶段,仍然是最大的发展中国家,仍然处于可以大有作为的重要战略机遇期,发展仍是执政兴国的第一要务;另一方面,我国经历了 30 多年的高速增长,面临着越来越大的资源环境压力,发展中不平衡、不协调、不可持续的问题依然相当突出,切实解决好这些问题,全面建成小康社会,必须适应由高速增长期进入中高速增长期的新形势、新特点、新要求,切实把经济发展转到以提高质量效益为中心的轨道上来。把握好稳中求进的总基调,最为重要的是处理好"稳"与"进"的辩证关系。发展是第一要务,是解决所有问题的关键,稳中求进,要义在"进",但这个"进",必须是有质量有效益的"进",是走文明发展道路的"进",是靠改革激发内生动力的"进",是可持续的"进";稳中求进,基础是"稳",必须步步为营、稳扎稳打,积小胜为大胜,积跬步至千里,保持经济健康平稳运行,保持社会大局稳定,避免经济大起大落,尤其要坚决避免质量效益没上去,增长速度又下来了,有失而无得。

实现"进",关键是以转型升级、提质增效为主攻方向,以调整产业结构为突破口,坚决打好转方式调结构攻坚战。经过全市人民长期不懈的顽强拼搏,我市经济发展取得了很大成就,转方式调结构也收到了明显成效,但面临的矛盾和问题日趋严峻。一是过度依赖投资拉动的增长很难持续,我市固定资产投资总量近年来始终居全省前三位,2012 年投资率达到了 75.1%,预计今年会达到 78% 以上,是全省最高的,受资源环境刚性约束,这种主要靠投资拉动的增长是难以为继的。二是服务业比重低,2012 年三次产业结构比例为 9.7∶54∶36.3,服务业占比低于全省 3.7 个百分点,经过一年的艰苦努力,2013 年只能提高 1 个多百分点,仍比全省低 3 个百分点左右,尤其是现代服务业发展更为滞后,在某种程度上制约了整个经济提质增效、转型发展。三是工业内部结构偏重,调整的任务相当艰巨,全市轻重工业比例为 40.5∶59.5,传统产业占七成以上,全国经济的加快转型对我市的负面影响会更大一些,对此我们要有思想准备。四是多数产业处于价值链低端,农业集中在大批量供应的普通种植业和养殖业,工业大多处于初加工制造环节,例如服装业与纺织业产值比例仅为0.26:1,而烟台为0.96:1。五是创新活力不足,全市有研究发展(R&D)活动单位占比仅为10.7%,低于全国平均水平4.9个百分点。六是资源环境压力大,我市能耗总量占到全省的近1/10,燃煤火电装机比重为98.4%、高出全省8.6个百分点,可再生能源发电装机占比低于全国27.6个百分点;预计到2013年底,COD、氨氮、SO_2仅完成"十二五"总减排任务的58%、63%、45%,环境容量已近极限。这些方面,集中反映了我市产业层次偏低、质量效益不高的实际,这种状况如果不能尽快改变,发展将难以为继,对此我们必须有清醒的、充分的认识。打好转方式调结构攻坚战,必须按照中央和省委要求,彻底摆脱传统思维、传统路径、传统模式的依赖,把工作重心和主要精力放在提质、增效、升级上,以凤凰涅槃、浴火重生的勇气和决心,按照腾笼换鸟、破茧成蝶的思路和方法,在持续增长中调整经济结构特别是产业结构,加快提升经济发展的质量和效益。

农业是"四化同步"的基础,也是潍坊的一大"亮点",但在新形势下,我们也面临着如何再造新优势的重大课题。要按照总书记习近平"三个导向"的要求,认真贯彻中央农村工作会议精神,坚持农业现代化与城镇化互动发展,着力转变农业发展方式,发展高端高质高效农业,建设现代农业示范基地,打造品牌农业新优势,实现优质优价。关键是用好全面深化改革的重大机遇,大力推动农村改革创新,推进农业规模化经营、标准化生产、企业化管理、社会化服务,激发农业农村发展的内在动力。要坚持和完善农村基本经营制度,在保持家庭承包经营权长期不变的前提下,搞好土地确权颁证和有序流转,发展专业合作和股份合作,培育家庭农场、专业大户、合作经营组织和农业企业等新型经营主体,提高农业的规模化、集约化水平;把农产品质量安全作为加快现代农业发展的关键,完善和推行农产品质量安全标准体系,围绕"产"和"管"两个环节,建立覆盖从田间到餐桌全过程的监管制度,确保人民群众"舌尖上的安全";把现代企业的经营理念、组织形式和运作模式导入现代农业发展全过程,贯穿到农产品生产、加工、销售各环节;着力构建新型农业社会化服务体系,提高农业发展竞争力。

工业是潍坊的当家产业,也是转型升级的重点和难点。工业调整的突破口应选在传统产业的改造升级上。要围绕建设现代制造业基地,紧跟国际技术、产业、管理、营销模式升级的新趋势,完善促进工业转型升级机制,尤其要用好信息化这个"利器",推动传统产业加快向产业链和价值链高端突破。主要路径是"腾笼换鸟、凤凰涅槃",要下大气力"腾"用地空间、环境容量、资源要素、市场空间,"换"新工艺、新设备、新产品、新产业、新的营销模式、新的管理机制,"提升"产品层次、企业效益、生态环境、员工福利、企业家道德境界和企业竞争力生命力。如机械装备业,要发挥比较优势,密切跟踪3D打印等现代科技,加快发展智能装备、工业机器人、数控机床、混合燃料发动机、石油装备、海洋工程设备等,加速8AT产业化进程,提升核心竞争力;汽车制造业,要顺应国家政策支持方向,加快向汽车模具、轮胎模具、精密液压件、控制器的研发延伸,向新能源汽车领域拓展,提升整车装备能力和质量;石油化工业,应加快向精细化工、合成材料、生物化工等特色化工方向发展;纺织服装业,要努力把布料更多地变成最终消费品,重点突破高档精梳纱线、印染后整理加工和高档家纺、高端定制服装等;造纸包装业,发展的方向应当是高档生活用纸、包装新材料、环保装饰材料等。同时,要以更大力度抓住新一轮科技革命的机遇,发展战略性新兴产业,抢占产业发展制高点。例如,生物医药产业,发挥好高新区国家级生物医药专业孵化器的作用,重点向现代基因工程药物、抗体药物、新型疫苗关键技术和医用高分子新材料攻关;电子信息产业,应加快完善集成电路产业链,大力推广应用大数据、云计算、物联网等信息技术,重点向智能网、半导体照明芯片制造、测绘地理信息产业等高端产业空间开拓;节能环保产业,应努力开发清洁能源,研发和生产各种简易高效的污水处理、空气净化、土壤改良技术和设备,推进智能电网关键技术和装备的突破应用,加快形成新的支柱产业,促进全市产业转型升级。

服务业是我市经济的突出短板,在三次产业结构中的比重低,与潍坊的区位、总量和发展水平很不相称,但发展的潜力和空间也很大。总的是按照社会化、市场化、专业化、规范化的要求,着力破除制约服务业发展的思想障碍和体制机制制约,加快服务业发展创新,推动服务业大踏步前进。重点是把握三次产业尤其是制造业与服务业融合发展和居民消费结构升级的新趋势,着力突破现代服务业。一是大力发展现代物流业。物流是企业的"第三利润源",是提质增效的"助推器"。我市被确定为全国物流园区发展的二级布局城市,并且在港口建设、机场迁建、高铁枢纽规划等点上有了重大突破,要依托全市集疏运大枢纽建设,加快实施鲁辽陆海甩挂运输大通道项目,策划和推进空港物流等重大项目,大力培育发展临港物流、保税物流、农产品物流等大型物流园区和骨干企业,同时把握电子商务与现代物流融合、线上线下一体化发展的新趋势,提升物流业发展的信息化、专业化、现代化水平,加快建设现代物流基地和国际综合物流枢纽。二是大力发展金融产业。金融是现代经济的核心和命脉,十八届三中全会对全面深化金融改革开放提出了明确要求,省里出台了金改22条,我市也出台了自己的政策意见。今后关键是搞好对相关政策的跟踪、研究和对接,发挥我们的基础优势,加快金融改革和发展,突出抓好草根金融发展、结算平台打造、网络金融创新、后台总部建设四项重点工作,促进产业链与资金链相配套,打造以金融为核心的经济运行供应链,使金融成为支撑经济发展、壮大财政基础的一支劲旅,为推动产业转型升级不断注入新鲜血液。三是大力发展文化创意产业。特别是在工业设计方面谋求突破,集中布局相关资源要素,打造文化创意产业基地，加快提升文化软实力，提高经济的文化含量和价值含量。四是大力发展能够引领现代消费需求的信息、养老、健康、医疗、教育、旅游等新型服务业态，加快培育新的经济增长点和财源支撑点。

打好转方式调结构攻坚战，最为关键的是把科技的力量、市场的力量和政府的力量统一起来，激发活力、启动内力、强化动力。一是创新驱动。科技是第一生产力。当前，新一轮科技革命为我们加快转型升级提供了重大机遇。实施创新驱动，关键是突破现有技术的应用提升和已有成果的产业化。提高劳动者素质是促进技术应用最根本最基础的工作，既要加快建设职业教育创新发展试验区，建设潍坊科技大学和公共实训基地，培养高素质应用型人才，又要创新方式引进高层次创新创业人才，促进人才向产业和生产一线流动，为转型升级提供智力支撑。推进科技成果产业化，关键是深化科技体制改革，核心是健全技术创新市场导向机制，整合好创新平台、公共服务设施、专项基金等各类创新资源，完善以企业为主体的产学研协同创新机制，为加快成果转化创造有利条件和环境。二是市场带动。要坚持以改革促转型、促调整、促升级，自觉遵循经济规律和市场规律，充分发挥市场在资源配置中的决定性作用，坚持用市场的办法解决发展中的问题，用市场化手段促进资金、人才、技术等要素合理流动，促进资源配置效益最大化和效率最优化。关键是要加快完善现代市场体系，通过完善市场规则、统一市场准入、改革工商注册，激发民营经济活力，促进创业就业。要采取负面清单的办法放开市场准入，特别是按照“先照后证”的办法，提供便利化服务，以此来动员全社会的力量，形成创新创业的浓厚氛围，大力度地培育各种市场主体，引导各类社会资本参与转方式调结构。开放也是改革。要围绕转调创加快转变招商引资方式，加大招商引资力度，统筹利用好国际国内两个市场、两种资源，发挥好开放对于转型升级的巨大促进作用。对一个区域来说，发展的内部资源是有限的，但可利用的外部资源是相对无限的；衡量一个地方的发展能力，很重要的一条就是吸引聚集整合利用资源的能力。打好转方式调结构攻坚战，必须把握和处理好增量与存量的关系，把扩大优质增量与调整存量结合起来，把招商与转调创结合起来，大力引进转调创所需要的资金、人才、智力、技术、先进管理经验和模式，努力塑造开放型经济新优势。中央严禁各类违法实行招商优惠政策行为，我们要坚决贯彻。从一定程度来讲这也是我们的机遇，我们原有的工作基础、空间条件等优势更加明显了。新形势下扩大招商，一要靠真诚的态度、专业的水准和干部的魅力；二要靠风筝会、鲁台会、菜博会等知名节会平台和各类行业协会、专业招商活动等平台，尤其要用好明年全国工商联执委会在济南召开的机遇，搞好对接和招商；三要靠高效规范的政务环境、配套完善的商务环境、开放包容的人文环境、诚实守信的法治环境、优越良好的生态环境。在聚集外部资源的同时，还要千方百计开拓国际市场，促进出口稳定增长，同时要克服“肥水不流外人田”的落后思想，在留住总部、结算中心、研发中心等核心业务的前提下，支持有条件的企业走出去，到境外去拓展发展空间。三是政府推动。关键是对市场难以解决的问题，政府要敏锐反应、主动作为、积极补位，主要是办好四件事。第一，要坚持规划政策引领，主要是加强战略规划、政策标准等制定和实施。当务之急，是发挥比较优势，聘请专业团队研究制定全市转型升级规划，特别是对产业转型升级，要坚持用世界眼光、专业眼光、未来眼光，逐个产业分析诊断，找出制约转型升级的障碍，厘清需要淘汰、限制、转移的负面因素，确定转型升级的方向和重点，配套相应的政策措施，推动产业转型升级。同时，要提高准入门槛，强化环保、安全等标准的硬约束，实行负面清单管理模式，建立倒逼机制，严格依法监管，通过市场竞争实现优胜劣汰。第二，要搭建高端服务平台，积极推动滨海区、高新区、综合保税区等各级各类园区建设，大力推进技术研发、金融服务等公共服务平台建设，特别是要抓好中国食品谷、农村产权交易中心的规划建设，着力打造辐射全市、服务周边的高端服务平台，为转型升级提供重要支撑。第三，要优化空间战略布局，突破滨海、提升城区、开发两河既是我市全域统筹发展的战略布局，也是转型升级、提质增效的重要平台和抓手，要着眼于吸纳聚集优质资源，进一步优化生产空间、生活空间、生态空间，加快特色产业发展，在更高层次上谋划和推进。突破滨海，要突出海洋经济发展，加快培育海洋运输、临港物流、海工装备、生物医药、海洋化工等海洋特色产业，打造新兴战略产业发展龙头。提升城区，要围绕完善城市功能和辐射带动力，大力发展总部经济、现代物流、科技服务、金融保险、文化教育、医疗健康等高端服务业，打造现代服务业发展高地。开发两河，要统筹空间规划、生态环境、产业发展和要素配置，重点推进特色、优势产业布局和镇村建设，打造城乡统筹发展的平台。第四，要强化重大基础设施支撑，着眼促进转型升级、保障永续发展，加强水生态、大枢纽、新能源、信息化基础工程建设，拉长补齐短板，强化薄弱环节，提高支撑能力。改善水生态，主要是着眼实现水资源的高效循环利用，加快完善现代水网体系，建设水网工程，打造水网生态，形成生态走廊，同时完善全市统一的调度配置体制，为转型发展提供可靠的水资源保障。建设大枢纽，就是要建设交通大枢纽和物流大枢纽，当前要围绕建设现代物流基地，加快打造立体化的集疏运交通体系，着力推进潍坊港、潍日高速、机场迁建、高铁枢纽、济青中线、城海轻轨等一批重点工程。发展新能源，主要是围绕调整能源结构，构建安全、稳定、经济、清洁的能源供应体系，积极发展光伏发电、风能、太阳能、生物质能等新型能源，超前规划建设一批热电联产、油气管网、特高压输电等重大能源工程。同时，有关方面要高度敏感、密切关注，积极寻求机会，培育和发展永磁电机、空气动力等已有重大突破的新能源产业，大幅提高能源保障能力，支撑产业转型升级。需要特别强调的是，要高度重视信息化对经济社会发展尤其是转型升级的重大引领促进作用，以更大的力度抓好信息化基础设施建设和运用信息化能力建设,加快推进4G网升级改造、三网融合、光纤入户等工作,构建安全可靠的信息网络支撑体系,提高大数据、云计算、物联网等信息综合服务能力,推进智慧潍坊建设。

确保"稳",根本的是着眼长远、立足当前,统筹兼顾、稳扎稳打,持之以恒、务求实效。做到这一点,必须保持思路、政策的连续性,在继承中发展,在扬弃中纳新,以"功成不必在我"的胸怀和境界,多做打基础、利长远的工作。比如生态环保问题。拥有天蓝、地绿、水净的美好家园,是每个潍坊人的梦想,也是我们的重大责任,必须以文明发展、永续发展的理念,以对群众负责、对子孙后代负责的精神,以壮士断腕的勇气和决心,宁肯牺牲一些发展速度,也要坚决把生态环境治理好。但也要看到,生态环境问题与发展阶段密切相关,是长期形成的,解决起来也非一日之功。因此在总体把握上,必须从发展阶段的现实出发,既要坚定信心,又不能急于求成,既要打攻坚战,也要打持久战。在工作安排上要坚持"两手抓",一手立足当前抓节能降耗和群众反映强烈的大气、水污染等突出问题治理,深入实施"三八六"行动,在集中治理违法排放、超标排放的基础上,实行分阶段逐步加严的污染物地方排放标准,对存在污染的企业每两年一个标准逐步改造升级,同时严把准入关口,推动环境质量持续改善;一手着眼长远抓生态文明制度建设,加强顶层设计,按照资源利用以节约为首位、环境改善以保护为首位、生态建设以自然恢复为主的思路,形成有利于资源节约和环境保护的制度安排和利益导向。

比如化解过剩产能问题。这是产业结构调整的难点也是关键点。对此,我们要有承受阵痛、乃至巨痛的定力,不囿于眼前和局部利益,下决心化解一批落后产能,为转方式调结构腾出空间。同时要注意统筹考虑就业、债务风险、社会稳定等多重因素,做好社会政策托底等相关应对预案,把工作做细做扎实,防止影响职工利益和社会稳定。工作中,关键是要按照中央"四个一批"的要求,分析具体情况,细化工作方案,搞清楚哪些过剩产能是可以通过创造有效需求来消化的,哪些是可以转移的,哪些是可以整合的,哪些是必须淘汰的。特别是要正确对待破产保护和破产重整方式,利用好依法破产的调整机制。

再比如有序推进城镇化问题。中央城镇化工作会议强调,城镇化是一个自然历史过程,推进城镇化既要积极、又要稳妥、更要扎实;强调首要任务是促进有意愿、有能力在城镇稳定就业和生活的常住人口实现市民化,优先解决存量、有序引导增量。有序推进城镇化,核心是以人为本,关键是提升质量。要遵循规律,因势利导,不能认为中央开了会就盲目攀比、大干快上,而要结合实际、科学推进,做到顺势而为、水到渠成。推进以人为核心的城镇化,既要解决已进入城镇农业转移人口的户籍问题,更要解决他们的就业、住房、教育、医疗、社会保障等问题,让他们享受跟城里人一样的待遇;既要稳步推进农村新型社区建设,改善居民生活条件,又要注意保留村庄原始风貌、不搞大拆大建,坚决避免让居民"被上楼"、干违背农民意愿的事;既要解决城乡二元结构的问题,还要解决城市内部二元结构的问题,搞好棚户区和城中村改造。省里明年2月份要召开城镇化工作会议,我们要不等不靠,从现在起就搞调查、作测算,研究推进意见,明确工作方向、目标、重点和政策措施。

确保"稳",最为基本的是要守住安全底线。守住安全底线,关键是要树立底线思维,提高掌控能力。在当前错综复杂的经济环境下,要及时研判国际国内经济形势,围绕事关经济发展全局和长远的重大问题,进行前瞻性、预见性研究,有效防范和化解影响经济持续健康发展的不稳定不健康因素,牢牢把握发展主动权。每项改革举措出台前,都要进行周密论证和风险评估,对可能引发的风险要配套制定防范预案。要把控制和化解金融风险、债务风险作为重要任务,完善政府债务管理体制和工作机制,规范政府举债行为,管好用好债务资金,坚决防止出现系统性、区域性债务风险;高度关注金融安全,切实加强对金融领域突出问题的研究和潜在风险的监测,维护好来之不易的金融生态。同时,对生产安全、生态安全以及社会领域可能引发的群体性事件,要做到心中有底、早作预案、超前防范,注重用法治思维和办法去化解,确保发展安全。岁末年初,要高度关注极贫、困难家庭的生活,处理好农民工讨薪等民生问题,让大家都能过一个安全、文明、祥和的节日。

二、坚持改革创新,激发和增强全社会的创造活力

习总书记指出,改革开放是决定当代中国命运的关键一招,也是决定实现"两个一百年"奋斗目标、实现中华民族伟大复兴的关键一招。改革是社会主义制度的自我完善和发展,是民族的希望、发展的活力源泉。潍坊历来就有改革创新的传统,曾创造了商品经济大合唱、农业产业化经营等许多改革经验,推动了全市经济社会的大发展。站在新的起点上,迈过转方式调结构这道坎,必须用改革创新的思路和办法解决前进中的问题,靠改革来催生新机制、激发新动力、创造新活力,这是实现更高层次新发展的根本之举。我们必须进一步坚定信心、凝聚共识、狠抓落实,积极稳妥推进全面深化改革,努力把中央改革蓝图变为潍坊科学发展的生动实践。

全面深化改革,最根本的是以经济体制改革为重点,坚持重大问题导向,进一步解放思想、进一步解放和发展社会生产力、进一步解放和增强社会活力。进一步解放思想,关键是要破除思想障碍,增强推进改革的思想自觉和行动自觉。当前改革已进入深水区和攻坚期,各种利益矛盾更加复杂,思想不解放就很难找准突破的方向和着力点,很难拿出有突破性的改革举措。要深入系统地学习三中全会精神,着重把握全会理论创新的重大思想、重大观点,把思想高度统一到中央的部署要求上来。要坚决破除用行政手段配置资源的惯性思维,牢固树立市场决定资源配置的理念,紧紧围绕使市场在资源配置中起决定性作用来深化经济体制改革,努力提高资源配置的效率;坚决破除歧视非公有制经济的落后意识,树立公有制经济和非公有制经济都是社会主义市场经济的重要组成部分、都是我国经济社会发展的重要基础的理念，形成促进非公有制经济与公有制经济平等竞争、健康发展的认识自觉、行动自觉；坚决破除单纯以GDP增长率论英雄、仅看显绩、盲目攀比增长速度的陈旧政绩观，树立保护环境就是保护生产力的理念，树立重视看基础、看质量、看潜绩、看实绩的导向，更加注重创新发展、保护环境、改善民生、促进公平正义；坚决突破利益固化的藩篱，坚定全面深化改革的信心，拿出自我革新的勇气和胸怀，跳出条条框框的限制，敢于啃硬骨头、敢于涉险滩，树立全局意识、协同意识，形成推动全市改革发展的强大合力，努力以思想的大解放进一步解放改革创新的活力。进一步解放和发展社会生产力，关键是使市场在资源配置中起决定性作用，着力点是坚持基本经济制度、培育市场主体、完善现代市场体系。完善基本经济制度，关键是积极探索基本经济制度的有效实现形式。三中全会《决定》提出，要坚持公有制主体地位，积极发展混合所有制经济，并强调国有资本、集体资本、非公有资本交叉持股、相互融合的混合所有制经济，是基本经济制度的重要实现形式。结合潍坊实际落实这一要求，核心是健全完善现代产权制度，加快推进企业的规范化公司制改造，完善法人治理结构，建立适应市场经济发展的现代企业制度，增强企业发展活力和竞争力。培育市场主体，着力点就是大力发展民营企业，主要措施是促进权利平等、机会平等、规则平等，消除对民营经济的歧视和壁垒，进一步放宽市场准入，积极推动民间资本进入基础设施、基础产业、金融服务和教育、医疗、养老、健康等领域，支持中小微企业加快发展，加大政府购买公益性岗位和公共服务力度，推动民营资本顺畅进入、民营企业公平参与市场竞争。完善现代市场体系，关键是要形成公平竞争的发展环境，推动企业自主经营、公平竞争，消费者自由选择、自主消费，商品和要素自由流动、平等交换，让各类市场主体在公平竞争中焕发活力。进一步解放和增强社会活力，核心是处理好市场与政府的关系，着力点是加快转变政府职能，深化简政放权、加强依法监管、强化服务指导，推动劳动、知识、技术、管理、资本的活力竞相迸发，让一切创造社会财富的源泉充分涌流。简政放权是关键所在，根本的是要还权于市场、还权于社会，解决政府管得过多过死的问题，把装在口袋里的生产力释放出来。要建立各级政府及其工作部门权力清单制度，依法公开权力运行流程。要进一步深化行政审批制度改革，既要接好放好中央、省下放的审批事项，把上级明令取消的审批事项不折不扣地放给市场、放给社会，又要最大限度地取消我们现有的行政审批事项，打破中介服务市场垄断，推动资源配置依据市场规则、市场价格、市场竞争实现效益最大化和效率最优化，让市场主体依法享有充分的自主权。在放权的同时，还要加强依法监管，切实解决“一放了之”和“重批轻管”问题，防止“一放就乱、一管就死”的怪圈。特别是涉及到生态环境、食品药品安全、生产安全、财产和人身安全以及诚信建设等方面的问题，政府不但不能放，还要加大监管力度，切实履行好应尽的社会责任。

全面深化改革，必须按照中央和省委统一部署，结合潍坊的实际，把握好事关全局的重大问题，确保改革预期成效。一要强化顶层设计。要坚持重大问题导向，深入调查研究，用心用力谋划，搞好我们自己的总体布局和顶层设计，加快制定贯彻落实三中全会精神、全面深化改革的意见，明确改革的重点、路径、次序、方法。特别是各级班子和职能部门的负责同志要按照各自职责，逐条研究相关改革内容，弄明白改什么、怎么改、什么时候改，真正把我市改革的任务书、路线图、时间表制定好。二要坚持整体推进。这次改革的关联性、互动性明显增强，必须更加注重整体谋划、整体联动、整体推进，处理好整体与局部、重点和一般、部门和行业的改革关系，让改革的各方面、各层次、各要素全部动起来，形成相互促进、良性互动、协同配合、整体推进的改革局面。三要大胆探索实践。大胆探索、勇于开拓是深化改革的内在要求。只要有利于解放和发展社会生产力，有利于助推经济社会持续健康发展，有利于实现好、维护好、发展好最广大人民的根本利益，就要大胆闯、大胆试，坚决破、坚决改。只要是中央有明确要求，我们看准了的，就要大胆探索，先行先试，已有试点经验和正在进行的更要坚定不移地推下去。四要稳妥有序展开。按照总书记习近平正确、准确、有序、协调推进的原则和“五该五不要”的要求，从改革发展的现实需要出发确定改什么、不改什么、哪些先改、哪些后改，统筹谋划深化改革的各个方面、各个层次、各个要素，加强不同时期、不同方面改革的配套衔接，确保各项改革稳妥有序、扎实推进。市委还将召开全委会，对全面深化改革工作进行研究部署，各有关方面要按照职责分工，深入研究、做好相关准备。

三、坚持群众路线，形成建设富裕文明新潍坊强大合力

群众是我们的力量源泉，群众路线是我们党的生命线和根本工作路线。只有时刻心里想着群众，群众才能信任、拥护和支持我们；也只有依靠群众的智慧和力量，才能使我们的事业和工作顺利推进。实现更高层次新发展，建设富裕文明新潍坊，目的就是让人民群众过上更好的生活，这是全体潍坊人民共同的事业。我们一定要始终坚持群众观点，把一切为了群众、一切依靠群众贯穿于改革发展稳定的全过程和各方面，既依靠群众推进工作，又让群众共享改革发展成果，激发群众创新创造创业的动力和活力，凝聚起共促改革、共谋发展的强大合力。

改善民生是我们全部工作的出发点和落脚点，也是一切为了群众的集中体现。要按照中央提出的守住底线、突出重点、完善制度、引导舆论的思路，统筹做好改善民生各项工作，着力促进社会公平正义，增进人民福祉，以赢得人民群众的拥护和支持。要着眼实现更加充分的就业，把稳定就业作为经济发展的优先目标，统筹抓好市场调节就业、政府促进就业和创业带动就业，特别是要大力鼓励创新创业，着力提高劳动者就业创业能力，完善就业服务体系和工作机制，通过扩大就业来提高群众收入水平，使群众生活得更有尊严。要着眼办好人民满意的教育，坚持教育优先发展，不仅要提高各级各类教育质量，提高服务改革发展的能力，而且要着力促进人的全面发展，创造全面发展的人文环境，使受教育者德智体美全面发展，更要注重教育公平，适应城镇化和人口流动变化形势，创新教育体制机制，促进教育均衡发展。要着眼提供更为便利的医疗，着力推进医疗保障、医疗服务、公共卫生、药品供应、监管体制综合改革，特别是要全面展开去行政化改革，借鉴先进经验，制定完善方案，积极稳妥推进。抓好城乡居民大病保险、城镇居民医疗保险与新农合并轨、公立医院改革等医药卫生体制改革，完善城乡医疗和公共卫生服务体系，为群众提供安全有效方便价廉的医疗卫生服务。要着眼为群众提供更加丰富的公共文化服务，坚持面向基层、面向群众，统筹抓好城乡文化服务设施建设、文化惠民工程实施和群众性文化活动开展，着力构建现代公共文化服务体系，大力弘扬优秀传统文化，提高文化产品质量，更好地满足群众精神文化需求。要着眼提供更加完善的社会保障，通过创新制度安排，保证人民享有改革发展成果的平等权利，尤其要健全完善城乡养老、医疗、救助等社会保障制度，建立普遍均等、规范高效的公共服务体系，让发展成果更多更公平地惠及人民群众。要着眼营造更加和谐稳定的生活环境，突出抓好社会治安综合治理、矛盾纠纷排查化解，积极预防和有效避免重大刑事案件和重大群体性事件，切实增强群众安全感。通过持续不断改善民生条件，真正让老百姓感受到实实在在的改革发展成果。

坚持群众自主自治是一切依靠群众的根本要求，也是我们推动各项工作的重要方法和途径。只有相信群众、依靠群众，工作才能无往而不胜。否则，什么事都办不成也办不好。必须坚持向群众学习，善于从群众的实践创造和发展要求中完善政策主张，汲取智慧和力量，夯实工作的群众基础。一是要坚持群众主体地位。说话办事要始终站在群众的立场上，制定政策、开展工作尤其是对涉及群众切身利益的问题，都要广泛听取群众意见，尊重群众意愿，组织群众参与，使群众自主决策、自主实施、自主管理，真正让群众自己办好自己的事情。比如，在征地拆迁、城中村改造方面，出现大量上访问题的主要原因是基层干部越俎代庖、办事不公甚至以权谋私，根本的是群众观念淡薄，不尊重群众的自主权。老百姓自己的事就要让老百姓自己当家作主，自己来拿方案，自己组成相关机构，自己选择施工队伍，自己监督工程质量，自己分配住房，自己管理物业，等等，真正让群众自主自治。二是要发挥群众首创精神。老百姓当中蕴藏着无穷的智慧，是创新创造的动力和活力源泉。要善于问政于民、问需于民、问计于民，通过群众的创新实践来推进改革攻坚、破解发展难题。潍坊是一个富有创新精神的地方，这些年来各级特别是基层和群众积极创新实践，创造了大量经验做法，像新型农村社区建设、农产品质量安全区域化管理、诉调对接矛盾化解机制等。现在关键是系统总结提升基层和群众创造的经验，并用来完善改革的思路、发展的举措，广泛应用于工作实践，真正使之开花结果。三是要切实维护群众利益。群众利益无小事，群众利益高于天。要牢固树立正确的权力观和政绩观，想问题、作决策、办事情都要把老百姓的利益放在第一位，不论是目标确定、政策制定还是工作推进，都要充分考虑老百姓的利益，做到有利于老百姓的就干，不利于老百姓的就不干，绝不能干那些劳民伤财、违背群众意愿的事。特别是要解决好群众反映强烈的突出问题，办好顺民意、解民忧、惠民生的实事，使我们的各项工作都成为群众满意工程。四是要深入做好群众工作。推进改革发展稳定，增进共识、凝聚力量至关重要。必须广泛宣传群众、动员群众、组织群众，不论是上级的决策部署、我们的工作安排，还是改革举措、转调任务、发展重点，都要面向群众解疑释惑，争取群众的理解和支持。要注重为群众作示范、当表率、搞服务，通过我们的行动让群众跟着来、一起干，既让群众看到改革带来的新变化、转型发展的新成果，又让群众得到实实在在的好处，增强群众投身改革发展的积极性、主动性、自觉性，为建设富裕文明新潍坊提供强大动力。

四、坚持科学领导，提高驾驭改革发展稳定大局的能力

当前和今后一个时期的改革发展稳定任务异常艰巨。我们必须深刻领会和把握好中央和省委有关重要精神，转变领导方式，实现工作指导重大转变；必须加强学习研究，全方位提高领导水平和执政能力，团结带领广大干部群众把改革发展稳定的各项任务落到实处、见到实效。

一是要加快工作指导转变。在发展理念上，要坚决破除单纯攀比增长速度的陈旧观念，进一步强化科学发展理念，追求实实在在、没有水分的速度，民生改善、就业充分的速度，经济活力增强、结构不断优化的速度，经济发展质量和效益得到提高又不会带来后遗症的速度。在发展定位上，加快由注重经济发展转到坚持统筹协调、全面落实“五位一体”总体布局上来，防止把发展简单化为增加生产总值，做到不以GDP增长率论英雄，不层层加码，不盲目追求速度，真正从看重经济总量排名的纠结中摆脱出来。在增长动力上，由主要依靠投资拉动转到积极有效扩大内需特别是消费需求上来，着力启动消费，提高投资效益，努力稳定外需，协调发挥消费、投资、外需对增长的拉动作用。在发展模式上，彻底摒弃过于依赖通过大量消耗资源扩张规模实现经济增长的旧模式，充分挖掘和利用好改革蕴藏的巨大潜力、体制机制变革包含的强劲动力、科技创新提供的强大支撑力。在发展路径上，加快由结构偏重、层次偏低状况向腾笼换鸟、凤凰涅槃、转方式调结构转变，推动三次产业结构由“二三一”向“三二一”转变，产业内部结构从价值链低端向高端加快转变，管理方式向现代管理制度转变。在资源配置上，加快由过去市场在资源配置中起基础性作用转到充分发挥市场的决定性作用和更好发挥政府作用上来，推动资源配置实现效益最大化和效率最优化。

二是要增强各级班子整体效能。事业成败的关键在领导班子，根本的是要营造风清气正、干事创业的政治生态。必须把班子建设摆在更加突出的位置，着力提高班子整体效能。一要增强政治定力。理论彻底性是信念坚定性和行动自觉性的基础。要突出抓好政治教育，尤其对主要领导干部、关键岗位干部要加强基本理论教育培训，解决好世界观、人生观、价值观这个"总开关"问题，严守政治纪律，始终同以习近平同志为总书记的党中央保持高度一致，在原则问题和关键时候经得起考验。在全面深化改革、加快转型发展中，要坚定改革的信心、转型的定力，只要不出现大的波动，就决不能改变市场化的改革方向，坚决按照既定的深化改革、转型发展的方向目标往前推进。二要坚持民主决策。认真贯彻执行民主集中制，完善议事规则和决策机制，坚持集体决策、民主决策，凡重要事项、重大问题都要集体讨论决定，并广泛开展协商民主，充分听取人大代表、政协委员、民主党派等各方面的意见建议，提高决策的科学化、民主化水平，避免决策失误特别是重大决策失误。三要加大执行力度。要强化集体领导下的分工负责和协作配合，班子成员既要增强"公转"意识，又要提高"自转"能力，既要从全局角度思考问题、开展工作，又要按照分工独立负责、创造性地做好工作，并完善目标管理责任制，完善重点任务组织领导体制和工作推进机制，以钉钉子精神狠抓工作落实，确保干一件成一件。四要加强团结协调。一个班子就是一部机器，每个成员都是零部件，机器要高速运转，必须每个部件都正常运转。每个班子成员都要准确定位，忠于职守，善于共事，加强协调，做到思想同心、目标同向、工作同力，提高协同度，保证班子有序高效运转。要严格政治生活，着力解决政治生活庸俗化问题，用好批评和自我批评的武器，真诚互帮互助，遇事多商量、多通气，在干事中增进团结，形成整体合力。

三是要着力转变干部作风。作风问题是直接关系到改革发展稳定大局的重大问题。要以踏石留印、抓铁有痕的劲头抓作风建设，以好的作风、铁的纪律取信于民。要以开展党的群众路线教育实践活动为抓手，按照"照镜子、正衣冠、洗洗澡、治治病"的要求，通过学习教育、征求意见、相互批评，深入查找和集中整治"四风"问题，着力解决群众反映强烈的突出问题，并建立健全制度机制，推进改进作风常态化长效化。要严肃纪律，严格执行政治纪律、组织纪律、财经纪律、工作纪律和生活纪律等各项纪律，严肃处理违反纪律的行为，着力解决组织涣散、纪律松弛问题。要着力提升干部素质能力，特别是面对改革发展稳定的艰巨任务，亟需提高思想政治能力、动员组织能力、驾驭复杂矛盾能力。不仅要通过学习上级精神、外地经验来丰富执政头脑，更要在适应新形势、研究新情况、解决新问题上下功夫，特别要加强调查研究，以解决问题为导向，用问题倒逼我们的工作，注重用创新思维解决问题，用战略思维谋划工作，用法治思维处理事务，用辩证思维解决复杂矛盾，用底线思维做好应对准备，牢牢把握工作的主动权。

四是要提高舆论引导能力。舆论宣传是统一思想共识、凝聚各方力量的重要手段，也是关系政治安定、社会稳定的重大问题。要适应信息化、全媒体、自媒体快速发展的新形势，把握宣传规律、正确引导舆论。一方面，要把握正确的舆论导向，大力宣传解读十八届三中全会和总书记习近平系列重要讲话精神，宣传中央和省、市委重大决策部署，宣传全面深化改革、推动转型发展的重大意义和政策措施，在全社会凝聚起全面深化改革、推动转型发展的强大正能量。另一方面，要有效引导社会舆论，健全机制，强化力量，及时正确地传达党委政府的声音，分析研判和规范管理社会舆情，稳妥处理敏感性、倾向性问题，解疑释惑，澄清视听，最大限度地扩大正面声音，压缩负面空间，牢牢把握舆论主动权和话语权。

五是要深入推进反腐倡廉建设。为政清廉才能取信于民，秉公用权才能赢得民心。必须以更大的决心和力度反腐倡廉，努力做到干部清正、政府清廉、政治清明。要深入贯彻中央制定的建立健全惩防体系工作规划，自觉对照规定要求，切实抓好落实。要严格落实中央八项规定，坚决执行党政机关厉行节约反对浪费条例、国内公务接待管理规定等，尤其要结合实际，在公务接待、用车用房、干部待遇等方面，制定更具体、更管用的制度规定，并强化监督检查，建立长效机制，避免问题反弹。要坚持一手抓防范、一手抓查处，抓防范要抓住教育这个基础、制度这个根本、监督制约这个关键，通过强化教育使党员干部增强底线意识、提高底线要求，特别是要加强对权力运行的监督制约，把制度的笼子织密织严织实，靠制度机制使党员干部不敢腐、不能腐、不易腐。从严治党，惩治这一手不能放松，要进一步加大执纪办案力度，有腐必反，有贪必肃，坚决遏制违法违纪行为，以反腐倡廉的实际成效取信于民。

六是要正确把握考核导向。坚持发展、考核、用人"三个导向"相统一，围绕全面深化改革、推进转型发展，完善科学发展综合考核办法，既看发展又看基础，既看显绩又看潜绩，加大对质量效益、生态环境、科技创新、社会事业、改善民生、安全生产、新增债务等考核的权重，更加重视劳动就业、居民收入、社会保障、人民健康状况，引导各级把工作重心转到提高发展质量和效益上来，转到全面深化改革上来，转到推进经济转型升级上来，转到保障和改善民生上来，转到加强生态环保上来，用科学的政绩考核指挥棒引领和推动发展提质增效升级。要切实端正用人导向，完善干部考核评价机制，改进工作实绩考核，着力考准考实干部政绩，在改革发展的实践中识别干部，按民意和实绩选拔使用干部，激励各级干事创业。

同志们，新的一年就要到来，困难与机遇并存，挑战与希望同在。我们要更加紧密地团结在以习近平同志为总书记的党中央周围，全面贯彻党的十八大和十八届三中全会精神，坚定信心，开拓进取，扎实工作，努力推动经济社会持续健康发展，在建设富裕文明新潍坊的征程上迈出更加坚实的步伐！

政府工作报告

——在潍坊市第十六届人民代表大会第三次会议上

潍坊市市长　刘曙光

2014 年 2 月 10 日

各位代表：

现在，我代表市政府向大会报告工作，请予审议，并请市政协委员和其他列席会议的同志提出意见。

一、2013 年工作回顾

2013 年，在中共潍坊市委的坚强领导下，在市人大及其常委会、市政协及社会各界的监督支持下，市政府与全市人民一道，紧紧围绕“四一三”战略重点和全市统筹发展战略布局，改革创新，开拓进取，扎实工作，圆满完成了市十六届人大二次会议确定的目标任务。

经济持续健康发展。全市实现地区生产总值 4420.7 亿元，增长 10.6%。完成公共财政预算收入 383.9 亿元，增长 15.6%。完成固定资产投资 3430 亿元，增长 19.5%。实现社会消费品零售总额 1758.8 亿元，增长 13.4%。城镇居民人均可支配收入、农民人均纯收入分别达到 28386 元、13273 元，增长 10% 和 12.5%。居民消费价格涨幅控制在 1.6%。

产业转型深入推进。以建设“四个基地”为重点，大力推动产业转型。围绕发展品牌农业进行转调创。新增现代农业园区 110 个，登记家庭农场 1808 家，新增农民合作社 2695 家，“三品一标”总数达到 1636 个。农业部将我市确定为国家现代蔬菜种业创新创业基地和农业国际合作示范区。深入实施工业提升计划，着力加强“五项建设”，13 个专项计划相继出台，完成工业技改投资 1160.2 亿元。规模以上工业主营业务收入、利税分别增长 13.5% 和 22.8%。潍柴集团主营业务收入突破一千亿元，歌尔声学市值突破 530 亿元。高新技术、新兴产业、非加工制造环节产值占规模以上工业总产值比重均提高 1 个百分点以上。新成立国家级产业技术创新战略联盟 3 家。潍柴动力国家工程技术研究中心通过验收，盛瑞传动国家工程技术研究中心启动建设，首条 8AT 生产线顺利投产。服务业提速计划顺利实施，增加值占比提高 1.95 个百分点，高于全省 0.75 个百分点。总部经济、金融、现代物流、商贸服务、健康养老等产业加快发展。健康产业规划、文化艺术品交易中心规划、“金创 33 条”等相继出台。银行机构存贷款余额分别突破 5000 亿元、4000 亿元，增量居全省第 5 位和第 3 位。投资 100 亿元以上的寒亭总部基地、汉富集团食品谷总部基地正式签约。全市首个 5A 级旅游景区获批。企业主辅业务分离成效显著，新增限额以上服务业企业 2151 家。

统筹发展格局更加完善。举全市之力突破滨海，海洋经济新区建设规划基本编制完成，15 个飞地经济产业园开工建设。潍坊港 3 个万吨级泊位正式对外开放，3 个两万吨级泊位新投入使用，5 万吨级航道和码头获批并开工建设。鲁辽陆海货滚甩挂运输通道项目加紧论证。潍日高速开工建设，新机场选址已经确定，济青中线前期工作启动，高铁枢纽列入国家规划。边调研边实施，着力提升市区。《全面深化改革大力提升市区科学发展水平的决定》已经形成并将择机出台。理顺了市区财政体制，一批审批管理权限及时下放。提升市区各专项规划加快编制。中国食品谷、测绘地理信息产业基地等重点片区、园区建设顺利推进。市区公共自行车系统投入运营。一批提升市区的重点项目纳入计划。开展两河开发战略性研究，形成了初步成果。新型城镇化体系建设加快推进。《潍坊市城镇化发展规划》编制完成，区域重点镇试点扎实开展，新增财政收入过亿元镇 5 个。规划农村社区 1182 处，建成 965 处。全市城镇化率提高 2.01 个百分点，达到 51.8%。

改革开放步伐加快。在全省率先完成农村集体建设用地和农村宅基地确权登记颁证，60% 的村庄完成了土地承包经营权确权登记颁证。面向全省的齐鲁农村产权交易中心获批建设。工商登记制度改革成效显著，下半年新增市场主体 4.1 万户，环比增长 49.8%。原有 16 个市级政府融资平台顺利整合为 8 个规范化公司。在全省率先成立了地方金融监管局和金融控股集团。中高职与普通本科人才实现衔接培养。出台发展民办教育 10 条措施，吸引社会投资 53 亿元。公立医院改革试点顺利完成。完成进出口总额 162 亿美元。综合保税区一期封关运行。香港山东周、“莫言家乡 · 魅力潍坊”

宝岛行等系列经贸交流活动成功举办。与德国弗莱辛地区结为全国首批中欧城镇化伙伴关系城市。

生态文明建设扎实推进。全面启动“386”环保行动，实施4个月来，关停污染企业581家，拒批化工类项目63个，对4个区域实施了限批。城区“蓝天白云、繁星闪烁”天数居全省第7位，23条重点河流水质V类以上断面提高7个百分点，化学需氧量、氨氮、二氧化硫、氮氧化物排放总量降幅均超过前两年总和。实施绿色建筑行动，新开工建设低碳社区414万平方米。万元GDP能耗降低3.8%。连续14年实现耕地总量动态平衡。完成绿化造林34.96万亩。

民生和社会事业持续改善。民生支出占公共财政支出比重达到58.2%，比上年提高2.1个百分点。市政府承诺的25件民生实事全面完成。深入开展全国文明城市创建活动，创建为首批省公共文化服务体系示范区和首届文化强省建设先进市。城市文明指数测评居全国同类城市前列。圆满完成十艺节承办任务并取得优异成绩。被授予“中国画都”称号。新改扩建普惠性标准化幼儿园289所，740所农村小学全部达到标准化办学条件。新增城镇就业12.5万人，转移农村劳动力12.4万人。市大学生创业孵化中心投入使用。强化基本民生保障，提高了全市最低工资标准、低保标准和五保供养标准。养老事业、养老产业协调发展，新增养老床位9600张。阳光保险与市人民医院、潍坊医学院合作运营市民健康中心项目正式签约。市级心理健康服务中心挂牌成立。农村饮用水率先整建制达到国家标准。平安潍坊、法治潍坊建设深入推进，安全生产主要指标继续下降，群众安全感测评列全省第1位。双拥共建、优抚安置、人口计生、妇女儿童、老龄助残、社会救助等继续取得优异成绩，民族宗教、外事侨务、经济普查、对口支援等工作实现新发展。

政府自身建设进一步加强。持续推进责任政府、法治政府、效能政府、创新政府、廉洁政府建设。严格执行市人大及其常委会决议决定，自觉把民主政治协商纳入决策程序，主动听取社会各界意见。共办理人大代表议案建议163件、政协委员提案324件。推行政府重大决策和经济合同合法性、合理性、风险性评估审查制度、行政裁量权基准制度。按照“八最”要求，深化行政审批制度改革，压减市级审批事项45.3%。市级行政事业性收费由118项减少为56项，减轻企业和社会负担2.2亿元。市级3305项行政处罚事项纳入在线监控。查处损害发展环境案件640起，处理相关责任人1966人。开展中介组织领域突出问题专项治理，查办违纪违法案件37起。认真执行中央“八项规定”，公务接待、办公用房等得到较好规范和治理。

过去一年的成绩来之不易。这是省委、省政府和中共潍坊市委正确领导的结果，是市人大及其常委会、市政协和社会各界有效监督、大力支持的结果，是全市广大干部群众团结一心、拼搏进取的结果。在此，我代表市政府，向所有关心、支持、参与潍坊改革发展并作出贡献的各级领导、上级各部门、社会各界、驻潍解放军和武警官兵、海内外朋友，表示衷心的感谢！

同时，我们也清醒地看到，经济社会发展还存在不少问题和压力，主要是：人均水平不够高，城乡之间、区域之间发展不够平衡；发展方式比较粗放，经济结构和质量效益亟待优化提升；资源环境压力日趋加大；发展活力、创新能力亟待增强；民生保障离群众要求还有较大差距，部分群众生活还比较困难；政府职能转变、社会治理体系建设、工作人员职业化建设滞后于形势发展要求；腐败和损害群众利益的现象还时有发生。对此，我们要高度重视，采取有效措施加以解决。

二、2014年政府工作总体要求和目标任务

今年是全面深化改革的第一年，是全面完成“十二五”规划的关键一年。我们既面临一系列挑战，又面临难得的发展机遇。做好今年的工作，既要强化底线思维，有效预防和管控好各种风险；又要强化辩证思维和竞争意识，善于发现和抓住各种发展机遇，坚定自信心，汇聚正能量，满怀豪情地开创全市科学发展的新局面。

今年的政府工作，要认真贯彻落实中央和省委、省政府决策部署，牢牢把握稳中求进、改革创新的核心要求，以提高发展质量和效益为中心，加快转变发展方式，加快转变政府职能，加快转变工作作风，着力推动产业转型，着力激发市场活力，着力保障和改善民生，促进经济持续健康发展和社会和谐稳定，努力实现更高层次新发展，加快建设富裕文明新潍坊。

今年，全市经济社会发展的主要目标为：地区生产总值增长9.5%，公共财政预算收入增长12%，固定资产投资增长17%，社会消费品零售总额增长13.5%，进出口总额增长6%，城镇居民人均可支配收入和农民人均纯收入均增长10.5%，城镇登记失业率控制在3.8%以内，居民消费价格涨幅控制在3.5%以内。人口自然增长率控制在8.95‰以内。节能减排目标在省下达指标基础上加严15%。

以上目标，是综合考虑今年经济形势、“十二五”规划，特别是实现工作指导重大转变的要求提出的。节能减排、人口增长为约束性指标，必须完成；其他均为预期性指标，要从实际出发，不盲目攀比，不层层加码，不简单以GDP增长率论英雄；把精力更多放到腾笼换鸟、转型发展上；放到深化改革、创新驱动上；放到更好地保障改善民生和促进社会和谐上。在保证质量效益的前提下，争取更为合理的增长速度，实现更高质量的发展。为此，今年增加了一系列体现转型发展要求的指标，提请大会一并审议。

根据以上要求和目标，今年重点做好七个方面工作：

*（一）加快推进产业转型，在构建现代产业体系上实现新突破。*立足实际，面向未来，以加快建设“四个基地”为目标，推动产业向高端高质高效方向转型发展。

——服务业特别是现代服务业，是提升地区竞争力的关键。要继续大力实施服务业提速计划，完善机制，创新业态，促进服务业发展提速、比重提高、质量提升。突出抓好总部经济、创意设计、现代物流、金融服务、健康养老、休闲旅游、信息消费、服务外包、社区服务等重点产业,规划建设好特色服务业聚集区,培育引进行业龙头企业和骨干企业,打造完整产业链。

总部经济高度集约、高效产出,要优先发展。加快寒亭总部基地、食品谷总部基地、文化产业总部基地等建设步伐,鼓励各县市区、开发区和市直有关部门创办、领办各类特色总部基地,继续大力培育引进各类总部及分支机构,力争年内新增各类总部机构100家以上。

创意设计产业是创新的源头,我市资源丰富,发展前景广阔。要推动创意设计与产业、城市融合发展,加快打造为战略性支柱产业。全面提升潍坊软件园、潍坊广告创意产业园、潍坊文化产业孵化器管理体制和运营水平。加快实施潍坊文化艺术品交易中心规划,创办市文化创意产业园、工业设计中心、文化创意学院。加快推进160个投资过亿元文化产业项目建设。

现代物流是企业的"第三利润源",是提质增效的"助推器"。要加快编制现代物流基地发展规划,统筹推进临港物流、空港物流、保税物流、食品谷物流和鲁东物流等物流园区建设,提升大宗商品交易市场发展水平。推动线上线下一体化发展,提升物流业信息化、专业化、现代化水平,打造现代物流基地。年内物流业总额增长20%以上。

金融业既是经济社会健康运行的保障,也是战略性产业。要抢抓机遇,创新发展,全力打造。全面落实"金创33条",加快扩张主体、开拓市场、优化结构、创新业态,形成金融与产业、科技、文化等各领域深度融合发展的体制机制。加快建立职业化的地方金融监管体系,完善属地管理与行业管理并重的金融风险管控责任制和工作机制。年内,以县为单位,建立起规范的民间借贷管理服务中心。

制造服务化是传统制造业转型升级的方向,也是加快服务业发展的最大潜力,要作为重大专项谋划推进。组织开展好专项培训辅导,强化政策支持和服务保障,年内争取5%左右的规模以上制造企业能够开展整体解决方案、系统集成与工程总承包、融资租赁、供应链管理、再制造等服务业务。今年全市服务业占比力争再提高2个百分点。

——高新技术及战略性新兴产业(以下简称新兴产业)是未来发展的战略制高点,是增强我市产业竞争力的关键所在。要坚持有所为、有所不为,精心实施好新兴产业培育工程,集中力量、集成要素,加快培育,力争高新技术产业占比每年提高2个百分点左右。突出蔬菜种业优势,依托骨干企业和园区,加大扶持力度,深化国际合作,把我市打造成国内蔬菜种业发展的先行区。着眼于我市基础优势和未来竞争需要,集中培强做大电子信息、生物医药、节能环保、智能装备、新能源及电动汽车等新兴产业,力争3-5年内,成为全市支柱性产业。深入实施开发区转型计划,加快体制、管理、服务创新步伐,进一步发挥各级开发区、各类特色产业园区特别是高新区在新兴产业培育中的引领、示范、带动作用。鼓励境内外机构、大企业特别是民营资本参与、领办各类园区。支持高新区按照全市总体规划,在全市范围内布局发展特色新兴产业园区,在境内外布局创新孵化器。大力培育高新技术企业,形成上下游衔接、大中小配套的高新技术产业集群。

——机械装备、汽车制造、石化盐化、纺织服装、食品加工、造纸包装等优势传统产业,是我市的当家产业,也是我市产业转型的重点和关键。只有被淘汰的企业,没有被淘汰的产业。传统优势产业加快转型,将成为我市竞争力的重要支撑。继续大力实施工业提升计划,选择重点产业,搞好专业诊断咨询,进一步明确方向、落实关键措施。以企业转型支撑产业转型。依据产业标准和市场状况,搞好企业分类指导和服务,鼓励发展一批,改造提升一批,优化重组一批,转产迁出一批,关闭淘汰一批。上级下达的淘汰落后产能任务要不折不扣完成。以信息化引领工业现代化,深入推进"两化"融合工程。制定实施"智造潍坊"计划。实施好700个投资过亿元技改项目。大力推动产品升级。每个产业选择30个左右的重点企业,推动其主导产品由中间产品向终端产品延伸,由低端产品向高端产品、品牌产品延伸,由单一功能产品向智能化、多功能产品延伸,由一般性产品向进口替代产品、产业链短缺产品和创意产品延伸,使传统优势产业进一步焕发生机和活力。

——农业是民生之本、稳定之要、发展之基。要把重中之重的要求落到实处,围绕"三个导向",以优质高效生态安全为主题,以品牌农业为引领,加快建设现代农业示范基地。大力实施耕地质量提升计划和粮食百亿斤工程。有序推进农业规模化经营,加快农村土地向各类新型经营主体集中。年内,力争新增各类农民合作社500家、家庭农场2000家。因地制宜发展一批现代农业园区,持续提升生态农业、信息农业、都市农业、休闲观光农业等现代农业比重。依托各类新型经营主体,大力培育农产品品牌尤其是知名品牌。大力推广出口农产品质量管理模式,加快建立等级分明、标准明晰、可追溯、可查询、全覆盖的食品、农产品质量管理体系,整建制创建农产品质量安全区。按照零容忍、规范化、全覆盖的要求,建立高效、权威、一体化的食品药品安全监管体系,强化社会监督、舆论监督和法律监督,依法严厉打击各种违法行为和渎职行为。

加快培育现代产业体系。充分发挥市场主导、企业主体和政府引导作用,促进各类要素向重点产业高效聚集,加快形成市场前景好、产业聚集度高、有较强竞争力的现代产业体系。实施现代产业培育工程,围绕种苗产业、5个战略性新兴产业、9个重点服务业和部分传统优势产业,逐一完善规划,落实重点服务部门和专业招商服务团队,规划建设好重点园区,建好产业基金,加快建立起完善的产业发展服务体系,促进传统产业加快转型升级,新兴产业加快培育壮大。把项目作为培育产业、加快转型的重要抓手,全力抓好一批大项目、好项目。建立项目目标责任制，领导干部亲自抓，各级各部门共同抓。已签约的项目，要加快落地，争取及早投产运营；有意向的项目，要盯紧靠牢，力争及早签约。进一步健全完善招商体制机制，形成招商促进转调创的新格局。坚持企业主体地位，支持潍柴等大企业继续做大做强，扶持中小企业进一步做精做优，形成大企业顶天立地、小企业铺天盖地、大中小企业协作发展的格局。

产业转型是一个艰苦、持续的过程，也是一项复杂的社会工程，必须创新体制机制，形成鲜明导向，持续加以推进。要强化规划引领。全面落实已经出台的农业转调创、工业提升、服务业提速、园区转型等专项规划，同时不断完善转型发展的"顶层设计"。要完善产业标准的倒逼机制。建立逐步加严的产业标准体系，限期淘汰一批，倒逼提升一批。要形成产业更新机制。形成产业就地更新、自动更新的内在动力。要用好外力。适时邀请国内外专业机构搞好咨询，参与重组。最根本的，是要用足用好市场机制，使企业在资本市场中体现价值，优化重组，实现凤凰涅槃、浴火重生。

（二）以科技创新为重点，在推动创新发展上实现新突破。实现转型发展，最根本的，是要不断提高创新对经济社会发展的贡献度。要坚持目标导向、问题导向、市场导向，着力解决制约我市科技创新能力的关键问题，加快构建更加完善的科技创新体系。要摸清底数，解决好"靠谁创新"的问题。坚持以"我"为主，面向市场、面向全球，开放办科技。对全市各个层面的创新需求进行普查，对可利用的各类创新资源进行系统调查，建好全市科技创新信息库，为各级服务创新、推动创新提供依据。要明确主攻方向，解决好"围绕什么创新"的问题。制定全市科技创新发展规划，明确目标、落实任务、强化措施，力争用五年左右时间，将我市打造成国内一流的创新型城市。要紧紧围绕全市经济社会发展战略推动创新，明确重大政策、重大平台、重大专项和配套措施；紧紧围绕加快培育现代产业体系推动创新，完善体制机制、搭建创新平台、构建创新体系；紧紧围绕满足企业和全社会的创新需求推动创新，健全服务机制，落实服务主体，搞好分类指导和服务。要优化体制机制，解决好"靠什么推动创新"的问题。加快建立健全科技创新市场体系，形成项目选择、成果评价、定价交易、利益分配的企业主体、市场主导机制，分层次构建开放式、市场化的科技资源对接平台。国内重点建立起与中科院等重点院所的深度对接合作机制，境外重点加强与欧美、以色列以及台湾等国家和地区的对接合作。办好全市科技成果交易洽谈会和分产业的专项对接会。筹建市技术交易服务中心，完善技术成果评估和交易体系，加快科技成果资本化步伐。实施孵化器提升计划，按照专业化、企业化、国际化要求，改造提升一批已有的孵化器，有序新规划建设一批专业孵化器，适时规划建设好境外孵化器。大力支持国内外企业（机构），尤其是民营企业创办、领办或参与科技产业园区、科技孵化器及其他科技公共平台建设运营。大力培育引进一批科技咨询、服务、评估、投资、交易等科技类中介机构。要加大资源整合力度，解决好"如何利用好创新资源"的问题。重视发挥中央、省驻潍高校、企业、机构在全市创新发展中的作用。支持发展多种形式的创新联盟，促进院所与院所、院所与企业、市内与市外等全方位的创新资源高效整合。科技只有与金融深度融合，才能实现大的发展。实施科技金融创新计划，促进科技金融业大发展。依托市金融控股集团，成立市科技金融创新服务中心，年内新引进4家以上知名风投机构。各专业孵化器要确保至少有1家风投机构参与服务。要更好地发挥政府职能，解决好"谁来更好服务"的问题。遵循规律，厘清边界，进一步提升政府在规划引导、平台建设、体制创新、人才环境等方面公共服务的能力和水平，解决好一个企业、一个院所办不了、办不好的事情。加大科技投入，创新使用办法，提高财政科技资金使用效率。今年市财政新增2亿元，扩大市科技发展基金。全社会科技研发投入占地区生产总值的比重达到2.27%。实施科技创新"51512"计划：以构筑现代产业体系为主线，新建5处产业科技孵化器，跟踪扶持10个重大科技专项，推动自建或合建50个重点研发机构或创新联盟，新投入运用1000项重点科技成果或孵化成科技型中小企业，新投入使用专业孵化器20万平方米。大力实施人才战略，继续加大高端人才培养引进力度，探索实行国际通用的人才机制和政策。规划建设高层次人才社区，解决好高端人才子女就学等关键问题。探索建立更加有效的知识产权保护机制，打造全国知识产权保护高地。

（三）全面深化改革，在体制机制创新上实现新突破。全面落实中央、省和市委关于深化改革的决策部署，正确、准确、有序、协调推进各领域改革，以改革为统领，推动经济社会全面协调发展。深化农村改革。基本完成农村土地承包经营权确权登记颁证，加快农村集体资产股份制改造。落实集体所有权、稳定农户承包权、放活土地经营权，实现农民土地承包权和经营权分置并行。有序推进农民住房财产抵押、担保、转让。建设齐鲁农村产权交易中心和县市分中心。深化征地制度改革，提高农民在土地增值收益中的分配比例。以土地托管、领办合作社为切入点，深化供销社改革。建立和完善现代企业制度。积极发展混合所有制经济。完善公司法人治理，推行职业经理人制度。深化国有资产管理体制改革，进一步完善各级政府投融资平台治理运营结构。推动经营性文化单位进行公司制、股份制改造。出台支持民营经济发展的政策措施，支持民营企业建立现代企业制度。完善现代市场体系。深化流通体制改革，加快要素市场体系建设。完善主要由市场决定价格的机制，健全居民用水、用电、用气阶梯式价格制度，推进药品、医疗、教育、交通等公用公益事业价格改革。缩小征地范围，规范征地秩序，逐步建立城乡统一的建设用地市场。深化财税改革。加快构建全面规范、公开透明的预算制度。向市人代会报告全口径政府预算，公开市县两级财政总预决算、部门预算和"三公"经费预算。深化预算绩效管理，加快建立"花钱必问效、无效必问责"机制。按照国家统一部署,推进税收制度改革,深入开展"营改增"试点。稳步推进金融改革。鼓励小额贷款公司、村镇银行等中小型金融机构加快发展,稳步推动由民间资本发起设立银行。规范设立民间资本管理机构、民间融资登记服务机构。探索发展介于现货与期货之间的商品交易市场。加快建设中国(潍坊)路演中心。支持大型企业集团设立财务公司。推动企业到多层次资本市场上市挂牌融资。进一步推进保险业创新发展。加快支付、结算等金融后台服务中心建设。加快事业单位分类改革。加快建立"管办评分离"的现代教育制度,深入推进学校去行政化改革。逐步取消市属及以下科研院所、医院等单位的行政级别。深化公益性文化事业单位改革。推进机关事业单位养老保险制度改革和民办非营利性机构社会保障制度改革。加快行政管理体制改革。全面完成市县政府机构改革。进一步加大行政审批改革力度,审批事项再压减20%以上,审批效率再提高30%以上。按照"非禁即入""非禁即准"的原则,鼓励民间资本、国外资本与国有资本平等进入教育、医疗、文化、养老等公共领域和城乡公益设施、重大基础设施建设领域。在基本公共服务、社会管理服务等5个方面推行政府购买服务。深化工商注册管理制度改革,全面推行"先照后证"。加快建立完善政府提供公共服务标准体系。深入推进行业协会、中介组织与行政机关脱钩。创新开发区发展体制,对各类创业服务中心等服务性机构全部推行专业化服务,对各类"区中园"建立市场化、企业化运营模式。将5类公共资源纳入统一平台交易。对我市承担的29项国家级改革试点、11项省级改革试点,要抢抓机遇,逐一制定方案,大胆改革创新,努力创出新路。同时,积极争取更多的改革试点。

(四)深化对外交流合作,在开放发展上实现新突破。创新外贸发展方式。创新办展办会方式,优化出口市场结构、产品结构,新培育10个外贸转型升级示范基地,增设50个海外营销网点,鼓励17个省级出口名牌企业开展国际商标注册、质量标准认证、专利申请,支持有条件的企业创建、并购国际品牌。建成跨境电子商务平台。积极参与丝绸之路经济带和海上丝绸之路建设。支持企业进口转型发展所需设备、技术以及大宗资源类产品。创新招商方式。建立完善合作发展促进机制,构建全方位对外合作格局。探索完善招商模式"两个转型"、"四位一体"利用外资、全方位引进境外优质资源的具体政策措施。细分市场、细分责任,形成职业化对接服务机制,力争引进市外各类机构300家以上、资金1000亿元以上。创新经济合作方式。支持有条件的企业全球布局产业链,开展境外资源开发、企业并购重组、人才引进和国际研发合作。支持综合保税区加快对接国际自贸区规则,争取开展有特色的自由贸易试点。推动中日韩地方经济合作示范区建设取得实质成果,办好中日韩博览会。深化与德国弗莱辛地区城镇化伙伴关系。务实办好国际风筝会和鲁台经贸洽谈会。

(五)加快重点区域开发建设,在统筹区域发展上实现新突破。大力实施"蓝黄"战略。举全市之力突破滨海。突出海洋特色,抓好港口带动,加快建设海洋经济新区和现代工业新城。创新政府服务,探索试行负面清单、权力清单、服务清单模式。大力发展海洋运输、临港物流、海工装备、生物医药、海洋化工等海洋特色产业,加快形成海洋产业聚集区。在加快推进白浪河、弥河等河流治理的基础上,大规模开展沿路、沿河、沿海和重点片区绿化,严格项目准入和环评标准,大力度提升生态建设水平。启动建设科技大学起步区和山东职教公共实训基地,13所在建院校部分建成并达到招生条件。中央商务区一期、旅游度假区海洋公园、游客接待中心投入使用,9个生态小镇全部开工、2个建成。加快推进综合保税区B区建设。大力提升市区。坚持国际视野、一流标准、创新驱动、一体发展,力争用5年左右的时间,将市区打造成全市创新发展的引擎、新兴高端产业的高地和服务全市、辐射周边的中心。制定实施市区产业发展规划,建立产业更新机制,促进城市产业发展与设施建设、服务功能协调发展。实施市区产业发展"3·10"工程,突出抓好10大产业、10个重点园区、10条特色街区。按照创新、智慧、绿色、人文、畅通的理念,实施一批提升市区功能品质重大专项。全面启动全国循环经济示范市建设和中美低碳生态城市试点,实施"211绿色低碳建筑行动"。加快中国食品谷、齐鲁台湾城等重点片区开发建设。实施市区畅通工程,对部分主次干道、片区实施微循环改造;完成北环路东西延伸段、潍县路、潍州路和潍昌路改造工程,开工建设宝通街东延项目。深化行政体制改革,制定市区各级权责清单,理顺市区各级财权事权关系,放活市场、放活基层、放活政府公共资源,提升城市效率和发展活力。实施"品牌潍坊"战略,大力培育产品品牌、企业品牌、服务品牌、城市品牌。加快开发两河。对潍河、弥河实施全流域规划、保护和开发,通过10年左右努力,把"两河"流域打造成为功能完善的生态带、经济转型升级的隆起带、农业现代化与城镇化互动发展的示范带。今年,制定好规划和推进计划,启动河道生态治理、交通设施建设等基础工作。统筹重大基础设施建设。潍坊港2万吨级航道实现通航、5万吨级航道加快建设;潍日高速全面开工;机场迁建编制完成预可研报告。按照省统一部署,全力做好高铁枢纽、济青中线前期工作。疏港铁路项目完成设计和开工手续。鲁辽陆海货滚甩挂运输通道开工建设。全面启动"智慧潍坊"行动计划,抓好电子政务、智能交通、智慧社区等十大工程。

(六)以人的城镇化为核心,在加快构建新型城镇化体系上实现新突破。推进城乡建设由扩张型向内涵式发展转型。突出以人为本。既注重统一规划引导,又充分尊重群众意愿,满足人的需求,坚决避免不切实际的一刀切和赶农民上楼等现象。深化城乡户籍一体化改革,出台促进城镇常住人口有序市民化的政策措施,推进教育、医疗、社保等基本公共服务覆盖城镇常住人口。完善农民非农就业免费培训政策。强化规划引领。坚持规划先进、规划先行。瞄准打造百年城镇目标,结合历史文化、田园风光等因素,出台覆盖城乡的城镇化发展规划,编制完善各专项规划,形成引领新型城镇化的规划体系。坚持产城一体。以工业化引领城镇化,走"两化"同步、"两区"同建、融合发展的路子。精心培育一批工业强镇、商贸重镇、旅游名镇、特色小镇。着力完善城镇功能,提升承载能力。支持有条件的农村社区同步规划发展特色产业园区,促进农民就地转移就业。实施城乡社区提升工程,合理解决社区建设中的关键问题,增强社区服务功能。年内新开工建设农村新型社区147个,建成100个。创新体制机制。全面落实扩权强镇政策措施,适时扩大试点范围。制定推动城市公共服务进镇村、鼓励各类市场主体下乡镇的具体措施。大力开展小城市、特色小城镇试点,加快提升16个省级示范镇和全国重点镇建设水平。推动非农产业主导的规模乡村建设新型城镇化社区,人口规模达到镇标准的按镇管理,达到城市标准的按城市管理。推进协调发展。突出生态优先、城乡一体。促进中心城市、县城、小城市和小城镇、农村社区自然天成、功能互补、协同发展。按照生产空间集约高效、生活空间宜居适度、生态空间山清水秀的要求,促进生产生活生态协调发展。

(七)以保障和改善民生为重点,在加强社会建设上实现新突破。继续加大力度改善民生,全市民生支出占公共财政支出的比重达到60%以上。坚持普惠性和重点救助相结合,今年继续办好7个方面25件民生实事(附后)。进一步提升创业就业服务和社会保障水平。实施全民创业计划,进一步降低门槛、放宽领域、加大支持力度,设立创业专项资金,筹建潍坊创业大学,完善创业辅导体系,加快建设创业城市。每个县市区设立一处农民工服务中心。健全完善"兜底线、保基本、可持续"的社会保障机制,整合城乡居民基本医疗保险制度。加大扶贫和社会救助工作力度,更好地解决困难群众的生产生活问题,确保"人人过得去",力争"人人过得好"。繁荣教育、卫生、文化等社会事业。实施新一轮农村义务教育学校校舍标准化建设工程、市区中小学标准化建设提升工程,用三年左右时间,解决市区大班额问题。鼓励发展民办教育,支持知名团队办教育,满足多层次教育需求。重视支持高等教育和职业教育。加快建设城乡健康管理体系,为群众提供优良的健康服务。促进体育事业健康发展。落实社会主义核心价值体系建设的具体措施,不断激发全社会向上的力量、向善的力量。探索建立社会征信体系,推进社会诚信建设制度化。充分挖掘民间收藏资源,发展好博物馆事业。完善现代公共文化服务体系,广泛开展群众性精神文明创建活动,争创全国文明城市。进一步改善城乡群众基本生活条件。继续扩建、新建农村公路,新建设一批公共租赁住房,再改造一批城市老旧小区。继续增加市区绿色公交车和公共自行车数量。提高社会治理水平。深入推进平安潍坊、法治潍坊建设,加强社会治安综合治理。依法严厉整治和规范建筑市场秩序,严肃查处拖欠农民工工资等违法违规问题。加强社区"三支队伍"建设,解决社区运行中的突出问题。做好拥军优属、国防动员、人民防空、民兵预备役工作。促进计划生育、妇女儿童、民族宗教、对口支援等健康发展。

各位代表,安全发展关系到人民群众的生命财产安全;生态环境事关人民群众的身体健康和生活质量,是科学发展必须严守的两条"底线":一要确保安全发展。始终把安全摆到"高于一切、先于一切、重于一切"的位置,凡是与安全发展矛盾的,服从安全;凡是安全发展需要的,优先安排。全面开展安全生产标准化规范化建设,织密织牢基层安全保障网。实施更加严格的隐患排查整改制度,从源头上消除安全隐患。加大投入,配齐配强各级消防安全装备;规划建设好各级防灾减灾中心,开展全民防灾减灾教育训练,增强防灾减灾能力。全面落实党政同责、一岗双责、分级负责、齐抓共管的责任体系。同时,要采取得力措施,统筹管控好金融安全、政府债务安全、舆情安全和社会安全。二要确保生态环境质量。坚持生态优先,走绿色发展道路。宁肯发展的速度慢一点,也要把生态环境保护好、治理好。要强化目标管控。力争用三年左右时间,使全市排放总量、环境质量主要指标与全市经济总量相适应。全面落实"386"环保行动计划,坚决打好消灭污水直排、自备井整治、河道生态修复、煤改气、空气异味整治、淘汰黄标车、防控城市扬尘污染、治理农业面源污染等八大攻坚战,全年空气污染物浓度下降6%,23条重点河流水质改善率再提高15%以上。全面落实国家循环经济试点市工作方案,大力推动产业、交通、建筑和市民生活低碳化、排放减量化。全市碳排放和排污权交易机构上半年投入运行。划定并严守土地红线、生态红线。规划建设城市森林公园和生态隔离带。积极创建国家森林城市。大力推行城乡环卫一体化、垃圾资源化利用。实行逐步加严的环境准入和管理标准,建立健全分区环境指标定期发布制度、社会监督制度、区域限批制度和严格的问责制度。对破坏生态环境的各类案件和环境监管失职渎职行为,发现一起,查处一起,曝光一起!

三、加强政府自身建设

适应市场化、信息化、国际化的新形势和转型发展的新要求,顺应人民群众的新期待,按照建设"五型"政府的目标,大力加强政府自身建设。

(一)大力加强作风建设。扎实开展第二批群众路线教育实践活动,对照为民务实清廉主题,认真查摆、深入整改在"四风"方面存在的突出问题。强化职业意识,铭记职业责任,做克己奉公、为民务实的公务员。用心做事、用心履职,真正"深下去",及时了解民情,倾听呼声,回应群众关切;适时"跟上去",争取支持,赢得指导;善于"走出去",学习经验,把握动态,推动合作;潜心"钻进去",深入调研,超前谋划,寻求良策。进一步强化问题导向、基层导向,逐级建立问题专报和协调解决机制。建立完善政府智库。规范政府顾问、专家论证、专项评估等决策制度。

(二)提高行政效能。开展创建效能机关、效能岗位活动,用开放的视野和竞争的理念认识效能、评判效能、提升效能。瞄准国内外先进标杆,找差距,寻对策,上水平,创一流。要创新体制机制提高效能。市直各部门单位都要制定并落实好改革创新计划。对影响效能的行政审批、绩效管理、电子政务等关键问题,都要运用改革的办法,逐一研究对策,加以解决。

(三)坚持依法行政。要心存敬畏,敬重法纪,恪守规矩,依法依规办事。严格执行人大及其常委会的决议决定,认真办理人大代表议案建议和政协委员提案,重视发挥各民主党派、工商联、社会各界以及工会、共青团、妇联等人民团体的作用。出台《潍坊市法治政府建设规划纲要》。发布政府部门权责清单,完善权力运行监督制约机制。继续完善规范性文件、对外合同协议合法性、合理性审查制度。深入推进政务公开,规范建立法律顾问制度,提高政府法治化水平。

(四)努力提升职业化水平。引导广大公务员人人争做行家里手,事事做成精品工程。开展公务员职业化建设制度试点,探索建立以职业化为目标的机关事业单位岗位分类管理制度。根据转型发展要求,制定公务员职业素质建设指导意见。今年重点抓好金融、商务、应急等知识和技能培训。

(五)坚持廉洁从政。自觉贯彻落实中央八项规定,严格规范各种职务行为。厉行勤俭节约,今年再压减市直部门一般性经费预算5%。加快推进惩治和预防腐败体系建设,努力从源头上杜绝各种腐败案件的发生。严格落实党风廉政建设责任制,完善和规范行政监察、经济审计等制度,及时查处各种违纪违法案件,努力做到干部清正、政府清廉。

各位代表,新的一年,新的任务;新的机遇,新的希望。让我们紧密团结在以习近平同志为总书记的党中央周围,在中共潍坊市委的坚强领导下,凝心聚力、开拓进取、创新发展,奋力开创潍坊科学发展、率先发展的新局面!

大 事 记

1月

1日 省委副书记、省长姜大明到青州察看受台风影响的灾区恢复重建情况，走访慰问困难群众。

4日 市委书记许立全检查市区社会救助工作时强调，各级各部门要认真学习贯彻中共十八大精神，始终坚持以人为本，切实做好保障民生的工作，特别对特殊群体要给予特别关爱，确保让他们温暖过冬。

5日 市政协十二届六次常委（扩大）会议在富华国际会议中心举行，市政协主席崔建平主持并就市政协十二届二次会议的有关事项作了说明。

6日～9日 中国人民政治协商会议第十二届潍坊市委员会第二次会议在富华国际会议中心举行。会议议程主要有六项：听取市委领导同志讲话；听取并审议市政协常委会工作报告和提案工作报告；列席市十六届人大二次会议，听取并讨论市政府工作报告及相关报告；大会发言；选举事项；审议通过政协第十二届潍坊市委员会第二次会议提案审查情况的报告和会议决议。

7日～11日 潍坊市第十六届人民代表大会第二次会议在市文化艺术中心大剧院举行。7日，大会开幕，许立全主持大会，刘曙光代表潍坊市人民政府向大会作政府工作报告。11日下午，大会闭幕，许立全主持会议并讲话。会议表决通过了关于政府工作报告的决议、关于潍坊市2012年国民经济和社会发展计划执行情况与2013年计划的决议、关于潍坊市2012年预算执行情况和2013年预算的决议、关于潍坊市人民代表大会常务委员会工作报告的决议、关于潍坊市中级人民法院工作报告的决议、关于潍坊市人民检察院工作报告的决议。

8日 全省部分市文化产业发展调研座谈会在潍坊市召开。

8日～10日 副省长孙绍骋率领省直有关部门负责人到潍坊市调研城乡社区建设和社会养老服务体系建设工作，先后实地考察了奎文区、潍城区、高新区和诸城市的部分工作现场。

10日 省社情民意调查中心对潍坊市2012年度科学发展综合考核群众满意度电话访问活动正式开始。

13日 市委书记许立全到市峡山生态经济发展区调研经济社会发展情况。

14日 省委常委、省纪委书记李法泉率省直有关部门负责人到潍坊，走访慰问基层党员、企业困难职工，并就纪检监察工作进行调研。

15日 市委书记许立全到高新区召开现场会时强调，各级各部门要认真学习贯彻中共十八大精神，按照市委、市政府"一七四一"的总体部署，明晰思路，突出重点，改进作风，狠抓落实，保持经济持续健康发展和社会大局稳定。市领导刘曙光、陈白峰、陈泽浦、赵志远、孙明亮、刘德成、潘强、王树华等参加会议。

同日 县市区人武部党委第一书记述职会议在潍坊军分区召开。市委书记、军分区党委第一书记许立全出席并讲话。

17日 市委书记许立全，市委副书记、市长刘曙光在富华大酒店会见了济南海关党组书记、关长刘魏巍一行。

同日 市委书记许立全，市委副书记、市长刘曙光在富华大酒店会见了到潍坊考察农业产业化全流程风险管理工作的中国人民财产保险股份有限公司总裁王银成一行。

18日 全市首届民间艺术发展论坛在市文化艺术中心举行。文化部原副部长、中国艺术研究院院长、中国非物质文化遗产保护中心主任王文章，中国民间文艺家协会副主席、山东省文联主席潘鲁生出席论坛。同日，全市首批民间艺术大师授名颁奖典礼也在市文化艺术中心举行。

21日 福田汽车—潍柴动力2013战略发展座谈会在金茂大酒店举行。市委书记许立全，市委副书记、市长刘曙光出席并讲话。

22日 市委办公室、市政府办公室印发《关于组织开展第二批"包千村联万户促和谐谋发展"活动的实施意见》，要求市、县、镇三级机关和有行政管理职能的事业单位全部参加第二批“包千村联万户促和谐谋发展”活动,主要帮扶扶贫重点村、班子软弱村、集体经济薄弱村。“包村联户”活动从2013年1月份开始,到2014年12月份结束。

同日 市委副书记、市长刘曙光到青州走访慰问劳模、老党员、敬老院老人及困难群众,检查王坟镇灾后重建工作。

23日 全市工商行政管理工作会议在凯旋国际大酒店召开。市委常委、副市长孙起生出席并讲话。

24日 全市包村联户活动第一批总结表彰暨第二批动员部署会议在市级机关综合办公大楼召开。市委副书记王献玲出席并讲话,市委常委、组织部部长陈泽浦主持会议,市委常委、副市长孙起生出席会议。

同日 全市国税工作会议召开,市委常委、副市长孙起生出席会议并讲话。

28日 全市厉行勤俭节约反对铺张浪费工作会议召开,传达学习省委、省政府关于开展厉行勤俭节约反对铺张浪费专项行动的有关精神,并就全市落实相关规定要求作出安排部署。市委副书记王献玲出席会议并讲话。

同日 全市国土资源工作会议召开,副市长夏芳晨出席会议并讲话。

29日 市总工会十三届十三次全委(扩大)会议召开,市委副书记王献玲出席会议并讲话,市委顾问、市总工会主席王秀河作工作报告。

30日 全市农村工作会议召开。市委副书记王献玲,市委常委、副市长孙起生出席会议并分别讲话。

同日 全市经信工作座谈会召开。市政协副主席、市经信委主任李传恒出席并讲话。

31日 全市发改、统计、物价、粮食工作会议在市级机关综合办公大楼召开,市委常委、常务副市长陈白峰出席会议并讲话。

2月

1日 市政协理论与实践研究会第一届理事会第二次会议在市级机关综合办公大楼召开。市政协主席崔建平出席会议并讲话。市政协顾问、理论与实践研究会会长刘维国作工作报告。会议增补了市政协理论与实践研究会部分会员和理事,聘请崔建平为名誉会长、赵兴涛为顾问,补选王有亭为新任会长。

同日 全市统战部长会议召开。市委常委、统战部部长张小梅出席并讲话。

同日 全市民政老龄残联工作会议在市级机关综合办公大楼召开。市委常委、常务副市长陈白峰出席会议并讲话。

1日~2日 省政府参事室主任邵靖带领省第三督导组到潍坊市检查厉行勤俭节约、反对铺张浪费工作开展情况。市委常委、市纪委书记邹庆忠主持召开汇报会并汇报了全市工作。

4日 全市工业经济工作会议在市级机关综合办公大楼召开。市委副书记、市长刘曙光强调,各级各部门要加快树立工业经济发展的新理念,明确思路措施,加快转变工作方式,扎实推进工业转型各项任务目标落到实处、取得实效。

同日 全市食品药品监督管理工作会议在市级机关综合办公大楼召开,副市长王桂英出席并讲话。

5日 市委书记许立全在富华大酒店会见了返潍汇报工作的第四批援藏干部。市委常委、组织部部长陈泽浦,市委秘书长刘德成参加会见。

同日 潍坊市在市级机关综合办公大楼召开市级领导班子联席会议,听取了城市建设重点项目三年规划和2013年城市建设重点工程、2013年交通重点工程建设计划及城建投融资情况汇报并进行了认真讨论。市委书记许立全,市委副书记、市长刘曙光出席并讲话。

16日 市政府召开第14次常务会议,传达贯彻全国、全省有关会议精神,研究深化农村改革、风筝会筹备、安全生产等工作。市委副书记、市长刘曙光主持会议。

17日~23日 市委书记许立全分别到潍城区、滨海区、青州市、临朐县、安丘市、寒亭区和寿光市调研。他强调,各级各部门要认真学习贯彻中共十八大和中央、省市经济工作会议精神,按照市委、市政府“一七四一”的总体部署,科学研判形势,奋发有为进取,努力实现科学发展新跨越。

同日 潍坊市组织收听收看了全省维护稳定工作电视电话会议。市委副书记王献玲在潍坊分会场参加会议并就贯彻省会议精神讲了意见。

18日 全市政法工作会议召开。市委常委、政法委书记苏立科出席会议并讲话,市委常委、副市长孙起生主持会议。

19日 市委书记许立全在高新区第二孵化器会见了到访的中创软件集团董事长兼总裁景新海一行。市领导赵志远、李传恒等参加会见。

同日 潍坊市在市级机关综合办公大楼组织收听收看全省安全生产工作电视电话会议。市委副书记、市长刘曙光参加收听收看并就贯彻会议精神讲了意见。

21日 全市财税审计养老服务体系建设暨风筝会筹备动员会议在市级机关综合办公大楼召开。市委副书记、市长刘曙光出席会议并讲话,市委常委、常务副市长陈白峰主持会议。

22日 全市宣传思想文化工作会议召开,市委常委、宣传部部长初宝杰主持会议并讲话。

24日~28日 市委书记许立全分别到坊子区、诸城市、高密市、昌邑市和昌乐县调研。他强调,各级各部门要认真贯彻落实党的十八大和中央、省市经济工作会议精神,按照市委、市政府“一七四一”的总体部署,坚持发展是硬道理的战略思想不动摇,求真务实,开拓奋进,奋力谱写科学发展、富民强市新篇章。

25日 全市表彰大会在富华国际会议中心召开。市委书记许立全出席并讲话，市委副书记、市长刘曙光主持会议，市领导崔建平、胡岗、王献玲出席会议。会上宣读了市委、市政府关于表彰2012年度先进单位的通报，印发了市政府表彰2012年度市长质量奖获奖单位和个人的通报。

同日 市纪委十一届四次全体会议在市级机关综合办公大楼召开。市委书记许立全出席会议并讲话。市委副书记王献玲传达了习近平在新进中央委员会的委员、候补委员学习贯彻党的十八大精神研讨班上的讲话。市委常委、市纪委书记邹庆忠作了工作报告。

同日 市委副书记、市长刘曙光就全市重点工程和重点项目建设进行调研。他强调，要严格按照市委、市政府部署要求，把重点工程和项目建设摆上工作突出位置，以更加扎实的作风、更加有力的举措、更加灵活的机制，快速度高质量推动重点工程和重点项目建设。

同日 市委副书记、市长刘曙光在富华大酒店会见了到访的以色列驻华大使马腾一行。市委常委、副市长孙起生会见时在座。

26日 全市检察长会议在市检察院召开。市委常委、政法委书记苏立科出席并讲话，市检察院检察长杨洪旭主持会议。

27日 市十六届人大常委会第八次会议在市级机关综合办公大楼会议室举行。

27日～28日 交通运输部党组副书记、副部长翁孟勇一行9人，在省交通运输厅厅长贾学英陪同下，到寿光市调研现代交通物流发展和村级公路网化等方面工作。

同日 潍坊市召开维稳安保工作视频会议。市委副书记王献玲出席会议并讲话，市委常委、政法委书记苏立科主持会议。

28日 全国政协常委、中国房地产业协会会长、中国房地产研究会会长刘志峰一行，到潍调研房地产业发展情况，并就中国房地产发展与生态文明建设论坛暨潍坊第二届住宅产业博览会有关事宜进行对接。

3月

4日 市委书记许立全到高新区调研，强调要认真贯彻落实党的十八大和中央、省市经济工作会议精神，创新完善“四个支撑”，加快实施创新驱动发展战略，积极创造更加优越的发展条件，奋力实现战略性新兴产业发展新突破。

同日 全市妇女“参与发展·服务民生”推进大会在市级机关综合办公大楼召开。市委常委、宣传部部长初宝杰出席并讲话。

5日 市人大常委会党组书记、第一副主任胡岗到寿光市调研，重点察看了寿光北部开发。

同日 全市法院院长会议召开。市委常委、政法委书记苏立科出席并讲话，市中级人民法院院长张爱云主持会议。

同日 全市工业经济运行调度会在潍柴高新产业园召开。市领导潘强、李传恒出席会议并讲话。

5日～17日 驻潍全国人大代表，市委副书记、市长刘曙光等10名全国人大代表到北京参加了十二届全国人大一次会议。

6日 全市领导干部会议召开，宣布省委关于潍坊市委主要领导职务调整的决定。省委决定，许立全不再担任中共潍坊市委书记、常委、委员和市委党校校长职务，不再担任潍坊市人大常委会主任职务；杜昌文任中共潍坊市委委员、常委、书记兼市委党校校长，提名为潍坊市人大常委会主任候选人；相关职务的任免须按有关法律规定办理。

同日 全市工商联十一届二次执委会在市级机关综合办公大楼召开。市委常委、统战部部长张小梅出席会议并讲话，市政协副主席、市工商联主席李传恒代表常委会作工作报告。

7日 市侨联七届六次全委会在富华大酒店召开。市委常委、宣传部部长初宝杰出席会议并讲话。

同日 省纪委常委、省监察厅副厅长司家军率调研组到寿光对市场中介领域突出问题治理试点工作进行调研。

8日 全市食品安全工作会议召开。市委常委、常务副市长陈白峰，副市长王桂英出席会议并讲话。

8日～9日 市委书记杜昌文到高新区和滨海区调研。强调要深入学习贯彻党的十八大精神，坚持主题主线和稳中求进的工作总基调，落实好“一七四一”的工作部署，务实创新，开拓进取，努力争创科学发展新优势。

11日 市委召开常委（扩大）会议，深入贯彻落实中共十八大精神，省委、省政府决策部署和全市今年的工作安排，进一步统一思想，凝聚共识，把握大局，扎实抓好当前各项工作，努力争创科学发展新优势。市委书记杜昌文主持会议并讲话。

11日～14日 国务院研究室教科文卫司巡视员侯万军率国务院教育调研组，到潍坊专题调研义务教育均衡发展和国家职业教育创新发展试验区有关工作。

12日 全市农口部门工作推进调度会议在市级机关综合办公大楼召开，市委常委、副市长孙起生出席并讲话。

同日 全市交通运输工作会议在市级机关综合办公大楼召开，副市长潘强出席会议并讲话。

13日 市委书记杜昌文在富华大酒店会见了到潍坊考察的中国恒天集团董事、总裁刘海涛一行。

同日 全市统战工作座谈会在市级机关综合办公大楼召开。市委常委、统战部部长张小梅出席并讲话。

同日 全市行政执法检查工作会议在市级机关综合办公大楼召开。市委常委、常务副市长陈白峰出席并讲话，市委常委、市纪委书记邹庆忠主持会议。

13日～15日 市委书记杜昌文分别到奎文区和潍城区调研。强调要认真贯彻落实中共十八大和全国“两会”精神，按照市委、市政府今年工作部署，务实创新，真抓实干，加快中心城区科学发展,努力提升功能品质和辐射带动力。

14日 副省长夏耕一行到潍坊综合保税区调研,先后到歌尔电子、佩特来百万台发电机等重点项目和保税区围网建设现场,实地了解保税区的总体规划和建设情况。

同日 市委书记杜昌文在富华大酒店会见了到潍坊的万达商业地产执行总裁齐界一行。

同日 市委政法委员会全体(扩大)会议在市级机关综合办公大楼召开。市委常委、政法委书记苏立科传达了市委常委(扩大)会议精神,并就做好会议精神贯彻落实和下步政法工作提出了意见和要求。

同日 潍坊市在东方大酒店召开十艺节公共文化服务体系建设工作汇报会。

14日~15日 副省长孙绍骋到潍坊调研国土资源管理和城乡社区建设工作,先后到临朐县和青州市进行了实地调研。

15日 全市机关党的工作会议在市级机关综合办公大楼召开,市委秘书长刘德成出席并讲话。

17日 第七届中国(山东)农业机械产品博览会在金宝国际会展中心开幕。省农机局局长高明飞,市委常委、副市长孙起生出席开幕式。本届博览会以“科技创新、合作共赢”为主题,集展示交流、贸易定货、产品销售于一体。来自省内外的250多家农机生产企业参展,展出涵盖农业机械13个类别的1200多个品种。

17日~19日 市委书记杜昌文分别到寿光和诸城市调研,强调要认真贯彻落实党的十八大和全国“两会”精神,按照市委、市政府今年工作部署,真抓实干,开拓进取,务实创新,努力在更高层次上推动各项事业新发展。

19日 省市场主体增量提质调研组在富华大酒店召开座谈会,听取全市有关部门和民营企业代表介绍有关促进市场主体发展的情况。

同日 全市发展总部经济总结推进工作会议在市级机关综合办公大楼召开。市委常委、副市长孙起生出席会议并讲话。

20日 市政协十二届七次常委会议在市级机关综合办公大楼召开。传达学习了全国政协十二届一次会议和省政协十一届一次会议精神,通报表彰了先进委员活动组,听取评议了市教育局、市计生委工作情况,审议通过了《政协潍坊市委员会2013年工作要点》《关于加强我市农村医疗卫生三级服务网络“网底”建设的建议案》和有关人事事项。

同日 全市畜牧工作暨春季重大动物疫病防控会议在潍坊大酒店召开,市委常委、副市长孙起生出席会议并讲话。

20日~23日 市委书记杜昌文分别到高密市、昌邑市、寒亭区、昌乐县、青州市、坊子区、安丘市、峡山区调研,听取了当地经济社会发展情况汇报。

21日 全市高校关心下一代工作座谈会在市级机关综合办公大楼召开。

22日 全市规范烟草市场秩序工作会议召开,市委常委、政法委书记苏立科出席会议并讲话。

25日 市委副书记、市长刘曙光到12345市长公开电话受理中心、市公共行政服务中心和市机关效能监察中心,就转变政府职能、提升工作效能进行调研。

同日 市委副书记、市长刘曙光在富华大酒店会见了到访的意大利驻华大使白达宁一行,双方就扩大交流与深化合作交换了意见。

25日~4月1日 市人大常委会组织对全市经济发展软环境和滨海区软环境建设情况进行调查。调查组先后听取了市监察局、市发改委、市经信委等部门的情况汇报,召开了部分潍坊市荣誉市民、驻潍商会和企业界负责人、市人大代表参加的座谈会,并到滨海区、潍城区、高密市进行实地调查。

26日 全市在市级机关综合办公大楼组织收听收看了国务院第一次廉政工作电视会议。市领导刘曙光、陈白峰、李传恒等在潍坊分会场参加收听收看。

27日 市委书记杜昌文到第二炮兵工程大学士官职业技术学院走访慰问,军地双方共叙鱼水情深,缅怀烈士沈星先进事迹。

同日 全省文化产业工作现场会在潍坊市召开,市委常委、宣传部部长初宝杰出席会议并致辞。

28日 第二十一届中日韩青少年运动会组委会成立大会在市级机关综合办公大楼举行。市委副书记、市长刘曙光出席会议并讲话,副市长王桂英主持会议。

同日 全市深入推进社会矛盾预防和化解工作视频会议召开,市委常委、政法委书记苏立科出席并讲话。

同日 潍坊市残疾人联合会第六次代表大会召开,市领导陈白峰、王卫东出席。

29日 市委理论学习中心组暨全市领导干部理论学习辅导报告会在市级机关综合办公大楼举行。国防大学战略研究所所长、少将金一南教授作了题为《机遇与挑战:十八大后的中国与未来》的专题辅导报告。

同日 全市农村饮水攻坚工作会议召开,市政府与各县市区政府、开发区管委会签订了农村饮水安全工作责任书。市委常委、副市长孙起生出席会议并讲话。

30日 全省党校业务指导工作会议在潍坊市召开,市委常委、组织部部长陈泽浦出席会议并致辞。

4月

1日 市委副书记、市长刘曙光在富华大酒店会见了韩国牙山市国际交流协力官金先泰率领的牙山市代表团一行。

同日 全省治安保险工作会议在潍坊市召开。省政协副主席、省综治委副主任栗甲,省委政法委副书记、综治办主任王凯祥出席会议;市委常委、政法委书记苏立科出席会议并致辞。

2日 市委书记杜昌文在富华大酒店会见了北汽福田汽车股份有限公司党委书记、总经理王金玉一行。

3日 潍坊市人民政府、山东高速集团、国家开发银行山东省分行合作建设开发潍坊港签约仪式在富华大酒店举行。

7日~9日 2013中国食品谷广州(潍坊)招商恳谈推介会在广州举行。

8日 全市妇联干部培训班开学典礼在市委党校举行。市委常委、宣传部部长初宝杰出席并讲话。

8日~10日 省委常委、常务副省长孙伟带领省建立现代职业教育体系重大课题组到潍坊市进行专题调研。

9日 “赋彩潍坊·中国油画名家画潍坊”活动启动仪式在白浪绿洲湿地公园举行。

10日 全市政协提案工作座谈会在市级机关综合办公大楼召开,市政协主席崔建平出席并讲话。

同日 市污水处理厂迁扩建项目奠基仪式在寒亭区开元街道举行,副市长夏芳晨出席。该项目设计处理能力为20万吨/日,总投资约3.6亿元,出水水质执行国家一级A标准,项目服务范围为白浪河东排水区98平方公里的区域。

11日~12日 全国政协社会和法制委员会副主任王巨禄一行,在省政协副主席栗甲陪同下,到潍坊市调研农村社区建设情况。

11日~13日 全市招商与转调创工作座谈会在市级机关综合办公大楼召开。市委书记杜昌文主持并作总结发言,市委副书记、市长刘曙光作主旨发言。

13日 国务委员、公安部部长郭声琨到潍坊调研,充分肯定了全市公安机关刑事科学技术建设和应用取得的成绩。

15日 全省人才工作专题研讨班在潍坊市委党校开班。市委常委、组织部长陈泽浦出席开班式。

同日 第八届潍坊旅游节开幕,并举行了专场推介会,向近300家旅行商介绍了潍坊市的旅游资源和线路产品。

16日~17日 中共中央政治局常委、全国人大常委会委员长张德江到潍柴动力工业园考察企业生产经营状况,省委书记姜异康、市委书记杜昌文陪同。

同日 法治潍坊建设工作推进会议在市级机关综合办公大楼召开。市委副书记王献玲出席并讲话,市委常委、政法委书记苏立科主持会议。

同日 山东省利用亚行贷款地下水漏斗区域综合治理示范项目亚行识别团一行,到昌乐鉴别评估雨洪水资源化南寨水库扩建工程项目。

同日 “智慧山东”试点工作座谈会议在潍坊市召开。

17日 市委书记杜昌文到峡山区、高新区和综合保税区,就贯彻落实全市招商与转调创工作座谈会精神进行调研。

同日 全市水生态文明城市创建工作动员大会暨潍坊主城区创建工作会议召开。

18日 市委常委、政法委书记苏立科到诸城市调研政法综治维稳和社会管理创新工作。

同日 市委常委、宣传部部长初宝杰到青州就贯彻落实全市招商与转调创工作座谈会精神,加快文化创意旅游产业发展进行调研。

18日~19日 全国人大常委会委员、农业与农村委员会主任委员陈建国一行到潍坊市,就农村金融改革发展工作情况进行调研。

19日 市委副书记、市长刘曙光在寿光晨鸣大酒店会见了前来参加寿光蔬菜科技博览会的中国贸促会会长万季飞一行。

同日 市委对台工作暨第19届鲁台会动员会议召开。市委副书记王献玲出席会议并讲话。

同日 潍坊蓝黄“两区”建设重点项目推介会在富华国际会议中心举行。市领导陈白峰、王树华等出席会议。推介会上,全市190个重点项目对外推介,初步达成投资意向项目32个,合同和协议利用市外资金196.25亿元。

同日 全国人大常委会委员、法制工作委员会副主任信春鹰一行到潍坊,就环境保护工作进行考察调研。市人大常委会副主任花兆贤、副市长潘强陪同活动。

同日 山东省风筝协会第四届会员代表会议在潍坊市召开,副市长王桂英出席会议。

20日 第十四届中国(寿光)国际蔬菜科技博览会在寿光国际会展中心开幕。本届菜博会以“绿色·科技·未来”为主题,展览总面积45万平方米,展会为期四十天,同期举办第四届中华农圣文化节、首届文博会、中国蔬菜产业大会、第二届海峡两岸休闲观光农业交流会等多项活动。

同日 中国国际友城市长(潍坊)生态峰会暨国际风筝城市联盟启动仪式举行。与会城市代表签署了《国际风筝城市联盟宣言》,潍坊市与泰国清莱府签署了《友好合作城市意向书》。

同日 跨国公司——潍坊合作对接会在富华国际会议中心举行。市委常委、副市长孙起生出席会议并致辞。

同日 国际风筝联合会第三届代表大会在东方大酒店召开,市委常委、副市长孙起生出席会议并致欢迎词。

20日~21日 省人大常委会委员、城乡建设与环境资源保护委员会主任委员杨焕彩一行到潍坊市,就贯彻实施《山东省道路运输条例》情况进行执法调研、对《山东省公路路政条例(草案)》进行立法调研。

20日~23日 第30届潍坊国际风筝会、第9届世界风筝锦标赛暨全国运动风筝邀请赛举行。20日上午,在浮烟山国际风筝放飞场举行开幕式。“同一片天空”大型文艺演出也同时开幕。23日,第30届潍坊国际风筝会闭幕式、第9届世界风筝锦标赛颁奖典礼在滨海区情人湾旅游度假区举行。

21日 第三届中国画节·中国(潍坊)第六届文化艺术展示交易会在鲁台会展中心开幕。

同日 第三十届潍坊国际风筝会重点项目签约仪式在富华国际俱乐部举行。副市长、滨海区党工委书记王树华主持仪式。签约仪式上，全市共集中签约合同项目26个，涵盖先进制造业、现代农业、现代服务业、文化创意和旅游产业、新型城镇化和生态建设等多个领域。

同日 首届中国软件工程标准高峰论坛在潍坊举办。

23日 潍坊文化企业授信签约仪式在鲁台会展中心举行。市委常委、宣传部部长初宝杰出席仪式并讲话。

同日 农业部与山东省人民政府签署了在寿光市建设国家现代蔬菜种业创新创业基地合作备忘录。

24日~25日 省人大常委会委员、内务司法委员会主任委员张国琛一行到潍坊市，就公安机关执法规范化建设工作进行调研。

24日~25日 省政协副主席、民革省委主委孙继业率省政协调研组到潍坊，就侨资企业发展情况进行专题调研。

25日 市委理论学习中心组暨全市领导干部理论学习辅导报告会在市工人文化宫中心会堂举行。国家工业和信息化部规划司副司长顾强作了题为《制造服务化发展与产业转型升级的路径选择》的专题辅导报告。

25日~26日 省高级人民法院院长白泉民到潍坊市调研，听取全市法院工作汇报并给予充分肯定。

26日 全市信访工作会议在市级机关综合办公大楼召开。市委常委、政法委书记苏立科出席并讲话，市委常委、副市长孙起生出席会议并就会议的贯彻落实讲了意见。

同日 青岛市副市长徐振溪一行17人到潍坊市考察园区建设、文化体育等工作。

27日 2013中国（潍坊）房地产发展与生态文明建设高峰论坛在富华国际会议中心举行。

同日 市政府召开第16次常务会议，分析调度经济运行情况，部署近期有关工作。市委副书记、市长刘曙光主持会议。

同日 市十六届人大常委会第九次会议在市级机关综合办公大楼举行。会议对有关报告、办法草案和说明进行了审议，表决通过了修订的《潍坊市人民代表大会常务委员会联系市人大代表办法》，对全市实施创新驱动战略推进转调创情况、全市社会治安防控体系建设情况进行了测评，通过了有关人事任免名单。

同日 全市群众工作电视电话会议召开。市委常委、政法委书记苏立科出席并讲话。

28日 市委书记杜昌文，市委副书记、市长刘曙光在富华大酒店会见了到访的中国海洋石油总公司副总经理王家祥一行。

同日 中央文明办主办的环渤海生态保护志愿服务活动在潍坊市白浪绿洲湿地公园启动。

同日 全市民营经济暨中小企业工作会议召开，副市长潘强出席并讲话。

5月

2日 “中国食品谷”建设现场推进会议在寒亭区举行，市委常委、副市长孙起生出席并讲话。

同日 全国人大常委会委员、财政经济委员会副主任委员辜胜阻一行到潍坊，就城镇化问题进行专题调研。

3日 全市农村土地承包经营权确权登记颁证工作现场会议在昌邑召开，市委副书记王献玲出席并讲话，市委常委、副市长孙起生主持会议。

3日~4日 中国供销集团总经理侯顺利到潍坊考察区域投资环境，洽谈双方合作事宜。市委常委、副市长孙起生陪同。

4日 全市经济工作调度会议在市级机关综合办公大楼召开，会议传达了全省转方式调结构、推动科学发展现场观摩交流会精神，分析了一季度经济运行情况，对贯彻落实全省会议和全市招商与转调创工作座谈会议精神，促进全市创新发展、科学发展作了安排部署。市委书记杜昌文主持会议并讲话，市委副书记、市长刘曙光安排部署下步工作。

6日 全市重点工程进展情况调度会议在市级机关综合办公大楼召开，市委副书记、市长刘曙光出席会议并讲话。

7日 全市部分重点企业座谈会在市级机关综合办公大楼召开。市委副书记、市长刘曙光主持座谈会并讲话。

同日 首届中国沂山文化节在临朐沂山风景区开幕，癸巳年东镇沂山祀山大典同时举行。

7日~8日 全国人大常委会副委员长、民盟中央主席张宝文率调研组一行17人，在省人大常委会副主任、民盟山东省委主委温孚江陪同下到潍坊市，就社会保障事业发展情况进行调研。

8日 莱芜市委书记刘士合，市委副书记、市长王磊率党政考察团到潍坊，就加快转调创进程、推动科学发展进行考察学习。

同日 以“创意、繁荣、发展”为主题的2013首届中国（寿光）文化产业博览会在寿光国际会展中心开幕。

8日~9日 省检察院党组书记、检察长吴鹏飞到潍坊调研，先后到青州、临朐等地进行考察调研。

9日 山西省委书记袁纯清，省委副书记、省长李小鹏率山西省党政考察团，在山东省委副书记王军民，省委常委、常务副省长孙伟陪同下到潍坊考察。

10日 市委副书记、市长刘曙光到高新区、经济开发区调研科技型中小企业公共服务平台建设。

同日 全市民族宗教工作会议在市级机关综合办公大楼召开。市委常委、常务副市长陈白峰出席会议并讲话。

12日 潍坊市建设现代物流基地专家咨询会在富华国际会议中心举行，特邀国家发改委领导和有关专家学者，就建设现代物流基地提出意见建议。

14 日 ~ 16 日 潍坊市召开加快大项目建设、推动科学发展观摩交流会，对各县市区、市属开发区科学发展情况特别是新上大项目情况进行观摩，加快转方式、调结构，努力在新起点上实现更高层次新发展。

15 日 ~ 16 日 省军区在潍坊组织安全管理集训。济南军区副参谋长蒋建军，省委常委、省军区政委刘从良等出席集训活动。市委书记杜昌文出席并讲话。

16 日 省委常委、省纪委书记李法泉到潍坊就惩治和预防腐败体系建设工作进行调研。

同日 市委理论学习中心组暨全市领导干部理论学习辅导报告会在市工人文化宫中心会堂举行。海关总署加工贸易及保税监管司司长张皖生作题为《充分发挥综合保税区功能作用，服务带动区域经济发展》的专题辅导报告。

17 日 全市诉讼诚信体系建设工作推进会议在市中级人民法院举行。省高院党组成员、副院长张盛昌，市委常委、政法委书记苏立科出席并讲话。

18 日 2013 中国(昌乐)国际宝石博览会在昌乐中国宝石城开幕，中国蓝宝石博物馆同日开馆。

20 日 北汽福田汽车股份有限公司党委书记、总经理王金玉到潍坊参观考察。

20 日 ~ 22 日 省人防办党组书记、主任杨玉贞到潍坊就县级人防工作进行调研。

21 日 省民政厅厅长孙建功到潍坊调研，先后到奎文区孙家社区、"12343"民生万事通等进行了实地调研考察。

22 日 全国知识产权系统党风廉政建设工作会在富华国际会议中心召开。国家知识产权局党组成员、中央纪委驻国家知识产权局纪检组组长肖兴威出席会议并讲话；省知识产权局局长于智勇出席，市委书记杜昌文到会致辞。

22 日 ~ 23 日 副省长张超超到潍坊就工业经济运行和交通运输工作进行调研。

24 日 市十六届人大常委会第十次会议在市级机关综合办公大楼会议室举行。会议分组对有关说明进行了审议，补选了省十二届人大代表，通过了有关人事任免名单。

26 日 市委副书记、市长刘曙光就老厂区的开发利用到潍柴老厂区和潍坊烟草卷烟配送中心进行调研。

26 日 ~ 30 日 市委书记杜昌文率潍坊经贸招商团赴香港，参加 2013 香港山东周活动。此次潍坊市在香港共签约 23 个重点项目，合同外资总额 27.76 亿美元。代表团成员还考察了香港城市交通规划和管理，拜访了中银国际有限公司首席执行官李彤。

27 日 市委副书记、市长刘曙光在市级机关综合办公大楼主持召开做大提升中心城市座谈会。他强调，要坚持高点定位，创新思路举措，统筹做好各项工作，在推动中心城市优化提升上实现突破。

同日 民政部副部长戴均良一行在省民政厅厅长孙建功陪同下，到潍坊调研国务院《关于进一步加强和改进最低生活保障工作的意见》落实情况，并考察基层民政能力建设和民政立法创制等工作。

27 日 ~ 31 日 市人大常委会组织对全市推进新型城镇化体系建设情况进行调查。

28 日 市政府召开第 17 次常务会议，研究部署失独计生家庭关爱救助、海域使用权管理、地方史志工作管理、文化艺术品中心总体规划编制等工作。市委副书记、市长刘曙光主持会议。

同日 中国(青州)书画艺术城艺术顾问受聘仪式在北京举行。中国文联副主席、中国美术家协会主席刘大为，文化部原副部长、中国艺术研究院院长王文章等 11 位艺术家受聘为艺术顾问。

31 日 农业部国际合作司司长王鹰一行到潍坊市考察调研，就中俄农副产品出口仓储示范基地项目落户潍坊事宜进行了深入探讨。市委书记杜昌文在富华大酒店会见了王鹰一行。

6 月

1 日 中国食品谷现代畜牧科学院暨中国食品谷现代畜牧业协同创新中心揭牌仪式在东方大酒店举行。

2 日 第十三届中国(潍坊)现代畜牧业博览会开幕仪式在富华国际展览中心举行。

3 日 市委常委、宣传部部长初宝杰到白浪绿洲湿地公园就建设文化创意旅游园区进行调研。

同日 全市优化经济发展软环境调度会在市级机关综合办公大楼召开。市委常委、市纪委书记邹庆忠出席会议并讲话。

4 日 全市暨滨海区"安全生产月"活动启动仪式在滨海区举行。副市长潘强出席并讲话。

5 日 市委常委、副市长孙起生到潍坊广告创意产业园和鲁东物流中心进行调研并召开调度推进会。

6 日 市政协主席崔建平带领视察组到寿光市，就农村医疗卫生三级服务网络网底建设情况进行视察调研。

同日 省人力资源与社会保障厅副厅长杨喜坤率省防总防汛检查组到潍坊市检查防汛工作。市委常委、副市长孙起生陪同。

同日 山东测绘地理信息产业基地暨潍坊市地理信息局揭牌仪式在潍坊软件园举行。国家测绘地理信息局副局长宋超智、副市长夏芳晨为基地揭牌并致辞。

6 日 ~ 7 日 省委副书记王军民带领省直有关部门负责人，到潍坊市就加快现代农业发展情况进行调研。王军民一行先后到诸城市得利斯集团、冠泓工业化社区、辛兴社区、齐沟黄烟农场、大森林特种动物养殖基地实地察看现代农业、农村社区、产业园区发展情况，详细了解龙头企业、家庭农场、农村专业合作社建设情况。

6日～7日 省人大常委会副主任宋远方带队到潍坊市,对《中华人民共和国防震减灾法》和《山东省防震减灾条例》贯彻实施情况进行检查。

6日～7日 受全国人大常委会委托,省人大常委会执法检查组在省人大常委会委员、财政经济委员会主任委员杜昌祚带领下,到潍坊市对《可再生能源法》贯彻实施情况进行检查。

7日 潍坊市在市级机关综合办公大楼组织收听收看了全国、全省安全生产电视会议。市委副书记、市长刘曙光出席潍坊分会场会议并讲话。

同日 全市第三次律师代表大会召开,选举产生了新一届市律师协会。市委常委、政法委书记苏立科出席并讲话。

同日 全市非公有制经济人士理想信念教育实践活动动员部署会议在市级机关综合办公大楼召开。市委常委、统战部部长张小梅出席并讲话。

8日 理顺市级国有资产监督管理体制工作会议在市级机关综合办公大楼召开。市委常委、常务副市长陈白峰出席会议并讲话。

同日 第八个"文化遗产日"暨潍坊市非物质文化遗产颁奖典礼在市艺术中心文化宫礼堂举行。

9日 市委副书记、市长刘曙光在检查安全生产和防汛工作时强调,各级各部门要认真贯彻落实全国、全省安全生产电视会议精神,始终把人民生命财产安全放在首位,坚决把安全生产责任制落到实处,切实消除各类安全隐患,确保全市安全度汛,确保人民群众生命财产安全。

同日 全市侨务工作会议在市级机关综合办公大楼召开。

12日 市委书记杜昌文到寿光市和滨海区检查防汛工作。他强调,各级各部门要切实增强忧患意识,克服麻痹思想,落实责任,强化措施,确保打赢防汛攻坚战,切实保障人民群众生命财产安全。

13日 市防汛抗旱指挥部成员(扩大)会议在阳光大厦召开。市委副书记、市长刘曙光出席会议并讲话,副市长夏芳晨主持。

同日 市委副书记、市长刘曙光在高新区第二孵化器会见到潍坊考察的中国电子集团控股有限公司总经理谢庆华一行,就推进有关合作事宜进行了交谈。

同日 中墨企业家交流会暨墨西哥农业部和潍坊市政府合作谅解备忘录签约仪式在北京举行。其间,市委常委、副市长孙起生会见了墨西哥农业部部长恩里克·马丁内斯及企业家代表团一行,双方就共同关心的农业发展、中国食品谷合作运营等问题进行了交谈。

同日 第21届中日韩青少年运动会志愿服务誓师大会在潍坊学院举行。副市长王桂英为志愿者授旗并讲话。

14日 潍坊市组织收听收看了全国、济南军区、全省征兵工作电视电话会议。2013年征兵时间由冬季调整为夏秋季,即7、8月份征兵开始,9月1日批准入伍,9月30日征兵结束。

15日 市委副书记、市长刘曙光在富华大酒店会见了到潍坊考察的中国企业联合会常务副理事长于吉一行,就加强有关项目对接、深化各领域合作等进行了探讨和交流。

同日 潍坊市2013年节能宣传周活动启动仪式在高新区举行。副市长潘强,市政协副主席、市经信委主任李传恒出席仪式并讲话。

17日 省政协副主席王乃静率视察组到潍坊,就资源山东建设情况进行视察调研。

18日 市委理论学习中心组暨全市领导干部理论学习辅导报告会在市工人文化宫举行。国务院新闻办公室原主任赵启正作了《公共外交与跨文化交流》的主题辅导报告。杜昌文、崔建平、胡岗等市级领导班子成员,市中级人民法院院长、市检察院检察长出席报告会。市委副书记王献玲出席并主持报告会。

同日 全市人口和计划生育工作会议召开。市委副书记、市长刘曙光出席会议并讲话。

同日 全市2013年信访干部培训班开班仪式在市委党校举行。市委常委、政法委书记苏立科出席并讲话。

同日 香港(潍坊)同乡会成立大会在香港香格里拉酒店举行。市委常委、宣传部部长初宝杰与全国政协委员、大公报董事长兼社长姜在忠共同为同乡会揭牌。

18日～19日 省科技厅厅长刘为民一行到潍坊市考察科技创新工作。

18日～19日 省人大法制委员会主任委员彭绪进一行到潍坊市,就《山东省公路路政条例(草案修改稿)》《山东省劳动合同条例(修订草案修改稿)》《山东省专利条例(草案修改稿)》进行立法调研。

19日 市委农村工作领导小组全体成员会议在市级机关综合办公大楼召开。

同日 市委副书记王献玲在市级机关综合办公大楼主持召开潍河、弥河"两河"流域综合开发工作座谈会,"两河"流域综合开发工作正式启动。

同日 由市工商联承办的山东省民营企业与科研单位合作洽谈会在潍坊大酒店举行。市委常委、统战部部长张小梅及省工商联有关负责人出席相关活动。

19日～20日 住房和城乡建设部城乡规划司副巡视员李晓龙、中国城市规划设计研究院院长李晓江一行到潍坊市调研城镇化工作。

20日 全省关工委主任座谈会在富华大酒店召开。省委书记姜异康作出批示,省关工委主任高新亭讲话。市委书记杜昌文致辞。

同日 潍坊军分区党委召开第七届第五次全体(扩大)会议。市委常委、军分区党委书记、政委刘汉杰,军分区党委副书记、司令员万伟锋出席会议并分别讲话。

同日 省政协副主席王新陆率调研组到潍坊市就科技创新体系建设开展专题调研，并就公立医院改革工作进行考察。

20日～24日 省双拥模范城创建工作考评组第五检查组到潍坊市进行双拥模范城创建工作年度考评。考评组先后到寿光、昌邑、奎文和潍城进行了检查。

22日 潍坊市文化创意旅游基地建设座谈会在金茂大酒店召开。市委常委、宣传部长初宝杰出席并讲话；广州TIT创意园有关代表参加会议并就潍坊市文化创意旅游基地建设工作进行了探讨。

24日 市委书记杜昌文在高新区第二孵化器会见了潍柴控股集团有限公司董事长谭旭光一行。

25日 市委副书记、市长刘曙光到奎文区调研提升中心城区工作。他强调，要进一步开阔视野，提升境界，突出重点，统筹推进，努力在提升中心城市发展水平上实现新突破。

25日～26日 山东英才学院党委书记、院长夏季亭一行到潍坊参观考察。

25日～26日 省人口计生委主任李敏到潍坊市调研人口计生工作。

26日 烟台市委书记张江汀率烟台市党政考察团到潍坊市就蓝区建设、实体经济、园区开发、科技创新等工作情况进行考察。

同日 以“珍爱生命、拒绝毒品”为主题的“6·26”国际禁毒日集中宣传活动在人民广场举行。

同日 2013海外华商博士高端产业潍坊恳谈会在富华国际会议中心举行。

27日 市委书记杜昌文在富华大酒店会见了水利部综合事业局局长王文珂一行，双方就水资源开发利用、饮水安全、污水处理、水生态规划保护等合作事宜进行了座谈。

同日 市政协十二届八次常委会议在富华大酒店召开。会议传达学习了省政协十一届三次常委会议精神；听取并评议了市商务局、市交通运输局工作情况汇报；讨论并审议通过了《关于加快发展潍坊市现代物流业的调查与建议》《关于对城区道路交通情况的调查报告》和有关人事事项。市政协主席崔建平出席并讲话，副主席刘伟主持会议，副主席李传恒、吴建民、王继怀、王贤臣、李士来出席会议。

同日 交通银行山东省分行党委书记、行长王锋一行到潍坊市考察。副市长夏芳晨陪同有关活动。

28日 盛瑞8AT十万台生产线投产现场评估暨国家乘用车自动变速器工程技术研究中心建设举行启动仪式。原机械工业部部长何光远和市委书记杜昌文为8AT十万台生产线首台下线揭幕，市委副书记、市长刘曙光和科技部发展计划司司长王晓方分别致辞。

同日 市政府在富华大酒店多功能厅组织召开专题会议，安排部署财税体制改革、第三次经济普查和企业主辅业务分离等当前事关全市发展大局的重点工作任务。市委副书记、市长刘曙光出席并讲话。

同日 市十六届人大常委会第十一次会议在市级机关综合办公大楼会议室举行。

同日 山东省国税局金税三期工程潍坊双轨试运行动员部署会议召开。省国税局副局长孙立德，市委常委、副市长孙起生出席会议并分别讲话。金税工程是经国务院批准的国家级电子政务工程。山东继重庆之后，作为全国试点单位开始试运行，潍坊是全省唯一试点单位。

同日 全市人工影响天气工作会议召开。

同日 全市农产品质量安全监管工作座谈会召开。

29日 全市加快滨海开发推进会议在市级机关综合办公大楼召开，会议主要任务是深入贯彻落实省委、省政府加快实施蓝黄战略的部署，按照市委、市政府谋求更高层次新发展的总体思路，对突破滨海进行部署，进一步统一思想，明确任务，更高水平更大力度地推进滨海开发，打造全市经济转型升级的增长极，推动全市科学发展。市委书记杜昌文出席会议并讲话，市委副书记、市长刘曙光主持会议，崔建平、胡岗、王献玲等出席。

30日 市委书记、市突破滨海总指挥部总指挥杜昌文在滨海区主持召开总指挥部办公会议。他强调，要认真贯彻落实全市加快滨海开发推进会议精神，提升境界、提高标准、协同推进，高质、高效、有序、规范推进突破滨海各项工作，奋力开创滨海开发建设新局面，引领和支撑潍坊加快转型升级、实现更高层次新发展。

7月

1日 由潍坊报业集团和潍城区合作出版的《潍坊日报·今日潍城》正式创刊，市委常委、宣传部部长初宝杰出席创刊座谈会并讲话。

2日 2013年全市共青团工作会议在市级机关综合办公大楼召开。市委常委、宣传部部长初宝杰出席并讲话。

2日～3日 省工商联十二届二次常委会在富华国际会议中心召开。省政协副主席、工商联主席王乃静出席并讲话。

3日 省委在济南召开山东省党的群众路线教育实践活动动员大会，传达学习中央党的群众路线教育实践活动工作会议精神，对全省开展党的群众路线教育实践活动进行动员部署。市领导胡岗、王献玲、苏立科、张小梅、刘汉杰、初宝杰、陈白峰、邹庆忠在潍坊分会场参加收听收看。

同日 山东省民营企业与科研单位对接会在富华国际会议中心举行。省政协副主席、工商联主席王乃静出席并讲话。会上，18家企业代表与有关科研单位签约。

同日 2013年战略性新兴产业知识产权集群管理试点工作会议在富华大酒店召开。国家知识产权局保护协调司司长黄庆出席，副市长潘强致辞。

3日～4日 全国烟叶收购暨现代农业烟草建设现场会在诸城市召开。国家烟草专卖局党组书记、局长凌成兴，国家烟草专卖局副局长何泽华出席会议,副省长赵润田、市委书记杜昌文到会致辞。

3日~4日 省委常委、常务副省长孙伟到寿光市调研职业教育及农民培训工作。

4日 十艺节筹备工作会议在市级机关综合办公大楼召开。市委常委、宣传部部长初宝杰出席会议并讲话,副市长王桂英主持。

同日 全国政协常委、省政协副主席、农工党省委主委王新陆率驻鲁全国政协委员视察团到潍坊市,就公立医院改革情况进行专题视察。

4日~5日 全国人大常委会副委员长吉炳轩率调研组一行,到潍坊市就农业、农村发展情况进行专题调研。实地察看了寿光市的孙家集街道三元朱村、蔬菜高科技示范园、滨海(羊口)经济开发区、林海生态博览园、双王城巨淀湖生态修复暨旅游开发项目、以诚生态家庭农场、蔬菜产业集团现代农业产业园和农产品物流园等。

5日 潍坊市与韩国牙山市友好合作协议暨经济合作伙伴关系谅解备忘录签约仪式在富华国际会议中心举行。市委书记杜昌文出席签约仪式。

同日 市委副书记王献玲,市委常委、副市长孙起生到安丘市牟山水库检查指导防汛工作。

同日 济宁市委常委、常务副市长刘中会一行到潍坊考察创建国家环保模范城市机构设置、工作措施、创城档案等工作。

6日 潍柴深化改革创新推动二次创业誓师暨表彰大会在潍柴文化宫举行。市委书记杜昌文,山东重工集团有限公司董事长、潍柴控股集团有限公司董事长谭旭光出席大会并分别讲话。

8日 全市企业主辅业分离工作推进会议召开。市委常委、常务副市长陈白峰出席并讲话,市委常委、副市长孙起生主持会议。会上,市政府与各县市区、市属开发区、市直有关部门签订了《企业主辅业分离工作目标责任书》。

8日~9日 全市社会矛盾预防和化解长效机制建设工作推进会议召开。市委常委、政法委书记苏立科出席会议并讲话。

9日 河南省许昌市市委书记王树山、市长张国晖率领党政考察团到潍坊市考察,实地参观了潍柴动力、万声通讯、城市规划展馆。

同日 全国国税系统政府采购工作会议在潍坊市召开。国家税务总局党组成员、总经济师张志勇,山东省国家税务局党组书记、局长刘景溪等出席会议。市委常委、副市长孙起生致辞。

同日 法国孚日省议会副主席杰克·皮埃尔率代表团到潍坊考察访问。

10日~11日 市委书记、市突破滨海总指挥部总指挥杜昌文在滨海区主持召开总指挥部第二次办公会议,并到部分县市区特色产业园和驻区企业调研。他强调,要认真贯彻市委、市政府《关于突破滨海加快蓝黄战略实施推动全市科学发展的决定》和全市加快滨海开发推进会议精神,进一步解放思想,深化认识,加大力度,高标准推进滨海开发各项工作。

11日 以市委副书记、市长刘曙光为团长的潍坊市政府代表团结束了对德国、瑞士、以色列为期10天的招商考察活动。

同日 白浪河水库水源地保护暨防汛工作现场会召开,副市长夏芳晨出席。

12日 市委书记、市突破滨海总指挥部总指挥杜昌文在滨海区主持召开突破滨海总指挥部第一次全体会议。会议通报了全市加快滨海开发推进会议以来有关工作进展情况,宣读了《突破滨海总指挥部第一次办公会议纪要》,确定了2013年年底前突破滨海的重点工作任务,听取了滨海区各项规划目前完善提升情况汇报。

15日 市委书记杜昌文,市委副书记、市长刘曙光在金茂国际大酒店会见了2012年诺贝尔文学奖获得者、高密籍作家莫言一行。

16日 创建全国文明城市城区综合整治工作会议在市级机关综合办公大楼召开。市委书记杜昌文,市委副书记王献玲出席会议并分别讲话。

同日 泛海集团有限公司党委书记、董事长、总裁卢志强和省政协副主席张传林一行到潍坊。

同日 德国农机生产商CLAAS(克拉斯集团)收购山东金亿机械有限公司85%股权签约仪式在高密市举行。

17日 市委书记杜昌文在富华大酒店会见了以台湾海基会董事长林中森为团长的山东台商参访团一行。

同日 市委副书记王献玲在市级机关综合办公大楼主持召开潍河、弥河"两河"流域综合开发工作调度会议,听取有关情况汇报并对相关工作进行研究。

同日 工信部安全生产司司长吴风来率国务院安委会第三综合督查组,到潍坊督查安全生产大检查工作。

同日 全市工业发展讲坛在市级机关综合办公大楼举行。工业和信息化部信息化推进司产业信息化处处长王建伟应邀作专题讲座。

19日 市委理论学习中心组暨全市领导干部理论学习辅导报告会在市工人文化宫举行。国务院参事、国家应急管理专家组组长闪淳昌应邀作了"我国应急管理的实践与思考"专题辅导报告。

同日 全市上半年经济运行情况分析调度会在市级机关综合办公大楼召开。市委副书记、市长刘曙光强调,各级各部门要紧紧围绕市委、市政府决策部署,进一步准确把握形势,突出工作重点,落实责任措施,全力以赴推进,确保高质量高水平完成全年各项任务目标。

同日 国家税务总局党组成员、副局长宋兰一行,到潍坊市调研金税三期工程双轨试运行情况,实地考察市国税局办税服务厅网上综合服务平台。

同日 中国科学院可持续发展研究中心主任樊杰一行到潍坊对接两河开发战略性规划研究有关事宜。

20日 全市现代物流基地招商建设工作推进会议在市级机关综合办公大楼召开。

22日~23日 山西省长治市市委书记马天荣，市委副书记、市长席小军率长治市党政考察团到潍坊考察。

23日 全市慈善大会暨市慈善总会二届三次理事会议在市级机关综合办公大楼召开。市委书记杜昌文出席，市人大常委会党组书记、第一副主任、市慈善总会会长胡岗主持并讲话。

同日 农业部国际合作司与潍坊市人民政府战略合作协议签署仪式在北京举行。农业部副部长牛盾，山东省副省长赵润田，市委副书记、市长刘曙光分别讲话。

24日~25日 2013中国食品谷北京（潍坊）招商恳谈推介会在北京举办。商务部所属的全国城市农贸中心联合会宣布授予潍坊市"中国食品谷"称号。

25日 全国政协副主席马飚率领全国政协视察团在省政协副主席许立全陪同下，到潍坊市视察公立医院改革情况。

26日 全市老干部情况通报会在市级机关综合办公大楼召开。市委书记杜昌文出席会议并向老领导、老同志们通报了2013年以来全市经济社会发展情况和下半年的工作安排，市委副书记、市长刘曙光主持会议。

29日 市委书记杜昌文，市委副书记、市长刘曙光到水利部汇报工作。水利部部长陈雷等会见了杜昌文一行，并就潍坊市水利改革发展等工作进行座谈。

30日 全市上半年经济运行分析会议召开。市委副书记、市长刘曙光强调，各级各部门要准确把握形势，突出工作重点，强化推进措施，全力突破各项工作，确保全面完成今年各项任务目标。

同日 市委副书记王献玲到寒亭区调研中国食品谷项目建设情况。

30日~8月1日 省纪委副书记王喜远一行到潍坊市就纪检监察机关开展党的群众路线教育实践活动进行调研，并对省纪委常委会加强作风建设征求意见。

30日~8月2日 市政协主席崔建平率考察团赴内蒙古自治区包头市参观学习，并与包头市政协签署了缔结友好政协的协议。

31日 潍坊市举行"军事日"活动暨军地共庆建军86周年座谈会。

同日 东营市委书记刘士合率东营市党政考察团到潍坊参观考察。

同日 副省长张超超到党的群众路线教育实践活动联系点潍柴集团调研企业自主创新情况，并就教育实践活动征求企业干部职工的意见建议。

8月

1日 省政协副主席张传林、陈光带领省政协机关考察团到潍坊市就基层党组织为群众服务情况进行考察，实地考察了寿光三元朱村、社会福利中心、桥南李社区等地。

2日 市委书记杜昌文在市级机关综合办公大楼主持召开职业教育创新发展领导小组第一次会议。强调要以省部共建潍坊国家职业教育创新发展试验区为契机，创新体制机制，加大推进力度，加快建设现代职业教育体系，为全市经济社会发展提供优质的人才和智力支持。

同日 以国务院参事魏津生为组长的国务院参事调研组一行到潍坊市，就加快老龄人口照护制度建设进行实地调研。

5日 市委书记杜昌文到临朐县、安丘市调研农村饮水安全工程建设情况。强调要把农村饮水安全工程建设作为民生大事来抓，加快工程进度，建立长效机制，确保年底前全市人民都能吃上符合国家饮用水标准的自来水，把饮水安全工程真正建设成为民心工程。

同日 市委副书记、市长刘曙光到滨海区调研工作。强调要全面贯彻落实市委、市政府关于突破滨海的一系列决策部署，高质量、高标准、高效率推进各项措施落到实处，全力以赴推动滨海开发建设实现新突破，确保突破滨海的各项目标任务全面实现。

6日 市委书记杜昌文到亚星化学、盛瑞传动等工业企业调研。

同日 全市节能减排联席会议在市级机关综合办公大楼召开。副市长潘强出席会议。

6日~7日 深化平安潍坊建设工作会议召开。市委常委、政法委书记苏立科出席会议并讲话，市委常委、副市长孙起生主持会议。

6日~8日 市人大常委会党组书记、第一副主任胡岗率领调研课题组，对协调推进城镇化与农业现代化课题进行调研。

7日 市委理论学习中心组暨全市领导干部理论学习辅导报告会在市工人文化宫举行。北京交通大学教授、博士生导师、现代物流研究所所长刘凯作了题为《现代物流发展》的专题辅导报告。

同日 市委副书记、市长刘曙光到寿光市调研。强调要紧紧围绕市委、市政府一系列决策部署，进一步解放思想，提升标杆，创新实干，加快超越，努力推动各项工作再上新水平，确保继续走在全省县域经济发展前列。

同日 市委副书记王献玲到昌乐县调研农村土地承包经营权确权登记颁证工作。市直有关部门和昌乐县负责同志参加调研。

同日 市委常委、副市长孙起生率队到奎文区检查督导文明城市创建工作。

同日 副市长潘强在富华大酒店会见了马来西亚森达美集团执行副总裁李志添一行。

8日 市委书记杜昌文,市委副书记、市长刘曙光在富华国际会议中心会见了省教育厅厅长左敏一行,双方就加快推进省部共建潍坊国家职业教育创新发展试验区进行了座谈交流。

同日 市委副书记、市长刘曙光到潍城区调研。强调要突出发展特色,提升产业层次,努力在提升中心市区发展水平上实现新突破。

9日 中国食品谷重点项目招商建设推进会在市级机关综合办公大楼召开。

9日~10日 市委书记杜昌文专程赴河北省保定市考察新能源产业发展情况,推动两市有关领域的战略合作。

10日~11日 由国家发改委、中国社科院、中国农业大学等部分院所的专家组成的专家组,应邀到潍坊就中国食品谷项目进行调研,并参加在富华国际会议中心举办的中国食品谷发展座谈会。

11日 全市食品安全区监管执法工作会议在富华国际会议中心召开。市委常委、副市长孙起生出席并讲话。

12日 市委理论学习中心组暨全市领导干部理论学习辅导报告会在市工人文化宫举行。

同日 全市统战部长会议在市级机关综合办公大楼召开。市委常委、统战部部长张小梅出席并讲话。

13日 潍坊市现代物流基地(区域物流中心)规划香港咨询会在香港万豪会议中心举行。

15日 严厉打击恶意逃废金融债务优化金融生态环境座谈会在市级机关综合办公大楼召开。

同日 马来西亚森达美集团总裁兼首席执行官丹斯里拿督・吝麒到潍坊考察访问。市委副书记、市长刘曙光在富华大酒店会见了客人。

16日 潍坊市2013年"慈心一日捐"捐款仪式在市级机关综合办公大楼举行。本次捐款活动共募集善款12.5万多元。

同日 中科院潍坊"两河"开发战略研究座谈会在市级机关综合办公大楼召开,"两河"开发战略研究工作正式启动。

16日~17日 市委在市级机关综合办公大楼召开常委会议,专题听取八大重点课题调研成果汇报。市委书记杜昌文主持会议并讲话,市委常委出席会议。

17日 市委书记杜昌文,市委副书记、市长刘曙光在高新区会见亚洲制造业协会首席执行官、世界3D打印技术产业联盟秘书长、中国3D打印技术产业联盟执行理事长罗军,双方达成合作意向并签署战略合作协议。

18日~20日 新加坡宜居城市研发中心咨询委员会首任主席、雅思柏(RSP)设计事务所董事刘太格一行到潍坊,就潍坊市新型城镇体系、城乡规划建设等进行考察,并就有关问题深入探讨交流。

19日 全市创城迎测工作现场调度会议在奎文区召开。市委副书记王献玲出席会议并讲话,市委常委、宣传部部长初宝杰出席会议。

同日 第二十一届中日韩青少年运动会潍坊代表团成立大会在市体校举行。副市长王桂英为潍坊代表团授旗。

19日~20日 全省人大城乡建设与环境资源保护工作座谈会在潍坊召开。省人大常委会副主任贾万志出席会议并讲话。市委书记杜昌文致辞。

20日 市委书记杜昌文在富华大酒店会见了到潍坊考察调研的中国恒天集团董事长、党委书记张杰一行。

21日 山东省海洋与渔业厅和潍坊市人民政府加快蓝黄战略实施、推进滨海突破发展合作协议签约仪式在富华大酒店举行。市委书记杜昌文出席签约仪式,市委副书记、市长刘曙光和省海洋与渔业厅厅长王守信代表双方签约。

同日 市委副书记、市长刘曙光检查全市文明城市创建工作。

同日 2013海峡科技论坛筹备工作联席会议在富华大酒店召开。全国人大常委、致公党中央副主席闫小培出席会议并讲话。

22日 全市领导干部党风党纪教育辅导报告会在市级机关综合办公大楼举行。省纪委副书记王喜远作党风党纪教育专题辅导报告。市委书记杜昌文主持报告会。

同日 市委副书记、市长刘曙光在富华大酒店会见了到潍坊参观考察的复旦大学国家大学科技园总经理、上海国家大学科技园联盟理事长凤根宝一行。

23日 国家驻港招商局集团有限公司董事长傅育宁一行到潍坊市进行经贸考察,并就有关问题进行重点洽谈。

同日 市十六届人大常委会第十二次会议在市级机关综合办公大楼会议室举行。市人大常委会党组书记、第一副主任胡岗,党组副书记、副主任刘明珂分别主持会议。会议分组对有关报告和决议草案进行了审议、评议,酝酿了人事任命名单。

同日 潍坊市在市级机关综合办公大楼组织收听收看了全省农村土地承包经营权确权登记颁证工作电视会议。市委副书记王献玲在潍坊分会场作典型发言。市委常委、副市长孙起生就贯彻会议精神讲了意见。

同日 全市纪检监察工作调度会召开。市委常委、市纪委书记邹庆忠出席会议并讲话。

同日 全市安全生产大检查调度会议在市公共行政服务中心举行,副市长潘强出席。

24日 第二十一届中日韩青少年运动会开幕式在潍坊富华国际会议中心一号剧场举行。国家体育总局副局长、中华全国体育总会副主席冯建中致开幕词,副省长王随莲、省体育局局长张松林等出席开幕式;市委副书记、市长刘曙光致欢迎词,副市长王桂英主持。

26日 市委理论学习中心组读书会第三阶段会议在市级机关综合办公大楼召开，主题是深入学习贯彻党的十八大和总书记习近平一系列重要讲话精神，交流重点课题调研成果，大力推动经济转型升级，谋求更高层次发展。市委书记杜昌文出席并作总结发言，市委副书记、市长刘曙光主持。

27日 市政协主席崔建平到安丘市调研经济社会发展及旅游产业发展情况。

同日 电视连续剧《红高粱》拍摄协调会在市级机关综合办公大楼召开。市委常委、宣传部部长初宝杰出席并讲话。

同日 省农业厅厅长王金宝一行到潍坊市参观考察。市委常委、副市长孙起生陪同考察。

27日~28日 省人大常委会组织部分住鲁全国人大代表到潍坊市，就"实施创新驱动战略，加快转变经济发展方式"进行专题调研。省人大常委会人事代表工作委员会主任徐京信陪同调研。

28日 市委书记杜昌文到山东测绘地理信息产业园调研。

同日 潍坊市召开文化创意产业研讨会，邀请世界和平女神基金会主席、中国创意产业联盟首席总策划遥远先生一行，为潍坊市文化创意产业发展献策。

29日 市委党的群众路线教育实践活动领导小组第一次会议在市级机关综合办公大楼召开。市委书记杜昌文主持会议并讲话。

同日 市委副书记、市长刘曙光在富华大酒店会见了到潍坊考察访问的以色列Tap农业公司事务发展部经理阿福那·修赫特一行。

同日 "环渤海湾－阿拉伯湾"——两湾合作潍坊投资洽谈会在金茂大酒店举行。

30日 潍坊市组织在市级机关综合办公大楼收听收看全省推进省会城市群经济圈和西部经济隆起带建设动员大会。

9月

1日 市委书记杜昌文到滨海区调研。强调，要认真贯彻落实市委、市政府突破滨海的决策部署，明确功能定位，加快建设进度，全力打造一流水准科教创新园区，为全市经济转型升级提供智力支撑和人才保障。

同日 市委书记杜昌文在市级机关综合办公大楼会见到潍坊参观考察的浪潮集团董事长兼CEO孙丕恕一行。

2日 市委副书记、市长刘曙光到寿光市、滨海区和寒亭区调研重点工程建设。强调，要紧紧围绕市委、市政府部署要求，把重点工程建设摆上更加重要的位置，进一步加大措施，强化保障，优化服务，确保按期完成重点工程建设各项任务目标。

同日 市突破滨海总指挥部召开特色生态小镇规划设计方案汇报会，专题研究特色生态小镇规划设计方案。

2日~3日 市委副书记王献玲到高密市着重就加强基层组织建设、做好联系服务群众工作进行专题调研。

3日 中韩自贸区第七轮谈判开幕式在富华国际会议中心举行。商务部国际贸易谈判副代表俞建华，韩国产业通商资源部部长助理禹泰熙，省商务厅副厅长阎兆万出席。市委副书记、市长刘曙光出席并致辞。

同日 潍坊市在富华国际会议中心举行中韩自贸区官产学座谈会，探讨深化中韩官产学合作大计。

4日 潍坊—韩国企业对接洽谈会在富华国际会议中心举行。

5日 全市"三八六"环保行动动员大会在市级机关综合办公大楼召开。省环保厅厅长张波到会指导；市委书记杜昌文主持，市委副书记、市长刘曙光讲话。会上，宣读了市委、市政府实施"三八六"环保行动建设生态美丽潍坊的意见。

同日 市委副书记、市长刘曙光在富华大酒店会见了德国下萨克森州投资促进署国际投资促进部主管奥利文·施拉德一行。

同日 全市联系群众化解矛盾机制建设调度会议召开。市委常委、政法委书记苏立科出席会议并讲话。

同日 省高级人民法院党组书记、院长白泉民等一行到高密法院调研，主要了解联系点法院和法庭的工作情况，并征求对省法院机关开展党的群众路线教育实践活动的意见建议。

6日 2013海峡科技论坛在富华国际会议中心举行。全国政协副主席、致公党中央主席、科技部部长万钢，国台办主任助理龙明彪，省政协副主席王新陆，市委副书记、市长刘曙光；台湾三三企业交流会会长、台湾经济研究院董事长江丙坤分别在开幕式上致辞。

6日~7日 德国RSBK有限公司董事长鲁道夫·沙尔平一行，在中联部经联中心主任胡延新的陪同下到潍坊参观考察。市委副书记、市长刘曙光，市委副书记王献玲分别会见。

7日 2013"蓝色经济大家谈"开幕式在滨海区举行。省政协副主席栗甲，市委副书记、市长刘曙光出席并分别致辞；省发改委主任张务锋出席并做主题演讲；大众报业集团董事长傅绍万主持。

同日 2013中国潍坊滨海国际风筝冲浪公开赛暨第五届中国潍坊滨海国际风筝冲浪邀请赛在滨海区旅游度假区国际风筝冲浪基地开幕。

8日 聊城市委书记林峰海，市委副书记、市长王忠林率领聊城市党政企考察团到潍坊市考察经济社会发展工作。

9日 市委书记、市环境保护委员会第一主任杜昌文在市级机关综合办公大楼主持召开市环境保护委员会暨"三八六"环保行动协调推进工作第一次会议。他强调，要认真贯彻落实全市"三八六"环保行动动员大会精神，切实加强组织协调，建立长效机制，形成强大合力，扎实有序推进“三八六”环保行动。

11日 全省乡村文明行动第二次现场推进会与会代表到昌邑市参观。副省长季缃绮出席。

11日～12日 全市人大工作座谈会在寿光市召开。会议主要是传达学习张德江委员长在山东调研时的重要讲话精神和市委理论学习中心组读书会精神，总结交流今年的工作。市人大常委会党组书记、第一副主任胡岗作总结讲话，党组副书记、副主任刘明珂主持会议。

12日 市委书记杜昌文在富华大酒店会见中国物流与采购联合会会长何黎明等到潍坊参加全国第九次宣贯《物流企业分类与评估指标》国家标准暨A级物流企业授牌大会的主要参会代表。

同日 中国西班牙论坛第七次会议在北京举行。市委副书记、市长刘曙光在会上作主旨发言，市委常委、副市长孙起生参加活动。

同日 全市服务业工作推进会议在富华国际会议中心召开，调度《潍坊市服务业发展提速计划》实施情况，研究企业主辅业分离工作，部署2013年全市经济普查工作。市委常委、常务副市长陈白峰出席并讲话。

同日 市突破滨海总指挥部在滨海区创业大厦召开第三次办公会议。会议听取了滨海产业发展基金，职教创新区有关情况和潍坊沿海地区总体规划等专项规划情况汇报。市委书记、市突破滨海总指挥部总指挥杜昌文出席并讲话。

13日 市政府召开专题会议，研究谋划进一步提升市区工作。市委副书记、市长刘曙光强调，要更新观念、创新思路，明确市区定位方向和任务目标，抓住关键问题和重点环节，强化政策措施和推进机制，以更宽的视野、更高的境界、更高的水平谋划提升市区各项工作。

15日 2013年中国地理信息产业大会在富华国际会议中心举行开幕式。全国政协副主席罗富和，全国政协教科文卫体委员会主任、中科院院士徐冠华等出席；省政协副主席栗甲，市委副书记、市长刘曙光，中国地理信息产业协会会长吴兆琪分别致辞；国家测绘地理信息局副局长李维森发布2013年中国地理信息产业报告。

16日 市政府召开第19次常务会议，贯彻落实省有关会议精神，研究部署城市管理、审批事项清理、安全生产、健康产业发展等工作。市委副书记、市长刘曙光主持会议。

同日 山东测绘地理信息产业基地论坛暨签约仪式在富华国际会议中心举行。中国地理信息产业协会会长吴兆琪、省国土资源厅副厅长王玉志分别致辞；市委副书记王献玲出席签约仪式，副市长潘强主持。

17日 市委书记、市突破滨海总指挥部总指挥杜昌文到滨海区调研重点工业项目建设情况。

21日 2013中国(昌邑)北方绿化苗木博览会、第十八届中国园林花木信息交流会在昌邑市绿博园开幕。

22日 副省长夏耕到潍坊市调研内贸流通工作，先后到高新区电子商务示范基地、山东呼叫中心产业基地、谷德广场及中国食品谷等进行实地考察调研。

23日 市委副书记、市长刘曙光调研重点项目和重点工程建设工作、全市环保工作。

24日 全省推进广告拉动战略暨广告产业园区建设现场会在潍坊市召开。会上，省工商局与潍坊市签订共同推进潍坊市广告产业发展的战略合作协议。

同日 最高人民法院、最高人民检察院组成的两高调研考察组到潍坊调研考察。

24日～29日 省考核组对潍坊市2012年“百镇建设示范行动”工作情况进行现场考核。24日，省“百镇建设示范行动”工作情况汇报会在东方大酒店举行。副市长夏芳晨出席并介绍潍坊市关于省级示范镇工作开展情况。

25日 全国“法律进单位”专场推进会在寿光市举行。司法部副部长、全国普法办副主任张苏军，副省长邓向阳出席会议并讲话。

同日 全市十艺节推进工作会议在市级机关综合办公大楼召开。市委常委、宣传部部长初宝杰出席会议并讲话。

27日 潍坊齐鲁台湾城核心区城市设计评审会在东方大酒店召开。市委副书记、市长刘曙光出席会议，副市长夏芳晨致辞。

同日 潍坊市在市级机关综合办公大楼举办山东省人民政府《关于加快全省金融改革发展的若干意见》宣讲会。省金融办宣讲团专家、省金融办副主任蓝翔应邀作专题辅导。

同日 2013中国(潍坊)创新创业峰会在市工人文化宫中心会堂开幕。人社部留学人员和专家服务中心党委书记雷鹏，山东省人社厅巡视员黄麟英等出席开幕式。市委副书记王献玲致辞，市委常委、常务副市长陈白峰出席，市委常委、组织部长刘炳国主持。

同日 2013中国(潍坊)农业生产资料博览会在金宝国际会展中心开幕。省农业厅副厅长周占升，副市长秦维强出席。

28日 翰墨青州·2013中国书画年会、第13届中国青州花卉博览交易会暨第7届山东省花卉交易会在青州开幕。

同日 2013中国(诸城)大舜文化节和“明德·和融”第三届全国中国画名家邀请展在诸城开幕。

同日 全市第九届残疾人运动会开幕式在潍坊科技学院举行。省残联副理事长乔贵良出席仪式并致辞；市委常委、常务副市长陈白峰宣布运动会开幕。

29日 全市基层党组织建设暨联系服务群众工作会议召开。主题是深入贯彻落实中共十八大和总书记习近平重要讲话精神，以及中央和省委关于基层组织建设和群众路线教育实践活动的要求，研究部署加强新形势下基层组织建设和联系服务群众工作，促进全市稳定和谐、科学发展。市委书记杜昌文、市委副书记王献玲出席并讲话，省委组织部副部长刘永巨到会指导，市委常委、组织部长刘炳国出席。

同日 全省法院司法公开现场推进会暨新闻宣传工作会议在青州法院召开。

29日~30日 全省农村新型社区建设工作会议在诸城召开。会议传达了省委副书记、省长郭树清关于加强农村新型社区建设工作的意见；副省长孙绍骋出席并讲话；市委副书记、市长刘曙光，副市长夏芳晨出席会议。

30日 市委书记杜昌文在市级机关综合办公大楼主持召开市委常委（扩大）会议，专题传达学习总书记习近平指导河北省委常委班子专题民主生活会有关精神。

同日 “963363”投资热线服务平台正式启动。市委常委、常务副市长陈白峰到场指导。

10月

9日 市政协十二届九次常委会议在市级机关综合办公大楼召开。会议传达了省政协十一届四次常委会议精神；听取了市文广新局、市旅游局工作情况汇报，并民主评议了两部门工作情况；讨论并审议通过了《关于全市生态旅游业发展情况的调查报告》。市政协主席崔建平出席会议并讲话，市委常委、常务副市长陈白峰代表市政府通报了市政协十二届二次会议以来的提案办理情况。

同日 中国食品谷工作推进暨2013中国（潍坊）国际食品博览会动员会议在市级机关综合办公大楼召开。市委常委、副市长孙起生出席并讲话。

10日~11日 由济南海关和山东省10个厅（局）部门组成的联合预验收组对潍坊综合保税区一期围网进行了预验收，并顺利通过。市委副书记、市长刘曙光会见验收组一行。

11日 全市庆祝老年节暨老龄工作表彰大会在市工人文化宫中心会堂举行。市委常委、常务副市长、市老龄委主任陈白峰出席并讲话。

13日 中国3D打印技术（潍坊）产业创新中心签约仪式在金茂大酒店举行。

14日 德国RSBK有限公司董事长鲁道夫·沙尔平一行在中联部经联中心主任胡延新的陪同下到潍坊考察。市委副书记、市长刘曙光会见了鲁道夫·沙尔平一行，并向鲁道夫·沙尔平颁发了聘书，聘请他为市政府顾问。双方签订了战略合作框架协议。会见前，副市长张望军与客人就双方合作进行了具体商谈。

15日 市政协组织部分住潍坊省政协委员到滨海区进行专题视察，实地考察了山海湖河综合整治工程、潍柴重机、鲁台抗盐杨种植示范基地、华创机器人项目、南海新城生态小镇、部分县市区滨海特色产业园等现场；听取了交通、水利、环保等部门的工作情况汇报。

同日 潍坊市召开创建国家循环经济示范城市工作推进会议。市委常委、副市长孙起生出席并讲话。

16日 全市“三八六”环保行动协调推进指导委员会第二次会议在市级机关综合办公大楼召开，调度全市“三八六”环保行动和八大战役落实及进展情况。

17日 潍坊市党政考察团赴青岛市参观考察，学习借鉴该市社区和城市产业综合体建设等方面的先进经验和做法。市领导杜昌文、刘曙光、夏芳晨出席总结座谈会。

同日 市委副书记、市长刘曙光在安丘市调研时强调，要立足本地实际，发挥资源优势，创新思路举措，更高境界、更高水平、更大力度推进经济社会发展实现新突破。

同日 山东大学、潍坊市政府、福田汽车三方共建山大福田汽车研究院暨福田汽车山东工程院签约仪式在山东大学举行。

18日 市政府召开第20次常务会议，研究部署淘汰黄标车、推动金融创新发展、加快实施“三八六”环保行动等工作。市委副书记、市长刘曙光主持会议。

同日 “六五”普法依法治理中期督导检查会议暨“全国法治城市创建活动先进单位”授牌仪式在富华国际会议中心举行。副省长邓向阳为潍坊市荣获“全国法治城市创建活动先进单位”颁牌；市委书记杜昌文主持会议，并就贯彻落实好会议精神、扎实做好下步普法依法治理工作讲了意见。

20日 2013中国（潍坊）国际发动机工业大会暨展览会在鲁台会展中心开幕。市委常委、副市长孙起生出席并致辞。

21日 全市集中招商对接活动调度会议在市级机关综合办公大楼举行。市委常委、副市长孙起生出席并讲话。

21日~22日 市委副书记、市长刘曙光带领潍坊市考察团到北京考察金融创新发展，实地考察了全国中小企业股权转让系统、北京产权交易所、北京金融资产交易所、中信证券、北京农村产权交易所、联想控股、中关村国家自主创新示范区展示中心、总部基地，借鉴学习在金融集聚区建设、金融中介组织建设、新型业态发展等方面的好做法、好经验。

23日 市十六届人大常委会在市级机关综合办公大楼会议室举办第四次法制讲座，邀请省环保厅阳光政务中心主任张金智，就《中华人民共和国大气污染防治法》作辅导报告。

24日 省委常委、省军区政委刘从良到潍坊调研，先后到昌邑、寒亭和潍坊军分区检查调研了人武部全面建设和征兵工作情况。

同日 省检察院党组书记、检察长吴鹏飞到潍坊调研。

同日 市委副书记、市长刘曙光在市级机关综合办公大楼主持召开专题会议，研究完善《关于提升市区增强实力加快发展的决定》（征求意见稿）。

同日 市委副书记、市长刘曙光在昌邑市调研时强调，要进一步抢抓机遇、勇于探索、大胆实践，率先在重点领域和关键环节取得新突破和新进展，推动经济社会转型发展再上新水平。

同日 市十六届人大常委会第十三次会议在市级机关综

合办公大楼会议室举行。会议表决通过了有关报告、新修订的办法和决定,向优秀市人大代表颁发了证书;对全市安全生产工作情况进行了测评;通过了有关人事任免名单。

同日 第四期全市党外代表人士培训班在市委党校开班。省政协副主席、民革省委主委、省社会主义学院院长孙继业应邀作辅导报告。市委常委、统战部部长张小梅出席开班典礼并讲话。

同日 团中央书记处书记徐晓到潍坊调研农村共青团工作,先后到寿光市侯镇、古城街道、蔬菜产业联盟和三元朱村调研团的工作。

24日~25日 济南海关关长刘魏巍带队到潍坊市考察调研,就海关关税、监管通关、加工贸易等政策进行宣讲,现场办公,并于25日在喜玛拉雅酒店举行济南海关与潍坊市政府、企业三方恳谈会。市委常委、常务副市长陈白峰在恳谈会上致辞,副市长潘强主持会议。

25日 市委副书记、市长刘曙光在富华大酒店会见了到潍考察的雨润控股集团董事长祝义财一行。

同日 全市重点项目建设及招商引资座谈会在市级机关综合办公大楼召开。市委常委、常务副市长陈白峰主持并讲话。

同日 十艺节组委会副主任、省委常委、宣传部长孙守刚到潍坊市看望慰问十艺节潍坊市执委会工作人员。第十届中国艺术节于11日至26日在山东省举办。潍坊市作为全省重要承办城市之一,承担了“文华奖”剧目评比展演等重要任务。

27日~29日 香港新闻工作者联会主席、大公报董事长兼社长姜在忠率香港媒体高层访问团一行到潍坊参观考察。28日上午,市委书记杜昌文在金茂国际大酒店会见姜在忠一行,并接受香港媒体采访,现场回答了亚洲电视、瞭望中国等媒体记者的提问。同日,潍坊日报社与香港成报社在金茂国际大酒店举行战略合作签约仪式。

28日 由山东省台办、潍坊市人民政府、台湾工业总会主办的“莫言家乡·魅力潍坊”宝岛行开幕式及“走进潍坊滨海·体验未来新城”发展论坛在台北市举行。副省长夏耕宣布活动开幕;台湾“三三会”会长江丙坤、台湾工业总会理事长许胜雄和潍坊市委副书记、市长刘曙光先后致辞。市委常委、副市长孙起生主持仪式。仪式上,与会领导和嘉宾还为“潍坊民间创意文化馆”和“台湾文化艺术馆”揭牌。

29日 由山东省台办、潍坊市人民政府主办的齐鲁台湾城两岸共建恳谈会在台北市举办。市委副书记、市长刘曙光和台湾工商协进会名誉理事长、东元集团会长黄茂雄先后致辞;市委常委、副市长孙起生主持会议。

30日 日本北海道市长会代表团一行7人到潍坊市参观考察农牧业发展情况。

31日 市委书记杜昌文在富华大酒店会见了到潍坊出席全国“送金融知识下乡”工作推进会暨金融知识专题宣传片发布仪式的中国银监会副主席郭利根一行。

同日 由潍坊市人民政府、山东省农业厅、山东省台办主办的山东·花莲有机农业合作暨农技培训启动仪式在台湾花莲县举行。市委副书记、市长刘曙光,台湾花莲县县长傅崐萁分别致辞。市委常委、副市长孙起生主持仪式。仪式上,省委副书记、省长郭树清和傅崐萁为“山东(潍坊)与台湾(花莲)农业技术交流合作中心”揭牌;夏耕和傅崐萁为第一期参加农技培训的学员代表颁发结业证书。潍坊市农技中心与花莲农会签署《农业策略合作框架协议》;潍坊市有关企业、农民合作社与台湾相关单位缔结策略联盟。

11月

1日 市委政法委召开全市政法工作服务促进非公有制企业发展座谈会,研讨政法工作服务保障非公有制企业发展的任务措施。

1日~4日 包头市委常委、统战部部长金满仓率包头市非公有制经济代表人士考察团到潍坊参观考察。

2日 市委书记、市突破滨海总指挥部总指挥杜昌文在滨海区部分企业调研时强调,要坚持产业立区、环境制胜,加快建设潍莱海洋城。

2日~4日 西藏自治区南木林县委书记巴桑多吉率党政考察团到潍坊参观考察,市委书记杜昌文会见考察团一行。

4日 市委群众工作委员会全体成员(扩大)会议在市级机关综合办公大楼召开。

5日~6日 省政协副主席许立全一行到潍坊,就青年创业政策环境情况进行专题调研。

6日 美国康迈集团与山东浩信集团有限公司合作建设世界最大的商用车轮端产品生产基地签约仪式在金茂大酒店举行。市委常委、宣传部部长初宝杰出席签约仪式。

7日 市委书记、市突破滨海总指挥部总指挥杜昌文在滨海区主持召开港口与保税港区规划建设运营管理协调会议。

同日 全市农村土地承包经营权确权登记颁证暨农村集体资产改制工作调度会议在市级机关综合办公大楼召开。

8日 2013中国(潍坊)国际品牌食品博览会暨第六届中国国际农产品贸易对接会在富华国际展览中心开幕。

同日 国际食品贸易合作圆桌会议在富华国际会议中心召开。全国城市农贸中心联合会会长马增俊主持会议;市委常委、副市长孙起生出席会议,并就中国食品谷项目进行了推介。

9日 2013年中国农产品批发市场行业年会暨第二届农产品采购商大会在富华国际会议中心举行。全国政协委员、商务部原部长助理黄海,全国城市农贸中心联合会会长马增俊出席;市委常委、副市长孙起生出席并致辞。

10日 市政府召开第21次常务会议,传达贯彻全省加快服务业和创业创新工作会议精神，研究加快服务业发展、鼓励创业创新、深化潍台合作、推进企业转型升级等工作。市委副书记、市长刘曙光主持会议。

11日 市委副书记、市长刘曙光在富华大酒店会见了到潍坊参观考察的美国院士级规划师、美国规划协会秘书长苏解放一行。

11日～12日 四川省巴中市市委书记李刚率该市党政考察团到潍坊考察，并探讨进一步深化两地经济文化交流与合作。

13日 全市群工干部培训班开班典礼在市人民警察训练基地举行。市委常委、政法委书记、群工委常务副书记苏立科作动员讲话 。

同日 第19届鲁台会招商项目落实推进会议在市级机关综合办公大楼举行。市委常委、副市长孙起生出席并讲话。

14日 市委副书记、市长刘曙光在富华大酒店会见了到访的深圳华大基因研究院董事长汪建。

同日 市委副书记、市长刘曙光到潍城区调研，强调要着眼推进农业可持续发展，立足资源优势，创新思路举措，加大支持力度，切实做好特色农产品的保护和开发工作。

同日 省人防办主任杨玉贞率省政府第六督导组到潍坊检查指导重点民生工作完成情况。市委常委、常务副市长陈白峰陪同有关活动。

15日 省委巡视工作动员会在市级机关综合办公大楼召开。巡视组组长张永青作动员讲话，省委巡视工作领导小组办公室主任卢保民就做好巡视配合工作提出具体要求；市委书记杜昌文主持会议并就贯彻省委关于巡视工作的部署提出明确要求；市委副书记、市长刘曙光出席。

同日 市委在市级机关综合办公大楼召开常委会，学习中共十八届三中全会公报。省委第五巡视组组长张永青到会指导，市委书记杜昌文主持会议。

同日 全市森林防火工作会议在临朐召开，副市长秦维强出席并讲话。

15日～16日 省委常委、常务副省长孙伟一行到潍坊调研事业单位改革等工作。在潍坊期间，孙伟还考察了潍坊滨海经济开发区和重大基础设施规划建设现场。

16日 市委理论学习中心组暨全市领导干部理论学习辅导报告会在市高新区第二孵化器举行。中央党校研究生院院长韩庆祥应邀就党的十八大以来新一届中央领导集体的执政思路和十八届三中全会精神作专题辅导报告。杜昌文、王献玲、苏立科、张小梅、孙起生等市级领导班子成员出席报告会。市委常委、宣传部部长初宝杰主持报告会。

同日 首届全市企业家论坛在歌尔声学综合大楼举行。市委副书记、市长刘曙光出席并讲话，市委常委、副市长孙起生主持 。

17日 文化部原副部长、中国艺术研究院院长王文章到潍坊调研文化旅游产业发展情况 。

18日 市委理论学习中心组在市级机关综合办公大楼举行集体学习，学习中共十八届三中全会精神。市委书记杜昌文主持并讲话，崔建平、胡岗、王献玲、初宝杰、邹庆忠、孙明亮、刘炳国等市级领导班子成员参加学习。

18日～20日 市委副书记、市长刘曙光带领市直有关部门及各县市区、市属开发区负责人赴深圳市蛇口工业区、罗湖区、南山区、盐田区等地进行经贸洽谈对接和专题招商活动。

19日 市委副书记王献玲在市级机关综合办公大楼主持召开新型城镇化推进工作座谈会，对小城镇建设、农村产权制度改革、“两河”开发、生态文明乡村建设、农村社区提升等问题，进行讨论研究。

21日 潍坊军分区党委召开扩大会议，省军区政治部主任孙显宁宣布中央军委命令和济南军区政治部通知，任命郝树东为潍坊军分区政治委员、皮先标为军分区副政治委员，军分区原政治委员刘汉杰因达到最高服役年龄退出领导岗位。市委书记、潍坊军分区党委第一书记杜昌文出席并讲话；潍坊军分区司令员万伟锋主持会议。

21日～23日 中央新闻媒体山东现代职业教育体系建设采访团到潍坊，对推进现代职业教育的改革与发展情况进行集中采访。

22日 全市高标准建设国家知识产权示范城市推进会议在市级机关综合办公大楼召开。国家知识产权局副局长贺化到会指导；市委书记杜昌文出席并讲话；省知识产权局局长于智勇，市领导张小梅、王桂英出席。会上，国家知识产权局为潍坊市授予“国家知识产权示范城市”牌匾。

同日 潍坊市与中国进出口银行青岛分行在潍坊综合保税区管委会举行座谈会，双方就政府与银行全面合作及中俄农副产品出口示范基地——冷链仓储物流项目事宜进行洽谈。

22日 市政协在市级机关综合办公大楼召开市政协参加单位和市直各委员活动组常任制召集人学习中共十八届三中全会精神座谈会。

28日 市纪委派驻机构工作座谈会在市级机关综合办公大楼召开。市委常委、市纪委书记邹庆忠出席会议并讲话。

29日 市政府召开第22次常务会议，研究安排优化项目审批流程、加快推进城乡环卫一体化等工作。市委副书记、市长刘曙光主持会议。

30日～12月1日 潍坊市召开新型城镇化体系建设观摩交流会，对各县市区围绕促进农民市民化、农村社区化、农业经营规模化，加快推进新型城镇化体系建设进行现场观摩，交流经验，会议分东、西两片观摩。

12月

3日 市委在市级机关综合办公大楼召开常委扩大会，认真学习中共中央、国务院关于印发《党政机关厉行节约反对浪费条例》的通知,听取贯彻落实中央和省委党的群众路线教育实践活动领导小组《关于开展"四风"突出问题专项整治和加强制度建设的通知》情况的汇报,研究贯彻落实意见。省委第五巡视组组长张永青到会指导,市委书记杜昌文主持会议。

同日 市委书记杜昌文在富华大酒店会见了由西藏自治区人大常委会副主任、日喀则地委书记丹增朗杰率领的日喀则地区党政考察团一行。

4日~5日 省政府副秘书长、省妇儿工委副主任李娥率省委、省政府《山东省妇女发展"十二五"规划》《山东省儿童发展"十二五"规划》(以下简称两个计划)第一督查组到潍坊,就"两个规划"实施情况进行中期督导检查。

5日 市委理论学习中心组暨全市领导干部理论学习辅导报告会在市级机关综合办公大楼举行,省委宣讲团成员、省科技厅副厅长李乃胜就学习贯彻党的十八届三中全会精神作专题辅导报告。

同日 省司法厅党委书记、厅长王本群带领厅领导班子成员一行12人到潍坊市调研司法行政工作。

同日 2013山东盐业创新发展论坛在鸢飞大酒店举行。市委常委、副市长孙起生出席并致辞。

7日 市委在市级机关综合办公大楼召开常委扩大会,传达学习总书记习近平视察山东时的重要讲话精神,研究贯彻落实意见。市委书记杜昌文主持会议。

同日 福田汽车集团2020战略研讨会暨福田山东工程院揭牌仪式在富华大酒店举行。中国汽车工业协会常务副会长兼秘书长董扬、中国道路运输协会城市客运分会秘书长胡剑平、中国国际经济交流中心经济研究部部长张永军、中国汽车报社社长李庆文等专家围绕福田汽车集团2020发展战略作了演讲。

同日 国际风筝联合会第三届代表大会在东方大酒店召开。市委常委、副市长孙起生出席并致辞。会议选举产生了国际风筝联合会第三届执委会,决定成立国际风筝联合会文化促进委员会。

8日 全国山东商会联谊会暨首届世界鲁商大会预备会在潍坊市召开。市委常委、副市长孙起生出席并致辞。会议期间,省企业家俱乐部与滨海区管委会签署了建设鲁商产业园协议,与市商务局签署了建设国际鲁商文化交流中心协议。

9日 中国共产党潍坊市第十一届委员会第四次全体会议在市级机关综合办公大楼召开。市委常委会主持会议。市委书记杜昌文讲话。会议传达学习了总书记习近平在山东视察时的重要讲话和省委十届七次全体会议精神,并就全市学习贯彻问题作出了安排部署。

10日 全市金融工作会议在市级机关综合办公大楼召开。市委书记杜昌文出席,市委副书记、市长刘曙光讲话,副市长夏芳晨主持会议。会议表彰了2012年度金融生态环境建设奖和金融创新奖获奖单位;相关领导分别为新成立的市地方金融监管局、金融控股集团授牌和揭牌。市金融办加挂"潍坊市地方金融监督管理局"牌子,主要负责地方金融机构、地方金融市场和其他新型金融组织、金融业态的监管工作,同时负责指导和监督县(市、区)地方金融监管部门开展工作。

11日 市委副书记王献玲在市级机关综合办公大楼主持召开"两河"流域综合开发工作调度会议。

11日~12日 副省长季缃绮率调研组到潍坊市调研文化旅游项目建设情况,先后到诸城、坊子、奎文、潍城、寒亭、临朐及青州等地实地考察。

12日 济宁市委常委、常务副市长刘中会率团到潍坊市考察企业剥离非核心业务及全国第三次经济普查工作。

12日~13日 副省长夏耕就搞活流通和对外开放等工作到潍坊调研,先后到昌乐县英轩重工、梦金园有限公司、中国宝石城,昌邑市智慧城市指挥中心、中国(昌邑)北方花木城、浩信工业园、柳疃棉纺城、华晨集团等进行实地考察。

12日~13日 辽宁省副省长邴志刚率该省考察团到潍坊市,就推进服务业发展体制、促进服务业发展政策措施等情况考察学习。

13日 青州市政府与中信信托有限责任公司在青州颐寿山庄举行签约仪式,就开展相关土地经营权流转信托项目签订合作协议。

同日 潍坊市工商联十一届三次执委会暨全市非公有制经济人士理想信念教育实践活动总结会在市级机关综合办公大楼召开。市委常委、统战部部长张小梅出席并讲话。

14日~15日 市委副书记、市长刘曙光主持召开座谈会,专题研究城市规划建设管理、农业农村、科技、旅游和教育、文化、卫生、体育等工作。

16日 市委副书记、市长刘曙光主持召开座谈会,听取2014年城市建设重点工程有关情况汇报,要求各有关部门科学谋划好明年城建重点工程工作。

同日 全市基层慈善组织建设现场会在昌乐县召开。

同日 全省工会"查隐患、保安全、促发展"群众性安全生产活动动员大会在潍坊市召开。省总工会党组书记、常务副主席刘赞杰,省安监局副局长张增胜出席会议并讲话;市委副书记王献玲代表市委、市政府致辞;市委顾问、市总工会主席王秀河代表市总工会作典型发言。

18日 全市事业单位绩效考评工作会议在市级机关综合办公大楼召开。市委常委、组织部部长、市事业单位绩效考评委员会副主任刘炳国出席会议并讲话。

20日 潍坊市民俗学会成立大会在潍坊举行。联合国教科文国际民间艺术组织主席团成员、亚洲区秘书长 Moon Hyung Suk 致贺辞。

22日 市委书记、市突破滨海总指挥部总指挥杜昌文在滨海研究开发建设规划和检查特色产业园时强调,要以改革创新统揽突破滨海全局,充分发挥"滨海飞地"优势,大力发展海洋经济,为全市腾笼换鸟转型升级提供支撑。

23日 潍坊市人民政府与总部基地(中国)控股集团战略合作协议签署仪式在新富佳悦大酒店举行。仪式上,刘曙光为许为平颁发了市政府经济顾问聘书;市政府和寒亭区、潍坊经济开发区分别与总部基地(中国)控股集团签署了有关协议。

24日 市政府召开部分街道、社区基层干部座谈会,研究谋划进一步做好提升市区等工作。市委副书记、市长刘曙光强调,要准确把握形势,突出工作重点,创新思路举措,切实研究谋划好提升市区和明年经济工作。

24日~26日 省人口计生委党组副书记、省计生协会常务副会长武翠兰率省委、省政府人口计生工作考核组到潍坊,对全市进行2013年度人口计生目标管理责任制党政综合考核。市委书记杜昌文主持考核反馈会议。

26日 中共潍坊市委在市级机关综合办公大楼召开民主协商会,就明年市委工作要点和滨海海洋经济新区建设规划进行讨论协商。市委书记杜昌文出席会议并讲话,市委常委、统战部部长张小梅主持会议,副市长、滨海区党工委书记王树华出席会议。

同日 以海关总署加贸监管司副司长吴海平为组长的国务院联合验收组,在省政府副秘书长孙传尚、济南海关副关长胡东升陪同下到潍坊,就潍坊综合保税区一期围网进行正式验收,并顺利通过验收。潍坊综合保税区于2011年1月经国务院批准设立,是全国第14个综合保税区。总管辖面积20平方公里,其中国务院批复网内监管区5.17平方公里,网外配套区14.83平方公里。潍坊综合保税区首期围网验收面积1.9平方公里。

同日 市委副书记、市长刘曙光主持召开座谈会,专题研究发改、民政、人社等工作。市委常委、常务副市长陈白峰参加会议。

26日~27日 省政府会同济南海关、省公安边防总队、山东出入境检验检疫局、山东海事局、省交通厅港航局等单位组成验收组,在省口岸办副主任苗俊礼带领下到潍坊市,就潍坊港3个万吨级泊位扩大开放筹备工作进行验收。经过验收,同意对外启用,待报省政府批准后对外公布。市委副书记、市长刘曙光在富华大酒店会见了验收组一行。

27日 市委副书记、市长刘曙光主持召开会议,听取汇报,研究明年经济社会发展思路措施。

同日 全市妇女儿童工作委员会成员单位会议在市级机关综合办公大楼召开,市委副书记王献玲出席并讲话。

28日 市政府召开第23次常务会议,研究明年经济社会发展计划和提升市区科学发展水平等工作。市委副书记、市长刘曙光主持会议。30日,市政府继续召开第23次常务会议,听取有关情况汇报,研究商品市场建设、中小学建设改造、中心城区城市管理、工业转型发展等工作。市委副书记、市长刘曙光主持会议。

29日 中国共产党潍坊市第十一届委员会第五次全体会议在市级机关综合办公大楼召开。市委书记杜昌文作工作报告。全委会传达学习了省委十届八次全体会议精神,听取并讨论了市委常委会工作报告,审议通过了《中共潍坊市委2014年工作要点》。

30日 市十六届人大常委会第十四次会议在市级机关综合办公大楼会议室举行。会议分组对有关报告、辞呈和决定草案进行了审议,酝酿了人事任免名单。

同日 青州市获批"国家历史文化名城"新闻发布会在青州市举行。市委常委、宣传部部长初宝杰出席发布会。

31日 市委书记、市突破滨海总指挥部总指挥杜昌文在主持召开总指挥部办公会议时强调,要大力度实施蓝黄战略,牢牢把握工作重点,明确发展方向,加快推动海洋经济新区建设。

(刘树平)

全市概况

自然环境

【**地理环境**】 潍坊市位于山东半岛中部,居半岛城市群中心位置,地跨北纬35°42′~37°19′,东经108°10′~120°01′。最西端为北纬36°34′,东经118°10′;最东端为北纬36°28′,东经120°01′;最北端为北纬37°19′,东经119°02′;最南端为北纬35°42′,东经119°37′。东与青岛、烟台两市连接,西邻淄博、东营两市,南连临沂、日照两市,北濒渤海莱州湾。地势南高北低,南部多丘陵,中部系平原,北部为低洼碱地与滩涂,地形分为三带:潍北滨海低地区,潍中洪积、冲积平原区,潍南低山丘陵区。境内最高峰临朐沂山玉皇顶海拔1032米,最低点位于滨海区北部,海拔2米。 (杨军)

【**自然资源**】 *土地资源* 全市土地总面积161.43万公顷,其中,农用地116.22万公顷,占72%;建设用地30.01万公顷,占18.6%;未利用地15.20万公顷,占9.4%。农用地中耕地面积79.83万公顷,占68.7%。

矿产资源 全市共发现矿产80种(含亚矿种),其中查明储量的矿产46种。储量列全省第一位的矿产有天然卤水、蓝宝石、油页岩、重晶石、玻璃用石英岩、水泥用灰岩、膨润土、珍珠岩、沸石、陶瓷土、白云岩、硅藻土、云母等13种,其中天然卤水和蓝宝石储量居全国首位。 (李立清 魏一涵)

河流 潍坊市境内自西向东有小清河、弥河、汶河、白浪河、渠河、潍河、北胶莱河7条主要河流,均流入莱州湾,总控制面积10509平方千米,占潍坊市总面积的66.3%。

(李秀丽)

【**气候**】 2013年(1月~12月,下同)潍坊市气温比常年略偏高,降水略偏少,光照偏多。总的气候特点是:冬季(2012年12月~2013年2月)气温偏低,降水偏多,光照略显不足;春季气温略偏低,降水偏多,光照充足,气候较为适宜;夏季气温偏高,降水偏少,光照充足;秋季气温偏高,降水偏少,光照充足,部分地区出现干旱。总的来看,本年度降水略偏少,气象灾害影响较往年少,天气气候条件在农业上属于较好年景。

2013年,全市年平均气温13.3℃,较常年偏高0.3℃,较上年高0.3℃。全市年平均降水量550.1毫米,较常年偏少46.8毫米,较上年偏少45.9毫米。全市年平均日照时数2525.9小时,较常年偏多116.3小时,较上年偏多92.5小时。总的气候特征:全年平均气温较常年略偏高,降水略偏少,光照偏多。

【**自然灾害**】 2013年,主要气象灾害次数较少,主要灾害为低温冻害和暴雨。

低温冻害 2013年4月19日傍晚至20日上午,受高空槽和低层切变线共同影响,潍坊市出现小到中雨夹雪天气过程,20日早晨最低气温降至0℃,高密市、临朐县、青州市、安丘市、潍城区等5个县市区共29个镇街遭受低温冷冻灾害。据民政局统计,截止到4月24日下午16时,全市受灾人口318049人,农作物受灾面积33970.8公顷,绝收面积1882公顷,主要是黄烟、土豆、苹果、蔬菜、樱桃、桃树、杏树、小麦等农作物受灾,直接经济损失56173.7万元。其中,高密市受灾人口103796人,黄烟、土豆、苹果、豌豆、梨、樱桃等农作物大面积受损,农作物受灾面积23984公顷,直接经济损失约14442万元;临朐县受灾人口158283人,樱桃、苹果等果树遭受冻灾,特别是桃树、杏树、露天樱桃、李子和梨树等经济作物基本绝产,农作物受灾面积5515.8公顷,绝收面积1702公顷,直接经济损失27445.7万元;青州市受灾人口14500人,农作物受灾面积532公顷,直接经济损失3100万元;安丘市受灾人口41200人,农作物受灾面积3820公顷,直接经济损失11101万元;潍城区受灾人口270人,农作物受灾面积119公顷,直接经济损失85万元。

暴雨 2013年5月25日至27日,受高空槽、西南涡、低层东南急流、地面江淮气旋的共同影响,25日18时~27日18时,全市平均降水量44.4毫米,强降水时段集中在26日18

时至27日6时。其中,安丘、高密、诸城普降暴雨,安丘平均降水量62.0毫米,石埠子最大79.6毫米,诸城为66.9毫米,贾悦最大93.4毫米。部分地区出现7级大风。此次暴雨大风天气主要是对小麦、房屋等造成危害,灾情出现在安丘市、诸城市共10个镇街。据民政局统计,受灾人口3万人,小麦倒伏面积4195公顷,成灾面积1334公顷,6间房屋倒塌、2间严重损坏,直接经济损失2200万元。诸城市的密州街道、龙都街道、舜王街道、枳沟镇、贾悦镇、相州镇、桃林镇、林家村镇、辛兴镇等9处镇街遭受大风及暴雨袭击,导致小麦普遍倒伏,6间房屋倒塌、2间严重损坏,果树落果等不同程度损失,受灾人口达3万人。其中,龙都街道、舜王街道、贾悦镇、林家村镇4处较为严重。据统计,小麦倒伏3335公顷,其中,成灾面积1334公顷,直接经济损失1500万元。安丘市景芝镇139个村庄的小麦都不同程度倒伏,受灾面积达860公顷,经济总损失700万元左右。

2013年7月19~20日,受副高边缘低空切变线影响,潍坊市境内出现大雨,局部暴雨天气过程,青州41.2毫米,区域站谭坊最大78.7毫米,昌邑51.9毫米,区域站龙池最大93.4毫米。7月22~23日,受切变线影响,潍坊全市普降大雨,局部暴雨,青州50毫米,区域站仰天山最大107.1毫米,昌邑32.6毫米,区域站夏店最大74.4毫米。受暴雨影响,青州市、昌邑市遭受洪涝灾害。全市受灾人口56584人,倒塌房屋74间,严重损坏房屋24间,农作物受灾面积8578.33公顷,绝收面积1978.77公顷,直接经济损失5307.65万元。由于连续强降雨,青州市王坟镇、东夏镇、庙子镇、弥河镇、高柳镇、何官镇、邵庄镇发生了部分灾情,房屋倒损113间(其中74间倒塌,严重损坏24间,一般损坏15间),4处便桥受损,冲毁在建村级道路60米,直接经济损失390万元(其中农业损失210万元,基础设施损失40万元,家庭财产损失140万元);王坟镇仰天农庄部分低洼地区被淹,部分农田被淹;东夏镇店子村100多个蔬菜大棚积水1米多深,部分大田作物受灾,10个姜井塌陷。由于连续强降雨,昌邑市奎聚街道、柳疃镇、下营镇、围子街道、卜庄镇、龙池镇遭受洪涝灾害,受灾人口50228人,农作物受灾面积8569.73公顷,其中成灾面积2031.15公顷,绝收面积1977.17公顷,直接经济损失4917.65万元。 (李树军)

政区　人口　民族

【行政区划】 潍坊市现辖奎文、潍城、寒亭、坊子4个区,青州、诸城、寿光、安丘、高密、昌邑6个县级市,临朐、昌乐2个县,全市共辖62个镇、56个街道办事处。

2013年,潍坊市行政区划调整和变更情况:临朐县"龙岗镇"更名为"山旺镇";临朐县"沂山镇"更名为"蒋峪镇",镇政府驻地由大关村迁到蒋峪村。撤销昌乐县"城南街道办事处","城关街道办事处"更名为"宝都街道办事处",部分调整了昌乐县城区街道办事处管辖区域。 (杨军)

【建置沿革】 潍坊历史悠久。早在6000多年前,弥河故道旁就有人群定居。自夏以来,历代王朝政权在此封国建邑,设州立府。夏商代,境内有斟灌、斟鄩、寒、平寿等封国。周初,武王封邦建国,封太公望于齐,都营丘(今昌乐境内)。至春秋时期,现市辖区曾分属齐、鲁、杞、莒等国。战国时期,现境大部属齐,诸城等地属鲁。秦代,东部属胶东郡,西部属临淄郡,东南部属琅琊郡。汉为青、徐二州刺史部所辖。两晋、十六国时有后赵、前燕、前秦、后燕依次占据。西晋太康三年(282年)的稳定时期,今市境属青、徐二州,北海、乐安二国,城阳、东莞二郡。南朝宋时属青、徐二州,北朝魏属青、胶、南青三州。隋时属北海、高密二郡。唐时属河南道,青、密二州。宋时属京东东路,青、潍、密三州。金时属山东东路,置益都府及潍、密二州。元朝时属中书省山东东西道宣慰司益都路益都总管府所辖,分属潍、胶、密三州。明时置青州、莱州二府,属山东承宣布政使司。清,今市境为山东省所辖,分属青州、莱州二府。

中华民国时期,国民政府行政建置初沿清制,民国2年(1913年)废府、州,实行省、道、县三级制。今市境内当时的潍县、昌邑、高密、益都、寿光、昌乐、临朐、安丘、诸城9县属胶东道(驻烟台)。民国14年(1925年)改划莱胶道、淄青道。今市境内当时的潍县、昌邑、高密、安丘、诸城、昌乐6县属莱胶道;寿光、益都、临朐3县为淄青道所辖。民国16年(1927年)裁道,以省领县,今市境各县(市、区)均直属山东省。

1948年4月27日,潍县解放。4月29日,潍坊特别市(省直辖)建立,市政府驻潍城,辖潍县城、东关、南关、北关、坊子、望留6个区。1949年6月,潍坊特别市改称潍坊市,仍为省辖市。1948年6月,昌潍专区建立,驻昌乐,辖昌乐、潍县、安丘、寿南、益临5县。1948年12月,省直辖之益都县划归昌潍专区。次年7月专区机关迁驻益都。

中华人民共和国成立以后,现潍坊市域地专级行政建置主要为昌潍专区、昌潍地区、潍坊地区、潍坊市,以下领县。1949年到1958年1月前,县下设区乡;1958年1月至3月,撤区并乡。1958年9月,成立人民公社,实行政社合一。1983年,在进行经济体制改革的同时,改革行政机构,实行市管县的新体制,县下撤公社设乡镇。

1950年5月25日,昌潍专区驻地由益都迁至潍坊,原胶东区西海专署所辖之昌邑、昌南、潍北3县,及渤海区清河专署所辖之寿光、益寿2县划归昌潍专区。昌潍专区时辖:潍坊市(县级),昌乐、潍县、潍北、昌邑、昌南、安丘、丘南、淮安(后改名潍安)、寿光、寿南、益临、益都、益寿、临朐14县。同年,潍坊市建制撤销,并入昌潍专区。1951年,又重置潍坊市。

1952年7月,撤销益临、益寿、潍安3县。1953年7月24日原淄博专区所辖之临淄县划归昌潍专区。同时撤销潍北、丘南、寿南3县。昌潍专区时辖:潍坊市(县级),昌乐、潍县、昌邑、昌南、安丘、寿光、益都、临朐、临淄9县,及羊角沟直属区。

1955年3月,博山县由淄博市划入昌潍专区。同年撤销羊角沟直属区并入寿光县,昌潍专区时辖:潍坊市(县级),昌邑、潍县、昌南、寿光、昌乐、益都、临朐、安丘、临淄、博山10县。

1956年,胶州专区撤销。其所辖之胶县、胶南、藏马、五莲、诸城、高密6县及莱阳专区的平度县一并划入昌潍专区。同年,藏马县撤销,昌南并入昌邑县。昌潍专区时辖:潍坊市(县级)和潍县、益都、昌邑、寿光、昌乐、临淄、临朐、安丘、诸城、高密、五莲、博山、胶南、平度、胶县15县。

1958年10月,潍县并入潍坊市(县级),博山划归淄博专区,临淄并入益都县,胶南、胶县划入青岛市。昌潍专区时辖:潍坊市(县级),益都、昌邑、高密、安丘、诸城、五莲、寿光、昌乐、临朐、平度10县。

1961年,胶南、胶县复归昌潍专区。临淄、潍县恢复原建制,仍属昌潍专区。

1967年3月13日,昌潍专区改为昌潍地区。辖潍坊市(县级)和益都、昌邑、高密、诸城、昌乐、临朐、寿光、安丘、潍县、五莲、平度、胶县、胶南、临淄14县。

1969年12月,临淄县划归淄博市。1977年增设黄岛区,属昌潍地区。1978年胶南、胶县及黄岛区划归青岛市。昌潍地区时辖:潍坊市(县级)和益都、昌乐、安丘、临朐、潍县、寿光、昌邑、高密、诸城、五莲、平度11县。

1981年7月,昌潍地区改名潍坊地区,所辖县(市)不变。

1983年10月,撤销潍坊地区建制,改建省辖(地专级)市,沿用原潍坊名称,实行市管县体制。同时,平度县划归青岛市,原潍坊市(县级)和潍县析置为潍城、寒亭、坊子3个区。潍坊市时辖:潍城、寒亭、坊子3区,益都、寿光、昌乐、临朐、昌邑、高密、安丘、诸城、五莲9县。

1986年3月1日,撤销益都县,设立青州市(县级),归潍坊市代管。1987年7月,撤销诸城县,设立诸城市(县级),归潍坊市代管。1992年底,五莲县划归日照市。1993年6月,寿光撤县设市;1994年1月,安丘撤县设市;1994年5月,高密撤县设市;1994年5月,由潍城、寒亭划出部分村,增设奎文区;1994年6月,昌邑撤县设市。1991年,潍坊高新技术产业开发区成立;1995年潍坊滨海经济技术开发区成立;2008年,峡山生态经济发展区成立;2011年,潍坊综合保税区成立。至此,潍坊市辖奎文、潍城、寒亭、坊子4个区,青州、诸城、寿光、安丘、高密、昌邑6个县级市,临朐、昌乐2个县,另有高新、滨海、峡山、保税区4个市属开发区。此后,潍坊市行政区划基本稳定。 (程森枝)

【人口 民族】 全市有回、满等少数民族50个,人口3.47万。其中人口最多的是回族,有22328人,占全市少数民族人口的64.35%;满族人口4913人。 (张伟)

组 织 机 构

市级领导班子

中国共产党潍坊市委员会

市委书记 许立全(2月止) 杜昌文(2月起)
副书记 刘曙光 王献玲
常委 苏立科 张小梅(女) 刘汉杰 初宝杰 陈白峰 陈泽浦(5月止) 邹庆忠 赵志远(3月止) 孙起生 孙明亮 刘炳国(5月起)
秘书长 刘德成
副秘书长 赵崇发 王志亮 刘衍信(5月起) 卞汉林 王发庆 杨晓辉 鞠宝祥(6月止) 赵传江 吕尧良(6月起)

潍坊市人民代表大会常务委员会

主任 许立全(4月止)
第一副主任 胡岗
副主任 刘明珂 花兆贤 李世光 毛秀凤(女,不驻会)
秘书长 张军(1月止) 王秀禄(1月起)
副秘书长 周晓钟(12月止) 王增宝 毛洪涛 王福强

潍坊市人民政府

市长 刘曙光
副市长 陈白峰 孙起生 潘强 王桂英(女,致公党) 夏芳晨 王树华 张望军(挂职,8月起)
市政府顾问 辛丕宏
副市级干部 闫希军(1月止) 于永生(1月起)
秘书长 张洪全(12月起)
副秘书长 李静波(12月止) 谭炳建 张宝胜(4月止) 朱振铎 于为凯 陈勇(12月起) 高成勇 李玉祥 李平(12月止)

中国人民政治协商会议潍坊市委员会

主席 崔建平
副主席 刘伟 王卫东 李传恒(不驻会) 吴建民 王继怀 王贤臣(不驻会) 李士来(不驻会)

顾　　问　杨肖青　满郭强(女)　杜国忠　刘维国
秘 书 长　王有亭(1月止)　许　华(1月起)
副秘书长　任立先　于定斌　王　沂　李树明

中共潍坊市纪律检查委员会

书　　记　邹庆忠
常务副书记　许　华(5月止)　刘　玉(5月起)
副 书 记　李元忠　王　玉
常　　委　王培杰(正县)　贺　建(正县)　董胜俊
　　　　　吉宗合　郭瑞燕(女,12月止)
　　　　　赵珊珊(女,正县,12月起)
秘 书 长　贺　建(正县)

市委工作机构

市委办公室

主　　任　赵崇发
副 主 任　吕尧良(6月止)　侯福贵
　　　　　徐林华(8月止)　王秀泉(5月起)
　　　　　李　毅(6月起)　李晓华(6月起)

组织部

部　　长　陈泽浦(5月止)　刘炳国(5月起)
常务副部长　傅大军(5月止)　邱尔臣(5月起)
副 部 长　刘　玉(5月止)　邱尔臣(5月止)
　　　　　宋立军　李　峰(12月止)
　　　　　殷修湖(5月起)　高志秀(女,5月起)

宣传部

部　　长　初宝杰
常务副部长　丁汉邦
副 部 长　齐延升　范明涛　范勋成
　　　　　刘玉祥(3月起)

统战部

部　　长　张小梅(女)
常务副部长　任洪武
副 部 长　于来刚(正县)　胡　立(8月起)
　　　　　徐海宏(女)　齐瑞祥(7月止)

政法委员会(综治办与其合署)

书　　记　苏立科
常务副书记　杜士忠(3月止)　刘效伟(5月起)
副 书 记　秦　震(正县)　霍建平(正县)
　　　　　秦景岗(5月起)

社会治安综合治理委员会办公室

主　　任　刘效伟(5月止)　秦　震(5月起)
副 主 任　秦景岗

维护稳定工作领导小组办公室

主　　任　苏立科
常务副主任　杜士忠(3月止)　刘效伟(5月起)
副 主 任　袁　岗

机构编制委员会办公室

主　　任　刘　玉(5月止)　宋立军(5月起)
副 主 任　张正志　臧传文　唐德山(3月止)
　　　　　陈明山(11月起)

政策研究室

主　　任　卞汉林
副 主 任　张祖钊　张耀东　张志霄

台湾工作办公室

主　　任　刘衍信(5月止)
副 主 任　刘金凤(女,5月起)　赵永清　王希财

市直机关工作委员会

书　　记　王延泰
副 书 记　杨毅鹏　于亚明　马宪全
纪工委书记　冷继庆(6月起)

农村工作领导小组办公室

主　　任　王汉成(4月止)　刘衍信(5月起)
副 主 任　李宗成　孙显魁　赵华安
党支部书记　孙显魁
党支部副书记　仪修杰

信访局

局　　长　赵传江
副 局 长　王振军　邱文江　鲁文举　吕永明
　　　　　李　强　刘学建

老干部局

局　长　邱尔臣(5月止)　秦明清(6月起)
副局长　王兴华(市老年大学校长)
　　　　李志民(市离退休干部党工委副书记)
　　　　卞京春

人大机关工作机构和办事机构

办公室

主　　任　王增宝
副 主 任　郑文东　李广懿
信访室主任　杨官松

人事代表工作室

主　　任　周晓钟(12月止)　毛洪涛(12月起)
副 主 任　胡景东　王海峰

研究室

主　　任　毛洪涛(12月止)
副 主 任　徐军伟　蔡相山

内务司法委员会

主任委员　花兆贤(兼)
副主任委员　孟祥志　徐玉军　杜士忠(4月起)
工作室主任　袁永青(6月起)

财政经济委员会

主任委员　花兆贤(兼)
副主任委员　孟庆亮　李进民(不驻会)　刘勤友
工作室主任　周春宝(11月止)　锡保平(12月起)

教育科学文化卫生委员会

主任委员　刘明珂(兼)
副主任委员　聂振萍(女)　陈本林
工作室主任　王恒秋

城乡建设与环境资源保护委员会

主任委员　刘明珂(兼)
副主任委员　赵　东　衣光明　王培福(4月起)
工作室主任　于继才

农业与农村委员会

主任委员　李世光(兼)
副主任委员　耿现江　徐松萃　孙金生
工作室主任　刘晓东

民族侨务外事委员会

主任委员　李世光(兼)
副主任委员　王永福　邢乐信(不驻会)
　　　　　　周晓钟(12月起)
工作室主任　夏东哲

市政府工作机构

市政府办公室

党组书记　李静波(3月起12月止)　张洪全(12月起)
党组副书记　李静波(3月止)
主　　任　李静波(12月止)
副 主 任　刘跃东　阎宗子　李　波
　　　　　胡晓坤(5月起)

发展和改革委员会

主　　任　肖培灵
副 主 任　王云华　王淮清　张树高　王　辉
　　　　　王明松　于乐飞
党委书记　肖培灵
党委副书记　王　辉

经济和信息化委员会

主　　任　李传恒
副 主 任　董胜勇(正县)　李玉军(正县)
　　　　　郝万亮　王成喜　杨希春　刘　晶
　　　　　田庆利
党委书记　亓传敬(4月起)
总工程师　陈　明

教育局

局　　长　张国华
副 局 长　李端梅(女,正县)　张法成　刘海涛
党委书记　张国华
党委副书记　徐友礼
高教办主任　张国华
高教办副主任　曹红旗(正县)
总 督 学　韩光福

公安局

局　　长　于永生
副 局 长　丁新杰　夏　光　张志才
　　　　　周国升　薛　林　杨学昌
政　　委　隋汝文
副 政 委　禚振鹤　崔怀田(11月止)
党委书记　于永生
党委副书记　隋汝文　陈　强
纪委书记　林少波

潍坊市工商行政管理局

局　　长　郭际水(3月止)　陈忠民(3月起)
副 局 长　刘学杰　陈景功　张其亮

党组书记 郭际水(3月止) 陈忠民(3月起)
纪检组长 许建成

科学技术局
局长 李春玲(女,2月止) 张宝胜(4月起)
副局长 李金刚(8月止) 安卫红(女) 董民
李培金(8月止) 李振忠 张宏岩

监察局(与纪委机关合署)
局长 许华(5月止) 李元忠(5月起)
副局长 王培杰(正县) 刘煜东(5月止)

民政局
局长 吴海源
副局长 刘好民 韩华南 辛雅丽(女) 孙成
党委书记 吴海源
党委书记 都焕德

司法局
局长 尹凤来
副局长 孟中洋(正县) 单连功 于复泰(6月止)
牟令岱 王远彬(政治处主任)
党委书记 尹凤来(7月止) 王立杰(7月起)
党委副书记 孟中洋(正县)
纪委书记 赵爱君(女,3月起)

财政局
局长 田民利
副局长 李树范(女) 刘锡田 姜钦亮 马进礼
党组书记 田民利
党组副书记 李树范(女)

人力资源和社会保障局
局长 李静波
副局长 钮效正 高维义 葛坤培 刘丽宁(女)
党委副书记 郭祥锋 王家吉

国土资源局
局长 刘树亮
副局长 曹兆智(正县) 常怀志 许静波
温少波
党委书记 刘延民(12月止) 刘树亮(12月起)
党委副书记 曹兆智 周德新(女)
总经济师 杨玉准
纪委书记 马金城

规划局
局长 孙守勤
副局长 刘军强 齐世堂 谭洪建(女) 王华龙
党委书记 孙玉江
党委副书记 齐世堂(兼)
总规划师 郭兆环

住房和城乡建设局
局长 李广东
副局长 李振龙(10月止) 葛继卿 杜天斌
张文 孙占博(正县级)
总工程师 卢波
党委书记 李广东
党委副书记 高峰(4月止)

城市管理行政执法局
局长 张志勇
副局长 李长东 徐军 孙传平
党委书记 张志勇
党委副书记 庄鹏

交通运输局
局长 张兆平
副局长 陈海全(5月起) 刘波 马洪波
郭华 钟景文 于志公
党委书记 张兆平
党委副书记 齐惠林(3月止) 钟景文
总工程师 焦学田(8月止) 陈海全(5月起)

水利局
局长 赵刚毅
副局长 王勇(6月止) 王元昆 赵清松
范庆忠 孟凡顺
党委书记 赵刚毅
党委副书记 徐来鹏
党委委员、市南水北调建设管理局局长 周寿宗
总工程师 孟祥明

农业局
局长 考继佳(4月止) 王汉成(4月起)
副局长 赵建武 祁立新 杨廷文
张丙来(8月起) 袁增寿(8月起)
冷明辉(8月起)
党委书记 考继佳(4月止) 王汉成(4月起)
党委副书记 王金林

海洋与渔业局

局　　长　徐润启

副 局 长　叶　林　李承源　赵树云　赵玉国

党组书记　徐润启

商务局

局　　长　白卫明

副 局 长　刘振德　张春旭　王好田　姜亦灿

党委书记　白卫明

党委副书记　王　富

文化广电新闻出版局

局　　长　孙俐君(女)

副 局 长　孙建秋(女)　张荣平　梁玉华(正县)

党委书记　钟耕民

党委副书记　孙俐君(女)　云增忠

卫生局

局　　长　黄　进

副 局 长　孟庆阳　任翠爱(女)　李长祥　王鸿勇　赵景利　张晓乙

党委书记　黄　进

党委副书记　孟庆阳

人口和计划生育委员会

主　　任　杨锡广

副 主 任　李迎春　丁曰林　李宗泉　蔡　威

党组书记　杨锡广

审计局

局　　长　宫　智

副 局 长　刘树龙　李宏德　陶德义　王　芳(女)

党组书记　宫　智

总审计师　郑栋强

环保局

局　　长　郑金来(4月起)

副 局 长　姜在杰　李国秀　李建文

党组书记　郑金来(4月起)

外事与侨务办公室

主　　任　王　浩

副 主 任　宋悦林　刘伟地　刘作亮

党组书记　王　浩

民族宗教事务局

局　　长　李亚军

副 局 长　王和平　郝信富

党组书记　李亚军

国有资产监督管理委员会

党委书记　夏芳晨(12月止)　孙起生(12月起)

党委副书记　王志刚　陈延爱

主　　任　王志刚

副 主 任　冯纪伟　胡嘉敏(女)

体育局

局　　长　耿　文

副 局 长　李跃进　王卫东　刘树宏　张启宾　曹丽华(女)

党组书记　耿　文

统计局

局　　长　马中平

副 局 长　冯传森　李　军　齐永刚

党组书记　马中平

林业局

局　　长　张金玉

副 局 长　郭玉章　韩瑞东

党组书记　张金玉

安全生产监督管理局

局　　长　尹文林

副 局 长　刘光山　张则永(正县)　魏在江

党组书记　尹文林

潍坊市食品药品监督管理局

局　　长　陈　勇(12月止)　李　平(女,12月起)

副 局 长　宋希明(正县)　祝业光　刘洪宝(正县)　王　斌(12月起)

党组书记　陈　勇(12月止)

党组副书记　宋希明

旅游局

局　　长　于慰杰

副 局 长　邱兆水　孙建洪　李相群　井光国

党组书记　于慰杰

政府法制办公室(市公共行政服务中心)

主　　任　韩国庆

副主任　李家松　李　刚　王春国

潍坊市人民防空办公室

主　　任　王玉春

党组书记　张须义

副 主 任　姜有格　崔华东　于　利

金融工作办公室

主　　任　李传顺

副 主 任　张新华　欧永生

党组书记　李传顺

物价局

局　　长　魏志强

副 局 长　曹希仁　李贵华　孙守良

党组书记　魏志强

粮食局

局　　长　孙　沂

副 局 长　翟徐洲　于炳水　孙洪伟

党委书记　孙　沂

党委副书记　陈玲玲(女)

中小企业办公室

主　任　李玉军

副主任　王亚伟　赵　杰(5月止)

政协机关工作机构和办事机构

办公室

主　任　任立先

副主任　张　建　张玉国(8月起)

研究室

主　任　王　沂

副主任　张耀才　李臣涛(8月起)

委员活动工作室

主　任　牛克智

副主任　孙　军(8月起)

提案委员会

主　　任　刘　伟(兼)

副 主 任　曹学芹　宋继武　史跃峰(不驻会)
李静波(市府办,不驻会)
邱尔臣(不驻会)　陈甲才(不驻会)

工作室主任　王钦殿

经济委员会

主　　任　吴建民(兼)

副 主 任　王有亭　李乐忠　王承策(不驻会)
刘庆祥(不驻会)　刘延民(不驻会)
齐瑞祥(不驻会)　闵令民(不驻会)
唐玲玲(女,不驻会)　崔建生(不驻会)

工作室主任　王清海

人口资源环境外事委员会

主　　任　王继怀(兼)

副 主 任　姜　荣　玄承洵　王新航(不驻会)
史新霞(女,不驻会)　刘衍信(不驻会)
张恒道(不驻会)　李中元(不驻会)
杨锡广(不驻会)　柳松波(不驻会)
潘昌虎(不驻会)

工作室主任　翟述英

科教文卫体委员会

主　　任　吴建民(兼)

副 主 任　高永贤　邴智义　王卫东(体育局,不驻会)
王居明(不驻会)　孙志强(不驻会)
安卫红(女,不驻会)　李端梅(女,不驻会)
郑建伟(不驻会)　高振忠(不驻会)
盛兆辉(不驻会)

工作室主任　王咏诗

社会法制委员会

主　　任　王卫东(兼)

副 主 任　李春水　马言圣(不驻会)
张广孝(不驻会)
李　平(女,不驻会)　李亚军(不驻会)
李静波(人社局,不驻会)
岳　尧(不驻会)

工作室主任　徐之丰

文史资料委员会

主　　任　王继怀(兼)

副 主 任　张世臣　李志强　王成利(不驻会)
闫万刚(不驻会)　张兰友(不驻会)
李树平(不驻会)　曹希波(不驻会)
谭树中(不驻会)

工作室主任　赵会堂

纪委机关、监察局内部机构及派驻机构

办公室

主　任　李峰山

监察综合室

主　任　张士林(7月止)　刘泽峰(8月起)

研究室

主　任　孙振元(8月止)

干部室

主　任　赵爱君(女,4月止)　孙振元(8月起)

宣传教育室

主　任　王怀瑞

案件审理室

主　任　陶建胜

信访室(潍坊市行政监察举报中心)

主　任　郭晓辉

党风政风监督室

主　任　曹田友(12月起)

执法和效能监督室(与市经济发展软环境投诉中心合署办公)

主　任　丁　伟

政策法规室

主　任　周千里

第一纪检监察室

主　任　吴理健

第二纪检监察室

主　任　孙春山

第三纪检监察室

主　任　郭建伟(12月起)

第四纪检监察室

主　任　高崇华(12月起)

案件监督管理室

主　任　刘泽峰(8月止)　张德明(8月起)

市经济发展软环境投诉中心(挂市发展软环境建设办公室牌子)

主　任　许　华(5月止)　李元忠(5月起)

副主任　董胜俊　高崇华(12月止)　丁　伟(12月起)

派驻第一纪检组、监察室

书　记(主　任)　吴树俭(3月止)　赵　清(12月起)

副书记(副主任)　赵居栋(4月止)　韩传军(7月止)

辛明东(4月止)　麻福春

孙广远(6月起)　陈百波(6月起)

王同章(12月起)

派驻第二纪检组、监察室

书　记(主　任)　徐晓春(11月止)　胡黎光(12月起)

副书记(副主任)　王成洪　孙金奎　何金波　王国成

派驻第三纪检组、监察室

书　记(主　任)　赵　清(12月止)

刘　琳(女,12月起)

副书记(副主任)　王化林　张　勇　刘　波

闫法平(正县)　薛维明

派驻第四纪检组、监察室

书　记(主　任)　关凤云(女,12月止)

张玉和(12月起)

副书记(副主任)　王增虎　钟　波(女)

贾　文(3月止)　王增贵(6月起)

梁大勇(6月起)

派驻第五纪检组、监察室

书　记(主　任)　胡黎光(12月止)　柳　林(12月起)

副书记(副主任)　李培法　王承栋　张元刚

张德明(8月止)　耿祥波(12月起)

派驻第六纪检组、监察室

书　记(主　任)　张玉和(12月止)

关凤云(女,12月起)

副书记(副主任)　王　伟　刘俊卿　沈万怀　邱和平

派驻第七纪检组、监察室

书　记(主　任)　赵珊珊(女,12月止)

郭瑞燕(女,12月起)

副书记(副主任)　陈金亮　姜其盛(6月起)

于跃海(6月起)

孙建梅(女,6月起)

派驻第八纪检组、监察室

书　记(主　任)　吴洪江(6月起)
副书记(副主任)　鞠新民(4月止)　刘玉庆
　　陈　蕾(女)　徐安国
　　张京利(正县)　王汉文(12月起)

市委、市政府直属事业单位

市委党校

校　　长　杜昌文
常务副校长　丁志伟
副 校 长　林国祥　裴　红(女)　赵桂梅(女)
　　孙爱云(女)

潍坊报业集团(潍坊日报社)

潍坊日报社

社　　长　来永生
副 社 长　谭树中　窦锦平　孙向中　李培华
　　孙学明　袁训新　徐学俊
　　肖朋金(3月止)　于全义　马清平
　　任新华(11月起)
总 编 辑　谭树中
副总编辑　窦锦平　孙向中　李培华　孙学明
　　袁训新　徐学俊　肖朋金(3月止)
　　于全义　马清平　任新华(11月起)
党委书记　来永生
党委副书记　谭树中　李　平(11月止)

潍坊报业集团

董 事 长　来永生
副董事长　谭树中
董　　事　张新亭　许荣安　窦锦平　孙向中
　　李培华　袁训新　王述章
总 经 理　谭树中
副总经理　孙学明　徐　学　肖朋金(3月止)
　　任新华(11月起)
总 编 辑　谭树中
监事会主席　李　平(11月止)
党委书记　来永生
党委副书记　谭树中　李　平(11月止)

市群众工作委员会办公室

主　任　宋继武(6月止)　王　勇(6月起)
副主任　臧运宁　何茂广

畜牧局

局　　长　王承策
副 局 长　李玉忠　孟凡东　赵学新
党组书记　王承策

农业机械管理局

局　　长　王志明
副 局 长　徐明军　苏光迢(4月止)　张乐洲
党组书记　王志明

招商工作委员会办公室

局　　长　张建伟
副 局 长　李桂莉(女)　李丹永　钱洪涛
党组书记　张建伟
正县级干部　刘金贵

地震局

局　　长　朱乐凯
副 局 长　陈小君
党组书记　朱乐凯

知识产权局

局　　长　高玉国
副 局 长　孟祥仁　史元静
党组书记　高玉国

老龄工作委员会办公室

主　　任　丁利民
副 主 任　寇建辉　徐　军(12月止)
党组书记　丁利民

口岸办公室

主　　任　远　伟
副 主 任　陈洪刚　闫怀信
党组书记　远　伟

供销合作社联合社

理事会主任　张长坤
理事会副主任　王沼东　宋智勇　郭友亮　李克伟
党委书记　张长坤
党委副书记　孙开华

市级机关事务管理局

局　　长　刘桂臻
副 局 长　孟　军　侯玉芬(女)
党委书记　王发庆

文化市场综合执法局

局　　长　刘肖宁

副 局 长　高增光　王子全　张云葆

党组书记　刘肖宁

“三区”推进协调小组办公室(挂市油区工作办公室牌子)

主　　任　王云华

副 主 任　阎成文　侯　建　赵显刚　曾　国　吉发静

党组书记　王云华

潍坊广播影视集团

董 事 长　钟耕民

副董事长　傅金戈(10月去世)

总 经 理　傅金戈(10月去世)

副总经理　杜　涛　扈本军　王建勇　刘继升

　　　　　谭晓涛　曹有清(正县,8月止)

监事会主席　孙建忠

党委书记　钟耕民

党委副书记　傅金戈(10月去世)　刘德民

潍坊广播电视台

台　　长　钟耕民

副 台 长　傅金戈(10月去世)　杜　涛　扈本军

　　　　　孙建忠　王建勇　刘继升　谭晓涛

党委书记　钟耕民

副 书 记　傅金戈(10月去世)　刘德民

法院、检察院

潍坊市中级人民法院

院　　长　张爱云(女,6月止)　姜树政(6月起)

副 院 长　张广孝　王贤臣　宋允厚　卢卫国

党组书记　张爱云(女,6月止)　姜树政(6月起)

党组副书记　张广孝

纪检组长　王建平

潍坊市人民检察院

检 察 长　杨洪旭

副检察长　马言圣　陈　曦　任光武

　　　　　法云江(回族,5月起)

党组书记　杨洪旭

党组副书记　马言圣

纪检组长　法云江(回族,5月止)　高培文(5月起)

潍坊市城郊地区人民检察院

检 察 长　周金明

副检察长　孟庆才(10月止)　韩国荣(女)

民主党派与工商联

中国国民党革命委员会潍坊市委员会

主　委　李向云(女)

副主委　王增祥　李安战　王学军

秘书长　迟同全(驻会)

中国民主同盟潍坊市委员会

主　委　毛秀凤(女)

副主委　李来传　张敬军

秘书长　白宗家(驻会)

中国民主建国会潍坊市委员会

主　委　刘秀平(女)

副主委　李明喜　李瑞文　李通利

秘书长　墨　萍(女,驻会)

中国民主促进会潍坊市委员会

主　委　王贤臣

副主委　王道奎　周赤舟　刘煜东

秘书长　孙其孝(驻会)

中国农工民主党潍坊市委员会

主　委　刘棣俭

副主委　郑建伟　钟　池　于贞杰(女)

秘书长　崔向东(女,驻会)

中国致公党潍坊市委员会

主　委　王桂英(女)

副主委　崔伯瑜　钟　毅　王泳亮

秘书长　曹　春(驻会)

九三学社潍坊市委员会

主　委　李士来

副主委　梁文道　郭文君　单庆茂

秘书长　任惠卿(女,驻会,11月止)

潍坊市工商业联合会

主　　席　李传恒

副 主 席　齐瑞祥(7月止)　胡　立(8月起)

　　　　　秦学民　张启云(女)　郭富斌

秘 书 长　秦学民(驻会)

党组书记　齐瑞祥(7月止)　胡　立(8月起)

人民团体

总工会
主　　席　王秀河
常务副主席　郭召义
副 主 席　刘春强　于守君
经审委主任　李付顺
党组书记　王秀河

共青团潍坊市委员会
书　　记　赵学坤
副 书 记　李志为　高　斌　陈珊珊(女)
党组书记　赵学坤

妇女联合会
主　　席　田素英(女)
副 主 席　吕梅贞(女)　贺玉洁(女)　郑可新(女)
党组书记　田素英(女)

文学艺术界联合会
主　　席　孙淑芳(女)
副主席、党组成员　冯传增　谭述霞(女,5月起)
　　陈雪梅(女)　王燕妮(女,6月起)
党组书记　孙淑芳(女)
党组成员　王治喜

科学技术协会
主　　席　王义正(11月止)
副 主 席　李焕昌　任学军　高峰松
党组书记　王义正(11月止)

归国华侨联合会
主　　席　柳松波
副主席(不驻会)　赵　鹏　温明春　徐秋霞(女)
党组书记　柳松波
党组副书记　张再升

社会科学界联合会
主　　席　张兰友
副 主 席　张瑞业　李启胜
党组书记　张兰友

中国国际贸易促进委员会潍坊市委员会
会　　长　张增顺
党组书记　张增顺

残疾人联合会
理 事 长　孙克森
副理事长　姜林骄　王　军　王志刚

驻潍部队

潍坊军分区
司 令 员　万伟锋
政治委员　刘汉杰(11月止)　郝树东(11月起)
副司令员　李志超(4月止)　油朝康(6月起)
副政治委员　徐延田　皮先标(11月起)
参 谋 长　王德礼(12月止)　郇　敏(12月起)
政治部主任　李树春
后勤部部长　胥　辉
党委书记　刘汉杰(11月止)　郝树东(11月起)
党委副书记　万伟锋
纪委书记　徐延田

武警潍坊支队
支 队 长　张国庆
第一政治委员　于永生
政治委员　左建山
副支队长　齐洪涛　刘连东　祖广成(3月止)
　　曹　磊(3月起)
副政治委员　张国峰(3月止)　傅　涛(3月起)
参 谋 长　沙诗恒
政治处主任　徐树杰(3月止)　张世权(3月起)
后勤处处长　于金升
第一书记　于永生
党委书记　左建山
党委副书记　张国庆
纪委书记　张国峰(3月止)　傅　涛(3月起)

省和市双重领导以省领导为主单位

潍坊市地方税务局
局　　长　马奎升(12月止)　张　辉(12月起)
副 局 长　张传庭(12月止)　李　强　武伟刚
党组书记　马奎升(12月止)　张　辉(12月起)
党组副书记　张传庭(12月止)
纪检组长　滕一良

质量技术监督局
局　　长　岳　尧
副 局 长　张文祥　王希臣　周锡胜
总工程师　李红华(女)
党组书记　岳　尧
纪检组长　安爱华(女)

中央、省驻潍单位

国家税务局

局　　长　黄玉远
副 局 长　赵洪华　裴连升　杨玉法
党组书记　黄玉远
党组副书记　秦学栋
纪检组长　杨　磊

潍坊海关

关　长　张　越(1月起)
副关长　刘晋中　田忠承　郭京鹏

潍坊出入境检验检疫局

局　　长　张艺兵
副局长　章红兵　王　峰
党组书记　张艺兵
纪检组长　常　军

潍坊市邮政局

局　　长　于志公
副局长　管廷强
党组书记　于志公
纪检组长　管廷强

气象局

局　　长　王令军
副局长　秦增良　马劲松
党组书记　王令军
纪检组长　马泮明

潍坊市水文局

局　　长　杨化勇
副 局 长　王金钟　吴启宗　李　飞
党组书记　杨化勇
党组副书记　吴启宗
纪委书记　王金钟

山东省胶东调水局潍坊分局

党委书记　马安堂
局　　长　马安堂
副局长　王建民　王维纯
工会主任　于德光

潍坊海事处

处　　长　张家友
副 处 长　怀源昌　王方友　马新波
党组书记　怀源昌
党组副书记　张家友

中国银行业监督管理委员会潍坊监管分局

局　　长　刘世明
副 局 长　张志荣　刘文正
党委书记　刘世明
党委副书记　张志荣
纪委书记　刘　勇

潍坊市盐务局

局　　长　尹延明
副 局 长　赵培德　马汉波　王子军　于寿华
党委书记　赵培德
党委副书记　尹延明
纪委书记　王子军
总会计师　王　玲(女)

中国联合网络通信有限公司潍坊市分公司

总 经 理　闫万钢
副总经理　吴乃强　程振学　范维东　马效文
　　　　　方　军　刘显阳
党委书记　闫万钢
党委副书记　吴乃强
纪委书记　刘显阳

中国移动通信集团山东潍坊分公司

总经理　李祥兵
副总经理　李华杰　戴春华　焦　阳
党委书记　李祥兵

潍坊市烟草专卖局(山东潍坊烟草有限公司)

局长(总经理)　曹红祥
副 局 长　张万光　王林立
　　　　　陈　豪(5月起、11月止)　杨旭亮
　　　　　袁志仲　蒋其华
副总经理　杨旭亮(4月止)　孙培果　王喜功
　　　　　张玉芹
党委书记　曹红祥

高等院校

潍坊医学院

党委书记　石增立
党委副书记　马安宁　秦玉明　张潍华(4月起)

院　　长　石增立(4月止)　马安宁(4月起)
副 院 长　张潍华(4月止)　孙宏伟　朱　军
　　　　　井西学　管英俊　葛国文
纪委书记　秦玉明

潍坊学院
党委书记　辛丕宏
党委副书记　王守伦　牛钟顺
院　　长　王守伦
副 院 长　冯滨鲁　邢同学(1月止)　王清明
　　　　　丁子信
纪委书记　马茜华(女)

潍坊职业学院
党委书记　陈仁杰
党委副书记　王家爱　娄树军(3月止)
院　　长　王家爱
副 院 长　宋桂言　赵君堂　贺志强
纪委书记　毕建华

潍坊技师学院
党委书记　傅大军
党委副书记　韦　民
副 院 长　韦　民　刘成平　胡　斌
纪委书记　曹卫东

潍坊工程职业学院
党委书记　李瑞阳
党委副书记　肖明胜　李　琳(女)
院　　长　肖明胜
副 院 长　刘明智(12月止)　崔照忠　王金明
纪委书记　那菊华(女)
院长助理　韩振华

山东信息职业技术学院
党委书记　许　敏
党委副书记　肖明旭　刘桂玉
院　　长　肖明旭
副 院 长　巩志强　朱连庆　刘同顺
纪委书记　刘福玉(7月起)

山东畜牧兽医职业学院
党委书记　曲国庆
党委副书记　徐建义
院　　长　郑立森
副 院 长　张绍秋　郭立堂　周其虎
纪委书记　乔立印

山东科技职业学院
党委书记　李建铁
党委副书记　徐建明　林勇祥
院　　长　徐建明
副 院 长　王永智　赵　军(女)　孙爱荣(女)
纪委书记　宿成山

山东经贸职业学院
党委书记　鲁庆波
党委副书记　冷韶华　高法贵
院　　长　冷韶华
副 院 长　马德胜　周仕俭　王　洲
纪委书记　王爱国

山东交通职业学院
党委书记　鞠献利(12月止)　陈继梦(12月始)
党委副书记　陈留彬　楚卫涛
院　　长　陈留彬
副 院 长　刘福举　崔振民　单志强
纪委书记　楚卫涛
工会书记　李建军

山东工业技师学院
党委书记　盖永华
党委副书记　李献坤　孙义宝
院　　长　李献坤
副 院 长　王忠厚　张品文
工会主席　任怀文

潍坊护理职业学院
党委书记　曹晓楠(女)
党委副书记　李春玲(女)　刘海波(6月起)
院　　长　李春玲(女)
副 院 长　王长智(6月起)　苏建福(6月起)
纪委书记　王坤法(6月起)

金融部门

中国人民银行潍坊市中心支行
行　　长　刘福毅
副 行 长　郑录军(3月止)　李万友　孙广明
　　　　　王新军(4月起)
党委书记　刘福毅
党委副书记　郑录军(3月止)
纪委书记　陈光升

工会主任　徐广平

中国工商银行潍坊分行

行　　长　孙长庚
副 行 长　刘明江　杨宗海(2月起)　鞠立坤　韩志忠
纪委书记　吴　江
资深经理　冯　洁
高级经理　高华江　李绪国　张鲁生　伦九亮(6月起)

中国农业银行潍坊分行

行　　长　闵令民
副 行 长　田树江　贾建生　贺祥君　董月民
　　　　　黄砚章(8月起)　王永明(6月起)
　　　　　常　戈(6月起)
党委书记　闵令民
党委副书记　田树江
纪委书记　董月民

中国农业发展银行潍坊分行

行　　长　许　静(女,10月止)　韩玉忠(10月起)
副 行 长　杜　军　庄红梅(女)　隋全亮(8月起)
党委书记　韩玉忠

中国银行潍坊分行

行　　长　汪　雷
副 行 长　宋若钦　冯传亮　付廷泉
党委书记　汪　雷
纪委书记　焉长海

建设银行潍坊分行

行　　长　修　琦(1月止)　陈　鹏(1月起)
副 行 长　李　庆(5月起、12月止)　王佳军(5月起)
　　　　　逄显辉(5月止)　辛立国
党委书记　修　琦(1月止)　陈　鹏(1月起)
纪委书记　封汇泉(5月止)
风险主管　王腾江(8月止)
行长助理　刘志勇

交通银行潍坊分行

行　　长　刘安奎
副 行 长　陈允建　齐文江　韩　永　丛　杰
党委书记　刘安奎
纪委书记　陈允建

中国邮政储蓄银行潍坊市分行

行　　长　陈光灵
副 行 长　张俊兰(女)　薛　梅(女)　梁伟业
党委书记　陈光灵
总审计师　王凤华

招商银行潍坊分行

行　长　蔡其根
副行长　董绍东　王少波

民生银行潍坊分行

行　　长　马　杰(9月止)　马　涛(9月起)
副 行 长　刘洪涛
行长助理　杨林东　井　昌
党委书记　马　涛(9月起)
纪委书记　杨林东

兴业银行潍坊分行

行　　长　吴永林
行长助理　高　军　马曙平
党委书记　吴永林

中信银行潍坊分行

行　长　黄千文
副行长　江世津　袁　菲

中国光大银行潍坊分行

行　　长　韩桂志
副 行 长　孙志勇　曾　强　高梦南
党委书记　韩桂志

恒丰银行潍坊分行

行　　长　孟　凯
行长助理　毛文东　于乃里

潍坊市农村信用合作社联合社

理 事 长　王新声(5月止)　王祖玉(5月起)
主　　任　王祖玉(5月止)　马春成(5月起)
副 主 任　颜廷军　赵宝修　王永坤
监 事 长　邹　维
党委书记　王新声(5月止)　王祖玉(5月起)
党委副书记　王祖玉(5月止)　马春成(5月起)
　　　　　邹　维
纪委书记　高　明(5月止)　闫洪江(5月起)

潍坊银行

董 事 长　史跃峰
行　　长　闫红兵

监 事 长 陈瑞源
党委书记 史跃峰
党委副书记 闫红兵 温英杰
纪委书记 陈瑞源

中国人民财产保险股份有限公司潍坊市分公司
总经理 崔建生
副总经理 李东峰 杨志勋 李茂富 吴中云 曹岩萍(女)
党委书记 崔建生
纪委书记 李东峰

中国人寿保险股份有限公司潍坊分公司
总经理 常保华
副总经理 王志东(4月止) 程金虎 郭福义 田春生(总经理助理)
党委书记 常保华
纪委书记 郭福义

中国太平洋财产保险股份有限公司潍坊中心支公司
党委书记 陈洪英(女)
总经理 潘国波(7月止) 陈洪英(女,8月起)

新华保险潍坊中心支公司
总经理 董林增
副总经理 钟经胜 丁 伟 岳光波
总经理助理 佟素美(女)

潍坊市投资公司
董事长 陈学俭
总经理 王曰普
副总经理 王胜常 程玉华 朱洪池 范绍彬
党委书记 陈学俭
总会计师 陈宝庆
总经济师 曾 刚

县市区、开发区

奎文区

中共奎文区委
书 记 李 辉 秦维强(援藏,10月止)
副书记 李兰祥(12月止)
常 委 李 辉 秦维强(援藏,10月止) 宋均圻 李兰祥(12月止) 高东洋 王峰贵 田玉军 张兴业 贾 平(女) 沃付贤 韩廷珍

奎文区人大常委会
主 任 李 辉
第一副主任 冯天韬
副主任 陈民亭 王颖红(女) 翟福生 侯卫平
党组书记 李 辉 冯天韬
党组副书记 白连合 王万堂 卫清涛

奎文区人民政府
区 长 宋均圻
副区长 田玉军 贾 平(女) 刘棣俭 任 祥 曹端升 刘新国 李义龙(挂职,12月起)
副县级干部 李顺廷 徐 波

政协奎文区委员会
主 席 刘良嘉
副主席 陈立宝 郭文君 李 莉(女) 张洪军 高殿臣 王 巍
党组书记 刘良嘉
党组副书记 王春雷 李建文 刘占清 于 波

奎文区纪律检查委员会
书 记 高东洋

奎文区人民武装部
政 委 韩廷珍
部 长 张希林

奎文区人民法院
院 长 韩 亮

奎文区人民检察院
检察长 徐 军

潍城区

中共潍城区委
书 记 张韶华(3月止) 王兆辉(3月起)
副书记 王兆辉(3月止) 刘洋英 扈洪波(3月起) 杨雁华(女,挂职,10月起,12月止)
常 委 张韶华(3月止) 王兆辉 刘洋英 扈洪波 杨雁华(女,挂职,10月起,12月止) 禚振鹤(12月止) 秦保荣(女) 李 伟 刘华东 李 明 王龙堂 刘本河 孙修炜(4月起) 潘立东(12月起)

潍城区人大常委会
主 任 张韶华(3月止) 王兆辉(4月起)

第一副主任　张顺涛
副　主　任　马文远　滕玉云(女,不驻会)
　　　　　　冀团元　董承森

潍城区人民政府

区　长　王兆辉(3月止)　刘泮英(4月起)
副区长　扈洪波(3月止)　李　伟　孙修炜(5月起)
　　　　王延军　潘立东　武法栋　李　涛(女)
　　　　宝　林(挂职,10月起,12月止)
　　　　田　峥(女,挂职,12月起)

政协潍城区委员会

主　席　徐金明
副主席　刘　波　刘宏亮(女)　李汝林(不驻会)
　　　　韩德信　王向东　李树东

潍城区纪律检查委员会

书　记　刘华东

潍城区人民武装部

政　委　刘本河
部　长　黄佳戈(2月止)　杨发军(2月起)

潍城区人民法院

院　长　郭宝信

潍城区人民检察院

检察长　朱国宝

坊子区

中共坊子区委

书　记　贯有余
副书记　刘升勤(女)　潘振东
常　委　贯有余　刘升勤(女)　潘振东　常祖领
　　　　王希慧　许文远　宋伟伟(女)　李光明
　　　　张仁科　赵凤江　刘景华(挂职)

坊子区人大常委会

主　　任　贯有余
第一副主任　赵　伟
副　主　任　王　波　常庆科　郝本杰　李　玉(女)
党组书记　张洪胜
党组副书记　毕玉孝

坊子区人民政府

区　长　刘升勤(女)
副区长　常祖领　李光明　刘景华(挂职)　蔡志敏
　　　　赵　伟　田立军　张建伟　李飞雨(挂职)

政协坊子区委员会

主　　席　张钢星
副　主　席　田立胜　于仁之　李子木　张柏山
　　　　　　李叶忠　张秀霞(女)
党组副书记　王建利

坊子区纪律检查委员会

书　记　王希慧

坊子区人民武装部

政　委　赵凤江
部　长　陈培刚

坊子区人民法院

院　长　韩旭东

坊子区人民检察院

检察长　于清友

寒亭区

中共寒亭区委

书　记　孙德奎(10月止)　孟晓雷(10月起)
副书记　孟晓雷(10月止)　石铭奎　李兰祥(12月起)
常　委　孙德奎　孟晓雷　石铭奎　王文琦
　　　　葛凤春(女)　徐方吉(7月止)　庞胜明
　　　　丁爱辉　吴兴安(7月起)　孙吉海　李良华
　　　　于　龙　包　巍(挂职,5月起,7月止)

寒亭区人大常委会

主　　任　孙德奎(10月止)
　　　　　孟晓雷(12月提名人选)
第一副主任　蔡俊忠
副　主　任　徐志娟(女,2月止)　张辉忠　李洪平
　　　　　　武伟乐　王玉良　朱群英(女,2月起)

寒亭区人民政府

区　长　孟晓雷(11月止)　李兰祥(12月提名人选)
副区长　王文琦　庞胜明　马继山　刘向东　李永光
　　　　郭春媛(女)　李迎春(女,挂职,5月起,9月止)
　　　　杜国臣(挂职,9月起)
　　　　卢芳芳(女,挂职,11月起)

政协寒亭区委员会
主　席　韩国礼
副主席　李会录　刘伟宏(不驻会)　高允琴(女)
　　　　王建岗(不驻会)　陈　宁　王格山

寒亭区纪律检查委员会
书　记　葛凤春(女)

寒亭区人民武装部
政　委　于　龙
部　长　贺志富

寒亭区人民法院
院　长　吕宜民

寒亭区人民检察院
检察长　邓树刚

青州市
中共青州市委
书　记　孙忠礼
副书记　韩幸福　杨云生(回族)
常　委　葛英煜　胡文星　任宪强　刘永福　陈同洲
　　　　宋正树(3月起)　高凌云(女)　杨君星
　　　　罗相贤(6月起)　逄新军(挂职,2月起)
　　　　庄　鹏(3月止)　王树国(6月止)

青州市人大常委会
主　　任　孙忠礼
第一副主任　刘希玉
副　主　任　徐健生(女,不驻会)　陈群光　董广凤(女)
　　　　　　俎海涛　刘永胜(3月止)　于玮亭(3月止)

青州市人民政府
市　长　韩幸福
副市长　葛英煜　胡文星　逄新军(挂职,2月起)
　　　　刘金国　郭永超　王万信　马雪莲(女)
　　　　岳　元(女,挂职,12月起)

政协青州市委员会
主　席　董连胜
副主席　孟庆刚　李金凤(女,不驻会)
　　　　牛建一(不驻会)　李守纲　王寿礼　贾来友

青州市纪律检查委员会
书　记　任宪强

青州市人民武装部
政　委　杨君星
部　长　李长松

青州市人民法院
院　长　尹洪阳

青州市人民检察院
院　长　高文军

诸城市
中共诸城市委
书　记　陈汝孝
副书记　张洪全(12月止)　李　峰(12月起)
　　　　刘峰梅(女)　李　明(挂职,12月起)
常　委　鞠进增　孙利宝　杜建华　刘作勋　赵治国
　　　　孙文力　陈　盛　肖继林　王安东(挂职)

诸城市人大常委会
主　　任　陈汝孝
第一副主任　李　宁(正县级)
副　主　任　郑晓瑛(女)　于明堂　颜廷忠　杨景良

诸城市人民政府
市　长　张洪全(12月止)　李　峰(代,12月起)
副市长　杜建华　孙文力　王安东(挂职)　许传平
　　　　鞠俊海　赵　莉(女)　孔晓明
　　　　王大伟(挂职,11月起)

政协诸城市委员会
主　席　王玉邦
副主席　张海轶　吴建智　臧晋运　蒋德华　韩培武
　　　　宗素霞(女)

诸城市纪律检查委员会
书　记　孙利宝

诸城市人民武装部
政　委　肖继林
部　长　翁宪祥(3月止)　薛宗刚(3月起)

诸城市人民法院
院　长　王学功

诸城市人民检察院
检察长　王重国

寿光市

中共寿光市委

书　记　孙明亮

副书记　朱兰玺　赵绪春

常　委　孙明亮　朱兰玺　赵绪春　李宝华

王惠玲(女)　王教法　永　辉(10月止)

徐　莹(女)　孙成华　高立华(5月止)

武治强　李志平(5月起)

寿光市人大常委会

主　任　杨德峰

副主任　林立星　李昌武　房师平　郑建民

傅小妹(女)

寿光市人民政府

市　长　朱兰玺

副市长　李宝华　王惠玲(女)　孙亚峤　袁世俊

刘广斌　王安文

政协寿光市委员会

主　席　王茂兴

副主席　刘建安　袁昌彪　丁世波　崔建军

寇振彦　刘美霞(女)

寿光市纪律检查委员会

书　记　刘永辉(10月止)

寿光市人民武装部

政　委　高立华(5月止)　李志平(5月起)

部　长　魏广利(3月止)　胥永利(3月起)

寿光市人民法院

院　长　王光才

寿光市人民检察院

检察长　孙　炜

安丘市

中共安丘市委

书　记　刘兴明

副书记　桑福岭　原　理

常　委　刘兴明　桑福岭　原　理　肖振胜　刘兴军

侯法强　江　波　张振城　闫凤林　王国强

李建英(女)　张　建(挂职,1月起)

安丘市人大常委会

主　　　任　刘兴明

第一副主任　任海燕(女)

副　主　任　周寿清　王洪书　任　健　王学昌

安丘市人民政府

市　长　桑福岭

副市长　肖振胜　刘兴军　张　建(挂职,1月起)

张宝庆　刘子庆　邱海芳(女)　于新兵

王兴春(挂职,9月止)　李英德(挂职,9月起)

政协安丘市委员会

主　席　杨东民

副主席　李广庆　宿明明(不驻会)

王振红(女,不驻会)

盛万波(不驻会)　李效民　闫　力

安丘市纪律检查委员会

书　记　闫凤林

安丘市人民武装部

政　委　王国强

部　长　管长青(3月止)　刘乃纲(3月起)

安丘市人民法院

院　长　何彤斌

安丘市人民检察院

检察长　于建立

高密市

中共高密市委

书　记　范福生

副书记　杨建华　万　丽(女)　贾勤清(5月起,援藏)

常　委　刘明伦　李庆华　刘建成　徐振刚　马常春

贾勤清(5月止)　徐方吉(8月起)　王保功

吴兴安(援藏,7月止)

高密市人大常委会

主　任　范福生

副主任　钟亮成　刘松青　毛进兰(女,非党)　于钦明

宫德胜

高密市人民政府

市　长　杨建华

副市长　刘建成　徐振刚　殷玉萍(女)　王永亮

汤振国　赵海龙(非党)　吴兴安(援藏,7月止)

翟　敏(女,挂职,12月起)

政协高密市委员会
主　席　杜洪君
副主席　陈　明　张兆年(非党)　栾　涛　唐屹立
　　　　吴金晶(非党)　施玉梅(女,非党)

高密市纪律检查委员会
书　记　刘明伦
副书记　邱昌禹　马拥军

高密市人民武装部
政　委　唐军生
部　长　刘　斌

高密市人民法院
院　长　李鲁民

高密市人民检察院
检察长　隋国华

昌邑市

中共昌邑市委
书　记　马跃启
副书记　吕珊珊(女)　鞠立强
常　委　马跃启　吕珊珊(女)　鞠立强　孙晓非
　　　　陶金先　高文奎　刘杰然　王志强　田洪波
　　　　黄志华　王　伟

昌邑市人大常委会
主　　任　马跃启
第一副主任　周　娟(女)
副　主　任　徐振宁(2月止)　庞明庆
　　　　　　翟秀芝(女,2月止,不驻会)　董凤杰
　　　　　　戚风乾(3月起)

昌邑市人民政府
市　长　吕珊珊(女)
副市长　陶金先　高文奎　王海岩　于冬菊(女)
　　　　李　鹏　李明杰

政协昌邑市委员会
主　席　李中福
副主席　张天辉　李建军(不驻会)　冯义军(不驻会)
　　　　郭光林　夏麦香(女,不驻会)
　　　　吕继贤(不驻会)

昌邑市纪律检查委员会
书　记　孙晓非

昌邑市人民武装部
政　委　黄志华
部　长　邓世武

昌邑市人民法院
院　长　王振星

昌邑市人民检察院
检察长　张　杰

临朐县

中共临朐县委
书　记　顾建华
副书记　刘裕斌　殷修湖(5月止)　杨锡栋(6月起)
常　委　顾建华　刘裕斌　殷修湖(5月止)　杨锡栋
　　　　冯　铸　刘世海　安　伟(5月止)　衣利民
　　　　郭家荣(6月起)　郭宝花(女)　冯　波
　　　　周书坤　王　勇(5月起)　蔡相山(挂职)

临朐县人大常委会
主　　任　顾建华
第一副主任　王晋成
副　主　任　衣　萍(女)　许孝新(不驻会)
　　　　　　张元平　段庆孔

临朐县人民政府
县　长　刘裕斌
副县长　杨锡栋(6月止)　衣利民　郭家荣(6月起)
　　　　赵同祥　王永刚　孙启军　黄　芳(女)
　　　　蔡相山(挂职)　张新明(挂职)

政协临朐县委员会
主　席　赵永娟(女)
副主席　刘学海　张惠玉(女,不驻会)
　　　　倪若强(不驻会)　白雪峰(不驻会)
　　　　傅来昌　许佃永

临朐县纪律检查委员会
书　记　冯　铸

临朐县人民武装部
政　委　王　勇
部　长　姜先福

临朐县人民法院

院　长　孙绍军

临朐县人民检察院

检察长　张素敏

昌乐县

中共昌乐县委

书　记　张新强
副书记　高立伯　肖建华
常　委　张新强　高立伯　肖建华　邱　旺　田元君
　　　　高登友　徐玉山　包艳伦　孙春雷
　　　　刘艳芳(女)　田永全

昌乐县人大常委会

主　　任　张新强
第一副主任　王　备
副　主　任　冯永庆(2月止)　王少鹏
　　　　　　周晓玲(女,不驻会)　刘　坚
　　　　　　田本义(2月起)

昌乐县人民政府

县　长　高立伯
副县长　邱　旺　高登友　崔全华　陈香萍(女)
　　　　李培进　丁进全　葛汝鸿(挂职,9月起)
　　　　姜俊刚(挂职,11月起)

政协昌乐县委员会

主　席　周保进
副主席　张宝峰　滕恩禄　张国美(女,不驻会)
　　　　王泳亮　滕建勋　田本义(2月止)
　　　　刘树铭(2月起)

昌乐县纪律检查委员会

书　记　田元君

昌乐县人民武装部

政　委　包艳伦
部　长　周德贵(3月止)　张立俊(3月起)

昌乐县人民法院

院　长　杨培锋

昌乐县人民检察院

检察长　郑爱之

潍坊高新技术产业开发区管理委员会

党工委书记　赵志远(3月止)　王献玲(3月起)
党工委副书记　宋赤锋　陈甲才　张龙江
管委会主任　宋赤锋
管委会副主任　陈甲才　张龙江　鲁　强(3月止)
　　　　　　谭建民　钱文亭　高文庆
　　　　　　曲志刚　董书礼(11月起)
纪工委书记　傅庆学

潍坊滨海经济技术开发区管理委员会

党工委书记　王树华
党工委副书记　张恒道　陈海全(5月止)　宋世伟
　　　　　　李树森
管委会主任　张恒道
管委会副主任　陈海全(5月止)　宋世伟　王仲民
　　　　　　杜长明　王希光　张　华(12月起)
　　　　　　刘振永　嵇建勇　韩龙云
　　　　　　傅景华(5月止)　范梅庆
纪工委书记　刘晓伟

峡山生态经济发展区管理委员会

党工委书记　马清民
党工委副书记　李华刚　张守富　许　珍(女)
管委会主任　李华刚
管委会副主任　许　珍(女)　栗祥平　周锡玉
　　　　　　窦金光　刘世全(1月起,挂职)
纪工委书记　刘传胜

潍坊综合保税区管理委员会

党工委书记　徐洪吉
党工委副书记　王　勇(12月起)　王守全　王得志
管委会主任　徐洪吉
管委会副主任　王　勇(12月起)　王守全　王有强
　　　　　　郭若慎　蒋建新
纪工委书记　刘庆德

山东潍坊经济开发区管理委员会

党委书记　孙德奎(10月止)　孟晓雷(12月起)
党委副书记　秦明清(6月止)　王德明
主　　任　孟晓雷
副　主　任　秦明清(6月止)　王德明　张作智
　　　　　　冯启波　史云锦(女)　曹金法
纪委书记　曹希仁(6月止)

（**注：**组织机构及负责人收录时间范围为2013年1月1日至2013年12月31日，其间职务有变动的标明起止月份，没有变动的不标明）

经济和社会发展

经济平稳较快发展，产业结构不断优化 2013年完成生产总值（GDP）4420.7亿元，按可比价格计算比上年增长10.6%。一、二、三、四季度GDP分别增长10.9%、10.6%、10.6%、10.6%，呈现平稳发展趋势。其中，第一产业增加值433.1亿元，增长3.3%；第二产业增加值2297.4亿元，增长11.5%，其中工业增加值2063.2亿元，增长11.7%；第三产业增加值1690.2亿元，增长11.4%。一、二、三产业对经济增长的贡献率分别为2.96%、61.17%和35.87%，分别拉动GDP增长0.3、6.5和3.8个百分点。按常住人口计算，人均GDP达到47943元（按年末汇率折算为7864美元），比上年增长10.2%。三次产业比重由2012年的9.73∶53.99∶36.28调整为9.8∶51.97∶38.23，三产比重提高1.95个百分点，产业结构进一步优化。

2013年各县市区、市属开发区生产总值完成情况：潍城区208.65亿元，寒亭区（含经济开发区）170.27亿元，坊子区116.09亿元，奎文区200.89亿元，青州市504.27亿元，诸城市642.72亿元，寿光市701.28亿元，安丘市247.94亿元，高密市501.36亿元，昌邑市326.5亿元，临朐县205.55亿元，昌乐县238.49亿元，高新技术产业开发区308.5亿元，滨海经济开发区220.41亿元，峡山生态经济发展区22.98亿元。

非公有（民营）经济发展稳中有升。全市非公有（民营）经济完成增加值2469.3亿元，比上年增长11.4%，占GDP的比重由上年的55.5%上升到55.9%。全市非公有（民营）经济户数41.3万户，增长12.3%；从业人员192.0万人，增长5.0%；注册资金2566.7亿元，增长15.7%；纳税额450.8亿元，增长13.2%，占全部税收比重76.6%，较上年提高0.8个百分点。

农林牧渔业发展平稳，机械化水平进一步提高，农村水利基本建设成效显著 2013年完成农林牧渔业总产值850.7亿元，按可比价格计算增长3.4%。

主要农作物产量增加。据抽样调查，全市粮食播种面积达到1104.1万亩，比上年减少5.6%，全年粮食总产量475.3万吨；棉花产量3.9万吨，减少21.8%；油料产量24.7万吨，增长1.2%；烤烟产量3.9万吨，增长1.8%；蔬菜产量1165.6万吨，增长1.1%；水果产量91.5万吨，增长2.2%。

林业生态建设取得明显成效。全年完成造林35.0万亩，新建农田林网2.7万亩，四旁植树2945万株，中幼林抚育68.5万亩，育苗24.7万亩。全市森林面积达517.6万亩，活立木蓄积量1454.0万立方米，林木覆盖率35.5%。

畜牧业生产增势放缓。全市肉类总产量142.8万吨，增长0.3%；禽蛋产量26.0万吨，减少1.0%；奶类产量27.1万吨，减少12.8%；大牲畜年末存栏37.7万头，减少5.5%；生猪年末存栏470.1万头，增长0.9%；家禽年末存栏11940万只，减少5.2%；生猪出栏824万头，增长3.0%；家禽出栏49675万只，减少2.9%。

渔业持续较快发展。全市渔业总产值达到42.0亿元，按可比价增长8.2%。水产品总产量57.9万吨，增长9.2%。

农业机械化水平进一步提高。全市农业机械总动力1360.2万千瓦，增长2.9%；联合收获机达到2.2万台，增长2.8%。全年共完成机耕面积999.0万亩，机播面积1503.9万亩，机收面积1383.0万亩，机耕水平、机播水平、机收水平分别达到98.4%、88.1%、80.5%。

农村水利基本建设进展顺利。全市建成规模化集中供水工程70处，其中千吨万人以上规模化集中供水工程50处，建成小型单村、联村集中供水工程649处，集中供水覆盖人口达到94.6%。完成农田水利基本建设投资34.1亿元，建成各类水利工程8240处，新增改善灌溉面积76.8万亩，发展节水灌溉面积44.9万亩，建成“旱能浇、涝能排”高标准农田40.6万亩。

工业整体运行平稳，效益明显提高，结构更加合理 2013年末，全市规模以上工业企业达到4201家，实现工业增加值比上年增长12.6%。其中，国有企业增加值增长17.8%，集体企业增长4.9%，股份合作制企业增长31.9%，股份制企业增长13.0%，外商及中国港澳台商投资企业增长10%。分轻重工业看，重工业增加值增长14.6%，轻工业增长10.6%。

工业企业效益明显提高。全市规模以上工业实现主营业务收入12180.1亿元，增长13.5%；实现利润总额675.1亿元，增长23.3%；实现利税总额1025.2亿元，增长22.8%；全年产品销售率为98.5%。装备工业企业1141家，实现主营业务收入3268.8亿元，同比增长19.5%，增加值同比增长17.4%。六大支柱产业海洋化工业、动力机械业、食品加工业、纺织服装业、电子信息业、造纸包装业全年共实现主营业务收入8771.7亿元，占规模以上工业的72.0%。其中，动力机械业实现主营业务收入2354.7亿元，增长20.9%；海洋化工业实现主营业务收入2309.7亿元，增长15.5%；造纸包装业实现主营业务收入468.4亿元，增长16.2%。

统计的198种主要产品中，有128种产品产量增长或持平，其中，电动自行车、纸制品、合成橡胶、收获机械、发动机等产品产量增长20%以上。

工业投入力度加大，质量提高。完成工业投资1350.3亿元，增长20.8%。1496个在建项目中已有719个项目建成投产。计划投资5000万以上工业项目1209个，其中过亿元项目615个，实际完成投资976.4亿元，占固定资产投资的28.5%。

淘汰落后产能任务全面完成。全市共有水泥、造纸、焦炭、印染等4个行业、12家企业列入国家淘汰落后产能计划,共淘汰落后水泥(熟料)产能40万吨,造纸产能2万吨,焦炭产能40万吨,印染产能2.5亿米。

固定资产投资增长较快,科学投入亮点显现 固定资产投资较快增长。固定资产投资完成3429.9亿元,比上年增长19.5%。4479个投资施工项目中总投资过1000万元的项目4375个,占总数的97.7%。其中,一产投资完成117.4亿元,同比下降5.8%;二产投资完成1350.5亿元,增长20.4%;三产投资完成1962.1亿元,增长20.5%。城镇投资完成2642.6亿元,增长18.5%;农村投资完成787.3亿元,增长22.8%。

科学投入亮点显现。高新技术完成投资960.4亿元,增长12.3%,占固定资产投资比重为28.0%;现代服务业投资856.3亿元,增长21.2%,占固定资产投资比重为25.0%;文化产业(核心层)完成投资423.8亿元,增长11.5%,占固定资产投资比重为12.4%。

房地产开发投资较快增长。完成房地产开发投资602.1亿元,增长28.4%。其中,住宅投资419.0亿元,增长24.4%。商品房销售额493.0亿元,增长15.4%;商品房销售面积1240.8万平方米,增长12%,其中,住宅销售1095.0万平方米,增长14.8%。商品房销售额493.0亿元,增长15.4%,其中住宅销售416.5亿元,增长19.4%。

建筑业发展较快。实现建筑业总产值707.5亿元,同比增长21.8%。全员劳动生产率为29.4万元/人,增长14.4%。其中,建筑工程完成产值598.3亿元,同比增长24.8%;安装工程完成产值91.8亿元,同比增长5.6%;其他产值17.4亿元,同比增长21.8%。签订合同额929.8亿元,同比增长15%,其中本年新签合同额606.6亿元,同比增长21%。

交通运输、邮政、电信业稳步增长 交通基础建设力度进一步加大。全年累计完成交通基础设施投资83.8亿元。其中,公路建设累计完成投资46.6亿元。港航、客运场站、物流园区、城市公交等完成投资37.2亿元。全市公路通车里程达到2.5万公里,公路密度达到156.0公里/百平方公里。全市营业性机动车辆11.6万辆,其中,线路客车(含旅游)2961辆,载货汽车10.4万辆,出租车4716辆,其他机动车及拖拉机4649辆。海运船舶结构趋于大吨位、专业化,运力达到91.2万载重吨。

交通运输量进一步提高。完成客运量2.4亿人次,增长2.4%,旅客周转量111.5亿人公里,增长2.8%;完成货运量2.6亿吨,增长6.0%,货物周转量787.4亿吨公里,增长6.6%。水上运输完成货运量1366.6万吨,增长8.0%,货物周转量105.0亿吨公里,增长5.0%。潍坊港完成货物吞吐量2331.9万吨。航空运输完成客运量13.4万人次,货邮吞吐量1.7万吨。市公交总公司累计完成客运量1.4亿人次。

邮政电信业稳步发展。完成邮政业务总量4.0亿元,增长1.2%。其中,包裹业务22.9万件,增长5.2%。实现电信业务总量70.3亿元,同比增长11.0%。电话用户总数为1173.1万户,普及率达127.3部/百人,同比增长6.5%。其中,固定电话用户166.3万户,固定电话普及率17.6部/百人;移动电话用户927.8万户,其中3G用户231.1万户,移动电话普及率109.7部/百人。互联网用户达到562.7万户(包括无线上网用户505.6万户),互联网普及率达到61.1%;通信光缆总长度131.4万芯长千米;互联网出口带宽540G。

国内贸易与商贸服务日趋繁荣 国内消费市场平稳。全市实现社会消费品零售总额1758.8亿元,比上年增长13.4%。其中,城镇零售额实现1266.8亿元,增长13.2%;乡村零售额实现492.0亿元,增长13.7%。按消费形态分,商品零售1592.7亿元,增长13.9%;餐饮收入166.1亿元,增长8.5%。

商贸服务业繁荣发展。完成物流总额1.6万亿元,增长14.3%。加大商品交易市场规划建设力度,商品交易市场发展到1076处,年交易额达到1160亿元。加快推进民生服务领域重点项目,肉菜流通追溯体系建设工作取得阶段性进展,先期在19家大型批发市场、生猪屠宰企业、连锁超市、院校布设了追溯系统,登记备案供应商和经营业户2056户,构建起了正向跟踪、逆向溯源的基本框架。加快推进城区商业网点、乡镇商贸中心、乡村农家店建设,119个镇(街)都已建成商贸中心,7372个行政村建设了6416个标准化农家店。

外贸增长平稳,对外合作交流取得新突破,旅游业发展较快 对外贸易平稳增长。全市完成进出口总额161.6亿美元,同比增长7.9%。其中,出口116.0亿美元,增长5.8%,进口45.6亿美元,增长13.7%。

外贸转型升级步伐加快。组织500家企业参加50个重点展会、支持企业“在线”开拓国际市场、外贸企业“银企保”对接等活动,构建了外贸企业融资和市场开拓平台。加快推进外贸转型升级示范基地建设,有8个基地新认定为省级出口基地,全市市级出口基地达到30个、省级基地16个、国家级基地3个。

对外合作交流取得新突破。全年外派劳务5532人次,增长9.5%。完成对外承包工程营业额1.3亿美元,增长23.2%。新设立境外投资企业(机构)60个,新增境外投资4.9亿美元。积极推动与韩国的合作,与牙山市建立了地方经济合作伙伴关系,与大田贸易协会等机构达成战略合作,成功承办了中韩自贸区第七轮谈判,双方顺利达成“潍坊共识”。加快海外工业园区建设步伐,柬埔寨(山东)工业园一期工程启用,8家国内及日本企业已经落户,工业园被柬埔寨政府批准为山东桑莎(柴桢)经济特区,是潍坊市在海外的第一个经济特区。

利用外资量质齐升。新批外商投资项目49个,同比增长6.5%,合同利用外资17.5亿美元,增长14.7%。实际到账外资8.1亿美元,增长5.5%,其中,新批总投资1000万美元以上的外资大项目14个，占新批项目总数的28.6%。

旅游业保持较快发展势头。全市共接待境内外游客4735.2万人次，增长11.3%。其中，国际入境游客33.5万人次，下降3.7%；国内旅游人数4701.7万人次，增长11.4%。旅游总收入441.1亿元，增长14.7%。其中，国内旅游收入426.7亿元，增长15.8%；国际旅游收入2.3亿美元，下降8.2%。全市A级景区共90家，其中，5A级景区1家，4A级景区18家。旅行社145家，其中国际社6家。

财政、金融、证券和保险业健康发展 财政收支平稳增长，结构日趋优化。全市公共财政预算收入完成383.9亿元，增长15.6%。其中，税收收入完成318.6亿元，增长16.9%，占公共财政预算收入的比重为83.0%。增值税、营业税、企业所得税、个人所得税四项完成179.7亿元，增长11.2%，占公共财政预算收入的比重为46.8%。公共财政预算支出完成494.0亿元，增长16.1%。教育、医疗、就业和社会保障、保障性住房、文化体育、强农惠农等民生支出287.6亿元，占公共财政预算支出的58.2%。金融运行呈良好发展态势。全市金融机构存、贷款总量增长较快，经营效益明显提高。年末，全市金融机构本外币各项存款余额为5059.8亿元，比年初增加620.5亿元，增长14.0%，其中储蓄存款2802.5亿元，增长13.9%。金融机构本外币各项贷款余额达4005.8亿元，比年初增加461.5亿元，增长13.0%。金融机构经营效益继续增长，实现利润总额152.0亿元，同比增长17.1%。

债券和股权融资取得新进展。共发行各类债券19只，融资111.1亿元，其中，发行地方企业债融资16.8亿元，公司债融资9.0亿元，短期融资券和中期票据融资48.5亿元，区域集优票据9.1亿元，非公开定向债务融资工具15亿元，6家企业成功发行12.7亿元中小企业私募债。场外股权交易取得新进展，5家企业在齐鲁股权交易中心挂牌，1家企业在天津股权交易所挂牌，5家企业在深圳前海股权交易中心挂牌。与中介机构签订上市协议的企业25家，其中1家已经证监会审核通过等待发行。储备全国中小企业股份转让系统挂牌企业30多家，其中3家已上报挂牌材料。

新型金融组织发展迅速。新组建小额贷款公司5家，年末，全市小额贷款公司共有50家，注册资本达到56.6亿元，贷款余额69.3亿元。融资性担保公司54家，资产总额达到61.9亿元，担保总额130.0亿元，担保服务能力进一步提升。

保险业健康发展。驻潍坊市级保险机构60家，其中，财产险公司28家，人身险公司32家；县市区保险机构284家，增加26家；全市实现保费收入111.1亿元，首次突破100亿元，比上年增长17.3%，各项赔给付37.4亿元，比上年增长36.5%。其中财产险实现保费收入42.8亿元，比上年增长14.8%，赔款支出23.2亿元，比上年增长25.4%；人身险实现保费收入68.3亿元，比上年增长18.9%，赔给付14.2亿元，比上年增长59.4%。承担社会风险17882.6亿元，比上年增长41.2%。

科学技术、质量监督及人才工作高质量推进 科技创新能力显著增强。实施各类科技计划441项，争取省级以上科技计划项目366项。全市培育优秀科研成果462项，评审出市级科技进步奖150项，95%以上成果达到国内领先水平。获得省级以上科技进步奖36项，其中，山东俊富非织造有限公司的“医疗卫生用绵柔非织造材料开发与应用”等3项成果获山东省科技进步一等奖。全市承担省级以上各类科技计划项目366项，争取无偿经费8.2亿元。其中，“抗肠炎功能蛋白饲料添加剂研发应用及产业化”等2个项目列入国家科技支撑计划；福田雷沃集群实时作业服务与运维的物联技术研发与示范等4个项目列入国家863计划；歌尔声学股份有限公司的“图像传感器集成电路专用芯片及器件研发与产业化”等16个项目列入省10亿元自主创新专项计划。盛瑞传动股份有限公司的“高效节能自动变速器整车匹配及产业化”等17个项目列入省自主创新成果转化专项计划。山东天维膜技术有限公司等企业的16个项目入选国家重点新产品计划。

高新技术产业较快发展。2013年，全市实现高新技术产业产值3514.6亿元，同比增长18.7%，占规模以上工业比重达到29.0%，比年初提高1.7个百分点。新培育认定高新技术企业90家，总数达到443家。天一化学等7家企业被认定为国家火炬计划重点高新技术企业。半导体发光产业集群被科技部认定为第一批创新型产业集群试点，是全省唯一入围的试点集群。潍坊软件园被科技部认定为国家火炬计划软件产业基地。盛瑞传动创建为国家工程技术研究中心，8AT10万台生产线投产；潍柴动力国家工程技术研究中心顺利通过科技部验收评审。新建市级工程技术研究中心69家，市级企业重点实验室35家，市级学科重点实验室6家。已建成省级重点实验室13家。新培育市级孵化器8家，经济区科技企业孵化器被科技部批复为国家级孵化器，全市国家级孵化器达到5家，孵化面积达到90万平方米，在孵企业575家，毕业企业237家。建成了山东半岛蓝色经济工程研究院、沃华中医药研究院、生物医药研发中心等13个行业公共研发平台，为企业科技创新提供全面技术支持。新组建国家级产业技术创新战略联盟3家，市级联盟9家，已建成市级以上产业技术创新战略联盟39家，其中国家级4家、省级17家。

专利工作成绩显著。2013年，潍坊市获评“国家知识产权示范城市”。专利申请量继续保持快速增长，专利申请总量15582件，授权专利总量8186件，增幅分别达40.2%和10.8%。其中，发明专利申请量4126件，发明专利授权量509件，增幅分别达64.3%和27.3%。全市获批“国家知识产权强县工程试点县”2家；通过“国家知识产权示范创建市”和“国家知识产权试点园区”各1家；“半导体发光”和“新型动力机械”两大产业同时入选“国家战略性新兴产业知识产权试点管理项目”。

质量技术监督和商标注册工作成效显著。组织申报147

个山东名牌、31个山东省服务名牌,分别有95个和27个进入山东省名推委的公示名单。企业新创驰名商标3件,总量达到101件。新注册地理标志证明商标21件,总量达到55件。新认定省著名商标35件,总量368件。

人才工作取得积极进展。全年先后引进外国专家536人次,组织执行专家项目287个。专业技术人才队伍规模不断扩大,全市享受国务院特殊津贴专家118名,省级有突出贡献的中青年专家52名,市级专业技术拔尖人才1069名,有11人入选国家"千人计划"。全市博士后工作站达到24家。加快高技能人才队伍建设,组织实施"金蓝领"项目培训890人,评选产生第五批首席技师47名,建立了2家国家级技能大师工作室,全市培养高技能人才2.1万人,职业技能鉴定9万人次。

重点工程、保障房建设、环境保护和安全生产工作成效明显 重点工程建设推进有力。文化艺术中心经过7年的建设施工,11个单体建筑已经全面竣工并交付使用,承办了"十艺节"8场文艺演出。虞舜公园建成并对外开放。火车站南广场改造、城隍庙片区改造、张面河与白沙河综合整治、滨海特色生态小镇建设均进展顺利。玉清街(长松路—潍县中路)、健康街绿道(东方路—白浪河桥)、福寿街绿道(北海路—长松路)等7项工程全部完成,怡园路(北宫街—玄武街)、卧龙街(清平路—白浪河桥)、和平南路(潍胶路—宝通街)等8项工程实现主路面通车。

住房保障体系不断完善。全年新建各类保障房21184套,基本建成17298套,任务完成率分别达到121.1%和230.6%,将市区住房保障低收入线标准由19100元调整为22000元。加强保障房分配管理,制定了市区公共租赁住房分配细则,奎文、潍城、寒亭应用电脑摇号系统分配经济适用住房595套,全年共分配各类保障房13681套,解决了近6万人的住房困难。

城乡统筹发展步伐加快。全市共完成小城镇建设投资220亿元,其中基础设施投资63亿元。15个小城镇获批全国重点镇,7个小城镇新增为省级示范镇。2镇、7村入选全省第三批历史文化名镇名村。全年开工建设农房6.1万户,完成农村危房改造7004户,开展村容村貌整治村庄1500个。全市人口城镇化率51.76%,比上年提高2.01个百分点。

低碳城市建设成效显著。潍坊市获批国家第一批中美低碳生态城市试点城市,成为全国6个入选城市之一。全市共有91个低碳社区、1112万平方米立项建设,新增绿色建筑项目12个、150万平方米,绿色建筑项目累计达到30个。全市完成既有居住建筑节能改造62.3万平方米,大型公建项目节能改造15.3万平方米。

环境保护取得明显成效。积极开展"三八六"环保行动,并在总量减排和水、气环境质量改善三方面取得了明显成效。全市共完成341项"三八六"环保行动重点任务,2013年全市化学需氧量、氨氮、二氧化硫、氮氧化物4项主要污染物排放总量分别比上年减少5.3%、6.1%、7.8%、8%。城市污水集中处理率达到96.2%,全市23条重点河流化学需氧量、氨氮平均浓度较上年同期分别下降22.6%、28.5%;Ⅴ类以上断面达到60%,比上年增加7个百分点;市区饮用水源地水质稳定达到Ⅲ类以上,109项监测指标全部达标。城区"蓝天白云、繁星闪烁"天数达到150天;二氧化硫、二氧化氮、可吸入颗粒物浓度符合规定标准。工业固体废物综合利用率95%,危险废物安全储存、利用率达100%。

2013年全市累计发生各类生产安全事故289起,累计死亡102人,分别下降22.7%和24.4%。

教育、卫生、文化、体育事业全面发展 教育事业持续健康发展。年末共有普通高校13所,在校学生12.6万人;中等职业学校33所,在校学生12.6万人;普通高中52所,在校学生19.5万人;初中274所,在校学生26.8万人;小学868所,在校学生57万人;幼儿园1751所,在园幼儿21.7万人。九年义务教育完成率100%,初中毕业生升学率达100%,学前三年入园率达到98.7%。诸城、寿光、昌邑、高密4市通过国家首批"义务教育发展基本均衡县"验收。4所高职院校和4所中职学校分别开展高职与普通本科"3+2"和中职与普通本科"3+4"分段培养职业教育招生试点。全市协议利用社会投资53亿元,建成民办中小学11所,在建9所。潍坊市"四位一体素质教育推进机制"荣膺第三届全国教育改革创新奖最高奖"特别奖",成为全国唯一连续三届获最高奖的地市。

卫生事业发展再上新台阶。全市有各类医疗卫生机构1834家,卫生技术人员75937人,其中医生31654人,注册护士32091人。新农合保障水平进一步提高,全市农民参合率达到99.98%,累计筹集资金21.5亿元,报销1865.5万人次。争取中央预算内投资建设项目44项,中央和省补助4486万元。组建医疗联合体27个。推动国家基本药物制度在实现乡、村和城市社区基层"全覆盖"的基础上,延伸到8家县级公立医院改革国家级试点医院。人均基本公共卫生经费标准由25元提高到30元。8家县级公立医院参与全国试点,试点数量在全国地级市位列第三。取消药品加成政策,探索形成了公立医院"一三三三"改革模式。

公共文化服务体系建设进一步加强。市图书馆新馆建成开放,全市11个公共图书馆被评为国家二级以上馆,22个镇建成标准化图书馆。对1000个农家书屋进行了数字化升级,建成24家县级城市数字化影院。《潍水文化生态保护实验区总体规划》一次性通过文化部审批实施,评选命名首批市级非遗传习所50个、非遗传承示范基地10个、非遗传承教育基地6个,规划建设16个非遗展示厅和博物馆;省级非遗项目名录20个,有7个县(镇)被评为"山东省民间文化艺术之乡"。青州市《县域非物质文化遗产保护"一三五"模式》被评为首届山东省文化创新奖。

体育工作成绩突出。在第十二届全国运动会项目中,潍坊市夺得12枚金牌、17枚银牌和7枚铜牌。参加2013年省锦标赛和冠军赛,获得金牌227.5枚、银牌117枚、铜牌119枚。成功举办第21届中日韩青少年运动会、“希望杯”国际青少年足球联赛、“潍坊杯”国际青年足球邀请赛和中国·滨海风筝冲浪等大型赛事,“希望杯”国际青少年足球联赛被评为“2013年度中国城市十大体育营销案例”。承办了全国青少年田径(16-17)锦标赛、全国软式网球锦标赛、省网球联赛和橄榄球冠军赛等赛事。

市场物价平稳,居民生活和社会保障水平明显提高 物价水平小幅上涨。2013年,全市居民消费价格上涨1.6%,涨幅比上年回落0.1个百分点。其中,食品类、烟酒及用品类价格分别上涨3.6%、2.2%,交通和通信类、家庭设备用品及服务类、医疗保健和个人用品类价格分别下降0.5%、0.1%、0.1%、0.1%。衣着类、居住类、娱乐教育文化用品及服务类分别上涨3.5%、0.5%、0.1%。工业生产者购进价格和工业生产者出厂价格分别下降3.2%和1.6%。

城乡居民收入不断提高。据抽样调查,全市城镇居民人均可支配收入28386元,比上年增长10.0%;城镇居民人均消费性支出17482元,增长8.6%,食品消费支出占消费总支出的比重(恩格尔系数)为30.3%。城镇居民人均住房建筑面积达到34.7平方米。农民人均纯收入13273元,增长12.5%;农民人均生活消费支出8556元,增长14.3%,食品消费支出占消费总支出的比重(恩格尔系数)为29.3%。农村居民人均居住住房面积38.2平方米。

就业再就业工作成效显著。实现城乡就业24.9万人,其中,城镇新增就业12.5万人,完成年度计划的124.9%,农村劳动力转移就业12.4万人,完成年度计划的123.8%,城镇登记失业率控制在2.98%。大学生创业工作取得新突破,在中心城区建设市大学生创业孵化中心,全市规范认定大学生创业孵化基地9家,大学生创业园6家,省级创业示范基地和园区13家。

社会保障事业全面发展。企业五项社会保险扩面净增19.1万人,社保基金总收入160亿元。继续完善企业养老保险待遇调整机制,连续第九年提高企业退休人员养老金,全市25.4万名退休职工人均月增223元,增幅达到14.5%。调整完善各项社会保险政策,城乡居民养老保险基础养老金提高到每人每月65元。在全省率先建立职工重特大疾病保障制度,城镇职工医保最高支付限额由34.5万元提高到50万元,大病总报销额度达到100万元,城镇居民普通门诊统筹制度全面建立,失业保险金标准提高到每人每月830元。

社会养老服务体系建设成效显著。新增养老床位9600张,争取726亩省级养老机构建设用地指标。中心城区城市低保标准提高到每人每月450元以上。中心城区和诸城、寿光市农村低保标准提高到每人每年2700元,其他县市提高到每人每年2400元。全市五保集中和分散供养标准分别提高到每人每年4800元和3600元以上。2013年潍坊市被民政部确定为全国养老服务综合改革试验示范城市。

计划生育综合改革稳步推进,低生育水平保持稳定。出生人口78458人,合法生育率97.5%,人口自然增长率2.64‰,出生人口男女性别比为106.6,人口出生缺陷发生率下降到5.5‰以下。据人口抽样调查,全市年末常住人口922.52万人。

注:(1)公报所列地区生产总值(GDP)、增加值等价值指标按当年价格计算,增长速度按可比价格计算。

(2)公报所列数字为年快报数或初步统计数字,正式数字以《2014年潍坊统计年鉴》为准。 (郭 川)

精神文明建设

【概况】 2013年,全市精神文明建设工作以宣传普及社会主义核心价值体系为主线,以创建全国文明城市为统领,着力提升市民文明素质和城乡文明程度,各项工作取得显著成绩。文明城市创建取得历史性突破,城市文明程度指数测评成绩位居全国文明城市地级提名资格城市第一位,未成年人思想道德建设工作测评成绩位居全国地级城市第二位;寿光、昌邑、昌乐在省级文明县(市、区)精神文明建设重点工作测评中进入前30名。乡村文明行动稳步实施,全市有3个镇(街道)被确定为省级文化特色示范镇(街道),69个村(社区)被确定为省级乡村文明家园建设示范村(社区)。公民思想道德建设和群众性文明创建活动深入广泛开展,持续加强未成年人思想道德建设,组织开展了第四届道德模范、潍坊最美人物、潍坊好人评选表彰和学习宣传活动,大力推动“讲文明树新风”公益广告宣传,深入开展学雷锋志愿服务活动,不断提高文明单位、文明行业创建水平,在全社会形成弘扬主旋律、传播正能量的强大声势。2月22日,潍坊市文明委在全省未成年人思想道德建设电视电话会议上介绍实施“亲子共成长”工程经验做法。4月27日,中央文明办主办的“环渤海生态保护志愿服务活动”启动仪式在潍坊举行。5月29日,潍坊市教育局在中央文明办举办的全国未成年人心理健康辅导工作培训班上介绍开展未成年人心理疏导工作经验。9月上旬,省乡村文明行动第二次现场推进会对昌邑市有关现场进行了观摩,潍坊市和昌邑市分别作会议发言,介绍工作经验。

【文明城市创建】 经市委常委会研究决定,自2013年起将文明城市创建作为一票否决指标纳入科学发展综合考核。6月28日,市委办公室、市政府办公室印发《创建全国文明城市工作问责办法》,进一步完善了文明城市创建责任追究机制。7月16日,市委市政府召开城区综合整治工作会议,市委书记杜昌文、市委副书记王献玲分别讲话,部署以城区综合整治为重点,开展迎接全国文明城市测评工作。七八月份,市委副书记、市长刘曙光等十余名市级领导分别对创城迎测工作进行现场督导,市人大、市政协组织人大代表、政协委员进行专题视察调研,各级各部门认真履行职责、狠抓工作落实,推动文明城市创建工作。12月22日,中央文明办公布2013年度全国城市文明程度指数和未成年人思想道德建设工作测评结果,潍坊市两项成绩分别位居全国文明城市地级提名资格城市第一位和全国地级城市第二位。

【文明单位建设管理】 2月21日,市委、市政府印发《潍坊市文明单位、文明村镇、文明社区建设管理办法》,指导推进各级各类文明单位创建活动。市文明办在全省率先研发使用文明创建网上动态管理系统,进一步强化文明单位日常考核、动态管理,在文明单位建设管理上迈出新的步伐。年底,市文明办组织开展省、市级文明单位推荐评选工作,全市新增省级文明单位(村镇、社区)82个、市级文明单位(村镇、社区)84个。市公安局交警支队、市药监局、市工商局、市消协等部门分别与市文明办联合组织开展文明交通行动、文明餐桌行动、"文明诚信市场"创评活动、"争创文明诚信窗口,争当文明诚信标兵"活动,有效提升了行业服务水平。

【公民思想道德建设】 深入开展"修身律己,做文明人"主题教育实践活动,大力实施市民文明素质提升工程,取得显著成绩。全市共建成各级各类道德讲堂1200余处。建成乡村学校少年宫1001所,实现对乡村学校全覆盖,年度新增中央、省彩票专项公益金支持乡村学校少年宫项目各7个。组织开展了第四届全市道德模范推荐评选和学习宣传活动,评选表彰市级道德模范12人;推荐产生第四届全国道德模范1人、全国道德模范提名奖获得者1人,第四届省级道德模范5人、省级道德模范提名奖获得者5人,入选全国、全省道德模范人数均位居全省各市第一位。评选表彰"潍坊最美"系列人物36名、潍坊好人178名,推荐产生"中国好人"3名、"山东好人"49名。

(李健正)

中共潍坊市委

重要会议

【全市表彰大会】 2月25日，市委、市政府召开全市表彰大会，主要是深入学习贯彻中共十八大精神，认真落实市委十一届三次全体会议、全市经济工作会议和市人大、政协“两会”精神，表彰先进，激励斗志，动员各级各部门和广大干部群众，求真务实，开拓进取，再创科学发展富民强市新业绩。会议要求，一要坚定发展信心，始终保持奋发有为的精神状态。二要更有成效地推动科学发展，努力争创一流业绩。三要着力保障和改善民生，加快建设幸福潍坊。四要切实改进作风，树立良好形象。

【市委常委（扩大）会议】 3月11日，市委召开常委（扩大）会议，主要是深入贯彻中共十八大精神，认真落实省委、省政府的决策部署和对潍坊工作的指示要求，研究当前事关全市发展大局的重大问题，扎实有效地推进当前各项工作。会议强调，要抓好当前和全年的各项工作，夯实未来更大发展的基础。在推动发展上要突出招商，在经济运行上要突出创新，在改善民生上要突出饮水安全，在社会稳定上要突出转变干部作风。要注重研究新情况解决新问题，谋划更高层次的新发展。特别是要深入研究事关全局的重大问题，围绕如何培育潍坊农业发展新优势，如何协调推进城镇化与农业现代化，如何推动“两化”深度融合，如何加快生态文明建设、实现潍坊永续发展，如何提升重大基础设施、能源资源、空间环境等支撑能力，如何保障改善民生、创新社会管理、加强法治建设、维护公平正义、促进稳定和谐，如何提升干部干事创业科学发展的能力，进行深入系统的调查研究，集中全市广大干部群众的智慧，确定好下步发展的目标和方略。

【全市招商与转调创工作座谈会】 4月13日，市委、市政府召开全市招商与转调创工作座谈会，主题议题是深入贯彻落实中共十八大精神和省委、省政府决策部署，紧紧抓住招商这一关键措施，大力推进转方式、调结构，推动全市创新发展、科学发展。会议强调，要明确战略重点，着重研究和推进现代制造业基地、现代物流基地、现代农业示范基地、文化创意旅游基地“四个基地”和构筑新型城镇化体系“一个体系”，努力把潍坊打造成科学发展的战略高地。要优化服务环境，围绕政治生态、政策导向、产业配套、要素资源、基础设施、法治环境、政府服务、文化条件、生态环境、生活条件“十个方面”，按照最高标准，打造最好发展环境。要加大推进力度，强化舆论引导、考核激励、综合协调、环境纠察，务求招商与转调创工作的新成效。

【全市经济工作调度会议】 5月4日，市委、市政府召开全市经济工作调度会议，主要是贯彻全省转方式调结构推动科学发展现场观摩交流会精神，总结省内部分地市考察学习经验，分析当前经济形势，调度全市招商与转调创工作座谈会落实情况。会议要求，要创新完善发展思路，在空间布局上把握好突破滨海、提升城区、开发“两河”（白浪河、虞河）、统筹发展四个重点环节，完善具有本地特色的发展思路。要科学把握目标导向，要围绕率先全面建成小康社会这个总目标，突出战略重点，发挥比较优势，打造科学发展战略高地，建设富裕文明新潍坊；在阶段目标上，要实施“三个倍增”（“四一三”八个战略重点的投资，以2012年为基数实现三倍增（或到2017年增长2倍）；地方财政收入中的税收部分，以2012年为基数实现五年倍增；城乡居民收入，以2010年为基数实现七年倍增）计划，以阶段性重点目标保障实现率先全面建成小康社会的总目标；在考核导向上，要把考核导向与发展导向、用人导向统一起来，制定和完善考核办法。要着力改进干部作风，注重学习，加强调研，明确目标，真抓实干，努力把改进作风体现在精神状态、创新发展、项目建设、优化环境、提高经济运行质量和效益、改善民生促进和谐上。

【加快滨海开发推进会议】 6月29日，市委、市政府召开加快滨海开发推进会议,主要任务是贯彻落实市委、市政府《关于突破滨海加快蓝黄战略实施推动全市科学发展的决定》(以下简称《决定》),更大力度推进国家蓝黄战略实施和现代制造业基地建设,引导和促进全市经济转型升级、科学发展。会议要求,一要统一认识。在新起点上推进滨海开发,主要不是提速增量问题,而是在发展层次上进行突破,进而促进全市经济转型升级。二要提升标准。要按照当代一流标准,着力提升规划编制标准、生态质量标准、基础设施支撑标准、专业服务标准、产业标准和城镇建设标准,进一步彰显特色、发挥优势。三要加大力度。要按照突破滨海的目标、标准和要求,在组织领导、政策扶持、三招三引、协同推进、平安建设、新型社区建设管理、精神文明建设、督查考核等八个方面加大工作力度,务求新的突破。

【全市"三八六"环保行动动员大会】 9月5日,市委、市政府召开全市"三八六"环保行动动员大会,主要是深入贯彻落实中共十八大和总书记习近平一系列重要讲话精神及省委、省政府的工作要求,部署开展"三八六"环保行动,为全市转型升级、科学发展、建设生态美丽潍坊筑牢坚实的生态基础。会议要求,一要牢固树立生态优先的发展理念。要转变发展理念,自觉走生产发展、生活富裕、生态良好的文明发展道路。二要转变作风,狠抓具体措施的落实。对八大战役要细化完善实施方案,列出单子,落实任务,分解责任,靠严格的责任制保证每项措施的落实。三要切实加大执法问责力度。要靠最严格的制度、最严密的法治,铁腕执法、刚性问责,严守生态红线。要加大生态环保考核力度和权重,严格对各级各部门的干部考核,引导和激励各级干部和社会各界形成推进文明发展的强大合力。

【市委常委会】 8月2日,市委常委会议召开,主要是传达学习总书记习近平在中央政治局常委会会议上关于当前经济形势和经济工作的重要讲话精神,研究贯彻落实意见。会议要求,一要深刻领会、准确把握讲话精神实质。要着重把握讲话的思想内涵,深刻领会每一个重大观点的历史和现实意义,以此提升思想境界,完善发展思路,指导当前的工作实践。二要切实把握好工作基调。要深入落实市委、市政府确立的"四一三"八个战略重点和突破滨海、提升城区、开发"两河"、统筹发展的工作布局,以及深化改革扩大开放、促进招商与转调创等战略举措。三要着力推进更高层次新发展。更加注重生态环境,新上项目要符合生态环保要求。更加注重发挥市场机制作用,紧紧围绕处理好政府和市场的关系这一核心问题。更加注重发展层次和质量,坚持以提高发展质量和效益为中心。更加注重城乡统筹,加快构建新型城镇化体系。更加注重改善民生,把改善民生作为全部工作的出发点和落脚点。更加注重舆论引导、政治安定和社会稳定,严格遵守政治纪律,强化正面舆论引导,切实转变作风。

【市委理论学习中心组读书会】 11月18日,市委召开理论学习中心组读书会,主要是传达学习中共十八届三中全会精神,研究部署全面深化改革任务措施。会议要求,在学习宣传和贯彻落实中,着力把握好四个方面:一是抓学习重在吃透精神。要准确把握新形势下全面深化改革的重大意义;准确把握全面深化改革的指导思想和总体思路,确保改革沿着正确方向前进;准确把握全面深化改革的重点,提高资源配置效率和公平性;准确把握全面深化改革的重要任务和重大举措,精心研究谋划推进各项改革;准确把握全面深化改革的艰巨性和复杂性,坚定不移推进改革;准确把握党在全面深化改革中的领导核心作用,确保改革取得成功。二是抓宣传重在凝聚共识。要抓好集中宣传,搞好集中宣讲,坚持领导带头宣讲,及时回答干部群众关心的重大思想认识问题,最大限度地调动一切积极因素,为顺利推进改革营造良好社会环境。三是抓贯彻重在联系实际。要在深入调研的基础上,按照十八届三中全会要求,研究具体落实意见。市级领导同志要结合分管工作,认真研究谋划相关领域的改革。职能部门要对相关改革事项逐一研究,积极探索。四是抓落实重在转变作风。要以攻坚克难的精神抓好重要领域的改革,以改革创新的精神抓好全年任务目标的完成,以求真务实的精神抓好群众路线教育实践活动。

【市委十一届四次全体会议】 12月9日,市委召开十一届四次全体会议,主要是按照省委十届七次全体会议部署要求,学习贯彻总书记习近平视察山东时的重要讲话精神,统一全市广大党员干部的思想和行动,全面深化改革,推动经济转型升级,谋求更高层次新发展,加快建设富裕文明新潍坊。会议要求,一要在全面深化改革上提高认识、统一思想、真抓实干。二要在推动转方式调结构上提高认识、统一思想、真抓实干。在经济发展的立足点上,要由追求规模速度转到质量效益上来;在经济增长的动力上,要由主要依靠投资拉动转到积极有效扩大内需特别是消费需求上来;在产业结构上,要积极推动三次产业结构由"二三一"向"三二一"转变,产业内部结构从价值链低端向价值链高端加快转变;在增长模式上,要由过于依赖资源扩张规模转到依靠创新驱动上来;在资源配置上,要注重由过去市场在资源配置中起基础性作用转到充分发挥市场的决定性作用上来。要打好转方式调结构攻坚战,着力优化产业结构、改善生态环境、强化创新驱动、扩大对外开放。三要在抓好"三农"工作上提高认识、统一思想、真抓实干。按照"三个导向"要求,坚持走中国特色农业现代化道路,把品牌农业作为主攻方向。当前要突出抓好农村产权交易中心建设、"中国食品谷"建设、"两河"开发。四要在加强社会主义核心价值体系建设上提高认识、统一思想、真抓实干。要深化对社会主义核心价值体系建设重要性的认识,深入实施道德提升、文明创建、文化支撑"三大工程"。五要在加强和改进党的建设上提高认识、统一思想、真抓实干，把党建工作着力点聚焦到提高思想政治能力、动员组织能力、驾驭复杂矛盾能力上来，切实加强党的思想、组织、作风、反腐倡廉和制度建设，不断提高执政能力和领导水平。着眼提高各级领导干部的"三种能力"，着重提高思想政治素质、加强作风建设、强化基层基础、端正考核导向。

【全市金融工作会议】 12 月 10 日，市委、市政府召开全市金融工作会议，主要是总结近年来全市金融工作情况，分析当前形势，安排部署下步工作，动员全市上下采取更加有力、更具突破性的举措，全力促进金融业做优做强，为全面深化改革、推动转型发展、加快建设富裕文明新潍坊提供坚强支撑。会议要求，一要增强金融意识。注重从金融角度研究问题，推进资金链与产业链相配套。二要支持金融创新。推广供应链贷款模式，注重信息、交易平台与金融的结合，重视金融租赁业务，注意培育品牌。三要防范金融风险。把控制和化解金融风险、债务风险作为重要任务，对企业联合互保、民间借贷问题、政府债务等可能引起的金融风险要认真研究梳理，及时化解，坚决防止出现系统性、区域性债务风险。

【市委民主协商会议】 12 月 26 日，市委召开民主协商会，主要是讨论协商 2014 年市委工作要点和滨海海洋经济新区建设规划。会议对各民主党派提出的意见建议给予充分肯定。会议要求，一要积极建言献策。各民主党派要围绕经济社会发展的重大问题和涉及群众切身利益的实际问题，积极拓宽建言献策渠道，不断提高建言献策水平。二要合力促进发展。各民主党派要把发展作为参政议政的第一要务，组织广大成员踊跃投身经济社会发展主战场。三要广泛凝聚共识。各民主党派要把贯彻落实十八届三中全会精神、推进全面深化改革作为当前凝聚共识的重要任务，引导各方在稳中求进、改革创新、群众路线、科学领导方面形成广泛共识，凝聚起全面深化改革、推动转型发展的正能量。

【市委十一届五次全体会议】 12 月 29 日，市委召开十一届五次全体会议，第一次全体会议报告了市委常委会一年来的工作。会议认为，市委常委会认真学习贯彻中共十八大、十八届三中全会和总书记习近平系列重要讲话精神，牢牢把握正确的政治方向。着力推动经济转型升级，坚持稳中求进的总基调，按照总书记习近平"腾笼换鸟、凤凰涅槃"的要求，转变发展方式，努力把推动发展的立足点转到提高质量和效益上来。积极推进民主法治建设，保持了良好政治局面。加强宣传思想工作和文化建设，推动统一思想，凝聚力量。扎实做好民生保障和社会管理工作，在改善民生上创实绩、求实效。大力推进生态文明建设，努力使生态环境好真正成为潍坊的靓丽品牌。以转变作风为重点加强和改进党的建设，为更高层次新发展提供坚强保证。

第二次全体会议主要是讨论通过 2014 年市委工作要点，并对 2014 年工作作出总体部署。会议要求，一要坚持稳中求进，增强持续发展后劲和竞争力。要把握好稳中求进的总基调，处理好"稳"与"进"的辩证关系。实现"进"，关键是以转型升级、提质增效为主攻方向，以调整产业结构为突破口，坚决打好转方式调结构攻坚战。确保"稳"，根本的是着眼长远、立足当前，统筹兼顾、稳扎稳打，持之以恒、务求实效。二要坚持改革创新，激发和增强全社会的创造活力。要按照中央和省委统一部署，结合潍坊实际，把握好事关全局的重大问题，确保改革预期成效。三要坚持群众路线，形成建设富裕文明新潍坊强大合力。按照中央提出的守住底线、突出重点、完善制度、引导舆论的思路，统筹做好就业、教育、医疗、公共文化服务、社会保障、生活环境等各项工作，促进社会公平正义，增进人民福祉。四要坚持科学领导，提高驾驭改革发展稳定大局的能力。加快工作指导转变，增强各级班子整体效能，着力转变干部作风，提高舆论引导能力，深入推进反腐倡廉建设，正确把握考核导向，确保改革发展稳定各项任务落到实处、见到实效。

（朱雪峰　马新建　张海鹏）

政　策　研　究

【综合文稿起草】 2013 年，先后组织了市委十一届五次全委会、市委全委扩大会议、全市领导干部会议、经济工作会议等近 50 个重要会议的文稿起草工作。2013 年，共起草重大决定 6 个、市委主要领导同志的讲话 59 篇、各类情况报告 30 篇、致辞 19 篇，高标准、高质量地完成了综合文稿起草任务，市委主要领导同志多次给予充分肯定。

【调查研究】 （1）牵头组织开展了八个重大调研课题的综合服务工作。根据市委《关于开展若干重大问题调查研究的工作方案》，从 4 月份开始，全力跟进综合服务，集中利用 4 个月时间，对再造农业发展新优势、协调推进城镇化与农业现代化、工业化与信息化深度融合、生态文明建设、重大基础设施支撑、精神动力和智力支持、社会建设与和谐稳定以及提升干部队伍干事创业能力等八个重大课题进行了深入系统调研。最终形成了八篇有价值、有分量的调研报告，为市委确立"四个基地、一个体系、三个支撑"（"四个基地"，指现代制造业基地、现代物流基地、现代农业示范基地和文化创意旅游基地。""一个体系"，指新型城镇化体系。"三个基础支撑"，就是进一步强化水生态文明、交通枢纽和能源保障基础支撑。）的战略重点，展开突破滨海、提升城区、开发两河统筹发展战略布局，提供了重要决策依据。（2）高质量完成了全市加快滨海开发推进会议筹备工作。为深入实施蓝黄发展战略，支撑和引领全市经济转型升级、科学发展，按照市委主要领导意见，起草了《中共潍坊市委潍坊市人民政府关于突破滨海加快蓝黄战略实施推动全市科学发展的决定》。根据市委常委会对《决定》涉及重大问题的定位，就社会关注度较高、事关滨海长远发展的问题，深入开展调研，反复研究论证，并广泛征求市直有关部门、滨海区和基层干部群众的意见建议，先后几易其稿，最终形成了《决定》讨论稿。讨论稿草成后，在市委常委会讨论研究的基础上，又利用一周的时间，先后征求社会各个阶层群众的意见，同时还征求了潍坊籍和在潍坊工作过的省级领导和老同志以及省直有关部门的意见，经过反复锤炼、不断完善，《决定》在市委常委会上一致通过。《决定》是举全市之力开发滨海的行动纲领，在潍坊发展史上具有里程碑意义。为加大宣传力度，解读政策涵义，组织采写并在潍坊日报开辟专栏，推出了《突破滨海的行动纲领，潍坊发展史上的里程碑——〈关于突破滨海加快蓝黄战略实施推动全市科学发展的决定〉出台过程侧记》等2篇专题文章和8项专题解读，在全社会上引起强烈反响，凝聚起了突破滨海的强大合力。(3)积极开展热点问题调研。对事关全局、领导关心关注的重大事项，事关民生、群众反映强烈的热点问题，坚持提前介入、超前研究、动态跟踪，先后形成了《关于"两河"流域情况的调研报告》《关于加快生态文明建设保障潍坊永续发展的调研报告》等一批调研成果，为辅助市委决策发挥了重要作用。2013年，共形成重大课题调研报告16篇，其中市委主要领导批示8篇。

【《潍坊通讯》宣传工作】 对内充分发挥市委机关刊物《潍坊通讯》的以文辅政平台作用，交流先进经验，展示亮点风采，探索发展思路，指导面上工作。《潍坊通讯》连续六次荣获"全国十佳党刊"称号。市委杜昌文书记和副书记王献玲专门就此作出批示表示祝贺、提出鼓励。对上加强与省级以上报刊的对接沟通，大力宣传推广潍坊发展的好经验好做法。先后在《人民日报》《学习与研究》《山东通讯》等国家级媒体和省以上刊物发表领导署名文章和调研文章27篇，被评为2013年度《学习与研究》学刊用刊调研工作先进集体。加强与全国大中城市及省内各市的交流联络，《潍坊通讯》在全国发展了300余家交流单位，大力宣传潍坊、推介潍坊，提高了潍坊的知名度和影响力。

【干部队伍建设】 (1)加强作风建设，锤炼意志品质。严格遵守中央八项规定、省委十条办法和市委九项意见，按照群众路线教育实践活动的要求，强化机关干部"庸懒散浮"专项治理，认真解决"四风"方面存在的问题。建立完善工作目标管理责任制。(2)强化学习实践，提升能力素质。坚持第一时间了解"上情"，及时搜集整理中央和省里的重要会议精神和工作部署，全年编印内部学习资料9期。坚持各负其责掌握"市情"，根据科室分工把全市总体工作切块落实到具体岗位人员，动态跟踪掌握全市各领域各方面的情况。坚持集体学习强化"内情"，每周五下午集体学习讨论政策热点、发展重点、时代焦点。坚持赴外培训拓展"心情"，与市委组织部、市政府研究室在浙江大学联合举办全市提高辅助决策能力培训班并撰写了详细的情况报告，对全市有关领域发展提出了对策建议，市委书记杜昌文、市委副书记王献玲分别作出批示，并以市委参阅件印发全市。(3)完善制度机制，激发队伍活力。坚持主任科长办公例会制度，每周一上午总结上周工作，安排本周任务。坚持创先争优，在全室开展以比学习、比工作、比纪律、比奉献、创先进科室为主要内容的"四比一创"活动，形成了比学赶超、多出精品的生动局面。建立干部关爱机制，对大家在政治上关心、精神上鼓励、生活上帮助，全年共提拔重用9名干部。高度重视维护内部团结，巩固了齐心协力、和谐共事的良好局面。

(张岳华)

组 织 工 作

【扎实开展组织部门教育实践活动】 坚持把强化学习教育贯彻始终，做到活动每推进一步，学习就跟进一步，认识就深化一步。市委组织部机关先后组织集中活动35次，其中领导领学13次、研讨交流6次、主题演讲1次、观看影像资料7次、举办专题报告会5次、现场教学3次。同时，还开设小讲台5次，撰写微体会255篇，展评学习笔记1次、学习心得3期，开展网上小测验3次。坚持开门搞活动，采取会议座谈、上门访谈、蹲点调研、团队列名法、活动开放日、网上建言献策等方式，征集各方面的意见建议原汁原味2277条，经梳理汇总后635条，其中涉及"四风"方面的383条。在此基础上，采取分管副部长带领科室共同查摆、部务会集体查摆、部长办公会重点查摆等方式，确定重点整改问题129个。坚持立说立行、即知即改，对基层组织突出问题、干部工作热点问题等86个问题进行了有效整改，对1978年以来全市出台的408份组织工作文件逐一研究了"废改立"的意见。坚持领导带头，出台了《教育实践活动领导干部"七带头"》，要求领导干部在学习交流、听取意见、谈心谈话、查摆问题、开展批评与自我批评、整改落实、正风肃纪等方面发挥示范作用。11月27日，市委书记杜昌文与市委组织部领导班子成员集体谈心谈话，对开好专题民主生活会和做好下步组织工作提出要求。12月11日，市委组织部领导班子民主生活会召开，省委常委、组织部长高晓兵亲临会议指导，给予充分肯定。

【领导班子和干部队伍建设】 圆满完成市人大和市政协会议选举任务，扩大滨海开发区党工委调整配备干部的权限，全年调整县级干部438人。按照发展导向与考核导向、用人导向"三向"统一的要求，制定了2013年度《县市区科学发展综合考核办法》和《市直部门(单位)、市属开发区绩效综合考核办法》，使干部考核评价机制更加科学合理。完善县级领导班子和领导干部年度考核办法，适当延长考核时间，精简民主测评项目，强化考核结果反馈，努力把干部考实考准。加强对干部选拔任用监督，对拟提拔重用县级干部人选分别征求有关部门意见，对县市区40批1693名科级干部的调整报告进行审核，对“带病提拔”科级干部的选拔任用过程进行倒查。强化对领导干部的日常管理监督，组织1800多名市管干部报告个人有关事项，对33名离任领导干部进行经济责任审计。认真做好公开遴选干部、军转干部安置、公务员登记等工作，潍坊市委组织部被省委组织部评为党内统计全优报表单位。

【干部人事制度改革】 立足引导干部在实干、实绩上竞争，大力改进竞争性选拔办法，先后面向全市竞争性选拔6名市直部门正职，在20个市直部门（单位）系统竞争性选拔17名正县级干部、51名副县级干部，在9个县市区竞争性选拔23名副县级干部；采取公开竞聘的方式，对专业性强、工作急需的2名市属开发区管委会副主任和8名市政府投融资与建设开发类集团公司董事长、总经理进行选配。围绕解决干部工作中的突出问题，部长办公会2次专题研究，对公务员调任、县市区调整科级干部报告审核、县级干部达到退休年龄免职、县级干部试用期满考核、市直部门科级干部竞争上岗、事业单位取消县级非领导职务等问题进行了规范和完善。围绕服务干部人事制度改革，积极做好领导干部考试测评工作，完成考试测评服务176批次，涉及考选职位7872个。在全国总题库对省级分题库的评比中，优秀试题方面潍坊获5个一等奖（全国共10个），并获“优秀组织单位”；服务竞争性选拔方面，共通报4个指标，潍坊2项第一，2项第二，均居省级分题库第1位。

【人才工作】 大力实施重点人才工程，新引进硕士学位以上高层次人才2898人，新增国家“千人计划”专家2名，省“泰山学者”10名，2个团队入选省“泰山学者蓝色产业计划人选团队”考察复评范围。成功举办2013中国（潍坊）创新创业峰会，共有来自18个国家的300多名高层次人才和30多家创投机构代表参加，达成合作意向130多项，5家高校及科研院所拟在潍坊建立成果转化中心或分支机构。加快人才创新平台载体建设，新组建产业技术创新战略联盟10家，建成研究院所3家。大力推进技能实用人才开发，培养高技能人才2.1万人，评选第五批市级首席技师46名、第五批市农村实用人才47人、第二批市级农村实用人才创新创业示范点19个，新增助理社会工作师和社会工作师197人。潍坊市在全省人才工作目标责任制考核中被确定为优秀等次。

【基层党组织建设】 深入开展基层组织大调研，查找基层组织建设工作存在的突出问题。9月29日，全市基层组织建设暨联系服务群众工作会议召开，市委书记杜昌文、省委组织部副部长刘永巨、市委副书记王献玲分别讲话，为下步工作指明了方向。制定落实《县委书记履行基层党建责任八项职责》《镇街党委书记抓基层党建绩效评估办法》和《关于集中解决突出问题切实加强基层组织建设的意见》，安排利用半年时间，市县乡联动，集中克服基层组织建设薄弱环节。组织市县镇村共32万名党员干部联系全市119个镇街、6473个村居和136万农户，统筹抓好“包村联户”和选派“第一书记”工作，着力构建党员干部联系服务群众全覆盖工作机制。积极探索新兴领域党建有效方式，共有7129家农民合作社、7240家非公企业、2108家社会组织建立党组织，组建率分别达65.2%、100%、99.76%。多渠道增加村集体经营性收入，全市年集体经营性收入3万元及以上的村4463个，占72.2%。按每社区10万元～20万元的标准，为全市233个城市社区落实为民服务专项经费。起草了发展党员操作规程，健全完善党员队伍能进能出机制，在全国组织部门学习贯彻十八大精神培训班上就“探索推行党员队伍纯洁机制”作典型发言。

【干部教育培训和远程教育工作】 紧扣市委、市政府中心工作，组织实施招商引资、工业转型升级、品牌农业发展专题培训班等18个重点培训项目，培训干部3500多人次。举办了全市干部工作专题培训班、全市镇街党委书记培训班和全市党务干部专题培训班，分别培训干部427人、147人和378人，有效提高了全市党务与组工干部的业务素质和履职能力。坚持网上培训与实体培训相结合，大力开展干部自主选学，培训干部6.1万人。狠抓学风建设，制订了加强党校主体班次管理的有关规定，实行半军事化管理。实施“远教富民”工程，建成学用基地124个，开展培训186场次，培训党员群众1.54万人，36个基层党组织和951名党员群众在全省“学习贯彻十八大精神和党章”网络知识竞赛中获奖，18部课件在全省党员教育电视片观摩评比中获奖，列全省各市首位。

【党建研究与信息工作】 高质量完成了中组部、省委组织部和市委安排的7个重点课题。市委常委、组织部部长刘炳国牵头起草的《关于提升干部干事创业科学发展能力的调研报告》，得到市委充分肯定；《坚持民主集中制与加强领导班子思想政治建设问题研究》总课题报告获全国党建研究会特别奖，子课题报告获一等奖；《基层服务型党组织建设的目标和任务研究》获中组部党建研究所优秀奖；撰写的《潍坊市大规模开展“包村联户”活动》，被评为全国基层党建创新最佳案例；潍坊市改进县级领导班子和领导干部年度考核、采取团队列名法征集意见等做法，被中组部《组工信息》和《山东组工调研信息》刊发。

（陈仁栋）

宣传工作

【社会主义核心价值体系建设】 （1）把十八大、十八届三中全会精神和总书记习近平系列重要讲话纳入各级党委中心组理论学习,纳入学习型党组织建设重要内容,邀请中央部委领导、行业权威和高层次专家教授举办12场市委理论学习中心组暨全市领导干部专题辅导报告会。全市“系统学习持续推进”工作经验被确定为全省重大工作典型集中宣传,全省集中宣传报道6个建设学习型党组织工作先进典型,潍坊市占3个。(2)抓好风筝都大讲堂和理论宣教基地建设,拓展理论宣讲阵地,围绕中国特色社会主义、中国梦、“四一三”决策部署、突破滨海、文明城市创建等主题,举办各类宣讲2000多场次、受众40多万人。举办全市“我与中国梦”百姓宣讲比赛300余场次,潍坊市获全省“我与中国梦”百姓宣讲比赛优秀组织工作奖。推进理论大众化,建立理论大众化示范点116处。(3)大力推进“四德工程”建设,全市建立村居(社区)善行义举四德榜4700多个,覆盖率68%。青州、寿光被确定为全省“四德工程”建设示范县市区,沈星当选全国道德模范,潍坊市获全国、全省道德模范人数均居全省第一。坚持常态化组织开展月度“潍坊好人”评选和“潍坊最美”系列人物评选活动,推出全省重大典型臧英、重要典型宋丰升、先进典型沈开未、杨守伟,社会反响良好。(4)开展“企业文化亮点行”集中采风活动,举办全市企业文化建设高端培训班,引导企业主动履行社会责任,募集80余万元救助145名新入学贫困大学生。

【舆论引导】 先后围绕“四一三”决策部署、突破滨海、“三八六”环保行动及创建全国文明城市、风筝会、鲁台会、文展会等重要节会活动开展集中宣传,向中央和省级重要媒体发稿近7000篇,在主流外宣媒体网站发稿320余篇。拍摄《潍坊风筝》电视专题片,在美国国家地理频道播出。组织召开各级党委政府新闻发布会180余场,成功举办“外宣媒体潍坊行”集中采访、“香港媒体高层访问团潍坊行”活动,组织开展“聚焦美丽山东——第九届中国网络媒体山东行”“多彩十艺·文化山东——全国网络媒体齐鲁行”大型采访活动,高密度宣传推介潍坊。妥善处理50余起较大舆情事件,有效维护了地方形象。加大舆情信息上报力度,省委宣传部采用量和领导批示量居全省前列。

【文化改革发展】 潍坊报业、广播影视两大集团完善法人治理结构,市文广新局、文化市场执法局执法工作明显提升,引进演艺、影视制作、演出经纪等公司和演出团体9家,文化市场主体不断扩大。以建设文化创意旅游基地为任务目标,组织编制文化产业发展规划,建立完善2013年文化产业项目数据库,全市重点调度的投资过千万的文化产业项目263个,文化产业完成投资587.9亿元,同比增长8.7%,其中核心层423.8亿元,同比增长11.5%。在全省第三批重点文化企业、项目、园区评选中,全市有3家企业、3个项目、1个园区入选,数量居全省第一。积极承办山东省民俗文化博览会,成功举办第三届中国画节·第六届文展会,参展人数达42万人次,交易额9.3亿元,潍坊被授予“中国画都”称号。出台《关于支持加快发展全市书画市场的意见》,支持书画产业发展,打造潍坊书画产业品牌。推动文化与金融融合发展,潍坊银行为全市文化企业提供2.2亿元的信贷支持。

【公共文化服务体系建设】 高标准完成潍坊大剧院等5个演出场馆建设改造,大型现代吕剧《李二嫂的新故事》荣获“文华奖”优秀剧目奖、“文华导演奖”和“中国艺术节表演奖”,吕剧《百姓书记》荣获文华大奖,小品《骆驼石》荣获戏剧类“群星奖”,6件美术作品入围十艺节全国优秀美术作品展。以“唱响中国梦·喜迎十艺节”为主题,开展各类群众文化活动1000余场,圆满完成十艺节各项任务。公共文化服务体系建设不断完善,潍坊、诸城荣膺首批省级公共文化服务体系示范区(示范县),青州成为潍坊市首个国家历史文化名城,临朐县荣获“山东省民间文化艺术之乡”称号,安丘“幸福文化大合唱”工程、青州借助文化行业协会提升公共文化服务机制2个项目被评为首批省级公共文化服务体系示范项目。做好全省“文化惠民、服务群众”16件实事,潍水文化生态保护实验区建设扎实推进,总体规划一次性通过文化部审批。

【队伍建设和人才培养】 深化全市宣传思想文化战线走转改活动,选派专人挂职“第一书记”,进一步锤炼干部作风。构建“专业人才领军、基层干部统筹、群众队伍支撑、志愿团队参与”的文化队伍建设新格局,已评选“潍坊民间艺术大师”15人,全市7人被评选为“全省民间手工艺制作大师”,人数居全省之首。大力实施文艺人才工程,全市在全国文艺领域会员达到470余人,省级会员2100余人。开展潍坊市第二届社会科学研究十佳拔尖人才和优秀人才评选活动,评选“十佳拔尖人才”10名、“优秀人才”30名。 (王绍芳)

统一战线工作

【学习贯彻中共十八大精神】 把学习贯彻中共十八大精神作为统战部门的首要政治任务。专门印发学习通知和学习计划,举办座谈会、报告会、理论研讨会,开展征文、书画展、知识竞赛、参观考察等活动30多场次。在全省统一战线“学习十八大精神”知识竞赛中,潍坊市参赛人数最多,荣获全省优秀组织奖。开设全市统一战线“同心论坛”,部领导班子成员分专题领学领讲。指导市各民主党派开展了“学习贯彻十八大精神,提高履职能力”大讨论活动,组织开展“五一口号”发布65周年系列活动,开展非公有制经济人士理想信念教育实践活动。

【参政议政建言献策工作】 (1)坚持完善市委与民主党派和

无党派人士协商议事制度。协助市委办制定年度协商计划,组织各类协商活动7次,就政府工作报告、突破滨海、“四一三”战略等征求意见建议。(2)指导各民主党派积极建言献策。2013年市政协会上各民主党派提交提案128件,占提案总数的38%,其中,12件提案被市委、市政府主要领导批示,占批示总数的42.9%。(3)进一步打造民主党派重点调研课题工作品牌。组织各民主党派召开市委、市政府重点工作通报协商会,会同市委、市政府印发2013年度市各民主党派重点调研课题指南,7个民主党派市委会共确定了18个重点调研课题,形成了高质量调研报告。(4)深入开展“我为经济文化强市建设献一策”活动,积极打造建言献策“直通车”。编报“献一策”12期,有9期被市委主要领导批示,并由相关职能部门落实。(5)12月26日,中共潍坊市委在市级机关综合办公大楼召开民主协商会,就明年市委工作要点和滨海海洋经济新区建设规划进行讨论协商。市委书记杜昌文出席会议并讲话,市委常委、统战部长张小梅主持会议,市政府副市长、滨海区党工委书记王树华出席会议。

【引资引智助推经济发展工作】 紧紧围绕市委、市政府确定的“四个基地、一个体系”建设的总体目标和加快转调创、开展大招商的战略部署,充分利用统一战线人才荟萃、智力密集、联系广泛的独特优势,有效整合各领域统战资源,搭建招商引资、招才引智平台,全力服务全市转型发展、跨越发展。借助省工商联会员企业和港澳台代表人士到潍坊开会、考察之机,组织开展了知名企业家“县区行”、“滨海行”活动和民营企业与高校、科研单位科技项目对接活动共13次,承办了全省第四期港澳台代表人士培训班暨“情系海联·同心同行”考察活动,在新一届省海联会组织部分港澳台理事到潍考察期间举行了“山东省海外联谊会潍坊联络站”揭牌仪式和潍坊市招商引资重点项目推介会,当场达成合作意向8项。2013年,已有40多家省内外高校、科研单位和潍坊市200多家中小企业达成了产学研合作项目意向260个,其中82项已进入实质合作阶段,投资额达130亿元。通过招商活动,落户潍坊滨海经济开发区的签约项目有4个,落户县市区的项目有12个,投资额约86亿元。截至2013年,市直统战系统共联系招商项目32个,协议投资额178亿元。

【服务社会促进和谐工作】 (1)发挥统战优势,广泛开展社会服务活动。组建市各民主党派“同心·社会服务团”,依托奎文门社区建立社会实践基地,开展义诊医疗、法律咨询、捐资助学等社会公益服务活动110多次,服务群众3000多人次。(2)积极引导新的社会阶层人士履行社会责任,感恩回报社会。全市非公有制经济人士为四川雅安芦山地震灾区捐款捐物2500多万元,为灾区和贫困山区、学校捐款达9000多万元。协调全国中华职教社,将“温暖工程”引入潍坊市鑫易电声科技有限公司,为甘肃等5个西部省份中职学校贫困学生解决了上学、就业等实际困难,计划招收2000人,首批200名学员已到位。(3)加强基层基础建设。召开全市基层统战工作现场观摩交流会,建立部领导班子成员包靠社区统战建设联系点制度,对潍坊市确定基层统战工作示范点授牌,较好地起到了典型带动、争先创优的效果。

【党外代表人士队伍建设】 深入抓好《中共中央关于加强新形势下党外代表人士队伍建设的意见》和山东省委《关于加强新形势下党外代表人士队伍建设的实施意见》的贯彻落实,进一步强化教育培训、联谊交友和安排使用等环节。(1)教育培训规范化。制定印发《2013年度全市统一战线培训计划》,安排全市第四期党外代表人士培训班等各个层次、各领域的培训班次13个。制定出台《潍坊市党外代表人士实践锻炼基地工作管理办法(试行)》,首批2名科级干部到基地挂职锻炼。(2)联谊交友常态化。市、县两级统战部门领导干部带头与党外人士交朋友,加强与党外代表人士的联系沟通。据不完全统计,2013年召开各类党外代表人士座谈会130多个,走访非公有制企业370多家,梳理意见建议150余条,帮助党外代表人士解决困难120多个。(3)安排使用科学化。主动争取市委重视支持,加强与组织部门的沟通协调,在干部选拔工作中坚持把党外干部特别是党外正职干部选配摆上重要议事日程。4月份,在全市竞争性选拔正县级领导干部工作中,有2名党外干部进入最后推荐选拔环节,市直部门党外正职人数达到了5人。潍坊市“四个坚持”(坚持党外干部与党员干部一样对待,坚持把选配党外正职工作摆在重要议事日程,坚持把党外领导干部知情权、推荐权落到实处,坚持为党外干部参与平等竞争提供良好条件)推进党外干部正职配备工作的做法得到省委常委、统战部长颜世元的充分肯定并在全省转发。

【领导调研活动】 5月7日至8日,全国人大常委会副委员长、民盟中央主席张宝文率民盟中央调研组潍坊市,就“全面优化制度安排,实现社会保障定型、稳定、可持续发展”课题进行考察调研。全国政协港澳台侨委员会副主任楼志豪,全国政协常委、民盟中央副主席徐辉等参加调研,省人大常委会副主任、民盟山东省委主委温孚江,省委统战部常务副部部长孙传宏,市领导杜昌文、胡岗、张小梅、陈白峰、孙明亮、刘德成、毛秀凤等分别陪同调研。

7月2日至3日,省工商联十二届二次常委会在潍坊召开,省政协副主席、省工商联主席王乃静出席会议并讲话,省委统战部副部长、省工商联党组书记、第一副主席孙孺声出席会议,市委副书记王献玲致辞,市委常委、统战部长张小梅,市政协副主席、市经信委主任、市工商联主席李传恒参加有关活动。

9月28日至29日,省委统战部副部长、省海联会副会长亓同秋率港澳台海外理事考察团一行到潍坊参观考察,并举行“山东海外联谊会潍坊联络站”揭牌仪式。市委书记杜昌文,市委副书记王献玲,市委常委、统战部部长张小梅陪同活动。 (刘　滨)

保 密 工 作

【保密管理】 (1)进行全市保密普查。对全市140多个市直部门、单位和12个县市区及4个开发区的涉密设备、涉密网络、保密行政管理部门及工作机构等方面基本情况进行了详细排查登记,建立保密工作基础数据库,促进保密工作精准化管理,提升保密工作科学化水平。(2)开展“调查研究年”活动。将调研活动贯穿于全年工作,结合全市保密综合检查、《“十二五”时期潍坊市保密事业发展规划》贯彻实施情况中期检查等项工作,通过召开座谈会、实地查看、个别访谈、统计分析等形式,广泛听取涉密单位、涉密人员和保密干部的意见建议,掌握一手情况,形成了全市保密工作综合调研报告和专项调研报告。(3)加强重点涉密单位和涉密事项的保密管理。通过人防、物防、技防等有效措施,坚持靠前指导,跟进服务,跟踪督导。突出抓好党政机关重要部门、重点领域、核心岗位和“风筝会”“鲁台会”等重要会议活动,以及重要计算机信息系统等重点涉密单位和部位的保密管理。(4)加强各类考试保密管理。在国家公务员考试、高考、中考及司法、会计师、医师、畜牧师、建筑师等各类资格考试期间,通过专门下发文件、组织专项保密检查、派人为各类考试工作人员教育培训、派员驻守保密室等各项措施,有效防范失泄密事件发生。全年共参加20多场次各类考试保密管理,没出现任何失泄密问题。(5)加强党政通信专网管理。为第二办公区阳光大厦的26个部门、“突破滨海”指挥部有关领导、市法院、市检察院、寿光市委安装了保密电话,确保了保密专用通信网的安全保密和畅通。(6)加强保密资质管理。配合省保密局和省国防科工办完成对辖区内1家企业申请武器装备科研生产单位三级保密资质的审核,对全市武器装备科研生产单位和国家秘密载体定点复制单位开展了保密检查和保密培训。(7)加强国家秘密载体销毁管理。共销毁涉密文件93200份,光盘2600张,录像带350盘,硬盘430个,有效防止了废旧涉密载体的流失、泄密。

【保密宣传教育】 (1)搞好教育培训。举办了2期全市保密普查工作培训班和1期全市保密干部全员培训班,各县市区分别举办了保密干部全员培训班,进一步推进保密干部、涉密人员持证上岗工作落实。市本级培训各级保密行政管理和技术人员近2000人次;组织各种形式保密辅导授课20余场次;各级党校主体班次全面开设了保密教育课程,各级组织、人社部门把保密教育课程纳入党员、公务员培训计划,全年共培训领导干部、公务员3000多人次。(2)拓宽保密教育渠道。与市直机关党工委联合举办了潍坊市直机关第二届岗位练兵竞赛活动,编印了保密知识学习材料和竞赛试题。(3)开展学刊用刊。潍坊市保密局接待《保密工作》杂志社记者蹲点采访,推广了保密工作经验。年内全市共向上级保密刊物投稿16篇,《保密工作》刊登1篇,《山东保密》刊登6篇。2013年全市共征订《保密工作》2216份,市保密局和11个县市区保密局被评为《保密工作》通联先进单位。

【保密专项检查】 (1)保密检查。根据市委保密委员会工作部署,5至8月间,对各县市区、市属各开发区和市直部门(单位)进行了保密检查。对12个县市区及高新区、峡山区进行了全面检查,抽查了32个市直部门(单位)。全市共抽查计算机672台,移动存储介质78个,办公网络30个,办公用电子邮箱89个,调阅了270份密码电报和涉密文件信息资料的印刷、登记、保管、清退、销毁记录,检查了85份保密管理制度,口头及书面反馈检查情况88份。(2)门户网站信息清理专项检查。按照省委保密委要求,10至11月,集中开展了机关、单位门户网站信息清理专项检查。全市143家单位、12个县市区、4个市属开发区已全部完成清理整顿工作并上报清理整顿表,共清除不符合要求信息128条。(3)案(事)件查处。健全落实失泄密案件实地督办、责任倒查、约谈、通报工作程序和机制。严格执行泄密事件责任追究制度,加大对直接责任人员、负有监督管理责任人员以及负有领导责任人员的责任追究力度。

【保密技术保障与服务】 (1)大力推进电子政务内网建设。完成对潍坊市人民检察院涉密信息系统测评验收,指导奎文区人民检察院、高新技术产业开发区人民检察院、寿光市人民检察院、安丘市人民检察院、昌邑市人民检察院五家单位涉密信息系统及交通局智慧交通保密网的规划建设。(2)切实做好保密技术防护监管设备配备工作。安装防护专用系统90余套;市、县两级保密主管部门配备自主研发的“互联网涉密信息监测系统”,添加网络检查工具、核查取证工具等设备22套,不断增强反窃密防泄密能力。(3)加快推进保密系统信息化建设。按照省保密局系统信息化建设要求,申请专项资金19.5万元,以终端方式接入省保密综合业务网,实现了省市两级保密行政管理部门之间的公文传输、公共邮件服务和部分业务工作网上交流,进一步提高保密管理效能。

(李洪河)

机构编制工作

【服务全市发展大局】 紧紧围绕市委、市政府“四一三”战略,进一步理顺招商工作体制、“三区”推进体制和滨海新区领导体制,对滨海区全部事业机构进行了梳理调整,为全市中心工作强力推进提供体制机制保障。按照市政府工作报告的部署，完成市对外经济技术合作、科技合作、项目管理等"三个平台"组建工作，并规范"市场化运营、企业化管理"的内部运行机制，确保平台有效运转，得到市领导肯定。围绕打造对外开放新平台，对综合保税区机构设置、人员编制进行及时调整，更好地适应了保税区的发展需要。切实履行部门职责，先后对文化、教育、交通、环保、老龄、农产品质量安全等领域的机构设置、人员编制进行调整理顺，为全市经济社会发展和保障改善民生提供了优质高效的机构编制服务。

【行政管理体制改革】 扎实推进食品药品工商质监管理体制改革，整合组建市县乡三级食品药品监管机构，将工商、质监管理体制调整为分级管理，进一步强化了政府市场监管职责、完善了政府功能。健全完善地方金融监管机构，在全省率先在金融工作办公室加挂了地方金融监督管理局牌子，强化地方金融监管职能，加快形成专业、高效、统一的地方金融监管体系。深入推进扩权强镇改革试点工作，制定了深化改革指导意见，进一步明确了试点镇机构设置、人员配备等问题，有效解决了试点镇在体制机制方面存在的障碍。研究出台了扩权强镇改革试点工作考核办法，将创新体制机制、推动科学发展、保障改善民生作为考核重点，进一步激发了试点镇发展活力。高密市夏庄镇成功进入第二批省级试点镇范围。全力做好综合配套改革试点工作，对市级国有资产监督管理体制进行了调整理顺，加快形成集中统一管理的国资监管体制；对中心城区城市管理行政执法体制进行调整，推进了市区一体化发展。

【事业单位改革与监管】 扎实推进事业单位改革，召开了全市事业单位分类改革工作会议，组织进行市直事业单位模拟分类。参照省里分类目录，研究提出全市事业单位分类目录，报省批准后组织实施。加大事业单位绩效考评工作力度，总结近两年试点经验，以市委、市政府两办文件印发《潍坊市事业单位绩效考评办法》，组织对市直130家事业单位进行绩效考评，得到市领导和省编办充分肯定。扎实开展事业单位法人信用等级评定，组织开展市直事业单位法人信用等级评定和"诚实守信明星单位"评选，研究评定了263家A级和16家B级信用单位，评选产生了20家"诚实守信明星单位"，推动了事业单位诚实守信履职。

【机构编制管理】 严格规范机构编制管理。深入贯彻落实中央、省关于严控机构编制和财政供养人员的有关规定，研究拟订全市实施意见和精简压缩编制工作方案。认真贯彻落实省编办《关于健全完善机构编制人员与经费管理协调配合机制的意见》，进一步明确部门分工，强化协调配合，形成了严控人员编制的合力。推动编制资源向基层一线倾斜，为镇街增加行政编制478名，充实了基层工作力量。加大机构编制监督检查力度。市县编办圆满完成了政府部门机构编制评估和国土、住建、水利、环保等部门履职情况评估任务，推动了部门全面正确履职。认真做好"12310"举报和来信来访受理工作，进一步严肃了机构编制纪律。积极做好中文域名注册管理工作。全市共注册域名6106个、注册率达到103%，均居全省第一。

【自身建设】 围绕提升素质能力，在清华大学举办机构编制干部高级研修班，组织3期全市机构编制系统专题培训班，积极开展岗位练兵竞赛，练兵200余人次，覆盖市县编办80%以上人员；围绕机关规范化建设，修订完善工作规则92条、工作程序42项，组织开发了内网统一办公平台，有力提升了工作效能；围绕开展调研宣传，制定全市机构编制工作科研创新成果奖评审办法，印发全市机构编制系统调研课题计划，圆满完成31项调研课题，在各级网站、刊物发表信息600余篇。

（刘文山）

市直机关中共工作

【学习型机关党组织建设】 按照中央和省、市委要求，以学习宣传中共十八大、十八届三中全会精神和总书记习近平系列重要讲话精神为重点，组织了"学习十八大笔记展评"，展评106个单位的笔记2283本。组织各级机关党组织开展了"打造书香机关"读书学习活动，制定下发了《关于在市直机关广泛开展读书活动的意见》，拨出专门经费为基层党组织订阅了学习书籍，并举办了读书征文和读书演讲比赛。开展了以"学业务、强技能、练精兵"为主要内容的岗位练兵竞赛活动，共有58个部门、单位的267名干部参赛，有效地提高了机关工作人员的业务技能、工作效能和服务质量。

【服务型机关党组织建设】 （1）大力加强机关作风建设。按照市委的部署和要求，把机关作风建设作为机关党建工作的重中之重来抓。督促市直机关严格执行中央八项规定、省委十条办法和市委九条意见，坚决反对"形式主义、官僚主义、享乐主义、奢靡之风"。大力开展"庸懒散浮"专项治理活动，加强机关效能建设，干部作风明显改观，服务效能明显提升，群众满意度明显提高。（2）在市直机关组织广泛开展了以"进农村、进企业、进一线，促发展、促和谐"为主要内容的"三进两促"主题实践活动。组织市直部门到农村、企业建立基层工作联系点，特别是将进"蓝黄"两区建设一线，支持滨海发展作为其中重要内容，全力支持服务滨海发展。召开市直机关服务滨海发展推进会议。2013年，市直部门在农村、企业建立基层工作联系点170多个，机关党员干部下基层共计63180人次，引进人才2189名、项目129个、资金200多亿元，为基层基础设施建设投资3800多万元，捐款捐物折合1640

多万元,解决难题3300多个。(3)组织开展市直机关"优质服务项目、模范履职科室、模范履职标兵"创评活动。以"推动科学发展、服务基层群众、促进社会和谐"为主题,引导市直部门着力打造机关履职服务品牌。通过推荐申报,投票评选,对64个优质服务项目、108个模范履职科室、111名模范履职标兵进行了通报表彰。(4)深化文明和谐机关创建。积极参加创建全国文明城市各项活动,广泛开展"学雷锋""关爱他人、关爱社会、关爱自然""文明交通机关做表率"等志愿服务活动,78个部门建立了"道德讲堂"。深化文明单位创建工作,市直机关先后有7个单位荣获国家级、50个单位荣获省级、23个单位荣获市级文明单位称号。(5)做好新形势下的群众工作。积极组织市直机关开展"慈心一日捐"活动,深入开展"心系职工情、温暖进万家""金秋助学"等关爱帮扶活动。筹措25万元资金和物资走访慰问了市直机关老党员、困难职工,并为特困职工子女上大学提供帮扶资金3万元。组织了大规模的特困、困难职工摸底调查,强力推进机关全员健身运动。

【创新型机关党组织建设】 完善基层组织建制、换届改选、班子配备、缺额补选、任职谈话"五项长效机制",规范党员教育、管理、服务和发展工作。大力加强党员干部培训工作。5月份,分两期举办了市直机关新党员培训班,实行封闭式集中培训和军事化管理,培训新党员400多人。8月中旬,举办了机关党务干部能力提升培训班,请党务工作者讲授党建理论、工作方法和业务程序。9月份,举办了机关党组织书记和县市区机关工委书记培训班,到井冈山干部教育学院进行了集中培训。大力加强机关党建信息化建设。市直机关工委开发了机关党建信息化综合管理考核系统,搭建党务管理、信息互动、工作考核、宣传教育等党建工作平台。深化机关党组织书记述职考评机制,按照日常考核与年终考评相结合、工作过程和实际效果相统一的原则,在往年的基础上,实行年终网上述职,党员网上评议的信息化考评办法,有效地实现了党建考核的科学化、信息化。

【廉洁型机关党组织建设】 (1)认真抓好党风廉政建设责任制落实。建立健全监督考核和责任追究制度,加大监督检查力度,开展"风险点"自我排查,有针对性地强化防范措施,有效堵塞腐败源头,确保中央和省、市委重大决策部署的贯彻落实。建立廉政谈话制度,对科室负责人、下属单位领导班子成员开展廉政谈心谈话,及时与提拔交流的科级干部进行任前廉政谈话。严肃查处党内违纪案件,查处案件2起,处理违纪党员3名。(2)加强反腐倡廉教育。组织机关党员干部认真学习贯彻中央和省、市纪委全会精神,深化党性党风党纪、从政道德和岗位廉政教育,组织66名正县级领导干部和423名正科级领导职务以上人员参加全市领导干部德廉知识学习测试,强化党员干部廉洁从政理念,筑牢拒腐防变的防线,做严明党的政治纪律、组织纪律和廉政纪律的模范。(3)认真开展专项清理工作。认真组织开展了党政机关、事业单位会员卡专项清退活动,督促有关部门进行了会员卡专项清退的自查自纠,对党政机关干部兼职及从事营利性活动进行了规范清理。下发了严肃查处设立"小金库"等违纪行为的通知,并进行严格监督检查。 (刘英杰)

信 访 工 作

【概况】 2013年,全市信访工作紧紧围绕提升信访事项办理群众满意率这一主线,加强领导,健全机制,落实责任,狠抓"事要解决",较好地完成了各项信访工作任务目标。在未考虑人口因素的前提下,全市进京非正常上访828人次,数量列全省第7位;到省上访事项办理群众满意率达76.8%,居全省第6位,高于全省平均水平9.2个百分点;1199起来市上访(包括418批集体上访)和6098件来信(包括1874件网上信访)全部得到妥善处理,无进京重复集体上访,无因工作不力造成的在京在省滞留集体上访。市信访局被省委、省政府表彰为全省信访工作先进单位。

【重点时期的信访工作】 始终坚持把重点时期的信访工作作为压倒一切的政治任务来抓。全国和全省"两会"、十八届三中全会及其他重大活动期间,进一步强化对信访不稳定因素的排查、处理和控制。根据市委、市政府的统一部署,市信访局带队组织进京去省值班,负责及时接待和返劝全市进京去省上访群众,及时提供信访信息和处置异常情况,切实把牢最后一道防线。全国"两会"期间,在全国非访高位运行、个人极端突发事件时有发生的情况下,全市进京值班人员牢记职责、坚守岗位、扎实工作,先后查找、劝返全市进京上访、非访人员40余名,妥善有效处置较大突发上访情况8起,没有发生造成影响恶劣的信访事件。十八届三中全会期间,全省登记进京非访358人次,潍坊市登记25人次,列全省第6位,其中,全省登记进京集体非访14批128人次,潍坊市没有发生进京集体非访。

【信访体制机制创新稳步推进】 改革完善信访工作考核办法,将上访事项办理群众满意率列入全市科学发展信访考核的重要指标,加大了分值和考核力度。在全市市、县两级全面开通"网上信访"受理平台,认真做好"网上信访"工作,方便群众反映利益诉求。积极推进信访事项复查复核和信访事项终结认定工作,全年市级共受理复核案件120件。通过复核终结信访事项256件,终结重复上访人员65名532人次,终结集体上访12案78批,全市去省访重复率下降8个百分点,办理率提高4个百分点。加大对久拖不决信访疑难案件的听证力度,全市通过听证结服信访老户11名。督促基层健全落实信访稳定风险评估制度，从源头上预防和减少信访问题的发生。

【进京非访专项治理稳妥推进】 将信访积案化解作为进京非访专项治理的重要内容，对全市排查掌握的54起信访老案、难案，由市委、市政府主要领导带头，每名市级领导和组织、纪检、公检法司部门负责同志、县市区委书记参与，逐一落实包靠制度，推动问题解决。全年16起信访积案已经得到有效解决，省里挂牌督办的23起重点进京非访案件已化解7起。积极向上级争取解决特殊疑难信访事项专项资金312.4万元，争取数量居全省第一。加强对进京非访信息的提报和分析，每周将相关情况报送市委、市政府主要领导和分管领导；对反映干部作风和涉法涉诉方面的36起上访案件，及时提报给纪委、检察部门进行依法处理；对重点信访案件，全力靠上，强化督查调度，促使问题尽快优质解决。在此基础上，加大对违法违规上访的依法惩戒力度。

【信访责任得到更好落实】 研究起草并以市委、市政府"两办"名义印发了《潍坊市群众信访工作考核奖惩办法（试行）》，通过差别扣分、严格考核更好落实各级领导抓好信访工作的政治责任。严格按照《潍坊市群众上访通报办法》的规定，加大对进京去省来市上访的通报力度。加大领导干部接访下访工作力度，在协调市级领导轮流接访的基础上，要求县、镇两级每天安排领导干部接待群众来访，录制接访相关影像资料，严格落实好信访首接负责和"一岗双责"，更好地促进了责任落实。严格落实"黄牌警告"制度，全年共黄牌警告镇街8个、县直部门1个，其中1个镇街被黄牌警告2次。

（张义涛）

党史工作

【概况】 2013年，办公室在市委的正确领导下，按照上级党史部门工作部署，结合潍坊党史工作实际，实施任务目标管理，确定了"创新形式、拓宽渠道、加强编研，服务中心、全面提升"的年度工作思路，制定了《党史研究室绩效目标管理细则》，科学合理设置任务目标，积极探索开展党史工作的新思路、新方法，圆满完成了年度综合目标任务，为下一年的工作开展奠定了坚实基础。

【党史资料征集研究进展顺利】 按照年度业务工作计划，中共潍坊地方党史二卷的资料征集编研已完成30个专题，形成综述资料20余万字，档案文献资料30多万字；编纂《山东省抗战时期人口伤亡和财产损失课题调研资料汇编（潍坊卷）》和《山东省抗战时期人口伤亡和财产损失（惨案卷）》。目前惨案卷已经上报，收录惨案38处，采集图片200余幅，文字材料近23万字。潍坊卷目前初稿已基本完成，文字材料近50余万字。

【拓宽党史宣传教育渠道】 发挥资政育人作用，积极与《潍坊日报》《潍坊晚报》等市内主要报刊合作开设党史栏目，全年撰写发表地方党史论文及宣传文章10篇。与潍坊电视台《这里是潍坊》栏目组合作采访三位党史人物，在图文频道播出，再现了潍坊党组织的奋斗发展历程。制作形成潍坊新民主主义时期党史系列课件及讲稿，为寒亭区委组织部、潍坊一中等机关院校讲地方党史课6次，听众达到5000余人，受到学校领导和广大师生的欢迎。

（商　倩）

群众工作

【联系服务群众工作】 （1）深入推进五项联系群众方式，夯实"一卡一本一档两台账"等基层基础工作，记录"民情日记"30余万本，发放"民情联系卡"230余万张，建立"民情档案"8000余簿。（2）深入开展"领导干部基层群众工作日"活动，推动各地领导干部深入社区、村居和企业"接地气"，主动受理办理群众反映的问题。2013年，各县市区副科级及以上领导干部参与活动达20余万人次，联系走访群众200余万人次，受理群众诉求3.5万余件，95%以上需求诉求得到了现场解决或圆满解决。（3）打造"潍坊民声"综合网络平台。提升"潍坊民声"服务功能，建立管理规范、事项通报、分析研判、工作考核等七项运行制度，与各县市区和75个市直部门建立了互联平台，24小时受理群众留言，形成了全市纵向贯通、横向联系、运转高效的"潍坊民声"综合网络平台体系。网站点击量达到160万余人次，接收群众留言7050件，回复率达99.3%。（4）深入实施"人生关怀"系统工程。对关心关爱的具体措施逐步深化，各级领导干部结对走访高龄老人，老人生日登门慰问，并通过贺卡、短信、电视广播、社区LED屏等多种形式送祝福和关爱，受到普遍欢迎。11月网络调查显示，群众对基层（村居、社区、街道）干部联系服务群众的满意率达到93.72%。

【民情分析】 充分发挥参谋助手作用，定期对各类社情民意渠道群众反映的需求诉求，进行搜集梳理和分析研判，形成民情分析报告6期，及时呈阅市委、市政府主要领导和市委群工委各书记，为市委、市政府决策提供参考和依据。根据前三个季度群众反映最突出的物业方面问题，10月份启动分析研判机制，牵头组织奎文区、潍城区、坊子区、寒亭区、高新开发区及10个市直相关部门，就物业管理及涉及物业管理方面的问题展开专项调研，为解决物业方面问题提供了参考和依据。

【"三问"调研活动】 11月至12月，在全市创新牵头组织开展了“问政于民、问需于民、问计于民”主题调研活动,成立市委、“三问”调研活动领导小组及其办公室,指导各地和130个部门成立组织领导机构,制定具体的推进方案,并组成8个专项督导组,宣传发动广大机关干部和社会各界群众积极参与。“三问”网络问卷调查工作取得了圆满成功,共有134463人参与网上答卷,群众对全市当前经济社会发展的总体评价满意度较高,满意率达93.71%。据统计,共召开座谈会6440余场次,13万余名党员干部走访群众104万余人次,受理群众需求诉求2.4万余件,征集群众意见建议1.5万余件,为群众办实事好事1.7万余件,形成有参考价值的调研报告130余篇,为第二批党的群众路线教育实践活动深入开展奠定了良好的基础。

【群众工作宣传】 对在群众工作中涌现的先进单位、优秀项目和先进个人提报市委、市政府和市委群工委进行表彰,为群众工作典型示范带动树立了标杆。全年报送呈阅件12期,市委和市委群工委主要领导作出批示16次。总结推广各地各部门群众工作典型经验,通过群众工作网和“潍坊民声”栏目交流经验信息近200篇,新华社《山东参考》《大众日报》新华网、人民网等网站和市级新闻媒体刊登全市群众工作经验和做法30余篇。组建第一批近30人的群众工作先进事迹报告团,开展首批8个群众工作先进典型的宣讲活动。沈阳、遵义等地群工部到潍坊市考察交流群众工作,进一步扩大了潍坊市群众工作的影响。

【重要会议及活动】 4月27日,召开全市群众工作电视电话会议,总结交流工作,安排部署全市群众工作的重点任务和措施。11月4日,市委群众工作委员会全体成员(扩大)会议召开,主要任务是以党的群众路线教育实践活动为契机,研究部署群众工作任务。11月13日至14日,全市群工干部培训班举办,270余名群工干部参加了培训。 (李光明)

党 校 工 作

【教学工作】 2013年,全校共举办、承办各级各类培训班334期,培训学员3万人次,培训规模实现历史性突破。其中,承接来自全国26个省区市、203期培训班,培训学员1.1万人次;主体班次举办县科级干部进修班4期、21个班次;5期全市领导干部学习贯彻十八届三中全会和总书记习近平系列讲话精神专题培训班。解放军总装备部、民政部、山东省委组织部、省委统战部、省水利厅等单位先后举办专题培训班。开发教学项目15个。开展精品课评选活动,学员对教师授课评估优秀率达到96.1%。组织教师参加全省党校系统第八届优秀课堂教学观摩竞赛,获二等奖。

【科研工作】 2013年,教研人员共申报各类课题61项、立项47项。其中,软科学立项1项、中央党校立项2项、省委党校立项5项。荣获国家级和省、市级科研成果奖24项,其中《建立健全党的作风建设固本机制研究》被中央组织部评为二等奖。入选省级以上理论研讨、学术论坛论文16篇,发表论文71篇,其中核心期刊和省级以上37篇,完成课题结项40项。编辑了《首阳春华》优秀论文集。

【学风建设】 会同市委组织部,制定了《关于加强潍坊市委党校主体班次管理的有关规定》,首次对学员实行半军事化管理。校委领导带班值班,查夜巡视,随机抽访,狠刹不良学风,促进了学风根本好转。据统计,全年主体班次学员早操出勤率、上课出勤率均达到95%以上,未发现一起吃请、探访、外出就餐饮酒等违规问题,培育和打造了一流学风。

【队伍建设】 (1)实施“教师素质提升工程”。2013年,派8名教师到市委、市政府研究室挂职锻炼,派8名教师到清华大学、北京大学、浦东干部学院跟班学习,组织教师参加高端论坛26人次;有2人取得正高职称资格,1人取得副高职称资格,招收在职硕士研究生57人。(2)认真做好干部工作。择优选拔了6名副县级干部、15名科级干部。调整交流部室主任9人、科级干部7人。争取市编办支持,将12个工勤编调为事业编。(3)编辑形成了《党校工作制度汇编》,内容涵盖教学、科研、机关党建、行政后勤、信息化5个方面28项规定。同时,健全校委会、校委办公会、校委扩大会等制度,规范议事、决策流程。(4)扎实推进机关党的建设。开展“作风建设年”、“庆七一”联欢会、“慈心一日捐”等活动;深入推进精神文明创建,继续保持“省级文明单位”荣誉称号;制定党风廉政建设责任制实施办法。

【业务指导】 2013年4月,全省党校业务指导工作会议在市委党校召开,学校在会上作了典型发言。印发《2013年全市党校业务指导工作意见》。组织了2011—2012年度“先进党校、优秀教师、先进工作者”评选活动。举办全市党校系统教研骨干师资培训班暨优秀课堂观摩竞赛。评选表彰了县市区委党校42项优秀调研课题;评选表彰了县市区委党校科研工作组织奖6个、优秀科研管理工作者12人、“科研明星”12人。 (于舰)

老干部工作

【落实老干部政治生活待遇】 坚持并完善老干部集中阅文、参加重要会议和重大活动等制度。召开老干部春节慰问大会、情况通报会和十八届三中全会精神专场辅导会。组织副市级以上老干部到滨海区、峡山区、综合保税区参观学习。向

74名副厅级以上老干部征求对突破滨海决策部署的意见建议,被市委采纳。做好离休干部医疗统筹工作,为市直困难企事业单位185名离休干部补贴281万元,市直离休干部医疗统筹金基数达到人均18200元;做好困难帮扶工作,为市直87名困难离休干部及遗属发放帮扶金29.39万元。

【离退休干部"两项建设"工作】 加强离退休干部思想政治建设,邀请国防大学教授为市直500余名离退休干部作形势报告。建立市直离退休干部党支部政治理论学习中心。加强网上论坛建设,全市离退休干部党支部网上注册率达100%。开展"口述历史·红色印迹"征文活动,收到征文116篇。推进离退休干部党建工作,印发离退休干部党建工作考核评比办法,组织开展集中换届活动。举办1期离退休干部党支部书记培训班,建立1处党建工作示范基地,评选表彰100个先进离退休干部党支部和100名优秀离退休干部党员。

【服务管理】 (1)稳妥做好老干部信访、后事处理工作,老干部来信、来访处结率100%。评选表彰了103个老干部服务管理工作先进单位和103名先进个人。建立全市退休干部信息管理系统,采集录入5.8万名退休干部基础信息。抓好退休干部管理服务试点工作,省委组织部副部长兼老干部局局长厉彦林批示要探索老干部工作的"高密模式"。加强市级机关干休所基础设施建设和服务管理工作,为住所老干部创造了良好生活条件。做好易地安置离休干部服务管理工作,普遍走访了17名省外易地安置离休干部。(2)统筹推进文化养老工作,市老年大学扩招学员2700余名,市老干部活动中心为700多名市直离休干部和副县级以上退休干部免费办理了活动证。利用重大节日和节庆活动,举办老干部春节联欢会、市直离退休干部钓鱼比赛等各类活动380余场次。组织市老年大学艺术团参加了第30届潍坊国际风筝会开幕式演出。在第五届全省老干部艺术节文艺汇演中,潍坊市代表队获团体一等奖等多个奖项。认真做好关心下一代工作,理顺全市各级关工委办公室隶属关系,印发了《中共潍坊市委关于进一步加强关心下一代工作委员会工作的意见》。全省关工委主任座谈会在潍坊市召开。 (李　锐)

潍坊市人民代表大会

重要会议

【市十六届人大二次会议】 2013年1月7日至11日在潍坊举行。本届市人民代表大会共有代表名额570名，实有代表568名。会议听取审议了市长刘曙光代表潍坊市人民政府向大会作的政府工作报告，市人大常委会第一副主任胡岗作的潍坊市人民代表大会常务委员会工作报告，市中级人民法院院长张爱云作的潍坊市中级人民法院工作报告、市人民检察院检察长杨洪旭作的潍坊市人民检察院工作报告；书面印发了潍坊市2012年国民经济和社会发展计划执行情况与2013年计划草案的报告、潍坊市2012年预算执行情况和2013年预算草案的报告。会议表决通过了关于上述报告的决议；通过了大会选举办法；补选王秀禄为潍坊市第十六届人民代表大会常务委员会秘书长，万伟锋、毛洪涛、张军为潍坊市第十六届人民代表大会常务委员会委员；选举了潍坊市出席山东省第十二届人民代表大会代表。

【市十六届人大常委会第八次会议】 2013年2月27日在市级机关综合办公大楼会议室举行。会上，市人大财政经济委员会副主任委员孟庆亮作了《关于加快我市中心城区建设现代中介服务业集聚区的议案》处理意见的报告；市人大财政经济委员会副主任委员刘勤友作了《关于完善城乡社区（村庄）家政服务网络建设打造现代服务业知名品牌的议案》处理意见的报告；市人大教育科学文化卫生委员会副主任委员聂振萍作了《关于创新职业教育机制体制加快培养高技能实用人才的议案》处理意见的报告；市人大城乡建设与环境资源保护委员会副主任委员衣光明作了《关于加快推进城市公交发展的议案》处理意见的报告；副市长潘强受市长刘曙光委托提请人事任免名单，市人力资源和社会保障局局长李静波介绍了被提请任命干部的有关情况；被提请任命干部作了供职发言。会议表决通过了市人大常委会关于办理《加快我市中心城区建设现代中介服务业集聚区的议案》的决议、关于办理《完善城乡社区（村庄）家政服务网络建设打造现代服务业知名品牌的议案》的决议、关于办理《创新职业教育机制体制加快培养高技能实用人才的议案》的决议、关于办理《加快推进城市公交发展的议案》的决议以及有关人事任免名单。胡岗向被任命干部颁发了任命书，并就做好今年的常委会工作讲了意见。

【市十六届人大常委会第九次会议】 2013年4月27日在市级机关综合办公大楼会议室举行。会上，受市政府委托，市科学技术局副局长李金刚作了关于全市实施创新驱动战略推进转调创情况的报告，市公安局局长于永生作了关于全市社会治安防控体系建设情况的报告；市人大财政经济委员会副主任委员刘勤友作了关于全市经济发展软环境、滨海区开发建设软环境的调查报告，市人大常委会副秘书长、人事代表工作室主任周晓钟作了关于《潍坊市人民代表大会常务委员会联系市人大代表办法（修订草案）》的说明；市人大常委会秘书长王秀禄受主任会议委托提请人事任免名单，并介绍了提请任命干部的有关情况；副市长孙起生受市长刘曙光委托提请人事任免名单，市人力资源和社会保障局局长李静波介绍了提请任命干部的有关情况；市中级法院院长张爱云提请人事任免名单，并介绍了提请任命干部的有关情况；部分提请任命干部作了供职发言。会议表决通过了修订的《潍坊市人民代表大会常务委员会联系市人大代表办法》，有关人事任免名单；对全市实施创新驱动战略推进转调创情况、全市社会治安防控体系建设情况进行了测评，其中全市实施创新驱动战略推进转调创情况评议得分为80.37分，全市社会治安防控体系建设情况评议得分为81.56分，结果均为满意。胡岗向部分被任命干部颁发了任命书。

【市十六届人大常委会第十次会议】 2013年5月24日在市级机关综合办公大楼会议室举行。会上，市人大常委会秘书长王秀禄受主任会议委托作了关于补选省十二届人大代表的说明;副市长王桂英受市长刘曙光委托提请人事任免名单,市人力资源和社会保障局局长李静波介绍提请任命干部的有关情况;市检察院检察长杨洪旭提请人事任免名单,并介绍提请任命干部的有关情况;部分提请任命干部作了供职发言。会议补选了省十二届人大代表,表决通过了有关人事任免名单。胡岗向部分任命干部颁发了任命书。

【市十六届人大常委会第十一次会议】 2013 年 6 月 28 日在市级机关综合办公大楼会议室举行。会上,市政府副秘书长于为凯受市政府委托作了关于全市旅游业发展情况的报告;副市长王桂英作了关于全市推进新型城镇化体系建设情况的报告;市人大财政经济委员会副主任委员孟庆亮作了关于视察全市工业项目转调创情况的报告;市人大教育科学文化卫生委员会副主任委员聂振萍作了关于检查全市贯彻实施体育法情况的报告;市人大常委会秘书长王秀禄先后作了市人大常委会关于鼓励各县(市、区)、市属开发区在滨海经济技术开发区建设产业园区有关问题的决议草案的说明和市人大常委会专题询问办法草案的说明;市中级法院副院长张广孝受院长张爱云委托,提请人事任免名单,并介绍了提请任命干部的有关情况;市人大常委会党组副书记、副主任刘明珂受主任会议委托提请了人事任命名单。会议表决通过了潍坊市人民代表大会常务委员会关于鼓励各县(市、区)、市属开发区在滨海经济技术开发区建设产业园区有关问题的决议,潍坊市人民代表大会常务委员会专题询问办法;对全市旅游业发展情况进行了测评,汇总后的结果为满意(82.11 分)。表决通过了有关人事任免名单,决定接受张爱云辞去潍坊市中级人民法院院长职务的请求,并报潍坊市人民代表大会备案;任命姜树政为潍坊市中级人民法院审判员、审判委员会委员、副院长;决定姜树政任潍坊市中级人民法院代理院长。

【市十六届人大常委会第十二次会议】 2013 年 8 月 23 日在市级机关综合办公大楼会议室举行。会上,市农业局局长王汉成作了关于全市种养业发展情况的报告;市监察局局长李元忠作了关于全市经济发展软环境建设情况的报告;市人大教育科学文化卫生委员会副主任委员聂振萍作了关于视察潍水文化生态保护实验区建设情况的报告;市发展和改革委员会主任肖培灵作了关于潍坊市 2013 年上半年国民经济和社会发展计划执行情况的报告;市财政局局长田民利作了关于潍坊市 2012 年财政决算和 2013 年上半年预算执行情况的报告;市人大财政经济委员会副主任委员刘勤友作了关于潍坊市 2012 年市级财政决算的审查报告;市审计局局长宫智作了关于潍坊市 2012 年市级预算执行和其他财政收支的审计工作报告;市委常委、常务副市长陈白峰作了关于市十六届人大二次会议以来代表所提建议、批评和意见的办理工作情况的报告;陈白峰受市长刘曙光委托提请人事任命名单,市人力资源和社会保障局局长李静波介绍了提请任命干部的有关情况。会议对全市种养业发展情况进行了测评,汇总后的结果为满意(83.22 分)。表决通过了有关人事任命名单,决定任命秦维强、张望军为潍坊市人民政府副市长。表决通过了潍坊市人民代表大会常务委员会关于批准潍坊市 2012 年市级财政决算的决议。

【市十六届人大常委会第十三次会议】 2013 年 10 月 24 日在市级机关综合办公大楼会议室举行。会上,市安全生产监督管理局局长尹文林作了关于全市安全生产工作情况的报告;副市长秦维强作了关于全市食品安全工作情况的报告;市人大城乡建设与环境资源保护委员会副主任委员衣光明作了关于贯彻实施大气污染防治法情况的检查报告;市人大常委会秘书长王秀禄作了关于评选优秀市人大代表情况的说明;市人大常委会副秘书长、人事代表工作室主任、代表资格审查委员会副主任委员周晓钟受代表资格审查委员会主任委员张军委托,作了关于个别代表的代表资格的报告;市人大民族侨务外事委员会副主任委员王永福作了关于授予潍坊市荣誉市民称号办法修订草案的说明;市中级人民法院代理院长姜树政提请人事任免名单,并介绍了提请任命干部的有关情况;市人民检察院副检察长马言圣受检察长杨洪旭委托,提请人事任免名单,并介绍了提请任命干部的有关情况。会议表决通过了有关报告、新修订的办法和决定,有关人事任免名单;向优秀市人大代表颁发了证书;对全市安全生产工作情况进行了测评,汇总结果为满意(84.58 分)。

【市十六届人大常委会第十四次会议】 2013 年 12 月 30 日在市级机关综合办公大楼会议室举行。会上,副市长潘强作了落实市人大常委会关于办理市十六届人大二次会议确定的议案决议情况的报告;市人大城乡建设与环境资源保护委员会副主任委员王培福作了市人大常委会执法检查组关于贯彻实施人民防空法情况的检查报告;市人大常委会代表资格审查委员会主任委员张军作了关于个别代表的代表资格的报告;市人大常委会秘书长王秀禄受主任会议委托提请人事任免名单,并介绍了提请任命干部的有关情况;潘强受市长刘曙光委托提请人事任免名单,市人力资源和社会保障局局长李静波介绍了提请任命干部的有关情况;部分提请任命干部作了供职发言。会议表决通过了市人大常委会关于召开市十六届人大三次会议的决定,列席市十六届人大三次会议人员范围,市人大常委会代表资格审查委员会关于个别代表的代表资格的报告,有关人事任免名单。胡岗向部分任命干部颁发了任命书。

重 要 工 作

【推动市委决策贯彻落实】 (1)深入调查研究。组织对全市经济发展软环境进行专题调研,剖析了6个方面的28条问题,提出进一步简政放权、提高服务质量、规范中介服务、优化法治环境等建议意见,为市委招商与转调创的重大决策提供了有效服务。市人大常委会有关组成人员参与市委安排部署的八大重点课题中5个课题的调研,形成了质量较高的调研成果。2013年,市委批示转发市人大14篇报告。(2)依法作出决议决定。按照市委突破滨海的决策,常委会作出了关于鼓励各县市区、市属各开发区在滨海经济技术开发区建设产业园区有关问题的决议,从法律效力层面保障推动市委决策落实。组织人大系统认真学习贯彻决议精神,召开全国、省、市人大代表座谈会,合力推动滨海开发建设。为鼓励外国人士、港澳台同胞和海外华侨华人在潍坊投资兴业,推动经济转型发展,常委会作出决定,向10名外商及我国台商授予"潍坊市荣誉市民"称号。(3)积极监督推进。围绕实施创新驱动战略、打造现代制造业基地,组织视察工业项目转调创情况,对全市科技创新工作进行了评议。围绕提高城镇化发展质量,对全市新型城镇化体系建设情况进行调查,推进以人为核心的城镇化。围绕文化创意旅游基地建设,听取了全市旅游业发展情况的报告;视察潍水文化生态保护实验区建设情况,促进非物质文化遗产合理利用和产业发展。专题调研全市林业工作,推动生态文明建设。加强预算监督,重点审查预算决议执行情况、上级财政转移支付使用情况、民生支出到位和使用情况以及审计报告提出问题的整改落实情况。配合创建文明城市、举办重大节会等工作,组织专题视察积极推动。2013年,听取审议"一府两院"专项工作报告13项,组织执法检查、调查、视察162次。

【维护群众利益】 (1)促进民生改善。对全市食品安全工作情况组织了视察,并提出建议意见。听取了全市安全生产工作情况的报告,并进行了工作评议。结合全市"三八六"环保行动,开展风筝都环保世纪行活动,重点检查大气污染治理情况。专题视察道路交通安全情况,努力为群众平安出行创造良好条件。(2)关注"三农"问题。专题调查了农村金融工作,建议进一步加大扶持力度,创新农村金融体制,健全农业风险保障体系,为"三农"发展提供强有力的金融支撑。对全市种养业发展情况进行了调查,听取了市政府相关工作报告,就加强市场保障体系建设、优化现代农业园区、抓好农产品质量安全等方面提出了建议意见。围绕深化农村改革进行了调查,对现代农业示范基地建设、土地承包经营权确权登记颁证工作进行了监督。(3)督促落实政府工作报告确定的"25件民生实事"。主任会议专门听取了督查情况汇报,推动人代会确定的惠民举措落到实处。

【推进依法治市】 (1)培养和树立全社会法治理念。以纪念现行宪法公布施行30周年为契机,突出宪法宣传,组织开展宪法知识问卷调查。组织常委会全体组成人员和"一府两院"有关部门、各县市区人大常委会负责人,定期举办法制讲座;对"六五"普法依法治理工作情况进行调查,推进法制宣传教育进机关、进社区、进乡村、进企业、进学校。(2)推动依法行政、公正司法。对大气污染防治法、人民防空法等法律法规实施情况进行检查,对全市贯彻实施残疾人保障法、诉讼诚信体系建设、惩治和预防职务犯罪情况开展调查,就山东省贯彻实施残疾人保障法办法、妇女儿童发展"十二五"规划实施情况组织视察。围绕深化平安潍坊建设,听取了全市社会治安防控体系建设情况的报告。配合省人大开展立法调研,提出立法建议60多条。召开了全市规范性文件备案审查工作座谈会,全年共完成26件规范性文件的备案审查工作。规范信访工作程序,完善制度机制,全年共受理人民来信来访1645件次,对93件案件进行了重点督办。

【创新代表工作】 (1)拓宽代表知情知政渠道。创新代表列席常委会会议机制,实行网上报名、提交书面建议,认真吸取代表意见。修订完善联系代表办法,举办了代表小组召集人和联络员学习班。充分发挥代表信息平台作用,为代表知情知政提供高效便捷的服务。(2)丰富代表活动方式。组织代表开展"听民声、访民意"活动,全年召开群众见面会、座谈会108次,走访联系群众5820人次,收集群众建议意见537条,化解矛盾纠纷324起。围绕现代制造业基地建设开展专业代表小组活动,组织代表就经济转型升级进行专题调研。深化人代会前集中视察、"代表联系月"活动。(3)激发代表履职热情。扩大代表对常委会工作的参与度,确定监督议题广泛征求代表意见。抓好代表履职守则的贯彻执行,对市人大代表履职情况进行了考核。115名市人大代表向原选举单位述职并接受评议,评选表彰57名优秀市人大代表。

【督办大会议案和代表建议】 (1)常委会把办好人代会确定的4件议案作为重中之重,贯穿于全年工作始终。2013年初,听取审议议案处理意见的报告,作出相应决议。与承办机关加强沟通协调,共同研究确定办理工作方案,抓好跟踪督办。家政服务议案办理过程中,组织调查、视察20多次,召开协调推进会30余次。对职业教育议案,征求人大代表、教育专家意见60多条,督促有关方面制定出台政策措施75项。办理城市公交议案,实地查看公交场站、线路运行现状,广泛征求市民意见。常委会第十四次会议听取审议市政府办理情况的报告。(2)对代表提出的159件建议,常委会确定11件事关全局和民生的建议进行重点督办。延伸代表建议督办链条,通过"回头看"、二次督办、退回重办等方式,强化硬约束、增强实效性。完善建议办理工作报告机制,市政府向常委会作了专题报告,其他承办机关提交了书面报告。常委会组织代表对承办单位落实建议情况进行满意度测评。

【人事任免】 2月27日,潍坊市第十六届人民代表大会常务委员会第八次会议,根据市长刘曙光的提请,决定任命于永生为潍坊市公安局局长;免去宋赤锋的潍坊市人民政府秘书长职务,李春玲的潍坊市科学技术局局长职务,闫希军的潍坊市公安局局长职务,王秀禄的潍坊市环境保护局局长职务。

4月27日,潍坊市第十六届人民代表大会常务委员会第九次会议决定,接受许立全辞去潍坊市第十六届人民代表大会常务委员会主任职务的请求,报潍坊市人民代表大会备案。根据市人大常委会主任会议的提请,任命杜士忠为潍坊市人民代表大会内务司法委员会副主任委员,王培福为潍坊市人民代表大会城乡建设与环境资源保护委员会副主任委员。根据市长刘曙光的提请,决定任命张宝胜为潍坊市科学技术局局长,王汉成为潍坊市农业局局长,郑金来为潍坊市环境保护局局长。决定免去考继佳的潍坊市农业局局长职务。根据市中级人民法院院长张爱云的提请,任命张国良为潍坊市中级人民法院审判员、民事审判第四庭庭长,免去王义民的潍坊市中级人民法院副院长、审判委员会委员职务,谭清花的潍坊市中级人民法院审判员职务,李学谦的潍坊市中级人民法院审判委员会委员职务,闫东的潍坊市中级人民法院民事审判第四庭庭长职务,郑青义的潍坊市中级人民法院民事审判第二庭庭长职务,张子辉的潍坊市中级人民法院审判委员会委员、立案庭庭长职务,王蓬莱的潍坊市中级人民法院审判委员会委员职务,于宏伟的潍坊市中级人民法院刑事审判第三庭副庭长职务,张剑的潍坊市中级人民法院民事审判第一庭副庭长、审判员职务,雷向敏的潍坊市中级人民法院民事审判第四庭副庭长、审判员职务。

5月24日,潍坊市第十六届人民代表大会常务委员会第十次会议,根据市长刘曙光的提请,决定任命李元忠为潍坊市监察局局长,免去许华的潍坊市监察局局长职务。根据市人民检察院检察长杨洪旭的提请,任命法云江为潍坊市人民检察院副检察长,房卫红为潍坊市人民检察院检察员。免去王建明的潍坊市人民检察院检察员职务,赵建宇的潍坊市城郊地区人民检察院检察员职务。

6月28日,潍坊市第十六届人民代表大会常务委员会第十一次会议决定接受张爱云辞去潍坊市中级人民法院院长职务的请求,报潍坊市人民代表大会备案。任命姜树政为潍坊市中级人民法院审判员、审判委员会委员、副院长。决定姜树政任潍坊市中级人民法院代理院长。

8月23日,潍坊市第十六届人民代表大会常务委员会第十二次会议,根据市长刘曙光的提请,决定任命秦维强为潍坊市人民政府副市长,张望军为潍坊市人民政府副市长。

10月24日,潍坊市第十六届人民代表大会常务委员会第十三次会议,根据市中级人民法院代理院长姜树政的提请,任命张国良、李正良为潍坊市中级人民法院审判委员会委员,张玉娟为潍坊市中级人民法院审判员、立案一庭庭长、审判委员会委员,张金川为潍坊市中级人民法院立案二庭庭长,徐伟东为潍坊市中级人民法院刑事审判第三庭庭长、审判委员会委员,马海兰为潍坊市中级人民法院民事审判第二庭庭长、审判委员会委员,邱金山、马淑华为潍坊市中级人民法院审判员、审判委员会委员,王效刚、徐艳、马瑛杰为潍坊市中级人民法院审判员,吴昌格、刘序滨为潍坊市中级人民法院立案一庭副庭长,丁合清、周建明为潍坊市中级人民法院立案二庭副庭长,王兆来为潍坊高新技术产业开发区人民法院审判员、审判委员会委员,李吉为潍坊高新技术产业开发区人民法院审判委员会委员,马海泉、张超、韩清美、姜琪砚、苏显楠、孙希佳、曹玉玲、李红、高鹏、杨岩为潍坊高新技术产业开发区人民法院审判员。免去张玉娟的潍坊市中级人民法院刑事审判第一庭副庭长职务,徐伟东的潍坊市中级人民法院刑事审判第三庭副庭长职务,马海兰的潍坊市中级人民法院民事审判第一庭副庭长职务,马瑛杰的潍坊市中级人民法院民事审判第二庭副庭长职务,王夕瑞的潍坊市中级人民法院行政审判庭副庭长职务,石维云的潍坊市中级人民法院审判委员会委员职务,张忠诚的潍坊市中级人民法院审判员职务。根据市人民检察院检察长杨洪旭的提请,任命孟庆才、刘水平、赵萌、寇文倩、吕凤阁、李冰、周颖飞、刘瑞鹏、侯丰田、穆文华、康旭峰、郭蔷、张毅、高跃前、庄晓艳、朱红明为潍坊市人民检察院检察员,刘延国、刘有杰、王晓南为潍坊市城郊地区人民检察院检察员。免去孟庆才的潍坊市城郊地区人民检察院副检察长、检察委员会委员、检察员职务,于玲的潍坊市人民检察院检察员职务。

12月30日,潍坊市第十六届人民代表大会常务委员会第十四次会议决定接受孟庆亮、耿现江辞去潍坊市第十六届人民代表大会常务委员会委员,傅大军辞去潍坊市第十六届人民代表大会常务委员会委员、代表资格审查委员会委员职务的请求,报潍坊市人民代表大会备案。根据市人大常委会主任会议的提请,任命周晓钟为潍坊市人民代表大会民族侨务外事委员会副主任委员,毛洪涛为潍坊市人大常委会人事代表工作室主任。免去周晓钟的潍坊市人大常委会副秘书长、人事代表工作室主任职务,毛洪涛的潍坊市人大常委会研究室主任职务。根据市长刘曙光的提请,决定任命张洪全为潍坊市人民政府秘书长,陈忠民为潍坊市工商行政管理局局长,岳尧为潍坊市质量技术监督局局长,李平为潍坊市食品药品监督管理局局长。

(张慧萍　王玉娟)

潍坊市人民政府

重要会议

【第14次常务会议】 2月16日召开，市委副书记、市长刘曙光主持会议。会议主要听取了《关于深化农村改革进一步增强发展活力的意见》汇报、第30届潍坊国际风筝会筹备工作情况汇报，传达了全省安监局长会议精神，研究了全市安全生产工作意见，传达了全国国家级经济技术开发区工作会议精神，研究了贯彻落实意见。

【第15次常务会议】 3月28日上午召开，市委副书记、市长刘曙光主持会议。会议研究了率先实现全面建成小康社会和“两个倍增”（国内生产总值的倍增，城乡居民收入的倍增）目标的思路措施，安排部署百家企业培育、水生态文明城市创建、政府自身建设等工作。

【第16次常务会议】 4月27日召开，市委副书记、市长刘曙光主持会议。会议主要听取了全市第一季度经济运行情况汇报，分析了当前经济形势，研究了应对思路和措施，对下步经济运行工作进行了调度安排。

【第17次常务会议】 5月28日召开，市委副书记、市长刘曙光主持会议。会议原则同意《潍坊市人民政府关于做好失独计生家庭关爱救助的意见》，听取了《潍坊市海域使用权流转办法》审查情况汇报、《潍坊市地方史志工作管理办法》审查情况汇报、《潍坊市文化艺术品中心总体规划》编制情况汇报等。

【第18次常务会议】 6月26日上午召开，市委副书记、市长刘曙光主持会议。会议研究部署了第三次经济普查、企业主辅业分离等工作。

【第19次常务会议】 9月16日召开，市委副书记、市长刘曙光主持会议。会议传达了全省财政局长座谈会精神，研究了贯彻落实意见。会议听取了《潍坊市市区“门前三包”责任制管理办法》修订情况汇报、第五轮市级审批事项清理情况汇报和全市安全生产大检查及国家、省安全生产明查暗访情况汇报，会议原则同意《潍坊市健康产业发展规划》。会议还研究了船舶安全管理、支持潍坊港集装箱运输业发展等事项。

【第20次常务会议】 10月18日召开，市委副书记、市长刘曙光主持会议。会议研究部署了淘汰黄标车、推动金融创新发展、加快实施“三八六”环保行动等工作。会议还研究了博物馆藏品收集、政府合同法律审查、建筑业改革与发展等事项。

【第21次常务会议】 11月10日召开，市委副书记、市长刘曙光主持会议。传达贯彻全省加快服务业和创业创新工作会议精神，研究加快服务业发展、鼓励创业创新、深化潍台合作、推进企业转型升级等工作。

【第22次常务会议】 11月29日召开，市委副书记、市长刘曙光主持会议。会议听取了《潍坊市建设工程项目审批流程优化方案》制定情况汇报、全市城乡环卫一体化今后三年工作计划的等汇报。

【第23次常务会议】 12月28日、30日召开，市委副书记、市长刘曙光主持会议。会议听取了明年经济社会发展计划安排、产业发展、社会建设、重点项目建设、新型城镇化、创新创业、开放合作、提升市区等情况汇报，就进一步做好明年相关工作进行了深入分析和认真研究。会议研究了商品市场建设、中小学建设改造、中心城区城市管理、工业转型发展等工作。

督 查 工 作

【绩效考核目标工作完成】 2013年，督查室按计划完成了市政府办公室绩效考核目标中8项工作：(1)对市委、市政府“四一三”工作部署和“突破滨海”“提升城区”“两河开发”等战略重点及重要会议、文件确定事项落实情况按程序进行督查。(2)对政府工作报告确定事项落实情况每季度一调度，每半年一通报；(3)按期完成上级重要会议、文件贯彻落实情况督查，反馈率达100%；(4)按程序、时限完成领导批办件的督办，反馈率达到100%；(5)积极转办市“两会”期间市人大代表建议和政协委员提案；(6)即时转办需在全市办理的上级人大代表建议和政协提案以及市“两会”之后的市人大代表建议和政协提案；(7)做好人大代表建议和政协提案办理中的督促、协调等工作，使人大代表、政协委员和各民主党派对各承办单位的办理结果满意率达到98%以上；(8)做好向市人大、政协汇报或通报办理市人大代表建议和政协提案情况的起草工作。

【督查制度改革】 (1)进一步优化工作职责、流程，合理调整工作分工，将督查室工作分为督查、综合、公文运转3个小组，明确了主要职责和工作流程。(2)实行市长批示件专人负责制。对送呈市长的公文，由专人负责登记、编号、呈送。在市长批示后专人负责分类、流转，有效预防了公文流转中的差错问题。(3)提高会议督查工作时效。对召开的市政府常务会议、市长办公会议和部分专题会议，在会议召开前对督查内容提前了解，提前介入，在参会听会后，对会议确定事项及时分解立项，督查通知与会议纪要同时报领导审阅，缩短了工作时限，提高了工作效率。(4)创新督查专报报送方式。对一些比较紧急、简短的领导批示落实情况，以短信的形式形成督查专报，及时报领导阅知。

【重要工作】 (1)对市政府工作报告进行多层次、立体化督查。对2013年《政府工作报告》确定的219项工作任务，实行季调度、半年通报制度，对报告中确定的25件民生实事，建立了月调度、月通报制度，并联合有关部门、新闻媒体，以汇报座谈、现场查看、抽查等不同形式进行了督查，对各项民生实事工作的落实起到了明显的推动作用。(2)对市委市政府研究确定的2013年100个重点项目、10大重点工程，以及“突破滨海”“提升城区”“两河开发”等战略部署，市政府督查室与市委督查室及相关部门建立联合督查机制，对进展情况每季度进行现场督查，并及时以督查专报、督查通报的形式向有关领导和相关单位反馈。(3)做好市政府领导召开会议的分解立项和督查工作。先后对刘曙光市长召开的市政府13个工作会议、10次市政府常务会议、9次市长办公会议、10个专题会议进行了立项分解，下发督查通知，跟踪调度督查，及时汇总形成督查专报报送有关领导。(4)做好领导批示件办理工作。共办理省政府领导批示件25件，市委领导批示件359件，并完成了相关事项的督查落实及汇总反馈工作。办理市政府领导批示件4790件，其中，督办件1508件，流转件3282件。(5)做好督促检查人大代表建议、政协委员提案办理工作。全年督查相关县市区政府和市政府责任部门、单位办理省人大代表建议4件，已答复4件；办理省政协委员提案1件，已答复1件；办理市人大代表建议163件，已答复163件；办理市政协委员提案328件，已答复328件；办理市人大议案4件，印发了工作方案并调度汇总了落实情况报告。同时，起草完成了市政府《关于市十六届人大二次会议以来代表所提建议、批评和意见办理情况的报告》《关于市政协十二届二次会议提案办理情况的通报》《市政府落实市人大常委会关于办理市十六届人大二次会议确定的议案决议情况的报告》以及6件《市政府落实市人大常委会审议评议意见的报告》。(6)做好公文的运转办理工作。全年共处理请示报告860余件，接收运转各类公文2.3万余件，其中，国家和省党委政府来文1200余件，各级有关部门和外地市来文来函1500余件，密件380余件，无一疏漏、误时、误事现象。2013年，督查室共下发《督查通知》79期，其中与市委督查室联合下发12期，《督查通报》2期，形成《督查专报》184期，有力地推动了市政府各项工作的落实。(7)做好展板数据的展示工作。每月及时调度有关数据，以柱状图的形式，在市级机关综合办公大楼和阳光大厦大厅两侧设置展板，对全市25件民生实事、100个重点项目、10大重点工程和全市主要经济指标的月度完成进展情况进行展示。

打击走私工作

【组织领导工作】 (1)坚持常抓常议。潍坊市委、市政府领导高度重视反走私综合治理工作，先后4次专门听取反走私工作汇报，2次召开由市打私领导小组全体成员、县市区分管县市区长和打私办主任参加的工作会议，2次召开联络员会议，分析形势，安排任务。(2)全面部署工作。3月20日组织召开全市打击走私工作会议，总结全市打击走私工作所取得的成绩，全面分析了当前反走私斗争形势，对下一步反走私工作任务进行了部署。(3)严格落实制度。坚持打私工作人员专职专责，细化分解反走私领导责任制，落实联系配合制度，足额保障打私经费，为反走私工作提供了坚强的组织保障。

【队伍建设】 市打私办充分发挥组织、指导、协调、监督和检查职能，主动加强与有关部门的交流沟通和联系配合，有效增强了反走私综合治理工作的合力。(1)加强打私队伍建设。采取以会代训、举办培训班等形式开展政策法规和业务知识学习交流，先后4次深入县市区打私办开展业务指导，组织业务培训3次160余人，有效地提高了打私队伍的素质。(2)深入开展调查研究。积极适应"三区"建设、特别是山东半岛蓝色经济区和黄河三角洲高效生态经济区开发的形势任务的需要，加强反走私形势调研和情报分析，组织职能部门深入开展专项调查研究，形成调研报告5篇，准确把握了辖区反走私动态，增强了工作的预见性、前瞻性和针对性。(3)大力加强网络信息化建设。5月，对"潍坊反走私在线"进行了升级改版，及时更新网页，增加信息量，交流工作经验。年内上报打私综合信息58期，被省打私办采用15期。

【基层反走私综合治理】 积极协调有关职能部门，根据法律授权和职责分工，综合运用行政、经济和法律手段进行综合治理。(1)加强反走私宣传教育。指导边防部门在出海船舶和渔船民中进行重点宣传，宣讲走私活动的危害，营造了"不买私、不护私、不走私"的良好氛围。2013年，共走访14960余户39460余人次，发放反走私宣传材料18300余份，开展渔船民教育13场次，受教育渔民9650余人，签订反走私责任状1260余份；海关组织进出口企业开展3次法规政策培训，企业诚信守法的自觉性进一步提高。(2)强化海上治安管控。海关、边防等部门适时联合开展打击走私专项整治行动，进一步增强了管海控海力度。年内，共出动警力680余人次，组织码头治安巡逻221余次，开展反走私处突演练2次，出海航行600余海里，检查各类船舶1180余艘，查处违规船舶19条，处罚48人，有效震慑了海上违法犯罪活动，堵塞了海上走私通道。(3)保持打私高压态势。海关、公安部门组织开展了打击毒品及非涉税物品走私、加工贸易渠道走私等走私活动；烟草部门积极开展打击烟草走贩私活动；工商部门积极打击流通领域走贩私活动，净化市场环境。年内，全市共立案侦查刑事案件6起，案值11.4亿元，涉税4亿元，抓获犯罪嫌疑人19人，采取强制措施22人次，移送起诉刑事案件6起。立案调查行政案件15起，案值1.01亿元，涉税1524万元，审理处罚案件14起，罚没入库1002万元。烟草部门破获涉烟违法案件1005起，其中涉私案件15起；查扣各类非法卷烟1743万支，其中走私卷烟44.44万支；总案值1302万元，其中涉私案值30.18万元；破获7起符合公安部、国家烟草专卖局标准的网络案件；刑事拘留218人，逮捕51人，判刑70人。

突发事件应对工作

【完善应急体制机制】 (1)加强应急管理体制建设。进一步健全市县乡三级应急管理体系。对市突发事件应急管理委员会组成人员进行调整充实后重新公布，全市12个县(市、区)已全部成立了应急管理专门机构，其中，正科级7个、副科级5个，全市117个镇、街道也相应地成立了应急机构。(2)进一步完善应急管理协作机制。协调职能部门根据各自专业优势，建立了协同应对灾害性突发事件的预报预警和救援机制。加强与周边市和省属驻潍单位的联系，建立定期会商制度，完善了跨区域救援应急处置协作机制。截至2013年，潍坊市已与淄博、日照和省高速公路交警支队签订了合作协议。(3)建立信息发布和舆论引导机制。创新突发事件信息发布方式，畅通信息发布渠道。2013年，及时传达各类预警预报信息175次，处理渔船报警信息19次，组织救助海上突发险情4起，救助渔船4艘、渔民16人，挽回直接经济损失237万元。

【信息报送工作】 (1)加强信息报告工作，规范信息报送制度。严格执行24小时值班、工作人员交接班、节假日"日报告"和"零报告"等值班工作制度，健全完善突发事件信息接报处置流程，严格落实值班人员工作原则和纪律，不断加强值班应急工作的专业化建设。及时下发《关于进一步强化突发事件信息报告工作严肃责任追究制度的通知》，创新信息报送通报制度，对迟报、谎报、瞒报、漏报等行为进行纸质通报的同时，以手机短信息形式通报各县(市、区)和市直部门、单位主要负责人，收到了良好效果。(2)完善信息联络员队伍，构筑全覆盖网络格局。重点加强了以应急管理专业人员为骨干的突发事件信息员队伍建设，全市初步形成了以市、县、乡三级专业信息员为主轴，以部门、单位为两翼的信息员网络。通过加强与"110"报警平台、"12345"市长公开电话、"12319"市政热线、"12350"安全生产投诉等服务平台的互联互通，有效扩大了各类突发事件的信息来源，相对隐性扩大了信息员队伍。(3)注重利用现代通讯手段提升信息化水平。开发应急平台手机版，为全市每名应急信息员配备了应急专用手机，为有效处置突发事件赢得了时间。(4)规范信息预测预警和发布工作，逐步完善"长中短期相结合，全面与专项相互补充"的预警预测机制，组织人员对特种设备、成品油流通等重点行业，以及易发地质灾害等重点区域进行调查摸底，建立台账，并安排相关单位进行整改。拓宽预警信息发布渠道，在全市设立626处公共卫生综合监测点，实行日报告制度；建立了27个生活必须品监测直报监测点，做好监测预防工作。

【提高应急处置能力】 (1)以《山东省突发事件应对条例》和《山东省突发事件总体应急预案》等为基础，科学修编各类应急预案，全市上下统一的应急救援预案体系基本建立。(2)健全体系建设，加强对应急预案的动态化、科学化、制度化和规范化管理。已完成各级各类预案登记2000余个。下发《关于进一步加强突发事件应急预案有关工作的通知》，先后制定和修订了《全市教育系统突发公共事件应急预案》《潍坊市自然灾害救助涉外、涉外侨应急预案》《全市涉外领保机制》等多个预案，实现了预案的及时更新和完善。(3)积极开展应急预案演练，进一步提高处置突发事件的应对能力。全市各级有针对性地组织开展规模性应急预案演练5200余次，涉及安全生产、燃气实战、危险化学品事故、中小学应急逃生、消防安全等演习课目20多类，开展演练活动的部门80多个，参与演练单位3300多个，参与演练人员近132万人次。

【强化应急保障能力】 (1)加强应急队伍建设，壮大突发事件应对力量。各专业应急救援队伍建设不断增强，市水利局组建防汛应急机动抢险队17支、589人，专业抢险队48支、1868人，常备队12万人、预备队53万人；市安监局建立了各类安全生产救援队伍36支、3000余人；市卫生局成立了传染病防控、中毒控制、医疗救治、预测预警4个专家组和应对重大传染病疫情、不明原因疾病、食品安全、化学中毒、辐射事故、恐怖事件、重大自然灾害、海上搜救8类综合应急队伍及消杀大队。(2)完善应急物资储备制度，增强应对能力。全市共储备袋类370万条，土工布4.3万平方米，钢管等261吨，木料、砂石料等51.3立方米，电缆6710米，照明工具1312只，发电机17组，橡皮船17艘，冲锋舟4艘，机动船13艘，各类救生器具4830件；市民政局对救灾物资储备库原有的物资进行了清理和登记，与8家大型企业集团签订了救灾物资储备协议。其中，救灾生活物资90余种价值1200万元，药品5000多种，价值580万元；市公路局建立市局、县局、公路站三级保障队伍，配备冲锋舟25艘、挖掘机31台、清障车5台、除雪车14辆等应急物资；市港航局按照《潍坊市港航系统应急物资储备制度》要求，储备应急物资，中港区配备消防车1部、3600马力拖轮1艘、5立方米标准消防车、吸油毡、消油剂、围油缆；市粮食局储备储备粮20万吨，储备食用油5300吨，确保了应急物资供应到位、有效。(3)加大应急避难场所建设力度，提高应急救援能力。全市建成区已有应急避难场所125处，总面积达280余万平方米，人均避难场所面积达到2.38平方米，基本形成了覆盖整个建成区的应急避难场所网络。其中风筝都纪念广场、奥体中心公园、坊子区凤凰广场等应急避难场所已创建为国家一类应急避难场所。

【应急平台和网络建设】 (1)不断推进应急平台建设，加快推广使用进度。对市应急管理平台的日常值守、应急管理、应急通讯、多路传真和图像接入等十余项功能进行了整合，初步形成互联互通、互相支撑、安全畅通的市政府应急平台体系，逐步实现了资源共享。新建视频平台，将公安、环保、市政、水利等视频资源全部接入市应急平台，实现了适时监控。上半年又投资新建了视频会商系统，实现了对各县市区政府应急办视频点名。平台已成功借助遍及全市的“协同统一办公平台”电子政务网络，实现了全市范围的系统推广工作。(2)切实推进县级平台建设，专门下发了《关于加快政府应急管理平台推广使用工作的通知》，切实保障应急平台的运行质量。(3)加大投入，实现平台的移动化办公，推出平台的移动版本，为各部门和各县市区配发了一定数量的双模双待智能应急终端，发放数量达到1100余部。

食品安全工作

【夯实食品安全监管根基】 制定了《关于开展食品安全基层基础基本建设提升年活动的实施意见》，全方位推进食品安全各项工作的落实。(1)继续健全基层监管网络。全面加强市、县、镇、大型社区、行政村食品安全“五级联动”工作机制建设，完善了基层食品安全监督员、协管员、信息员、联络员、宣传员“五员一体”的社会化管理格局。在全市119个镇街、7141个行政村和社区聘请“五员”27581名。(2)继续加强监管基础能力建设。坚持监管重心下移，逐级签订《食品安全责任书》。市、县两级公安机关建立了食品安全犯罪侦查大队和中队，加大了对违法犯罪行为的打击力度，并注重做好行政执法与刑事司法的有效衔接。建立起了基层综合执法常态化机制，健全市、县、镇、村四级食品安全应急体系，全市统一制定实施风险监测计划，2013年全市市县两级共安排食品安全检验检测经费3035万元，共完成各类食品抽检20000余批次。积极推动实施县级食品安全检验检测资源整合，高密、安丘两市已启动机构整合试点工作。

【完善食品安全制度体系】 (1)建立综合协调制度。制定了《潍坊市食品安全联席会议制度》，印发了《关于加强鲜奶吧监督管理的通知》和《潍坊市清真食品管理办法》等一系列的制度文件。制定了《关于建立和完善涉嫌食品安全犯罪案件移送工作机制的意见》，推动食品安全监管行政执法与刑事司法密切衔接，各监管部门发现违法线索立即向公安机关通报，由公安机关及早介入、及时立案侦查。实施了《潍坊市食品安全相关部门与新闻媒体协调联动工作制度》，推动实现监管部门与新闻媒体之间信息沟通常态化。(2)强化工作绩效考核。制定了食品安全年度工作考核办法以及信息报送宣传报道、档案管理考核评价办法等一系列配套制度。(3)优化具体工作流程。修订了《潍坊市食品安全工作督查办法(试行)》，制定了《潍坊市食品安全事故应急预案(试行)》《潍坊市食品安全重大事件和重点事项报告处置办法(试行)》，落实了信息通报和统一发布制度，明确了食品安全重大事件和重点事项的报告流程。(4)积极鼓励社会监督。制定出台了《潍坊市食品安全举报奖励办法(试行)》。

【食品安全治理整顿】 着力加大食品安全综合整治力度，将专项整治行动向纵深推进。其中，在农产品种植养殖环节，以打击非法使用“瘦肉精”、饲喂不合格饲料、滥用兽药等为重点，开展畜禽产品专项整治，共检查养殖企业7000多家、兽药生产企业78家、畜禽产品经营企业590家，下达整改通知书150多份，对无证经营业户依法取缔。加强对农业生产过程的质量控制,出台了《潍坊市人民政府关于禁止销售使用高毒农药的通告》,落实农(兽)药经营登记备案和高毒农药定点经营制度,严格控制农药等农业投入品的生产、销售和使用,2013 年共查封高毒农药 108.6 公斤,从源头上保证了食用农产品质量安全。在生产加工环节,强化对食品添加剂、食用植物油产品生产和使用企业的整治,着力排查防范区域性、行业性风险隐患;从 4 月份起开展了食品生产加工小作坊专项整治"春雷行动",全市食品生产加工小作坊监管覆盖率达到 85% 以上。在流通环节,以食品供货商为重点,加强对食品经营、仓储场所的调查摸排和集中整治,规范食品销售摊贩经营行为,全市食品销售摊贩监管覆盖率达到 60% 以上。在餐饮服务环节,以学校、机关、企事业单位、建筑工地食堂、集体用餐配送单位以及旅游景区餐饮单位等人群相对密集和餐饮食品风险隐患相对集中的单位为重点场所,在全市开展了为期 3 个月的专项整治"放心行动",共检查各类餐饮单位 27149 家次,查处违法案件 456 件。同时,积极做好重要节会期间的食品安全工作,全面保障元旦、春节、中秋、"十一"以及风筝会等节会期间的食品安全。2013 年,市公安机关破获各类涉食品类犯罪案件 1674 起,抓获犯罪嫌疑人 2442 人,刑事拘留 1492 人,涉案价值 1.4 亿余元,保持了对违法犯罪行为严惩重处的高压态势。

【开展食品安全风险隐患排查】 5 月,全市组成了由各级领导干部带队的 360 多支检查小组,开展了为期一个月的食品安全隐患排查行动。在农产品种植环节,开展了对生产地块、产地贮存保鲜农产品和农药市场的集中检查,共排查蔬菜、果品等农产品面积 151.75 万亩,产地贮存农户(基地)12787 个、贮存农产品 5.3 万吨,农药生产经营单位 4975 个,查获违规农产品 183 公斤。在畜禽产品养殖环节,共查处各类违法违规业户 74 家,立案 22 起,取缔 2 家,责令整改 22 家,关停生猪私屠滥宰窝点 3 处。在食品生产加工环节,全市共出动执法人员 1200 余人次,对 808 家重点企业进行了监督检查,下达责令改正通知书 67 份;抽检产品 168 批次,对发现的 8 批次不合格产品的生产企业依法进行了处理。在市场流通环节,加大了对食品市场的巡查频次,强化食品案件的查处力度。组织开展了酱腌菜、干制水产品、熟肉制品、粽子、罐头、糖果制品、乳制品、糕点、食品添加剂等 8 大类 805 个批次的食品抽检,其中,不合格 203 个批次,合格率 75%,查处食品违法案件 75 件,违法食品货值 4.9 万元,没收违法食品 71.3 公斤,退市违法食品 120.9 公斤。在餐饮服务环节,全市共检查餐饮单位 20301 家次,行政处罚立案 951 起,罚款 147.264 万元,责令整改 1895 户,下达监督意见书 11335 份,查扣不合格食品及原料 440.25 千克,取缔无证经营户 27 家、小餐饮 160 家。

【健全完善监管长效机制】 (1)进一步加强食品行业道德诚信体系建设。通过开设道德讲堂等形式积极开展企业守法经营和案例警示教育。在国务院食安办组织的"食品安全·诚信守望"评选活动中,潍坊市昌乐县五图街道庵上湖村党支部书记赵继斌作为全省 3 名候选人之一成功入选参评。(2)推进企业信用体系建设。各监管部门对被吊销证照企业的有关责任人实行了"黑名单"管理,依法实施行业禁入。(3)大力实施"阳光开放"行动。在全市食品生产、流通、餐饮环节分别组织开展食品企业"亮企""亮店""亮厨"行动,接受社会对生产经营过程的监督。全市共有 30 家生产加工企业、330 家食品经营单位、323 家餐饮单位实现了"三亮"。(4)推进行业联盟体系建设。县级重点推进不同类型的产业联盟试点工作,镇级重点抓好以产业合作社或行业协会为基础的产业联盟建设,村级主要建设以专业合作社为基础的生产合作组织。

【增强食品安全监管力度】 安丘市以深化提升"安丘模式",创建农产品质量安全区域化管理标准化示范市为核心,通过完善市场准入、连锁经营、联合执法的农药监管机制,进一步规范了农药市场的经营秩序。寿光市以市场化运作方式投资 3500 万元建设了全省首家病死畜禽无害化处理厂,有效解决了非法加工销售病死畜禽这一监管难题。奎文区率先与辖区内餐饮加工服务单位全部签订"废弃食用油脂"回收合同,全区餐厨废弃物和废弃油脂规范处理率达到 85%,有效防范了"地沟油"回流餐桌。诸城市加强信息化建设,改造提升网格化。已投资 200 余万元完成"食安 e 通"工商、畜牧等版块建设,初步建立起了信息共享、全程追溯的食品安全管理系统。昌邑市成立食品安全专家宣讲团,以办讲座的方式开展基层食品安全协管员、信息员工作培训。市农业局在全省率先推行了农药登记备案管理和高毒农药定点经营制度;市畜牧局在全市畜禽屠宰加工企业实行了官方兽医派驻制;市卫生局在全省率先实行食品安全事故流行病学调查机构和调查员"双负责制";市质监局建立了食品企业法人代表履责报告制度和约谈制度;市工商局实行了食品批发经营单位销货凭证与食品零售经营单位进货凭证"一票通",在高密市试点推行了"证照核发一体化";市商务局建设了覆盖各关键环节的屠宰远程监管技术系统;市食品药品监管局加强对餐饮单位的电子信用档案管理。

市长公开电话

【概况】 2013 年,市长公开电话受理中心以"为群众提供优质高效服务"为总目标,按照"有话必接、有接必处、有处必果、有果必复"的工作要求,围绕"一个目标"(为亿群众提供优质高效服务为目标),狠抓"三个环节"(受理、转办、督办),完善"四个体系"(制度管理、质量监督、量化考核、技术支撑),认真履行职责,不断改革创新,注重加强自身建设,办理质量和效率稳步提高,各项工作有序推进。2013 年,中心共受理群众来电反映事项 438295 件次,其中,市长公开电子信箱邮件 2349 个,制单 183634 件次,转交各网络单位办理的事项 117727 件次,按时办结率 99.8%,反馈率 100%。

【业务工作】 (1)建立健全规章制度,提高管理工作的规范化。以提高受理质量为目标,制定了《受理座席技能提升实施方案》和《关于进一步加强对市长公开电话网络单位承办事项监督管理的通知》,修订完善了值班、学习、会议、督查、考评、奖惩、通报等方面的工作制度。(2)积极建言献策,充分发挥参谋助手作用。密切关注经济和社会发展中出现的新情况、新问题,及时将群众反映强烈的社会热点、难点问题进行信息搜集、综合和分析整理,通过《呈阅件》《季度通报》等形式,向市政府领导反映,为领导民主决策、科学决策提出合理化的意见和建议。(3)“潍坊民声”工作规范有序开展。中心按照办公室和群工办的要求安排专人每天登录“潍坊民声”工作平台查看接收转办件,全部按时办结。

【加大质检督导力度】 根据《市长公开电话综合质检管理办法》和《市长公开电话综合质检量化考核标准》,组织质检人员对工作人员受话质量、服务水平、处办程度进行质检,量化考评,采取一周一质检,一周一公布,把对员工的考核结果作为评先树优的重要依据,并与工资奖金和晋升挂钩。加强对网络单位的监督管理。特别是对个别经常申请延时、超时、办理质量不高的网络单位加大督办力度,解决了大量事关群众切身利益的难题。

【宣传工作】 依托市长公开电话网站进行宣传,充分发挥网站中关注民生、服务百姓的功能,中心对市长公开电话网站上的“群众来电受理情况”“民生热点”等板块进行及时的更新,2013 年及时更新群众来电受理情况 36 次,民生热点内容 28 条。8 月,在市长公开电话运行十周年之际,《潍坊日报》、潍坊电视台等新闻媒体均采取不同形式集中对市长公开电话工作进行了宣传报道,树立了市长公开电话在人民群众心目中的良好形象。 (康恒杰)

地方史志工作

【市志续修工作】 针对市志续修工作存在的实际问题,市史志办领导班子立足实际,采取措施突出抓好二轮修志工作。(1)坚持依法修志,积极推进法制化、规范化建设。2013 年,结合潍坊实际,与市政府法制部门密切配合,起草《潍坊市地方史志工作管理办法》草案及相关说明。5 月 28 日,市政府第 17 次常务会议研究通过了《潍坊市地方史志工作管理办法》,以潍政发〔2013〕15 号文件发布,6 月 28 日起施行。这是全市历史上第一个由政府发布的关于地方志工作的规范性文件,使史志工作进入了有法可依、有章可循的历史阶段,为史志事业健康有序发展奠定了法制基础。(2)积极争取领导支持。在认真调研、征求各方面意见的基础上,形成《关于启动续修〈潍坊市志〉有关工作的汇报》,明确了市志第二轮续修有关指导思想、时间断限、篇目设计、完成时限、保障措施等一系列主要问题,得到市政府领导的充分肯定。(3)认真做好续修市志的前期准备工作,确保市志续修顺利启动。2012 年以来,先后 6 次召开专题业务会议,两次征求编委会各成员单位、相关部门的意见,确定了《潍坊市志(1991—2012》篇目,初步明确了市志承编主体及各承编单位的职责。在做好各方面准备工作的基础上,拟定《潍坊市志(1991—2012)编纂工作方案》,市委、市政府办公室于 11 月 26 日以潍办字〔2013〕65 号文件发至全市执行,市级二轮修志工作全面启动。

【县(市、区)修志工作】 (1)为确保县市区修志工作健康发展,2013 年 6 月,结合全省地方志工作会议的贯彻实施,市史志办分别在昌乐、高密分片召开全市史志办主任座谈会,调度县市区第二轮修志工作进度情况。(2)树立典型,促进带动。2013 年 9 月,省史志办提出要学习推广“临朐模式”。市史志办及时抓住这一典型,于 10 月 15 日在临朐县召开了全市史志工作现场经验交流会,用身边的经验教育引导大家,提高了各县市区抓好二轮修志的自觉性。(3)落实奖惩、强力促动。制定《县市区史志工作考核办法》,加大了二轮修志和主体业务在考核中的权重。年内《坊子区志(1990—2007)》出版,《高密市志(1986—2008)》初稿已编写完成;寒亭、昌邑基本完成初稿编写,进入总纂阶段。

【年鉴工作】 积极推动年鉴工作改版创新。(1)扩大记述内容和发放范围。及时总结记述一些有影响、有重大突破的重要成果和相关事件,以及随着改革开放和市场经济发展产生的新生事物;印数由 1000 册扩大到 3000 册,首次将年鉴免费发放到全市所有市级人大代表、政协委员手中。(2)创新工作机制。2012 年以来,坚持每年召开全市年鉴工作会议,表彰了十佳供稿单位、十佳供稿人及编纂工作先进单位、先进个人,坚持为撰稿人发放稿费及样书,供稿质量和时效有了新的改进。编辑出版了《潍坊年鉴》2013 卷袖珍版,提高了年鉴时效性,并由“案头书”变为“口袋书”,方便了领导查阅。(3)强化质量管理。建立了责任编辑、年鉴科长、分管主任审核制度,全年召开评稿会议 5 次,确保了年鉴稿件质量。2012 卷《潍坊年鉴》获得省史志办特别成果奖。

【业务指导工作】 充分发挥专业优势,积极做好部门志、专业志的编修服务工作。全年共为有关部门、单位举办修志业务培训班3期,对《潍坊审计志》《潍坊卫生志》《潍坊人口和计划生育志》《潍坊监狱志》《潍坊军事大事记》《潍坊市城市规划志》《后姚家坊村志》《则尔庄志》等部门志、专业志和基层志的编纂工作,在业务上加强了指导和帮助,认真审阅了《潍坊监狱志》等志稿。截至2013年底,市级部门、单位已完成二轮志书编纂6部,形成了较好的社会氛围。

【地情书籍编纂工作】 《潍坊人居环境志》和《潍坊风筝志》这两部特色志书,是市史志办立足于开发短线项目、打造城市名片,在开发、提升地情研究方面的重要尝试。其中,《潍坊人居环境志》于2012年经市委、市政府同意启动,2013年4月编印完成征求意见稿,8月完成送审稿。全部志稿共分4个部分,8篇37章,40余万字,穿插图片200余幅。12月送方志出版社审核,进入出版印刷阶段。同时,在多方调研、反复修改的基础上,市史志办于2013年上半年确定了《潍坊风筝志》篇目,并召开了有关专家、学者参加的篇目讨论会。11月18日,市政府办公室主持召开了编写工作领导小组成员会议,具体部署了《潍坊风筝志》编写工作。

【《潍坊人物年鉴》编纂】 市史志办在人手和经费较为紧张的情况下,坚持自我加压,探索为现实工作服务的新途径,自筹经费开展了《潍坊人物年鉴》的编纂工作。通过网络、信件、短信、电话等多种方式联络核实,收录全国各地有一定影响的潍坊籍人士800多人。

【市情网站建设】 2013年完成工信部ICP备案注册,在网警支队进行了网络备案。成立网站管理与安全领导小组,制定《潍坊市史志办信息网站管理制度》,严格审核网站发布内容,确保了网站安全和资料上传的规范性。及时更新网站资料,丰富内容,年内更新、上传总量近800余条,其中新上传资料、信息、新闻稿件等580余条,全年网站点击量达到5000次。同时,加大市委、市政府关于突破滨海、加快实施蓝黄战略等重大决策部署的宣传力度,把“潍坊滨海经济技术开发区”链接放到网站显著位置,为各地了解滨海、投资滨海、开发滨海提供了便利。

【方志馆建设】 经多方协调,落实了方志馆临时馆舍,全部资料迁入新址。全年与各地交换志书及地情资料16套,丰富了馆藏。

【社会服务工作】 积极搜集、整理、研究、开发利用各类市情资料,年内共搜集、整理各类资料50余份。完成了市政府下达的坊茨小镇、潍县集中营、潍县县衙和循环经济评估项目等资料的搜集整理工作;为潍坊军分区、市检察院等部门提供了相关地情资料。及时为市内望海山小米、石堆伏梨、柘山花生、石埠子草莓、石家河苦菊等地方特产名产申请国家地理标志产品提供服务,向社会提供资料查询服务30余次。

【包村扶贫活动】 根据市委、市政府“包千村联万户促和谐谋发展”活动要求,市史志办成立了包村工作组,由一名副调研员分管“包村联户”工作,一名副科长担任“第一书记”,开展了对青州市邵庄镇朱王孔村的帮扶工作。经多方衔接协调,为帮扶村解决树苗4000棵,积极开展了绿化荒山活动;落实资金10万元,重新改造了自来水工程,有效解决了村民吃水难的问题;协调投入22万元建设了占地400平方米的“村委大院”,输送了价值3万元的图书和5万元的书架、桌椅,并联系捐赠广场健身器材一套,形成了“富民爱心农家书屋”和村民文化广场;免费为村中70~80岁的老年人办理了伤病、死亡保险,并协调潍坊护理职业学院为部分初、高中毕业生免费入学、确保就业。市史志办投入资金5万多元,救济了部分生活困难群众。 (*颜培胜*)

“蓝黄”两区建设

【滨海开发建设】 认真落实突破滨海战略,将协调推进北部滨海开发作为工作重点,全力加快滨海海洋经济新区和滨海产业园建设。滨海经济保持平稳运行,全年完成地区生产总值552.9亿元,同比增长15.2%;完成公共预算财政收入34.6亿元、开发投入557.3亿元,同比分别增长22%和20%;新开工过亿元项目156个,总投资1396.5亿元。重点区域开发加快推进,滨海开发区在建过亿元项目261个,各县(市、区)滨海产业园签约落户过2亿元项目56个;寿光滨海累计开工过亿元项目176个,昌邑滨海累计落户项目138个。滨海产业园核心区基础配套快速推进,安置工业项目66个,协议总投资415亿元。

【特色产业发展】 将园区作为蓝黄产业聚集发展的重要载体,根据蓝黄特色产业园建设标准,筛选了一批重点园区优先培育,青州海洋装备制造、昌邑海洋精细化工、诸城海洋食品、滨海动力机械装备制造、寿光现代农业5个园区被认定为省蓝黄特色产业园,数量居“两区”各市首位,入驻规模以上企业159家,全年完成主营业务收入667亿元。筛选了一批蓝黄产业项目,有16个列入省“两区”重点建设项目,全年完成投资39.9亿元,占年度计划的101%。

【基础设施建设】 坚持基础设施先行,不断完善蓝黄“两区”建设基础条件。潍坊港中港区3个2万吨级码头竣工投产,5万吨级航道一期(3.5万吨级)工程码头引堤开工建设;潍日高速公路北段已经省发改委立项,疏港路至荣乌高速段已动工建设;疏港铁路项目选址、节能评估报告及评审、项目批复、勘探测量等工作已完成,正在进行初步设计;寿光防潮堤工程完成总投资的72%，潍河入海口防潮堤加固工程完工，双王城水库主体工程建成；国华寿光电厂项目完成23个支持性文件办理。

【政策事项落实】 根据省“两区”建设专项资金申报指南，科学制定切块资金安排方案，指导县市区筛选申报乡村旅游、生态环保和节能减排项目，17个项目获“两区”扶持资金2.2亿元，项目数、资金额均居“两区”各市首位。积极开展招商引资，举办了蓝黄“两区”建设重点项目推介会，32个项目达成投资合同或协议，利用市外资金额196亿元。对涉海企业和科研机构人才情况进行全面调查，编制了全市海洋产业引才目录，2个项目列入泰山学者蓝色产业领军人才团队支撑计划。加快黄三角未利用地开发，滨海区和寿光羊口镇未利用地开发项目完成开发1.8万亩，寿光市双王城生态经济园区未利用地开发项目获省批复。开展了山东半岛蓝色经济区发展改革试点自查评估。

【综合协调服务】 先后开展支持滨海开发区发展、产业转型发展、海洋人才引进、海洋生态建设等多项专题调研活动，完成了省“两区”重大研究课题《潍坊市黄河三角洲区域产业转型发展的路径与对策研究》，3个课题被省“两区”办表彰为优秀成果。组织迎接省“两区”建设年度绩效考核，寿光市获评黄区、蓝区建设先进县，诸城市获评蓝区建设先进县。加大宣传力度，参与承办“2013蓝色经济大家谈”活动，配合开展省“蓝色行走”大型采访活动。潍坊市突破滨海加快实施蓝黄战略的经验在国家发改委《发展改革情况通报》刊发，《规划引领重点突破推动蓝黄战略实施的经验》在国家发改委《地区经济工作》刊发。

【油区协调和油气管道监管】 油区秩序和油气管道运行安全稳定。开展了“和谐安全生态富裕油区建设年”等活动，制止井口盗油3起，破获盗油案件4起，有效净化了油区秩序。开展了“平安管道建设”“油区和管道安全月”等活动，组织清理各种违章占压10处，消除重大安全隐患1处，制止第三方施工破坏4处。充实完善石油天然气管道监管系统。开展油区和油气管道安全大检查，召开全市石油天然气管道安全专项整治工作会议，对清查出的安全隐患逐一落实整改方案。积极服务济南—青岛输气管道二期工程建设，保障项目顺利推进。 （巩俊法）

人 事 工 作

【高层次人才队伍建设】 加大高层人才引进力度，成功举办中国（潍坊）创新创业峰会，组织承办了山东半岛蓝色经济区第二届高端人才项目招聘洽谈会活动。不断深化高端技术人才网上引进活动，引进外国专家536人次，组织执行专家项目287个，获得上级引智资助经费数额、高端外国专家项目获批数量、示范推广项目获批数量、国家引智成果示范基地和引智示范单位数量五项均列全省第一。专业技术人才队伍规模不断扩大，全市享受国务院特贴专家118名，省有突出贡献的中青年专家52名，市级专业技术拔尖人才1069名，11人入选国家“千人计划”。在潍坊工作的2名外国专家获国家“友谊奖”，15人获“齐鲁友谊奖”，均居全省前列。全市博士后工作站达到24家，居全省第二位。

【技能人才队伍建设】 加快高技能人才队伍建设，组织实施“金蓝领”项目培训890人，评选产生第五批首席技师47名，建立2家国家级技能大师工作室。认真组织技师、高级技师的申报、培训和评审工作，考核人数达3610人。其中，申报高级技师1510人，评审技师2100人，数量均居全省第一。评选了46名潍坊市首席技师和100名潍坊市技术能手。全市培养高技能人才2.1万人，职业技能鉴定9万人次。

【公务员管理】 加强对公务员的考试和录用工作管理，完善公务员管理的监督机制，全面打造“阳光考录”品牌，全市考录公务员479名。按照综合典型、数量精简的原则，圆满完成了市委、市政府年度表彰工作，经审核确定8大类、44项表彰事项，表彰数量减少15个。

【事业单位人事制度改革】 加强事业单位岗位设置和聘用管理，对96.2%的事业单位岗位设置方案进行了核准，核准人数占人员总数的98.5%，83.4%的事业单位已完成岗位聘用，已完成岗位聘用的人数占人员总数的93%。

【军转安置】 军转安置任务圆满完成，共接收安置军队转业干部246名，其中，计划分配199名，自主择业47名，接收随调家属25名，军转干部安置率、安置政策落实率均达到100%。 （刘先谨）

对 台 工 作

【第19届鲁台经贸洽谈会】 2013年10月28日至11月1日在台湾地区举行。会前，先后在潍台两地举办了海峡两岸现代农业等多场活动，达成12项农业和14项产学研合作项目；9月份举办的海峡科技论坛，67位台湾领军人士参会，达成绿色观光工厂等一批科技合作项目。会议期间，举办了8项经贸文化交流活动和潍坊市文化成果图片及非物质文化遗产展。山东省省长郭树清，台湾“三三会”会长江丙坤，最具影响力的五大工商团体理事长及300多位知名企业家出席潍坊各类活动。洽谈台资项目23个，总投资7.1亿美元，台资额

4.5亿美元;签订文化、基层交流协议6个,科技合作协议6个。会后,建立重大项目跟踪推进机制,福懋科技LED、海洋装备合作研发生产等一批高科技和新兴业态项目相继开工建设。

【经贸合作再上新台阶】 全市新批台资项目10个,增资项目5个,实际利用台资1.61亿美元,居全省第三位。实现商务赴台33批79人次,成功洽谈台盐海洋生物科技等项目。4家潍资企业入岛设立分支机构或办事处。3家台资企业落户滨海,其中,投资1亿美元的崇舜化工项目开工建设,投资8000万美元的茂业土壤健康产业园、投资20亿元人民币的高尔夫训练场旅游度假区项目进入手续办理阶段。

【潍台交流开创新局面】 齐鲁台湾城获批山东省海峡两岸交流基地,潍台互设"潍坊民间创意文化馆"和"台湾文化艺术馆"。继鲁台教育交流中心后,鲁台科技合作中心、鲁台农业技术交流中心落户潍坊。台湾高端幼儿园项目、电电公会助推企业转型升级项目落户潍坊。8项交流活动被评为山东省优秀交流项目,5项活动列入国台办重点交流项目。全年接待台胞56326人次,实现赴台10411人次,其中应邀赴台79批386人次。

【对台宣传影响力提升】 "莫言家乡·魅力潍坊"专题宣传被国台办评为优秀入岛宣传项目,《两岸一家人》成为山东省地市级唯一获省文化厅批准发行的涉台刊物,潍坊被列入中时传媒"城市100"入岛宣传专项。十余家台湾媒体应邀到潍坊采访,在岛内播放潍坊电视专题节目1个,电视新闻报道4则12次,平面新闻报道120篇,平面媒体半版10个。全年在市级以上媒体发稿1506篇,其中,国家级357篇、省级480篇、市级669篇。

【涉台环境进一步优化】 深入开展台资企业走访季活动,走访台资企业322家。推选17家台资企业参选全省"百强战略"。创新建立台资企业投资落户专人全程包靠制度。协调潍坊银行为16家中小型台属企业授信。与市台协会、台联会联系互动更加紧密。创新开展"台胞权益保障工作优质服务年"活动,接收和处理各类涉台投诉20余次。 (李迪)

外事与侨务

【提高对外合作层次】 (1)借助中联部,利用政党外交资源推动对外合作。推动中国经济联络中心与潍坊市政府签订了战略合作协议。通过经联中心引荐,德国前国防部长、RSBK有限公司董事长鲁道夫·沙尔平多次到潍坊参观考察,在坊茨小镇保护与开发、中德中小企业孵化器和产业园建设、职业教育等诸多方面形成合作共识,与市政府签订了战略合作备忘录。(2)借势外交部,利用国家外交政策服务对外合作。配合食品谷向省外办、外交部亚洲司汇报,全力争取在潍坊设立东亚畜禽食品交易所,获得上级部门领导肯定和大力支持。(3)依托全国友协,利用民间外交优势构建对外交往新格局。先后获批与泰国清莱府清莱市结为友好城市,与多哥首都洛美市、韩国牙山市、乌干达恩德培市签署了友好合作关系意向书。成功举办"中国国际友城市长(潍坊)生态峰会"暨"国际风筝城市联盟"启动仪式,举行了"联盟纪念牌"揭牌仪式,联名签署了《联盟宣言》。以风筝为媒,推动潍坊市与有实力的外国城市开展全面合作,创新了多边交流模式。由全国友协与中央电视台新影制作中心联合拍摄的《新中国民间外交风云录》,将德国援助青州南张楼村"土地整理、村庄革新"项目列入第四集内容。(4)借力国家发改委,利用中欧城镇化合作机遇提升对欧合作层次。配合市发改委,在2013中欧城镇化论坛上,潍坊市与德国弗莱辛地区被列入中欧首批12对合作伙伴城市之一。以保护开发坊茨小镇、打造中德历史文化合作示范园区为切入点,拓展了与欧洲地方城市共同推进新型城镇化进程的高层平台和全新路径。

【增强服务经济能力】 充分利用国际国内资源,有效整合全办力量,全力投入"大招商、招大商"和"三招三引",重点服务"突破滨海"。(1)引荐大型央企、世界500强中国建材集团所属中国新型房屋建设集团与滨海区初步达成战略合作框架协议,将合作共同打造国际绿色建材港、万米沙滩主题文化公园、生态小镇等项目,规划引进数千家绿色建材企业入驻。(2)引荐中国创意研究院协同中国华氏国际控股集团等企业组团拟投资建设潍坊滨海丰台村盐业遗址群,打造盐海奇境旅游休闲区、双鱼地标酒店等项目。(3)引荐北京大学地方政府治理与创新研究中心在高新区设立潍坊研究基地,合作成立北大潍坊发展研究部。

【塑造涉外文化品牌】 (1)扩展城市名片知名度。4月份,积极联系欧洲极具影响力的德国黑森电视台到潍坊市拍摄了潍坊风筝文化艺术纪录片——《中国—潍坊的冲天者》,在德国、法国等欧洲国家播出并引起广泛反响。(2)打造特色文化资源。全方位塑造集中营品牌。联系山东电视台以集中营为素材拍摄了两集专题片《逃出集中营》,在《山东往事》栏目播出。配合全国友协、华夏文化纽带工程组委会在波兰举行了"情义无价"——潍坊人民援救潍县集中营难友宣传活动。《中国文化报》对"情义无价"潍县集中营征评公告进行了整版转发。与长影集团就以潍县集中营为题材拍摄制作电视剧,与青岛凤凰传媒就以集中营为题材拍摄国际化电影达成合作意向。推介诸城恐龙文化。11月份,通过省外办等资源平台邀请韩国中央电视台(MBC)到诸城拍摄恐龙文化专题片,此片在韩播出后反响强烈。诸城市与韩国有关方面已达成在韩国举行恐龙化石展览的协议。(3)搭建文化交流平台。积极举办“海外华裔青少年寻根之旅”“2013波兰文化周”“国际青少年文化之旅”等活动,促进潍坊市同国外的文化交流与合作。

【提升侨务工作水平】 (1)组织涉侨活动,打造侨务品牌。成功组织了第六次海外华商博士潍坊行活动,40多名海外侨商和专业博士到潍坊考察。召开了“2013海外华商博士高端产业潍坊恳谈会”,达成经贸合作、人才引进意向5个。(2)加强海内外联谊,扩大交流基础。先后接待了20多批、1000多位海外华侨华人、侨商人士、华裔后代到潍坊市参观考察;选派4名教师赴澳大利亚参加了省侨办举办的“中华文化大乐园”活动。(3)完善社区侨务,努力为侨服务。建立“社区为侨服务好,侨为社区贡献多”双向服务机制。青州市北城社区和诸城市鑫城社区被省侨办推荐为全省社区侨务工作示范单位。(4)依法护侨,切实维护归侨侨眷权益。潍坊市的典型做法被外交部转发并在全国外事系统推广。对全市贫困归侨侨眷进行了调查摸底,定期走访慰问贫困归侨侨眷,保证归侨生活困难补贴按时足额发放。积极处理信访工作,被评为全省侨务信访工作先进单位。

【着力维护涉外安全】 (1)加强NGO管理。制定下发了《NGO管理工作暂行办法》《联席会议制度》,组织了境外非政府组织在潍坊活动调研。(2)规范对外邀请。从严把关,有针对性地与中国驻外使馆建立直接联络沟通机制,确保良好的涉外维稳形势。全年办理534批754人次外国经济文教专家到潍坊考察或工作。(3)创新领事保护。举办“潍坊市境外领事保护宣传活动”启动仪式,并在全市各县市区开展了宣传月活动,有力维护全市公民海外合法权益。积极协调、妥善营救在玻利维亚被扣的青州市永生挖沙机械有限公司三名员工,这一事件作为典型案例在全省推广。

【积极践行服务宗旨】 (1)因公出国管理服务取得成效。严格落实中央、省有关新规定,市、县级领导出访活动更加规范,出访人数、经费支出均实现大幅下降。加大APEC商务旅行卡推广力度和宣传力度,全年共受理APEC商务旅行卡215张,办结197张,累计办结463张,居全省第一。服务窗口连续多次被评为“加强作风纪律建设活动先进单位”“红旗窗口”,全体人员被评为“优秀服务标兵”。(2)优化为侨服务,促进侨商企业转型发展。坚持“以人为本,为侨服务”的工作宗旨,积极组织侨商企业参加北京大学EMBA名师企业管理论坛及外出交流活动等推进对外合作交流;积极主动走访侨商,及时协调卫生、交通、教育等部门为其解决困难,营造亲商安商好环境,促进侨商企业重点向高效低耗集约方向发展。

(杨永花)

政协潍坊市委员会

中国人民政治协商会议第十二届山东省潍坊市委员会于2012年1月换届产生,任期5年。现有委员523人、常委81人。市政协第十二届委员会下设办公室、研究室、委员活动工作室3个办事机构,提案委员会、经济委员会、人口资源环境外事委员会、科教文卫体委员会、社会法制委员会、文史资料委员会6个专门委员会。

重 要 会 议

【市政协全委会议】 1月6日~9日,市政协十二届二次会议在潍坊富华国际会议中心举行。会议听取并讨论了中共潍坊市委书记许立全的重要讲话;听取并讨论审议了市政协主席崔建平代表十二届市政协常务委员会所作的工作报告和市政协副主席刘伟代表十二届市政协常务委员会所作的提案工作报告;全体委员列席了市十六届人大二次会议,听取并协商讨论了市政府工作报告及其他相关报告;通过了市政协十二届二次会议决议和提案委员会关于市政协十二届二次会议提案审查情况的报告。会议补选许华为市政协第十二届委员会秘书长,增补马言圣、王文俊、王有亭、李亚军为市政协第十二届委员会常务委员。

【市政协常委会议】 市政协十二届六次常委(扩大)会议 1月5日,在富华国际会议中心召开。会议由市政协主席崔建平主持。崔建平就市政协十二届二次会议的有关事项作了说明,并向与会人员提出了要求。市政协副主席刘伟、李传恒、吴建民、王继怀、王贤臣、李士来,顾问杨肖青、满郭强、杜国忠、刘维国,秘书长王有亭,全体政协常委、各县(市、区)政协主席、市属各开发区政协工作室主任、各委员讨论组召集人、大会秘书处各组正副组长参加了会议。

市政协十二届七次常委会议 3月20日,在市级机关综合办公大楼召开。市政协主席崔建平出席并讲话,市政协副主席刘伟主持会议。会议传达学习了全国政协十二届一次会议和省政协十一届一次会议精神;通报表彰了先进委员活动组;听取了市教育局、市计生委工作情况汇报,并民主评议了上述两部门工作情况;分组讨论并审议通过了《政协潍坊市委员会2013年工作要点》《关于加强我市农村医疗卫生三级服务网络"网底"建设的建议案》和有关人事事项。

市政协十二届八次常委会议 6月27日,在富华大酒店召开,市政协主席崔建平出席并讲话,市政协副主席刘伟主持会议。会议传达学习了省政协十一届三次常委会议精神;听取了市商务局、市交通运输局工作情况汇报,并民主评议了上述两部门工作情况;分组讨论并审议通过了《关于加快发展我市现代物流业的调查与建议》《关于对城区道路交通情况的调查报告》和有关人事事项。

市政协十二届九次常委会议 10月9日,在市级机关综合办公大楼召开,市政协主席崔建平出席并讲话,市委常委、常务副市长陈白峰代表市政府通报了市政协十二届二次会议以来的提案办理情况。会议传达了省政协十一届四次常委会议精神;听取了市文广新局、市旅游局工作情况汇报,并民主评议了上述两部门工作情况;分组讨论并审议通过了《关于全市生态旅游业发展情况的调查报告》。

【市政协主席会议】 市政协十二届七次主席会议 3月14日,在市级机关综合办公大楼召开,市政协主席崔建平主持会议并讲话。会议传达学习了市委常委(扩大)会议精神;审议通过了市政协十二届七次常委会议议程和日程;审议了《政协潍坊市委员会2013年工作要点》《关于加强我市农村医疗卫生三级服务网络"网底"建设的建议案》;修订了《市政协常委会议民主评议工作暂行办法》;审议了《政协潍坊市委员会关于表彰先进委员活动组的决定》,听取了有关人事事项的汇报,并就加强作风建设等问题进行了研究部署。

市政协十二届八次主席会议 6月18日,在市级机关综合办公大楼召开,市政协主席崔建平主持会议并讲话。会议审议通过了市政协十二届八次常委会议议程和日程;审议了《关于加快发展我市现代物流业的调查与建议》《关于对城区道路交通情况的调查报告》,并就进一步充实完善相关报告提出了意见建议;听取了有关人事事项的汇报。

市政协十二届九次主席会议 7月22日，在市级机关综合办公大楼召开，市政协主席崔建平主持会议并讲话。会议听取了市政协机关各委室上半年工作情况汇报和下半年工作安排。

市政协十二届十次主席会议 9月29日，在市级机关综合办公大楼召开，市政协主席崔建平主持会议并讲话。会议审议通过了市政协十二届九次常委会议议程和日程；审议了《关于全市生态旅游业发展情况的调查报告》，并就进一步充实完善调查报告内容提出了意见建议；对其他有关事项进行了安排部署。市政协副主席刘伟、王卫东、李传恒、吴建民、王继怀、李士来，顾问满郭强、杜国忠、刘维国，秘书长许华出席会议。

市政协第十二届十一次主席会议 11月18日，在市级机关综合办公大楼召开，市政协主席崔建平主持会议。会议传达学习了中共十八届三中全会精神，研究部署了全市政协组织学习贯彻全会精神的具体措施。

【市政协其他重要会议】 *市政协理论与实践研究会第一届理事会第二次会议* 2月1日，在市级机关综合办公大楼召开，市政协主席崔建平出席会议并讲话。市政协顾问、理论与实践研究会会长刘维国作工作报告。会议增补了市政协理论与实践研究会部分会员和理事，聘请崔建平为名誉会长、赵兴涛为顾问，补选王有亭为新任会长。

市政协重点提案办理情况暨委员知情明政视察座谈会 9月2日召开，市政协主席崔建平出席并讲话，市政协副主席刘伟主持座谈会。市政协副主席李士来，顾问杜国忠，秘书长许华出席，市政协有关委室负责人、市各民主党派和工商联负责人、有关提案者和提案委部分成员参加会议。

潍坊市民俗学会成立大会 12月20日举行。会议通过了《潍坊市民俗学会章程》，选举产生了理事会会长、副会长、秘书长。联合国教科文国际民间艺术组织主席团成员、亚洲区秘书长 Moon Hyung Suk 致贺辞；中国民俗学会副会长、山东省民俗学会会长刘德龙出席；中国民俗学会副会长兼秘书长叶涛致辞；市政协主席崔建平与会讲话，市政协副主席刘伟，顾问满郭强，秘书长许华出席会议。

潍坊市画廊协会成立大会 12月30日，在青州市召开。中国文联副主席、中国美术家协会主席刘大为，潍坊市委常委、宣传部部长初宝杰，山东省文联党组书记于钦彦出席会议并讲话。会议选举产生了潍坊市画廊协会的监事会、理事会和会长、副会长、秘书长，聘请刘大为等国内艺术家担任潍坊画廊协会的艺术顾问。

重 要 工 作

【考察调研】 4月8日，市政协副主席王卫东、王贤臣率部分政协委员，到潍城交警大队、驾驶人考试中心、市车辆管理所，就全市城区道路交通情况进行调研。

4月16日，市政协主席崔建平到昌邑市就招商与转调创工作进行调研，就落实全市"招商与转调创"座谈会精神提出要求。市政协秘书长许华陪同调研。

5月13日~15日，市政协副主席吴建民、顾问满郭强率部分委员和市直部门负责人，就"如何加快我市国家职业教育创新发展实验区建设，为转调创提供技能型人才支撑"进行专题调研。

5月17日~27日，市政协人口资源环境外事委员会组织调研组，到部分县（市、区）就全市生态旅游发展情况进行专题调研。市政协副主席王继怀，顾问刘维国、贺俊参加调研。

6月6日，市政协主席崔建平带领视察组到寿光市视察农村医疗卫生三级服务网络网底建设情况，并召开座谈会。市政协副主席吴建民、李士来，顾问满郭强、贺俊，秘书长许华参加视察。

6月21日，市政协主席崔建平带领经济界、工商联界部分省市政协委员赴莱芜市学习考察经济社会事业发展情况。市政协副主席吴建民，秘书长许华等参加活动。

10月15日，市政协主席崔建平带领部分驻潍省政协委员到滨海经济技术开发区进行专题视察，并围绕"加快滨海基础设施建设，提高支撑能力，推动滨海突破"进行了探讨和交流。市政协副主席王卫东，秘书长许华参加活动。

11月8日，市政协副主席王卫东带领视察组联合市政府食安办，赴寿光市对食品安全情况进行跟踪视察。

12月4日，市政协副主席吴建民、李士来带领科教文卫体委视察组，对全市职业教育创新发展情况进行视察。

【全省政协文史工作会议暨政协文史干部培训】 11月26日~28日，全省政协文史工作会议暨政协文史干部培训班在青州市召开。省政协副主席郭爱玲、市政协主席崔建平出席会议，市政协副主席王继怀、秘书长许华参加会议。

【全国及省级政协领导到潍坊考察视察】 4月11日~12日，全国政协社会和法制委员会副主任王巨禄一行，在省政协副主席栗甲陪同下，到潍坊市调研农村社区建设情况。调研组一行先后实地参观考察了诸城市得利斯展厅、辛兴社区、土墙社区等，详细了解了潍坊市及诸城农村社区建设情况，并召开座谈会，听取了全市关于农村社区建设工作的汇报，与潍坊市和诸城相关部门负责人进行了专题交流。市政协主席崔建平、副主席王卫东和秘书长许华等陪同调研。

4月24日~25日，省政协副主席、民革省委主委孙继业率调研组到潍坊市就侨资企业发展情况进行专题调研。调研组一行实地考察了领潮新材料等侨资企业，听取了有关工作情况汇报，并召开座谈会，听取了侨资企业负责人对加快侨资企业发展的意见建议。市政协副主席王继怀等陪同调研。

5月19日,省政协副主席、工商联主席王乃静,省政协常委、人口资源环境委员会主任郑金兰等到潍坊市调研。王乃静一行先后参观了昌乐县中国蓝宝石博物馆、英轩重工、省级火山地质公园等项目和企业,听取了昌乐县经济社会发展情况介绍。市政协主席崔建平陪同调研。

6月20日,省政协副主席、农工党省委主委王新陆率调研组到潍坊市就科技创新体系建设开展专题调研,并就公立医院改革工作进行考察。市政协副主席吴建民等陪同调研。

7月25日,全国政协副主席马飚率领全国政协视察团在省政协副主席许立全陪同下,到潍坊市视察公立医院改革情况。市委书记杜昌文,市政协主席崔建平,市委常委、常务副市长陈白峰,市委秘书长刘德成,副市长王桂英分别陪同活动。

8月1日,省政协副主席张传林、陈光带领省政协机关考察团到潍坊市就基层党组织为群众服务情况进行考察。市委书记杜昌文,市委常委、寿光市委书记孙明亮,市委秘书长刘德成,市政协副主席刘伟陪同考察。

10月19日,十一届全国政协副主席、中国生态文明研究与促进会会长陈宗兴到潍坊出席首届中国(景芝)生态酒文化节开幕式。市政协主席崔建平,秘书长许华等陪同活动。

11月5日~6日,湖南省政协副主席武吉海一行到潍坊考察蔬菜交易和生产情况。市政协主席崔建平会见了考察团,副主席吴建民陪同活动。

(惠刚)

中共潍坊市纪律检查委员会

重要会议

【市纪委十一届四次全会】 2月25日，市纪委十一届四次全体会议召开。会议传达学习习近平在新进中央委员会的委员、候补委员学习贯彻中共十八大精神研讨班上的讲话和十八届中央纪委二次全会、省纪委十届三次全会精神，回顾总结2012年全市党风廉政建设和反腐败工作，研究部署2013年工作任务。市委书记许立全出席会议并讲话。市领导刘曙光、崔建平、胡岗等出席会议。市委常委、市纪委书记邹庆忠代表市纪委常委会作工作报告。

重要工作

【加强作风建设】 （1）加强对作风建设规定落实情况的监督检查。对中央八项规定、省委十条办法、市委九条意见贯彻执行情况进行不间断明查暗访，开展厉行勤俭节约、反对铺张浪费专项检查，严肃查处铺张浪费问题。全市纪检监察机关共开展监督检查1500多次，查处各类问题495起，处理相关责任人511人。其中，查处违反公车管理使用规定方面的案件39起，公款旅游方面的案件12起，大操大办婚嫁喜庆事宜方面的案件6起。（2）严肃查处群众反映强烈的突出问题。以开展党的群众路线教育实践活动为契机，严肃查处群众反映强烈的环保和食品药品安全监管不力、私自从事营利性活动、基层党员干部违规违纪等八个方面的突出问题，市纪委分16批对71起典型案件进行了通报。（3）深入开展纠风专项治理。深入开展以征地拆迁、政府专项资金监管、医药购销和医疗服务、涉农乱收费、教育乱收费等为重点内容的纠风专项治理，查处案件205件。

【整治损害发展环境的突出问题】 制定《关于整治发展环境若干突出问题的意见》，对损害发展环境的突出问题进行集中整治。全市共受理机关效能和发展环境方面的投诉769件，查处案件532起，处理机关工作人员1664人次，其中纪律处分413人次。（1）严查违规行政审批行为。组织对进驻市公共行政服务中心的50个市直部门进行全面检查，督促32个部门限期整改审批事项未按规定在审批窗口办理、授权不到位、超时办理等问题；加强市行政审批电子监察系统日常监管，查纠违规办件85件，查处效率低下和服务态度差的问题11个，追究有关责任人员13人。（2）查处行政执法中的问题。组织对全市58个重点行政执法部门系统执法情况独立地开展再执法、再监督，全市纪检监察机关共查处行政不作为、乱作为、失职渎职等方面的问题318个，追究有关责任人员239人。（3）着力解决“庸懒散浮”问题。全市共查处“庸、懒、散、浮”方面问题241个，追究有关责任人565人次。（4）加强对“三八六”环保行动的监督检查。认真落实市委、市政府《关于实施“三八六”环保行动加快生态美丽潍坊建设的意见》，全市查办环境保护案件25起，给予党纪政纪处分48人。（5）开展市场中介组织领域突出问题专项治理。通过自查自纠、明查暗访，督促有关部门单位整改与中介组织未脱钩、指定中介服务垄断经营、履行监管职责不力等问题116个，查处违纪违法案件24起，追究责任75人，规范了市场中介组织行为。

【查处党员干部违纪违法案件】 全市共受理群众信访举报4625件次；立案1460件，给予党纪政纪处分1263人。（1）改进信访举报工作。实行有群众反映必调查了解制度，对实名举报或线索比较具体的信访举报件不再层层批转，由市、县纪委直接组织调查，落实信访举报工作责任制，对信访工作不力的县（市、区）和镇（街道）负责人实行约谈。（2）加强办案中的协作配合。加强与市委反腐败工作协调成员单位的协作联动，督促成员协调移交案件线索，形成办案合力。（3）注重自办案件。市纪委对线索具体的案件直查快办，对群众反映强烈和领导关注的案件下查一级或者牵头查办,促进了案件工作开展。

【开展廉政教育】 制定《关于加强岗位廉政教育的意见》,以各级党政"一把手"和重点领域、关键岗位人员为重点,根据不同行业、不同岗位的职业特点,组织有针对性地学习党纪条规;分批组织全市268名正县(处)级党员领导干部和6067名正县级非领导职务、副县级、正科级党员领导干部参加全省、全市德廉知识学习集中测试;举办潍坊市"为民、务实、清廉"先进事迹报告会,强化正面典型教育;采取对典型案件通报曝光、召开查办案件通报会、观看警示教育片、参观警示教育基地等形式,加强反面警示教育。深入推进廉政文化建设,对140个市级廉政文化示范点实行动态管理,新创建2个省级廉政教育基地、9个廉政文化示范点。

【加强党内监督】 认真落实党内监督各项制度,市纪委常委分别与25名县(市、区)党政"一把手"和62个市直部门主要负责人进行廉政谈话;组织全市138个镇(街道)党(工)委书记向县(市、区)纪委全会述廉,并向县(市、区)直部门延伸,在高密市开展了县级领导班子成员向同级纪委全会述廉工作试点;对1123名领导干部实施了信访监督,其中市纪委发信访监督通知书80件、信访谈话10人次;全面开展党政机关会员卡专项清退工作,全市68435名干部职工全部作出会员卡零持有报告。

【深化巡查工作】 围绕贯彻市委、市政府决策部署、权力运行和作风建设等情况,带着问题有针对性地开展巡查。分两批对16个市直部门进行了巡查,发现并督促限期整改问题51个。

【推进机制制度创新】 (1)细化量化党风廉政建设责任制检查考核。分解量化考核内容,对县市区、市直部门分别确定了28项、20项量化考核指标;改进完善考核方式,与领导班子、领导干部年度考核分开进行,建立被检查考核单位的党风廉政建设日常工作台账,改进民主测评办法,开展党风廉政建设群众满意度调查;强化考核结果运用,将考核结果计入市委、市政府对县市区、开发区科学发展综合考核成绩,对考核成绩低于60分的领导班子实行"一票否决",对违反或未能履行党风廉政建设责任制规定的追究责任。全市共对10名县级干部、23名科级干部实施了责任追究。(2)推进科技防腐工作。基本建成市县两级科技防腐"六大电子平台"(电子政务服务、行动权力监察、公共资源交易监察、公共资金监察、廉政舆论监督、党风廉政教育),正式启用行政处罚、政府信息公开、社保基金、住房公积金及公共资源交易电子监察系统,市级共查纠主要预警异常及违规问题152件。(3)稳步开展制度廉洁性评估工作。对市直655件现行有效文件进行集中评审,发现并纠正71件现行文件存在制度廉洁性方面的问题91个;对42件规范性文件草案进行了廉洁性评估,对其中27件提出廉洁方面意见建议93条。(4)深化廉政风险防控工作。健全完善风险排查、权力制衡、公开运行、风险预警、责任追究五个机制,对全市风险较高的2791项重大事项决策权等职权进行合理分解;指导各级建立在党委(党组)领导下的内部监督委员会2126个,发布预警通知书691次,督促纠正问题512个。

【加强组织建设】 (1)调整内设机构。对市纪委监察局内设机构进行调整,撤销党风廉政建设室、纠风工作室,成立党风政风监督室,撤销执法监察室、潍坊市机关效能监察中心,成立执法和效能监督室,增设第三、第四纪检监察室。(2)加强基层纪检监察组织建设。完善市、县派驻机构统一管理工作,加强镇街纪检监察组织建设,对22个镇(街道)纪检组织建设示范单位进行表彰通报;建立健全村级和非公有制经济组织中的纪检组织。(3)精减调整议事协调机构。按照省纪委有明确要求的予以保留、确需纪检监察机关牵头负责的予以保留、由其他机关牵头但与纪检监察职责直接相关的予以保留的原则,将市纪委、监察局参加的议事协调机构由206个精减到44个。

【开展党的群众路线教育实践活动】 市县两级纪检监察机关参加第一批党的群众路线教育实践活动,在认真完成规定动作的同时,通过征求意见、党员干部谈心谈话、汇总民主评议情况、听取市委领导和督导组建议,集中梳理出市级纪检监察机关在"四风"方面存在的突出问题,抓好整改落实,修订完善相关制度16项。加强内部监督管理,从干部选拔任用、纪委书记分工、工作履职情况等方面切实搞好监督管理;严格落实机关作风建设各项规定,全面实行工作日禁酒,进一步精简会议文件,机关发文同比减少35%,简报由20种减少到5种,促进了工作作风转变。（王传升）

民主党派　工商联　人民团体

中国国民党革命委员会潍坊市委员会

【组织建设】 (1)积极稳妥做好组织发展工作,2013 年考察党员 16 人,具有高级职称的占 21%,全部拥有大学及以上学历,其中拥有硕士学位的占 50%。(2)进一步落实民革市委班子联系支部制度,工作流程进一步规范,保证了各项工作的有序进行。(3)7 月份《团结报》记者到潍坊,对服务三农的典型人物和事迹进行采访,形成《萝卜区长——马继山》等人物专访,在《团结报》刊登。

【参政议政】 (1)参加各级中共党委、政府召开的民主协商会、意见征求会、情况通报会及座谈会 20 余次,就重大问题的决策、重大方针政策的制订进行协商。民革党员中各级人大代表 4 人,各级政协委员 35 人,受聘各级政府及有关部门的特邀(约)员 18 人。(2)市政协十二届二次会议上提交集体提案 6 件,其中重点提案和重点督办提案各 1 件,另有 1 件被市长刘曙光批示。(3)实施参政议政专题化战略,将"三农"问题做为参政特色和调研重点,完成了 3 件重点调研课题。对高密胶河流域文化、司法行政工作、产业和现代农业发展等进行专题调研。配合民革中央完成"农村困难群体权益保障课题"山东地区的调研任务,配合民革中央、民革省委、民革海南省委调研组到潍坊调研城镇化建设、"菜篮子"工程等。(4)社情民意信息工作方面,组建了社会法制委员会,制定了信息联络员制度和信息工作考评制度,召开社情民意信息工作培训会对党员进行培训。

【社会服务】 (1)开展"同心行—民革专家服务进社区"主题系列活动。先后赴寿光侯镇、高新区于家涝洼社区等地开展义诊活动,为当地居民免费提供了价值 3000 余元的药品。(2)积极开展"伸出博爱之手—民革基层组织牵手困难群众"活动,基层组织和广大党员通过"同心关爱行动"进校园、为贫困地区捐款捐物、"情系雅安"活动、志愿者服务等形式奉献爱心。

中国民主同盟潍坊市委员会

【概况】 潍坊民盟现有盟员 342 人,辖 11 个支部,2 个小组。盟员中有省人大代表 1 人,省政协委员 1 人;市人大常委会副主任 1 人,市政协常委 4 人,市政协委员 9 人;县级政协副主席 2 人,常委 5 人,委员 18 人。2013 年,发展盟员 18 人,大学以上学历占 84%,中高级职称占 88%,平均年龄 35.6 岁。

【参政议政】 2013 年市"两会"期间,提交市委会集体提案 7 件,个人议案、提案 16 件。《关于加强环保防控体系建设的建议》等两项提案得到了市长刘曙光批示。2013 年提报信息 5 篇,市委书记杜昌文批示两篇,1 则信息被省委统战部采用。上报的《关于高职教育与潍坊市经济社会发展密切联系的报告》等三篇调研文章被确定为市委统战部重点调研课题 。

【社会服务】 2013 年,市委会组织广大盟员,开展了形式多样的捐资助学和"三下乡"活动。5 月和 12 月,先后在安丘柘山镇小老子村小学和临朐县沂山镇长命沟村村委,举行了"手拉手、共成长"结对帮扶活动,每个盟员家庭为贫困学生每人每年提供 600 元、800 元和 1200 元不等的帮扶金,共计 77800 余元。有的盟员还提供了衣服、书籍、复印机、树苗等物质帮助。在市委统战部的指导下,成立了民盟"科技""文化""教育"三个同心社会服务团。重阳节前夕,组织八位医疗专家赴奎文区东关街道奎文门社区开展为社区居民义诊活动,为居民义务查体和健康咨询达 300 多人次,发放《潍坊保健》500 余份,向社区居民宣传养生、保健常识,受到社区居民的欢迎。

【自身建设】 2013年,市委会组织广大盟员参加全省统一战线学习贯彻中共十八大精神知识竞赛”和“潍坊民盟学习十八大精神心得体会征文活动,知识竞赛活动收到答题卡百余份,征文活动收到文章五十余篇。中共十八届三中全会召开后,市委会及时开展了学习贯彻全会精神的有关活动。五一节前夕,为纪念中共中央发布“五一口号”65周年,在诸城市张择端书画艺术城举行了专题书画展,展现了同心同向同行的政治立场。

(孙照军)

中国民主建国会潍坊市委员会

【参政议政】 在市政协十二届二次会议上,提交集体提案5篇。其中《关于完善数字化城市管理 推进“智慧城市”建设的建议》得到市委书记许立全的批示。《关于大力推进雨污分流体制建设的建议》和《关于加强我市地下管网综合管理的建议》得到市长刘曙光的批示,民建会员中的政协委员提交提案19篇,县市区政协委员、人大代表提交提案建议28篇。上报“完善数字化城市管理系统,推进智慧城市建设”和“发挥职教优势 ,打造半岛人才培养基地”两篇调研文章。5月2号,民建中央副主席辜胜阻到潍坊就城镇化建设问题进行调研。社情民意《关于解决我市配送最后一公里难题,抢抓共同配送试点城市机遇的建议》在市委统战部献一策刊物上获得市委书记杜昌文的批示;《关于加强政协民主监督的几点思考》获得市政协理论与实践研究会课题立项;市委会荣获2012年度全市政协信息工作先进单位称号。

【组织建设】 全年新发展会员14名,平均年龄39岁。其中研究生2名,大学本科生9名;中级以上职称8名;经济界人士10名,占比71%,其中,非公经济人士7名,区政协委员2名。截止到2013年12月底,全市共有会员252人,其中,经济界人士83%,中级职称以上60%。会员中有全国政协委员1名,省政协委员1名,市政协委员19名,区级政协委员19名,区人大代表4名。2013年下半年,圆满完成15个基层支部的成立或换届任务,开创基层组织建设的新局面。

【思想建设】 开展“学习贯彻十八大精神,提高履职能力大讨论”活动。市委会和各基层支部就学习贯彻中共十八大和中共十八届三中全会精神及总书记习近平一系列讲话精神、响应纪念中共“五一口号”发布65周年等广泛开展了征文、知识竞赛、书画联谊等活动。市委会主要负责人先后参加市民主党派主要负责人暑期研讨班、市第四期县处级领导干部培训班等。市委会成员和机关工作人员参加了潍坊市第四期党外代表人士培训班。3名新会员参加了民建省委2013年会员培训班。

【社会服务】 成立“民建·同心社会服务团”,6月7日进行揭牌仪式,12月28日同心·社会服务团成员一起到奎文区奎文门社区开展送温暖献爱心活动,送去大米、食用油和慰问金等价值6500余元。发挥民建密切联系经济界的特色和优势,服务地方经济发展。市委会积极联系、协调中国风险投资有限公司到潍坊调研,进一步实现资金和企业的对接,组织15家民营企业参加座谈,双方就当前经济形势与中小企业的发展和双方合作方式和模式进行洽谈。11月26日省政协副主席、民建省委主委郭爱玲到潍坊调研,视察会员企业,参观了滨海经济技术开发区。

(刘伯胜)

中国民主促进会潍坊市委员会

【自身建设】 引领广大会员把学习贯彻中共十八大和十八届三中全会精神作为首要政治任务,通过多种形式组织广大会员认真学习贯彻中共十八大和十八届三中全会精神和总书记习近平一系列重要讲话精神。围绕纪念中共中央发布“五一口号”65周年,市委会及各基层支部相继开展实地参观统一战线阵地、义诊服务、座谈交流等多种形式的纪念活动;邀请民进山东省委副主委骆宝臻作了题为《践行“同心”思想 深化政治交接》的专题教育报告;组织部分会员到临沂红色革命教育基地参观学习。潍城支部被民进中央授予全国宣传思想工作先进基层组织。寒亭支部和12名会员分别被民进山东省委授予“为履行参政党职能做贡献”先进集体和先进个人称号。

【参政议政】 在市政协十二届二次会议上,提交党派提案2件,1件被市长签批,1件被市政协列为潍坊市农业局承办18件提案中唯一重点督办提案;提交个人提案19件,1件被市长签批;大会共确定了31份发言材料,市委会5份发言材料被收录入内;市委会多名会员就民生热点问题接受了媒体采访,采访内容在《齐鲁晚报(今日潍坊)》《潍坊晚报》刊登。先后到潍城区、奎文区及寿光市等县(市、区)开展调研,完成《关于支持我市产业技术创新战略联盟发展的建议》等4个重点调研课题。

【社会服务】 积极开展“民进会员看发展”“民进会员山区行”“同心·捐助优秀贫困大学生”等活动。2013年春节前分别向奎文区聋儿康复学校、奎文区福利中心、奎文经济开发区养老中心捐赠面粉500公斤。在东关街道工福街社区服务中心开展了社区同心义诊服务活动。向青州市庙子镇局子峪村的50名家庭贫困学生捐助书包、保温水杯、笔记本等学习用品。在重阳节到奎文区则尔庄社区托老中心,开展义诊咨询和文艺汇演等活动。寒亭支部联合部分企业及社区义工到寒亭区朱里街道中心学校捐助价值1万元的助学金和学习用品，并与10名家庭困难学生“结对认亲”。潍城支部到潍坊市康维培智中心捐助价值三千余元的电冰箱和竹子凉席。

（王晓菲）

中国农工民主党潍坊市委员会

【组织建设】　（1）支部换届基本完成。按照《中国农工民主党章程》规定和市委统战部的部署，于12月份基本完成了支部的换届改选工作，市委会所属9个支部发展为1个总支、12个支部。（2）继续抓好队伍建设。2013年发展新党员9人，全市共有党员178人，其中，医药卫生界党员103人，占党员总数58%；博士、硕士学历36人，占党员总数20%；高中级知识分子163人，占党员总数92%；省、市、区（市）人大代表、政协委员37人，占党员总数21%。

【参政议政】　（1）调查研究成效明显。市委会紧紧围绕全市“四一三”的战略重点和“突破滨海、提升市区、开发两河”的战略布局，深入开展调查研究，积极建言献策，形成了“加强滨海区资源开发利用与保护的调查与建议”“关于加强滨海区环境保护的调查”等意见建议。10月份，市委会委员及有关支部负责人就全市饮用水水源地保护等情况进行了深入细致的考察调研，形成《关于加强我市市区饮用水源地保护的建议》调研报告，上报市委、市政府。（2）提案、议案质量进一步提高。在市政协十二届二次会议上，市委会提出了《提升城市品质，建设精致潍坊》等4个集体提案。其中《关于对大英烟公司旧址和廿里堡火车站旧址进行保护性开发利用的建议》，由市委书记许立全签批。2013年“两会”期间，农工党员积极建言献策，提出议案提案20余件，其中，《关于设立城市公共自行车系统的建议》《关于增强我市青少年体质的建议》等提案被市委、市政府采纳，并在新闻媒体广泛报道。（3）社情民意信息取得新成绩。坚持“服务大局、围绕中心、突出重点”的原则，发动全市党员就经济社会发展中的热点、难点问题提出意见建议。积极参加市委统战部组织的“献一策”活动，认真撰写社情民意信息，有4篇信息被农工党省委采用，1篇信息被农工党中央采用，主委刘棣俭以《我国灰霾天气的成因、危害及防控研究综述》为参会论文，应邀参加了农工党中央举办的第八届中国生态健康论坛。

【社会服务】　（1）深入开展“关爱行动”。6月，联合奎文区工商联举行义诊及医疗咨询活动，组织医疗专家到金宝社区为群众进行义诊、医疗咨询、科普宣传等活动，捐赠价值3000余元的常用药品，发放宣传材料500余份。11月份，组织8名专家联合坊子区委统战部，赴坊子经济技术开发区辛庄举行义诊咨询活动，接诊治疗500余人次，免费为100多名群众做了心电图检查，发放宣传材料1000余份。（2）创新拓展服务内容。积极参与市委统战部组织的“同心·社会服务团”，派出7名专家党员参加服务团的义诊、医疗法律咨询等便民服务活动，副主委郑建伟担任服务团副团长。10月份，联合民盟市委会组织医药卫生专家赴奎文区东关街道奎文门社区为社区居民开展义诊活动，为居民义务查体和健康咨询300多人次，发放《潍坊保健》等宣传材料500份，并向社区居民宣传养生、保健常识。

【培训工作】　5月，举办了“新党员暨骨干党员培训班”，近3年来入党的新党员，担任各级政协委员、人大代表、支部班子成员的骨干党员和入党积极分子50余人参加培训，特别邀请了市政协提案委的领导，就如何撰写提案和社情民意作专题讲座，学习多党合作知识、农工党发展史、农工党新党章，并到潍坊市统一战线教育基地参观学习。

（孙秀珍）

中国致公党潍坊市委员会

【参政议政】　积极参与政治协商，深入开展调查研究，年内完成4个重点调研课题。举办骨干成员参政议政培训班，开展“一支部一课题、一党员一建议”活动。被省委会表彰为参政议政工作先进集体。在年初市政协会上，提交集体提案5件，《关于公立医院承办养老机构的建议》被列为重点提案并得到市领导批示。

【社会服务】　组织开展“致公服务进校园”系列活动，为昌乐高崖库区小学“一对一”帮扶捐助8400元，与奎文区廿里堡小学达成外语教学长期合作协议，到潍坊商校进行法制宣传教育，活动被省委会表彰为社会服务贡献奖。组织成立市致公党企业界党员联谊会。2013年底，为奎文门社区困难群众送去了2000元慰问金。组织参与市各民主党派“同心·社会服务团”、省委会“同心服务社会实践周”活动。

【2013海峡科技论坛】　2013年9月，由致公党中央主办，潍坊市承办的“2013海峡科技论坛”取得圆满成功，海内外（两岸）专家、企业家580余人出席论坛。市委会全力配合省委会和市政府积极做好论坛筹备组织工作。协助省委会引进了香港建通集团投资潍坊机场迁建项目。论坛被省委会表彰为“同心·创先争优”党派工作创新奖。

【海外联谊工作】　成立海外联谊专委会，加强对海外联谊工作的组织领导。在海峡科技论坛期间，与港澳台客商建立联系，与台湾致公洪门组织初步达成交流意向，组织开展全市海外留学归国人员情况调研工作。被省委会表彰为“同心·创先争优”海外联谊工作先进集体。

【思想政治建设】（1）采取多种形式学习贯彻中共十八大、十八届三中全会、总书记习近平一系列重要讲话精神，开展“学习贯彻十八大精神，提高履职能力”大讨论和寻访革命旧地、继承光荣传统“沂蒙老区行”活动，不断巩固多党合作的共同政治思想基础。（2）出台《支部工作千分制年度考核办法》，组织开展了“关爱党员、服务党员”大走访活动，全年有13人被表彰为省级先进党员和优秀机关工作者。（刘大伟）

九三学社潍坊市委员会

【概况】 截至2013年底，全市九三学社共有9个支社，有社员308人，平均年龄52.9岁，其中，大学以上文化程度占98.6%，高级职称159人，占51.6%。2013年，市委会新发展社员20人，平均年龄41.9岁，其中研究生以上学历6人，高级职称11人，代表性人士4人，队伍年龄、学历和职称结构进一步优化。九三社员中现任省、市、区（市）人大代表、政协委员37人，占社员总数的12%；担任县（处）级以上领导职务的12人，各级人大、政协、政府部门聘请的特约人员9人。重视选拔和培养代表人士队伍，2名社员入选中共山东省委统战部代表性人才库，5人入选九三学社山东省委参政议政人才库。

2013年2月，中共潍坊市委副书记王献玲（左一），市委常委、统战部部长张小梅（右一）走访慰问九三学社潍坊市委会机关工作人员。市政协副主席、九三学社市委会主委李士来（左二）汇报市委会工作情况。（摄影:岳建利　王兴全）

【参政议政】（1）市委会注重把履行职能与党委、政府中心工作结合在一起，将经济发展和社会民生问题作为参政议政的重点，紧紧围绕省市工作大局积极建言献策，向省市政协会议提交提案、建议26件。其中市委会课题成果《加大对农业面源污染治理力度，进一步提升我省生态环境建设水平》的建议转化为九三学社山东省委提案、省政协大会发言；李士来提报的省政协提案《关于推进我省城镇化建设快速健康发展的建议》在省政协手机报刊登报道；市委会《关于保护我市潍柴老厂区规划建设创意产业园的建议》在市政协大会作口头发言，时任市委书记许立全给予批示，市长刘曙光到潍柴调研并提出具体要求；市委会《关于加快推进我市物联网产业发展的建议》在市政协大会作书面发言；潘世军的《基层医院二手医疗设备亟待加强监督管理》提案得到市长批示。（2）积极参加“我为经济文化强市建设献一策”活动，其中市委会《关于加快推进我市物联网产业发展的建议》、王建良《关于利用供应链金融模式解决中小企业融资难问题的建议》、李莉《关于加快发展我市电子商务产业的建议》分别得到市委书记杜昌文批示。市委会注重深化课题调研工作，《关于文化艺术品交易中心建设情况调查与建议》《解决中小企业融资难问题的调查与建议》《加快民办教育发展调研》3项课题调研报告，入选市委统战部《潍坊市民主党派2013年度重点调研课题汇编》。

【社会服务】 市委会充分发挥社员特长和优势，关注民生、“三农”和弱势群体，社会服务工作的形式和内容得到新拓展。先后9次组织专家到临朐、峡山、安丘的偏远山区库区以及同心社会服务基地开展“关爱老年人健康”“送科技、送文化、送医药、送温暖”“庆重阳义诊和防病宣传”“国际科学与和平周”等多种形式的同心惠民社会服务活动，为800余名村民义诊，赠送价值2万余元的常用药品和慰问品，发放防病和健康知识资料1900余份。市委委员王振华指导峡山区农民对1700亩库区春小麦抗倒伏以及玉米夏季防涝保苗，青州社员王玉惠捐资3万元将社区梯田改为平整土地，得到群众赞誉。

【自身建设】 把学习贯彻中共十八大、十八届三中全会精神作为首要政治任务，扎实开展“学习贯彻十八大精神提高履职能力”大讨论和十八届三中全会精神学习贯彻活动，涌现出一批先进典型。其中，奎文支社副主委刘鹛作为全市治癌专家，生前救死扶伤致力医学事业，身后捐出自己助力医学研究，成为潍坊市首例捐献遗体（眼角膜）的医务工作者。注重完善市委会网站、潍坊九三QQ群和手机短信三位一体宣传交流平台，编印《九三潍坊社讯》15期，省市新闻媒体和九三学社中央、省委用稿51篇。市委会被社省委表彰为“参政议政工作先进集体”“宣传工作先进集体”，2个支社被社省委表彰为“先进基层组织”，2人受到社中央表彰、15人次受到社省委表彰。

（王兴全）

潍坊市工商业联合会

【政治引领】（1）从5月开始，在全市深入开展了非公有制经济人士理想信念教育实践活动，组织广大非公有制经济人士认真学习贯彻中共十八大和十八届三中全会精神，增强了非公有制经济人士对中国特色社会主义的信念、对党和政府的信任、对企业发展的信心。（2）配合市委组织部，探索"建立一个信息库，搭建管理、服务、宣传、教育四个平台"，全市非公企业党组织覆盖率达到95.41%，工作覆盖达到100%。（3）"六一"期间，组织部分企业家向帮扶村幼儿园赠送了价值10000元的少儿图书、书包、文具和2000元现金。四川雅安地震后，积极组织企业捐款捐物384万元。（4）组织企业参加"三项评选"表彰活动，得利斯集团等6家企业获全省百强，海王银河医药等11家企业获全省公益之星、潍坊天洁环保科技有限公司等5家企业获创新型企业；诸城兴贸玉米开发有限公司、东晓生物科技有限公司两家企业被评为全国工商联科技进步奖。

【参政议政】（1）开展了2012年度上规模民营企业调研，对"非公新36条"实施细则贯彻落实情况进行了调查评估。配合市委统战部对全市非公有制企业生产经营情况开展了实地走访调研。（2）围绕"三问"设置并发放调查问卷，征求意见建议500多条。围绕商会建设、经济服务、县级工商联建设等，到广东、福建等地开展外出考察调研。（3）向市政协十二届二次会议提交团体提案7件，个人提案43件。其中有6件提案得到市委、市政府主要领导批示。

【经济服务】（1）依托北大、清华、上海交大等著名高校，相继举办了"危机管理论坛""幸福正能量"和"党的十八大精神解读"等12次大型公益培训讲座，全市12000余名企业家和高层管理人员参加培训。（2）组织部分企业参加"山东省2013金融机构与民营企业对接洽谈会"。与瀚华担保有限公司建立合作关系，为10余家工商联会员企业提供无抵押担保贷款业务。（3）成功承办省工商联十二届二次常委会议暨民营企业与科研单位合作对接会，达成合作意向260多项，18家企业代表与有关科研单位现场集中签约。利用省工商联十二届二次常委会在潍坊召开之机，举办全省知名企业家滨海投资恳谈会，200多名全省知名企业家参加活动。组织10余家企业参加了全省知名企业家"莱州行"和"新泰行"活动。引进了投资6000万元的潍坊三和泰建材股份有限公司年产20万立方米商品混凝土项目。（4）组织15家会员企业参加了"2013山东民营企业人才招聘会"。与市人社局联合举办2013年民营企业招聘周活动，提供就业岗位100206个，达成招工意向40581人。

2013年7月3日，承办山东省工商业联合会十二届二次常委会。（摄影：刘红）

【基层组织和队伍建设】（1）召开十一届二次、三次执委会议，表彰一批工商联系统先进单位，制定了《潍坊市工商联执委会委员履行职责的规定》等制度。（2）新成立市工商联鲁西南商会、企业家互助合作商会、企业发展促进商会、泰山商会、珠宝玉器等5家商会。全市工商联商会总数达172家，其中，市工商联直属商会17家。（王莉）

潍坊市总工会

【服务经济社会发展】完成全国五一劳动奖章和省、市劳动模范及先进工作者评选表彰工作。深入开展劳模"五进"活动，在弘扬劳模精神上取得新效果。在4月28日全国劳模座谈会上，潍柴"三高"实验队常国丽作精彩发言，并受到总书记习近平亲切接见。组织开展第三届职工优秀技术创新成果评选，表彰优秀成果198项，其中16项获得全国、全省职工优秀技术创新成果奖。组织开展"滨海发展·共同责任"区域性劳动竞赛，滨海区280余家单位的1.2万余名职工参与其中；建立领导班子成员联系滨海区企业制度，积极帮助企业、职工解决实际问题；举办滨海区青年职工相亲联谊活动，推动解决滨海区单身青年职工择偶难问题；推进滨海区总工会和职工服务中心建设，取得阶段性成果。

【深入推进"两个普遍"】以推动非公企业、"两新"组织、行业区域建会为重点，开展"依法普遍建会百日集中行动"，推进数量型建会向质量型建会的提升。深入开展"四亮三比一创"（"四亮"，即亮牌子、亮身份、亮职责、亮承诺；"三比"，即比规范、比作为、比服务；"一创"，即创先进职工之家（先进基层工会））活动，市基层工会数和会员数分别达到1.87万余家和246万余人，比上年增长14.6%、13%，在全省组建工会和发展会员工作考核中荣获一等奖。以区域性行业性工资集体协商为重点，深入开展“春季要约”集中行动，举办工资集体协商培训班，出台《关于建立工资集体协商指导员队伍的意见》，企业在岗职工工资收入实现稳步增长。全市建会企业工资集体协商建制率达到95%。

【和谐劳动关系创建】 积极履行和谐企业创建工作牵头部门职责，制定《关于对和谐企业创建工作实行星级考核的实施意见》。全市8000多家企业参与和谐企业创建活动，覆盖职工90多万人。深入开展厂务公开示范（先进）单位创建、建制规范年、制度创新研讨和职代会星级创建等活动，建会非公有制企业厂务公开民主管理推行面达到96.2%，其中职代会建制率达到90.7%。在5月份召开的全省深化创新厂务公开民主管理工作会议上，潍坊市作典型发言，《工人日报》头版头条刊发潍坊市经验做法。

【职工维权服务工作】 坚持主动介入、关口前移，突出教育培训、隐患排查、问题整改、建章立制等关键环节，创新开展“四级工会干部进企业、万人联动促安全”活动，有效维护职工群众生命健康权益，推动全市安全生产形势持续稳定发展。12月16日，全省工会“查隐患、保安全、促发展”群众性安全生产活动动员大会在潍坊市召开，总结推广潍坊市经验做法。探索建立“城乡一体化”就业援助模式，针对农村转移劳动力，开启“就业援助大集”。以“四季服务”为载体，推动实现困难职工帮扶工作的经常化制度化。各级工会共筹集送温暖资金1154万元，走访慰问困难职工13668人。深化女职工特殊权益维护，总结推广昌乐县“七种模式·关爱女工”经验做法，分别在全总、省总会议上作典型发言。7月份，全总、省总对全市女职工工作进行专题调研，并给予充分肯定。职工互助保障工作实现新突破，19.7万余名会员加入职工互助保障计划，完成互助费625万余元，新发展会员数和互助费收缴金额分别比2012年同期增长36.99%和56.5%。

【职工宣传教育工作】 认真抓好中国工会十六大和省工会十四大精神的学习贯彻，加大新闻宣传力度，在《工人日报》《山东工人报》《潍坊日报》等媒体刊发稿件180余篇，其中头版头条40余篇。深入挖掘“潍坊最美司机”宋丰升先进事迹，联合市委宣传部等部门宣传，被确定为全省重大宣传典型。大力加强职工书屋和企业“道德讲堂”建设，深入推进职工“四德”工程。建成全国职工书屋示范点5个，全国优秀教育示范点1个，指导建设市级达标企业道德讲堂126个。启动全市职工首届文化体育艺术节，组织第30届潍坊国际风筝会风筝扎制比赛、万人放飞活动、乒乓球、羽毛球比赛、全市职工庆元旦文艺晚会等一系列文体活动，丰富职工的业余文化生活。

（赵春光）

共青团潍坊市委

【概况】 2013年，团市委全省综合考核成绩居全省第一位，连续第三年荣获山东省红旗团委称号；团中央书记处书记徐晓先后两次到潍坊调研，对全市农村共青团和青年创业等工作给予充分肯定；志愿服务工作被《中国青年报》头版头条报道，金种子项目、青年创业大赛等工作被新华社、《中国青年报》《大众日报》等省级以上主要媒体报道37次；成功推报获中国五四青年奖章的常国丽、获全国农村青年致富带头人标兵称号的于瑞波等省级以上青年典型15人，各级团组织获市以上表彰42次，个人获市以上表彰135人次，共青团事业实现新发展。

【服务中心工作】 （1）投身全市发展战略布局，开展突破滨海青年先行行动，实施青年企业家跨越发展计划，举办青年企业家滨海招商推介会，引进投资2.4亿元项目1个，建设希望乐园3处；组织5000名青年志愿者，开展文明城市创建、十艺节、中日韩青少年运动会志愿服务1万余人次，建成青年志愿服务中心2处、志愿服务岗45个、启航驿站40个，依托商业楼宇等建设青年创业园，提升市区公共服务功能；参与三八六环保行动，开展保护母亲河、百万青年绿林汇等活动，加强绿化示范基地建设，新增省级基地1个，植树造林3万亩，促进两河保护开发。（2）服务四一三战略重点，推进青工技能振兴和百万青工大练兵，承办全省青年技能大赛，举办全市柴油机维修大赛，开展寻找最美青工活动，助推现代制造业基地建设。实施农村青年致富带头人培养工程，建成致富带头人培训基地20个，创新实施金种子项目，为农村青年授信2.8亿元，争取资金1.04亿元，助推现代农业示范基地建设。举办首届大学生旅游文化节、青年创新创意大赛、花young年华欢乐送等活动，征集动漫作品120部、创意作品488件，助推文化创意旅游基地建设。成立青少年绿色联盟，吸纳绿色社团230个，创建青少年生态环保教育基地10处，开展观摩体验等活动70次，举办环湿地骑行、红领巾收旧利废等活动，为全市生态建设做贡献。（3）助力全市发展战略举措，实施青年招商行动，举办厦门、广州、青岛青年企业家招商推介会，建成广州、济南、上海青联分会，搜集招商信息13条，吸引意向投资40亿元，成功引进总部经济项目2个，促进招商工作；开展青年招才引智行动，建立125人青年人才库，在青联青企协推广节能技术，建立创新创效小组30个，促进转调创发展；实施助力县域科学发展工程，组织青年企业家赴县域考察，切实服务县域发展，安丘、寿光获全省助力县域科学发展示范县

(市)称号。

【思想引导工作】 (1)理想信念引路。开展十八届三中全会精神专题宣讲,在青年企业家、企业青年中举办专题报告会8场,深入学习突破滨海、招商与转调创等全市重大战略部署;在农村、学校等领域青少年中举办理论宣讲、政策解读120场,举办"我的中国梦"青年座谈会、与信仰对话、红领巾相约中国梦等活动150次。(2)道德建设筑基。选取青年专家学者、创业典型60余人成立梦想导师团,开展奋斗的青春最美丽等活动42场,推进三下乡活动,开展学雷锋志愿服务1000余次,影响青年40万人,弘扬社会美德。(3)创新引导方式。在全市各级团组织开通微信平台,建立微博620个、飞信群40个,发布微博近万条、微信专题20期,把牢引导青年主动权;扩大宣传影响,在《人民日报》《中国青年报》《大众日报》等省以上主要媒体发表宣传报道、理论文章65篇,在省级以上团属媒体发表各类信息1826篇,形成舆论宣传良好态势。

【服务青少年工作】 (1)突出抓好创业服务。举办第五届青年创业大赛,推进小额贷款、中英创业致富、农村青年信用示范户等工作,发放创业贷款519笔,评选信用示范户1000名,为创业青年争取政策资金支持;新建创业基地30家、就业见习基地50家,见习服务917人,完成省任务152%;推进百校千企送岗活动,建立大学生创业基地7处,承办团中央首批微软培训项目,组建高水平创业导师团,深化农村青年春季培训,完成1.1万名青年技能培训。(2)着力推进成长帮扶。全面完成服务青少年十件实事,新建青少年启航驿站45家,希望乐园20处;筹集希望工程资金127万元,救助贫困学子800人,新建希望小学1所,为青少年认领心愿2000个;实施特殊青少年关爱工程,为100名特殊青少年提供助学、医疗等服务。(3)扎实构筑维权体系。深化团干部联系青年机制,开展团干部恳谈日、共青团与人大代表、政协委员面对面等活动50次;实施"彩虹伞"青少年自护教育活动,开展"开学第一课"青少年法制教育活动,提升青少年安全防护意识;完善12355青少年服务台,新建青少年维权岗20处,健全工作网络。

【基层基础工作】 (1)建设区域网格化体系。深化乡镇实体化大团委建设和乡镇组织格局创新,巩固乡镇直属团组织1619个,联系青年21.5万人,新建非公团组织555家,完成省任务123%,创新建设农村社区(片区)团组织1600个、合作社团组织300个、产业联盟团工委12个,打造区域网格化体系工作得到团中央书记处书记徐晓充分肯定。(2)提升基层组织活力。在全省率先完成县乡团委换届工作,创新实施团代表任期制,深化基层团建书记项目、百个基层团建典型、示范性组织创建和优秀镇街团工委评选等工作。(3)打造优良队伍。制定机关学习计划,学习党团理论规章,参加山青学堂和自主选学,撰写理论调研60余篇,提升团干素质;举办基层团干培训班,培训600人次。(4)强化作风保障。结合群众路线教育活动认真贯彻市委作风建设要求,健全基层联系点制度,深化包村联户工作,为帮扶村安装路灯、硬化道路,争取政策补贴20万元,扎实为群众办好事实事;开展"三问"调研活动,联系基层青年811人,密切联系群众;认真贯彻八项规定,严格遵守厉行节约、廉洁从政有关要求,召开机关作风会,制定《改进作风实施意见》23条,对照四风查摆整改问题,树立良好形象。

(李符德)

潍坊市妇女联合会

【参与富裕文明潍坊建设】 助推妇女创业就业卓有成效。深化"巾帼创业就业行动",积极扶持创业,经验做法在《人民日报》刊发。扎实推进巾帼创业信贷助推行动,先后协调发放小额贴息贷款8660万元,为妇女创业提供资金支持。与市人社局联合启动"女大学生创业筑梦行动",组织50名创业导师进校园,构建了服务机构、创业基地、指导队伍三位一体的服务体系。大力实施"女企业家成长计划",组织300多名创业女性参加百度"青云计划"、北大企业危机管理、企业项目化管理等高端培训;组织企业召开创新发展、加快蓝黄两区发展座谈会;邀请北京市女企协、绥化市妇联及女企协50余人到潍坊洽谈交流,签定三地合作发展协议,组织47名女企业家赴青岛、哈尔滨、绥化等地学习考察。服务农村妇女发展积极有为。深入实施11662工程,大力开展农业农村妇女工作调研活动,先后培养巾帼科技致富女能人1000余名,扶持妇字号龙头企业60余家,巾帼科技示范基地60个,发展妇女专业合作组织20余家。整合社会教育培训资源,依托高等院校、妇女培训学校、妇女之家、妇女儿童家园等各类培训阵地,加大科技推广力度,深化"巾帼科技鸢都行"和"巾帼星火素质提升工程",开展以"新农村·新生活·新女性"为主题的"乡村文明行动",各级培训农村妇女骨干10万余人。发挥巾帼创业示范基地、妇字号龙头企业、妇女专业合作社等作用,就地就近转移妇女劳力5000余人,争创全国巾帼现代农业示范基地1处。推进巾帼建功活动扎实有效。召开了全市妇女优化发展环境暨巾帼建功行动大会,制定下发《实施方案》,深化"巾帼文明岗""巾帼建功标兵"创评,广泛开展"优化发展软环境·巾帼争当排头兵"活动。促进文明和谐创建彰显优势。围绕争创全国文明城市,在广大妇女中积极开展

"我为城市添光彩、巾帼争当排头兵"活动及讲文明、树新风等群众性精神文明创建活动,推出了一批巾帼志愿服务先进典型。围绕社会主义核心价值体系建设,积极开展道德讲堂、和谐家庭大讲堂、女性大讲堂等活动,先后开展各类大讲堂20余场,受益妇女1万余人。

7月4日,全市妇女优化发展环境暨巾帼建功行动大会召开　　(摄影:丁琳)

【依法维护妇女儿童权益】 推动"两个规划"(《山东省妇女发展"十二五"规划》《山东省儿童发展"十二五"规划》(以下简称"两个规划")实施举措有力。大力推进《妇女儿童发展"十二五"规划》实施,着力推动重点难点问题解决,规划中98项主要目标基本实现。省委、省政府专项督查组对实施规划情况给予充分肯定。维护妇女儿童权益富有实效。进一步加强维权机制、阵地和队伍建设,在全市开展争创维权服务示范站活动,新命名市级妇女维权服务示范站100个。发挥12338维权热线作用,12个县(市、区)年内全部畅通12338妇女维权热线。切实加强妇女维权法律服务团建设,免费为广大妇女特别是贫困弱势妇女提供形式多样的法律服务,潍坊市妇女维权法律服务团先后免费办理妇女法律援助案件20余起。实施妇女儿童民生项目成效显著。与计生委联合出台了《潍坊市"失独"家庭关爱行动实施意见》,社会各界捐款捐物180多万元,资助贫困母亲、春蕾女童、贫困儿童、失独老人等2900人次,关爱"失独"家庭的做法在全国妇联《妇工要情》刊发。

【基层妇联工作】 在配齐配强基层妇联工作班子的基础上,大力推行选聘兼职妇女干部工作,全市共选聘妇联执委、兼职妇女干部4107名,其中县(市、区)妇联执委、兼职妇女干部52人,镇街妇联执委、兼职妇女干部740人,社区(村)兼职妇女干部3315人。基层阵地建设水平全面提升。在妇女之家实现社区(村)全覆盖的基础上,建成省级妇女儿童家园22处、市级妇女儿童家园130处,为妇女儿童提供教育、维权、就业、娱乐等多元化服务。

【举办第十五届妇女就业蓝黄两区专场招聘洽谈暨第十届妇女创业项目展示会】 3月7日,市妇联与市人社局联合举办了潍坊市第十五届妇女就业蓝黄两区专场招聘洽谈暨第十届妇女创业项目展示会。本次活动以推进妇女创业就业为主线,有130多家用工单位参加,其中,有27个单位进行成果展示,103家单位进场招聘人才,提供就业岗位4760多个,其中,适合女性的就业岗位近3160个,参加招聘的求职人员2500多人次,女性占72.4%,1200多名妇女达成就业意向。

【召开全市妇女优化发展环境暨巾帼建功行动大会】 7月4日上午,市妇联召开全市妇女优化发展环境暨巾帼建功行动大会,进一步动员各行各业妇女在优化环境、促进蓝黄经济发展中再立新功。市委常委、宣传部部长初宝杰出席会议并讲话。

【省委、省政府对全市"两个规划"实施情况进行专项督查】 12月4日至5日,《山东省妇女发展"十二五"规划》《山东省儿童发展"十二五"规划》专项督查第一督查组对潍坊市"两个规划"实施情况进行了专项督查。督查组先后听取了潍坊市、奎文区和安丘市党委政府实施"两个规划"工作情况的汇报,考察了潍坊市、奎文区、安丘市、高新区卫生、教育基层单位和妇女儿童工作现场,查阅了市、县提供的各类文档、评估报告和统计监测报表等资料。市委副书记王献玲、市委常委、宣传部部长初宝杰,副市长王桂英分别陪同参加有关活动。

(丁琳)

潍坊市文学艺术界联合会

【概况】 2013年,市文联坚持"二为"方向和"双百"方针,以学习宣传贯彻中共十八大和十八届二中、三中全会精神为主线，以文化潍坊建设为主题，以出精品出人才为着力点，突出强化以人民为中心的工作导向，按照"一一六三"全市文艺工作思路，团结带领广大文艺工作者创新实干，积极作为，推动了文艺事业的繁荣发展。在全国文联系统先进集体和先进个人表彰会上，市文联作为山东省唯一一家先进单位，被中国文联、人力资源社会保障部联合授予"全国文联系统先进集体"称号，被市委、市政府授予"文明单位"称号。

【文艺特色品牌成效明显】　按照有特色文艺队伍、有经常性文艺活动、有定期文艺辅导培训、有一定数量的文艺志愿者"四个一"标准，在城乡社区、校园、企业、部队建立市级艺术实践基地、服务基地、创作基地。文艺志愿服务活跃，全市文艺实践基地达到26处，建立市、县、镇文艺志愿服务组织150余支，其中，市直属17支，县市区14支，镇街100余支。文艺志愿者遍布城乡，总人数达到1万余人，"文联社会，艺进万家"文艺志愿服务品牌形成影响，《中国艺术报》深入采访并在头版刊发。文艺志愿服务的做法在全国文联组联工作会议暨文艺志愿服务工作会议上，作为全国唯一一家地市级文联作典型发言。

【主题性文艺活动影响广泛】　(1)积极承办山东省民俗文化博览会和第六届文展会民间艺术精品展。五天展会共接待参观者约42余万人次，民间艺术展区交易额达450余万元，意向交易额1200万元，实现了经济效益和社会效益的双丰收。(2)全力助推"蓝黄"两区建设。围绕"蓝黄"两区建设，继续深化"文艺走进滨海""文艺走近三河"。出台了文艺助推滨海实施方案，组织"文艺助推滨海"活动，组织"文艺进校园"系列活动，在滨海区举办了"潍坊市文艺志愿服务进校园暨滨海中小学书法培训活动"，先后在渤海实验学校、滨海三中进行了授课，90余名中小学教师接受了培训。(3)开展文艺惠民活动。面向基层、服务群众，先后组织文艺家演出，举办各种展览20余场次。组织举办太古遗音潍坊音乐会、《爱乐天使》新年音乐会、《北海之春》古琴专场音乐会。坚持每周五、周六在"山东名人茶馆"举办曲艺专场。组织人员参与"百县千村书法文化下乡"，组织书画家到坊安街办进行书法联谊，赴昌邑北孟镇开展以"面向基层，服务农村、和谐发展"为主题的文化惠民活动，举办第十三届迎春书画展等。筹办"唱响中国梦，喜迎十艺节"系列活动。主办潍坊市第五届少儿美术作品展暨希望美术教育九周年作品展，参与承办纪念陈介祺诞辰二百周年展览活动、纪念潍坊一中百年校庆文艺进校园服务活动。组织第三届中国画节书画艺术家赈灾公益笔会。

【文艺精品力作不断涌现】　全市文联系统出版文学作品集50余部。在国家级、省级专业刊物发表文学文章200余篇，如黄鑫的童话作品《蝎子与青蛙》、朱建霞的文学作品《曹植的鱼山》。苇青青、朱建霞、祝红蕾、曹成等14人17件作品入选省作协"齐鲁文学作品年展"。各类艺术作品在全国、省级文艺展示展览中有新突破。王晓光的书法研究专著《秦简牍书法研究》获第四届中国书法兰亭奖理论二等奖，并被授予"山东书法创作成就奖"。潍坊学院青年画家王勇教授主持的劳模题材作品《绿色使者——冬暖式大棚蔬菜种植技术创始人王乐义》入选山东省重大历史题材美术创作工程，并于2013年9月通过终评，成为山东省美术馆首批馆藏和永久陈列作品。在第六届泰山文艺奖评选中，12件作品获奖，其中，一等奖1件，二等奖3件，三等奖8件。陈雪梅的诗集《大宇宙》、陈显的诗集《没有岸的海》、歌曲《国防动员护河山》获得"风筝都文化奖"优秀文化作品奖。在山东省民俗文化博览会上评选出的14名全省民间手工艺制作大师中，潍坊市的葛茂新、聂希蔚、齐秀花、杨乃东、张运祥、傅绍相、王绪德7人荣获殊荣，排名全省第一。王美的面塑作品《金陵十二钗》被评为杭州第五届中国民间艺人节"最受欢迎的民间艺术品"。

【基层文艺队伍不断壮大】　大力实施文艺人才工程，通过积极争取，潍坊诗人孙方杰被确定为第三批山东省签约作家。朱建霞、张超峰、姚凤霄、曹成、秦丽月参加山东省第十届青年作家高级研讨班学习。在《联合日报》《齐鲁晚报》《潍坊晚报》等媒体为刘雨东、陈兴旺、刘学刚、张克奇等20余名文学作者展示文学成就。先后为胡海波举办文学作品研讨会，举办了纪君书法摄影展，王文海诗书竹展，王镛作品展，潘宝昌、徐建明、郭志宏书画展，春韵花语—何颖工笔花鸟画展。在北京皇城艺术馆为刘晓清举办中国梦——好人梦"最美轮椅姐姐"圆梦书法展。完善人才激励机制。进行"德艺双馨中青年文艺工作者"评选表彰筹备工作。命名表彰"潍坊市首届民间艺术大师"15人。

【对外文化交流开展广泛】　(1)积极与全国各级文联系统开展合作。潍坊市文联与北京市东城区文联签署了友好文联合作协议。青岛市文联艺术家代表团到潍坊学习调研。省作协副主席、日照市文联主席赵德发带作家采风团一行10人到昌邑参加采风笔会。(2)举办中韩艺术交流展。承办第21届中日韩青少年运动会体育书画摄影作品展，展出作品140余幅，并出版了书画摄影作品集。承办第六届山东国际大众艺术节中韩摄影展。展出来自韩国16位摄影家和山东省摄影家的优秀作品100余幅，是潍坊历史上第一次展出国外摄影家的精品。(3)组织承办国内各类艺术家的展示、展演和展览20余场次。与中国画学会联合举办第三届中国画节·中国画发展高峰论坛,举办纪念于希宁100周年诞辰艺术论坛,"中国画仙晏济元书画展","取象其势—张眠溪、刘春雨两位博士书法展",徐湛教授"中国花鸟画艺术潍坊巡展","翰墨华彩"天津美院三教授国画精品联展,"赋彩潍坊——中国油画名家画潍坊"张曙光、管朴学、李贵男、郑春龙、王宏峥五位油画家画展,举办《琴筝合唱》音乐会、著名二胡演奏家王国潼讲座演奏会等,促进了交流,扩大了影响。

【助推全市文化产业发展】 积极探索推进文化产业发展路子,成立潍坊市画廊协会。这是全省首家成立的画廊组织,中国文联副主席、中国美协主席刘大为和潍坊市政协主席崔建平为画廊协会揭牌。由宣传部、发改委等10部门联合印发了《关于支持加快发展全市书画市场的意见》,明确了推动书画行业发展的政策措施。潍坊银行与协会会员单位开展艺术品融资授信业务,首批签约授信额度3亿元,推动了书画产业新发展。助推中国(青州)书画艺术城项目发展,该项目成为山东省和全市的重点文化产业项目。 (李龙启)

潍坊市科学技术协会

【科学普及工作】 实施数字科普通工程。在奎文、潍城、高新、诸城四个县市区安装了300台数字科普终端,委托潍坊科普传媒中心运营管理,数字科普通工程被市直机关工委表彰为优质服务项目。实施科普宣传栏改造提升工程。引资100万元为奎文、潍城及高新区新建68组不锈钢科普宣传栏,印发科普宣传挂图10万张,免费发放和张贴。联合市财政局推荐的10个基层科普项目、5个社区、4名个人、3个乡镇、3个科普基地,被通报表彰,荣获以奖代补资金325万元。投资10万元配套扶持市优秀科普项目10个。先后在寿光市、高密市、安丘市成立院士专家工作站4家,在滨海区成立了科协组织。

【科技创新工作】 围绕"蓝黄"国家战略实施,立足提升北部沿海生态环境,组织有关林业专家与台湾杨发明人林克谟博士的研发团队密切合作,引进欧洲黑杨亲本天然杂交,驯化出新的耐盐碱植物——"潍北一号"顺利通过省级专家鉴定和林木良种认定。承办了第28届山东省青少年科技创新大赛。潍坊市推荐的128件作品全部获奖,1个学生项目获全国创新大赛二等奖、3名学生获得高考加20分奖励。承办了第22届中国儿童青少年计算机表演赛山东赛区决赛。全市参赛选手192名,参赛人数连续四年居各市之首。全市有14支代表队被推荐参加第13届山东省青少年机器人全国比赛。在机器人2013FLL世界锦标赛中,潍坊市代表队荣获冠军。

【全民科学素质工作】 组织开展以"保护生态环境,建设美丽潍坊"为主题的全国科普日系列宣传活动。寿光市科协、昌乐县远古火山地质公园科普日开放活动被中国科协表彰为全国科普日优秀组织单位和优秀特色活动。组织开展"流动科技馆县县通"活动。11月1日,中国农函大正式下文批复成立山东寿光市蔬菜学院,将充分发挥寿光蔬菜产业的独特优势,放大裂变种植技术成果。从7月份开始,针对邪教"全能神"非法活动有所抬头的趋势,在全市12个县市区和3个开发区开展为期半年的宣传正能量图片展览活动。联合市委宣传部、科技局、财政局、文广新局、潍坊报业集团六部门共同组织第二届潍坊科技新闻奖评选,共有78件作品受到表彰。

【学会工作】 组织29家学会按时年检,5家学会改选换届。推选市计量测试学会、市公路学会参加全市社会组织评估,分别通过4A、3A级评审。承办了潍坊科技活动周、大学生科技节、科技下乡等活动。与市抗癌学会、潍坊医学院附属学院联合开展了下乡义诊活动,免费查体200余人。择优推荐上报山东省十大名医、十大杰出工程师、优秀科技社团和干部、全省科协系统、全省讲比活动先进建议名单,有7个单位、16名个人获省表彰;组织开展潍坊市优秀科技论文暨自然科学优秀学术成果、市十大科技女杰、市优秀科技工作者、全市学会、纲要及科协工作先进评选活动,有277篇优秀论文、35名优秀女科技带头人、30名优秀科技工作者及55个先进单位和个人受到表彰。

【科技馆建设】 统一使用科技馆馆徽,打造市科技馆品牌。开展科普志愿者队伍建设,招募418人的科普志愿者队伍,出台科普志愿服务意见,新建奎文区、潍城区、寒亭区、坊子区四个科普志愿者服务站及潍坊学院、职业学院、技师学院三支科普志愿者服务队。诺贝尔文学奖获得者莫言为潍坊科技馆题写馆名。完成市科技咨询业协会(咨询中心)整体划转工作,实现了平稳过渡、有序划转。制定出台招投标廉政建设意见,通过公开举报信箱、层层签订廉政目标责任书的方式,确保党风廉政建设落到实处。在市直事业单位信用等级评定中,市科技馆被授予A级信用单位。

【自身建设】 2013年以来,中国科协领导唐启生,省科协领导王春秋、林兆谦、汤少泉、朱明等先后到潍坊检查指导,对潍坊科协工作给予充分肯定。昌乐县科协、市抗癌协会被评为全省科协系统先进集体，3 人荣获全省科协系统先进工作者，2 人被市直机关工委表彰为优秀共产党员和岗位比武竞赛先进个人。向临朐 10 个特困户提供了 5000 元扶助金，赠送面粉 1.5 吨，投资 15 万元新建村委办公室 7 间，协调电业部门免费给扶贫村里更换输电线路，安装一户一表。　（尹以成）

潍坊市归国华侨联合会

【服务经济建设】　开展引资引智工作，鼓励海外侨胞、归侨侨眷到滨海区考察洽谈经济技术合作，引导海外资金、项目优先向滨海区聚集。健全“重点项目信息库”“海外重点人物信息库”“海外侨社团信息库”等基础性信息库，累计发送各类信息 2000 余件次。接待海外知名华侨华人、重要侨团、重点客商 20 批、120 人次，达成各类协议意向 4 个。引导归侨侨眷民营企业积极开展转调创活动，利用海外关系拓宽境外融资渠道，发展文化产业、服务业、先进制造业。配合“走出去”战略，帮助有条件的企业开展对外贸易，开拓国际市场，到国外投资兴业。深入开展“访侨企送服务”活动。领导班子成员深入归侨侨眷民营企业考察调研，与企业负责人和侨界群众面对面沟通交流，帮助解决生产、生活中的困难和问题。全市归侨侨眷民营企业产值及营业额达 20 多亿元，出口创汇型企业 100 多家。

【对外宣传】　国际风筝会、菜博会、鲁台会和文展会等大型活动期间，接待到潍坊参观调研的海内外学习交流团、文化采风团 12 批次。加强侨联网站建设，开通门户网站，健全信息通报制度，在省市主流媒体、上级有关部门网站报送宣传稿件 50 多件次，刊载发表 40 多件次。4 月 9 日，召开侨联工作助推潍坊科学发展新闻发布会，人民网等 24 家国内新闻媒体进行报道。由市委外宣办举行新闻发布会宣传侨联工作，在潍坊侨联历史上尚属首次。

4 月 9 日上午，侨联工作助推潍坊科学发展新闻发布会

在东方大酒店召开

【侨界公益】　动员归侨侨眷民营企业家和海外侨胞参与公益事业，并做好资助侨界弱势群体工作。争取菲律宾华侨捐资 200 万元在诸城石桥子镇兴建标准化示范学校一处。引导归侨侨眷民营企业吸纳归侨侨眷大学生和下岗失业人员，全市归侨侨眷民营企业安排 500 多人就业。各级侨界人大代表、政协委员、侨联委员 30 多人与相对比较贫困的归侨侨眷结成了帮扶对子。全市海外侨胞、归侨侨眷民营企业用于扶贫帮困、慈善捐赠等各项社会公益事业的捐款达 300 万元。深入开展了“送温暖、献爱心”活动。累计走访慰问贫困归侨、侨眷 130 多户次，发放救济慰问金及各类物资折合人民币近 3 万元。

【联络联谊】　利用民间交往的渠道和平台拓展海外联谊，突出重点人物、重点侨团和新华侨华人、华裔新生代以及留学生等重点群体。接待了来自 20 多个国家和地区的 120 多名海外侨胞。随团出访南非、坦桑尼亚，拜访了南非中国和平统一促进会等 20 多个知名侨团，帮助潍坊市 2 家民营企业签订了肉食品加工、纺织品贸易合作协议。与南部非洲齐鲁同乡总会、坦桑尼亚华侨华人联合会和齐鲁山东商会等 3 个侨团缔结了友好协议，建立了互访、交流与合作机制。

【为侨服务】　组织侨界人大代表、政协委员开展调查研究，共撰写提案、议案 72 件，为各级党委政府科学决策提供了参考。开展了“问政于民、问需于民、问计于民”调研活动，领导班子成员深入基层，认真听取基层群众和企业家对侨联工作的意见建议，健全完善“民情日记”制度，不断完善工作思路和措施。坚持《为侨服务承诺制度》，实行领导接访制和首问负责制，及时处理了来信、来访 55 件次，处结率 100%。开展了“中国梦”专题宣讲教育活动和“中国梦，中华情”主题征文活动。组织全市侨乡、侨心学校的小学生们参加了“第十四届华侨华人小学生作文大赛”活动，共报送作文 1200 余篇。

【七届六次全委会】　3 月 7 日，潍坊市侨联七届六次全委会在富华国际大酒店召开。会议传达学习了中央对侨联工作的指示精神、中国侨联和省侨联八届五次全委会会议精神，讨论通过了潍坊市侨联七届常委会工作报告、学习宣传贯彻党的十八大精神的决议，增补了市侨联七届委员会常委。潍坊市委常委、宣传部部长初宝杰出席会议并讲话。

3月7日,潍坊市侨联七届六次全委会在富华国际大酒店召开

(王凤阳)

潍坊市社会科学界联合会

【应用理论研究】 (1)完成了2011年度潍坊市社会科学规划重点研究课题评审鉴定。全市社会科学规划重点研究课题共立项111项。5月3日,组织召开了课题评审鉴定会议。经过严格评审,共有84项课题顺利通过了课题鉴定。其中,10项被评为优秀课题,3项被重新列入财政资助课题,5项被评为呈报课题。(2)完成2013年度"潍坊市社会科学规划重点研究课题"立项工作。全市共申报课题363项。9月,组织召开了课题立项专家评审会议,经过专家评审,市社会科学学术委员会研究批准,确定立项课题130项,其中,资助课题10项。课题完成时间为1年,课题完成后,将以适当形式将优秀课题呈报市委、市政府及有关部门。

【设立突破滨海专项研究课题】 为落实市委、市政府突破滨海发展战略部署,市社科联在2013年度潍坊市社会科学规划重点研究课题中单独设立"突破滨海发展"专项研究课题,围绕实施"蓝黄"战略、转变生产方式、产城一体化发展、科技创新驱动、生态文明建设、金融投资服务等内容开展专项研究,为滨海区科学发展提供决策参考。经过申报、初评、专家评审,"突破滨海发展"专项研究课题共立项30项,其中资助课题10项,自筹经费课题20项。

【应用对策研究】 为落实市委关于开展重大问题调查研究工作的要求,市社科联结合工作实际,研究确定了"进一步深化学习型党组织建设的对策建议""潍坊市社会科学社团建设状况调查""潍坊市社会科学知识普及情况调查""安丘市辉渠镇花石涧村村情民意调查" 四个调研题目,其中《善于学习的组织才能创造一流业绩》被省委宣传部《决策参考》采用,被《潍坊日报》《潍坊通讯》刊发;《潍坊市社会科学知识普及情况调查报告》收入市委宣传部《2013年全市宣传文化系统调查研究成果》。

【设立社会科学普及读物出版资助项目】 为鼓励和支持广大社科工作者编写社会科学普及读物,普及社科理论知识,提升人文素养,社科联继续推出了"潍坊市社会科学普及读物出版资助项目"。4月份,下发了征集申报通知。全市共申报候选项目21项,经过专家评审,潍坊市社会科学学术委员会决定对《守望、传承、复兴——潍坊民间传统老手艺漫谈》等6项科普读物每项给予15000元的资助。

【举办第十届社科普及周】 5月29日上午,潍坊市第十届社会科学普及周开幕式在潍坊学院举行,主题是"贯彻十八大精神,同心共筑中国梦"。省社科联副主席张宏明,潍坊市委顾问于生,潍坊市政协副主席王继怀等领导出席了开幕式。会议举办了主题讲座,举办了"中国梦"大型社科知识展览,向潍坊学院赠送了由省委宣传部和省社科联联合编辑出版的口袋书《图解十八大,放飞中国梦》,并对2012年度全市社会科学普及工作先进集体、先进个人进行了表彰。

【举办高端理论讲座】 为加强理论普及和理论面对面工作,推动学习型社会建设,市委宣传部、市社科联以"齐鲁讲坛潍坊分坛"为平台,推出了"贯彻十八大精神,同心共筑中国梦"系列讲座。5月29日,山东大学马克思主义学院副院长、教授、博士生导师徐艳玲作了《"中国梦"与"中国道路"》专题讲座;各县(市、区)、市直机关、高等院校和部分社区也相继邀请有关专家围绕十八大精神提出的新思想、新理论、新观点举办讲座30余场,为广大干部群众答疑解惑。

【社科优秀成果评奖】 潍坊市社会科学优秀成果奖是市委、市政府颁发的全市社会科学研究成果最高奖,每年一次,今年是第21次。4月,社科联印发了《关于组织潍坊市第二十一次社会科学优秀成果评选工作的通知》,全市共申报成果319项。根据市委分管领导压缩奖项、提高质量的要求,经过严格评选,最终评出一等奖20项、二等奖60项、三等奖86项。

【优秀社科人才评选】 2013年,社科联推出了潍坊市第二届社会科学研究十佳拔尖人才和优秀人才评选活动。经过单位推荐、专家评审,评选出了尹建民等10名社科研究"十佳拔尖人才",陈爱玲等30名社科研究 "优秀人才"。

【理论阵地建设】 学习研究和宣传贯彻中央精神及省市重大战略部署是社科联的重要职责。市社科联高度重视十八大、十八届三中全会和总书记习近平系列讲话精神的学习宣传,在《社会科学动态参阅》开辟专栏,刊出了相关文章50多篇。11 月 28 日出刊的第 31 期对《中共中央关于全面深化改革若干重大问题的决定》名词术语进行了专门解释，市长刘曙光阅后作出批示。

【举办全省县（市、区）社科联建设工作会议】 2013 年，全市 12 个县市区社科联全部建立。5 月 16 日，“全省县（市、区）社科联建设工作会议”在潍坊召开。会议现场学习了潍坊市加强县（市、区）社科联建设的经验，对下一步推动全省县（市、区）社科联建设问题进行了研究部署。潍坊市社科联、青州市社科联在会上作了经验介绍。来自全省 17 地市、4 大企业、17 个县（市、区）委宣传部的负责同志和省社科联机关有关负责同志 60 余人参加会议。　（张鸿光）

中国国际贸易促进委员会潍坊市委员会

【对外联络工作】 （1）做好招商项目推介工作。将青州花卉博览会、昌邑绿色博览会和食品谷项目作为对接项目，积极与韩国、日本、德国、荷兰等驻华机构对接洽谈。（2）积极向上争取资源。赴国家贸促总会和中国国际商会对接招商引资项目，围绕突破滨海、临港产业园区、食品谷建设等项目，探讨专题研讨会合作、大型活动项目延伸服务等工作。（3）借助世博平台，宣传推介潍坊。借助国家贸促会会长万季飞参加寿光蔬菜博览会之机，积极宣传推荐寿光蔬菜博览会为 2015 年意大利米兰世博会参选项目，国家贸促会先后 2 次到潍坊考察。（4）组织裕丰纺织、伏龙织造、富士食品、凤凰食品等企业参加 2013 “中国—绥芬河国际口岸贸易博览会”。促成潍坊凤凰食品有限公司与俄罗斯乌苏里斯克市食品加工厂罐头食品加工、潍坊金凯利纺织有限公司与俄罗斯 OGGI 牌服装合作意向。（5）促进县域经济发展。引荐宜宾临港经济技术开发区管委会与山东墨龙石油机械股份有限公司对接洽谈，探讨在石油、天然气装备制造产业等方面的合作空间和投资需求。

【开拓国际市场】 结合全市产业结构调整和产品优势，以及企业开拓国际市场需求，以纺织服装、食品、消费品等优势产业作为企业参展重点，组织全市 33 家企业报名参加 15 个国家和地区举办的国际展（博）览会，成交额达 1.2 亿美元。用好用足国家和省市鼓励企业开拓国际市场补贴优惠政策，为会员企业补贴展费 10 余万元。

【出证认证工作】 全年签发一般原产地证 20200 份，优惠制产地证 750 份，认证涉外商业单据 2000 余份，年审企业 775 家，新增注册企业 100 家。举办业务培训班 3 期，培训 350 人次。与山东国商咨询服务中心合作，为山东晨鸣集团、潍坊信宏新能源等企业办理赴日签证 8 人次。依托国家贸仲委和省贸促会法律资源，协助调解山东晨鸣纸业集团与法国投资方 1.2 亿元热力用气仲裁纠纷案，帮助青州山东鲁星钢管有限公司积极应对欧盟对华无缝钢管反倾销立案。　（徐菁）

潍坊市残疾人联合会

【贯彻落实《残疾人保障法》】 为使《中华人民共和国残疾人保障法》（以下简称《残疾人保障法》）在各级得到贯彻落实，市人大分别于助残日期间和 8 月份对全市农村贫困残疾人危房改造、0～7 岁残疾儿童抢救性康复救助、残疾人康复托养基础设施建设、残疾人保障法实施办法等事关残疾人切身利益的工作进行视察检查。市政府继续加大对残疾人工作的考核力度，高度重视《残疾人保障法》的贯彻落实，对《残疾人保障法》中的重点工作进行立项督查，将由各县（市、区）政府、市属各开发区管委会承担的 14 项任务和由市直相关部门、单位具体负责落实的 17 项重点工作列入督查范围。通过实行督查，各县（市、区）政府、市直各有关部门对各自承担的责任更加明确，做好残疾人工作的自觉性、主动性大幅提升，重点工作得到有效推进。

【残疾人事业发展政策体系进一步完善】 2013 年，市委、市政府先后出台了《潍坊市农村残疾人扶贫开发规划（2013—2020 年）》《潍坊市市级残疾人就业保障金财政代扣管理办法》等规范性文件。市直有关部门、单位联合出台了《潍坊市残疾人免费乘坐市内公共汽车管理办法》《潍坊市残疾人职业技能培训补贴办法》《潍坊市残疾人社会保障工作“十二五”实施方案》《潍坊市残疾人扶贫工作“十二五”实施方案》《潍坊市残疾人事业法制建设“十二五”实施方案》《潍坊市残疾人法律救助“十二五”实施方案》等一系列具有较高含金量和较强操作性的措施办法。各县市区抢抓机遇、顺势而为、积极行动，坊子区、临朐县制定出台了本地方的《农村残疾人扶贫开发规划（2013—2020 年）》，高密市进一步完善了《残疾学生和贫困残疾人子女助学办法》，寿光市颁布实施了《关于对寿光市残疾人使用宽带网络和聋人使用手机短信实行优惠的办法》等等，进一步完善了残疾人事业发展的政策体系。

【重点民生实事全面完成】 2013 年的市政府工作报告将“对 655 名 0～7 岁残疾儿童施行免费抢救性康复救助和为 330 户农村贫困残疾人建设新房”列入民生实事。为确保这两项工作圆满完成，全市各级残联通过主动争取，落实资金，确保 1659 万元的危房改造资金和 1668 万元的儿童康复救助资金得到及时拨付。截至 2013 年 11 月底，全市实际完成危房改造 454 户，改造房屋总面积近 3 万平方米，完成年度改造任务目标的 137.6%；全市 655 名 0～7 岁残疾儿童得到抢救性康复救助,有训练需求的全部进入定点机构进行康复训练,并且平均每人每年得到不低于1.2万元的补助,极大地减轻了残疾儿童家庭负担。

【社会保障工作稳中有进】 2013年,全市各级进一步做好城乡贫困残疾人纳入低保救助范围工作,共拨付资金1208.6万元,为1.93万名低保重度残疾人发放了生活补贴。高新区将低保重度残疾人的生活补贴标准提高到120元,并为非低保的重度残疾人每月发放60元的生活补贴,走在了全市的前列。诸城市将低保重度残疾人生活补贴标准提高至80元,并扩大补贴范围,非低保重度残疾人每人每月也可领取40元的生活补贴。全市已全面实现将9项医疗康复项目纳入城镇医保和新农合报销范围,并适当提高报销比例,减轻了残疾人的负担。全市各级积极开展向贫困肢体残疾人颁赠辅具活动,共颁赠轮椅2500辆,并向100名贫困肢体残疾人发放免费救助卡。2013年全国助残日期间,各级政府残工委成员单位广泛开展走访慰问活动,共走访慰问了1600余名残疾人,发放价值65万余元的生活物资和慰问金。全市各级全力做好残疾学生和贫困残疾人子女助学全覆盖工作,共为4022名残疾学生和贫困残疾人子女发放补助资金365万元。全市还为2600余名残疾人发放了170余万元的残疾人轮椅车燃油补贴。

【社会服务工作扎实有效】 2013年全市市、县两级顺利完成残联换届任务,选出了新一届的主席团和执行理事会,工作队伍增加了新的血液,保障和服务残疾人的能力水平得到了进一步提升。全市各级共为320名低视力残疾人免费配发助视器,为26名重度听力障碍儿童免费植入人工耳蜗,为355名贫困残疾人免费配发助听器,对620名精神病患者实施医疗救助,在青州市、安丘市举办了全市残疾人康复员培训班和残疾人康复工作现场会,进一步提高了为残疾人康复服务的能力;全面启动全市"整体赶平均,共同奔小康"计划,积极开展残疾人职业技能大赛和职业技能培训活动,共免费培训3280名残疾人。举办了7场次残疾人专场招聘会,帮助1970名残疾人实现就业。进一步加大对残疾人创业扶贫的扶持力度,评选扶持20处优秀残疾人扶贫基地,帮扶200名残疾人自主创业,表彰奖励了10名残疾人自主创业标兵和10名残疾人致富能手。残疾人就业保障金征收全面实现地税代征和财政代扣,首次突破7000万元;成功举办了第八届全市残疾人艺术汇演光盘评选,评选出一等奖5个、二等奖6个、三等奖8个。"残疾人文化周"活动丰富多彩,寿光市成功举办了第九届潍坊市残疾人运动会,共355名残疾人运动员参加了12个大项、91个小项的角逐。残疾人信访工作进一步加强,共受理残疾人来信来访236件次,处结率达98%,维护了残疾人的合法权益。投入86万元为全市1630余户残疾人家庭进行了无障碍改造,方便了残疾人的出行。残疾人基础设施建设形势喜人,建筑面积2万平方米的潍坊市级残疾人康复托养中心建设项目进入交接阶段,2013年又有寒亭区、诸城市、青州市、高密市、昌乐县的残疾人康复中心新建项目顺利开工建设或投入运营。

【残疾人特色工作不断涌现】 为贯彻落实省残联"整体赶平均,共同奔小康"部署要求,努力破解残疾人事业深入发展的重点难点问题,自2012年4月中旬开始,市残联在全市组织开展了"帮扶残疾人,共同奔小康"调研活动。市残联领导班子成员分头带领相关人员深入基层一线、残疾人家庭,努力为残疾人解难题、办实事。奎文区在对辖区盲人情况进行调查摸底的基础上,开展"盲人读书上网工程",帮助盲人朋友网上创业。潍城区积极探索贴近残疾人需求特点的服务方式,认真组织实施"残疾人家庭医生"签约服务项目,使3600多户残疾人家庭享受到便捷的医疗服务。坊子区充分融集社会资源,积极开展"康复进家庭、服务送到家"活动,全力做好残疾人家庭无障碍改造工作。诸城市坚持"携手共进、共奔小康"理念,依托残疾人就业扶贫基地帮助残疾人在制鞋行业实现自主创业。青州市全力打造"两访三落实"(访问残疾人疾苦,访问残疾人需求;确保残疾人基本生活需求得到落实,确保残疾人康复需求得到落实,确保残疾人文化需求得到落实。)品牌,通过走访、慰问、现场办公等多种形式,共结对帮扶残疾人660户。寿光市、高密市积极协调当地人大,对《山东省实施〈中华人民共和国残疾人保障法〉办法》的贯彻实施情况进行了执法检查。安丘市积极开展"全国阳光家园计划示范区"创建活动,圆满完成创建任务。昌邑市为城区贫困重度肢体、智力、精神残疾人家庭开展了卫生保洁、理疗按摩、健康查体、日间照料等托养服务,解决了残疾人的实际困难,并圆满完成盲人定向行走示范县创建任务。临朐县深入开展"春风行动",救助了160多名残疾人,为帮扶对象解决实际问题120多个。昌乐县顺利完成残疾人辅助器具服务示范县创建工作,建立和完善了涵盖县、街道、社区的三级服务体系。滨海区主动整合街道、社区服务中心资源,加大投入,完善设施,为残疾人提供高效便捷的康复服务。经济区、保税区努力克服人手不足困难,积极开展上门办证服务、扎实做好残疾儿童抢救性康复和助学补助等工作。峡山区坚持同步解决城镇和农村残疾人养老问题,实现了所有残疾人养老保险全覆盖。

(金志芳)

人民武装

潍坊军分区

【概况】 2013年，潍坊军分区深入贯彻落实党的十八大精神，着眼实现强军目标，聚焦能打胜仗，扭住根本，突出中心，改进作风，狠抓落实，部队、民兵预备役建设取得新的发展进步。

思想政治建设深入扎实。编印《十八大精神学习问答》《理论学习手册》，严密组织理论考学、交流互学。开展“坚定信念、铸牢军魂”主题教育和“读兵书学战史、铸军魂强素质”活动，指导干休所完成省军区赋予的主题教育试点任务。坚持教育跟着形势任务走，开展经常性遵纪守法、“四反”和形势政策教育，民兵思想政治教育、“双争”活动做法和军地相互支持经验，分别被总政《宣传工作简报》《群众工作简报》《全国双拥简报》刊发。军分区被省军区表彰为“新闻报道工作先进单位”。

军事斗争准备加快推进。强化基础体能和指挥技能训练，开展全员军事训练大考核、大排名活动，组织参加军区师团职干部队伍建设调研考核和省军区军事训练抽考、全省人武部部长集训考核，军分区首长机关带潍城区人武部参加军区年度训练检查考核考风过硬、成绩总评优秀，被省军区表彰为先进单位。做好军事斗争准备和大规模作战中期检验评估各项准备，促进战备训练落实。狠抓首长机关和民兵应急分队能力建设，组织军分区、人武部首长机关带部分实兵应急拉动30余次，出动民兵2000余人次参加地方重大活动执勤和抢险救灾，完成天宫一号与神舟十号载人飞行专项备勤任务。民兵骨干和民兵分队训练、冬季野营训练、预备役高炮团海上适应性训练、帮训高校学生试点及参加上级业务集训、高炮分队实弹战术演习等任务完成出色。

国防后备力量建设不断发展。制定《“十二五”期间基干民兵组织规模调整方案》，扎实开展民兵组织整顿，全市基干民兵由“四类队伍”调整为“三类队伍”。组织全市应急应战和国防动员综合调研，参加全省“前卫－2013D”国防动员综合演练，促进军地任务、方案、训练、保障对接。完成为某旅预补汽车驾驶员试点任务和为海军预编预备役人员点验工作。适应征兵时间调整新形势，圆满完成4000余名新兵征集任务。协调市委出台《关于在县市区人武部开展“四部”创建活动的实施意见》，组织党委常委到基层蹲点帮抓，县市区人武部正规化建设明显加强。“四部”创建做法被军区刊发。坚持党管武装原则，组织潍坊市党政主要领导到26集团军潍北驻训营区过“军事日”，协调地方将武装工作纳入镇（街）科学发展综合考评的分值比重设定为不低于3%，开展“党管武装好书记”等评选表彰活动，协调办好“鸢都子弟兵”栏目，开展“我曾经是一个兵”征文活动。

部队安全管理持续加强。以担负省军区安全管理集训保障任务为契机，研究千分制考评标准。研发精细化安全管理信息平台，部署11套较软件系统，18套营区门禁系统和100多部指纹机，融合5个监控系统，配置230余个系统终端，安全管理做法被省军区推广。贯彻军区、省军区集训精神，研究制定《关于加强军分区安全文化建设的措施》，对照军委防范八个方面重大安全问题和军区“七个严防”要求组织隐患排查，先后5次高标准迎接上级安全大检查。扎实开展“学法规、用法规、守法规”和“揭短亮丑、纠弊律己、律言束行”教育整顿活动，营造作风好、纪律严、工作实的浓厚氛围。规范车辆派遣审批程序，对全区公务用车问题进行清理，共封存车辆32辆，其中机关12辆，基层单位20辆。依托交警、驾校组织安全行车教育和驾驶员技能考核，车辆事故得到有效防范。组织对406台办公电脑和178个移动储存介质进行技术检测，制发《机关保密秩序规范》，信息安全保密工作得到加强。

综合保障效能稳步提升。修订完善后勤保障战备计划方案，组织后勤战备库室配套建设，开展“打仗型”后勤建设理论研究。落实公务卡支付改革、压减行政消耗性开支、未挂账外欠款清理等措施，经费使用管理效益得到提高。指导干休一所完成军区赋予的“阳光理财”试点任务。积极开展住房、用车清理整治，严密组织新式军车号牌请领发放，共请领、发放车号牌81副。积极筹措资金落实职工待遇,顺利移交8名退休职工,其中,潍城区安置2人,奎文区安置2人,高新区安置3人,日照市东港区安置1人。完成国防综合基地1号楼及餐厅改造工程。指导各人武部筹资200余万元为专武干部统一换发新式服装。组织民兵武器装备普查,动态枪弹管理安全规范。扎实开展"两红两优"和达标创建活动,民兵武器装备仓库被军区评为"达标先进单位"。

干休所建设迈出新步伐。稳步推进"三个中心"达标建设,改进服务保障模式,开展"和谐家庭""敬老好儿女"评选活动,健全干休所、家庭、社会三位一体保障模式,密切工休关系。开展"三先"评比表彰活动,干休一所被军区表彰为"先进干休所",干休五所卫生所所长李雪梅在军区老干部工作暨"三先"总结表彰会议上作典型发言。协调地方帮助解决实际问题,干休二所老所改造顺利完成并入住,干休三所办公楼取暖接入市政管网问题彻底解决,干休四所依法解决住房改造合同纠纷并避免经济损失30余万元,干休五所完成老所燃气管道改造。完成9名退休干部移交安置任务。

党委班子和干部队伍建设更加坚强。认真开展警示教育和廉洁征兵大排查活动,及时查纠违规违纪问题。立项为基层办实事23件,已完成20件,3件正在有序推进。年内清理不合理住房6套,封存车辆57台,清理"家门口兵"33人,行政消耗性开支下降10%。贯彻全军党的建设工作会议精神,持续推进"五力工程"建设,党委核心领导作用得到加强。积极协调做好转业干部安置、随军家属就业、军人子女入学转学等工作,完成军队院校和国防生招生面试体检保障任务。

(油朝康　余建国)

【组织现役干部强化训练考核】 3月8日至12日,组织军分区机关和人武部、预备役高炮团现役干部在国防综合基地进行封闭式强化训练。13日,军分区首长机关,奎文区、潍城区、坊子区和寒亭区人武部接受了省军区军事素质考核。4月9日至10日,组织全区现役干部大考核、大排名活动,考核结束后,专门召开训练讲评会,对全体参训人员进行排名通报。

2013年3月8日,潍坊军分区组织现役干部集中训练

(摄影:张杰培)

【组织军分区常委和人武部、预备役高炮团军政主官集训】 5月20日至31日,组织军分区常委和人武部、预备役高炮团军政主官在高密市人武部进行为期11天的封闭式集训。在接受军区动员部、干部部组织的考核中,一体化指挥平台操作平均成绩达到94.47分;参加体能考核27人,全部合格。

2013年5月31日,潍坊军分区司令员万伟锋在高密市人武部参加军分区常委和人武部、预备役高炮团军政主官集训

(摄影:张杰培)

【开展全市应急应战和国防动员调研】 6月13日至7月25日,军分区司令员万伟锋大校带机关精干人员,深入潍坊市14个市直局委、15个县市区和开发区,采取座谈讨论和现场查等形式,对22个基层武装部和社区民兵连、5条主要河流源头、15座中型以上水库、19处河道险工险段、3处沿海防潮大堤、11处森林及生活重点防火部位,28个化工、炼油、机械、纺织等重点企业,以及29个地震监测点、粮食储备库、县域分界点、学校等重点单位和部位进行实地调研。通过调研全面掌握了全市应急应战和国防动员底数,了解了平时应急时用兵需求,促进了军地方案预案的对接,增强了做好遂行非战争军事行动任务准备的针对性。

(邴敏　范长青)

2013年6月18日,潍坊军分区司令员万伟锋大校(左一)到峡山水库调研

(摄影:张杰培)

【预备役高炮团完成海上适应性训练】 7月24日至8月4日,预备役高炮团圆满完成海上适应性训练。预备役高炮团

共参训 20 人，动用车辆 3 台，携带轻武器 17 支。8 月 2 日，军分区司令员万伟锋大校、副参谋长张正中上校看望预备役高炮团海训官兵，并到烟台警备区考察训练基地建设。

【参加省军区实弹战术演习】 9 月 15 日至 10 月 21 日，预备役高炮团和寒亭区人武部参加省军区实弹战术演习，演习期间共动用兵力 224 人、火炮 18 门、车辆 26 台，共消耗 57 炮弹 48 发、双 37 炮弹 260 发、双 25 炮弹 300 发，参演的 3 个连队均取得优异成绩。 （郇敏　王徐昌）

【完成征兵工作任务】 2013 年，军分区根据征兵时间调整改革的实际，于 4 月 20 日前发布兵役登记通告，采取固定、流动设站与上门服务相结合、集中登记与零星登记相结合的方法实施登记，6 月 10 日前完成集中登记，共登记适龄青年 78607 人，择优确定预征对象 12170 人。6 月 14 日，组织参加全国、军区和全省征兵工作会议，召开全市征兵工作会议，对征兵工作任务进行部署。6 月 26 日，组织各县市区负责政审、体检业务骨干以及人武部负责征兵的工作人员，共 150 余人进行业务培训。征兵期间，积极组织开展征兵宣传工作，协调《齐鲁晚报》、《潍坊日报》、《潍坊晚报》和《晨鸿信息》等市级新闻媒体，对征兵时间调整改革进行宣传报道，下发征兵演讲录像片和征兵广告，开展“征兵宣传进校园”和“征兵宣传日”活动。完成年度兵员征集任务。 （郇敏　井盛）

2013 年 9 月 5 日，潍坊军分区组织新兵入伍欢送大会

（摄影：段增顺）

【完成省军区安全管理集训筹备保障任务】 1 月至 5 月，山东省军区在潍坊军分区组织安全管理工作试点。机关和各试点单位官兵完成精细化安全管理信息平台软硬件建设、信息平台功能展示录像片摄制、正规化建设成果展板制作、观摩现场设置、交流材料和军分区《“四个秩序”建设规范及量化考评标准》撰写、集训会场设置等各项准备工作。先后 3 次组织召开任务部署会协调部署工作，5 次迎接省军区工作组检查验收，5 月 15 日至 16 日，山东省军区安全管理集训会议在潍坊召开，共 150 余人参加。其间，观摩军分区机关、军分区民兵武器装备仓库和昌乐县人武部正规化建设现场。 （郇敏　王洪志）

【开展军车管理专项整顿和驾驶员教育整顿活动】 2013 年，根据省军区统一部署，军分区围绕解决军车运行秩序不规范、军车牌证管理不严格、军车管理制度规定不落实及军车检查纠察不经常等问题，开展军车专项整治活动。新交规出台后，及时组织驾驶员集中学习，并邀请地方交警为驾驶员讲授安全行车常识。依托地方驾校组织驾驶员理论技能考核，对全部车辆逐一进行检测并建立技术档案。3 月初，制定下发《关于落实省军区首长重要指示的具体措施》和《关于进一步规范车辆派遣审批程序的通知》，停驶封存 68 台车辆，最大限度减少车辆动用数量。12 月份，坚决贯彻落实省军区关于拆除 GPS 导航定位设备的指示要求，按照省军区明确的清理内容，逐项抓好整改落实。 （郇敏　史鹏涛）

2013 年 4 月 25 日，潍坊军分区组织车辆年检

（摄影：张杰培）

【信息安全保密专项整治】 1 月，军分区从军区技术局邀请 2 名保密专家，利用半个月时间，组织以信息安全保密为重点的安全检查，对 406 台计算机，47 个移动硬盘，89 个 U 盘，33 台摄像机、照相机，9 个录音笔进行技术检测。召开专题电视电话会议，对检查发现的 21 个方面问题逐一讲评通报，分别制定解决措施，督导相关单位限时整改。制定下发《机关保密秩序规范》，信息安全保密工作得到加强。 （郇敏　李建魁）

【双拥工作】 2013 年，在潍坊市主流媒体开设“鸢都子弟兵”栏目，加强国防和双拥宣传。春节前，会同地方各级走访慰问现役官兵家庭、离退休干部和援建点老党员、生活困难复转军人等 15000 余户。潍坊市委主要领导调整后，军分区及时协调到驻军走访，召开军地领导座谈会，交流军地情况。八一前，协调市几大班子主要领导到驻潍部队潍北驻训营区过“军事日”，与驻军团以上单位领导召开座谈会，现场确定投资 500 余万元对市民兵训练基地进行升级改造，出资 500 万元支援 26 集团军军史馆建设，赠送装甲 8 旅、炮兵旅潍北驻

训部队慰问金各20万元，赠送空5师晋江轮训部队慰问金10万元，为炮兵旅潍北农场修建一条公路，双拥工作做法被《军区要讯》和总政《宣传简报网络版》刊发。（李树春　刘广富）

2013年7月31日，潍坊市委、市政府与第二十六集团军联合召开庆“八一”座谈会　（摄影：段增顺）

【高标准完成“阳光理财”试点任务】　4月11日，军区财务部副部长潘顺瑞大校到军分区第一干休所部署干休所“阳光理财”试点工作，军区帮抓指导小组组长盛卓俐大校带领导小组成员先后5次到第一干休所面对面帮抓指导“阳光理财”试点工作。9月6日，军区财务部部长窦礼建大校带工作组在省军区后勤部副部长景慎彪大校和军分区副司令员油朝康大校陪同下到干休所检查推行“阳光理财”试点工作开展情况。9月23日，潍坊军分区干休所推行“阳光理财”工作试点观摩现场会议召开，各干休所同步展开推广“阳光理财”工作。10月21日，军区联勤部财务部在章丘市明水镇联勤分部教导大队召开了全区“三长”暨“阳光理财”工作会议，会上干休一所政治委员田世华介绍干休所推行“阳光理财”工作做法，同时展示干休所推行“阳光理财”工作基本情况。

（胥辉　董珊）

2013年9月6日，军区财务部部长窦礼建大校（右二）到军分区第1干休所检查推行“阳光理财”工作开展情况。军分区副司令员油朝康大校（右一）陪同　（摄影：段增顺）

中国人民武装警察部队潍坊市支队

【中心任务】　狠抓执勤战备训练，深入开展勤务专项治理和执勤“三个一遍”检查，对所有执勤单位进行拉网式排查，顺利完成2处执勤目标清理工作。扎实抓好新兵训练、勤训轮换、专勤专训、机动分队驻训，结合卫士系列演习，严密组织实兵拉动，部队遂行多样化任务能力进一步提升。圆满完成等级警卫、押解押运、重大活动安保等各类临时勤务，特别是成功处置“12·16”昌乐劫持人质事件，受到地方党委、政府和人民群众高度评价。

【依法从严治警】　认真落实条令条例和正规化管理两个《规定》，以考促学，学用结合，官兵法规意识明显增强。坚持每日网上检查、实地巡查不断线，扎实开展隐患大排查，牢牢盯住重点环节和险点部位，突出抓好人员、车辆、枪弹、治酒、保密等安全管理。加强士官队伍建设，组织“知足、感恩、尽责”专题教育，开展“十佳”优秀士官评比表彰活动。

【基层建设】　始终把工作重心放在基层，贯彻总队《基层建设内涵式发展实施要则》，开展“纲要学习周”活动，参加大中队主官纲要培训，开展“三学三提高”、党支部班子岗位练兵活动，对基层党支部实施帮建指导。年内，组织2批41人次当兵住班、6批100余人次下基层蹲点帮建，《人民武警报》头版头条、新华网、武警政工网先后刊发了支队做法。教导队班长李晓被武警总部表彰为“优秀教练员”，政治处组织股股长王彬被总队表彰为先进基层干部典型，诸城中队班长荣海岗分别被总队和市政法委表彰为“十佳”优秀士官、“十佳”政法干警。

【后勤建设】　修订完善各类应急保障预案，充实战备物资，加强综合演练，应急保障能力明显提高。大抓后勤队伍建设，全年举办各类培训班12期，培训后勤人员97人。严格落实党委（支部）理财、财务审计、司务长集体办公等制度，全年审计主官和司务长27人次。狠抓伙食精细化管理，推进军人保障卡系统建设，顺利完成新式车辆号牌换发工作，扎实开展卫生、心理下基层活动，提高服务保障质量。

【党委班子建设】　贯彻中央八项规定、军委十项规定以及总部、总队相关规定，研究出台支队《关于加强党委机关作风建设二十条措施》，扎实开展“学习贯彻党章、弘扬优良作风”教育活动，组织党委常委公开承诺。坚持科学依法民主决策，积极推进历史遗留问题解决，清房、退休干部和伤病残士兵移交等工作有新突破。在官兵关注的干部任用、党员发展、士官选改和学兵选送等热点敏感问题上，坚持公平公正公开，部队上下反映较好。

【党委三届二次全体(扩大)会议】 1月18日，支队召开党委三届二次全体(扩大)会议。潍坊市委副书记王献玲，市委常委、副市长孙起生，市委副秘书长杨晓辉等领导出席会议并为获奖单位和个人颁奖。

【退伍老兵欢送仪式】 11月25日，支队举行2013年度退伍老兵欢送仪式。潍坊市公安局局长于永生、潍坊市政府办公室领导以及中国人民银行潍坊市中心支行、潍坊监狱、潍北监狱、潍坊市看守所等目标单位领导来到仪式现场，看望慰问全体退伍老兵。

【处置一起劫持人质事件】 12月16日上午10时许，在潍坊市昌乐县一音乐会所包间内，一名男子酒后持刀劫持一名女服务员索要钱财，扬言达不到要求就杀害人质。支队接到情况通报后，迅速启动应急预案，支队长张国庆、参谋长沙诗恒带领特勤排队员，携带武器和相应装备火速驰援，协助公安机关成功处置劫持人质事件。抓获犯罪嫌疑人1名，缴获水果刀1把，解救人质1名，参战官兵无一伤亡。 （汪帮林）

人 民 防 空

【防空防灾一体化建设】 完善了地上、地下、机动三位一体的人防指挥平台。5月，建成“潍坊人防”低空雷达多功能艇。10月，联合青岛市人防办首次组织人防机动指挥通信系统跨区演练。组织全市人防系统比武竞赛，在省人防比武竞赛中取得优异成绩。对经建成的指挥、通信、空情、警报等固定和机动指挥信息系统进行升级改造。警报器的数量逐年递增，中心城区警报音响覆盖率100%。6月15日，六市两县以及市辖区同步成功试鸣防空防灾警报。

【人防工程建设】 东风街(世纪泰华)和健康街(文化艺术中心)地下人防过街通道工程已建成投入使用，和平路和向阳路南端人防过街通道组团项目竣工。落实“六表两案”，对全市已开发利用人防工程、在建人防工程及早期人防工程等进行了普查，建立了早期人防工程台账。

潍坊东风街(世纪泰华)过街通道 （摄影：孙光海）

【依法行政】 落实“两集中、两到位”规定，人防审批事项全部纳入审批中心。对人防行政审批运行流程进行优化再造、实现限时办结制，杜绝“体外循环”。3月，人防行政审批电子监察系统试运行。4月，提出优化发展环境、服务改革发展和便民七条措施。7月，组织全市执法队伍培训，对执法依据、执法程序和执法文书进行了规范统一。11月，市人大常委会对全市人民防空法贯彻实施情况进行了检查。

【人防宣传教育】 利用早期人防干道工程，建设集国防教育、人防教育、民防教育于一体的综合性宣传教育基地，同时设置了休息座椅等便民设施设备。10月，在寿光市北岭村建成了国内第一家村级国防人防民防教育基地，人防宣传进农村迈出了实质性步伐。开展人防教育“五进”活动，全市初级中学全部开展了人防教育。被国家人民防空办公室表彰为“2013年度《中国人民防空》通讯报道先进单位”。（孙光海）

市民观看教育基地展板 （摄影：孙光海）

法　治

政法委及综治工作

【概况】 2013年5月，在深化平安中国建设会议上，诸城市被中央综治委授予“全国平安建设先进市”称号，寿光市委政法委被中央综治委授予“全国社会管理综合治理先进集体”称号。

【维护社会稳定】 (1)突出抓好维护政治稳定。大力加强信息预警工作，重大事件预警率达100%。严厉打击敌对势力、敌对分子捣乱破坏活动。加强网络舆情监控，妥善处置网上重大舆情事件10余起。(2)突出抓好重点群体稳控，坚持上级政策落实到位、相关政策倾斜到位、公益性岗位安排到位、个性化需求服务到位为内容的“四个到位”，加大对部分军队退役人员的解困帮扶和教育疏导力度，中央军委副主席许其亮对潍坊市引导复退军人服从大局、维护社会稳定的做法给予批示肯定。(3)着力加强社会面治安管控。开展合成化巡防工作，全市110有效警情、治安警情、刑事警情均大幅下降。始终保持对各类违法犯罪活动的高压态势，破获刑事案件2.3万余起，抓获犯罪嫌疑人1.2万余名，刑事发案下降了21%，破案率提升了27%。打黑除恶取得显著成果，打掉3个黑社会性质犯罪团伙、139个恶势力犯罪团伙，省公安厅和全国“打黑办”予以肯定。

【服务经济发展】 (1)及时制定实施有针对性的服务举措。市委政法委制定出台了《中共潍坊市委政法委员会关于主动参与、热情服务和全力保障全市招商与转调创工作的意见》，召开了政法工作服务促进非公有制企业发展座谈会，开展了走访、服务企业活动，精简涉企审批事项38个，减免收费7000余万元，解决企业困难问题6000余件，避免损失5亿元。(2)保障经济运行安全。大力整顿和规范市场经济秩序，打击侵权假冒犯罪全省排名第一，挽回经济损失7.46亿元。积极发挥经济调节职能，依法审结一审商事案件1.5万余件，协调解决标的额1000万元以上的案件24件，依法审结各类侵犯知识产权案件363件，促进了经济健康运行。(3)扎实开展职务犯罪查办和预防工作。全年共立查贪污贿赂、渎职侵权等各类职务犯罪案件206件255人，其中大案要案198件245人，保持了惩治腐败的强劲势头。同时，大力拓展职务犯罪社会化预防，营造了清正廉洁的政务环境。(4)认真做好法律服务工作。组织律师、公证员、法律服务者开展服务民生年活动，全市完成司法鉴定案件10406件，办理公证事项61250件，办理援助案件5527件。

【平安潍坊建设】 在更广领域、更高层次上推进平安建设，不断提升群众安全感和满意度。(1)扎实开展社会矛盾化解年活动。建立健全专业性行业性矛盾纠纷化解机制、政法部门主导的多元矛盾纠纷化解机制、重点群体教育稳控机制、镇街(社区)矛盾纠纷化解机制和社会稳定风险评估机制等。市委书记杜昌文先后两次专门作出批示，给予充分肯定。中央政法委、中央维稳办和省委政法委、省维稳办分别刊发了潍坊市“突出事要解决，注重机制建设，全面推进社会矛盾预防化解工作”的做法。(2)突出抓好动态视频监控全覆盖工程建设。市综治委制定下发了《全市视频监控全覆盖工程指导意见》和《全市视频监控全覆盖工程建设总体方案》，现场推进动态视频监控全覆盖工程建设，全市监控探头总数近30万个，一二三类目标监控覆盖率分别达到90%、81%、61%。(3)及时开展突出问题综合整治。先后组织开展了校园及周边、烟草市场、铁路周边以及消防和交通秩序综合整治行动。大力推进治安保险工作，潍坊市综治办和潍坊市公安局分别荣获“2012年度山东省治安保险工作一等奖”。(4)夯实平安建设根基。进一步完善平安建设责任书和黄牌警告制度，对9个镇街、部门实施了黄牌警告。加大社区化管理经验的推广力度，不断加强网格化、信息化建设，全市80%以上的城市社区、65%以上的农村社区实行了比较完善的网格化管理。着力加强基层综治组织建设，全市共建成社区警务室897个、人民调解委员会8768个，设立派驻检察室54个。大力开展平安村居、平安学校、平安单位等基层平安创建活动，深入推进军地平安建设。举办了全市综治维稳干部培训班。（5）推进见义勇为工作。注册成立了市见义勇为基金会，收到社会捐赠189万余元并积极开展见义勇为行为确认工作。

【法治潍坊建设】　认真落实“六五”普法和依法治市规划，坚持“普治创”同抓，全力推进法治潍坊建设。（1）深入开展普法宣传教育。确定了“谁主管、谁普法，谁执法、谁普法”的原则，建立“大普法”体系，市普法领导小组成员单位增加到94个，把120部常用法律法规的宣传责任，明确到成员单位，全国“法律进单位”专场推进会在寿光市召开，推广了潍坊市的做法。（2）扎实推进依法治理。将9个方面的社会管理热点难点问题纳入法治建设重点任务，组织相关单位开展专项整治。（3）大力开展法治创建活动。制定下发了分类创建标准和考核细则，全市累计被评选出3个“全国法治县（市、区）创建活动先进单位”、9个“全国民主法治示范村（社区）”，潍坊市被评选为“全国法治城市创建活动先进单位”“全国法制宣传教育先进城市”。（4）大力推进司法公开。依法全面公开案件审判信息、裁判文书和执行工作信息，全市法院共向当事人提供案件信息查询3895次，在互联网上公布裁判文书132篇，向社会提供失信被执行人信用信息5323条，潍坊中院被确定为全省司法公开示范法院。　（张伟强）

法治政府建设

【规范性文件审查工作】　按照“三统一”（统一登记、统一编号、统一公布）要求，健全部门规范性文件统一征求意见和部门发文目录定期提报制度。强化制度对经济发展和社会稳定的保障和推动作用，对涉及经济发展、文化事业改革、生态文明建设和社会领域建设等方面的规范性文件进行优先审查。审查过程中积极拓宽“开门立法”层级，充分听取社会各界意见。2013年，共审查规范性文件62件，审查市委、市政府宏观决策类文件10件，审查过程中共征求意见740余条，确保了政府出台的各类文件合理合法。

【强化执法监督】　围绕建设最优的行政执法环境，服务社会经济发展，制定了涉企检查活动报备实施办法，凡执法部门进入企业生产经营及办公场所开展巡查、检查、鉴定和评比等活动，未经法制办审查一律不得实施。对全市58个行政执法部门进行了执法检查，发现并整改问题203个。全面推行行政执法业务系统和电子监察系统。共有44个市级行政执法部门纳入网上平台，办案475件，23个单位实现了行政执法业务网上办理，12个县（市、区）实现了行政处罚事项网上办理。

【行政复议裁决工作】　始终围绕“以人为本、复议为民”的要求，规范办案程序，提高办案质量，维护群众合法权益，全年共受理行政复议案件241起，办理行政裁决案件7起。在全省率先制定《潍坊市行政裁决案件办理规定》及四个配套文件，进一步推动了行政裁决工作的规范展开。按照将争议化解在基层、化解在行政程序中、化解在初发阶段的要求，积极开展行政调解工作，在全省率先制定了《行政调解案件办理规定》。

【政府民事合同审查工作】　为预防政府民事合同风险，制定《潍坊市政府合同法律审查办法》和相关配套制度。认真履行合同审查职责，全年共审查政府合同52起，提出合同修改意见230多条，预防和减少了合同签约风险，促进了政府招商引资和重点投资项目建设。

【公共行政服务】　（1）开展了第五轮市级审批事项清理。围绕转变政府职能、优化发展环境总体目标，按照市场优先和社会自治原则，对市级部门实施的审批事项进行第五轮清理规范。减少市级审批事项160项，保留市级审批事项193项，压减比例45.3%。（2）创新优化重点项目审批流程。通过取消审批事项、简化审批环节、规范前置条件等方式把建设项目审批流程进行整合，把从立项到施工许可4个阶段的审批时限压缩为28个工作日，加上审批前期工作、专家咨询、技术评审、公示、公告等时间，压缩到不超过126个工作日。（3）完善投资创业服务机制。制定建设项目预登记和集中受理制度，实行统一登记、窗口受理、限时办结、全程监督，有效提高了项目审批效率。成立专职代办员队伍，对重点建设项目提供全程免费代办。全年共集中受理投资审批事项592项，实施代办和绿色通道项目28件，涉及资金20.8亿元。

【公共资源交易工作】　通过整合现有公共资源交易场所和资源，采取进驻模式，将所有政府投资和使用国有资金的建设工程、政府采购等基本项目全部纳入市公共资源交易服务中心交易。制定潍坊市公共资源交易中心《开评标场地使用管理暂行规定》和《交易事项网上办理工作规程》等配套制度，保证各项交易活动的规范有序进行。全年市级公共资源交易平台共办理交易项目226个，成交总金额32亿元。

【仲裁工作】 2013年,共受理各类民商事案件481件,同比增长10.1%,案件标的额1.539亿元,同比增长13.6%,全年审结案件445起,收结率达到92%,平均审结时限86.9天,同比缩短0.6天。其中裁决191起,占审结案件的43%;调解、和解254起,占审结案件的57%;快速结案率和自动履行率分别达到76%和98%。实现了案件由过去以裁决为主,到现在裁决与调解共同发挥作用的转变。 (赵昕)

公 安 工 作

【概况】 2013年,在山东省公安厅有排名的18个警种综合考核排名中,潍坊市公安局获11个第一、5个第二。省厅组织的有排名的19项技能比武,潍坊市夺得8项团体第一、4项团体第二、3项团体第三;个人有16个第一、9个第二、8个第三。62名民警通过了国家司法考试,通过率和目前总数均在全省排名第一。公安部和省公安厅部署的四个专项行动,市局取得3个第一、1个第二。2013年度全省社情民意调查,潍坊市群众安全感和满意度分别名列全省17市第一名、第二名,市委、市政府给市公安局记集体二等功。

【提升警务实战效能】 2013年,共受理群众诉求2467件,查纠整改各类问题214项,群众满意率达98%。完善警务回访平台,实行短信全面访、民警重点访、督察抽查访三级回访,及时发现整改队伍和执法中存在的问题。2013年,共回访群众508万人次,收集意见建议600余条,整改各类问题2000余个。深入开展各类大走访活动,仅2013年下半年就走访群众114万户、306万人,收集意见建议8000余条,全部及时予以解决。完善警情主导警务机制。坚持在研究状态下加强队伍管理和执法工作,科学研究警情数据和问题数据。研究警情数据,确定高发犯罪类型、高发犯罪地区和高发犯罪时段,有针对性地提高防范和打击犯罪的精准度;研究问题数据,每月由纪委牵头,汇总各方面的投诉、举报、市长热线电话,查找队伍和执法中存在的问题,点对点、面对面地通报给各县市区局和责任民警,抓问题整改,抓刚性问责。完善信息主导警务机制。组建了40余人的信息研判队伍,多渠道、广领域整合信息和资源,加强会商研判,有力地服务决策、服务维稳、服务基层、服务实战。

【提升社会管理服务能力】 2013年,全市共破获经济犯罪案件近700起,抓获犯罪嫌疑人900余名,涉案总金额70余亿元,挽回和避免经济损失13余亿元。其中,打击侵权假冒犯罪、打击整治发票犯罪均全省排名第一,挽回经济损失7.5亿元,查补入库税款3.3亿元。健全服务招商和转调创工作体系。集中开展了"服务企业百日大走访"活动,出台了《潍坊市公安机关服务企业发展二十条措施》,做到企业求助事项件件有答复、事事有着落。围绕市委突破滨海发展战略,制定出台了《服务支持突破滨海工作的意见》,集中利用全市警务资源,全力服务和推动重点区域发展。健全公安行政管理服务体系。优化交通、消防、出入境、户籍、边防等公安行政管理,开辟重点企业物品运输"绿色通道",完善"365"消防服务网络,深化户籍管理制度改革,最大限度简化办事程序,提高工作效率。强化"管行业必须管安全、管业务必须管安全"理念,严格交通、消防和危爆物品管理,有效预防和遏制了重特大安全事故发生,确保了公共安全领域稳定。

【深化平安潍坊建设】 强化"打击主业",2013年,全市共破获各类刑事案件2.3万余起,抓获犯罪嫌疑人1.2万名,刑事发案下降21%,破案率提升27%,逮捕数比前三年平均数提高了14个百分点、直诉数提高35个百分点。公安部、省公安厅部署的四个专项成绩显著,尤其是打击食品犯罪破获1700多起案件,摧毁一批食品犯罪网络。对黑恶势力,露头就打,重拳出击,坚决不让其做大成势、危害社会、危害百姓,3月份、6月份、7月份接连打掉了3个黑社会性质组织犯罪团伙,打掉128个恶势力团伙,缴获各类枪支97支,在社会上引起强烈反响,全国"打黑办"通报表扬。强化"以防促打",健全立体化治安防控体系,2013年2月7日起市、县两级全面启动城区合成化巡防工作,全市每天保持巡防车辆1159台次、警力3156人次四班三运转,实行24小时不间断巡逻的"警灯闪烁"民心工程,2013年,全市仅通过路面巡防就破获案件1521起,抓获违法犯罪嫌疑人1794名,110有效警情、治安警情、刑事警情同比分别下降17.4%、28.1%、12.6%,可防性案件下降15.4%。强化"科技支撑",针对全市视频监控量少质弱、综合利用效率不高的问题,强力推进视频监控建设,在平均每个月新增1万个探头、全市已达到近30万个探头的基础上,在全省率先建设视频监控平台,至10月,16个县(市、区)全部建设了视频监控平台,组建了视频监控巡逻队,与地面巡防力量联勤联动,形成了打击震慑犯罪的"天罗地网"。针对群众反映出警慢的问题,对指挥调度平台进行了数字化升级改造,与地理信息平台、视频监控平台对接,利用地面的合成化巡防就近出警,所有一线警车利用GPS卫星定位,民警通过手持终端定位,确保了整个指挥系统更加通畅、精准。强化"基层基础",在全市建成社区警务室897个,打造"精品社区"119个,深化消防、车管、危管、外管、网管、物管"社区六进",社区警务室成为老百姓家门口的"派出所"和基层不可或缺的维稳力量。

【增强公安队伍素质和战斗力】 健全经常化警示教育体系。

利用短信平台开辟警钟长鸣、局长警示、每周学法栏目，推出每周一次涉警负面舆情发送制度，每季度召开一次警示教育会议，在市局主网页开辟“曝光台”，对有责信访、有理投诉和各个渠道发现的问题，全市通报并拿出处理意见，做到警示教育和日常学法长流水、不断线。健全精细化监督制约体系。坚持问题导向，抓好问题整改，确保纪律严整。建立内部巡查制度，对各警种单位开展巡查活动，全面查找公安工作和队伍建设中存在的问题和薄弱环节。健全刚性化严查严处体系，强化“抓信访就是抓队伍、抓执法”的理念，建立了执法过错责任追究制，完善了信访分析、法制责任认定、纪委问责的信访工作机制。狠抓从严治警，2013 年，对各类违法违纪民警全部进行了刚性问责。（梁国庆）

检 察 工 作

【概况】 2013 年，市检察院获全国检察机关“文明接待示范窗口”“全省优秀检察院”称号，继续保持“省级文明单位”称号，市院党组书记、检察长杨洪旭被省院记个人二等功。全市涌现出以“全国五一巾帼标兵”隋宝玲、“全省优秀检察官”张观方为代表的一批先进典型，有 13 个集体、22 人次获省级以上表彰。

【查办和预防职务犯罪】 坚持有案必查、有腐必反，“老虎”“苍蝇”一起打，加大查办和预防职务犯罪力度，立查贪污贿赂、渎职侵权等各类职务犯罪案件 206 件 255 人，其中大案要案 198 件 245 人。查办了市中级法院原副院长王某（正县级）、市环保局原副局长张某某（正县级）、滨海区管委会原副主任付某某（副县级）等一批有震动有影响的案件。一批犯罪数额巨大、影响恶劣的案件被判处重刑，安丘市公路局原局长邹某某滥用职权，采取伪造工程等手段，套取转移资金 1850 余万元，其中，单独和伙同他人贪污 193 万余元，被判处有期徒刑 11 年；潍坊市燃气供热管理办公室原主任丁某，索贿受贿 155 万元，另有 200 余万元巨额财产来源不明，被判处有期徒刑 14 年；省检察院交办的青岛市公安局治安警察支队原大队长杨某某（正县级），长期纵容黑社会性质组织，并有 700 余万元巨额财产来源不明，被判处有期徒刑 17 年。坚持惩防并举，做好预防职务犯罪工作，开展工程专项预防 73 项，涉及建设资金 157 亿元；开展行贿犯罪档案查询 3500 余次，建议取消了 8 家单位的市场准入资格。全市建立预防职务犯罪教育基地 56 个，开展警示教育 920 余次，受教育者 3 万余人。市检察院预防职务犯罪教育基地被评为全省“法制宣传教育示范基地”。

【强化诉讼监督】 2013 年，共批捕犯罪嫌疑人 3399 人，提起公诉 7986 人。加强立案监督，监督立案 150 件，撤案 165 件，不捕不诉 1469 人，追捕追诉 450 人。加强刑事审判监督，对认为确有错误的案件判决提出抗诉 36 件。加强民事行政审判监督，提出抗诉和发出再审检察建议 64 件，办理督促起诉、行政执法监督等案件 96 件，依法抗诉的青州市王某某等 9 人生产、销售“地沟油”案，9 人全部由缓刑改判为实刑，其中，2 人被判处 10 年以上有期徒刑，被评为全省检察机关优秀诉讼监督案件。加强刑罚执行监督，对违法减刑、假释、保外就医以及体罚虐待被监管人等问题，依法监督纠正 142 次，对脱管、漏管、不按规定收监等违法违规行为提出纠正 22 次。全市看守所实现连续 29 年无超期羁押，办案经验被最高人民检察院转发。

【维护群众合法权益】 针对发生在群众身边的腐败问题，查办征地拆迁和社会保障等领域职务犯罪案件 24 人，医疗卫生和教育领域职务犯罪案件 27 人，新农村建设和惠农资金管理等涉农领域职务犯罪案件 53 人。针对群众深恶痛绝的毒生姜、病死鸡等问题，积极参与食品药品安全专项整治，共对非法生产销售伪劣食品药品的刑事犯罪提起公诉 62 人，查处涉嫌渎职犯罪的国家工作人员 10 人。针对群众反映强烈的环境污染问题，深挖背后的腐败犯罪，在环保系统集中查办了包括 4 个分局局长在内的职务犯罪 18 人。强化对弱势群体和困难群众的司法保护，依法办理拐卖妇女儿童犯罪案件 8 件，解救 26 人；对侵害幼女、伤害老人和农村留守儿童的违法犯罪，依法提起诉讼 46 人；重视处理拖欠农民工工资和劳动争议等申诉案件 7 件，依法惩治拒不支付劳动报酬的犯罪嫌疑人 8 人。受理涉法涉诉信访案件 1416 起，全部作了妥善处理。推出了“张永健接访工作室”等 3 个品牌，有 5 个检察院被评为“全国文明接待示范窗口”和“全国文明接待室”，4 个检察院被评为“省级文明接待室”。

【加强执法规范化建设】 全面构建起以案件管理中心为主导的案件流程控制系统，实行统一受案、全程管理、动态监督、综合考评，把执法监督落实到了每一起案件和每一个办案环节。依靠信息技术，建设侦查指挥中心和监所检察信息指挥中心，实现了对办案人员远程指挥，对犯罪嫌疑人、证人远程讯问（询问）和对监管场所的全方位动态监督。寿光市检察院打造了连接政法各部门的案件信息共享平台，走在了全国检察机关前列，被最高人民检察院记集体一等功。深化检务公开，将涵盖各项检察工作的 4 大类 80 项内容全部公开，实现检察权在阳光下运行，此做法被省检察院转发推广。设立阳光检务服务区，将各项检察业务办案流程及期限公开，方便群众对案件办理信息进行查询咨询。搭建执法办案公开平台,将侦查监督部门办理的7类案件、公诉部门拟作不起诉案件、控申部门办理的9类案件全部纳入人民监督员监督范围。建立刑事不起诉案件、民事行政检察案件和控告申诉案件公开听证制度。在省检察院组织的民意调查中,潍坊市检察机关名列第一。

【加强派驻检察室建设】 派驻检察室是促进检察机关“接地气”的重要载体,是化解基层社会矛盾的有效平台。2013年,全市共建立派驻基层检察室54个,覆盖了全部乡镇、街道和社区、村庄,受理群众信访2750件,排查化解矛盾纠纷334件,帮扶困难家庭435户,真正把检察工作做到了田间地头。

(孙立波)

法 院 工 作

【概况】 2013年,全市法院共受理各类案件97301件,办结92217件,比上年分别上升6.5%和5.3%,结案标的额149.2亿元。其中,中院受理各类案件11583件,办结11081件,为全市经济社会更好更快发展提供了有力司法保障。中院和相关部门先后被最高法院授予“全国法院‘两评查’活动先进单位”“全国法院司法新闻宣传工作先进集体”“全国法院刑事审判工作先进集体”等荣誉称号;2013年,全市法院有18名法官先后被评为全省法院优秀法官、办案能手和“十佳办案标兵”等荣誉称号,有22个集体、42名法官获得省级以上表彰奖励。

9月29日,山东省高级人民法院在青州召开全省法院司法公开现场推进会暨新闻宣传工作会议,潍坊中院等17个中基层法院被确立为“全省司法公开示范法院”

【刑事审判】 认真贯彻“宽严相济”刑事政策,共审结一审刑事案件5308件,比上年下降1%;判处罪犯7240人,比上年上升2.8%。始终保持对严重刑事犯罪的高压态势,依法审结故意杀人、绑架、强奸等严重暴力犯罪以及“两抢一盗”等多发性侵财犯罪案件1250件,判处罪犯1837人;从重从快审结李某某等32人重大涉黑团伙犯罪、何某某强奸杀害女学生等大案要案,有力地震慑了犯罪。严惩职务犯罪,依法审结贪污、贿赂、渎职犯罪案件156件,判处罪犯198人;公开审理原青岛市李沧区公安分局局长冯某某涉嫌贪污受贿2000万元、包庇纵容黑社会性质组织犯罪一案,彰显了党和国家反腐倡廉的决心。严打经济犯罪,依法审结合同诈骗、非法吸收公众存款等经济犯罪案件307件,判处罪犯577人,挽回经济损失5000万元;审理假冒“海尔家电山东总代理”以高息利诱吸纳资金2.74亿元的刘某某集资诈骗一案,判处其死刑缓期二年执行。严惩危害食品安全犯罪,依法审结生产销售“地沟油”、加工贩卖病死猪肉、鸡肉等犯罪案件11件,判处罪犯30人。严处“恶意欠薪”行为,依法审结拒不支付劳动报酬犯罪案件3件,判处罪犯3人。加强对未成年人的特殊优先司法保护,依法审结拐卖、性侵等针对未成年人的犯罪案件42件,从重判处罪犯55人;在全省率先组建未成年人案件审判庭,专门审理未成年人刑事案件和涉及未成年人的民事、行政案件,有力保障涉案未成年人的合法权益。严格减刑、假释条件及办理程序,依法办理减刑、假释案件4464件。

【民事审判】 着眼有效维护人民群众合法权益,促进社会和谐,依法审结一审民事纠纷案件40132件,比上年上升6.2%。其中,审结婚姻继承、抚养赡养等家庭纠纷案件8248件,充分保障妇女、儿童和老年人的合法权益;审结房屋买卖、相邻权、物业管理等纠纷案件614件,保障群众安居乐业;审结劳动争议、工伤保险等纠纷案件973件,平等保护劳资双方合法权益;审结医疗纠纷案件92件,有效维护正常医疗秩序;审结农村宅基地、土地补偿等纠纷案件121件,依法保护农民土地权利;积极应对民间借贷纠纷年均递增55%的快速发展态势,审结此类案件11753件,涉案标的额30.2亿元,依法保护合法有序的民间借贷关系。

【商事审判】 充分发挥商事审判经济调节功能,规范市场经营秩序,依法审结一审商事案件15491件,比上年上升5.3%。充分运用法律手段,积极帮助困难企业解危脱困和再生发展,依法审结企业破产、兼并重组、公司解散案件11件。依法稳妥审理银行贷款、票据证券等金融纠纷案件,维护金融债权安全,协调解决标的额1000万元以上的案件24件,为银行回笼资金4.1亿元。积极推进“创新潍坊”建设,加大知识产权司法保护力度,依法审结各类侵犯知识产权案件363件,成功审理全省首起网页著作权纠纷——中企动力诉潍坊万企侵害网页作品著作权案，收到良好效果。

【行政审判】　认真履行司法审查职责，依法审结一审行政案件1228件、审查执行非诉行政案件1250件，既充分保护行政相对人的合法权益，又积极支持行政机关依法行政。加大行政纠纷协调化解力度，69.5%的案件以和解、撤诉方式结案；对十笏园及周边街区旧城改造、昌潍路拓宽等项目建设中发生的行政纠纷，注重诉前协调化解，保障全市重点建设项目的顺利推进。进一步完善与行政机关的联席会议制度，先后邀请行政执法人员旁听庭审、联合举办法律培训26场次，培训行政执法人员600余人次，促进了行政执法规范化水平的提高。密切关注审判、执行工作中发现的社会管理方面存在的问题和漏洞，及时向有关职能部门提出规范民间借贷、完善工伤行政确认程序、加强农村环境保护等方面的司法建议80余条。中院提出的《关于规范和正确引导民间借贷行为的司法建议》，为市政府及相关部门加强金融监管提供了重要参考。

【执行工作】　加大执行工作力度，用足用好查封、扣押、拘留等强制措施，共执结各类案件18843件，标的额47.6亿元。认真组织开展涉党政机关执行积案专项清理活动，执结此类案件168件。组织开展集中执行金融积案和涉民生案件专项执行活动，攻克了一批"骨头案""钉子案"，共执结涉金融案件2049件、涉民生案件1331件，为农民工追回劳动报酬813.2万元。依托诉讼诚信体系建设，建立失信被执行人名单制度，通过召开新闻发布会、设立曝光台等途径，向社会公布了398名拒不履行义务的失信被执行人信息；加强与公安、银行等部门的信息共享和联动惩戒，联合对被执行人实施限制出境20人次，限制高消费18人次，司法拘留720人次，限制贷款309笔9487.2万元，营造了"生效裁判必须履行"和诚实守信的社会氛围。

【立案、信访和司法救助工作】　始终把司法为民作为法院工作的出发点和落脚点，通过健全便民诉讼机制，加强诉讼服务中心建设，完善诉讼引导、判后答疑等制度，为群众诉讼提供"一站式"服务；加强基层便民服务网络建设，在人口集中社区和偏远乡镇设立巡回审判点、法官联系点322个，为群众远程立案6300余件、巡回审判案件3340件。实施"司法提速"工程，扩大简易程序适用范围，实行小额案件速裁机制，尽量缩短办案期限，全年共有24885起案件适用简易程序审理，既提高了审判效率，又减轻了当事人讼累。加强涉诉涉法信访工作，实施"诉访分离"，将涉诉涉法信访纳入法治化轨道；实行领导带班接访和定期下访，中院领导班子成员先后到基层联系点接访8次，接待群众164人次，面对面为上访群众答疑释惑、解决问题。加大司法救助力度，为606名经济确有困难的当事人缓、减、免诉讼费45.3万元，并会同财政、民政部门，为特困刑事被害人落实救助金21万元，彰显了司法的人文关怀。

【规范审判权科学运行】　加强审判流程监督，制定完善审判流程管理、审判质效评估等多项管理制度，实行审限预警、扎口结案等措施，强化立、审、执各环节的衔接配合，促进了审判效率的提高。加强案件质量监管，定期对庭审活动、裁判文书进行评查，全年共评查庭审2430个，评查裁判文书7800份，促进了案件质量的提升。全面落实审判责任，完善审判委员会工作规则，明确院庭长管理职责，建立院庭长行使审判管理权全程留痕制度；推行合议庭成员随机组成机制，落实合议庭共同阅卷、庭审制度，切实解决"合而不议"问题，让审理者裁判、由裁判者负责，使审判权科学规范运行，形成了审判管理的良性运行机制。充分发扬司法民主，稳步推进人民陪审员"倍增计划"，全市共增选人民陪审员107名，人民陪审员总数达640人。同时，充分发挥人民陪审员熟悉社情民意的优势，让其更多地参与调解、执行和信访等工作，全市人民陪审员共参审案件17661件，参审率达52.7%，高出全省3.2个百分点。

【司法公开工作】　认真落实中央司法改革总部署，扎实推进审判流程公开、裁判文书公开、执行信息公开三大平台建设，以全方位的公开促进司法公正，以当事人能感受到的方式实现司法公正。推行案件流程信息同步公开，开通手机短信告知平台，实时向当事人发送案件进展信息；在诉讼服务大厅设置查询触摸屏，当事人可随时查阅案件进展信息。全市法院共向当事人发送案件信息14500余条，提供信息查询3895件次。推行裁判文书公开，选择具有典型意义的裁判文书在法院门户网站公开，并从2014年1月1日起将全市两级法院应当公开的生效裁判文书全部上传至中国裁判文书网。推行审务公开，开通法院门户网站和官方微博微信，与潍坊日报社联办《法院特刊》，及时发布法院工作动态、定期进行庭审直播、积极回应群众关切；开展"法院开放日""见证执行"活动，邀请社会各界代表走进法院观摩庭审、参与执行。9月，省法院在青州召开全省法院司法公开现场推进会，推广潍坊法院的相关做法，并确定中院为全省司法公开示范法院。

（任保江）

司法行政工作

【概况】　2013年，潍坊市被全国普法办表彰为"全国法治城市创建活动先进单位"，市司法局被司法部表彰为"国家司法考试工作先进集体”,在省司法厅年度考核中名列前茅,荣记“集体二等功”,被评为“市级文明单位”和“全市绩效考核工作先进单位”。

【普法依法治理工作】 坚持“普治创”同抓,部门、区域目标同向,深入推进法治潍坊建设,受到中央政法委肯定,省司法厅厅长王本群作出批示要求在全省推广。坚持“谁主管谁普法、谁执法谁普法”,将120余部常用法律法规的宣传责任分解到各县(市、区)和各普法成员单位,对重点任务实行项目化管理,跟进督查督办。深化“法律六进”,创新载体形式,在主流媒体开设栏目以案释法,借助公交车、大型商场、酒店LED显示屏播放公益普法广告。加强法治文化建设,参加了全国法制好新闻和法制题材电影电视节(剧)目评选、“六五”普法成果网上展示、第十届法制漫画动画微电影作品征集等活动,推选上报作品30余项。加强重点对象学法用法,开展了领导干部法治思维和法治方式系列学习宣讲活动,编印《常用法律法规选编》读本,免费发给领导干部、公务员、企事业单位经营管理人员等学习。2013年,共开展法制宣传活动2362次,送法下乡、进社区活动1932次,举办法律知识考试386次、43532人次参加,举办法制学习2545期、法制讲座1278次。坚持“谁主管谁负责”,围绕安全生产、交通运输、食品药品安全、环境保护、校园安全及周边环境、房屋征收、产品质量、农产品质量安全、信访等9个方面热点难点问题,组织相关区域、部门加大依法治理力度。完善法治创建标准,加强分类指导,深入开展法治县市区、民主法治示范村(社区)创建活动,全市共有“全国法治县市区创建活动先进单位”3个、“全国民主法治示范村(社区)”9个、“全省民主法治示范村(社区)”89个。改进考核方式,委托市社情民意调查中心,对18部常用法律法规知晓率和10项热点难点问题依法治理满意度进行电话测评,普法依法治理工作满意度由2012年的88.9%提高到2013年的91.05%。

【人民调解工作】 健全人民调解组织网络,推进行业性、专业性调解组织建设,与公安、人社、住建、卫生、工商部门联合下发意见,推动在道路交通、劳动人事、住房建设、医疗卫生、消费者权益保护等行业领域建立健全调解组织。9月5日,市委政法委召开全市联系群众化解矛盾机制建设调度会,推广高密市行业性、专业性调解工作经验,全市共建立行业性、专业性调解组织520个。中央政法委对潍坊市建立行业性专业性矛盾化解机制的做法在全国进行推广。加强人民调解规范化建设,从组织队伍、基础设施、标识标牌、规章制度、工作开展、档案管理等方面,对人民调解委员会进行统一规范,加强人民调解员培训和调解案卷检查,提高了人民调解工作水平。

【特殊人群管理服务工作】 加强社区矫正工作机构和队伍建设,举办了全市社区矫正执法培训班,组织司法所人员参加了心理咨询师培训。加强社区矫正制度化、信息化建设,坚持重点人员情况定期报告制度,启用社区矫正(安置帮教)工作整改通知单,建立社区矫正教育学习和社区服务计划上报制度,开展“大排查大走访”等活动,增强了管理服务的针对性。开展“社区矫正规范化建设年”活动,完善社区矫正执法行为、执行程序、档案台账,统一制定16种档案文书,建立社区矫正突发事件应急处置机制。开展了为期半年的执法检查活动,教育引导社区矫正工作人员增强刑罚执行意识,明确执法职责、权限、程序和标准,及时发现和解决存在的问题。健全刑满释放人员必接必送和有效安置机制,做好服刑在教人员信息核查及预释解人员信息回执工作,最大限度消除“三假”人员。加强过渡性安置基地建设,协调有关部门落实低保、临时救助、技能培训等措施,开展服刑人员未成年子女排查帮扶活动,促进了刑满释放人员顺利回归社会。

【法律服务管理工作】 严格规范法律服务工作,开展律师案件质量评查活动,对全市92家律师事务所900本案卷进行检查,共查摆问题34项,在全省案件质量检查中名列第一。开展规范律师执业推广活动,着力解决个别律师和律师事务所夸大宣传、虚假宣传等问题。深化律师党建工作,实现党组织全覆盖和党建工作制度化、思想教育常态化,受到中组部领导充分肯定。深入开展“零错证、零投诉、零上访”活动,加强公证质量评查,抽取51名执业公证员的408份卷宗进行集中评查,卷宗合格率达到100%。抓好双休日和节假日办证制度的落实,采取电话随访、实地检查等方式加强督导检查。开展“司法鉴定规范化管理年”活动,落实“三有”(有创新举措,有工作亮点,有先进典范)、“三无”(无差错失误,无违法违纪,无信访投诉)目标,提高司法鉴定工作制度化、规范化水平。创新基层法律服务管理工作,统一规范法律服务文书,推行年检司法所初审制试点,制作执业手册,受到省司法厅领导的充分肯定。严格落实法律援助质量监督办法,坚持办案过程全程监督,案件100%质量评议、100%回访当事人,当事人满意率达100%,在全国法律援助案件质量评估试点工作会议上作了经验介绍。深入开展“法律援助便民服务示范窗口创建”活动,加强法律援助机构建设,成立老年人、残疾人法律援助工作站,做好12348法律服务专线工作,为群众提供便捷高效的服务。

【劳教工作】 2013年11月15日公布的《中共中央关于全面深化改革若干重大问题的决定》提出,废止劳动教养制度。2013年12月28日全国人大常委会通过了关于废止有关劳动教养法律规定的决定。认真做好劳动教养制度废止后的相关工作,重点抓好警察教育培训,加强突发事件防范、应急处置和技能实战训练,不断提高警察履行职责能力。加大场所设施建设力度,积极争取相关部门支持,新址主体功能区基本完工,为顺利转型奠定了硬件基础。

【全国“法律进单位”专场推进会】 为深入推进“法律六进”(法律进机关、进乡村、进社区、学校、进企业、进单位)工作,总结“法律进单位”工作经验,9月25日,全国普法办在寿光举行“法律进单位”专场推进会。司法部副部长、全国普法办副主任张苏军,省政府副省长邓向阳出席会议并讲话。市委书记、市人大常委会主任杜昌文,市委副书记、市长刘曙光,市委常委、政法委书记苏立科,市政府副市长潘强分别陪同或出席有关活动。12个省(自治区、直辖市)司法厅(局)和山东省各市司法局、普法办代表参加会议。会上,与会代表实地观摩了寿光市交运汽车站有限公司、城市管理信息服务中心和“司法面对面”公共交互平台等法制宣传教育现场。

【“六五”普法依法治理中期检查】 2013年,是“六五”普法规划第三年,也是“六五”普法中期检查验收年。10月18日,省政府副省长邓向阳到潍坊督导检查“六五”普法依法治理工作,实地查看了潍城区北关街道后姚社区“法律进社区”、潍坊锦绣学校“法律进学校”工作现场。其间,副省长邓向阳向副市长潘强授“全国法治城市创建活动先进单位”奖牌并讲话。

【突破滨海“转调创”专项法律服务】 组建了“滨海区律师服务团”“突破滨海法律服务部”,引导3家知名律师事务所在滨海设立分所。围绕企业转调创,与中小企业办公室联合开展了“律师服务中小微企业管理提升”活动,组织律师深入736家企业,围绕公司法人治理结构及资产资质、合同管理、劳动人事管理等方面进行“法律体检”,帮助企业及时发现存在的问题,提出针对性的法律处方,完善法律预案,提高企业防范法律风险的意识和能力。开展企业法律状况调研和法律培训,与60家重点企业签订法律服务协议,从市直律师事务所中挑选10名专长于企业法律问题研究的优秀律师入企开展法律讲座,就劳动合同、房地产开发、知识产权侵权、员工职务犯罪预防、企业家刑事法律风险意识培养等方面,对中小微企业人员进行系统培训,共举办专题法律讲座16场,参训中小微企业人员1000余人。

(王跟良　秦　伟)

经济监督管理

发展改革

【概况】 2013年，市发改委机关被评为“省级文明单位”，被市委、市政府评为市直部门绩效综合考核先进单位、全市政府信息公开工作先进单位、全市政府系统调研工作先进单位、全市先进理论教育工作单位等20多个奖项。市发改委“三百服务”被评为2013年度市直机关“优质服务项目”。2013年，在企业评议部门(单位)信访中，市发改委获得第7名。“十百千”工程入选全市十件大事。

【宏观调控】 组织开展全面建成小康社会、北部沿海对外连接、中心城区提升、两河开发战略、社会发展水平综合评价等38个重大课题研究，其中，8篇获市领导批示，2篇分别获市政府优秀调研报告一、二等奖；全面建成小康社会研究报告，获省政府奖励，并纳入市级决策。牵头编制“831”系列规划，承担滨海区产业发展、滨海区能源保障、中心城区产业发展等6个规划编制，完成“十二五”规划中期修编。准确把握宏观经济走势，加强对经济运行中苗头性、倾向性问题的分析研究，及时提出对策建议，每季度形成分析报告，为市委、市政府科学决策提供参考。组织实施2013年全市国民经济和社会发展计划，圆满完成各项任务目标。牵头编制2014年经济社会发展计划草案，提出发展思路、目标任务和工作重点。加大信息报送和新闻宣传力度，市委、市政府信息采用量位居市直部门第2位。

【固定资产投资】 全市完成固定资产投资3430亿元，增长19.5%，投资对经济增长的贡献率达到60%，投资总量居全省第三位。民间投资2824亿元，占全市投资的82.3%。高新技术、新兴产业、现代服务业等重点领域增长较快。8个项目列入省重点建设项目，居全省第三位，总投资87.8亿元。创新设立963363投资热线服务平台，为投资者提供8大类50多个服务事项。全市共纳入投资服务平台项目439个，总投资10766亿元。融资渠道进一步拓宽，发行企业债券4支，融资额34.8亿元。争取中央、省预算内投资项目218个、资金10亿元。全省唯一一支国家新兴产业创投基金——山东多盈节能环保产业创业投资基金获批。争取进口设备免税133.5万美元，申请农产品关税配额31.91万吨。新增新能源发电装机12万千瓦，累计达到83万千瓦，占电力总装机的比重达到18.6%，比上年提高2.2个百分点。出台十项审批新举措，审批环节由7个压缩为4个，整体办件提速达50%以上。提出项目“信用审批”概念，创新项目审批模式，全年审批项目4175个，总投资7205亿元。

【重点项目建设】 建立了市级项目库，对全市各级各部门谋划的项目、在谈项目、在建项目实行了跟踪调度管理。建立了“日、周、月、季”项目调度推进机制，每日调度全市签约、开工、投产项目，并通过短信，及时向社会发布，每周调度十大工程、15个重点片区进展情况和存在问题，每月汇总调度全市重点项目情况。每季联合开展全市重点项目督查。建立了项目信息对接发布机制。“十百千”工程完成投资3365.4亿元。其中，十大重点工程完成投资105亿元，百个重点项目完成投资450.4亿元，1500个过亿元项目完成投资2810亿元。一批事关全局的重点项目取得重要进展，中国食品谷项目获全国城市农贸中心联合会授予“中国食品谷”称号并发牌匾，总部基地正式施工建设；潍坊港3个万吨级泊位正式对外开放，3个两万吨级泊位新投入使用，5万吨级航道和码头获批并开工建设。潍日高速开工建设，新机场选址已经确定，济青中线前期工作启动，潍日铁路、济青高铁、城海轻轨、疏港铁路等重大项目加快推进。

【服务业】 实施服务业发展提速计划，十大重点产业累计完成投资1885亿元，增长21%；实现服务业增加值1690亿元，同比增长11.4%，服务业增加值占GDP比重达到38.2%，比年初提高1.95个百分点。推进50个重点园区和10大集聚区建设，总建筑面积达到1500万平方米，总投资1000亿元。全市首个5A级旅游景区获批。积极培育农村金融服务外包、健康养老等新兴服务业态，在全省加快服务业发展会议上，潍坊市作了典型发言。在全市开展主辅业分离工作，共分离出已纳入国家统计联网直报的规模以上企业2000余家。潍坊市被省政府评为服务业发展先进市。

【县域经济和区域合作】 建立县域科学发展动态平台，起草了关于支持县域科学发展的补充意见，研究了潍坊市县域科学发展年度评价考核办法（试行），起草了强镇、强区（开发区）、强企、强村培育实施意见。在全省县域经济科学发展考核中，寿光市、诸城市进入全省“综合实力”前10位，寿光市位列3名，诸城位列9名。寒亭区、安丘市、临朐县、诸城市、寿光市分别比2009—2011年度“综合实力”排名上升27、7、6、3、2个位次。推进青潍日一体化发展，加入山东半岛六市部门合作联盟，参加环渤海区域合作活动。组织参加“西洽会”“渝洽会”“西博会”“支洽会”等经贸活动，落实签约项目7个，总金额40亿元。落实2013年援藏资金3980万元、援疆资金5670万元、扶贫协作重庆开县资金300万元，第四批援藏工作组承担的工作任务全部完成。

【改革创新】 争创成为国家电子商务示范城市、社会办医（国家）联系点。组织参加中欧城镇化伙伴关系论坛，潍坊市在人民大会堂与德国弗莱辛地区签署战略合作协议，成为全国首批“中欧城镇化伙伴关系合作城市”12个城市之一。与瑞士马利克集团合作，对潍坊市展开系统战略与分析研究。组织开展与国家发改委、神华集团、北京德恒律师事务所高层对接活动。与人保财险创新探索在全国首推“农业生产全流程风险管控体系建设”，被国家发改委以《改革内参》的形式报中央各领导，在寿光市开展总规模20亿元的“涉农及中小企业贷款保证保险”试点，累计为16家企业提供保证保险贷款4260万元。新认定市级工程实验室、工程研究中心56家，总数达到81家。新争取认定省级工程实验室、工程研究中心3家，总数达到10家。争取国家批复华辰生物国家地方联合工程实验室，占全省的1/5。 （胡德利）

国有资产监督管理

【概况】 2013年，全市国有及国有控股、参股企业87户，资产总额564.96亿元，所有者权益260.72亿元，国有资产258.45亿元；汇总营业总收入50.59亿元，利润总额6.07亿元，净利润5.71亿元。其中。市级企业40户，资产总额205.47亿元，所有者权益100.78亿元，国有资产98.78亿元。

【国资监管体制改革】 市国资委向市委、市政府提报《关于尽快理顺市级国资监管体制的请示》。4月20日，市委常委会研究通过《关于理顺市级国有资产监督管理体制的意见》（简称《意见》）；6月8日，市政府召开理顺国资监管体制工作会议。按照《意见》和会议要求，拟定理顺国资监管体制划转移交企业工作方案，分类分批实施划转移交。市国资委会同相关部门多次召开会议，对18家企业资产、党组织、人员实施划转移交，办理交接手续。

【市级政府投融资体制改革】 为建立融资、建设、运营、管理四位一体的投融资体制，为政府重大项目建设、中心城区片区开发提供支持，市委、市政府加大了市级投融资平台公司的改革力度。7月，市委、市政府两办下发《潍坊市市级政府投融资体制改革方案》，通过资源整合，组建了市国有资产经营投资集团、市城建投资集团、市文化旅游建设集团、市交通投资集团、市新能源投资集团、市投资控股集团、市浩博水利投资建设集团等7个集团公司，加上原有的市投资公司，为潍坊市经济社会发展、国资国企改革提供重要融资平台。根据市政府授权，市国资委代表市政府对投资集团公司履行出资人职责，负责监事委派、绩效考核等工作。

【国有企业改革重组】 （1）实施潍坊港战略重组。潍坊市政府、山东高速集团、森达美港三方出资10亿元，成立潍坊港务有限公司，加快港口建设运营。（2）做好山东新华印刷厂潍坊厂国有产权无偿划转工作。积极与山东出版集团协商沟通，提出划转移交方案，起草无偿划转协议，做好相关接收工作。（3）推进市投资公司集团化改革。根据市政府授权国资委批准的改革方案，公司按照现代企业制度要求，理顺市投资公司母子公司关系，完善法人治理结构；准确把握发展定位，建立集团内部科学管控模式。（4）妥善处理改制重组遗留问题。协调解决亚星集团与省盐业集团重组后续发展有关问题，妥善处理山东海龙重整剥离债务问题，依法拍卖处置新立克集团“4·27”专案涉案资产，完成全市376名职教幼教教师身份认定和生活补贴待遇兑现。

【企业融资工作】 支持海化集团发行3年期私募债券15亿元，用于置换短期流动资金借款和补充流动资金，优化企业融资结构，进一步降低融资风险。支持水务投资公司以售后回租方式，从浦银租赁公司融资7亿元，保证了区内道路建设、上游湿地工程及相关民生工程建设的资金需要。

【产权管理和财务监督监管工作】 （1）推进国有产权信息化管理，全市175户国有企业纳入产权登记系统和产权管理信息系统，实现了潍坊市国有产权信息化监管。（2）规范完善资产评估管理工作，按规定实施资产评估报告核准和备案，全年完成评估项目5宗。（3）实施国有资本经营预算管理。

2013年国有资本经营预算收入计划数1096万元,支出1096万元,实际完成预算收入1179.4万元,超额完成80余万元。(4)推动产权交易规范有序开展,实现企业国有产权全部进场交易。(5)加强法制宣传和监管制度建设。开展了以国资法、《山东省企业国有资产监督管理条例》为主要内容的普法活动,对4个制度办法进行合规性审查、廉洁性评估,修订完善市管企业财务管理意见等3个制度办法。(6)组织企业公物拍卖资质审报,经省国资委审核批准,7家企业获得公物拍卖资质;完成全市60余名企业法律顾问继续教育和注册备案工作。 (杨德光)

国土资源管理

【概况】 2013年,潍坊市国土资源局继续保持了全国文明单位称号,先后获得全国"双保"工程成效显著单位、全国国土资源系统"十二五"中期推进依法行政先进单位、全国基层组织建设创新奖、全国矿产资源利用现状调查工作先进集体和山东省职工职业道德建设标兵单位、富民兴鲁劳动奖状、全省国土资源系统先进集体等17项省部级荣誉,荣获全市绩效考核突出贡献奖等30多项市级荣誉,市政府给予记集体二等功;有14个县市区局创建或保持省级文明单位,有7个县市区局荣立集体三等功。

【土地管理】 全年整理复垦土地面积10.9万亩,新增耕地面积1.7万亩,超额完成省政府下达的年度补充耕地任务指标,全市连续14年实现了耕地总量动态平衡和占补平衡。高标准基本农田建设争取中央补助资金2.8亿元,省下达潍坊市的90万亩高标准基本农田建设任务顺利完成。全年全市共供应建设用地2671宗,面积15.07万亩,成交价款404.7亿元。国土资源部和山东省国土资源厅一次性下达恐龙地质遗迹保护项目用地2095亩,国家级综合保税区一期围网通过国家验收。出台了加强滨海开发节约集约用地的《通知》和具体规定,向急需开发建设的项目供地2.09万亩。加快消化批而未用土地4.75万亩,年度供地率达83.3%,促进了依法集约用地。完成了市政府下达的2300亩土地储备任务。验收挂钩项目复垦耕地7975亩、工矿废弃地复垦耕地1479亩,拓宽了用地空间。安丘、青州、昌乐3县市低丘缓坡试点完成土地平整8954亩,上报用地7812亩,试点区已有70多个项目落户,顺利通过国家多部门联合评估。审批设施农用地9667亩,改善了农业结构,助推了全市现代农业发展。

【地质矿产管理】 全年审批采矿权107宗,征收采矿权价款5950万元,矿产资源补偿费4961万元,分别增长30%以上。依法关闭76家不符合当地产业政策的小矿山,全市矿山数量由2012年的314家减少到238家,总压减率达到了24.2%。积极开展科技管矿试点,地下采矿三维动态监管系统在全市11个地下矿山得到推广应用;制定出台了地下卤水保护与开发管理办法,寿光市卤水资源开发远程监管技术达到全国领先水平。加强地质灾害防治工作,安丘市柳河峪村搬迁避让工作通过上级检查验收,全面完成被列入省重点的4个地质灾害隐患点的搬迁避让任务。诸城恐龙国家地质公园和青州国家地质公园获评首批30个"中国最美地质公园",潍坊成为全国唯一拥有两家最美国家地质公园的地级市。积极开展地质调查和矿产资源综合利用,争取到中央和省"以奖代补"、地质遗迹保护、矿山复绿、地质灾害治理等项目16个,获得上级补助资金1.18亿元。与天津地调中心合作开展的潍坊区域地质和地质环境调查项目及滨海区域地壳稳定性调查评价项目实施顺利,为潍坊北部区域规划和重大工程建设提供基础地质依据。

【测绘地理信息工作】 成功举办了2013中国地理信息产业大会,这是该大会第一次走进非省会城市,300多家国内知名地理信息企业以及院士专家、知名企业家共2300多人参会。潍坊被命名为"中国地理信息产业示范基地",并成立了"中国地理信息培训咨询中心"。产业基地"一中心、两园区"基建一期工程基本完成,基地建设投入资金17.5亿元,研发中心企业已入驻。高新数据加工园区7栋数据加工楼、2座会议办公综合服务楼全部封顶;坊子产业园区建筑面积17万平方米的10栋孵化配套中心完成主体验收,总建筑面积3.8万平方米的9幢专家公寓全部封顶。先后到北京、广州组织了产业基地推介招商会。总投资16亿元的5个生产类项目和3个配套类项目开工建设,46家知名企业和研发单位落户。基础测绘稳步推进,地理信息公共平台推广应用成果颇丰,完成了潍坊"12343"家政网络服务中心、社保中心等9个应用系统开发,公共平台成果已在公安、规划、国土、市政、社保中心等22个部门和领域的56个系统得到应用。配合腾讯公司采集并发布了潍坊街景地图,潍坊成为全省首批街景地图上线城市。数字城市建设全面推进,成为县级数字城市列入省级项目最多的城市。

【国土资源科技创新】 数字潍坊地理空间框架建设、寿光国土资源三维可视化综合管理系统分获2013中国地理信息科技进步一等奖和二等奖;城区基础地理信息数据库建设、潍坊市测政管理系统、矿政管理系统获地理信息产业优秀工程金、银、铜奖。全市共有31个项目获2013年省国土资源科技奖,其中一等奖12个,二等奖12个,三等奖7个,获奖等级和项目总数均列全省第一。《潍坊地图集》获市社会科学一等奖,局主要领导的哲学文章获省国土资源好新闻一等奖和"风筝都文化奖"。国有土地使用权和矿业权全面实现了网上交易,局门户网站荣获全国"2013·政府网站精品栏目"奖。地籍管理实现“三个率先”:农村集体土地确权登记发证工作在全省率先通过国家级检查验收;全国宗地统一编码推广试点项目,率先通过国土资源部检查验收;土地登记信息动态监管查询系统国家级示范基地建设,在全国10个试点省(区)中率先完成了阶段性工作任务,较好地实现了部省市县四级互联互通和动态监管。（李立清　魏一菡）

工商行政管理

【服务市场主体发展】 2013年,制定出台试行登记制度、创新优化经济发展环境意见、进一步优化经济发展环境实施意见,试行市场主体资格先行确认、注册资本“零首付”认缴、城市社区便民服务行业免个体登记、“一址多照”登记、新兴市场主体登记等五项制度,有效激发了创业活力。全市新登记各类市场主体6.9万户,总量达到43.5万户、注册资本3596亿元,同比分别增长12.3%、16.3%。组织实施“个转企”工程,指导1203户个体工商户办理了转企登记。新登记股份公司73户,总量达到645户,保持全省第一。农民专业合作社总量达到1.2万户,成员总数34.4万个,居全省第一。探索开展家庭农场登记试点,登记发展1609户,居全省第一。

【维护公平竞争市场秩序】 加大对市场违法行为的打击力度,全市查处各类经济违法案件2.3万件。深入推进打击“傍名牌”和治理商业贿赂工作,确定潍柴、景芝等22个重点保护品牌以及16个商业贿赂重点治理领域,查处商标侵权案件188件、商业贿赂案件12件。加强对公用企业的监管,查处不正当竞争案件693件。加强防控传销和监管直销体系建设,组织开展“打传销反欺诈促和谐”专项执法行动和“防止传销进校园”宣传活动。加强网络经营行为监管,查处网络违法案件42件。组织开展无照经营专项整治行动,查处无照经营业户4449户,引导办照3079户。

【实施商标广告战略】 新认定驰名商标12件,著名商标35件,总量分别达到110件和368件,均居全省第二位。新注册地理标志证明商标21件,总量达到55件,居全省第一。积极推进潍坊国家广告产业园区试点工作,中央财政补助资金累计到位7500万元,省工商局与市政府签署推进潍坊广告产业发展战略合作协议,全省首家广告交易中心网络平台在潍坊国家广告产业园区上线运行。

【深化消费维权】 全市受理消费者咨询、申诉、投诉、举报3万多件。突出消费者申诉、投诉集中的婚庆、干洗、美容、汽车维修等行业。开展儿童用品质量和家电售后服务行为专项整治,对部分家电经营者、维修商进行集中行政约谈。开展了农资、家装建材行业消费者满意度调查评议。组织3·15志愿者对相关服务领域进行了暗访体验。推进完善与人民法院“诉调对接”机制和“人民调解委员会”制度,成立了汽车、手机行业消费维权工作站,对相关消费问题进行专业化指导。

【工商行政管理体制调整和职能划转】 2013年,工商行政管理体制由省级以下垂直管理改为地方政府分级管理。流通环节食品安全监督管理职责划归新组建的市食品药品监督管理局。职能交接期间,工商行政管理部门继续抓好流通环节食品安全监管,严把经营准入关,严格落实监管和自律制度,深入开展专项整治。全市证照齐全的食品经营业户达到4.1万户,备案登记食品批发商1544户,食品安全自律制度落实率达到95%以上。对805个批次的食品进行了质量抽检,查处不符合食品安全标准案件220件。（孙永刚　邱新华）

价 格 管 理

【概况】 2013年,全年居民消费价格累计上涨1.6%,较2012年同期涨幅(1.7%)缩小0.1个百分点,低于全国(2.6%)、全省(2.2%)平均水平,按涨幅从高到低排序,列全省第13位。

【价格管理】 电价:落实了新能源发电价格补贴政策,争取国家补贴资金4432余万元;继续实施居民生活阶梯电价和超标准耗能电价政策。气价:调整了潍坊市区非居民天然气销售价格。存量气:非居民用气3.30元/立方米调整为3.66元/立方米;特殊行业用气3.60元/立方米调整为3.96元/立方米。增量气:非居民用气3.30元/立方米调整为4.54元/立方米;特殊行业用气3.60元/立方米调整为4.84元/立方米;调整了山东潍焦集团有限公司非居民生活用焦炉煤气出厂价格,每立方米0.80元调整为1.00元。非居民生活用煤气销售价格每立方米1.60元调整为1.80元,特殊行业用气每立方米1.75元调整为1.95元;调整了潍坊市辖区内各车用天然气销售价格,每立方米3.80元调整为4.30元。水价:继续实施了居民生活用水阶梯式水价以及非居民生活用水和特种用水超定额用水加价制度;制定了寿光弥河水利工程供水价格,每立方米0.30元;制定了高密市王吴水库水利工程供水价格,每立方米0.48元。农价:落实了省烟叶、小麦最低收购价格政策(中准级每50公斤1080元;白、红、混合麦每50公斤118元)。房价:制定了潍坊市区公租房租金标准,中央生活城6.70元/平方米·月,华安锦绣樱园5.20元/平方米·月;制定了奎文区经济适用住房销售基准价格(含税),紫金花园2424元/平方米,樱北花园2472元/平方米,江山帝景2400元/平方米,晨晟世纪2448元/平方米。

【收费管理】 收费年审:对全市2012年度收费情况进行审验,共计审验市直38个系统308个部门单位,审验收费总额81.9亿元,收回收费许可证20个,变更收费项目(标准)70项。行政事业性收费:自5月10日起免征市级62项行政事业性收费、政府基金,降低了中心城区的城市基础设施配套费征收标准(280元/平方米调整为150元/平方米);取消和免征33项行政事业性收费。医药价格改革:在全市医疗机构施行2009版医疗服务价格方案,自3月1日起执行《潍坊市医疗机构医疗服务价格》。其中,医技诊疗类和临床诊疗类表列价格为最高价格,二级医院执行规定价格的95%,一级医院执行规定价格的90%,其他医疗机构执行规定价格的85%;县级公立医院改革稳妥推进。8家县级公立综合改革试点医院,自1月1日起全部药品按进价销售,取消药品加成。指导8家试点医院调整了部分医疗服务价格,提高部分由医保按比例承担,患者负担不增加。教育收费:制定了全市民办教育收费标准(见表1)。民办学历教育收费由所辖物价部门在市确定的标准以内,确定收费标准报市局备案;会同教育、财政部门,制定了新公立幼儿园收费标准。(见表2)。

【价格监督检查】 开展涉农、教育、医疗服务及药品、旅游、驾驶员培训等行业、领域的价格监督检查。全市共立案查处各类价格违法案件80件,实施经济制裁873.3万元多;12358价格服务电话及物价网共受理价格咨询、投诉、举报6138余件,为群众挽回经济损失10.16万元。

【价格认证】 开展涉案物品价格鉴证,涉税、涉纪财物及经济领域价格认定工作。全市共完成各类价格认证业务案件9260件,总标的额13.6亿元。安丘市率先在基层司法所设立价格纠纷调处工作站,昌邑市开展医保价格认证,取得良好社会效果。

【价格法制】 行政审批事项清理:取消2项(价格评估人员职业资格认定、核发"收费员证")价格行政审批事项,下放1项,保留3项(含调整规范1项),新增1项。突破滨海:会同市财政局,印发了《关于滨海经济开发区实施零收费管理的通知》,对滨海开发区实行了行政事业性收费零收费管理。规范性文件:共出台部门规范性文件6件,全部按《山东省行政程序规定》要求履行了手续。审价委:全年共完成21个定调价(费)方案的集体审议。其他:7月25日,印发了《关于进一步明确市与奎文潍城两区价格主管部门行政管理职责的通知》,明确了市、区两级价格行政管理权限。

潍坊市民办学历教育收费标准表

单位:元/生·学期

表1

学历类别	收费标准
小学	4000
初中	5000
高中	5500

潍坊市公立幼儿园收费标准表

表2　　单位:元/生·月

类别	省级实验示范类	市级示范类	县级示范类	普通类
保教费	380	300	240	200

(杨正波)

质量技术监督

【质量强市战略深入推进】 2013年,潍柴动力荣获首届中国质量奖提名奖;诸城市获批创建"全国质量强市示范城市",为全国仅有的两个县级市之一;青州装载机及液压元器件成功创建山东省优质产品生产基地,使潍坊市创建山东省优质产品生产基地总数达到7个,居全省第2位;12家企业被表彰为"创建山东省优质产品生产基地龙头骨干企业",居全省第3位;5家单位获批山东省中小学质量教育实践基地,占全省的四分之一;6家企业、2名个人获得2013年度潍坊市市长质量奖,青州、安丘、寿光三市在全省率先开展了县级市市长质量奖评选工作。

【标准化战略不断深化】 支持潍柴动力承担了全国内燃机标准化技术委员会节能工作组秘书处工作,推动山东新龙集团有限公司开展了全国化学催化剂标准化分技术委员会低汞触媒催化剂工作组申报工作;累计有1202个产品通过了采用国际标准和国外先进标准验收,位居全省第一位;32家企业成功创建国家级标准化良好行为企业,使全市创建国家级标准化良好行为企业327家,居全省第一位;2个国家级农业标准化示范区项目通过验收,4个项目获批创建第八批全国农业标准化示范区(市),目前全市获批创建的国家级农业标准化示范区项目达到了46个,已建成42个,获批数量和建成数量均居全省首位,其中安丘市承担的全国农业综合标准化示范市项目还被评为全国优秀示范区;承担了4个国家级服务业标准化示范项目,总数居全省前列,其中2个通过了验收。

【质量基础保障水平稳步提升】 国家内燃机产品质检中心获批筹建，山东省汽车零部件质检中心、山东省铝合金型材及制品质检中心等2个省级质检中心通过验收，目前全市国家级质检中心总数已达2个，省级质检中心总数已达14个，省级质检中心数量列全省第一位；山东盐化工装置检验研究中心、潍坊市能源计量中心建设进展顺利；山东半岛蓝色经济区（潍坊）国内外贸易技术壁垒和标准信息服务平台建成开通；累计有164家企业通过了测量管理体系认证和计量确认考核验收，2家单位被评为山东省能源计量标杆示范企业；全市取得了2124张质量管理体系认证证书、568张环境管理体系认证证书、24张职业健康管理体系认证证书；在全省率先建立了电声标准装置，填补了潍坊市电声计量检测能力的空白；建立计量标准总数达184项，居全省地市级法定计量检定机构首位。

【质量安全监管力度持续加大】 2013年，共出动执法人员1200余人次，对808家重点企业、重点产品生产企业进行了监督检查，下达责令改正通知书67份；特种设备安全方面，针对薄弱环节，集中开展了特种设备生产使用单位监督抽查和学校锅炉、液化石油气瓶、电梯维保、氨制冷冷库特种设备专项整治，并在重大节会、特殊时期、特殊行业、生产企业组织开展了安全大检查。工业产品质量安全方面，强化产品质量监督检验工作，完成2686家企业的105类2889批次产品的定期检验，检验合格率97%。

【名牌战略取得成效】 名牌战略点、块、面全面推进。2013年，诸城市获批全国商用车零部件产业知名品牌示范区，示范区内10家企业被确定为全国知名品牌示范区骨干企业；昌邑大对虾获得国家地理标志保护产品，使潍坊市国家地理标志保护产品总数达9个，列全省第一位；有94个产品被评为2013年山东名牌产品，有27家单位的服务项目被评为2013年山东省服务名牌，新增数量均位居全省首位；全市山东名牌产品总数达到285个，山东省服务名牌总数达到61个，均位居全省前两位。

（刘成文）

食品药品监督管理

【监管机制创新】 推动监管工作转型。建立起了市级负责组织协调、培训指导、调度督查工作，县级全面承担辖区内所有行政相对人监管的工作机制和格局。建立社会化监管机制。制定了规范市局派出机构行政执法行为的暂行办法，规范了市局派出机构的行政许可、监督检查、行政处罚等具体行政行为；建立了行政监督与稽查执法联动工作机制，实现了人员队伍的优势互补，促进了稽查执法和业务工作的协调推进；建立了稽查执法办案责任制，明确了执法岗位责任，强化了执法责任意识；从加强培训教育、诚信体系建设、违法案件查处、刑事责任追究等方面入手，进一步推动了企业主体责任的落实；建立了与公安部门的联动机制，为加强联合办案、理顺案件移交等工作奠定了基础。

2013年2月4日，全市食品药品监管工作会议召开，副市长王桂英（右二）代表市政府与各县市区政府签订了《食品药品安全责任书》 （摄影：赵亮）

【食品药品专项整治】 结合专项检查工作方案及上级部署，开展了春节前后食品药品安全、第二类精神药品监管情况、经营使用中药情况、集体食堂、小餐饮、打击保健食品“四非”专项行动和药品“两打两建”专项行动等各类专项检查33个；同时，密切关注监管工作的新情况、新形势，针对日常监管、风险排查中反映的突出问题，开展了特定就餐场所无证经营、医疗机构制剂全检情况、药品零售连锁企业统一配送情况专项检查，及时解决了监管中的苗头性风险隐患。2013年，全系统共出动检查人员62700余人次，查处食品药品违法案件3476件。

2013年11月26日，市食品药品监督管理局与高新公安分局联合打掉一违法制售假药窝点 （摄影：赵亮）

【食品药品日常监管】 2013年,共检查食品药品单位36500余家次,下达监督意见书和整改通知书16300余份。强化落实数字化监管、质量约谈、示范创建、餐饮量化分级管理等监管措施,完成餐饮单位量化分级10690家,约谈企业负责人和质量负责人36名,创建省级示范学校食堂3个,市级示范学校食堂18个。强化检验检测,全年共抽检药品2027批,合格率96.1%,潍坊市在产基本药物合格率达到100%;制定了《餐饮食品安全监督抽检采样工作手册》《餐饮服务食品安全监督抽检不合格报告处理暂行办法》,共抽检餐饮服务食品1039批次。强化不良反应监测工作,共上报药品不良反应10589例,新的严重的1361例,占比12.9%;上报医疗器械不良事件3685例,严重伤害592例,占比16.1%。

2013年6月28日,市食品药品监管局组织开展了餐饮服务食品安全事故应急演练 (摄影:赵亮)

【投诉举报中心建设】 经潍坊市编办批准,在市食品药品稽查支队增设了投诉举报科,对外挂市食品药品投诉举报中心牌子,正科级规格,核定领导职数1正1副。主要负责统一受理全市范围内药品、医疗器械、保健食品和化妆品、餐饮服务环节食品安全方面违法行为的投诉举报,食品药品监管社会宣传、新闻发布,食品药品信息化建设等三个方面的工作。2013年,共受理投诉举报898件,办结率100%,反馈率100%,回访满意率100%。

【服务经济发展】 深入推进审批制度改革,下放审批事项4项,取消审批事项2项,精简审批环节,优化审批流程,全年办结审批事项47497件,连续11年保持"红旗窗口"荣誉称号。继续实行"帮扶企业联系点"制度、新建医药项目提前介入制度,帮助企业解决项目建设、产品注册等问题286个。2013年,全市药械生产企业实现销售收入133.1亿元,同比增长14.09%;药械经营总额达到177.49亿元,同比增长8.57%。

(王燕燕)

安全生产监督管理

【概况】 2013年,全市共发生各类生产安全事故289起、死亡102人,同比分别下降22.7%和24.4%,连续12年保持"双下降"。全市共发生2起非营运性道路交通较大事故。

【隐患整治】 2013年,在全市组织开展了"安全生产基层基础提升年"活动,先后开展"百日安全生产集中整治""安全生产大检查""餐饮场所燃气安全专项治理""道路交通'平安行·你我他'行动""涉氨制冷企业液氨使用专项治理""石油化工企业石油库和油气装卸码头安全专项检查""消防安全大排查大整治""煤气安全管理专项检查""油气管线安全隐患大排查"等一系列专项整治行动。其中安全生产大检查期间,全市累计检查生产经营单位41260余家次,查处安全隐患及问题85780余处,责令停产(停业)整顿企业43家,关闭非法违法生产经营单位98家。市政府安委会对各类检查中发现的14处重大安全隐患全部挂牌督办。

【重点领域监管】 非煤矿山领域,共检查矿山企业429家次,排查整改安全隐患61处,管理问题210个。深入开展矿业秩序整治,关闭露天矿山企业10家,注销露天采石场108家,超额完成省下达给潍坊市的关闭指标。危险化学品领域,严把安全准入关,狠抓隐患排查治理工作,共检查危险化学品生产经营单位4117家次,排查整改安全隐患2026处,关闭取缔非法违法生产经营单位133家。烟花爆竹领域,共检查烟花爆竹批发企业90家次、常年经营网点2950家次,排查整改安全隐患336处。职业安全健康领域,全面启动建设项目职业卫生"三同时"工作,大力推进职业危害申报工作,共有4396家企业通过审查备案。工商贸行业领域,深入开展涉氨企业液氨使用专项治理,共检查涉氨制冷企业808家次,查处隐患3677处,关闭取缔71家,停产整顿218家。

【依法行政】 (1)严把安全生产市场准入关。市安监局成立行政审批科,配备工作人员7名,实现所有安全许可和审查事项"一站式"办理。建设项目安全审查平均提速30%以上。(2)严格安全生产执法监察。组织开展生产经营单位安全主体责任落实专项执法检查、职业卫生专项执法检查、剧毒化学品企业销售储存专项执法检查、烟花爆竹经营专项执法检查,执法检查家次和实施处罚次数均大幅增长。市安全生产监察支队首批通过"山东省安全生产执法监察队伍标准化单位"考评。(3)积极稳妥处理举报和信访案件。坚持有报必接、违法必查、件件有回音。市级共处理上级转办和"12350"举报案件53件,全部依法按时办结。(4)严肃事故查处。依法依规对工矿商贸领域发生的安全责任事故进行调查,共追究相关责任人75名。

【基础管理】 大力推进安全标准化、安全文化示范企业、安全生产优秀班组、安全社区“四创建”活动，推动安全生产基础管理工作上档升级。截至2013年底，全市共有2574家企业通过三级以上安全生产标准化验收；59家企业荣获市级以上安全文化示范企业称号，其中国家级1家、省级19家、市级39家；69个基层班组荣获市级以上安全生产优秀班组称号，其中省级16个、市级53个；1个区、26个镇街被命名为省级以上安全社区。加强安全专家队伍建设，充实安全生产专家库，发挥安全专家技术支撑作用。加强安全生产应急管理。全市规模以上工业企业全部完成应急预案年度修定、编制和备案工作，组建完善127支社会救援队伍，组织开展“安全生产应急演练周”等活动，共组织各类应急演练6000余次。

（孙垂涛）

审计监督

【概况】 2013年，在保持和荣获“全国文明单位”等荣誉基础上，市审计局被中华全国总工会授予“全国五一劳动奖状”，成为全国首个获此殊荣的审计机关，10月份又被市政府记集体二等功。2013年，全市共完成审计（调查）项目900个，查出主要问题金额701.8亿元，促进增收节支和挽回损失86.34亿元，提交报告和信息2689篇，提出审计建议1517条，移送重大案件线索7件，推动被审计单位制定整改措施和建立健全制度100余项。精细管理，科技强审，工作效能进一步提升。统筹运用审计资源，不断完善上下联动的审计组织方式，提高监督的全面性和宏观性。强化审计项目质量管控，推广精细化管理，积极构建系统完备、科学规范、运行有效的业务制度体系，2013年全市新制定审计业务类规章制度68项。顺利推进“智慧审计”体系建设，初步完成了“潍坊审计数字化管理系统”三大主要模块的开发，“审计指挥中心”系统已在多个大型项目中运用。注重成果开发利用，2013年全市征集上报省厅计算机审计方法128篇，其中93篇获奖。狠抓作风廉政建设，深入实施审计纪律“十不准”，推行“三项廉政承诺”制度。审计队伍能力素质进一步提升，2013年，全市审计机关编制数量同比增长7.97%，本科以上学历人员数量同比增长5.92%，核心专业背景人员数量同比增长3.08%，专业技术资格人员数量同比增长1.73%，开展各类培训5605人次，较上年增长38.53%。

【财政审计】 围绕积极财政政策的实施和财政审计一体化模式设计，深化财政管理、预算执行、财政决算审计，对财政体制运行情况进行专项调查，对财政存量资金进行摸底，推动公共财政体系建设。关注税费征管情况和财源建设，从源头上把握财力保障程度和限度。加大对被审计单位所属下级单位和管理对象的延伸审计或调查力度，及时督促查出问题的整改和审计建议的落实。全市共审计（调查）单位200个，查出违规金额35.71亿元，管理不规范金额500.51亿元，为财政增收节支12.79亿元。

【政府投资审计】 加强对基础设施投资、关系国计民生的政府重大投资项目的审计监督，实施了大型灌区续建配套和节水改造工程专项审计调查、第十届中国艺术节场馆建设跟踪审计、人民医院新院区工程结算审计、鲁台会展中心建设项目审计等项目。2013年，全市共完成政府投资审计（调查）项目276个，审计投资额47.78亿元，核减投资（结算）额10.9亿元，综合核减率22.81%。

【企业金融审计】 对市级投融资及建设类等公司的资产负债损益情况进行审计，促进国有资产监督管理体制改革，完善国有公司法人治理。查出违规金额48.86亿元，管理不规范金额29.33亿元，推动了市委、市政府《关于理顺市级国有资产监督管理体制的意见》出台，维护了国有资金、资产安全。

【专项资金审计】 结合民生领域改革和发展情况，不断加大对“三农”、社保、农田水利、体彩公益金等重点民生项目和专项资金的审计力度。全市完成专项资金审计（调查）项目67个，涉及资金总额93.17亿元，查出违规金额1385.71万元，管理不规范金额9.77亿元。市审计局组织实施的中心城区排水防涝情况审计调查，全面摸清了排水防涝的规划、建设、管理养护等情况，省厅将该项目作为绩效审计项目范例。开展全市城镇居民医疗保险基金和新型农村合作医疗基金审计以及小农水重点县和农村饮水安全专项资金管理使用情况审计等项目，确保资金专款专用。

【经济责任审计】 经济责任审计工作规范化和运行机制建设有了新进展，审计对象分类管理进一步健全，经济责任审计联席会议成员单位间协调与联系更加紧密。市审计局强化对下领导和指导，印发《关于进一步加强县级审计机关主要负责人经济责任履行工作的通知》，促进了系统内部的层级监督、职业自律和完善提高。全市共审计领导干部352人，其中，党委政府54人、党政部门126人、事业单位160人、人民团体12人，查出负直接责任的违规金额1.69亿元，负主管责任的违规金额15.81亿元。

（游　园）

统计工作

【概况】 2013年，潍坊市统计局荣获全省统计系统文明单位、市绩效考核先进单位、《中国信息报》宣传工作先进单位、全市“五四红旗”团组织、市档案工作先进单位、“六五”普法中期先进单位、安全生产工作先进单位等称号。“三上企业”统计星级单位管理荣获市直机关“优质服务项目”。连续六年被省统计局评为先进单位。

【统计质量效益年活动】 2013年,研究构建现代化服务型统计,在全市统计系统开展“统计质量效益年”活动,强化“质量和效率”意识,从统计数据质量、统计服务、法制工作、基层基础工作、信息化建设、行政保障、干部队伍、机关作风建设八个方面,围绕体现统计工作质量和效益的关键环节和重点工作来推动。

【日常统计报表工作】 各专业科室队严守“四条红线”,加大企业“一套表”联网直报的推进力度,准确、及时地完成了2012年报和2013年的各项定期报表任务。制定了专业统计月报数据审核办法,严格审核数据匹配情况、月度间数据的衔接情况、IP地址相同企业的数据情况、统计数据与会计账及报税数据的吻合情况,及时净化基础数据,查询率和差错笔数逐步减少。

【统计创新工作】 (1)建立了“四一三”统计平台。准确把握全市“四一三”发展战略重点,做好先进制造业、现代农业、文化创意旅游产业、现代物流、新型城镇化体系四个基地一个体系和能源保障、水生态文明、交通运输基础设施三个基础支撑分类标准的制定工作,为市委市政府战略决策搞好统计服务。(2)建立潍坊市投资统计数据质量评估指标体系及评估办法。从投资内外部指标进行联系分析,建立投资评估指标体系和数学模型,对投资总量和速度进行评估上报,达到投资数据要与内外部各项评估指标协调一致,力争投资统计数据能真实、客观反映各县市区、开发区投资水平。7月,《潍坊市投资统计数据质量评估指标体系及评估办法(试行稿)》在全市范围试行。(3)制定了《潍坊市旅游统计调查制度》,推进了文化创意旅游基地建设。(4)与发改委联合开展服务业主辅分离工作。市统计局创新理念,积极作为,充分发挥部门优势,突出工作重点,强化基层基础工作,以二、三产业剥离为重点,将新增达到限额以上标准的2202家服务业企业,纳入联网直报数据库,确保应统尽统。山东省统计局对潍坊的做法给予肯定,并于11月23日在潍坊召开现场会,推广经验。

【统计监测工作】 (1)完成整理归档第六次人口普查电子地图工作。圆满完成潍坊市1%人口和劳动力调查,通过“宣传、入户、督导、保密、协调”五到位确保调查数据质量。(2)组织实施黄河三角洲生态经济区及山东半岛蓝色经济区统计监测中的数据提报工作。

【第三次经济普查工作】 2013年,是全国第三次经济普查年份,市委市政府领导高度重视。(1)组建市县、镇街普查机构,选聘21099名普查员和普查指导员,并有针对性的进行培训;(2)进行普查区划分和电子地图的绘制工作,从地理区域上保障普查的完整性,确保普查对象不重不漏,为GPS定位提供技术支持;(3)会同多部门开展了普查单位比对核实和最终确认,形成了准确的普查底册,为下步入户登记奠定了坚实基础;(4)制定了《潍坊市第三次经济普查宣传方案》。

【“突破滨海”工作】 市统计局制定《潍坊市统计局关于突破滨海重点任务工作计划》。7月4日,市局与滨海经济技术开发区统计局进行全面对接,就联合办公、滨海区统计工作及其他县(市区)、市属开发区到滨海投资、企业产值、利税、节能减排及其他统计指标的统计方法、统计范围、统计指标如何划分进行了研究。就建立定期联系制度、建立园区统计分析调度制度、联合定期报告制度、建立项目开竣工登记制度、建立每个投资项目投资进度台账制度及各县市投资项目综合台账制度、各项统计指标的统计责任单位和归属划转进行全面研究和对接。

【统计信息咨询职能】 (1)编印发布统计资料。编印发布《2012年国民经济和社会发展统计公报》;完成《2012年统计手册》《2012年潍坊市经济社会发展报告》的编印发布工作;完成每月《统计快报》和《统计月报》的数据搜集、整理、核对、编印、发放工作;完成《2013年潍坊统计年鉴》的编辑发行工作。(2)加大对社会经济形势地调研分析。一是对全市季度经济运行情况牵头分析。二是建立企业、部门、县市区三个层面的调研机制。形成《制造服务业经济发展新引擎》《城镇化与农民增收》《扩大文化消费需求实现文化产业可持续发展》等多项调研报告。三是建立统计数据、统计信息与统计分析的快速上报反应机制。四是开通“农政通”信息平台,将《统计法》《全国经济普查条例》分解成若干内容,通过“农政通”信息平台定期向企业统计人员、单位领导、镇街领导、县市区主要领导发送。2013年,全局共撰写统计分析(编号)128篇,局政务动态251篇,报送市委、市政府统计信息207篇,122篇被市委、市府两办信息采用,172篇被省统计信息网采用,13篇被国家统计信息网采用。

【社情民意调查工作】 市统计局与潍坊学院合作,建成潍坊市社情民意调查电话访问基地。平台建有50条访问线,统一使用社情民意调查热线12340公益服务号码,专用于国家有关公共管理机关委托的调查和自主开展的公益服务性调查项目。完成对各县市区、市属开发区2013年度科学发展综合考核群众满意度电话访问;完成对教育部门及各县市区教育局(编办)委托的2013年科学发展群众满意度、直属学校办学满意度电话访问;完成潍坊市事业单位绩效考核满意度电话访问、2013 年全市反腐倡廉建设和纠风治乱工作群众满意度电话访问;完成寒亭区、奎文区、青州市、高密市、安丘市、临朐县等镇街 2013 年科学发展综合考核群众满意度电话访问等。2013 年,共完成电话访问任务三十余次。

【依法治统】 围绕“一个”主体。围绕统计法制工作基础这个主体,抓好统计机构工作人员和重点企业统计人员的学法用法。突出“两个”重点。一是突出法制宣传工作。二是突出统计执法工作。保障“三项”工作。一是保障企业一套表“联网直报”工作。二是保障全国第三次经济普查工作。三是保障送法下基层活动常态化。 (郭 川)

检 验 检 疫

【概况】 2013 年,共检验检疫出入境货物 14.96 万批,货值 65.98 亿美元,检验检疫批次、货值、人均批次分别位居全省系统第 2 位、第 5 位和第 2 位,各类原产地证书签证数量居全省系统第 2 位,总体业务居于全省系统前列。

【外贸出口】 全年共检验检疫法检出境货物 14.25 万批,去除法检目录调整的影响,连续五年实现了稳步增长。其中,检验检疫出口大宗食品农产品 6.75 万批,22.87 亿美元;检验出口大宗工业品 7.20 万批,31.79 亿美元。潍坊禽肉、蔬菜出口继续保持全国领先位置,年出口禽肉量 6.3 万吨,约占全省 1/3、全国 1/8;年出口蔬菜量 92 万吨,约占全省 1/4,全国 1/8。全国 12 家获得输出欧美韩禽肉资格出口企业潍坊占了 8 家,其中乐港公司的熟制鸭肉在全国率先打入加拿大这一新市场。在全球经济持续低迷,全国外贸出口普遍下滑的大背景下,潍坊外贸出口实现了稳步增长。

【执法把关】 经检验检疫出口的产品合格率继续保持在 99.9% 以上,国外反馈的预警数量同比大幅下降 47.1%,实现了外贸出口“质、量”双丰收,有力地维护了“潍坊制造”在国际市场上的形象。其中,潍坊辖区输往欧盟、日本等高端市场的禽肉熟制品无一发生质量问题;出口援外物资和双边协议国家商品质量合格率达 100%;在进口产品中检出不合格 578 批,货值 1.48 亿美元,检出率明显提高,对外索赔 498 批,索赔金额 623 万美元,为企业挽回经济损失 3760 余万人民币;首次从进境粮谷中截获杂草三裂叶豚草、刺苍耳、硬雀麦等检疫性有害生物,保证了国门安全。

【服务发展】 认真落实国务院促进进出口稳增长、调结构十二项政策措施要求,出台了《当前形势下促进外贸稳定增长工作措施》等细化措施。依规减免检验检疫收费 3689 万元,大大降低了企业成本。签发各类原产地证书 3.58 万余份,18.5 亿美元,减免进口国关税 3500 万美元,为企业增创效益超过 2 亿元。助推潍坊综合保税区完善检验检疫查验设施,顺利通过国家验收;指导潍坊港顺利通过国家质检总局口岸核心能力验收,推动二期三个万吨级码头成功通过省政府的开放验收。指导出口企业成功接待并通过了日本、韩国、美国、欧盟、马来西亚等官方检查,增加了打入国外市场通行证的含金量。发挥技术中心的技术支撑和服务功能,全年为企业和政府部门共检测样品 3.21 万批,5.44 万个,提供数据 18.08 万个;新开发农兽药残留、理化等检测项目 13 项,在全省系统检测领域继续保持技术领先地位。

【改革创新】 根据法检目录调整和法检制度改革需要,迅速调整工作重心,创新监管体制机制,提高服务外贸便利化水平。大幅度削减工业制成品法检目录,对 80% 的工业制成品出口不再实施检验,大大方便了企业出口通关,降低了出口成本。2013 年 8 月 1 日起,免收所有出口法检产品检验检疫费,为潍坊出口企业节省 1119 万元。大力开展直通检疫业务,使货物从青岛港直接抵达货物使用地、储存地进行检疫,大大提高了通关效率,减少了货物滞港费用,增强了潍坊地区特殊监管区的保税、物流作用。2013 年,潍坊综合保税区、晟绮物流场站进口棉花 11.68 万吨,晨鸣物流场站等进口废纸 85.4 万吨。

【示范区深化提升】 2013 年,潍坊市成功获得了“山东省出口农产品质量安全示范市”称号,辖区县市已实现了全覆盖,共有国家级示范区 5 个,省级示范区 3 个,继续领跑全国地市。积极推动中韩国际食品安全示范区建设,指导帮助高密市、安丘市顺利迎接了韩国官方考察团的全面考核,为示范区走向国际奠定了基础。积极消除“毒姜”事件对潍坊农产品的负面影响,保住了全省唯一一个“国家有机产品认证示范创建区”的称号。 (吕海波)

海 关

【概况】 2013 年,海关实际征收税款 21.6 亿元,同比(下同)增长 26.8%;审核进出口报关单 18 万票,增长 6.8%;监管进出口货物 625.7 万吨,增长 13.8%;加工贸易实际进出口金额 59.9 亿元,增长 3.1%;查处走私违规案件 25 起,案值 12.4 亿元,实现罚没入库 1002 万元。业务建设规范化水平显著提升,审价补税 2059 万,增长 3 倍;加工贸易内销征税 7876 万元,增长 23.1%;“双查”达标取得成效,查验率达 6%,查获率达 21%;专项稽查补税 331.6 万元,有效率 81%。2013 年前 11 个月,潍坊市实现进出口总值 146.6 亿美元,同比增长

7.9%,高于全省平均增速0.5个百分点。

【服务经济发展】 (1)大力支持蓝黄发展战略,出台《潍坊海关支持滨海突破发展的16项措施》。(2)支持开放型平台建设。帮助潍坊综合保税区顺利通过省级预验收和国家级正式验收,为全省开放型经济发展再添"金字招牌";帮助潍坊港3个万吨级泊位扩大开放,通过省政府组织的正式验收;支持黄潍保税油输油管道开通运营,建设成为关区保税油码头;帮助滨海中化弘润原油和成品油保税仓库等3家保税仓库顺利投入运营,每年推动外贸增长30亿美元以上。(3)真心帮助企业解决实际问题。2013年,解决潍坊港集装箱出口问题,实现港口外贸集装箱业务零的突破;积极维护进出口市场公平秩序,"绿篱"打私专项行动中查获超标废纸974吨,是关区唯一查获不合格废纸的海关。

【廉政建设】 (1)坚持党组率先垂范,提出"全关看党组、党组看书记",带头贯彻落实中央和上级要求,主动接受全体关警员监督;(2)坚持党风廉政建设责任制的落实格局,强化责任落实刚性,年初在全关工作大会上层层签订《党风廉政建设责任书》;(3)坚持各项廉政纪律的贯彻执行。2月份,海关制定《潍坊海关工作人员外出执法廉政监督办法》,共收回《反馈表》460份,涉及外出执法人员953人次,企业满意率达100%;(4)坚持风险防范的立体式监控,发挥督察审计、纪检监察、风险部门监控合力,依托HL2008系统分析风险,提高监控有效性;(5)坚持做好预防渎职侵权违法犯罪工作,提升执法准确性;(6)坚持抓好廉政文化建设,发挥廉政文化建设柔性。

表3 **潍坊海关2013年业务统计简表**

业务类别/业务指标			本年累计	上年累计	累计同比±%
监管通关	进出口货运量	万吨	625.7	549.7	13.8
	出口	万吨	333.6	350.2	-4.7
	进口	万吨	292.1	199.5	46.4
	进出口总值	亿美元	76.8	78.7	-2.5
	出口	亿美元	58.5	63.1	-7.3
	进口	亿美元	18.3	15.6	17.3
	集装箱(标准箱)数量	箱次	369034	390946	-5.6
	出口	箱次	252300	260812	-3.3
	进口	箱次	116734	130134	-10.3
	监管运输工具总数	架艘	345	276	25.0
	进出境飞机	架次			—
	进出境船舶	艘次	289	215	34.4
	进出口报关单	份	179710	168247	6.8
	出口	份	145498	142391	2.2
	进口	份	34212	25856	32.3
	查验报关单	份	13347	8735	52.8
	出口	份	7304	3803	92.1
	进口	份	6043	4932	22.5
	查获报关单	份	2867	1630	75.9
	出口	份	1184	245	383.3
	进口	份	1683	1385	21.5
	分类通关货运量	万吨	624.0	548.0	13.9
	分类通关货值	亿美元	75.1	77.0	-2.5
	分类通关报关单	份	178371	168425	5.9

续表

业务类别／业务指标			本年累计	上年累计	累计同比±%
保税	实有电子账册(累计指标)	份	54	35	54.3
	加工贸易手册备案	份	3938	3496	12.6
	加工贸易备案金额	亿美元	24.8	28.9	-14.3
	加工贸易实际进出口	亿美元	59.9	58.1	3.1
	出口	亿美元	40.9	38.8	5.4
	进口	亿美元	19.0	19.3	-1.7
	保税仓库出入库货运量	万吨	78.6	23.1	240.9
	出库	万吨	35.3	16.1	120.0
	入库	万吨	43.3	7.0	518.2
	保税仓库出入库货值	亿美元	7.7	5.1	50.2
	出库	亿美元	3.6	3.2	13.5
	入库	亿美元	4.1	1.9	111.3
关税	税收入库	亿元	21.6	17.0	26.8
	关税	亿元	2.4	2.1	14.0
	代征税	亿元	19.2	14.9	28.6
	审批征免税证明	份	134	273	-50.9
	审批征免税货值	万美元	10546.9	38849.5	-72.9
	审批减免税额	万元	10430.2	19955.3	-47.7
	审价补税	万元	2059.0	509.1	304.5
	加工贸易内销补税	万元	7875.6	6398.9	23.1
	审批减免税车辆	辆	40	25	60.0
	免税国产汽车	辆	40	25	60.0
	免税进口汽车	辆	0	0	—
	进出境人员	人次	4602	3699	24.4
	出境	人次	2303	1851	24.4
	进境	人次	2299	1848	24.4
稽查	实有备案企业(累计指标)	个	4771	4328	10.2
	报关企业	个	19	16	18.8
	收发货企业	个	4752	4312	10.2
	实施稽查企业	个	45	32	40.6
	完成稽查企业	个	45	32	40.6
	发现问题企业	个	6	5	20.0
	限期整改企业	个	0	0	—
	移交缉私案件	起	0	0	—

（于帅帅）

农　业

推进农业现代化

【概况】 2013年,全市农民人均纯收入达到13273元,同比增长12.5%,高出城镇居民人均可支配收入增幅2.5个百分点;完成农林牧渔业总产值850.7亿元,增长3.4%;完成农业增加值433.1亿元,同比增长3.3%。

【现代农业在转型发展中持续提升】 全市粮食播种面积1104万亩,粮食总产475.3万吨,列全省第三位,潍坊市被农业部表彰为全国粮食生产先进单位。全年蔬菜总产量达到1165.6万吨,增长1.1%;烤烟总产量达到3.9万吨,增长1.8%。畜牧产业链实现销售收入1086亿元,肉蛋奶总产量266万吨,出口禽产品6万吨、创汇3亿美元,禽肉出口量和创汇额稳居全省首位。实现渔业总产值42亿元、增长8.2%,水产品总产量57.9万吨,增长9.2%。完成造林35.6万亩,完成市政府下达年度造林任务的118.7%;实现林业总产值715亿元,增长20%。新建规模化、标准化现代农业种植示范园区241处,市级以上畜产品质量安全示范园区150个,标准化生态养殖园区3476个,规划省级海渔示范园区31个。中国食品谷核心区被农业部认定为第二批国家农业产业化示范基地。临朐县3000亩有机板栗示范基地成为第9个全国有机农业示范基地。全市共有190个产品获得了中国绿色食品发展中心颁发的绿色食品证书,绿色食品认证数量占全国的1/17;优质农产品基地面积达535万亩;"三品一标"总数达到1636个,在全国地市级数量最多。全市农业转型发展110个重点项目已完成投资70多亿元,占投资总额的12%,所有项目均已开工建设。全市龙头企业实现销售收入1400亿元,同比增长10%,出口创汇17亿多美元,销售收入过亿元龙头企业达到218家。

【农村产权制度改革深入推进】 把深化农村产权改革作为构建新型农业经营体系的关键,以"还权赋能"为核心,着力打造归属清晰、权责明确、保护严格、流转顺畅的现代农村产权体系,为现代农业的发展奠定基础、提供条件。全市完成农村土地承包经营权确权登记颁证的村有4755个,占总村数的60.1%;整建制完成的镇街21个,占应确权镇街的17.6%。全市已建立县级土地流转平台10个,乡镇级108个。在工商部门注册登记的土地股份合作社达到310家,其中,年内新成立土地股份合作社191家,土地流转面积248.2万亩,占家庭承包经营面积的26.1%。农村集体资产产权制度改革有2144个村完成改制,占总村数的26.8%;其中登记经济专业(股份)合作社2134个、公司10家。奎文区成为全省首个整建制基本完成集体资产改制的县(市、区)。省金融办正式批复潍坊市以市级农村产权交易中心为依托,筹建齐鲁农村产权交易中心有限公司。公司由潍坊金融控股集团和省国际信托有限公司等7家企业,注资5000万元共同发起筹建,原市农村产权交易中心的人员、职能和设施整体转入。新型农业经营主体发展迅速,已在工商部门注册的家庭农场2016家;各类农民合作社发展到11264家,其中,联合社187家;农业龙头企业发展到3100家,其中国家级重点龙头企业12家、省级75家。

【生态文明乡村建设扎实推进】 以农村公路村村通、农村饮水安全、农村环境综合整治、镇村绿化为主要内容的"四件实事"取得了新的突破性进展。全市农村公路完成项目2870个、2923.6公里,完成投资37.05亿元,较好地完成了村级网化示范任务目标。农村饮水安全完成投资10.97亿元,新建、改造管网延伸工程45处,新增规模化集中供水受益村庄1219个、87.91万人;提升改造规模化集中供水受益村庄269个、19.85万人;新建、改造单村和联村小型集中供水工程受益村庄609个、31.94万人,全市规模化集中供水工程覆盖人口达到94.7%,超额完成年初制定的任务目标。城乡环卫一体化已覆盖全市各县市区和市属各开发区,提前半年实现3年内城乡环卫一体化覆盖全市的总体工作目标要求。全市共完成村庄整治9400个，占村庄总数的100%，基本建立起了“户集—村收—镇运—县处理”的农村垃圾处理长效机制。全市共建成生态林场103处，森林覆盖率达到35.2%。新增10个镇（街）、500个村达到绿化示范镇村标准，全市累计达到绿化示范镇村标准的有85个镇（街道、经济区）、5561个村。

【“两河”流域综合开发开局良好】 对“两河”开发工作，市委、市政府领导高度重视，带领市直有关部门负责同志对青岛市大沽河综合治理情况进行了考察学习，先后4次召开会议进行研究部署。成立了开发工作领导小组，邀请中科院对“两河”开发进行了战略性研究，市规划局制定了总体开发规划（初稿）。其中，中科院的战略研究（简要稿）提交全市“两会”征求了意见。年内完成了“两河”流域内的23座大中型水库和全部小型水库的除险加固，建成了国家级水利风景区12处、省级水利风景区17处；围绕两河流域沿海、荒山、水系、镇村和绿色通道等绿化重点，完成造林29万亩。其中，沿海绿化5.5万亩、水系绿化15万亩；申报建设湿地公园15处，总面积73.16万亩。

【农业基础条件不断改善】 农田水利建设成效显著，完成农田水利基本建设投资34.1亿元，水网工程完成投资1.89亿元，建成各类水利工程8240处，新增改善灌溉面积76.8万亩，发展节水灌溉面积44.92万亩，建成“旱能浇、涝能排”高标准农田40.65万亩。农机装备水平有新突破，全市农机总值达到94.9亿元，农机总动力达到1345.3万千瓦，主要农作物耕种收综合机械化水平达到90.5%以上。大力推广测土配方施肥、“水肥一体化”技术推广普及工作，配方施肥面积达到1050万亩，“水肥一体化”面积达到20万亩。完成了1092处农村现代经营服务网点的新建、提升工作，全市已有农资配送中心17个，农资连锁经营门店3171个。健全农产品质量安全追溯机制，肉菜流通追溯体系建设工作取得阶段性进展，先期在19家大型批发市场、生猪屠宰企业、连锁超市、院校布设了追溯系统，登记备案供应商和经营业户2056户，构建起了正向跟踪、逆向溯源的基本框架。加快推进乡镇商贸中心、乡村农家店建设，118个镇街均已建成商贸中心，在行政村建设了6416个标准化农家店。

【构建新型农业社会化服务体系】 2013年，全市现代农业示范基地引进新品种、新技术42项，推广新品种、新技术25项。搞好新型职业农民培训服务，全年共完成农民培训14.6万人。其中，组织千名农业技术人员开展科技下乡活动，集中办班386次，集中培训农民10.29万人，累计服务指导面积1463.4万亩。全市供销社土地托管服务面积达108万亩。年内社会资本在农业领域投资超过70亿元。

【农村社会事业不断发展】 中心城区和诸城、寿光市农村低保标准提高到每人每年2700元，其他县市提高到每人每年2400元。全市五保集中和分散供养标准分别提高到每人每年4800元和3600元以上。全市农民参合率达到99.98%，累计筹集资金21.5亿元，报销1865.5万人次。全市共完成小城镇建设投资220亿元，其中基础设施投资63亿元。全年开工建设农房6.1万户，完成农村危房改造7004户，开展村容村貌整治村庄1500个。对1000个农家书屋进行了数字化升级，建成24家县级城市数字化影院。（褚丽婷）

种　植　业

【概况】 2013年，全市粮食播种面积1104万亩，粮食总产475.3万吨，列全省第三位，潍坊市被农业部表彰为全国粮食生产先进单位。全市新建、改扩建100亩规模以上农业种植业示范园区241处，其中新增现代农业示范园区110处。建设国家级现代农业示范区1个，新增省级现代农业示范区2个，创建农业部“菜篮子”产品生产蔬菜标准化示范基地8处，认定市级农产品质量安全示范园区50处。新认证绿色食品190个，全市优质农产品基地面积达到535万亩，“三品一标”总数达到1636个，占全省的1/5，在全国地市级数量最多，其中绿色食品认证数量占全国的1/17。

【农业产业化水平进一步提高】 在禽肉产业受春季禽流感影响较大的情况下，全市龙头企业实现销售收入1380亿元，同比增长10%，销售收入过亿元龙头企业达到217家。“中国食品谷核心区”被农业部认定为第二批国家农业产业化示范基地，成为全市第二个国家农业产业化示范基地。目前全省拥有国家农业产业化示范基化地共13个，仅潍坊市和青岛市（计划单列）拥有2个。

【农产品质量安全监管水平提升】 全市108处农业镇（街）全部依托镇级农业技术推广机构建立了镇级农产品质量安全监管机构，并明确村干部为村监管员。进一步完善了农药经营登记备案管理制度，在全市全面禁止销售使用高毒农药。建立了农产品质量安全风险隐患排查和治理制度，常年对0.1亩以上的蔬菜种植地块开展质量安全排查，实行“周报告”制度。坚持农产品质量安全例行检测制度，全年共快速抽检蔬菜样品25.7万余个，合格率99.7%，定量检测蔬菜样品5501个，合格率99.6%。

【农业科技支撑能力增强】 （1）认真实施新一轮种苗工程。认定5家种子企业为市级“育繁推一体化”企业，建成市级标准化种苗生产基地达到27处，良种繁育基地面积达18.7万亩,全市年种子生产经营0.6亿公斤,种苗10亿株,农作物种子产值达到20亿元左右。(2)加大农民培训力度。全年共完成农村劳动力阳光工程、新型农民科技培训工程、新型农民创业工程等培训14.6万人。(3)加大清洁生产技术的推广力度,积极发展生态循环农业。新建生态循环农业示范基地7处,新发展户用沼气500户,建设养殖小区和联户沼气工程12处,建设大型沼气工程4处,全市秸秆综合利用率达到88%。测土配方施肥全覆盖,推广面积1260万亩,粮食作物每亩节本增效60元以上,瓜菜每亩节本增效500元以上。推广农作物病虫绿色控害技术409.53万亩,减少农药使用量20%以上。

【农村改革取得新突破】 全市4755个村完成农村土地承包经营权确权登记颁证工作,占总村数的60.1%,走在全省前列。积极稳妥地推进土地流转,组建土地股份合作社310家,全市土地流转面积248.2万亩,占家庭承包经营面积的26.1%。积极培育发展家庭农场、农民合作社等新型农业经营主体。全市在工商部门登记家庭农场1808家、农民合作社12375家,合作社总户数、出资总额、成员总数均列全省第一位。扎实开展农村集体资产产权制度改革。全市完成改制的村2144个,占总村数的26.8%。

【农业对外合作水平提高】 7月23日,农业部国际合作司与潍坊市人民政府在北京签署战略合作协议,就共同推进潍坊市农业产业化、现代化的发展,拉动潍坊外向农业的发展加强双方合作。农业部国际合作司将充分发挥其在国际农业合作和贸易促进等领域的政策和资源优势,积极支持和帮助潍坊市农业领域"引进来、走出去"等方面的建设和发展。同时支持在潍坊设立农业国际合作示范区和出口型农业产品试验区,认真落实中俄、中荷等双边农业领域合作项目,指导和支持项目在潍坊的建设和发展。双方共同打造潍坊市优质、绿色农产品国际品牌,不断提高潍坊市农产品在国际市场上的知名度和市场份额。

【对台农业合作取得新成果】 10月31日,山东·花莲有机农业合作暨农技培训启动仪式在台湾花莲县举行。潍坊市农业团参加了仪式,取得了丰硕成果。(1)潍坊市农技中心与台湾花莲县农会签署《农业策略合作框架协议》。双方将重点加强在有机农业、农民合作组织、休闲农业、果蔬生产技术与管理、农产品加工、农产品物流等方面的交流与合作。(2)山东(潍坊)与台湾(花莲)农业技术交流合作中心在台湾花莲县揭牌。同时,潍坊市选派的农业龙头企业、农民合作社负责人、家庭农场主、农技推广人员等14人,参加了在台湾花莲县举办第一期农技培训班,重点学习了台湾在农民合作组织、家庭农场建设及发展精致农业、有机农业、休闲观光农业和品牌营销等方面的经验做法。(3)全市5家新型农业经营主体与台湾花莲相关单位分别缔结了休闲农业观光型、农产品加工型、农业综合型、市场流通型、有机农业生产型策略联盟(结对子),将建立长期、稳定、全面的交流合作关系。

【2013中国(潍坊)农业生产资料博览会】 9月26日至9月28日,2013中国(潍坊)农业生产资料博览会在潍坊金宝国际会展中心成功举办。共有包括北京、江苏等省市和济南、临沂、德州等11个地市在内的175家市内外农业生产资料企业参展,展示品种涵盖肥料、农药、种子、种苗、农膜、检测仪器、消毒设备等7大类700多个品种,吸引农业龙头企业、各类专业合作社、种植大户、家庭农场主、农资营销业户等专业人士2000多人到会参观。 (周　文)

【全市扶贫开发工作领导小组重新调整】 市委副书记王献玲任组长,市委常委、副市长孙起生任副组长,市直38个部门、单位的负责同志为小组成员,将潍坊市扶贫开发领导小组办公室设在市农业局。市农业局抽调4名人员,组建了扶贫开发科;各县(市)区重新调整了扶贫开发工作领导小组。

【省扶贫开发工作有序开展】 "十二五"时期,正在实施和已经实施的省级重点扶贫工作共有3项。(1)省重点扶贫村的专项扶贫项目。对实施2013年项目的13个省级重点扶贫村,省级财政投入扶贫资金390万元,市财政配套130万元。市扶贫办强化项目实施的专项督查,各项目严格按项目方案实施,预计2014年上半年完工。(2)省级财政转移支付专项扶贫。2013年,潍坊市获得省级财政转移支付专项扶贫600万,峡山生态发展区的4个街道和临朐县2个镇,每个镇(街道)100万元,主要用于连片扶贫乡镇加大扶贫开发力度。(3)沂蒙革命老区扶贫开发创新试点。由临朐县寺头镇实施,中央彩票公益金支持的沂蒙革命老区扶贫开发创新试点——寺头镇东山流域万亩果品基地生产路硬化工程一期项目通过了省级验收。 (孙增平)

林　业

【概况】 2013年,全市共完成造林2.33万公顷。积极推动林业转调创,全面提升林业产业发展档次,年实现林业产值751.7亿元。积极做好创建国家森林城市筹备工作,国家林业局批复同意潍坊启动创建工作。市林业局被人社部、国家林业局评为全国林业系统先进集体。2013年,全市森林面积达到34.5万公顷,林木蓄积量1445万立方米。

【生态建设】 2013年,全市共完成造林2.33万公顷。围绕蓝黄"两区"建设,编制完成《潍坊市沿海地区林业生态建设规划》和《山东潍坊滨海区绿化专项规划》,加快构建沿海防护林体系,全力突破滨海生态建设。扎实开展中央财政森林抚育补贴试点,全市抚育森林1.33万公顷。国家林业局批复同意潍坊启动创建国家森林城市工作。安丘成功创建省级森林城市,成为全省首批省级森林城市之一。

【林业产业】 编制完成《潍坊市林业产业发展规划》,召开了全市林业产业工作会议。全市年实现林业产值751.7亿元。积极培育林业龙头企业,全市有19家企业被确定为省级龙头企业;开展首批"市级林业产业龙头企业"评选活动,评选出市级林业产业龙头企业50家,示范带动全市林业产业上档升级。创新林业会展模式,举办中国(昌邑)北方绿化苗木博览会和中国(青州)花卉博览交易会。参加中国第八届花卉博览会和第十届中国(菏泽)林产品交易会,共获得各类奖项19项,青州市被授予"中国花木产业示范基地"称号。

【林业改革】 全市依托行政审批综合服务平台建设林权管理服务窗口15处。全市共办理抵押贷款40起,发放贷款9102万元。探索开展林业政策性保险有关工作。申报《潍坊市林业有害生物综合防控体系建设项目》,国家林业局批复安排中央级投资903万元。

【森林资源保护】 出台《潍坊市处置重大森林火灾应急预案》,全市无森林火灾发生。全市实施飞防19.3万公顷,释放周氏啮小蜂8.5亿头,施用苏云金杆菌(BT)制剂面积6700公顷,有效遏制了林业有害生物疫情发生。完成省政府"重大林业有害生物防控责任书"目标任务,通过省级检查验收。组织申报国家级森林公园和湿地公园,国家林业局批复同意诸城密州、安丘留山古火山设立国家级森林公园,同意潍坊禹王、青州弥河、昌邑滨海申报建立国家湿地公园。全市共处理刑事案件19起、行政案件335起。

【林业科技】 出台《关于加快全市林业科技创新推进现代林业建设的意见》。选育了"潍北一号"等一批耐盐碱植物优良品种,丰富了我国耐盐碱林木种植资源。推进市政府与中国林科院科技合作,国家林业局批复同意在潍坊滨海设立"国家林业局滨海林业研究中心"。市政府与省林业厅签订了《加快潍坊现代林业发展合作协议》。

【生态文化】 开展"生态潍坊"摄影展活动,配合省林业厅举办"生态文明 美丽山东"书画摄影展暨"生态潍坊"摄影展览。加强林业网站建设,着力构建潍坊市林业门户网站群,建设完成视频会议室,实现与省林业厅的互联互通。创办了《潍坊绿化》内部刊物。 (侯占勇)

畜 牧 业

【畜牧产业链建设】 以工业化理念推进畜牧一、二三次产业紧密衔接、深度融合、一体化发展,全市畜牧产业链销售收入连续三年超过千亿元,畜牧经济总量保持全省第一,畜牧业各项经济指标、质量指标保持全省前列。稳定发展畜牧养殖业。全市建成标准化生态养殖场区6476个,其中,国家级21个、省级67个、市级150个,标准化养殖比重达70%以上,肉蛋奶总产量达266万吨,名列全省第一。大力发展畜牧龙头企业。全市建成规模以上畜牧龙头企业619家(国家级9家、省级31家、市级180家),实现销售收入620亿元;产品销售到国内130多个大中城市,出口到20多个国家和地区。加快发展畜牧服务业。全市建成畜产品及投入品专营网点819处,畜牧业贷款担保公司7家、科技信息专业服务公司12家、现代畜牧科学院1家、协同创新中心1个、博士后工作站5个、大型仓储物流基地3个、展会平台1个。

【畜牧品牌建设】 坚持"认证与监管并重、数量与质量并举"原则,着力打造优势畜牧品牌,全力推进畜牧产业、企业和产品上档升级,取得明显成效。全市争创国内外知名龙头企业40家,其中国家级9家(销售收入过百亿的畜牧龙头企业2家)、省级31家;争创全国生猪调出大县5个、奶牛项目县4个;全市生猪、肉鸡、肉鸭、奶业、特种动物等五大产业闻名全国;全市畜产品争创有机食品3个、绿色食品14个、无公害畜产品455个、国家地理标志产品3个,连同5个中国驰名商标、6个中国名牌产品、1个中国名牌农产品和30个山东省著名商标、7个山东名牌产品,品牌畜产品产量达133万吨、占全省的1/4,畜产品品牌数量和产品产量均居全省第一位。

【重点项目建设】 扎实做好"突破滨海""提升城区""开发两河"畜牧重点项目规划建设工作,争取省级以上扶持项目135个、总投资2.1亿元;规划建设畜牧重点项目81个,其中投资过亿元的畜牧业重点项目37个,总投资176.6亿元,年内完成投资104.98亿元、完成计划数的134.28%。全市畜牧产业链完成投资124.79亿元、增长17.73%。其中,潍坊阳春天然乳业有限公司安丘奶山羊基地建设项目、昌邑市引进的天津宝迪集团食品园区项目、寒亭区的中国兽药饲料交易大厦项目等重点项目建设顺利推进。黄三角高端畜产品加工区46个重点项目扎实推进,新建高标准生态养殖园区68处、总数达306处,建成高端畜产品加工园区5处、兽药饲料生产园区2处、畜产品冷链物流园区1处,全国唯一的黄河三角洲高端畜产品加工区项目基本建成。

【畜牧科技创新平台建设】 根据市政府和山东农业大学签

署的《关于联合创建“中国食品谷现代畜牧业协同创新中心”协议》要求,组织有关企事业单位联合组建了“中国食品谷现代畜牧科学院”(简称“畜科院”),挂“中国食品谷现代畜牧业协同创新中心(联盟)”牌子,下设协同创新中心(联盟)、食品质量检测有限公司(第三方检测机构)、畜牧科技发展有限公司,一个集研发、服务、推广、运营于一体的现代畜牧业及相关食品产业技术创新平台成功搭建。该项目主要依托有关高等院校等单位在高新区共同创建中国食品谷现代畜牧业协同创新联盟,主要是面向国内外承接政府、企事业单位委托的新政策、新技术、新产品研发。

【畜牧业面源污染治理】 全面推广应用生物发酵床养殖新技术,全市建成生态养殖场区 2754 家,发酵床面积 200 万平方米,减少粪污排放 50 万吨。加快推进畜禽粪污无害化处理设施建设,全市新建、改造畜禽粪污处理示范工程 139 个;积极推广“畜——沼——粮(林、果、菜)”生态循环消纳模式,全市采用这一模式的畜牧养殖场区达到 1156 家,处理利用畜禽粪便 65 万吨。强化品牌带动作用,新增无公害畜产品产地认定和产品认证 124 个,品牌畜牧产业链正在加速形成;积极开展标准化示范创建行动,全市新改扩建标准化饲养场 256 个,新增国家级示范场 2 个、省级示范场 26 个、市级畜产品质量安全示范园区 50 个;重新划定禁养区、限养区、适合养殖区,关闭禁养区内养殖场 289 个。在诸城、寿光分别建成 1 处动物卫生处理中心,积极探索病死畜禽集中无害化处理、资源化利用新模式。

【病死畜禽无害化处理长效机制建设】 根据市政府统一部署,市、县两级畜牧部门成立了病死畜禽无害化处理专项整治领导小组,确定了专门机构,组织专门人员,积极推进病死畜禽无害化处理长效机制建设。市畜牧局在调查研究、宣传发动、培育典型、专项整治的同时,积极向农业部争取,将诸城市列入全国病死畜禽无害化处理试点单位。诸城市根据试点工作要求,建设动物卫生处理中心一处,项目总投资 1.5 亿元,一期工程投资 3000 万元,已建成投产,每日可处理病死动物尸体 80 多吨。该项目全部建成后,达到年无害化处理病害动物 3 万吨、年产生物有机肥 30 万吨的生产能力。 (贾文才)

海洋与渔业

【概况】 2013 年,全市海洋主要产业总产值 1186 亿元,渔业总产值 290 亿元,水产品总产量 57 万吨,同比增长 20%、13%、7%。全年为 30 家企业办理了海域使用权抵押贷款,获得贷款 3.89 亿元,全市累计贷款达到 14 亿元。全面推进海洋环境监测与评价工作,开展了海洋环境突发应急监测、风险监测等 5 大类 15 项监测,采集样品 2238 个,出具监测数据 6497 个,编制并发布了海洋环境质量公报。加强海洋生态建设,申报了 1 处国家级海洋保护区(海洋公园),实施了海域海岛海岸带整治修复项目,并补充完善全市生态建设项目库,提报项目 11 个,总投资达到 7.8 亿元。全市已建立海洋特别保护区和水产种质资源保护区 5 处,保护面积超过 20 万亩。

【服务滨海工作】 (1)潍坊渔港建设。潍坊渔港被列入农业部和山东省“十二五”期间重点扶持建设的渔港之一。2013 年,完成潍坊渔港建设年度目标任务,获省政府批准填海用海 42 公顷,总投资 7.1 亿元,年内投资 3 亿元,完成了既定的工作任务目标。建设施工辅道和疏港道路 12566 米(标高 4.0 米,宽 15 米左右),外侧护岸 567 米,防波堤 500 米和部分码头建设,海运护台石整理 2770 米,栅栏板安装 1522 米,现已基本具备了渔船驻港停泊条件。(2)8 月 21 日,山东省海洋与渔业厅和市政府签署了加快蓝黄战略实施推进滨海突破发展合作协议。2013 年,滨海区共获得上级无偿资金 3900 万元。(3)完成滨海区集中集约用海、海岸带保护利用规划的编制工作。启动并实施市级海洋功能区划和县级海域使用规划的编制工作;加快推进滨海生态旅游度假区区域建设用海规划的实施,规划 25 平方公里的填海已完成 9 平方公里,为突破滨海加快蓝黄战略实施提供了海洋空间保障。

【出台《潍坊市海域使用权流转办法》】 2013 年 6 月 8 日,市政府正式印发《潍坊市海域使用权流转办法》(以下简称《办法》),《办法》从潍坊市海域管理实际出发,着重对海域使用权的取得、流转及相关管理活动做了详细规定。主要内容包括 7 章 53 条,明确海域使用权的审批管理权限,规范了海域使用权招拍挂程序,对海域使用权的改变作了详细规定,规定海域使用权抵押。

【现代渔业建设】 2013 年,全市渔业增养殖已形成 70 万亩浅海滩涂增殖业,15.5 万亩精养池塘养殖业,140 万立方水体集约工厂化养殖业,60 万亩湖库生态增殖业,并打造了对虾、梭子蟹、海参、扇贝、鲑鳟鲟、鲆鲽鳎等十个过亿元的渔业主导品种。现代渔业园区创建成效显著,全市科学规划了 31 个省级示范园区,总面积 30 万亩,投资 27 亿元。有 12 个已获省海洋与渔业、发改、财政联合批复实施。新申报省部级健康养殖示范场 34 个。创建市级水产品质量安全生产示范园区 20 个,全市达到 60 个。2013 年,加大品牌创建力度,积极培育特色鲜明、质量稳定、信誉良好、市场占有率高的水产品地域特色品牌,全市“三品一标”(无公害农产品、绿色食品、有机食品和农产品地理标志)总数突破 180 个。新认证农产品地理标志 3 个,总数达到 17 个,居全省第一。参加第二届山东省国际农产品交易会和 2013 中国(潍坊)国际品牌食品博览会,提升了潍坊梭子蟹、潍坊贝类、峡山野生鱼等渔业品牌的知名度。

【海洋与渔业项目争取工作】 (1)18个海洋经济创新区域发展示范项目获得上级无偿扶持资金8030万元,列全省第一位。其中,7个项目获得中央无偿资金扶持,11个项目获得省级无偿资金扶持。(2)6个省级海域使用金项目获得省级无偿扶持资金3990万元,列全省第一位。其中,海岸带整治项目3个,海洋牧场项目1个,海洋能力建设项目2个。(3)寒亭、临朐、安丘3个现代农业生产发展资金优质鱼产业项目获得省级无偿扶持资金1500万元,与滨州、临沂并列第一。增殖放流投资3198.5万元,放流各类水产苗种4.7亿单位。加快推进人工鱼礁建设,已完成投礁10万空立方米。(4)争取国家投资640万元、市财政配套资金195万元建设航速达45节中国海监执法快艇一艘,并入列使用。

【"三招三引"工作】 以服务滨海开发建设和中国食品谷建设为契机,加大了"三招三引"工作。促成昌邑市海丰水产养殖有限责任公司与黄海所赵法箴院士签订了合作协议;潍坊新海投资有限公司与中国海洋大学院士麦康森签订了合作协议;龙威公司与黄海水产所雷霁霖院士及中国工程院唐启升院士分别签订了合作协议,并建立了碳汇渔业实验室。争取中国海洋大学海水养殖教育部重点实验室在潍坊高新区设立分实验室。引进了滨海万兴出租汽车有限公司和潍坊富海休闲渔业有限公司2家总部经济分支机构,以及山东招标股份有限公司潍坊分公司、中国海洋大学工程学院潍坊工作站、青岛海洋地质勘查院潍坊分院3家中介机构。 (马　康)

水　利

【概况】 2013年,圆满完成了用水总量控制、重点水利工程建设和安全生产三个刚性目标,水利工作综合考核在全省第一。饮水安全等重点工作实现突破,全市共完成水利投入57亿元,比2012年增长24%,水利建设、管理、服务水平得到明显提升。市水利局机关获全省行业文明单位和市级文明单位称号。

【农村供水】 2013年,全市完成投资22.32亿元,建成规模化集中供水工程70处,其中,千吨万人以上规模化集中供水工程50处,规模化集中供水覆盖人口643.3万人,占农村总人口的94.6%,建成小型单村、联村集中供水工程649处。经过5个月逐个工程、逐个村庄严格细致的验收,全市9325个村庄全部实现饮水安全,提前两年完成国家提出的农村饮水安全目标。同时,市、县均成立了农村饮水安全专管机构,建立健全了信息调度中心和水质检测中心,出台了农村集中供水工程水源地保护管理办法,开通了"水利116"服务热线,为农村供水工程持久发挥效益奠定了基础。中央五大媒体对潍坊市的农村饮水安全工作进行了专题采访,新华社、《人民日报》、中央电视台、人民网、中央人民政府网站先后做了专题报道。

【现代水网建设】 被列入2013年中小河流治理国家规划的安丘汶河、青州大石河、昌邑丰产河治理工程完成建设任务,治理河道23.35公里。"南水北调"配套工程寿光供水单元展开工程征迁及管线铺设工作,完成总工程量的15%;滨海供水单元一期主体工程基本完成,治理白浪河河道12公里,西分干输水渠建设项目开工建设;昌邑供水单元完成了前期工作。高密王吴水库除险加固工程完成了施工招投标工作。列入国家规划的青州弥河拦河闸除险加固工程开工建设,安丘汶河卧龙闸完成施工招投标工作,昌邑潍河辛安闸初步设计获省发改委批复。寿光羊口防潮堤完成主体工程建设,建成防潮堤7公里,建设挡潮闸1座。青州市中小河流治理重点县一期工程完成了前期工作。

【农村水利建设】 全市9个小农水重点县共完成投资2.87亿元,完成渠道防渗28公里,新打机井724眼,配套整治机井1811眼,整治塘坝31座,新建改造泵站52座,新建改造排涝沟道260公里,发展高效节水灌溉面积23万亩,在省财政厅、水利厅组织的考评验收中,市级考评成绩连续四年获得优秀等次,县级考评成绩青州、昌邑、诸城、临朐、安丘、高密6个县市获得优秀等次。青州、高密、坊子成功入围全国第5批小农水重点县,全市具备条件的10个县(市、区)全部进入了国家小农水重点县扶持范围。完成了墙夼水库灌区、青墩水库灌区和嵩山水库灌区3个大中型灌区续建配套与节水改造项目,完成投资4992万元,防渗衬砌渠道38.9公里,新建改造建筑物124座,改善恢复灌溉面积16.64万亩。开展了冬春农田水利基本建设,建成各类水利工程8240处,新增改善灌溉面积76.8万亩,发展节水灌溉面积44.92万亩,建成"旱能浇、涝能排"高标准农田40.65万亩。水利移民工程项目顺利实施,共完成投资8328万元,其中,完成2012年度全市大中型水库移民后期扶持中央结余资金项目200个、后期扶持项目31个、小型水库移民扶助基金项目44个,改善了库区和移民安置区的基础设施、生态环境、村容村貌,为移民增收致富创造了条件。

【水系生态建设】 重点开展了17条小流域综合治理项目建设,全市面上治理水土流失面积191平方公里,超额完成年度任务。潍坊市在全省率先制定出台了《水土保持管理办法》,并在全省率先恢复成立了水土保持委员会,有力地推进了全市水土保持监督管理能力建设。潍城、青州、诸城、寿光、安丘、昌邑、高密等7市(区)被水利部批准为第二批全国水土保持监督管理能力建设县,昌邑和青州在全省率先通过了省级验收。开展了“三八六”环保行动河道生态修复和自备井整治战役,对河道进行生态综合治理,依法取缔非法自备井,水生态环境持续改善。积极创建水生态文明城市。潍坊主城区、青州、诸城、寿光、安丘、昌邑、高密7个创建省级水生态文明城市实施方案通过省评审,编制完成了主城区防洪、供水、水污染防治等专业规划。潍城、奎文等5区克服困难,组织生产建设单位全部补编了2012年生产建设项目水保方案。青州弥河等6处景区被评为山东省水利风景区,全市国家水利风景区达12处、省级水利风景区17处,继续在全省领先。

【水利管理】 实行了建设项目水资源论证、水土保持方案、防洪评价审批前置审批制度,制定了全市水资源管理“三条红线”管理控制指标,加强了用水计划管理,全市共下达用水计划8397家,强化取水许可审查审批和水资源保护,严格落实水资源有偿使用制度,全面完成了省下达的总量控制、用水效率和水功能区保护目标。推进水利工程规范化管理。高崖水库管理局通过国家级规范化管理单位验收,大关水库管理局等5家单位通过省级规范化管理单位验收,全市国家级规范化管理单位达到2家,省级规范化管理单位达到12家,在全省领先。加强了水政执法工作,开展了水利综合执法基础年活动,积极推进水政执法规范化建设,昌乐县水利局被命名为全省第一批水政执法规范化建设示范单位。强化联合执法,全面落实三项执法制度,依法规范开展打击河道非法采砂,立案查处151起非法取水等水事违法案件。进一步深化行政审批制度改革,推行集中审批,18项审批事项精简为9项,服务效率进一步提高。

【市级重点工作】 紧紧围绕市委、市政府突破滨海、提升市区和两河开发的决策部署开展工作,引进中国水务战略投资,在滨海区成立了“中潍水务投资有限公司”,注册资金1.5亿元,与滨海区签订了包括直饮水工程、东城自来水工程等项目在内的15.5亿元投资协议,完成了中央商务区上书房小区直饮水项目建设。把创建水生态文明城市活动作为提升市区的水利载体,主城区创建省级水生态文明城市实施方案通过省级专家评审,市政府批准了防洪、供水、水污染防治等水生态城市专业规划,完成了宣传片拍摄等准备工作,开展了中心城区的水环境综合治理和水功能区保护工作,提升了市区的水生态文明水平。积极争取上级资源推动两河开发,潍河、弥河治理项目列入2013~2015年国家治理规划,编制了可研报告,并通过审查。

(周　岩)

【南水北调工程】 潍坊市境内的南水北调分为主体工程和续建配套工程,其中,主体工程主要是位于寿光市双王城生态园区的双王城水库工程。占地面积11202亩,水库大坝轴线总长9.636公里,坝高12.5米,最大库容6150万立方米,总投资8.0525亿元。主要作用为抽引长江水,经水库调蓄后,在引黄济青非引水期,通过引黄济青输水河,向青岛、潍坊、烟台、威海等胶东地区供水。2013年,双王城水库主体工程全面建设完成。

【调整配套工程规划】 2013年,向省政府报送了《关于调整南水北调东线一期续建配套工程供水单元分水指标的请示》,省政府批复同意取消峡山、高密供水单元工程,并将其分水指标分配给寿光3000万立方米,滨海2000万立方米。上半年邀请省市有关部门和专家,对市三个配套工程供水单元的可研报告、初步设计进行了评审,为工程顺利开工建设奠定了基础。到2013年底,寿光供水单元已完成可研报告和初步设计报告的调整批复,工程建设已全面开工,完成工程投资10200万元;滨海供水单元一期工程已完成,二期工程已完成可研报告的评审工作。

(李伟建)

胶东调水

【概况】 2013年,胶东调水潍坊分局被省局授予2013年度系统先进集体。分局机关连续17年保持省级文明单位荣誉称号、连续14年保持全省水利系统文明单位荣誉称号;寿光管理站被省文明委授予2013年度省级文明单位、连续9年保持全省水利系统文明单位荣誉称号;寒亭管理站连续14年保持潍坊市级文明单位荣誉称号、连续5年保持全省水利系统文明单位荣誉称号;昌邑管理站连续8年保持潍坊市级文明单位荣誉称号、连续2年保持全省水利系统文明单位荣誉称号。

【输送水圆满完成并试通水一次成功】 2012至2013年度的调度运行工作,潍坊辖段共分为冬季输水运行、冬季蓄水保温、春季输水、夏季输水四个阶段,共计运行135天,总计引水16050.49万立方米;胶东地区引黄调水工程试通水工作从2013年11月18日宋庄分水闸开闸开始至11月23日宋庄分水闸关闭结束,共计运行5天,引黄河水317.5万立方米。开展亲民爱民供水行动,为潍坊辖段工程沿线分水1180万立方米进行农田灌溉,有效地补充了地下水,防止了海水内侵的危害,被潍坊市政府授予优质服务项目先进单位。

【多元化调水取得新突破】 潍坊分局充分发挥工程地缘优势和调水技术优势,合理调配、高效利用,以黄河水为主,地方水为辅,主辅相济,形成了多元化调水的新格局。圆满完成向龙泽水库、清水湖水库的调水170万立方米工作任务。积极配合南水北调工程,顺利完成向双王城水库试机调水1400万立方米工作任务。崔家河泵站建设进展顺利。崔家河泵站建设是潍坊分局积极实施的利用引黄济青输水河引峡山水入潍北地区(东水西调)工程的重要组成部分。

【开展《山东省胶东调水条例》执法年活动】 2013年,是《山东省胶东调水条例》实施一周年。从分局机关到各管理站、所均把开展《山东省胶东调水条例》执法年活动列入重要日程,积极参加省局组织的系统水政监察技术业务培训班、邀请潍坊市水利局水政人员为潍坊辖段执法人员集中授课;充分利用电视、广播、报纸等各种媒体广造声势,不断加大宣传力度;把"世界水日"与宣传《山东省胶东调水条例》结合起来,制作展板、印发传单,6月7日潍坊电视台新闻频道进行了报道。完成水政监察车辆配备并办理执法手续、水政标识工作。完善省局《工程管理办法》,继续严格执行工程月检、季检制度,通报检查结果。各管理站、所对辖段工程进行精细化管理,采取日常养护与集中养护、专业养护与自己养护相结合的方式,完善岗位责任制,建立激励机制,以奖代补,根据养护里程、管护质量,对渠道、建筑物、机电设备、通讯设施、绿化美化等项目进行量化打分,综合评比,奖优罚劣。

【绿色产业提质增效】 分局实施"以强带弱"战略,紧扣"黄金季节",狠抓了苗木的选育、栽培、管理、销售环节,共培育、种植、更新、补栽、销售各类苗木7.4万余株,实现销售收入近300万元。提升完成了宋庄泵站、王耨泵站、白浪河管理所、崔家河管理所庭院绿化美化工作。目前已拥有高端、高质苗木15.3万株、苗圃2000多亩。

【技术输出成效显著】 潍坊分局依托技术优势,以提高技术、锻炼队伍、优化服务为着力点,积极开展技术输出工作。先后抽调业务骨干30多人为引额济克工程、引额济乌工程、南水北调工程、胶东调水工程提供技术服务并得到了高度评价,树立了胶东调水品牌。 (侯运建)

农业机械化

【概况】 2013年,全市农机总值达到93.4亿元,农机总动力达到1367.2万千瓦,拖拉机18.98万台,联合收获机2.23万台。机械化生产方式在全市农业生产中已居于主导地位。

【农业机械化综合水平】 (1)主要农作物耕种收综合机械化水平达到89.96%以上。全市机械收获小麦576.75万亩,适宜地块已全面实现联合机收,玉米机械收获572.24万亩,占宜机收面积的92%。(2)花生、大姜、马铃薯等大宗、特色经济作物收获机械发展到23157台(套),畜牧、水产、林果和农产品加工机械也都有了较大发展。

【农机化投入及农机服务体系建设】 (1)2013年,共落实国家、省级农机购置补贴资金1.35亿元。诸城市、寿光市被确定为农机报废更新试点单位,落实报废更新补贴资金710万元。(2)农机社会化服务水平不断提高。全市在工商部门注册的农机专业合作社达到598家,列全省第一位。其中12家被评选为部级示范社、13家被评选为省级示范社,41家开展了"企社共建"活动。41家合作社通过"企社共建"购置机械317台,企业共优惠让利69.74万元,14家合作社享受了融资租赁购机共163万元,10家合作社得到了福田雷沃300多万元的建设资金支持,福田雷沃重工在潍坊地区的农机销售额较上年增长了17%。(3)农机推广机制进一步创新。在国内率先创立并组织实施了《市特邀农机技术推广员制度》,聘任的206名市特邀农机技术推广员基本涵盖了全市所有镇街,多名市特邀农机技术推广员已经被农机生产企业聘任为意见领袖。《中国农机化导报》多次对潍坊市建立特邀农机技术推广员制度进行了宣传报道。

【农机化科技推广】 (1)农机科技水平不断提高。广泛开展了科技下乡、农机演示会等活动,大力推广臭氧水防治病虫害设备、植保无人机、马铃薯全程收获机、山药收获机等先进农机具。臭氧水防治病虫害技术是潍坊市农机局组织有关企业和科研院所历时五年的研究成果,经潍坊市植保站验证,对韭菜和大姜的防治率分别达到79%和78%,并能使鲜姜亩增产1400多公斤。潍坊市农机局抓住植保无人直升机的有利发展时机,率先在高密市宏基农机专业合作社引进了CD-10型农用植保无人直升机,并已开始农田作业试验应用。(2)粮食生产机械化巩固提升。着力推广夏、秋两季两个"一条龙"粮食作物种、收模式;召开了全市玉米精量免耕播种现场会;加强农机农艺融合,利用机械化生产技术延长玉米生长期。2013年全市共实现机耕998万亩,机播1355万亩,保护性耕作面积191.08万亩,机械化深松作业面积162.3万亩,机械收获小麦560万亩,机械收获玉米551万亩。(3)经济作物生产机械化水平大幅提升。全市新增加了11个市经济作物生产机械化推广示范基地和25个市经济作物机械化推广示范基地发展对象,将两者分别增加到了25个和31个。(4)农机展会影响力进一步扩大。2013年3月15日至18日,第七届中国(山东)农机产品博览会成功举办,来自国内外的256家知名农机生产企业参展,参展农机具近万台(套),参观人数3万人次。

【农机化公共服务】 (1)农机维修管理水平有新提高。开展"星级文明农机维修网点"创建活动,创建三星级以上维修网点48个,规范了农机维修管理,净化了农机维修市场。2013年全市出动执法人员2000余人次,检查农机维修点1300余个,查处无证经营网点30余个。农机投诉体系建设更加完备,全年结案率100%。(2)农机技术培训有新发展。加强县级农机校的规范化建设,对"省重点农机校""省示范农机校"

“省规范化农机校”进行了复查。全年共培训各类农机人员6.6万人次,其中新训驾驶员6000人。(3)农机安全监管有新业绩。已创建国家、省级农机安全示范县(市)7个。办理拖拉机联合收割机牌证7359个,驾驶证4951个,检验拖拉机、联合收割机20150台,实现了全年农机安全生产,并被潍坊市安监局评为“全市安全生产工作先进单位”。（岳燕燕）

农业综合开发

【概况】 2013年,完成农业综合开发财政无偿资金投入18626万元,同比增加15%,居全省首位。实施土地治理、产业化经营、科技推广、山区开发等项目71个。改造中低产田5万亩,建设高标准农田5万亩,扶持农业龙头企业27个,扶持农民专业合作社14个,山区治理面积34.6万亩。2013年农业综合开发项目全部达到优秀标准,接受省抽验的高密、昌邑、昌乐、寒亭4县(市、区)均达到优秀等次。

【5万亩高标准农田建设项目】 坊子区、寒亭区、青州市、寿光市和昌乐县各承担1万亩,总投资6970万元,其中财政无偿资金6515万元。通过水、土、田、林、路、电、科技等高标准配套建设,农田灌溉全部实现节水化,90%以上农田建成了优质农产品生产基地,年新增优质粮食生产能力282万公斤,蔬菜265万公斤,新增种植业产值2881多万元。整个项目区达到了“农田成方,集中连片;灌排配套,设施先进;道路畅通,设计规范;土地平整,土壤肥沃;林网适宜,生态良好;科学种植,产业明显;高产稳产,优质高效;管理严格,运行顺畅”的建设目标,为农业转型升级和现代农业发展打下了坚实基础。

【实施“效益提升工程”】 主要任务:建立了一套与现代农业发展相适应的新的开发机制,最大限度提高农业综合开发成效。机制创建:一是“四位一体”开发(土地开发、产业化开发、山区开发、社会化开发);二是“园区化”开发;三是项目承担主体多元化开发;四是土地先流转后开发或先开发后流转。主要措施:跟踪服务,前延后伸项目链条,项目竣工后管理“不收工”,搞好以项目建设带动招商引资为重点的跟踪服务,搞好产业和项目的引进、嫁接,放大开发成果。实施效果:在已建和在建项目区中,引进企业和整合项目25个,整合资金达3亿元,发展优势农产品基地32万亩,综合效益提高20%。

【实施“十大”项目带动计划】 为更好地发挥农业综合开发项目的示范带动作用,从近两年的农业综合开发计划中选择了10个代表性、示范性、带动性强的项目(5万亩高标准农田建设示范工程、高密李村生态高效农业示范园、盐碱地根用芥菜栽培技术推广项目、100万吨粮食物流项目、5000万株有机蔬菜种苗繁育项目、8000头生猪标准化养殖基地项目、280万只鸭苗孵化场项目、160万吨现代粮食物流配送中心项目、万亩高山蔬菜基地建设、万亩优质茶园培育)实行重点调度和考核,其中2个项目(5万亩高标准农田建设示范工程、5000万株有机蔬菜种苗繁育项目)列入市政府110个重点调度范围,这些项目都成为当地现代农业发展的典型和样板。

【龙头企业带动产业化发展试点】 在安丘市实施龙头企业带动产业发展试点——100万吨“安丘大姜”种植加工销售一体化项目,由省级农业产业化龙头企业潍坊万鑫食品有限公司实施。项目投入财政资金1430万元,其中360万元作为股份配送给合作社和姜农,持股合作社和姜农每年根据大姜种植面积及产量、质量等参与大姜交易市场分红。这种模式旨在探索通过农发资金支持,扩大农民财产权利的新途径。

【国家农发办副主任周可到潍调研】 12月19日,国家农业开发办公室副主任周可在省财政厅党组成员、农发办主任姜凝、潍坊市副市长秦维强的陪同下到安丘、高密两市就农业综合开发支持增加农民财产性收入情况进行调研。周可对潍坊市农业综合开发推动现代农业发展、促进农业增效农民增收以及一系列的创新做法给予充分肯定。（李　磊）

工　业

综　述

【概况】 2013年,全市工业经济和信息化持续健康发展。全市规模以上工业增加值同比增长12.6%,高于全省平均1.3个百分点。实现主营业务收入12180亿元,同比增长13.5%,实现利税969.6亿元,利润662.1亿元,分别增长22.4%和23.3%。完成工业用电量305.6亿千瓦时,同比增长11.8%,居全省第2位。争取上级资源扶持4.75亿元。潍坊市被确定为全省唯一的国家首批循环经济示范创建城市、国家首批信息消费试点市、国家首批基于云计算的电子政务公共平台建设和应用试点示范地区。中国潍坊政府门户网站连续6年列全国地级市前20名、山东省第1名。高新区获批国家级新型工业化示范基地(内燃机)。2013年,市经信委被评为全省经信工作先进集体,在市级机关年度综合考核中列第1位,在全市企业“双评”活动中位列第8,获全市突出贡献奖。

【工业转型发展呈现新格局】 编制印发了机械装备、纺织服装、电子信息等9大产业转型升级规划、制造服务化等4个专项行动计划以及106家企业转型升级规划,完善了工业政策支撑体系。建立起转型发展推进机制,依托市工业经济运行指挥部,一月一分析,一季一调度,半年一评估,纵抓县(市、区),横联各部门,形成了齐抓共管的良好局面。多次深入企业宣讲工业提升计划,召开6次专题调度会、2次现场会,举办4期潍坊工业系列讲坛,大力推广转型升级案例,建立起多形式的工业转型宣传机制。各级政府、企业转型意识普遍增强,总结了一批典型经验做法。全市规模以上工业利税率、利润率达到8.1%和5.5%,分别提高0.6个和0.4个百分点,工业发展质量效益明显提升。

【“两化”融合深入推进】 对全市近600家企业进行了调研评估,编制完成了智慧潍坊、两化融合两个专项规划。实施两化融合“2321”工程,确定了2个“两化”融合县(市、区)、3个“两化”融合工业园区和2个“潍坊智造”特色产业集群试点,推进100个“两化”融合重点项目建设,“点、线、面、体”协同推进信息化与工业化向纵深融合。重点突破3D打印产业,举办“中国3D打印技术产业联盟潍坊行”活动,抢占新兴产业发展制高点。规模以上电子信息企业实现主营业务收入381亿元。2家企业被确定为国家级“两化”融合试点,1家企业被确定为国家级农产品冷链信息化应用试点,1个项目被确定为国家电子商务集成创新试点工程,1个项目获国家物联网发展专项资金项目支持。

【工业创新能力持续提升】 新增省级企业技术中心12家,新成立国家级产业技术创新战略联盟3家。544个项目列入省技术创新项目计划,居全省首位。新认定市级企业技术中心41家、市级工业设计中心13家。盛瑞传动被认定为国家级工程技术研究中心、省高端装备制造产业自主创新示范企业。

【品牌市场不断拓展】 举办了2013中国(潍坊)国际发动机工业大会暨展览会,打造潍坊动力装备会展品牌。建立工业企业品牌创建机制,出台了《潍坊市工业品牌培育计划》,潍柴等3家企业被列为国家2013年工业品牌培育试点企业。积极推进潍坊工业网上展销平台建设,网上展馆已试运行,“好品山东”潍坊站已有757家企业上线,实体展馆正加快建设。

【制造服务化加快推进】 出台了制造服务化推进计划,建立起全市制造服务化统计、考核机制,形成了潍坊制造服务化推进体系。在100家企业开展试点,重点培育50家示范企业,支持20个制造服务化项目,引导企业转变发展模式,由单一制造向“制造+服务”发展。积极发展生产性服务业,推动500余家工业企业完成主辅业分离。

【科学投入迈上新台阶】 全年完成工业投资1350.3亿元,比上年增长20.8%,其中,技术改造投资完成1160.2亿元,同比增长20.3%。154个项目列入省重点技术改造项目导向计划,项目数居全省首位。100个转型升级重点项目进展顺利,当年完成投资301亿元。新认定省级新型工业化示范基地2个、市级新型工业化示范基地6个。

【企业素质进一步增强】 潍柴集团主营业务收入首次突破千亿元;歌尔声学主营业务收入突破百亿元。工业过百亿元企业达到15家。潍柴动力国家工程技术研究中心通过验收,盛瑞传动国家工程技术研究中心启动建设,首条8AT生产线顺利投产。重点企业退城进园工作稳步推进,钢铁企业联合重组加快实施,山东精特钢铁有限公司注册成立。

【循环经济加快推进】 作为山东省唯一地市级备选单位,成功争创为全国首批全国循环经济示范市。滨海区、经济区列入省首批园区循环化改造试点。实施循环经济双百工程,清洁生产、资源综合利用认定单位均突破100家。

【节能减排取得实效】 超额完成了全年万元GDP能耗下降3.7%的目标。建立全市节能管理调度分析系统,形成了潍坊特色的节能预警调控长效机制。出台《关于加快重点耗能企业节能技术进步和转型发展的意见》,推动108家企业进行了技术改造和转型升级。深化提升五大节能工程。组织召开太阳能工业领域推广应用、节能节电技术交流等会议,推广先进技术、促进企业合作,及时协调解决项目困难。合同能源管理新增9家国家审核和备案的节能服务公司,总数达到39家;累计上报合同能源管理项目50个,数量居全省前列。提前完成国家和省淘汰落后产能任务,共淘汰落后水泥(熟料)产能40万吨,造纸产能2万吨,焦炭产能40万吨,印染产能2.47亿米,被评为全省淘汰落后产能工作先进集体。

【工业发展环境不断优化】 进一步优化完善工业运行调度分析系统,将调度企业由300家扩大到830家,企业经济总量占到全市65%以上。实行委领导包靠、大企业直报等制度,加强行业分析、预警,及时解决企业反映问题。优化审批服务事项,压减煤炭生产经营许可及关闭等3项行政审批事项,下放电力、节能等审批权限。开展了工业转型提升大调研活动。

(潘盈)

轻 工 业

【概况】 2013年,全市轻工业经济运行质量和效益显著提升,规模以上企业完成工业总产值2856.3亿元,主营业务收入2975.3亿元,实现利税219.6亿元,利润总额148.3亿元,分别增长11.8%、11.6%、10.7%和10%。各项主要经济指标均有大幅增长。全市轻工业销售收入居青岛之后列全省第二。市轻工行办被山东省轻工业协会、山东省轻工集体企业联社评为先进单位。

【推动工艺美术产业的发展】 2013年,全市工艺美术行业实现主营业务收入86亿元,利税7.4亿元,同比分别增长15.2%和12.3%。主要工作有:(1)实施"五个一"工程。市轻工行办在深入调研的基础上,科学规划全市轻工行业发展计划,提出了"五个一"工程建设计划:一个规划,即"潍坊市工艺美术产业发展规划";一届展会,即"中国潍坊首届工艺美术博览会""第二届潍坊工艺美术节";"一项基金",即潍坊工艺美术发展保护专项基金;一个园区,即潍坊工艺美术发展保护专项基金;一座工艺美术馆。其中,举办年度展会和建立专项资金已付诸实施,关于建设工艺美术园区和博物馆等工程正在积极落实中。(2)建立名人档案。为246名历届国家、省、市工艺美术大师、名人和民间艺人建立健全详实档案,协助市经信委组织开展了第四届潍坊市工艺美术大师评选。(3)撰写了《潍坊市工艺美术提升规划》,主要内容是:重点发展一批支柱产业,形成特色产业体系;壮大一些重点企业,增强核心竞争力,强化自主创新,扩大品牌效应;抓好人才培养,增强创新发展后劲;培育一批工艺美术特色基地、产业园区和专业化市场,提高集约化程度;加强技艺保护和传承保护;规范市场监督;进一步加强对工艺美术行业的管理工作等,把潍坊工艺美术产业逐步推向一个结构合理、六类齐全、特色鲜明、产值倍增的文化支柱产业。(4)切实做好为企业服务工作。帮助华艺雕塑有限公司争取到全国工艺铸造年会在华艺召开,组织了潍坊工艺美术参展省工艺美术博览会。帮助协调工艺美术研究所做好搬迁工作,已争取到石笏园四层1000平方米展厅,搬迁工作已到位并开始正常营业。

【潍坊市首届工艺美术节】 由潍坊市人民政府主办、潍坊市轻工行业办公室承办的潍坊市首届工艺美术节,是潍坊国际风筝会四大板块十六项主题活动之一,于4月21日至25日在鲁台会展中心举行。这次美术节展示了全市近百名大师、28类上千件工艺美术精品,红木嵌银、红丝砚加工、仿古铜技术、核雕、工艺抽纱、麻布绒绣、根雕、木雕、烙画等参展作品做工精湛,独具匠心,代表了潍坊市工艺美术行业的最高水平。展会设立的木板年画、红丝砚加工、剪纸、麻布绒绣等现场表演区和手工艺品推介活动,拉近了与群众的距离,吸引众多观众参与互动交流,购买产品,展会实现成交额500余万元。展会还举办优秀作品评选活动,12名工艺美术大师获首届潍坊工艺美术节艺术成就奖,46件作品获得首届潍坊工艺美术节优秀作品金奖,19件作品获银奖,5件作品获作品设计创新奖。4月25日,举办了现场拍卖活动,共有25件工艺美术作品参加拍卖,拍卖成交23件,成交率92%。实现成交额650

元，其中，现场成交额130万元，拍卖成交额370万元；共达成合作意向32项，协议金额600余万元。为扩大宣传，市轻工行办编辑出版了《首届工艺美术节精品集》，图文并茂的纪录了全市工艺美术的最高水平和最新发展成果。

【招商引资】　年初成立专门机构进行发动，组织行办全体人员到滨海区实地调研和业务对接，先后邀请香港投资基金会和西藏证券山东分公司等领导到滨海新区进行现场考察。最终，通过西藏证券，促成华宝信托有限责任公司与滨海区签署了“白浪河入海口生态示范带一期工程项目”6亿元的融资合同，2013年年底前已到账4.5亿元。

【加快“转调创”步伐】　完成了市经信委布置的《潍坊造纸包装提升规划》等规划的修订与完善，更好地指导产业的提升与发展。大力实施特色产业集群创建，实现带动发展战略。经过多年培育发展和协调争取，共创建省级轻工业特色产业集群11家。2013年，安丘凌河绿色蔬菜加工基地通过省验收，现已挂牌。对昌乐电动车等四家产业集群进行了复审，并获省认可通过。积极配合市经信委等有关部门抓好轻工基建技改项目、科技创新和技术中心建设、淘汰落后产能以及节能减排等重要工作的跟踪服务与落实。　（赵新华）

纺织工业

【概况】　2013年，全市规模以上纺织企业主营业务收入1652亿元，同比增长8.4%；工业增加值352亿元，同比增长12.5%；实现利税143.23亿元，同比增长16.2%；实现利润96.5亿元，同比增长15.5%。

主要产品产量：化纤浆粕25.75万吨，同比增长1.8%；化学纤维35.37万吨，同比增长7.8%；纱92.93万吨，同比减少0.3%；布46.84亿米，同比增长2.7%；印染布15.05亿米，同比增长7.5%；服装3.46亿件，同比增长2.2%。

【9家企业入围中国纺织服装企业竞争力500强】　2013年10月，中国纺织工业联合会发布2012—2013年度中国纺织服装企业竞争力500强名单，潍坊市的孚日集团股份有限公司、新郎希努尔集团股份有限公司、诸城市中纺金维有限公司、帛方纺织有限公司、山东银鹰化纤有限公司、诸城市德利源纺织有限公司、山东同大海岛新材料股份有限公司、山东千榕家纺有限公司、昌邑市杨金华纺织有限公司9家企业入围。

【安全生产监督管理】　坚持“安全第一、预防为主、综合治理”的方针，全年进行安全教育培训员工11755人次，持证上岗率达到100%，在安全生产方面投入资金1272.27万元。重点节会检查9次、专项整治检查18次。督促企业自查自纠，领导参与检查23次、单位安全部门检查78次、车间检查193次、班组检查434次，排查出安全隐患2516项，整改率100%。省纺织工业协会对潍坊市做法予以肯定，并授予潍坊市纺织行业办公室“安全生产先进单位”称号。

【推进招商与转调创工作】　建立为招商引资工作服务的“项目库”“专家人才库”和“对接资源库”，整合资源、筛选项目，加大招商力度。抓好日常招商，通过电子邮箱、网络和信函等方式联系招商。扩大对外宣传，抓好节会招商，拓宽招商渠道。充分利用市委、市政府组织的各项招商活动，借助一系列招商平台积极推介招商项目。抓好重点企业、重点项目的推介，进行走出去、请进来重点招商。

加大技改投入和科技创新。积极引导投资方向，加快企业转型升级，使企业由扩大规模、增加总量、做大做强为主，转变为调整结构，发展高、精、特为主。全年重点技改项目50项，总投资88亿元，当年完成投资26亿元，累计完成投资43亿元。争取省经信委新兴产业和重点行业发展专项资金760万元和重点产品结构调整委托贷款500万元。全年共实施技术创新项目76项，项目总投资4.7亿元，获省级技术创新计划项目46项，总投资2.4亿元。获得专项扶持资金3700万元，到位2300万元。获省级科技进步一等奖1项，省三等奖1项，市级科技进步二等奖2项，三等奖2项。　（邵明国）

机械电子工业

【概况】　截至2013年底，全行业共有规模以上企业917家。主要生产内燃机、汽车、工程机械、拖拉机、收获机械、石化设备、环保设备、风电设备、起重机械、机床设备、印刷设备、电子元器件、汽车零部件及内燃机配件等产品。全行业规模以上企业完成工业增加值比上年增长15.6%；完成主营业务收入2672.4亿元，增长18.8%；实现利税261.3亿元，增长27.0%，其中利润184.6亿元，增长21.5%。

加强行业规划编制。在全面调研的基础上，编制了《潍坊市机械装备产业转型升级规划》和《潍坊市汽车工业产业转型升级规划》，提出了行业发展方向、发展重点和发展措施。技术改造成效显著。全行业完成技改项目240余项，投资总额达279亿元。技术创新步伐加快。全行业有282个项目先后入选2013年山东省第一、二、三、四批技术创新项目计划，有6家企业的24个项目分获山东省机械工业科技进步一、二、三等奖，有17个管理成果和优秀论文获山东省机械工业一、二、三等奖。

【2013中国（潍坊）国际发动机工业大会暨展览会】　为推动发动机产业向高端发展，全面打造潍坊“动力城”这一城市名

片，2013年10月20日至22日，在鲁台会展中心成功举办了“2013中国(潍坊)国际发动机工业大会暨展览会”。展会以“绿色动力 国际峰会 高新技术 经贸合作”为主题，包括1个综合性大会，即2013中国(潍坊)国际发动机工业大会；4个行业分会，即汽车发动机分会、航空发动机分会、船舶发动机分会、动力传动与控制分会；3个展览会，即2013中国(潍坊)国际发动机及技术装备展、2013中国(潍坊)国际动力传动与控制技术展、2013中国(潍坊)国际机械加工技术与装备展。参加发动机大会人员达1000多人，参加分会人员达500多人。本次展会参展企业280家，展出面积2万平方米。共2万余人参观展会，其中专业观众5000余人，总成交额12亿元。本届展会规格档次高、内容丰富、成果显著，受到参加展会的市内外企业的一致好评，被中国会展经济研究会评为2013年十佳品牌展会项目之一。

【招商引资】 围绕机械行业产业链建设，建立招商项目库和招商渠道。从70个机械行业招商项目库中精挑细选出7个优、特、精项目做为机械工业项目库，瞄准国内机械500强企业和科研院所建立了全市机械行业对接资源库；瞄准行业院士、教授级高级工程师或获得过国家级科技进步奖等专家学者，建立了全市机械行业专家人才库。充分利用中国(山东)国际装备制造业博览会、中国西部国际装备制造业博览会暨中国欧亚国际工业博览会、鲁台会、发动机大会等平台进行招商，引进了一批项目和资金，促进了行业发展。

【行业协会建设】 铸造协会组织技术专家为全市铸造中小企业开展了技术信息咨询服务，对收集到的各技术难题，组织专家进行现场指导解决。通过召开座谈会等形式，会员之间相互交流在企业产品研发、企业管理、技术改造、节能减排等方面的经验和做法，做到取长补短，加强配套协作，提高了本地化配套协作水平。2013年4月25日，铸造协会在诸城华欣铸造有限公司召开了短流程铸造工艺现场交流会。全市铸造行业的30多家企业参加会议。诸城华欣铸造有限公司、寿光泰丰铸造有限公司2家企业作了典型发言，从不同的侧面介绍了各自的做法和经验。

【安全生产】 深入开展“安全生产基层基础提升年”活动。按照标本兼治、固本强基的要求，从强化企业安全生产基础管理入手，全面落实和深化企业安全制度，隐患整改机制，设备设施、班组建设、劳动纪律、基本功训练等基础管理工作。层层落实安全责任，各企业都横到边、纵到底的签订了安全生产责任书。深化安全生产监督管理，抓好安全生产集中整治。全年共组织安全生产各类检查7批次，查出事故隐患90余项，对查出的事故隐患，全部下达了《行业安全生产监督检查事故隐患整改通知书》，限期整改，并进行跟踪督查。加强安全生产教育培训，在全行业组织开展了安全生产全员培训教育活动，提高了职工安全意识。

【推荐先进工作】 2013年，市机械电子行办组织全市各县(市、区)、市属开发区和有关单位开展了全国机械工业先进集体、劳动模范和先进工作者推荐活动。为保证推荐工作质量，成立了领导机构和办事机构，印发了推荐工作通知，召开了推荐工作会议，制定了评审办法。在县市区推荐的基础上召开了评审会议，研究确定了全市向省上报的推荐名单，共向省里推荐全国机械工业先进集体1个，全国机械工业劳动模范7人，全国机械工业先进工作者1人，推荐总量排在全省前列。 (冯远征)

化学与建材工业

【化学工业概况】 化学工业潍坊市的重要支柱产业，已形成了盐化工、石油化工、轮胎、农药等一批各具特色的产业集群。到2013年底，全市规模以上化工企业达到782家，实现主营业务收入2880亿元，实现利税170亿元，实现利润101亿元，主营业务收入仅次于淄博，居全省第2位，利税、利润居全省第4位；实现主营业务收入过100亿元的企业5家，过50亿元的企业3家，产业集中度明显提高。石化产业通过与中海油、中石化、中化集团等央企的深度合作，原油加工能力达到1700万吨，合成纯碱、氯化聚乙烯等产品生产能力均居世界首位。

【化工园区建设具备一定规模】 到2013年底，潍坊市已建成滨海区海洋化工产业园、寿光渤海化工产业园、侯镇工业园、昌邑卜庄化工产业园4个专业化工产业园区，化工产业向潍坊北部集聚发展。到2013年底，全市园区内化工企业约500家，约占全市化工企业总数的三分之二。化工园区总资产规模为700亿元，约占全市化工行业的四分之三。

【科技创新能力进一步增强】 截止到2013年底，潍坊市化工行业已建成国家级企业技术中心2个、省级企业技术中心9个、市级企业技术中心37个；拥有市级化工技术创新平台10个，市级以上重点实验室21个；建立了溴化物、溴系医药、溴化学品、均相离子膜、溴系阻燃剂等7个省级工程技术中心；山东墨锐化学联合18家企业、高校和科研院所共同组建了卤水精细化工省级产业技术示范联盟，山东海化联合20多家单位共同组建了海洋化工及石化盐化一体化省级技术创新示范联盟；全市化工行业拥有10个山东名牌产品、15件山东省著名商标，自主创新能力进一步增强，品牌建设再上新台阶。在全行业大力发展循环经济，积极推广先进适用的节能减排新技术、新工艺，海化集团探索建立了“一水六用”(海水放养贝类、鱼虾等海产品；海水蒸发后的初级卤水放牧卤虫；

中级卤水先送纯碱厂、硫酸钾厂供工艺冷却；在工艺冷却过程中吸收了化工废热的中级卤水送溴素厂吹溴；吹溴后的卤水送盐场晒盐；晒盐后的老卤用来生产硫酸钾、氯化镁等产品）发展模式。

【项目建设成效明显】 2013年，潍坊市化工行业共实施项目142个，其中，续建项目78个，新开工项目64个，总投资954.5亿元，投资过5亿元项目56个，投资过10亿元项目32个。全市建材行业共实施项目73个，其中，续建项目44个，新开工项目29个，总投资267.3亿元，投资过5亿元项目24个，投资过10亿元项目4个。　（赵玉群）

医药工业

【概况】 2013年，全市纳入统计范围的42家医药工商企业累计完成主营业务收入258亿元，同比增长19.27%。其中，22家工业企业完成主营业务收入146亿元，同比增长20.18%，实现利税9.2亿元，同比增长27.79%，实现利润6.2亿元，同比增长38.62%，超额完成了年度目标任务。

【技术创新】 2013年，医药工业企业投入科技创新经费约2.56亿元，占主营业务收入的比重达1.73%，高于全市平均水平。在全市纳入统计的22家医药工业企业中，有省级企业技术研发中心3家，市级企业技术研发中心7家（新增1家），占企业总数的43.5%。大力推进新产品开发工作，拉米夫啶等5个产品生产文号已获得批准。

【项目建设】 加强对列入2013年全市投资导向计划的医药类新建、续建项目的调研、调度工作。重点调度了鲁安药业4000吨DC级扑热息痛扩产改造、制药厂有限公司固体制剂改造、富康制药奥美拉唑新建项目的建设等。2013年，全行业完成项目投资17.8亿元。

【招商引资】 根据市委“大招商、招大商”的工作要求，医药行办积极发挥企业为招商主体这个平台，鼓励引导企业与国内100强企业合资、合作，吸引他们到潍坊投资或合资、合作办企业。国药控股集团股份有限公司投资5000万元与山东仁泽潍坊医药有限公司合作成立国药控股潍坊有限公司，已于2013年12月1日正式挂牌运营。潍坊市制药厂有限公司与哈尔滨三联药业合作项目、潍坊精鹰医疗器械有限公司与天津天士力药业合作引进德国技术开发超浓缩蒸发器项目、鲁安药业有限公司与临朐曲山医院合作在塞拉立昂建立原料药生产基地项目等正在洽谈。　（谢树斌）

煤炭冶金工业

【概况】 2013年，全市煤炭冶金行业共生产原煤74.23万吨，实现销售收入126310万元，利税9228万元，实现安全生产。重点钢铁企业产生铁686万吨，粗钢867万吨，钢材610万吨；完成销售收入2481476万元，实现利税81878万元。完成招商引资2560万元。

【安全生产】 （1）落实安全责任。认真贯彻落实《山东省生产经营单位安全生产主体责任规定》，落实企业主体责任，层层签订安全目标责任书和承诺书，按规定落实对矿长的考核。结合本地实际制定了《2013年安全工作要点》，定期召开安全生产工作会议，有针对性地提出安全工作重点和具体措施，确保安全生产监管责任落实。9月份，市人大对全市安全生产工作情况开展了督查，对煤矿安全工作给予了充分肯定和高度评价。（2）夯实安全工作基础。开展了“安全生产基层基础提升年”、打非治违、宣传贯彻《煤矿矿长保护矿工生命安全七条规定》等专项活动。加强质量标准化建设，2处煤矿均达到二级安全质量标准化，提高了矿井安全保障能力。加强职工培训，提高职工的安全技术素质和应急处置能力。共培训安全管理人员人101人、特种作业人员268人、班组长75人。（3）深化隐患排查治理。突出“一通三防”（通风、防尘、防火、防瓦斯）、防治水两个重点和顶板管理和机电运输两个薄弱环节，坚持月调度、半年集中审查制度，对查出的隐患落实监督和治理责任，实行闭环管理。共排查出隐患703条，其中B级隐患6条，整改率100%。（4）加强应急管理工作。修订完善了应急救援预案。各煤矿成立了应急救援组织，配备了相应的应急救援物资。组织各煤矿进行了应急撤人演练，与矿山救护队签订了救护协议。加强信息沟通，及时将情况报告有关部门，确保矿井安全度汛。各煤矿按有关规定要求，完成了矿井安全紧急避险“六大系统”建设任务，并由县区、市、省煤炭部门进行了备案。（5）坚持依法行政。各级煤炭管理部门不断改进监管方式，建立和规范行政执法程序，坚持每季一次全覆盖安全大检查，并采取专项检查、专家查隐患等方式开展安全监督检查，依法查处煤矿企业违法违规行为。单独或配合上级部门检查11矿次，查出各类隐患和问题97条，提出建议12条。责令矿井停产1处，责令采面停产整改1个。组织开展“回头看”活动，巩固大检查成果。对矿井采区设计、劳动定员、储量和回采率、安全避险“六大系统”等进行技术审查。充实完善了煤矿安全生产专家库。针对冬季特点，严查“三超”（超能力、超强度、超定员）行为，提高安全保障能力。按要求取消了行政审批事项。

【重点钢铁企业联合重组】 潍坊市三家钢铁企业联合重组，

煤炭冶金行办牵头成立钢铁集团筹备处,筹备处办公室设在煤炭冶金行办。制定了全市钢铁企业联合重组方案、企业联合重组意向书。加强联合重组协调管理,发挥协同效应,保持各钢铁企业间的平稳健康发展。11 月份,山东精特钢铁有限公司在滨海注册,并及时办理了营业执照、税务登记证和企业组织机构代码证。潍坊特钢新上的 50 万吨短流程铸造项目,采用"高炉铁水 + 合金炉料"的短流程铸造工艺,与普通工艺相比,可节约能源 50% 以上。巨能特钢公司 100 万吨石油管材技术改造项目,预计年新增产值 45 亿元。鲁丽钢铁有限公司精品铸件锻件加工配送项目,总投资为 6.9 亿元,可解决国内高品质铸锻件供需矛盾问题,具有显著的经济和社会效益。

【淘汰落后生产能力】 按照有关政策,依法关闭了资源枯竭、安全保障能力差的潍坊朱刘煤矿有限公司、潍坊市五井煤矿有限公司、潍坊鲁光矿业有限公司 3 处煤矿。严格落实关井条件,填平井筒,拆除相关设备,注销相关证照,在《潍坊晚报》上予以公告。

(郭明杰)

电　力

【概况】 2013 年,全市全社会用电量 401.01 亿千瓦时,居全省第一位,同比增长 10.99%。潍坊电网拥有 500 千伏变电站 4 座、220 千伏变电站 34 座,均居全省第一位。潍坊供电公司系统共安置社会用工 9600 余人,缴纳税金 10.78 亿元,连续 13 年蝉联全市企业"双评"公共服务类第一名。

【安全基础工作】 突出"保安全、保民生、保供电、保增长、保稳定",开展检修施工现场"远程视频化、网络信息化、实时公开化"安全管控,组织安全培训 2.1 万人次。落实"谁主管、谁负责"和属地责任,全方位开展安全生产大整顿、大检查、三个"专项整治"等,排查整改现场安全隐患 810 处,治理线路通道隐患 780 处。开展市县联合春秋检,完成 564 项检修工作。建立吊车、挖掘机等专业驾驶员信息库,发送安全警示短信 2.46 万条次。配合省公司完成国网内首次 48 小时主备调切换演练。2013 年迎峰度夏期间,潍坊电网统调负荷连续 3 次刷新历史纪录,全网负荷最高达 624 万千瓦,全市未出现拉闸限电现象。风筝会、十艺节等重大活动保电实现零差错、零故障、零失误。加强车辆交通安全管理,获"全国文明交通示范单位"。截至 2013 年底,公司实现连续安全生产 5518 天/15 周年,连续安全调度 33 周年,居国网同规模供电企业首位。

【智能电网建设】 电网建设投资 22 亿元,建成投产 35 千伏及以上线路 409 公里/容量 222 万千伏安,占全省总量的 9.6%/10.4%。220 千伏云湖、涓河站分别提前 6 个月、3 个月竣工投产。35 千伏及以上输变电工程优质工程率达 100%,其中 13 项获国网优质工程,220 千伏福盛工程获"中国安装优质工程奖"和"泰山杯"。实施配网建设改造"双过千"工程,新建改造线路 1096 条/配变 1457 台,投产 224 项农网改造升级工程。城区智能配网在全省率先投入实用化运行,故障查找时间平均缩短至 16 分钟,同比减少 84.2%;非故障区域恢复供电时间平均缩短至 2 分钟以内,同比减少 98.9%。完成青州、诸城等 5 个县城智能配网改造,全市新建 18 个电气化乡镇、955 个电气化村。

【服务能力增强】 践行"真诚服务,共谋发展"理念,全面兑现供电服务"十项承诺"、员工服务"十个不准"、调度交易"十项措施"。畅通投诉举报渠道,建立 95598 供电服务热线、"行风在线"等"五线"联动机制,全面接受社会和客户监督。严格业扩报装"三不指定"(不指定工程设计单位,不指定施工队伍,不指定设备材料),开辟业扩报装工程"绿色通道",超前介入、主动服务全市 126 个重点项目和经济园区建设,平均接电时间缩短 8 个工作日。集约服务营销与配电抢修资源,打造"30 分钟抢修服务圈"。全市新增社会化代收网点 2273 个,自助服务终端 35 个,支付宝、网上银行等缴费方式达 20 种。完成全市"一户一表"接收改造 7.9 万户,智能新型电表安装 102.8 万只。推进清洁能源接入和能源替代,积极服务节能减排。全市分布式光伏电源并网发电项目 19 个,累计发电 548.8 万千瓦时,居全省第一位。全市投运风电场 8 座,装机容量达到 75.5 万千瓦,风电日最大发电量达 1173.8 万千瓦时,占当日统调用电量的 12.2%。

【主动履行社会责任】 深入开展"善小 365 活动",建立潍电义工委员会,建全了"潍电义工"组织架构,设置了各县公司分支机构,会员人数由 268 人增加到 1200 余人,活动覆盖面由城区扩大至潍坊全境。2013 年募集爱心资金 30 余万元,组织各类公益活动 360 余次。启动"善小·圆梦"结对助学行动,120 余名公司员工与 191 名贫困学生结成帮扶对子,建立了峡山区城子小学潍电义工助学点,做好跟踪回访,持续关注学生的思想、学习状况,帮助他们健康成长。开办"善小超市"和义卖平台,所得盈余全部用于社会公益活动,形成了公益活动良性循环机制。联合各县公司义工分站,大力开展"美丽彩虹·安全用电"进学校、进社区、进家庭活动,宣讲学校 2610 个、发放宣传画 256 万份。山东电视台、潍坊电视台、《齐鲁晚报》《山东电力报》《潍坊晚报》等媒体对此进行了专题报道。

(邱志伟)

盐及盐化工

【概况】 2013 年,全市生产原盐 1186 万吨,销售 1226 万吨,原盐产销量占全国1/7。生产盐化工产品合计37.5万吨，销售38.2万吨，其中溴素产销8.6万吨，继续保持全国盐及盐化工领先地位。全行业实现销售收入118亿元，其中，原盐销售收入18.9亿元，盐化工产品销售收入85.5亿元，其他产品销售收入13.6亿元。实现工业增加值22.7亿元，完成国税、地税入库11.3亿元，销售收入和两税入库均创历年最高水平。山东大地盐化集团有限公司、山东海王化工股份有限公司、山东潍坊龙威实业有限公司、山东默锐化学有限公司、寿光卫东化工有限公司等5家企业进入潍坊市工业百强企业。山东海王化工股份有限公司、山东昌邑灶户盐化有限公司进入全市2013年度纳税百强企业。潍坊盐业公司获得2013年度全省盐业系统"突出贡献奖"，潍坊市盐务局初评为"潍坊市支持地方发展先进单位"。

【行业管理】　盐业管理部门履行部门职能，积极推进"蓝黄"发展战略实施。退出部分土地，适当减少产能，用于开发区建设。加快转方式、调结构步伐，引导被征地制盐企业进行二次创业，实现转型发展。通过结构调整，加强产业集中度，指导制盐企业提高产品质量，降低生产成本。拓展和拉伸产业链条，发展盐化工，特别是发展溴素深加工。实施科技创新驱动战略，加强产学研联合，推动企业研发中心建设，加大新产品、新技术、新工艺的研发。严格控制溴素产能，强化溴盐联产。加强与国土资源部门的联合监管，实行冬季溴素休产，严防产盐淡季卤水空排。加大对基本盐田保护，开发应用卤水开采远程监管系统，保持卤水合理开采，稳定了原盐产能，实现了盐与盐化工协同发展。积极发展盐外经济，向化工、房地产、金融业、港口运输、物流业、海水养殖、矿业开采等不同领域发展。加大对工业盐运销的过程服务，全市原盐计量服务点实行24小时服务，及时向制盐企业提供产销和市场信息服务，保障了盐业良好的产销秩序。发挥海盐主产区地位、职能和作用，成功举办了"2013山东盐业创新发展论坛"，引领行业创新发展。

【食盐专营】　全年销售食盐9.77万吨，完成省计划的132%。其中，小包装食盐2.89万吨，完成省计划的108.7%。低钠盐、绿色盐、海晶盐等多品种食盐累计完成2.3万吨，占入口食盐比重79.6%。销售其他工业盐10.2万吨。根据食盐批发企业质量管理国家标准要求，结合实际情况，制定全市达标方案，保障投入到位，抓好工作实施，全面提高了食盐批发企业的经营管理和服务水平。积极应对盐业改革，投资建设食盐专营形象店，构建自营连锁主框架，加快食盐专营网络的升级换代，全面提高了对终端市场的掌控能力。积极投身"健康山东"行动，认真贯彻落实《山东省2012年减盐防控高血压项目工作方案》，围绕食品生产企业、餐饮服务单位和家庭厨房三个摄盐的主要领域，落实减盐措施，推动减盐干预向基层和农村延伸，逐步降低加工食品含盐量和居民食盐摄入量。在全市开展以"减盐控制高血压"和"少吃盐、吃好盐"为主题的大型宣传活动，营造科学用盐的社会氛围和健康生活理念。

【盐政执法】　加强盐业行政审批服务大厅和窗口管理，严格规范行政审批，提高审批效率。组织全市盐政执法人员开展了系统性业务培训，全面提高执法队伍能力水平。对盐业行政处罚自由裁量权、执法流程和表单文书进行梳理和确认，将盐政执法案件纳入全市行政执法电子监察系统，自觉接受社会监督。根据盐业市场出现的新问题，及时调查研究，执行有效地执法处置。与青岛市建立了边界盐业市场联合管理机制，并建立了与其他相邻地市的盐政执法信息共享机制。充分利用联合执法平台，组织开展跨区域联合执法行动，整顿和规范边界盐业市场秩序。加强盐业行政执法和公安刑事司法工作的衔接，进一步完善了与公安110联动机制，强化与卫生、工商、质检、食品药品管理等部门的联合执法机制，健全了群防群治的社会举报网络。全年先后开展了盐业市场"百日安全"整治专项行动、夏季源头治理专项行动、市场整治联合行动等多次专项治理行动。全年全市共出动盐政执法人员3.5万余人次，办理各类涉盐违法案件1982起，没收私盐750.3吨，端掉制售私盐窝点4个，联合办案22起，移送司法机关处理案件16起，案件办结率达到100%。

（朱培青　冯怀志）

食品工业

【概况】　2013年，全市规模以上食品企业发展到579家，食品工业增加值同比增长7.97%，实现主营业务收入1568.76亿元，同比增长8.3%，占全市规模以上工业主营业务收入的13.1％。实现利税首次突破百亿元，达到了112.4亿元，同比增长14.4%，占全市工业利税的11.59%。实现利润79.2亿元，同比增长15.0％，占全市工业实现利润11.96%。在重点调度的24种食品产品中，同比增长的15种，占调度产品的62.5%。

食品工业三大产业稳步增长。2013年，全市规模以上农副产品加工业企业425个，完成主营业务收入1222.64亿元，同比增长7.28%；实现利税73.33亿元，同比增长15.01％；实现利润53.45亿元，同比增长14.55%。食品制造业企业111个，完成主营业务收入271.78亿元，同比增长5.12%；实现利税29.84亿元，同比增长20.57%；实现利润21.95亿元，同比增长21.74%。酒、饮料和精制茶制造业43个，主营业务收入74.33亿元，同比增长16.83%；实现利税9.26亿元，同比增长6.31%；实现利润3.85亿元，同比增长5.5%。三大行业主营业务收入分别占全市食品工业主营业务收入的77.94%、17.32%、4.74%。

食品工业投入显著提高。2013 年,全行业共实施技术改造项目 95 项,计划总投资 131.2 亿元,实际当年投资 60.6 亿元,增长 153.1%。其中,山东景芝酒业整体搬迁改造及年产 6 万吨酒糟菌体蛋白饲料、山东渠风 80 万吨/年小麦深加工等投资过亿元项目 26 项,当年投资 20.6 亿元,占全行业全部投资的 33.9%。

【各县市区食品工业发展势态良好】 2013 年,全市各县(市、区)多数食品工业继续保持了较快发展。诸城、青州、安丘、寿光、昌乐、高密 6 个县市食品工业主营业务收入均超过 110 亿元,其中,诸城食品工业实现主营业务收入 531 亿元,首次突破 500 亿元。安丘、诸城、高密、高新区、奎文区、滨海区等 6 个县市区增速均超过 10%,其中,滨海区增速 85.7%,奎文增速 27.7%,安丘增速 21.19%,高新区增速 20.10%,诸城增速 17.33%,高密增速 14.04%。

【龙头企业不断壮大】 龙头企业以其规模大、科技含量高、辐射带动能力强的优势成为全市食品工业发展的中坚力量。截止到 2013 年底,全市食品企业主营业务收入过亿元的企业 301 家,实现主营业务收入 1429.08 亿元、利税 101.16 亿元、利润 71.33 亿元,分别占规模以上食品企业的 91.10%、90.00%、90.06%。过 10 亿元的企业 28 家,实现主营业务收入 725.20 亿元、利税 47.70 亿元、利润 32.68 亿元,分别占规模以上食品企业的 46.23 %、42.43 %、41.25 %。过百亿的 2 家。诸城外贸以主营业务收入 140.25 亿元,继续列行业首位。得利斯集团 107.98 亿元位居第二。有 11 家企业荣获"全国农业产业化龙头企业"称号,73 家企业荣获"山东省农业产业化龙头企业"称号。

【外贸出口平稳增长】 2013 年,全市食品行业克服人民币持续升值、原材料价格大幅上涨、禽流感等各种困难相互叠加的多重压力,食品行业外贸出口再创佳绩。全年完成外贸出口交货值 156.57 亿元,比上年增长 10.69%。其中诸城外贸出口交货值 51.58 亿元,首次突破 50 亿元,占全市的 32.94%。安丘外贸出口交货值 45.26 亿元,占全市的 28.91%。全市食品行业外贸出口额超过 2000 万元的企业 88 家,出口交货值 154.29 亿元,占全部出口交货值的 98.54%。出口额 1 亿元以上企业 38 家,出口交货值 131.35 亿元,占全部出口交货值的 83.89%。

【科技创新能力不断提升】 2013 年,全市食品工业积极转变增长方式,依靠科技进步和技术创新不断提高产品科技含量和附加值,有效地推动了行业转型升级。截至年底,全市食品行业共有国家级企业技术中心 1 家,省级企业技术中心 5 家,市级企业技术中心 11 家,市工业设计中心 4 家。2 家企业获山东省省长质量奖,5 家企业获潍坊市市长质量奖,2 人获潍坊市市长质量奖。 (李向珍)

交通　邮政　通信

交　通

【概况】 2013年，全市交通建设完成投资83.8亿元，其中公路建设完成投资46.6亿元，潍坊港7.01亿元，场站物流园区24亿元，地方铁路5.7亿元，城市公交0.49亿元。潍日高速、潍坊港、潍县路改造等重点交通项目均取得突破，半岛交通枢纽地位进一步强化。超前启动交通规划，《潍坊市城市公共交通发展规划》《潍坊综合交通发展规划》《潍坊市交通物流"十二五"发展规划》《滨海区城市综合交通规划》编制完成并通过专家评审；《潍坊市城市公共交通发展规划》《潍坊综合交通发展规划》经市政府批复实施；潍河、弥河"两河"流域道路交通规划和潍坊交通枢纽规划编制工作正式启动。潍坊市交通运输局被交通运输部评为春运"情满旅途"先进集体，被山东省人民政府评为"全省安全生产工作先进单位"，获山东省交通运输厅全省交通运输系统"安全杯"特殊贡献奖；在全省交通运输工作综合考核中实现三连冠，荣获2013年度潍坊市委、市政府绩效考核先进单位、突出贡献奖。潍坊市道路运输管理处被评为2013年度全国道路运输工作先进单位；"最美司机"宋丰升被评选为"中国好人"和"山东省道德模范"，被山东省总工会授予"山东省富民兴鲁劳动奖章"。

【公路建设】 截至2013年底，全市公路通车总里程达到2.52万公里，居全省前列。国省道26条，通车里程2230公里，其中，高速公路5条427.7公里，普通国道2条286.8公里，省道19条1515.5公里；按技术等级分，高速公路427.7公里，一级公路1076.8公里，二级公路725.5公里，初步形成"一纵四横"高速公路为主骨架辅以"九纵八横"国省道公路网络。农村公路总里程2.3万公里，其中，县道占10.2%，乡道占15.7%，村道占73.4%；全市公路密度达156.3公里/百平方公里。

2013年1月20日，青州至临沭高速公路（青临高速）潍坊段正式竣工通车，标志着长春至深圳高速公路（国家高速公路网编号G25）实现南北贯通。青临高速公路是继京台高速公路（G3）、京沪高速公路（G2）后，山东省又一条新的省际南北大通道。潍坊城市新地标、中心城区首座互通立交桥——开元立交桥（S222省道央赣路与S323省道潍高路互通立交工程），于2013年10月1日竣工通车，工程采用三层全苜蓿叶设计，主线全长2.8公里，匝道全长3.7公里，北海路主线桥长297米/1座，北环路主线桥长985.7米/1座，主线桥设计速度80公里/小时，按照一级公路标准建设，汽车荷载为公路－Ⅰ级，工程经省桥梁检测中心检测，质量等级为优良级，被潍坊市科学技术协会命名为"潍坊市科普教育基地（公路与桥梁建设）"，被潍坊市政府评为潍坊市"十佳市政工程"。潍坊至日照高速公路项目历时十年持续推进，于2013年确定投资主体，滨海连接线段经省发展和改革委员会立项审批并开工建设。青银高速公路北段（滨海连接线段）开工建设。荣乌高速公路潍坊北出口改造项目竣工；进港路（央赣路起点段）路面工程全部完成。潍县路改造工程滨海段除部分路段外主体工程基本完工，工程全长22.7公里，按一级公路标准设计，路面宽24米，全线大桥1座，中桥2座，工程投资2.6亿元，2013年7月开工建设；潍高路北曹埠至毛家埠及王固庄至张家段改建工程（北环路东西延伸线工程），全长10.991公里，按一级公路标准设计，路面宽23.5米，省交通运输厅、省财政厅下达投资计划，建设年限2013年至2014年，计划总投资1.1046亿元，基本完成路基、小桥涵工程；下小路石埠至饮马段改建工程、下小路至峡山生态区公路及胶王路青州五里至淄博界段路面翻修工程、博临路青州庙子路口至石河沟村段大修工程、大沂路郦部至蒋峪段大修工程、下小路西纪庄至小关段中修工程四个养护大中修工程项目全部竣工通车。年初，市委、市政府将"投资12亿元，新建改造农村公路1300公里"列为全市百个重点项目加以推进，全年完成路面工程2870个、2923.6公里，完成投资37.05亿元，超额完成年度工作任务；全市9039个行政村全部实现通油路，通油路率达到100%；全市农村公路建设质量控制较好，合格率100%，优良率75.37%。寿光市、高密市农村公路网化示范试点通过省交通运输厅、省财政厅联合验收,诸城市、青州市、安丘市、昌乐县被批准为第二批"全省村级公路网化示范县"示范单位。坚持建养并重,下小路、央赣路、东青路、胶王路、临仲路、薛馆路、潍胶路7条一级公路中央隔离206公里,于9月底全部完成;8月12日,市政府出台《关于进一步加强全市国省道公路综合整治工作的意见》,实施道路畅通、安全保障、绿化提升、文化公路"四大"工程,提升公路对经济社会发展的支撑保障能力,全市共完成公路综合整治投资11.5亿元,路域绿化美化水平有效提升;高速公路优良路率达100%,普通干线公路优良路率达88.1%。全市农村公路完成养护投资14.36亿元,其中完成大中修工程719.4公里,完成投资10.5亿元;实施挖补、灌缝及整修路肩边沟等小修保养作业,日常养护投入1.85亿元;建设安保工程75条938.3公里,创建文明路段86条724.1公里,完成危桥改造24座1993延米,完成投资2.01亿元;农村公路列养率达到100%,县道、乡道、村道经常性养护率分别达到100%、87%和73%,优良路率分别达到84.3%、82.2%和71.6%。

2013年10月1日,开元立交桥竣工通车(摄影:高大庆)

【铁路建设】 潍坊市域铁路网全长443.78公里,呈"三横一纵"布局,"三横"为胶济铁路(胶州—济南)、胶新铁路(胶州—新沂)、大莱龙铁路(大家洼—莱州—龙口),"一纵"为益羊-青临铁路(羊口—青州—临朐),共5条铁路。路网密度3.7公里/百平方公里,高于全国和山东省平均水平。潍坊市境内铁路道口181处,其中,有人看守道口14处,监护道口85处,无人看守道口82处,无人看守道口占45.3%。铁路专用线21处,其中,青州市南站10处,昌乐站3处,潍坊西站3处,山东世茂国际物流有限公司2处,坊子区煤矿专用线1处,青州西车务段二十里堡车站1处,中国石油化工股份有限公司山东潍坊石油分公司1处。2013年12月,由中铁十局集团有限公司承建的潍坊火车站候车室扩建改造工程竣工,车站客运硬件全面升级,候车面积增加2100平方米,达6100平方米;新建自助售票厅,增设自动售票机、取票机30台。地方铁路建设紧紧抓住国家开展城市群综合交通网规划的有利时机,将潍坊至东营、烟台、莱阳、日照城际铁路和太济青高铁潍坊段列入《山东半岛城市群综合交通网规划》,已报国家发展和改革委员会审查。益羊线寿光段改线工程和寿平线寿光至广饶段工程均开始铺轨,分别完成投资5.1亿元和5.3亿元。

【港航建设】 2013年,全市港航建设投资完成7.0123亿元,完成全年计划的117%。4月3日,潍坊市人民政府、山东高速集团有限公司、国家开发银行山东省分行在潍坊签订《潍坊港建设开发合作协议》,引入山东高速集团投资潍坊港,形成政府主导、多元投资的建港新模式。5月29日,在"2013香港山东周"重点合作项目签约仪式上,市政府与马来西亚森达美集团联合签署《潍坊森达美港建设及扩建项目谅解备忘录》,项目包括2个3万吨级液体化工品泊位、3个3万吨级多用途泊位和3个3万吨级通用泊位。

5月31日,省环境保护厅在济南召开潍坊港中港区3.5万吨级航道环评会议,项目通过行业审查。6月24日,潍坊港中港区5万吨级航道一期(3.5万吨级)工程内航道疏浚正式开工。经省交通运输厅、省发展和改革委员会批复,潍坊港5万吨级航道工程一期(3.5万吨级)工程投资概算为14.62亿元,其中工程费用13亿元。

6月30日,潍坊港中港区2个3万吨级液化品泊位项目辅助工程正式开工。8月8日,潍坊港西港区寿光作业区项目一期两个5000吨级通用泊位投入试运营,标志着西港区正式开港运营。9月,交通运输部将潍坊港航道工程列为"十二五"中期规划调增项目。10月14日,潍坊市政府出台山东省首个扶持港口集装箱运输业发展文件《支持潍坊港集装箱运输业发展的若干政策》,推进潍坊港集装箱运输业发展。11月26日,潍坊港西港区5000吨级航道工程可行性研究报告通过行业审查。11月27日,潍坊港中港区西作业区24#、25#液化品泊位工程安全条件审查通过专家评审。12月5日,省交通运输厅在济南组织召开潍坊港中港区局部规划方案调整报告专家审查会议,对中港区环抱端部2132米"L"型岸线进行局部调整,布置2个多用途、3个客货滚装和4个通用泊位,多用途和通用泊位码头结构按5万吨级设计建设。同日,省环境保护厅批复潍坊港中港区2个3万吨级液化品泊位工程环境影响评价报告书,交通运输部批复工程深水岸线。12月10日,2个5万吨级液化品码头引堤工程开工建设,标志着潍坊港5万吨级码头建设拉开序幕。12月17日,交通运输部安排潍坊港航道工程建设专项补助资金3.8980亿元,支持推动潍坊港转型升级,这是潍坊港开埠以来首次获得国家资金补助。12月27日,潍坊港中港区3个1万吨级码头实现对外开放。

【民航建设】 2013年,京沪航线受高铁、动车冲击,乘坐率和客运量大幅下滑,潍坊民用航空管理局与海南航空股份有限公司签订《合作补充协议》,维持京沪航线正常运营,适时推出北京航班"1元"机票、购票抽奖等优惠政策和促销措施,维持京沪航线稳定。加强对广州、重庆、大连航班的销售管控,保持航线乘坐率，运营收益不断提高。10 月，海南航空股份有限公司更换 163 座 B737－800 机型替代原 E190 机型执飞京沪航线；华夏航空有限公司更换 84 座 CRJ900 机型替代原 CRJ200 执飞重庆、大连航线，航线运力水平得到有效提升，初步具备旅游组团能力和市场运作空间。推动与顺丰速运（集团）有限公司深度合作，顺丰泉州航线于 8 月份恢复航线运营。开通季节性旅游航班，中国南方航空股份有限公司用 A320 机型执飞潍坊＝沈阳季节性旅游航班。在山东省经济和信息化委员会支持下，潍坊市综合运输调度处积极协调推进潍坊低空飞行试点。11 月 19 日，荷兰航空飞行学院院长安娜到潍坊实地考察昌邑职教中心新建校区，与潍坊市元汇投资有限公司就建设“山东潍坊低空飞行基地”达成合作意向书，双方合作成功将给潍坊市通用航空飞行建设事业带来实质性突破。潍坊机场启动基础设施改造工作，对机场盲降、PBN、CDFA、顺闪、内话系统、助航灯光、离港系统、跑道视程和观测设施、全向信标等基础设施和设备进行改造前期设计工作。

【综合运输】 2013 年，全市公路运输完成客运量 2.35 亿人次、旅客周转量 114.46 亿人公里；货运量 2.46 亿吨、货物周转量 3787.4 亿吨公里，公路客货运输量和周转量增幅均高于全省平均水平。道路运输结构进一步优化，全市新增业户 445 家，货运车辆 8500 辆，更新客车 114 辆，新增和更新出租车 605 辆，客货运输能力不断提升。潍坊火车站日发送旅客达 18000 人次，高峰突破 30000 人次，单日高峰客流量达 70000 人次，全年完成旅客发送量 1912.18 万人次，除暑运比青岛火车站客流量稍低外，全年其他时段客流量均超过青岛，在全省仅次于济南火车站。7 月 1 日、12 月 28 日，中国铁路总公司实施新列车运行图（以下简称调图）。7 月 1 日调图，增加 2 列停潍列车，4 列经潍坊动车提升等级为高铁，经潍坊动车、高铁达 57 列，经潍坊旅客列车总数量达 115 列。12 月 28 日调图，新增停潍坊动车组 5 列，途经潍坊站旅客列车增加至 128 列。全年国家铁路完成货运量 2362 万吨；地方铁路青临铁路完成货运量 123.3 万吨，益羊铁路完成货运量 1850.6 万吨，大莱龙铁路完成货运量 34 万吨。潍坊港连续开通至烟台、大连、京唐、盘锦和营口 5 条集装箱航线，为黄三角地区目前唯一运营集装箱业务的港口，集装箱业务突破 60524 标准箱，完成全年计划 201.75%；潍坊港完成货物吞吐量 2331.92 万吨（其中外贸累计完成 55.6 万吨），较上年增长 14.79%。水路运输货运量、货物周转量累计完成 1366.6 万吨、105 亿吨公里，分别比上年上升 8%、5%。全市航运企业加快运力结构调整，水路运输企业达 55 家（全部为民营企业），内贸运输船舶 108 艘，运力总规模达到 91.4 万载重吨（水上单船运力最大达到 3.7 万载重吨）。旅游船业务得到长足发展，市内旅游运输企业 6 家，旅游船舶 28 艘 451 客位。潍坊机场完成旅客吞吐量 13.4 万人次，其中，潍坊＝沈阳季节性旅游航班，运营 14 班，承运旅客 3487 人次；机场完成货邮运量 1.7 万吨。

【公共交通】 新编《潍坊市城市公共交通发展规划（2012～2020）》于 2013 年 1 月通过专家评审。积极落实公交汽电车辆免征车辆购置税政策，2013 年全市共减免 470 辆公交车车购税 1290 万元，争取新能源公交车补贴 6580 万元。城乡公交一体化稳步推进，寿光市基本实现城乡客运公交化改造；诸城市通过全省第一批县域城乡客运公交化改革试点验收。潍坊火车站公交专用通道投入使用，开通潍坊火车站至潍坊汽车总站直通摆渡车，公路客运、铁路客运和公交客运实现“零距离”对接换乘。突出滨海优先发展战略，开通滨海区内公交线路 4 条，区内公交线路达到 9 条，区内公交线网布局初步形成。8 月 2 日，潍坊市区首批 20 辆新能源空调公交车上线运营，结束无空调公交车历史，年内市区新能源空调公交车达到 40 辆，空调车线路达到 3 条。结合寒亭区公交枢纽站启用，开通区内线路环 41 路，并对 4 路、5 路、58 路公交线走向进行优化调整。2013 年，潍坊市公共交通总公司（简称市公交公司）新开设公交线路 7 条，优化调整老线路 12 条，购置节能环保公交车 101 辆，淘汰黄标车 124 辆，超额完成年初市委、市政府确定的民生实事任务。截至 2013 年底，全市城市公交运营车辆 2627 辆，其中市公交公司运营车辆 1134 辆；公交车运营线路条数 254 条，运营线路总长度 5788.4 公里，其中市公交公司运营线路 79 条，运营线路总长度 1509.5 公里；完成客运量 25431 万人次，其中市公交公司完成 13712.7 万人次，公共交通事业实现稳步健康发展。

【站场物流】 以陆海联运突破现代物流发展和节能减排，开展鲁辽陆海货滚甩挂运输大通道项目前期工作。鲁辽大通道项目以潍坊港和营口港为衔接基地，利用渤海湾水运资源打造全国第一条货滚多式联运通道，贯通华东—东北地区、辐射华北华南，有望成为全国交通运输领域节能减排最大单体项目。

潍坊鲁东交通物流园一期工程完成（净用地 11.7933 万平方米）土地征用工作。中国北方物流园区总占地 37.4466 万平方米，计划投资 1.5 亿元，于 2013 年 12 月通过交通运输部专家组初审，项目以国道 206 为界，分南北两区，南区站场面积 17.3333 万平方米，于 2013 年 3 月开工建设；北区站场面积 20.1333 万平方米。

山东高速集团有限公司与潍坊交通资产经营有限公司合资成立山东高速交通物流投资有限公司，加快滨海物流园建设。加强与顺丰速运（集团）有限公司深度合作，潍坊机场顺丰分拨中心二期项目有序推进，顺丰速运拟投资 2.4 亿元在潍坊机场建设顺丰电商产业园。与上海圆通蛟龙投资发展（集团）有限公司达成初步合作意向。以潍坊港西港区启用为契机，加快临港物流发展，寿光京博液体化工品储运、烟台豪景临港物流、山东冀东胜潍建材物流、淄博依航润滑油存储4个大型物流项目落户,投资额达10亿元。截至2013年底,长富物流、晟绮国际物流等17家潍坊物流企业跨入A级物流企业行列,其中,AAAA级物流企业5家,AA级物流企业10家;潍柴集约配送、海王银河医药等5家企业被列入山东省重点物流企业。9月12日,交通运输部审批的国家公路枢纽工程—潍坊汽车北站正式启用,总投资1.42亿元,占地2.1333万平方米,总建筑面积3.959万平方米,按国家一级汽车站标准设计,集客运、物流、仓储、货物配送于一体。

公交站场建设实现新突破。寒亭区公交枢纽站占地7133平方米,于12月8日启用;玄武街公交场站,占地20000平方米,已完成相关手续并开工建设,预计2014年投入使用;潍城经济开发区公交场站将于2014年上半年开工建设,2015年投入使用;公交王谭枢纽站扩建规划调整方案及城区东部公交总站规划方案效果图正在审批之中,银通街公交综合场站、大学城公交综合场站的土地手续办理工作也取得有效进展;市公交总公司与港华燃气有限公司合作建设LNG加气站,已完成环评、规划、设计工作,2014年建成运行。

【智慧交通】 潍坊市交通运输应急指挥中心主体完成,开始"智慧交通"一期工程建设,已完成市直交通运输系统视频互联互通及传输网络测试。安丘市交通运输智能监控管理系统启用,实现对境内120辆公交车、292辆出租车、282辆客车、105辆危险品运输车、公共自行车和汽车站的全方位动态监管,全面提高营运车辆管理效率。昌邑市智慧交通综合控制中心正式启用。

稳步推进潍坊市民卡"潍坊通"工程。承担并完成交通运输部全国出租汽车服务管理信息系统试点建设,开通2212345电召服务,制定《出租汽车电召服务管理规定》,基本实现出租车预约、线路查询、定位监控、电召调度、动态监管、城市交通综合监管等功能,树立全省出租车信息化管理样板。

完成"重点运输过程监控管理服务示范系统工程"试点工作。7082辆重载普货车辆安装北斗终端,并与省厅平台联网,超额完成部省6000台北斗终端试点任务。教练车计时管理系统与公安交通管理综合应用"六合一"平台(机动车登记系统、驾驶证管理系统、交通违法处理系统、交通事故处理系统、交警队信息平台、剧毒品公路运输管理系统)无缝连接,驾驶人培训管理实现信息化、制度化、规范化管理。

【节能减排】 2013年,全市交通运输系统不断加大节能减排技术创新与研发力度,潍坊市公路管理局《利用工业废碱渣铺筑道路路基及底基层的研究》项目列入省交通运输厅2013年科技创新项目补助计划,潍坊交运汽车运输有限公司《天然气车辆在道路运输中的应用》获交通运输部节能减排专项资金补助30万元。发挥现有货运站场功能,对过于分散、弱小、无序从事货运的业户一律进站经营,提升物流业的集约化和组织化水平,形成以南方物流园、万方物流园、西北物流园等集运输、仓储、配载、搬运装卸为一体的辐射能力强的城区货运交易市场。强化交通工程节能减排工作,2013年全市国省道公路改建工程和养护大修工程老路利用率达100%;公路改建工程、养护大中修工程临时占地复垦率均达100%。高速公路建设不停车收费系统(ETC),在荣乌、青莱2条高速公路建设8条不停车收费车道,全市范围内实现ETC业务全覆盖,共办理鲁通卡11148张,安装电子标签(OBU)6977部,位居全省前列。积极调整运输结构、鼓励使用清洁能源车辆,营运货车单位运输周转量能耗下降9.31%(比2005年),超额完成省交通运输厅、市政府下达的节能减排目标任务。全市新增LNG货车107辆,班线客车23辆,新增LNG公交车33辆、CNG公交车113辆;潍坊中心城区2203辆出租车全部改装"双燃料",改装率达100%,全潍坊地区出租车油改气率100%。全市港航营业性船舶单位运输周转量能耗(千克/千吨海里)比2005年下降14.6%。2005年港口生产单位吞吐量综合能耗为3.46吨标煤/万吨吞吐量,2013年港口生产单位吞吐量综合能耗为3.2吨标煤/万吨吞吐量。港口生产单位吞吐量综合能耗下降7.4%(相比2005年)。超额完成节能减排任务。

【工程质监】 2013年初,全市交通质量监督工作监督重点工程及国省道项目24个,其中,重点工程项目潍坊市北海路与北环路开元互通立交桥工程,完成交工验收,完成投资2.54亿元;在建项目潍县路改造工程滨海及寒亭段22.3公里。国省道竣工项目2个94.95公里,交工验收项目3个54.56公里,在建项目1个11.99公里;安保工程增设中央护栏项目7个,完成投资0.95亿元;大中修工程项目4个,完成投资2.74亿元;危桥改造工程项目10个,完成投资0.12亿元。竣工项目优良率100%,交工验收项目合格率100%。监督鉴定农村公路项目198个,599.4公里,验收合格率100%,优良率75.37%。国省道路网改建工程及市重点工程建设质量较往年有明显提高,全年无质量和安全生产监督责任事故。深化试验检测工作监管,先后对参与国省道路网改建及重要农村公路工程施工和监理的2家工地试验室进行检查考核,全部合格并取得工地试验室合格证。加强对试验检测机构的监督,帮助7家试验室顺利完成换证工作,协助1家试验室通过丙级资质验收,全市有资质试验室达21家。其中,丙级试验室16家、乙级试验室5家,试验检测水平处于全省前列。2013年,全市交通质监工作实现年初确定的"农村公路建设项目监督覆盖率100%、当年完工建设项目一次验收合格率100%、优良品率75%以上,国省道路网改建工程和市交通重点工程当年交工验收项目优良品率达到95%以上"的目标。

【行业管理】 2013年,开展第五轮行政审批事项清理,经过审查论证和协调,共取消4项,调整7项,清理后保留市级交通运输行政审批事项16项。依据法律法规重新梳理明确市县两级审批职责权限，将区级普通货物运输经营许可及道路运输证办理业务全部下放，把公共交通客运经营、出租客运经营管理权限完全下放到县(市)。按照“特区特管、先行先试”的原则，将法律法规允许委托管理、符合经济功能区定位要求、有利于提高审批效率的市级审批事项，最大限度的向省级以上开发区下放，将县道建设项目的施工及竣工验收、增设公路平交道口、非公路标志设置、涉路工程施工、公路林木采伐、超限运输、危险货物运输经营、公共交通客运经营、道路客运经营、出租客运经营等10个市级许可事项下放到潍坊滨海经济技术开发区和潍坊高新技术产业开发区。将清理后保留的审批事项和年检事项全部纳入市公共行政审批中心，统一录入市级审批系统，一个窗口办理，严禁体外循环。深入开展治超工作，始终保持路面执法的高压态势，严查超限、非法改装、无证运营等行为，加强危化品违法运输行为的检查力度。2013年全市交通运输监察机构共查处违法行为35109件次，其中，超限11407件次，卸货72417吨。加强路政、运政执法，开展火车站周边客运市场秩序综合整治，着力规范出租车运营秩序，严厉打击各类违法违章行为。开展出租汽车企业和出租车驾驶员服务质量信誉考核，3家出租企业被省交通运输厅道路运输局评为AAA级企业，其余35家出租企业被评为AA级企业。对全市县际以上道路客运班车、客运包车进行年度审验，全市共审验营业性汽车9万余台。严格执行绿色通道和重点物资运输规定，圆满完成重要节假日运输保障和小型客车免费通行工作。认真贯彻落实《关于理顺市级国有资产监督管理体制的意见》文件精神，积极稳妥地推进市级交通运输系统国有企业划转移交工作，完成潍坊路桥开发有限公司、潍坊恒宇交通发展有限责任公司、潍坊港有限责任公司、潍坊市公共交通总公司的划转移交工作。加强安全生产监管，严格落实责任，强化应急演练，开展隐患排查治理，全市交通运输安全生产形势持续平稳。

【行业文明】　积极参与文明城市创建，组织全市交通运输系统干部职工和客运、出租从业人员5000余人参加创城知识和职业道德教育。对全市400余处公交候车亭统一安装公益广告和遵德守礼提示牌，市区出租车、城市公交车、潍坊汽车总站、潍坊客运总站、潍坊机场电子显示屏滚动播放创城公益公告。开展学雷锋志愿服务活动，全市交通运输系统内文明单位和行政事业单位全部成立志愿服务队，交通系统志愿者比例达到40%以上，各文明单位和局属事业单位志愿者比例达到60%以上。交通运输系统市级以上文明单位均建立起道德讲堂，共建立道德讲堂35个。联合市文明办出台《潍坊市文明出租车管理办法》。积极开展文明行业和文明单位创建活动，潍坊市交通运输监察支队、潍城区交通运输局和安丘市交通运输局创建为“省级文明单位”。潍坊交运汽车运输有限公司、潍坊联运有限责任公司被评为潍坊优秀企业，潍坊市公共交通总公司被评为“潍坊文明诚信窗口”。结合“讲文明树新风”活动，搭建典型培树平台，在全市交通运输系统开展道德模范评选、潍坊好人推荐和“潍坊最美”系列人物评选活动，推荐上报道德模范30多人次，其中，出租车司机朱希升被评为“全国优秀交通志愿者”；潍坊“最美司机”宋丰升被评选为中国好人和山东省道德模范，被山东省总工会授予“山东省富民兴鲁劳动奖章”。组建交通慈善工作站，对全交通系统困难党员及时进行走访慰问，累计发放救助款5.1万元。积极开展“慈心一日捐”“金秋助学”等活动，共救助特困职工(家庭)220人(户)，患大病职工(家庭)18人(户)，慰问困难劳模15人次，职工遗属3人，总计发放救济款物达17.35万元。积极做好“包村联户”工作，与临朐县五井镇花园河村建立联合党支部，结合村庄发展实际，优先解决“行路难”问题，对村内56条街道进行全面硬化，2014年全部完成。新修道路总长2658米，宽8米，沥青路面，完成投资100多万元，具备通车条件的道路800米。

（杜　峻）

邮　　政

【概况】　潍坊市邮政管理局于2012年10月25日由国务院办公厅批准成立，编制为12人，下设办公室、普遍服务科、市场监管科三个科室，实行“中央和地方双重管理、以中央为主”的管理体制，邮政业务、机构编制、干部、财务等以上级邮政管理部门管理为主，主要负责人兼任同级交通运输部门副职领导。县(区)一级尚未设置邮政监管机构。潍坊市邮政管理局主要职责为：贯彻执行国家邮政法律法规、方针政策和邮政服务标准，研究拟订本地区邮政发展规划，监督管理本地区邮政市场以及邮政普遍服务和机要通信等特殊服务的实施，负责行业安全生产监管、统计等工作，保障邮政通信与信息安全，承办上级邮政管理部门和地方人民政府交办的其他事项。

【普遍服务管理】　持续推进邮政基础设施建设，实现乡镇邮政局(所)全覆盖。积极推进全市农村地区邮政普遍服务及邮政机要通信基础设施建设项目行业审查，会同市发展改革委协调解决邮政企业项目建设中遇到的困难和问题。深入开展邮政设施普查活动，圆满完成全市260个普遍服务网点实地核查工作，进一步修正、完善邮政普遍服务监督管理数据信息。市政府印发《关于加快邮政便民服务站(村邮站)建设的通知》，充分发挥邮政服务网络资源优势，搭建便民服务平台，为城乡居民提供多元化、综合性便民服务平台。指导邮政企业开展“机要通信服务承诺深化年”活动，确保机要通信工作保密安全规范化、作业流程标准化、现场管理科学化。

【快递行业监管】　深入开展调查摸底活动，全面、准确了解快递企业经营状况,建立完善快递企业基本信息台账。积极协助省局开展快递企业审批核查工作,现场核查新申请设立、变更注册等快递企业21家,切实强化快递企业批前管理。针对“双11”“双12”快递业务高峰,提早动员部署,深入企业现场巡查,积极抓好行业运行监测,着力保障企业生产安全,实现了“全网运行不瘫痪、重要节点不爆仓”目标。

【发展环境优化】 积极协调市交通运输、公安等部门,研究推进快递三轮车统一标识工作,确保快递三轮车城区正常通行。深入贯彻落实省政府和省邮政管理局有关文件精神,着力解决邮件和快(运)递车辆通行难、停靠难问题,切实落实邮政业发展扶持政策。协调规划、住房和城乡建设等部门,探索推进新建城镇居民住宅信报箱设置和已建居民住宅楼信报箱补建工作,申请入驻公共行政服务中心、参与专项竣工验收,有效解决群众“通邮难”问题,打通“最后一公里”投递。

【行业协会建设】 指导山东省邮政速递物流有限公司潍坊分公司、顺丰速运(集团)有限公司潍坊分公司、潍坊申通有限公司和潍坊中通快递有限公司开展协会成立筹备工作,2013年8月2日成功召开快递行业协会成立大会,审议通过相关文件,选举产生协会领导机构,圆满完成协会成立各项工作,全市快递行业协会共吸纳会员单位60家。督促协会强化自身建设,充分发挥桥梁纽带作用,进一步优化快递行业发展环境。(刘茂震)

口　岸

【概况】 2013年,潍坊港口岸全年累计完成外贸吞吐量58万吨,出入境船舶276艘次,同比分别增长20%、31%。有3个万吨级泊位扩大开放,潍坊港查验配套设施建设加快推进,为潍坊口岸发展提供了有力支撑。市口岸办继续开展联合办公一站式通关服务,进一步完善口岸管理机制和通关模式,荣获“山东省文明口岸”和潍坊市“市级文明单位”荣誉称号。积极做好包村联户工作,为帮扶的峡山区峡山街办早立村投入帮扶资金12.1万元,帮扶物品折算2.6万元,走访慰问群众96户,党员17户。先后帮助村里解决了道路绿化、路灯安装、村民体检、银铃安康保险、办公设备、“天网”工程、健身器材和承包地调整等具体问题,赢得了帮扶村民高度评价。

【口岸建设】 开发建设了较为先进的潍坊港口岸综合业务网络平台。邀请山大鲁能、富通科技等8家信息工程公司参与方案设计,总投资约700万元。该项目于9月中旬开工建设,12月下旬基本竣工。该平台按照一体化设计、一体化建设、一体化管理总体建设思路,整合集成了监控网、互联网及各查验单位专门业务网、视频会议和智能指挥调度系统、数据存储等功能模块,实现了码头现场全天候、无缝隙、全覆盖监控和口岸业务数据资源共享。完全能够满足万吨级泊位及下步的2万吨、3万吨开放监管需求,标志着潍坊市口岸通关信息化水平迈上一个新的台阶。

规划建成了软硬件设施先进的通关服务中心查验配套服务楼。该楼已竣工并投入使用。根据配套服务楼功能设计要求,通过政府招标采购了厨房用品、生活家具、办公电器等相关设备,为海关、边防、海事、检验检疫等各查验部门驻港机构提供了较为完善的办公、餐饮、住宿等后勤服务条件。同时,港务、航务、商贸、物流、金融以及中介代理等众多企业也可根据需要进驻办公。

积极完善外贸货物集中查验区建设。外贸货物集中监管货场作为潍坊港通关中心的重要配套设施,被列入市财政基本投资计划,工程预算1600万元。2013年11月上旬完成施工和监理单位招标。集中查验监管区具备了查验、检验检疫、计重、留置储存等功能,货物监管实行全封闭管理。建成后将大幅提升港口进口货物周转能力,进一步增强和完善潍坊港口岸综合功能。

潍坊港　　　　(摄影:尹婷婷)

【口岸开放】 潍坊港3个万吨级泊位扩大开放顺利通过验收。2013年2月,潍坊港(中港区)3×10000吨级泊位列入全省2013年口岸扩大开放计划。市政府口岸办按照市委、市政府工作要求,研究制定了潍坊港万吨级泊位对外开放一揽子建设规划方案;先后建设完成了潍坊港码头前沿、通关服务中心内各项港口基础与口岸查验配套设施;设计搭建了口岸综合业务监控及网络平台;解决落实了查验单位专业设备、交通工具和外勤补助等实际问题,为扩大开放各项基础及配套设施建设奠定了基础,基本具备了开放条件。12月27日,在对市级预验收存在问题完善整改的基础上,省政府组织济南海关、省公安边防总队、山东出入境检验检疫局、山东海事局来潍进行验收并一次性通过。

协调解决潍坊港扩大开放查验配套建设资金。根据《潍坊港通关中心配套设施和综合业务网络建设方案》确定的建设内容,初步核定了工程概算。潍坊港口岸监管查验货场、万吨级开放泊位口岸电子信息系统等查验设施已经列入全市投资计划，总计金额 2026 万元。其中，2013 年拨付 1000 万元，其余部分 2014 年拨付完毕，为相关口岸查验配套设施建设提供了资金保障。

稳步推进航空口岸开放。12 月中旬，根据市政府主要领导意见，先后对临沂、盐城、秦皇岛和南通等与潍坊相近机场进行了调研，起草形成了《关于潍坊机场航空口岸对外开放情况的调研报告》，并上报市政府。

【口岸管理】 坚持开展“联合办公一站式服务”。将联合办公一站式服务常态化，不断改善服务水平，提升服务质量。深入推进口岸工作调研。围绕建设北方进口水果物流中心、加强口岸查验设施标准化研究、潍坊机场开放等课题展开了调研。对市内、市外部分水果集散市场及进出口岸情况进行调研，起草形成了《关于在潍坊市着力打造江北进口水果物流中心的建议》，市政府《政策与研究》第 8 期全文刊发，该建议得到市分管领导的充分肯定，明确表示将结合中国食品谷一并推进。提报的《关于加强潍坊港口岸外贸发展的思考》列入 2013 年度全市政府系统专项调研课题。

深入开展口岸文明共建活动。通过实行口岸通关查验联席会议制度、设计并使用统一的潍坊口岸标等措施，密切了政府与查验单位间的工作联系，形成了工作合力。开展“口岸大讲堂”“乒乓球比赛”和外出考察等多种方式的文明共建活动，进一步拉近了口岸查验单位与港口、外贸代理企业间的距离，口岸通关查验服务质量明显提高。全心全意为港口及外贸代理企业服务。积极为其解决生产经营、外贸船舶进出港、通关报验等过程中的实际问题。在 2012—2013 年度全省第十二次共建文明口岸创评活动中，潍坊口岸荣获“山东省文明口岸”荣誉称号，这是潍坊港口岸首次获此殊荣，市口岸办被市文明委授予“市级文明单位”称号。　（尹婷婷）

中国移动山东潍坊分公司

【概况】 中国移动通信集团山东有限公司潍坊分公司成立于 1999 年 7 月，下设 13 个分公司，员工 2100 余人。截至 2013 年，潍坊移动客户总数超过 700 万，在潍坊通信市场中发挥着主导作用。公司曾荣获“全国文明单位”“全国信息产业系统先进集体”“全国模范职工之家”“全国诚信维权单位”“全国通信行业用户满意单位”“省级消费者满意单位”“中国移动创先争优先进基层党组织”“潍坊市企业文化建设十大品牌企业”等称号。

【无线城市建设】 积极实施“以信息化带动工业化，以工业化促进信息化”战略，相继为政府、金融、电力、公安、物流等行业提供了信息化整体应用解决方案，通过无纸化办公，打造高效的政企办公系统，促进“数字潍坊”的全面建设。潍坊移动打造了移动“无线城市”生活圈，通过手机登陆无线城市随时进行水电燃、社保、爱车等全方位的信息查询，方便民众生活。不断建设完善的 WLAN 无线网络平台，累计覆盖居民楼宇 1.5 万栋，建设或正在建设农村 WLAN 热点 9000 余处，使广大市民可以随时随地享受无线高速网络。积极推进物联网技术在农业的应用，贴近农民实际需求，将移动信息化深入到农业生产、流通、销售等环节，农业生产远程监测与无线视频远程诊断系统、寿光蔬菜大棚管家、二维码蔬菜食品安全溯源系统、“农信通”等信息化项目的应用，将物联网和二维码技术应用到农村信息化项目中，为“三农”插上了“信息化”的翅膀，促进了新农村建设。

【自身建设】 全面推行精细化管理，在企业内部深入开展“雷锋式班组”“树典立标”“创先争优”“职能部室管理提升”“员工关爱”等活动，打造高效和谐、正德厚生、臻于至善的企业文化。高度重视“职代会”的重要作用，不断完善企务公开、民主管理的各项机制，坚持职工代表大会制度，设立总经理电子信箱，实行基层单位每月评议机关部门制度，接受职工群众监督、评价。建立公司领导与职工代表定期见面会制度，让广大职工齐心合力为企业改革、发展献计出力。

【加大通信网络建设力度】 近年来，公司每年都投入近 10 亿元用于移动通信网络的扩容建设，全市实现了移动电话“村村通”，网络覆盖率达到了 99.9%。为潍坊人大政协“两会”、潍坊风筝会、鲁台会、寿光菜博会、昌邑绿博会等潍坊当地重大活动提供优质通信保障。不断推动第四代移动通信技术“4G”网络建设。潍坊移动 TD－LTE 一期工程于 2013 年 11 月启动，投资 2.7 亿元，规划 2200 余处站点，可实现潍坊主城区、一般城区及县城城区的连续覆盖，重要乡镇热点建设示范覆盖，胶济线高铁潍坊段的专线覆盖。公司还将同步推出高速下载、在线影音、手机冲浪、即摄即传等 4G 特色业务，同时也将使 4G 业务深入应用到市政管理、商务办公、居民休闲、交通运输等行业，如移动云、高清视频会议、健康诊断和远程治疗、安全监控等，让更多的人共享信息通信技术的发展成果。　（张帅）

中国联通潍坊分公司

【概况】 2013 年，潍坊市联通公司累计完成主营业务收入 17.91 亿元，比上年增长 10.03%；实现利润（合并口径）4.01 亿元，完成 EBITDA9.06 亿元。收入结构发生明显变化，移动业务收入占比达到 48.74%。

【网络能力明显提升】 新增移网基站 651 个，新增载频 680 个、宽带用户端口 24 万个。WCDMA 网络新建基站 172 个，扩容基站217个,达到1901个,全网基站开通HSPA+,覆盖率明显提升。全市出口带宽新增40G,达到380G;宽带接入端口新增26.3万个,达到172万个。光缆传输网已经覆盖全市所有市县区、乡镇以及全部行政村,本地光缆总长达到77.91万芯长公里,实现了"村村通宽带"。2G/3G网络各主要无线指标排名均居全省前列。3G网络覆盖全市所有县以上城区和多数乡镇驻地,全年净增3G用户36.16万户,位居全省第3位。2G业务发挥融合优势,有效改善用户结构,实现了规模的快速扩张,用户净增绝对值位居全省第4位。移动业务净增市场份额为79.82%,位居全省第4位。宽带业务发展从基础管理抓起,深入推进无条件受理,加大改造提速力度,宽带竞争能力有效提升。加大固网保有力度,固网业务收入趋势保持平稳。稳步推进电话实名制工作,有效降低用户消费风险。实施客户全生命周期维系,3G和宽带存量保有率分别达到64.8%和87.9%。

【行业信息化应用深入推广】 实现了重点行业和重点区域的规模突破,拉动整体转网项目达587个,带动发展3G用户8.1万户,2G用户2.3万户,完成年度预算的100.57%,位居全省第2位。

【营销渠道体系进一步优化】 自有渠道深入推进营业厅销售模式转型,推广走动式营销,落实名单制营业厅竞聘上岗和店员认证机制,实施"挑战21天"提升活动,营业员发展量较活动前提升了103%。社会渠道网格化营销体系初步建立,全业务代理权限逐步放开,有效社会渠道达到4606家。稳步开展农村营销模式转型,打破以"支局"为核算单位的管理模式,落实专业线穿透管理,重点乡镇驻地核心渠道建成199家,较转型前增长275%,全市村级服务站达到3264家,较转型前增长54.03%。校园营销网络不断完善,3G校园渗透率从16%提升至28%。网络营销渠道累计新发展3G用户3.52万户,绝对量位居全省第1位;电子渠道交易额达到4.3亿元,同比增长74.18%,位居全省第4位。3G用户手机营业厅渗透率达到34.3%,位居全省第3位。

【客户服务水平显著提高】 通过"抓好源头治理,落实过程管控",努力将服务工作做细做实,各项服务指标有明显提升。落实大服务机制,将责任投诉与职能部门横向关联考核,服务问题解决关口移至专业部门。建立服务支撑平台,促使内部服务在阳光下运行,服务问题解决率提高了26%。建立了微博服务体系,微博口碑赞扬量位居全省第5位。开展服务短板专项提升活动,分专业线落实,上下结合条块管理,服务绩效综合成绩位居全省第6位。装维质量进一步提升,装机和修机历时分别压缩37%和17%。在市区全面推行"10016"宽带固话在线办理,"9600169"宽带故障过滤率位居全省第3位。

【运营管理效益全面改善】 进一步深化财务转型,优化成本结构和资源管控模式,落实专业预算管理责任,强化重点成本分析,逐步实现财务业务一体化。严控劳动用工总量,人均劳动生产率同比提升52.6%。全面质量管理工作取得突破,注册成立了30个QC小组,其中"云动力QC小组"荣获全省优秀QC小组荣誉称号。加大房产盘活力度,完成合同收入1513.43万元。集中采购和公开招标力度不断加大,内部商城应用再上新台阶,全年交易额达到1266.5万元。

【队伍管理持续优化】 全市共优化调整干部27人(正职12人,副职15人),择优提拔7人,因年龄原因改任非领导职务人员6人。开展领导人员下基层活动,全面提高服务、管理和支撑水平。优化薪酬分配机制,突出业绩导向,人工成本持续向一线倾斜,实行二次考核分配,实现了身份、职级"双打破",合同制人员和外包人员人均薪酬同比分别增长9.95%和36.23%。全市共调整了953名合同制员工岗位工资薪档,占合同制人员的45.6%,形成了职级和薪档常态化调整机制。建立了全市统一的营销人员绩效考核体系,强化对各营销单元的专业化和扁平化管理。年内,公司继续保持"省级文明单位"荣誉称号,公司党委被授予"先进基层党组织";1个单位荣获"中国联通先进集体"荣誉称号,3人荣获省公司"技术能手"荣誉称号,4人被授予山东联通劳动模范,2人被授予潍坊市劳动模范。 (徐娜)

无线电管理

【概况】 2013年,市无线电管理办公室紧紧围绕"管好频率、管好台站、管好秩序、保障安全"的中心任务,着力推进无线电频率台站管理、无线电安全保障、无线电行政执法及市长公开电话办理工作,圆满完成全年的目标任务。被省无线电管理办公室表彰为全省无线电管理工作优秀等次单位,被市委、市政府授予"文明单位"称号,被市经信委表彰为"全市经济和信息化工作先进集体"。

【无线电频率台站管理】 根据《工业和信息化部关于开展全国无线电台站规范化管理专项活动的通知》和《山东省无线电管理委员会关于开展全省无线电台站规范化管理专项活动的通知》要求,扎实开展无线电台站规范化管理工作,较好地完成了任务。积极开展无线电频率台站审批工作。全年共受理各类无线电行政审批事项109件,指配频率79个,办理各类备案事项39件,新发电台执照1000余个。

【无线电安全保障任务】 认真搞好重大任务的无线电安全保障工作。圆满完成了第30届潍坊国际风筝会、第14届中国(寿光)蔬菜科技博览会、潍坊市“两会”等5项重大活动期间的无线电安全保障任务;高标准完成了济南军区在潍北靶场进行综合军事演习期间及北海舰队演习期间的无线电频率管制工作。积极参与考试监测巡查,遏制利用无线电技术进行作弊的行为。参加研究生入学考试、高考、司法考试、公务员录取考试等各类考试保障13次,会同考试主管部门及公安部门查处作弊案件1起,压制作弊信号15起。

【无线电行政执法活动】 集中开展违法使用无线电对讲机的专项检查活动。开展对450－470MHZ频段设台单位的专项整治工作,依法取缔了该频段内非法设台单位7家,引导该频段内3家有合法设台手续的单位进行了改频;开展对奎文区、高新区等服务行业使用对讲机的专项检查工作,查处违法设置使用对讲机的单位16家,违法使用对讲机100余部。扎实开展“伪基站”专项清理整治活动。结合落实省电信管理局、省无线电管理办公室、省公安厅联合下发《关于开展严厉打击利用假冒通信基站发送垃圾短信等违法犯罪活动的通知》精神,组织开展专项清理整治活动,查处伪基站案件16起,没收设备85部(套)。积极开展卫星电视接收干扰器查处活动。全年共查处非法使用卫星干扰器12起,查获卫星干扰器20台。

【市长公开电话受理件办理】 全年共办理市长公开电话受理事项387件。针对市区居民反映蜂窝基站建设、技术指标等问题,开展了蜂窝基站专项检查活动,利用两个多月的时间对各通信运营公司的蜂窝基站进行了设备测试与设施检查,严格按标准检测了相关技术参数,认真核实了基站数量及相关信息,共查处没有办理设台手续的蜂窝基站1380个。

(李平)

建设　环保

城市规划

【概况】 2013年,潍坊市规划局紧紧围绕全市“四一三”战略重点和“突破滨海、提升市区、开发两河”的统筹发展布局,以规划事业转型升级、率先发展为目标,以机制创新、转型发展为动力,加快规划编制,提升审批质量、创新管理机制,推进重点工程开发,提升城市品质,圆满完成了各项任务目标。在2013年度全省优秀城市规划设计奖评选中,全市有16个规划获奖,获奖总数全省第二;在2013年度全省示范镇总体规划评优中,全市共有6个示范镇获奖,获奖数量、比例均居全省第一。第一次使用三维辅助审批系统,实现了规划审批由二维向三维的跨越;第一次在报纸上公示重大规划项目;第一次实行重大项目交通评价机制。全市“双评”活动中,市规划局在市直105个部门中位列第16名,在城建交通口名次最靠前;全市市直部门年终绩效考核中,市局被评为优秀等次。

【重要规划编制】 全年共编制各类专业专项规划和片区规划20项,是2010～2013年三年的总和。(1)围绕“突破滨海”,编制《潍坊海洋新区区域发展规划》,优化调整了沿海地区空间布局和功能配套。牵头编制滨海开发区12项规划的落地实施计划。(2)围绕“提升市区”,深化调整中心城区控规,奎文、高新两片成果通过规划委员会审议,其他4片具备了提报规委会条件。集中力量编制完成了《白浪河中心城区段城市设计》《北海路中段城市设计》《齐鲁台湾城核心区城市设计》《食品谷核心区概念规划及城市设计》《乐道院及周边区域规划》以及《潍坊市内环快速交通体系规划》《潍坊市自行车绿道规划》《中心城市消防专项规划》《市区农贸市场规划》《杨家埠博物馆群规划》等多项规划。在省内率先展开了《水网生态绿化规划》编制。(3)围绕“两河开发”,编制了《潍河流域、弥河流域保护与区域开发利用总体规划》。围绕“统筹城乡”,加快编制《城乡统筹规划》,着力推进城乡一体化发展格局。

【重要规划调研】 (1)强化城市概念性战略规划研究。聘请国际知名规划大师刘太格,展开了潍坊市概念性战略规划研究,初步形成了“双城(中心城区、海上新城)、五副(寿光、昌乐、安丘、峡山、昌邑)、两带(潍河、弥河城镇带)、两区(南部生态保育区、北部沿海生态保护区)”的框架思路。(2)强化城市更新规划研究。研究探索符合潍坊实际的城市更新办法、实施细则、专项规划,力争建立通则式管理、单元化维护、判例式调整的城市更新长效机制。坚持“产城一体”理念,凡编规划、必谋产业,做到城市更新与产业发展相融共生,防止城市空心化。(3)强化重大客运交通枢纽规划研究。着眼于强化潍坊的山东半岛交通枢纽地位,系统研究济青高铁及济青高速公路中线潍坊段、潍日高速、城区交通枢纽换乘体系,统筹潍坊火车站、规划高铁站、新机场之间的关系。(4)强化城市特色风貌研究。聘请美国院士级规划师、美国规划协会(APA)秘书长苏解放(Jeffrey Soule)为城市顾问,系统研究城市家具、城市色彩、建筑风格,归纳提取深层次历史文化元素,确定城市主色调和基色调,塑造独具世界风筝都特色的城市风貌。(5)强化城市精细化管理研究。立足公用设施功能特点,细化规划管理措施,引导体育活动用地、停车场地面向公众开放。

白浪河畔夜色美　　(摄影:韩旭日)

【规划审批管理】 (1)规划审批流程更加精简。落实《潍坊市建设工程项目审批流程优化方案》,进一步削减审批环节、下放审批权限、理顺审批流程、缩短审批时限、规范审批行为,将原有的8个审批事项压减为5项。(2)建设项目审批更加规范。2013年,市局共核发规划用地许可证40个,面积95.6

公顷；为72个地块核提规划设计条件，面积237.4公顷；核发建设项目选址意见书11个，面积181.6公顷。审批工程规划项目215个，面积212.5万平方米。核发建设工程竣工规划验收合格证320个，竣工面积328.7万平方米。核发市政建设工程规划许可证16个，为24条市区主干道路下达了规划设计条件。审批"城中村"改造项目58个，核提规划设计条件的地块44个，净用地面积117.1公顷；办理建设用地规划许可证28个，净用地面积64.3公顷，建筑面积155万平方米。配套费同比增收107.4%，沿河收益同比增长36%。

【重点工程建设】 (1)白浪河运营管理实现突破。启动白浪河湿地公园游船运营，签订11处景观建筑租赁合同，招标配备专业管理队伍，制定物业管理考核等管理办法13项，集中开展环境卫生、苗木养护、设施设备、景区秩序和工程建设专项整治活动。拓宽融资渠道，全年共偿还银行本息5.61亿元，确保了资金链安全。配合中央电视台完成了"走遍中国·湿地行"的拍摄、制作与展播，白浪河湿地入选中国最美湿地。在中央科教频道播放两集《白浪河》宣传片。先后承办湿地公园约跑、"赋彩潍坊"名家画展、龙舟大赛等大型活动，全年接待公务考察600余次，游客突破100万人次。(2)北辰中央休闲区建设加快推进。调整充实工程现场组织指挥架构。先后与高盛集团、香港招商局集团等进行招商对接，与中国建筑国际集团公司等达成初步投资合作意向。制定北辰企业总部聚集区行动计划，召开"园林式"总部经济招商推介会。稳步推进安置区规划建设，完成了安置区规划建筑方案招标，加快安置区前期手续办理，拟定土地出让方案，做好了施工准备。(3)三河公司顺利交接。三河公司并入文旅集团，步入市场化、规范化运作轨道，为全市经济文化发展注入新的活力。(4)稳步推进规划展馆维护、改造和提升。年接待人数突破3万人次，成为潍坊的城市门户、形象之窗。

【规划管理创新转型】 (1)打造新一代规划管理信息平台。以"智慧城市"为目标，推进规划方案网上审批系统建设，实行信息化报件、智能化技术审查。积极整合基础地理、规划编制成果、审批成果、业务档案等信息资源，打造规划编制与管理一体化、业务流程与空间数据一体化的新一代城市规划管理信息平台。(2)构建360度无缝隙规划管理制度体系。2012年以来，起草、修订和出台《潍坊市规划技术规定》《规划区内市政基础设施规划管理办法》等规范性文件14项。其中，出台的《城市建设交通影响评价实施办法》，首次将城市重大项目规划纳入整体交通评价系统进行交通评估。(3)大力推行"阳光规划"。所有重大规划成果，一律刊登在《潍坊日报》及门户网站上征求公众意见。(4)试行规划建筑设计单位"黑名单"制度。加大招院引所力度，引进高水平设计单位，建立设计单位库。评出年度规划设计水平较差的设计单位列入"黑名单"，责令限期整改，整改期内不得在潍承接规划设计项目。出台了《规划设计招投标管理办法》，推行设计方案招投标制度。(5)实施招才引智工程。选择一批规划编制团队建立战略合作关系。组建相对固定的城市规划专家顾问团队。不惜重金引进专家型、专业型、职业化高端人才。会同中国城市规划协会举办新型城镇化与中小城市规划论坛暨首届全国部分中小城市规划院联席会。与美国规划协会的加强互动交流。与山东建筑大学合办工程硕士班。(6)建立和完善规划执法联动机制。出台了《加强建设项目规划监督检查工作意见》，以住建部遥感卫星疑似违法图斑研判与查处工作为主线，与城管、国土、住建等部门搞好协调配合，建立日常巡查机制，构筑网格化执法格局。　　(徐永海　张明杰)

城市建设

【概况】 2013年，潍坊市住房城乡建设系统紧紧围绕全市"四一三"战略重点和突破滨海、提升市区、开发两河的统筹发展战略布局，突出重点项目建设、行业规范管理和干部队伍建设，圆满完成各项工作任务，住房城乡建设事业取得新成绩。全市完成城市基础设施投资79.39亿元，其中中心城市完成21.6亿元。全市人均道路面积达到28.94平方米，比上年增长3.6%；全市建成区绿化覆盖率达到42.58%，比上年增长0.5%。

【城建重点项目】 (1)文化艺术中心。项目总建筑面积32万平方米，由5个组团11个单体组成，经过7年的建设施工，已经全面竣工，成为全市最大的城市公共文化建筑集中区。其中，文化宫、青少年宫荣获中国建筑最高质量奖——"鲁班奖"，大剧院、音乐厅荣获"国家优质工程奖"。项目的建成对完善城市功能，提升城市品质，增强城市带动力具有重要意义。(2)虞舜公园。项目已全面竣工，共栽植乔灌木21.5万株，水生植物6.8万平方米，外运垃圾53万立方米，完成土建工程3.7万平方米，建设园路5.2万平方米，自行车绿道11公里，建成水系湿地30万平方米，完成投资2.5亿元，实际投资比预算节省45%。项目的竣工实现了"自然、生态、质朴、简约、以野为美"的设计理念，目前正在申报中国人居环境范例奖。(3)化肥沟改造工程。化肥沟改造工程南起玄武街，北至大圩河，中间底穿青银高速、民主街等交通要道，全长5570米，7月底建成使用。建成投用后，化肥沟排水断面提高到30平方米，泄洪能力提高到原来的4倍，彻底解决了城区西部汛期安全隐患。(4)火车站南广场改造。项目概念性规划编制完成，与中国建设基础设施有限公司签署项目合作框架协议,月河路(仓南街—宝通街)、高家街(清平路—青年路)正在有序推进。(5)城隍庙片区改造。在概念性规划的基础上,进一步完善了一期工程施工图设计及相关区域建筑的立面包装设计,截至2013年年底,项目一期工程主体已经完工。(6)张面河与白沙河综合整治。截至2013年底,白沙河现有工作面管道铺设、园路和桥坝等土建部分和景观绿化全部完成;张面河现有工作面正在加快建设。(7)建筑产业园。一期378.9亩土地指标已经落实。(8)万达广场。累计已完成投资30亿元,一期工程主体和外装基本完成,销售完成开盘量的70%。(9)市政工程。友爱路(北宫街—玄武街)、永安路(北宫街—玉清街)、火车站公交专用道(向阳路—和平路)、鸢飞路强电顶管工程(东风街—福寿街)、健康街绿道(东方路—白浪河桥)、福寿街绿道(北海路—长松路)、玉清街(四平路—虞河路)等7项工程已经完成,怡园路(北宫街—玄武街)、卧龙街(清平路—白浪河桥)等2条道路实现通车,玉清街白浪河桥、卧龙西街(西环路—长松路)、卧龙东街(鸢飞路—虞河路)、乐川街虞河桥、和平南路(潍胶路—宝通街)、凤凰街(虞河桥—北海路)等6条道路主路面达到通车条件。

虞舜公园　　　　(摄影:张景伟)

住宅与房地产业

【概况】　全年房地产完成投资511.34亿元,同比增长16.4%;施工面积6048.2万平方米,同比增长12.3%;新开工面积2190.7万平方米,同比增长8%。新建商品房批准预售1505万平方米,同比增长26.1%。新建商品房网签130917套、1303.38万平方米,同比分别增长29.1%、27%。新建商品房均价4012元/平方米,同比增长0.6%。房地产业转型升级步伐明显加快,与中国房地产业协会共同举办了2013中国(潍坊)房地产发展与生态文明建设高峰论坛,天同宏基、山东宏源防水先后通过国家住宅产业化基地评审,安丘东方理想城通过国家康居示范工程评审,寿光豪泰·皮拉尔小镇项目通过3A级住宅性能认定,潍坊市的国家住宅产业化基地增加到3个、国家康居示范工程达到6个,A级性能认定项目达到17个,位列全省第一。

中国房地产业协会会长刘志峰(右二)、山东省房地产协会会长吴英(右四)出席2013中国(潍坊)房地产发展与生态文明建设高峰论坛　　(摄影:刘雨东)

【房地产市场管理】　下发了《潍坊市房地产开发企业信用评价管理办法》《潍坊市房地产开发企业综合实力考核的意见》,对开发企业进行信用评定、量化考核。完成了2013年房地产开发企业资质年度考核,共对核查范围内的981家企业进行了审查,对有严重违规行为的90余家企业给予降级、限售、注销处理。开展了2013年全市房地产市场专项整治活动,共查全市在建在售开发项目732个,开发面积6858万平方米,造价1557亿元,查处各类违法违规行为893条,并设立了整改台账,建立了市、区、企业三位一体的包靠机制,确保整改到位。

【住房保障】　保障性住房建设工作顺利推进,全年新开工建设各类保障性住房21028套,开工率达到120.2%,基本建成17342套,占省下达任务的231.2%。将市区住房保障低收入线标准由19100元调整为22000元,进一步扩大了保障覆盖面。稳步推进信息系统建设和档案整理工作,加强保障性住房分配管理,应用电脑摇号系统分配保障性住房,确保公开公平公正。2013年,全市共分配各类保障性住房13681套,群众满意度100%。

【房屋登记管理】　市区全年共办理各类房屋登记20万件次,同比增长98%。其中,发放房屋所有权证6.1万个,他项权证4.1万个;办理网上签约4.6万套、476.9万平方米;办理企业抵押登记8456件、贷款金额217.5亿元;办理民间借贷登记717件、贷款金额2.6亿元。开展房产证办理专项整治活动,为2.6万套房屋办理了商品房所有权转移登记,为鲁发名城、泰华新天地等17个小区上门服务现场办证19次,共办理房产证2369本,全年商品住房初始登记面积同比上升85.3%。加强房产测绘成果利用管理,房产测绘与测绘成果审核实行分离。确保房屋登记数据安全,启动房地产市场信息系统数据异地备份。市房产交易中心被评为全国房地产交易与权属登记规范化先进单位。

【商品房预售款监管】 市区共办理商品房预售许可936件，预售面积637万平方米，62240套；办理预售资金监管备案244件，面积674万平方米，63295套，累计监管资金90.68余亿元，审批拨付资金2096件，拨出资金37.25亿元。开展了全市商品房预销售专项检查，共检查在建在售楼盘647个，查处违法违规行为85起，下达限期整改通知书48份，对5家违法企业实施行政处罚。加强项目预售行为前置管理，召开全市商品房销售现场信息公示现场观摩会，对信息公示进行规范，做到统一内容、统一标准、统一布置。优化审批程序，预售许可申请材料由16项压缩至10项，行政审批效率提高30%。

【物业管理】 全市物业服务企业达到668家，物业服务项目1564个，从业人员2.8万余人，实施物业管理面积12000多万平方米，物业管理覆盖率达到86%。深入推行物业管理招投标制度，年内共有107个房地产项目按规定办理前期物业管理招投标和物业管理方案确认手续。全面落实住宅专项维修资金制度，完善使用程序，提高拨付效率，市区累计归集专项维修资金24亿，全年拨付使用951万元。稳步推进物业质量保修金制度，加强房屋保修期内的维修管理，市区归集保修金5500余万元，累计余额达1.5亿余元。召开了物业管理协会第二届会员代表大会，肖同法当选为协会会长。开展物业管理项目创优达标工作，全市累计国优项目21个，省优项目92个。积极开展物业管理项目创优达标工作，“德润玫瑰园”等2个项目获得“全国物业管理示范项目”称号，“潍坊鲁台会展中心”等10个项目获得“山东省物业管理优秀项目”称号，全市累计国优项目21个，省优项目92个。 （夏　凡）

城市管理行政执法

【市区公共自行车系统】 建设市区公共自行车项目是2013年潍坊市政府工作报告确定的民生实事之一。本着“科学规划、周密论证、一步到位、确保成功”的原则，中心城区首期投入1.8亿元，建设站点700个，投放自行车20000辆，覆盖了机关、学校、商场、医院、居民小区、公交点、旅游景区等主要人流集中区域，控制覆盖半径300～500米。在信息技术方面，实现了全市范围内现有公共自行车系统的“一卡通”，系统同时兼容金融IC卡、普通IC卡和手机借还车等多种方式。在项目投资方面，采用了BOT模式，建设和运营（5年）一体招标，由政府面向社会购买服务，同时与金融机构等单位开展多种形式的合作，争取更多的资金支持项目运营。编制了《潍坊市自行车绿道规划》，出台了《潍坊市自行车绿道系统建设指导意见》，新建成了宝通街、健康街、东风街、福寿街和北海路等200余公里的自行车专用道。截至2013年底，已发行各类借车卡15万张，日均骑行量稳定在6万余人次。作为一种低碳、绿色、健康的出行方式，公共自行车被越来越多的潍坊市民认可，成为短距离出行、休闲健身的最佳选择，“低碳生活·绿色出行”的理念深入人心。

【园林绿化工作】 完成了健康街、北宫街、北海路、安顺路和人民公园便民园路等林荫工程和虞河景区运动主题雕塑设置以及福寿街、文化路座椅安装，更换健康街、福寿街小护栏5000米。深入实施“五无”精细化管理，补植乔木6500余株，灌木60万余株，地被1.2万平方米，对城区模纹植物进行了精细化修剪，实行病虫害监测“周报告”制度，适时组织集中喷药，有效控制了病虫害的发生和蔓延。对公园、景区设施进行全面维修和完善提升，归真园维修和部分景区的公厕建设、设施设备维修更换、增设座椅和健身器材等项目均已进入实施阶段。深入开展古树名木保护，完成中心6区153株古树的普查、拍照、基础信息收集建档等工作，逐株制定了具体保护方案，对110株古树完成围栏设置、支撑保护、病虫害防治、土壤改善、修剪整形等专业保护。开展了赏花潍州、十大古树名木评选、最美雪景评选等活动，为15个旧小区、学校送苗1.4万余株，无偿提供绿化苗木约3.6万株，征集古树名木照片近300幅、故事20余个，社会绿化氛围日益浓厚。

【环境卫生管理】 城乡环卫一体化工作进一步深化，印发了《关于进一步加快推进城乡环卫一体化的通知》，大力开展青银高速两侧环境卫生专项整治和“整治环境卫生，共建美丽潍坊”活动，全市122个镇（街）建成垃圾转运站129座，超额完成省政府“每镇（街）一（转运）站”的建设任务，环卫作业人员达到2万多人，城乡环卫一体化覆盖村（居）数量达到7300个，覆盖率达到80%。餐厨废弃物资源化利用、无害化处理试点项目建设进展顺利，基本达到餐厨废弃物一体化、资源化利用的全国试点要求。生活垃圾综合处理厂规范运行，全年共接收处理生活垃圾3万多吨、医疗废物34.5万吨，生活垃圾无害化处理率和二级以上医院医疗垃圾集中处置率均达到100%。垃圾场填埋气体发电项目产能进一步提升，新安装完成两台500千瓦发电机组（目前共四台），实现沼气发电1000多万千瓦时，年减排二氧化碳10万吨。修订了《潍坊市市区门前三包责任制管理办法》。

【市政设施养护管理】 向阳路、永安路改造，文化路等4条道路微表处工程，彩虹桥、凤凰桥等6座桥梁涂装全面竣工，实施了健康街白浪河桥等3座桥梁加固、荷载检测和限载保护工程。完成胶济铁路6座立交桥（涵洞）隧道和14条道路绿色节能半导体光源安装工程。积极推广应用微表处、沥青热再生、快凝水泥修补人行道等新技术，自行研发并具有国家专利的防沉降、防破损、防盗窃功能的道路检查井固定座获得试点使用，引进了全省首台英达PM500沥青热再生修补车并应用于多条城区道路，道路完好率达到了95%以上。

【城市照明】 对福寿街等4条道路、979盏路灯安装了单灯检测控制系统，总控制数达11662盏，缩短了故障发现时间，实现了按需照明。开展了城区照明设施综合整治活动，对一中街、曹家巷、卧龙社区等12处旧街巷照明设施进行了集中改造，全年累计排查处理线路故障1000余次，更换电缆7700米，中心城区路灯亮灯率、设施完好率始终保持在99%、90%以上。强化夜景照明管理，实现了对中心城区纳入集中控制的照明路灯、景观照明、楼宇亮化的遥测、遥视、遥控和遥信，加大质保期内企业对照明设施维护的监管力度，全年新增景观亮化37处，进一步提升了夜景照明管理水平，城市夜景更加优美靓丽。

【城市防汛】 建立完善了预警与物防、技防、人防相结合的应急处置机制，严格落实领导带班、双人双岗的24小时防汛值班制度，对城区排水设施进行全面排查和维护，清挖雨水斗20000余个，检查井6000余个，疏通管道4052米，外运淤泥6000余立方米，更换雨水篦子1645个，组织成立了50余支防汛应急抢险队伍，常备队伍达到2万人，构建了市、区、街、居四级联动的城市防汛网络，确保城市安全度汛。

【公用事业】 城市供水。组织开展了城市饮用水水质提升三年行动，制定出台了《城区城市安全供水应急预案》，对全市各级城市供水主管部门、供水企业和水厂进行了集中量化评审。积极推进中心城区饮用水水质提升工程，完成了水源地水质分析报告和提升方案并通过专家组评审。持续开展饮用水水质检测，完成了全市19家供水单位的3轮抽检，市自来水公司水质检测中心获评全省首家供水企业水质检测机构能力等级B级资格。组织对中心城区消火栓进行了定点普查，出台了《潍坊市市政消火栓改扩建工程设计方案》。完成供水一户一表改造4000户。城市燃气。加快天然气输配基础设施建设，编制完成了《潍坊市CNG和LNG专线规划》，为全市12个乡镇开通了管道天然气，中心城区天然气居民用户达到34万户，管道天然气普及率达到75%；完成灰口铸铁管改造240千米，对全市燃气管网和燃气经营站点进行了排查，逐一进行整改。城市供热。提前做好设备检修、煤炭储备等准备工作，提前7天开始低温或冷态试运行，全面加强城区供热监管巡查，及时处理供热矛盾和问题，顺利完成了2012—2013年度供热任务，2013—2014年度供热工作开局良好，供热质量和用户满意率再创新高。加快热源建设，华电潍坊发电厂热电联产改造全面完成，完成供热管网“汽改水”改造15千米，新建天然气锅炉22台，新增供热能力600多万平方米。

【节水治污和节能降耗】 深入开展消灭污水直排环保行动，确定了60个污水处理工程建设任务，开工建设工程47项，完成投资13.8亿元，彻底消除了市、县两级城区污水直排现象。加强污水处理厂日常监管，落实污水处理厂运营月报制度。2013年，全市共计处理污水4.5亿吨，削减化学需氧量15万吨，污水处理率达到97%，被评为“全省城市污水处理绩效管理考评先进单位”。对北宫街等14条道路、39公里的管道(沟)进行清淤整治，完成了城区17处排水管网缺陷整治。组织完成了全市13个污水处理项目资金申报工作，共计成功申请污水专项资金700万元。强化自备井污水处理费征收，开展了自备井污水处理费专项检查活动，全年新纳入管理单位11家，关停15家，全年征缴市级污水处理费5621万元。加强城市用水计划管理，全年新开户103家，月增用水计划量29.39万立方米。中水回用能力达2.75万立方米/天。牵头组织实施了“煤改气”战役，严格控制煤炭消费，将消费总量控制计划分解到各县市区，对煤炭消费增长快的县市区和重点耗煤企业实施预警调控，对现有钢铁、水泥和石化等行业压产、降煤，降低煤炭在一次能源消费中的比例；加快更新淘汰燃煤锅炉，在城市高污染燃料“禁燃区”内禁止新建燃煤锅炉，中心城区累计拆除改造10吨/小时以下燃煤锅炉256台，原有用户全部接入集中供热管网或改用天然气。

【城市管理行政执法工作】 出台《关于调整和明确部分中心城区城市管理职责权限的通知》，进一步明确了市区两级关于广告审批、占用城市道路审批与处罚等执法管理权限。全年共立案查处违法建设案件25起、7500余平方米，拆除违法建设8处、4700余平方米，巡查并及时制止违建行为11处；责令拆除、整改各类违法、破旧户外广告牌匾980多处，破旧围挡380多处；清理条幅、拱门1100余个，橱窗广告1600余处；取缔占道经营行为400多起；查处毁绿、破绿案件10件；查处擅自向市政污水管网排污案件10起。制定出台《潍坊市城市管理行政执法局行政处罚案件办理程序暂行规定》，开展了全市城管执法系统执法大检查活动，切实推进行政执法案件网上运行，对全体执法人员进行了为期四天的集中培训，有力地促进了城管执法队伍规范化建设。科学组织重要活动执法管理保障工作，圆满完成60余次各类检查、观摩活动以及风筝会、全国艺考、国家卫生城复审、中高考等10余次重大活动的市容秩序保障任务。

【数字化城市管理工作】 加快推进数字化城市管理续建工

程建设,300平方公里城市部件普查确权工作基本完成,建设了包含60余万部件数据、120余个图层的城市管理部件数据库,交互式办公系统软件已全部安装布署到位,完成了数字公用系统、数字环卫系统、数字养护系统、数字园林系统、数字照明系统、视频监控系统的设计开发。其中,环卫车辆工作状态GPS监控系统已申报国家专利。各县市区数字化城市管理系统的建设全面推进,坊子区、寒亭区、经济区、滨海区和峡山区实现了市区系统平台连接,诸城市和安丘市起草了实施方案并着手实施。全年共受理城市管理案件453429件,处办公用产品报警案件20230件,转办市长公开电话797件和潍坊民生平台案件77件,督查督办城市管理案件1.8万余件,组织清理乱贴乱画小广告450余万处,案件处结率达到98.8%,市民满意率达到99.9%。 (凌晓峰)

村镇建设

【城镇化体系建设】 市委、市政府坚持把建设新型城镇化作为加快经济社会发展的重要引擎,按照"农民市民化、农村社区化和农业规模化"的总体思路,统筹推进中心城市、县城、小城镇、农村新型社区建设,加快推动城镇化与农业现代化协调发展。编制《潍坊市城镇化发展规划》,制定引导城镇化发展的策略,全市初步形成了1个中心城市、8个县城、62个镇、954个农村社区层级清晰的四级城镇体系。2013年全市人口城镇化率提高2.01个百分点,达到51.76%,城镇人口数量首次超过农村人口。2013年11月底,召开了全市新型城镇化体系建设观摩交流会议,对各县市区新型城镇化体系建设进行现场观摩。起草了《推进新型城镇化持续健康发展的若干意见》等一系列政策文件,城镇化政策体系不断完善。

【小城镇建设】 坚持示范引领、重点突破,支持16个省级示范镇加快发展。2013年,全市新增省级示范镇7个,新增财政收入过亿元的镇5个,全市16个示范镇公共财政预算收入增长23.3%。制定实施小城市试点培育意见,引导扶持羊口、景芝、红河、辛寨等镇向小城市发展,用小城市培育"点亮"新型城镇化。开展特色镇试点,先期策划打造安丘辉渠(文化旅游)、昌邑下营(滨海旅游)、昌乐红河(县域副中心)、坊子九龙(都市休闲)、青州黄楼(花卉产业)5个特色镇街,探索建立城镇化与农业现代化融合发展的"潍坊模式"。

【农村新型社区建设】 开展新一轮农村新型社区规划调整,确定社区总体布局、建设时序和人口规模,在已初步建成965处农村社区的基础上,规划布局农村新型社区753个,积极稳妥地分期分步提升完善。适度超前建设农村社区道路、供水、路灯、通信等基础设施,深入实施城乡环卫一体化和集中供水工程建设,提高社区居民生活质量。2013年全年,申请农村新型社区污水处理设施专项资金4400万元,列全省第二位。9月底,全省农村新型社区建设工作会议在诸城召开,推广潍坊市先进经验。

【农房建设和危房改造工作】 2013年全年完成农房建设6.45万户,完成任务的125%;危房改造完成9687户,完成任务的121%;村容村貌整治完成1566户,完成任务的104%。

建筑业

【概况】 全市建筑业完成总产值795亿元,实现利税25.4亿元,同比分别增长15%和20.5%。施工面积8770万平方米,竣工面积2981.5万平方米,同比分别增长15.5%和1.8%;对外施工产值63亿元,同比增长28.5%;代收养老保障金5.24亿元,位居全省第三;建筑业劳动生产率24.4万元/人,同比增长14.9%。全市竣工工程质量合格率保持100%。全年共创出"国家优质工程奖"2项、"全国建筑工程装饰奖"2项、"泰山杯"工程14项、省级无质量通病示范工程7个、省级施工现场样板工程20个、省级新技术应用示范工程立项32项、省级工法27项、省级建筑业技术创新奖28项,鸢都杯工程27项、省优质结构工程30项、市质量诚信、用户满意工程80项、市施工现场综合管理样板工程55个。

【建筑市场管理】 全市共有建筑业企业1093家,其中总承包企业324家,专业承包企业504家,劳务分包企业265家,结构进一步优化。鼓励企业转型升级,全年共为161家企业办理了资质升级或增项业务,新发展劳务企业16家,审批房屋总承包三级企业11家。强化建筑市场管理,开展建筑市场包靠督导和健全考核通报制度,共查出各类违法违纪行为1909项,下达《市场不良行为整改通知书》243份,停工整改通知书70份,纠正违法违规行为1486项,对不良行为主体进行了严肃处理,有效规范了建筑市场秩序。共为57家外地入潍坊企业办理了信用登记。

【质量安全监管】 严格落实建筑工程质量安全监督规范,加大执法检查力度,开展了春季复工、汛期施工、冬季停工等建筑工程质量安全生产专项大检查,严厉查处质量安全违法违规行为。全年累计检查在建工程3603个次,查出隐患3758条,同时对22个工程进行停工整改,并将其列入重点监控名单,实行挂牌督办。全市创建"国家优质工程"奖3个,"泰山杯"奖9个;省"优质结构杯"奖30个,省"住宅工程质量通病专项治理示范工程”奖7个;省安全文明示范工地11个,省安全文明优良工地32个,省安全文明小区8个,市安全文明工地129个。大力开展了建筑工程施工现场扬尘污染防控工作,对全市1326个在建工程施工现场进行了整治,扬尘污染得到有效遏制。整合质量安全监督、监理以及检测等管理平台,建立了包含综合门户网站、OA办公系统、质量安全监督系统、检测机构监管系统、商品混凝土机构监管系统、监理机构监管系统和施工现场远程视频监控系统等17个子系统组成的建设工程质量安全综合信息监管平台,并顺利通过了省科技厅科技成果鉴定。组织全省第28批、第31批建筑施工企业管理人员安全生产知识考试,共计2200余人次参加考试,山东省建筑工程管理局相关领导对组织工作给予了充分肯定。市建设工程质量安全监督站被中华全国总工会授予“全国工人先锋号”称号。

【勘察设计管理】 全市勘察设计行业从业人员达到3193人,其中,注册执业人员总数为510人,同比增长10%;完成营业收入5.57亿元,实现利税2.05亿元,同比增长11%;全市甲级(一级)资质的勘察设计单位达到13家,其中建筑甲级设计单位达到4家。取消了外地勘察设计单位入潍备案手续,进一步简化审批程序。

【招投标管理】 2013年,全市应招标工程项目598个,造价238.85亿元,面积1886.84万平方米,造价和面积同比增幅15.9%和9.7%。完成招标代理机构资质办理初核15家,外地进潍坊招标代理机构登记16家,完成对338名到期评标专家资格复审。对全市招标代理机构、专职人员的市场行为和从业行为进行量化考核,对考核前10名进行表彰奖励,连续两年考核后3名的予以淘汰。

【有形市场管理】 加强工程交易服务管理,继续实行计算机网络招投标管理服务系统和语音通知评标专家抽取系统,强化“有形建筑市场”与“建筑施工现场”的信息联动,促进项目进场交易,发挥了工程项目交易“监督平台、信息平台、信用平台”的作用。市交易中心全年实现进场交易项目514项,建筑面积1034.95万平方米,交易额149.83亿元;滨海分中心完成交易项目47项,建筑面积119.13万平方米,交易金额11.99亿元。

【标准定额管理】 加强造价专业技术人培训和咨询市场管理,分期分批培训造价员2200人,培训推广应用高强钢筋人员210人,53家企业通过省信用等级评价复检,全市完成咨询项目总造价260亿元,同比增长2.1%;全年发布材料市场价格信息5万余条,发布潍坊市2013年工程建设材料价差系数4次,建筑、安装、市政工程材料价差系数1036个,监管安全防护文明施工措施费1800万元,解决工程经济纠纷27起,进一步提升了政府指导价在建设工程经济活动中的作用。

(夏　凡)

建设科技与建筑节能

【低碳社区建设】 低碳社区建设成效明显,截至2013年底,全市先后立项四批、91个、1112万平方米低碳示范社区项目,28个、300万平方米低碳社区项目交付使用,取得良好的经济社会效益,中央电视台、《大众日报》等多家媒体对潍坊市低碳社区建设进行了广泛报道,2013年11月19日《人民日报》刊发《山东潍坊低碳社区试点3年:“6+X”模式惠民生》文章,推介潍坊市经验。

【绿色建筑】 出台了《关于实施绿色建筑行动的意见》,组织了11个项目申报国家绿色建筑评价标识,并全部通过评审,截止到2013年底,全市绿色建筑标识项目累计达到30个,位列全省第一。积极争取国家和省级绿色建筑财政补助,2013年全市共有10个绿色建筑评价标识项目、100余万平方米获得省级财政资金近3000万元,项目数量及奖励资金总额均居全省第一。2013年5月,潍坊市被住建部和美国能源部确定为首批6个中美低碳生态试点城市之一。

【可再生能源建筑应用】 全力推进可再生能源建筑应用工作,前三批共落实可再生能源建筑应用示范项目48个、补助资金2542万元。全市新增太阳能光热建筑一体化应用面积540万平方米,累计达到2800万平方米,提前并超额完成省厅下达的160万平方米年度任务目标;地源热泵建筑应用面积累计达1000万平方米。

【既有建筑节能改造】 为顺利推进建筑节能改造工作,建立健全了监督考核制度,每月进行督查调度。2013年完成既有居住建筑节能改造62.32万平方米,超出省下达任务的31.4%。稳步开展公共建筑节能,市级数据中心9月顺利通过省住房城乡建设厅专家验收,全年安装公共建筑能耗监测系统21套,完成公共建筑节能改造15.3万平方米,坊子区政府办公楼项目列为全省公共建筑节能改造试点示范项目,获得省级奖励资金60万元。

(夏凡)

环 境 保 护

【概况】 2013年,按照潍坊市委、潍坊市政府"一七四一"总体决策部署,潍坊市环境保护工作,坚持"以人为本、生态立市、环境优先"发展理念,围绕生态美丽潍坊建设,以"刚性减排、铁腕治污、高压监管"为主线,大力实施"三八六"环保行动,全面提升全市生态环境质量和环保监管水平,环保工作保持向好发展趋势,环境形势总体良好可控。2013年,城区"蓝天白云、繁星闪烁"天数达到150天,居全省第七。23条重点河流水质Ⅴ类以上断面达到60%,水质改善率列全省第三。化学需氧量、氨氮、二氧化硫、氮氧化物排放总量分别减少了5.3%、6.1%、7.8%和8%,降幅均超过前两年之和,万元GDP能耗降低了3.8%。

【"三八六"环保行动取得明显成效】 全市形成了党委统揽牵头、政府统筹负责、人大政协监督、部门齐抓共管、社会广泛参与的大环保工作新格局,八大战役全面打响。(1)消除市、县两级城区污水直排现象。投资13.8亿元,建设了47项城镇污水处理工程。同时,完善配套污水管网工程74个,修建污水管道149公里。(2)完成自备井普查任务。全市共排查自备井11448眼,完成普查登记7922份,关闭自备井345眼。(3)开展河道生态治理和人工湿地建设。青州南阳河等4个河道治理工程已完成工程建设任务,寿光市综合污水处理厂等4处人工湿地建成,寒亭虞河下游生态湿地已完成规划设计。(4)推行"煤改气"。城区新增天然气居民用户4万户,管道天然气普及率超过65%,镇街集中供气率超过22%。市、区累计拨付专项资金1亿多元,中心城区共拆改10吨以下小型燃煤锅炉261台,各县(市)已拆改6吨/小时以下燃煤锅炉180台。改造城区老旧铸铁燃气管网100公里。全市出租车气化率超过95%,中心城区公交车气化率超过20%,社会车辆气化率超过3%。(5)整治空气异味污染。全年空气异味治理项目共投资15.1亿元,完成了183个工业企业脱硫、脱硝、除尘、挥发性有机物治理项目,24家企业废气在线设备状态参数监控系统安装联网项目,692个加油站、5座储油库、268辆油罐车油气回收治理项目。全市划定"禁燃区"总面积691.7平方公里,达到建成区面积的90%以上。从严审批,拒批或暂缓受理污染较重的化工类项目63个。严管重罚,自"三八六"环保行动开展以来,全市共关闭企业532家,停产整治企业49家,限期治理企业103家。(6)加快黄标车淘汰步伐。制定了黄标车淘汰补贴办法,设立了14个多功能一体化服务点,淘汰黄标车300多辆,改造国Ⅱ以下老旧公交车86辆。(7)严控城市扬尘污染。监督施工单位严格落实扬尘防控要求,对739块工地裸露地面实施了硬化或覆盖防尘网等措施。城区主次干道实施洒水降尘。开展渣土运输车辆治理,查处乱拉乱倒渣土案件380余起,清理污染路面6000余平方米。(8)加强农业面源污染治理。实施测土配方施肥面积460万亩。建成大中小型沼气工程150处,100亩以上生态循环农业基地70处。全市新建、改造畜禽粪污处理示范工程139个,新改扩建标准化饲养场256个,新增"三品一标"认证90个,关闭禁养区内养殖场289个。全市城乡环卫一体化常态化覆盖率达100%。

【大气污染治理取得积极进展】 按照"突出重点、统筹兼顾、分类施策、调治并举"的原则,加大空气异味污染整治力度。按照《潍坊市环境空气质量综合整治工作方案》要求,开展了滨海区、寿光北部、昌乐朱刘等重点片区异味污染专项整治,拆除7台大型燃煤锅炉烟气旁路,对147家企业实施了限期治理、停产治理,大气污染防治设施实现全面升级,除极端天气外,中心城区工业异味基本消除。全市36处大气自动站全部安装了PM2.5监测设备,实现了市县两级联网。建立了城区环境空气质量发布平台,实时公开发布主要大气污染物和重点污染源监测数据。2013年,潍坊市"蓝天白云"天数达到150天,列全省第7,主要污染物二氧化硫、二氧化氮、可吸入颗粒物浓度符合规定标准,中心城区空气质量综合排名列全省第七。

【水污染防治保持良好态势】 进一步完善"治、用、保"流域治污防控举措,全力推进工业废水污染源治理、污水处理厂升级改造和河道综合整治等重点项目建设,全市污水处理能力达190万吨/日,一级A类排污标准比例达90%以上,诸城、寿光、高密、昌邑、昌乐等地已相继建成镇街污水集中处理设施,重点流域污染治理成果得到进一步巩固提升。境内23条河流全部稳定达到恢复鱼类生长目标,60.7%的河流断面水质达到地表水环境功能区划Ⅴ类以上;省控7条重点河流化学需氧量和氨氮浓度均值分别为27毫克/升、0.9毫克/升,水质改善率列全省第三,综合排名列全省第六;峡山水库、白浪河水库水质监测指标全部符合国家Ⅲ类标准以上。小清河流域综合治理规划项目已完成81项,完成率46.3%,水质达标率91.7%,同比改善21.1%。2012年度小清河流域污染防治工作考核列全省第一,获得奖励资金684万元,潍坊市重点河流水质现状综合排名列全省第6。

【稳步推进污染物总量减排】 根据国家和省规定的"十二五"总量减排任务,制定实施并分解下达了潍坊市年度主要污染物总量控制计划,建立调度通报制度,对重点减排工程和烟气旁路拆除项目,实行定期督查,定期通报。2013年,已建成投运224个重点减排工程,完成电力、钢铁等行业企业脱硫脱硝工程35个,制定出台《黄标车提前淘汰补贴工作实施方案》,实施全市规模以上工业企业煤炭消费总量控制制度,主要污染物化学需氧量、氨氮、二氧化硫、氮氧化物排放总量分别减少了5.3%、6.1%、7.8%和8%,降幅均超过前两年之和,万元GDP能耗降低了3.8%。

【建设项目审批提速增效】 坚持以腾笼换鸟的办法调整经济结构,严格把握环保门槛和准入条件,不断优化和完善环保审批程序,调整建设项目环境影响评价文件审批权限政策,下放部分审批权限到县(市、区),滨海开发区享有市级行政审批权限,进一步提高了服务经济发展效能。2013年,全市共审批建设项目环评3139个,总投资3013.7亿元,审批项目数较上年同期增长6.5%,拒批或暂缓受理化工、农药类等重污染项目63个。

【环保执法】 制定出台了《环境污染有奖举报暂行办法》,发动群众监督举报环境违法行为。以污染治理、项目审批、总量减排工程和环境信访等为重点,按照属地管理原则,开展了为期三个月的环保百日执法专项行动,组成6个督导组分片包干、网格化巡查,共对2670余个重污染项目(生产线)和"十五土小"(小造纸、小制革、小染料、土炼焦、土炼硫、小电镀、小漂染、小农药、土选金、土炼油、土炼铅锌、土法石棉制品、小放射、土炼汞、土炼砷)、小作坊、小养殖场等实施了停产治理、限期治理和取缔关闭。 (陈艳丽 冯 伟)

节能降耗工作

【概况】 2013年,全市万元GDP能耗0.925吨标准煤,比上年下降4.89%,降幅高于山东省0.41个百分点,超额完成山东省下达的万元GDP能耗下降3.7%的任务目标。

【严格落实节能目标责任】 将省政府下达的年度节能任务目标层层分解落实到全市12个县市区政府、3个市属开发区管委会、21个市直部门和108户市重点耗能企业,逐级签订节能目标责任书,实施问责和考核奖励制度。

【加强节能预警调控】 建立全市节能管理调度分析系统,出台固定资产投资项目节能验收管理办法,完善节能目标完成情况"晴雨表"制度,基本形成潍坊特色的节能预警调控长效机制。科学制定和分解用电指标,通过电耗控制实现能耗控制,对各县(市、区)、开发区每月用电情况进行监测和调度。

【严格新上项目节能评估审查】 全年共对2600个固定资产投资项目进行了节能评估审查。新上工业项目万元增加值能耗0.85吨标煤,按照2012年基数计算,可拉动全市万元GDP能耗下降0.48%。

【加快推进节能技术进步】 深化提升短流程铸造推进工程、电机系统节能工程、太阳能集热系统在工业企业推广应用工程、LED照明产品在工业企业推广应用工程和合同能源管理推进工程"五大重点节能工程"。共组织实施57个日产热水60吨以上的太阳能集热工业应用项目,年可节能2.37万吨标准煤。奥客隆太阳能、巨能变压器列入了国家节能产品惠民工程推广目录。有9家节能服务公司通过国家发改委备案审核,总数达到39家。累计上报国家合同能源管理项目50个,数量为全省首位。

【加快节能技术改造】 制发了《关于加快重点耗能企业节能技术进步和转型发展的意见》,强化调度、指导、扶持、激励等措施,79家重点耗能企业实施了投资达37.69亿元的228个节能技术改造项目,年可实现节能量68.45万吨标准煤;32家企业制定实施了转型发展计划。

【全面推进循环经济发展】 潍坊市成为山东省唯一的地市级首批国家循环经济示范市创建地区(全国19个)。抓好循环经济双百工程,资源综合利用企业数、自愿清洁生产审核单位数分别达到109家、134家。加快推进园区循环化改造,潍坊滨海经济技术开发区、潍坊经济技术开发区两个开发区通过省审查、批复,占全省通过审查总数19个的10%以上。

(刘其宝)

商贸　旅游

商业贸易

【概况】　2013年,面对严峻复杂的国内外经济形势,全市商务系统认真贯彻落实市委、市政府“四一三”战略重点和“突破滨海、提升市区、开发两河”统筹发展布局,对外拓市场引资金扩开放,对内调结构抓转型促消费,商务经济保持了健康发展、稳定增长的良好势头。全年实现社会消费品零售总额1758.8亿元,同比增长13.4%。完成物流总额1.54万亿元,居全省第4位,增长12.7%,其中,工业品物流总额居全省第3位,农产品物流总额居全省第1位。完成进出口总额161.6亿美元,居全省第5位,同比增长7.9%。实际到账外资8.1亿美元,增长5.5%。外派劳务5532人次,完成对外承包工程营业额1.26亿美元,新增境外投资4.89亿美元,分别增长9.5%、23.2%、27.6%。

【商贸流通】　(1)加快推进现代物流基地建设步伐,先后4次邀请物流业界顶层专家到潍坊市调研指导,在香港举办海外专家咨询会及物流招商活动,《现代物流基地(区域物流中心)规划》通过专家评审。支持企业做大做强,新增“AAAA”级物流企业4家。9月份,全国物流企业大会在潍坊召开,来自全国各地的430多家A级物流企业考察对接了滨海区、中国食品谷等物流项目,引起了业界广泛关注。(2)加大商品交易市场规划建设力度,产地型、销地型、综合型市场竞相发展,全市商品交易市场达到1076处,年交易额1160亿元。(3)加快推进民生服务领域重点项目,家政服务向社区和乡村拓展,提升面向家庭的服务水平,商务部在全国推广“潍坊模式”;肉菜流通追溯体系建设工作取得阶段性进展,市级追溯平台基本建成,并先期在19家大型批发市场、生猪屠宰企业、连锁超市、院校布设了追溯系统,登记备案蔬菜、猪肉供应商和经营业户2056户,构建起了正向跟踪、逆向溯源的基本框架;新争取了全国城市共同配送试点项目,将有利于全市率先解决“最后一公里”难题。注重引导居民科学消费,开展了“厉行勤俭节约、反对铺张浪费”专项行动,联合组织全市烹饪服务技能大赛。(4)高度重视电子商务发展,7月份对全市240家外贸企业进行了业务培训,12月份举办潍坊网商论坛,阿里巴巴潍坊电子商务平台正在积极筹建。以“万村千乡市场工程”为抓手,加快推进了城区商业网点、乡镇商贸中心、乡村农家店建设,全市119个镇街都已建成商贸中心,7372个行政村建设了6416个标准化农家店,全省农村现代商品流通网络建设现场会在寿光市召开。开展了“诚信兴商宣传月”活动、打击私屠滥宰、“放心肉”二期工程、单用途商业预付卡管理等工作,强化了市场运行监测和应急保供,提高了城乡消费保障水平。

【开发区建设】　全市14个省级以上经济开发区合计完成固定资产投资、规模以上工业增加值、公共财政预算收入、实际到账外资、进出口总额增幅均高于全市平均增幅50%以上。根据全省134个省级经济开发区综合评价排名,全市12个省级经济开发区有10个位次前移,寿光、高密、诸城、昌乐、潍坊经济、青州6家开发区进入全省前30强,其中寿光开发区位居全省第6位,取得历史最好成绩。落实《关于加快开发区转型发展的意见》,聘请专业机构编制了《全市开发区发展总体规划》,加快推动开发区向特色化、集约化、创新型、功能型、生态型转型。按照“政府主导、企业化运营、市场化运作”的思路,滨海、寿光、安丘、寒亭、昌乐等开发区率先开展了市场化建设运营试点,引进战略投资伙伴成片开发,建立起了多渠道融资、产业链招商、高端人才引进、多种要素参与利益分配的新机制,增强了发展活力。

对外经贸

【对外贸易】　全市出口116亿美元,居全省第3位,增长5.8%,进口45.6亿美元,增长13.7%,出口、进口增幅分别高于全省1.3个、0.2个百分点。在全省进出口总额过百亿美元的6个市中,潍坊市增幅居第2位。完成服务外包离岸执行额1.54亿美元,居全省第4位,同比增长126.1%。制定出台了海外市场开拓计划、促进外贸进出口平稳较快发展的意见、外经贸发展政策,扶持服务力度进一步加大。组织500家企业参加50个重点展会、支持企业“在线”开拓国际市场、外贸企业“银企保”对接等活动,构建了外贸企业融资和市场开拓平台。加快推进外贸转型升级示范基地建设,有8个基地新认定为省级出口基地,全市市级出口基地达到30个、省级基地16个、国家级基地3个,6月,商务部在诸城召开全国现场会,推广潍坊的经验做法。

【利用外资】 新批外资项目49个,合同利用外资17.3亿美元,居全省第3位。实际到账外资8.1亿美元,超过8亿美元的年度目标,居全省第6位。围绕扩大利用外资总量,务实推进了“5+5”招商计划,在韩国、欧洲及北京、深圳、厦门、南宁、香港等地开展一系列富有成效的经贸招商活动,掀起了商务系统招大商、大招商的热潮。市领导带队参加的香港山东周、欧洲招商、深圳招商,以及跨国公司潍坊合作对接会等活动,都取得丰硕成果,合计达成贸易和投资项目78个,奠定了外资稳定增长的基础。招商局集团、德国下萨克森州经济部、以色列化工集团等一批大企业、大机构相继多次到潍坊考察对接,双方的联系更加紧密。围绕盘活外资存量,开展了企业大走访和“访千家外企、促增资发展”活动,对经营状况好、资金充裕的外资企业重点包靠,支持外商以利润再投资等方式追加股本金,96家外资企业实现增资扩股,其中包括卡特彼勒等4家世界500强企业。

第三十届潍坊国际风筝会期间,市商务局牵头举办“跨国公司—潍坊合作对接会” (摄影:王军)

【对外经济技术合作】 (1)“走出去”保持高位运行,全年外派劳务人次、完成对外承包工程营业额、新增境外投资额分别高于全省7.2个、18.7个、4.5个百分点,新设境外企业(项目)个数、新增境外投资额分别居全省第2、第3位。(2)加快中日韩地方经济合作示范区建设步伐,特别是紧抓中韩关系升温的机遇,重点推动了与韩国的合作,与牙山市建立了地方经济合作伙伴关系,与大田贸易协会等机构达成战略合作,韩国食药局来访并支持高密、安丘建设“中韩共建国际食品农产品质量安全示范区”,教育、美容、农业等领域团组多次互访。9月,成功承办了中韩自贸区第七轮谈判,其间举办了自贸区官产学座谈会等系列活动,中韩两国政府代表团顺利达成“潍坊共识”,国内外媒体高频率宣传报道,潍坊在海外的影响力进一步提升。(3)加快海外工业园区建设步伐,柬埔寨(山东)工业园一期工程于上半年启用,8家国内及日本企业已经落户,工业园被柬埔寨政府批准为山东桑莎(柴桢)经济特区,成为全市在海外的第一个经济特区。非洲(乌干达)山东工业园完成厂房建设,潍坊及深圳、沈阳、临沂等地5家企业签署了入驻协议。(4)加快推进一批境外资源开发项目,原木采伐和加工项目、棉花种植项目、钾盐矿开采项目、金矿合作开发等项目进展顺利,成为全市海外能源资源供应基地。

2013年9月3日至5日,中韩自贸区第七轮谈判在潍坊举行,两国代表团达成“潍坊共识” (摄影:王军)

(王积富 张昭利)

招 商 工 作

【概况】 2013年,全市各级各部门紧紧围绕市委、市政府“四一三”发展战略和突破滨海、提升市区、开发“两河”等发展重点,立足职能,创新思路,扎实推进招大商大招商工作,取得了积极成果。全市到位资金过5000万元招商项目313个,到位资金436.42亿元;引进院所23个,引进双创人才35名。

【政策落实和学习调研】 2013年,市委、市政府把招大商大招商和推进转调创作为加快全市科学发展的切入点和主抓手,全市上下迅速学习调研,强化创新措施,研究推进招商工作。先后组织了赴江浙地区开展招商工作专题培训,邀请专家来潍坊举办招商业务培训30多次,组织赴省内外先进地区学习考察,全市招商队伍整体素质明显提高。紧紧围绕招大商和推动转调创主题，出台了《关于进一步强化招商工作组织领导体系的意见》《潍坊市招商工作考核办法》《潍坊市重点产业招商优惠政策》《潍坊市招商项目联络员制度》等文件，通过完善政策、配套措施，为全市招大商大招商深入开展提供了有力支撑。

【整合招商资源】 对全市重点招商项目库、客商资源库和招商信息服务平台进行改造提升和全面运行，实现对投资5000万元以上的在谈、签约、在建项目的动态跟踪管理，对央属企业、世界500强、行业龙头企业及科研机构、高端人才等已掌握信息按产业、地域等分门别类建立数据库，初步实现了市、县、镇三级重点项目覆盖、招商信息共享。通过“两库一平台”发布重点招商项目300多个，整理发布招商信息2000多条，并适时完成全市招商项目网上申报、考核认定等工作。

【搭建招商平台】 全市上下把招大商大招商作为突破滨海的重中之重，吸引外来投资、聚集相关资源。举办“走向滨海走向未来”专题招商推介会等系列对接活动，洽谈推进了装备制造、高端化工、新材料、现代物流、生活服务业等多个领域合作项目。15个县(市、区)、开发区把滨海特色产业园区作为重要招商平台，全力推介滨海开发、引进投资项目，共引进投资过2亿元的项目55个，总投资520亿元，41个开工建设，完成投资10.7亿元，有力推动了园区建设进度。建立了滨海区招商“两库一平台”，实现了潍坊市和滨海区两级招商服务平台信息共享、项目发布渠道共享。市直有关部门和县(市、区)围绕提升市区、开发“两河”战略部署，加强对中国食品谷、齐鲁台湾城、火车站南广场、北辰绿洲等重点项目及“两河”区域重点城镇项目推介招商，推进了重点片区招商和重大项目建设。

【对外开展招商活动】 坚持请进来与走出去并举，招商引资与招院引所、招才引智同步推进，制定出台了《2013年下半年全市招商活动计划安排》，各级各部门瞄准重点区域、重点项目和重点企业，主动出击，积极对接。全市举办或参加各类境内外招商活动180多项，洽谈对接项目涉及投资2000多亿元。市级层面先后组织开展了中国食品谷(广州、北京)招商恳谈推介会、第30届潍坊国际风筝会系列招商活动、2013香港山东周经贸招商活动、“走向滨海走向未来”招商推介会、环渤海湾和阿拉伯湾——两湾合作潍坊投资洽谈会、2013海峡科技论坛招商推介会、第19届鲁台会暨2013台湾·山东周活动、赴德国和以色列等境外地区招商对接活动及赴北京、深圳集中对接活动等，全面加强对央属企业、世界500强、中国500强和驻外机构、科研院所的对接合作，取得了积极成果。先后邀请张江高科集团、招商局集团、港中旅集团、上海山东商会、深圳山东商会、中国南车集团、中建集团等大型企业(机构)到潍坊考察，举办小型洽谈对接活动。

【加强对外联络和投资服务】 按照市政府“八最”服务举措，建立联系中介、走访企业、联谊座谈等制度，加强与驻潍商会及上海山东商会、深圳山东商会、江苏山东商会、全球中小企业联盟、中国国际经济交流中心、北京国际投资环境研究院等外地商会和中介组织的对接交流，及时传达政策信息，联合开展招商活动；筹备成立了上海市潍坊市商会。加强与中国社科院、北京大学、清华大学、东北大学、中国农业大学、深圳华商学院等科研院所的联系对接，寻求战略合作。加大对外宣介，广泛搜集信息，编印《央属企业招商指南》《北京招商资源汇编》和《投资潍坊》8000多册，包装策划重点招商项目400多个，通过网络平台各类招商活动宣传推介潍坊。

【创新招商方法】 各县(市、区)根据各自发展定位、产业结构、资源禀赋等，分类组建了711支招商队伍，积极走出去开展全方位招商；市直部门立足职能，把对口招商与向上争取资源结合起来，成立了161支专门队伍，专业招商人员达到915人，有针对性地开展了对接联络和宣传推介工作。诸城市选聘111名高层次人员作为招商代理，提高了招商引资实效；青州市密切对接本地籍贯或曾在本地工作过的成功人士，组建青州商会，开展商会招商；高密市鼓励引导本地企业拿出优质资源，与国内外大企业合资合作，以企业为主体开展招商；安丘市、奎文区在全国重点区域设立了驻外招商联络处，实施驻点招商；寿光市、昌乐县实行“集中招商月”制度，集中时间、集中人员外出招商；滨海区大力推行“五零”措施，营造了亲商、安商、富商环境。

【严格招商考核和跟踪问效】 严格按照《潍坊市招商考核办法》，坚持“三招三引”并重，突出对全市招商大项目及招院引所、招才引智项目的考核认定，形成了鲜明考核导向。加强对2012年以来北京、深圳、上海招商活动及风筝会、鲁台会、2013海峡科技论坛等招商活动签约项目进展情况的督查通报，落实跟踪问效，推进项目进展。　　(郭晋)

供销合作经济

【概况】 2013年，全系统完成商品购进总值169.78亿元，销售总值177.76亿元，同比分别增长21.53%、25.33%，利润总额1.12亿元，同比增长29.99%。其中，日用消费品销售额达到83.99亿元，同比增长31.10%；农业生产资料销售额达到51.27亿元，同比增长33.76%；农副产品购进额达到68.93亿元，同比增长14.43%。

【农村现代经营服务网络】 (1)稳步推进农村日用品流通体系建设，形成了县有龙头、镇有超市、村有加盟店的经营体系，建成日用品配送中心12处,连锁门店579家,其中,直营店126个,加盟店453个。(2)大力发展农资现代经营服务体系建设,创新农资流通方式,推进农资联合采购和直供直施,广泛开展各类技术培训服务,建设农资配送中心17个,农资连锁经营门店3171个。(3)积极推进烟花爆竹和再生资源回收利用体系建设,新建、提升了156处烟花爆竹和再生资源经营网点,初步形成回收、分拣和加工利用一体化服务体系。(4)积极参与小城镇建设,建设供销社商业综合服务体,全市供销社已有11处商贸中心纳入小城镇建设总体规划,参与建设的新型农村社区综合服务中心达到217处。

【农业社会化服务体系】 (1)新建为农服务中心20处,采取"前厅后院"的模式,集农资供应、农机服务、信息咨询、技术指导于一体,打造为农服务的综合平台。(2)开展大田托管服务面积达到108万亩,其中,从种到售的全程托管服务面积5.9万亩,环节托管服务面积102.2万亩,服务品种涉及小麦、玉米、土豆、花生、大姜、黄烟、机采棉等主要粮食作物和经济作物。通过社会化服务,每亩为农民减少成本150元左右,累计为农民增收1.5亿元。

2013年4月10日,潍城区供销社对托管的小麦喷施农药（摄影:鲍凌云）

【农产品经营服务】 (1)大力推进农业示范基地建设。2013年,全系统示范基地面积总计达到4万多亩。建成现代农业示范园区3个,生产基地面积总计达到30多万亩,"三品一标"农产品品牌注册数量达40多个。(2)加快完善鲜活农产品流通体系,新增农产品冷藏能力近6000吨,总计达到2万多吨,参与农贸市场建设和经营6处,新建、提升农产品经营服务网点103处,销售各类农产品近8万吨。(3)深入推进农超、农批、农企对接。已与国内外30多家大型超市、20多个农贸市场、10多个农产品专业经营公司及加工企业建立了比较顺畅的产销关系。

【基层组织建设】 实行开放办社,全市超过60%的乡镇基层供销社实现重新启动恢复。通过开展"党建带社建、社村共建",探索培育了基层供销社、村集体经济组织、合作社、资金互助组织四位一体的基层组织发展新机制,实现了农民收入提高、村集体积累增加、基层党组织执政能力增强、基层供销社发展壮大的多方共赢。截至2013年底,全市有72处基层供销社同89个村两委合作组建了114个农民合作社,带动社员6000多户,平均为每个村增加集体收入3万元以上。

【农民合作经济组织】 依托基层供销社,组织农民,在产、加、销各个环节开展互助合作,实现共同发展。截至2013年底,全市供销社系统发展各类农民合作社745处,注册成立农民合作社联合社38处。组建投资担保公司5处,资金互助部56处,初步探索了资金担保的农村信用合作融资服务体系,入社社员达到3292人,入社资金4400万元,成员间互助借款3700万元,融资规模过亿元。诸城相州泰丰农村资金互助社是潍坊第一家经国家银监会批准注册成立的资金互助社,为全市资金互助社建设探索了经验。

【机采棉试验示范】 在寒亭、寿光、昌邑北部盐碱地区试验种植3000亩机采棉获得成功,实现了标准化、规模化种植和全程机械化操作,从良种繁育到加工销售的全产业链布局初步建立。(1)建立机采棉良种繁育推广技术中心,占地面积20亩,建成棉花良种繁育基地6000亩,年繁育推广棉花良种45万公斤。(2)成立银海棉花种植专业合作社联合社,整合、配备新型农机设备

2013年10月27日,市供销社机采棉试验示范基地机械采摘棉花（摄影:鲍凌云）

30多台(套),对机采棉从种到收各个环节实行机械化操作,实行"六统一"管理,统一耕整土地,统一测土配方,统一农资供应、统一技术服务、统一防控、统一机采。(3)筹建机采棉加工龙头企业,项目占地面积368亩,总投资7.2亿元,建设6台158型轧花机生产线4条,年加工皮棉能力达4万吨。

（鲍凌云）

粮 食 流 通

【概况】 2013年,围绕做好"广积粮、积好粮、好积粮"的目标,启动实施"粮安工程",扎实推进各项工作,确保了地方粮食安全。全社会粮食总购进1020万吨,总销售880万吨,市场供应充足、购销活跃,保障了粮食供需基本平衡。

【粮食安全保障】 (1)加强粮情分析。面对全市粮食市场缺口大、价格高、产不足需、调控难度大的实际,利用50个城镇粮油价格监测点和960个农户粮情调查点,提报价格监测报表和形势分析70多篇,搞好年度粮食供需平衡调查和主要农作物成本分析调查,并与中储粮、农发行建立联席会议机制,为政府调控市场提供决策依据。(2)搞好粮食购销。夏粮收购,全市共收购小麦51.6万吨,同比增加7.6万吨,其中国有粮食企业收购商品粮12万吨,占总收购量的23%。秋粮收购,收购玉米43万吨,同比增加12万吨。(3)做好粮食储备。严格落实各项规章制度,市、县两级地储粮油轮换任务保质保量完成,实现了储备粮油的数量真实、质量完好。11月份,成功举办首次全市粮食系统业务知识竞赛,推动了职工岗位练兵和技能竞赛活动的开展。(4)完善粮食应急体系。全市新选定和补充粮食应急供应网点153家,配送中心17家,储运企业15家,确定应急加工企业28家,应急建设达到了科学、合理、规范的要求。(5)努力保障军粮供应。转变工作思路,实际工作由以业为主向多业经营、由日常供应向应急保障、由单一粮油向多品种多样性发展三个延伸推进,增强了应急综合保障能力。市站获评全省十强军供站,4个站(中心)被授予"省社会化拥军窗口单位"称号。

潍坊市粮食系统业务知识竞赛　　　（摄影:丁洪智）

【仓储管理建设】 2013年,县(市、区)仓储建设投入、设施、水平又有新提升,安丘市3万吨、临朐县1.2万吨新库开仓纳粮,寿光市4万吨高大平房仓建设顺利,昌乐县投入近500万元完善项目建设,市直擂鼓山粮库利用财政资金250万元进行仓房维修。寿光、安丘两市争取财政危仓老库维修金960多万元,市、县两级仓储基础设施逐步得到改善。全市现已建成高标准、现代化粮库18处,容量110万吨,初步形成了设施一流、管理科学、布局合理的地方储备粮管理体系。实施科学储粮、绿色储粮,国有粮食储备企业装备机械通风、电子测温和环流熏蒸技术分别达到70%、60%和50%。安全生产常抓不懈,逐级签订安全生产责任书,重点组织开展"百日行动"大检查,共检查涉粮企业305家,全市粮食行业安全生产零事故。

【行政执法】 成立粮食行政执法监督检查领导小组代行专业监察队伍职能;协调有关部门依法对城区粮食监察大队实施执法委托,使其工作合法合规;与市属五个开发区对接执法工作,理顺行政审批、监督检查及统计业务关系。努力完善执法技术支撑,市粮食质检中心争取财政资金280万元建成中心实验室,8月份取得了省质监局颁发的计量认证和食品检验机构资质认定证书。启动全市粮食执法效能提升活动并进行考核;举办全市粮食流通监督检查培训班,组织到临沂和淄博两市考察学习;市、县两级认真组织全市粮食库存检查和政策性粮食购销、夏秋粮收购、地方食用油储备等专项检查,维护了市场流通秩序。城区分局、青州市、诸城市等与当地工商、物价、质监部门建立工作联动和信息共享机制,与周边县市分别建立执法联系协商机制,共同维护毗邻边界地区粮食市场秩序;临朐县推动建立粮食行业商会,搭建起合作交流、抱团发展的平台;高密市开办两期执法培训班,提高了依法管粮能力;寿光市、临朐县等制定守法经营企业分级监管办法,实施跟踪评价,动态监管。

【三项惠民工程】 (1)放心粮油工程。近年来积极争取财政资金支持,先后为6个县(市、区)投入1000多万元。上半年,与市财政局联合召开全市推进放心粮油工程现场会,推动了面上工作开展;发挥行业协会职能作用,制定放心粮油示范企业创建标准,开展评审活动;联合市电视台拍摄"从收购到餐桌"系列宣传片,扩大行业宣传。(2)居民厨房工程。城区隆泰食品早餐车已发展到210多部,遍布7个县(市、区);寿光圣粮春食品新上馒头生产线5条,日生产能力提高到1万公斤;高密望乡食品实施"放心主食"项目,发展连锁经营,建立覆盖城乡社区的服务网络;安丘市投资300万元成立放心粮油配送中心,设立200家放心粮油专柜。(3)农户科学储粮示范仓工程。争取配套资金559万元,1.3万个"小粮仓"夏收前发放到7个县市区农户手中,3年来累计发放3.3万户,每年可减少储粮损失200多万公斤。　（郭冬青）

烟　草

【概况】 2013年,潍坊市烟草专卖局(公司)在市委、市政府和行业上级的坚强领导下,自觉践行"国家利益至上、消费者利益至上"的烟草行业共同价值观,解放思想,狠抓基础,勇于创新,争创一流,实现了企业持续健康发展。全市种植烟叶19.8万亩,收购烟叶54.8万担。销售卷烟34.1万箱,同比增长1.5%。"两烟"合计实现税利15.4亿元,同比增长9.1%;其中实现税金11.46亿元,同比增长12.02%。

【烟叶生产经营】 积极创新发展机制,突出减工降本,形成并完善"产业化龙头企业+家庭农场(种植专业户)+合作社"的生产经营组织模式,促成烟叶持续健康发展内生机制。全市家庭农场面积占种植烟叶总面积的76.4%。13个烟农专业合作社高效运作,烟叶生产亩均用工13个。深入实施烟叶生产生态村富民工程,投入3.2亿元,建设水利、道路、文教卫生、烤房、育苗大棚等项目4609项。潍坊烟叶生产技术中心被国家烟草专卖局认定为行业级烟叶生产技术中心。烟叶质量特色大幅提升,在国家局和省局(公司)组织的收购等级质量检查和工商交接等级质量检查中,等级质量平均合格率均列全省第一位。成功承办全国烟叶收购暨现代烟草农业建设现场会和全国烟叶精益生产推进会。积极推进非烟生态村富民工程,帮扶成立非烟农民合作社3个,形成两个名优特色品牌,探索出非烟农民合作社与烟农专业合作社紧密结合、烟叶与其他农作物共同发展的建设方式。

【卷烟销售和网络建设】 深入实施卷烟零售户致富工程,依托潍坊烟草亲情帮扶慈善基金,对全市困难零售户开展扶危、济困、助学、敬老、生产经营等帮扶,先后开展"冬日暖阳""心系客户、情暖中秋""十百千保险帮扶""和风·金色希望"真情助学等一系列帮扶活动,累计帮扶困难零售户3600户次,发放各类资助247万元。积极借助现代化信息手段提升管理水平,网上订货率80%。联合金融机构为零售客户融资7662户次,金额1.3亿元。深化客户培训,全年培训零售户3.6万人次,培训重点客户5100余户次。扎实推进精益物流建设,着力优化流程、整合资源,物流配送和服务水平得到明显提升。

【专卖管理和市场控制】 积极组织开展集中打假行动,全市查获各类涉烟违法案件1070起,查获涉案卷烟1867万支,总案值1215万元;移送公安刑事立案134起,刑拘230人,批捕54人,判刑75人。破获12起符合公安部、国家烟草专卖局标准的网络案件,其中3起案件被列为公安部集群战役案件。市局连续5年被授予"全省卷烟打假工作特殊贡献奖"。深入推进柔性执法,加强零售户自律小组建设,持证零售户全部加入自律小组。规范行政处罚裁量标准和权限,推行执法责任制,加强法律法规培训。

【企业基础管理】 拓宽办事公开民主管理,落实"应招尽招、能招尽招",公开招标率95.9%,工程投资项目公开招标率100%。应用全面预算控制体系,加强执行控制和分析,强化重点费用预算管控。开展全面审计,抓好问题整改,促进增收节支996万元。开展"安全生产基层基础提升年"活动,加大安全检查和专项整治力度,实现"五零一控"目标。加强创新型企业建设,取得授权专利8项,申请发明专利1项、实用新型专利7项。质量管理创新成果被国家烟草专卖局评为行业二等奖,质量管理小组被评为全国、全省优秀质量管理小组,市局(公司)被评为"山东省质量管理小组活动优秀企业",连续两年被评为"山东省管理创新优秀企业"。

【队伍建设】 深化干部人事制度和薪酬分配制度改革,平衡调整各类人员利益,科学规划员工职业生涯。推进"十百千"人才建设工程,全系统博士、硕士、本科生分别达到4名、56名、947名。深化教育培训工作,全年举办培训班91期,培训7800余人次。开展"走基层、送科技、送文化、送法律"公益演出18场次。

(韩冬梅)

旅　游

【概况】 2013年,在市委、市政府的正确领导下,全市旅游系统围绕建设文化创意旅游基地的总体目标,以"创新突破年"为抓手,全面落实全市旅游发展大会各项部署,推动了旅游业持续快速健康发展,区域性旅游集散中心建设步伐全面加快。全市接待境内外游客4735.26万人次,同比增长11.26%;实现旅游总收入441.07亿元,同比增长14.7%。

【营造发展氛围】 积极争取各级党委、政府和社会各界对旅游业的关注和支持。市委、市政府主要领导高度重视旅游,多次对旅游工作做出批示。特别是市委、市政府作出"四一三"的战略部署,明确提出建设文化创意旅游基地,把发展旅游提到事关全局的高度,为下步旅游业发展指明了方向。市人大、市政协先后组织了对全市旅游业发展和生态旅游发展的专题调查、调研,提出了重要指导意见。市局根据《区域性旅游集散中心建设方案》的要求,强化对县(市、区)旅游、开发区旅游发展情况的督查,并进一步改进旅游工作专项考核,发挥了重要导向作用,调动了各地的积极性。青州以古城开发为龙头,深入实施"旅游立市"战略;临朐确立了"旅游强县"战略,全力推动沂山创建5A级景区;峡山依托生态优势,着力发展乡村旅游;滨海把旅游业作为六大主导产业之一重点培育;同时，歌尔电子、景芝酒业、寿光义海集团等一批工业企业、社会资本看好旅游业、纷纷进入旅游领域，全市掀起了新一轮旅游业发展热潮。

【AAAAA 级旅游景区创建】 把 AAAAA 级景区创建作为重中之重，集聚资源，倒排工期，全力推动临朐沂山创建 AAAAA 级景区，打造区域旅游的龙头产品。2013 年 12 月 19 日，沂山被正式评定为国家 AAAAA 级旅游景区，夺得衡量景区水平的最权威金字招牌。潍坊在历史上第一次拥有了代表世界级品质和国家最高水平的精品景区，抢占了区域旅游竞争的制高点，获得了进军国际旅游市场的“通行证”，改变了潍坊旅游“有群山无主峰”的局面。同时，积极推动各景区点提升素质、评先创优，全市 A 级景区增加到 90 家，居全省第 1 位，其中 AAAAA 级景区 1 家、AAAA 级景区 18 家。

【省级旅游度假区创建】 全力推进成方连片旅游综合开发，积极创建省级旅游度假区，带动旅游业转型发展。青州云门山、安丘青云国际、寿光弥河生态、滨海欢乐海、诸城恐龙文化、昌乐寿阳山 6 家单位获批省级旅游度假区，总量跃居全省第 2 位。有效地整合各类优势旅游资源，构建了潍坊旅游发展的新高地，有力地推动了全市旅游业转型升级，为打造国内知名旅游目的地、打响潍坊旅游品牌奠定了坚实基础。

【重点旅游项目建设】 全市在建重点旅游项目 122 个，总投资 1121.5 亿元，全市旅游项目总体规模和建设速度均居全省第四位，安丘齐鲁酒地、寿光双王城等一批大项目、好项目建成投入运营。大力推进旅游招商引资，策划包装一批旅游大项目重点推介，特别是针对港中旅、碧桂园、韩国 SK 集团等旅游大企业开展定向招商。5 月份“香港山东周”期间，与港中旅集团深入洽谈，最终达成四项合作共识。合作实现良好开端，年内对方已为全市输送“两日游”团队近百个，正积极推进诸城恐龙文化旅游区、坊茨小镇等项目与港中旅集团的投资合作。

【宣传促销】 全面宣传旅游品牌，通过“联合推介、捆绑营销”的方式，在央视、澳亚卫视、韩国 C&M 电视等主流媒体集中推介，产生了良好市场效应。注重活动宣传，在风筝会期间举办了第八届潍坊旅游节暨“百千万（百家新闻媒体、千家旅行社、万名旅游者潍坊行）”活动，扩大了潍坊旅游影响力。走出去开拓市场，积极参加了国内旅交会、国际旅游商品博览会、北方旅游交易会等专题展会，并筛选了 20 个城市重点促销。推出 2 条精品旅游线路，选定国内外 20 家龙头旅行社，加大奖励力度，通过其网络优势对外营销，收到明显成效。编制《潍坊精品三日游线路产品》《潍坊旅游“三个三十”》等系列宣传材料，在省内外重点客源城市以及中心城区公共区域摆放，宣传了潍坊旅游资源。不断完善“潍坊市永不落幕的网上旅游博览交易会”营销平台，积极构建市、县、企业三级旅游信息平台，建成多媒体旅游营销体验系统，水平居全省前列。

【乡村旅游】 发挥乡村旅游资源丰富、民风民俗独特等比较优势，推出一批有代表性的乡村旅游产品，培育了安丘辉渠、昌乐高崖等一批示范点。大力发展以家庭为主体的农家乐、渔家乐，积极推进其“改厨改厕”，接待水平进一步提高。推动旅游小镇建设，安丘辉渠、临朐五井等 12 个乡镇被列为全省首批旅游小镇重点建设单位。开展省级采摘园创建，有 5 处进入创建程序；创建省级旅游强乡镇 28 个、旅游特色村 17 个、农业旅游示范点 33 个、其中国家级 6 个，乡村旅游成为旅游消费新热点。

【接待服务水平】 不断提高旅游接待能力，引导全市星级旅游饭店转型发展，按季度对其经营情况深入分析、提出意见建议，得到市主要领导的充分肯定。引进华美达等国际知名酒店品牌，开工建设万达国际等高端酒店，全市星级饭店增加到 79 家。落实旅游奖励办法，培强做大旅行社，总数发展到 145 家，其中国际社 5 家。行业培训力度明显加大，培训旅游专门工作人员近 3000 人；在全市组建起 36 支职业化导游团队，达到省内一流水平。强化监管，会同有关部门联合执法，规范旅游市场秩序。

【旅游商品】 深入挖掘提升风筝、年画、仿古铜、红木嵌银等传统工艺，研发了一批易于携带、富有特色的旅游商品。拓宽旅游商品销售渠道，规划建设集中旅游购物场所，在市区四星级以上饭店的醒目位置展示旅游商品。同时，引导开展网上营销，拉长产业链条，增加了旅游综合收益。（王林庚）

潍坊市星级酒店一览表

表4

名　　称	星　级	地　　址	电　话
潍坊雅悦富华大酒店	五星	高新区福寿东街168号	8881988
潍坊金茂国际大酒店	五星	高新区北宫东街1999号	2229999
寿光晨鸣国际大酒店	五星	寿光市南环路弥河桥东首	2231888
山东新富佳悦大酒店	五星	经济开发区玄武街999号	2088888
山东鸢飞大酒店	四星	奎文区四平路31号	8068888
潍坊东方大酒店	四星	高新区东风东街181号	8881111
潍坊国际金融大酒店	四星	奎文区四平路86号	8218888
潍坊大酒店	四星	奎文区胜利东街381号	8232188
寿光阳光温泉大酒店	四星	寿光市开发区温泉路中段	5107888
诸城密州宾馆	四星	诸城市府前街1号	6212281
潍坊泛海大酒店	四星	潍城区和平路198号	8325680
山东杨春国际大酒店	四星	请城市繁荣路西首	6177688
青州泰和大酒店	四星	青州市泰和旅游风景区	3570222
青州银座佳悦酒店	四星	青州市海岱中路3999号	3509999
潍坊丽景酒店	四星	潍城区东风西街111号	8399999
滨海金辉酒店	四星	滨海区禄海路	5301111
昌乐鸢飞大酒店	四星	昌乐县新昌路8号	6221888
寿光凯莱大酒店	四星	寿光市北环路与文家路交叉口	5218888
诸城华玺酒店	四星	诸城市密州东路16号	6048989
安丘新东方大酒店	四星	安丘市向阳路东首	4389999
滨海海正饭店	四星	滨海区海港路57号	7387777
高密凤都国际大酒店	四星	高密市利群路2899号	2719999
诸城栗园酒店	四星	诸城市滨河东路188号	6170888
潍坊钧瀚国际大酒店	四星	坊子区北海路凤凰大街路口	7668888
寿光凯德华大酒店	四星	寿光市圣城街259号	5192222
中恒国际大酒店	四星	潍坊市潍城区北宫西街8888号	8087887
潍坊盛宏假日酒店	四星	山东省青州市衡王府路1766号	3277999
昌乐昌城大酒店	四星	昌乐县新昌路36号	6802888
潍坊政府接待中心	三星	奎文区胜利东街379号	8195999
潍坊汇泉饭店	三星	奎文区东风东街366号	8195555
诸城中粮宾馆	三星	诸城市兴华东路31号	6569828
诸城华洋大酒店	三星	诸城市和平街6号	6164288
青州海龙大酒店	三星	青州市火车站西街368号	3282619

续表 4

名　称	星　级	地　址	电　话
昌邑宾馆	三星	昌邑市天水路 14 号	7212252
潍坊东明大酒店	三星	高新区东方路 361 号	8102222
寿光富华大酒店	三星	寿光市渤海路 336 号	5218368
临朐伟成大酒店	三星	临朐县龙泉路 16 号	3164688
寿光在水一方大酒店	三星	寿光市圣城路建桥路口	5852888
潍坊三江大酒店	三星	潍坊市新华路 18 号	8586688
临朐大酒店	三星	临朐县山旺路 28 号	3123500
潍坊世纪华润商务酒店	三星	高新区东方路 2577 号	8069777
潍坊天悦山庄	三星	潍城区浮烟山景区	2227766
昌邑翰林酒店	三星	昌邑市解放路东	7123456
寿光华纳大酒店	三星	寿光市圣城街 555 号	5283999
高密正大商务酒店	三星	高密市振兴街 588 号	2855777
潍坊帝豪大酒店	三星	潍城区向阳路中段	8391111
临朐东镇御苑大酒店	三星	临朐县沂山景区南门	3715678
高密银鹰商务酒店	三星	高密市人民大街 1399 号	2919777
高密凤凰宾馆	三星	高密市人民大街 199 号	2320051
滨海海洋宾馆	三星	潍坊滨海经济开发区禄海路中段	5328960
安丘宾馆	三星	安丘市商场路中段	4221911
昌乐阳光会馆	三星	昌乐县经济开发区	2187097
滨海鑫海源大酒店	三星	滨海经济开发区西城区	5316666
诸城福泰华大酒店	三星	诸城市和平路 33 号	2163333
青州东方颐寿大酒店	三星	青州市云门山景区	3276797
昌乐清林园大酒店	三星	昌乐县昌盛街西首 2068 号	6276888
昌乐宝城大酒店	三星	昌乐县新昌路 219 号	2180111
潍坊舜耕假日酒店	三星	诸城市密州东路 6 号	2167777
寿光香格里拉商务酒店	三星	寿光市正阳路 36 号	5228999
潍坊君尚假日酒店	三星	奎文区北宫东街 262 号	8661976
潍坊富豪国际大酒店	三星	奎文区新华路 23 号	8321111
潍坊普雷思酒店	三星	奎文区潍州路与民生东街交叉口西北角	8807111
寿光市东宇鸿翔大酒店	三星	寿光市东宇鸿翔汽车城	5498888
寿光市言玉大酒店	三星	寿光市经济开发区金海路北段	5585777
酱城市龙韵假日酒店	三星	诸城市繁荣东路 124 号	6150818
青州宾馆	二星	青州市范公亭西路 1915 号	3223212
青州南山大酒店	二星	青州市南环路 18 号	3278831

续表4

诸城东升大酒店	二星	诸城市兴华西路34号	6212889
青州惠达宾馆	二星	青州市范公亭西路1号	3270066
临朐九福来商务宾馆	二星	临朐县骈邑路	3125999
临朐沂山茅舍	二星	临朐县民主路92号	3123588
临朐红叶宾馆	二星	临朐县新华路72号	3213404
临朐华海大酒店	二星	临朐县新华路63号	3767888
昌邑丽景酒店	二星	昌邑市北海路395号	7215777
安丘金润大酒店	二星	安丘市商场路西段	4297999
诸城巨环宾馆	二星	诸城市北外环北石桥666号	6172255
潍坊金旺宾馆	二星	坊子区北海路双羊街路口	2289167

潍坊市旅行社一览表

表5

名　　称	地　　址	电　话
青州八喜国际旅行社有限公司	青州市泰丰购物广场 A2211 号	3888888
潍坊阳光国际旅行社有限公司	奎文区东风东街 272 号	8247577
潍坊市假日国际旅行社有限公司	奎文区东风东街 360 号泰华大厦 A1106	8238119
潍坊市春秋国际旅行社有限公司	奎文区胜利东街 379 号	8256655
潍坊金宝国际旅行社有限公司	奎文区潍州路 438 号	8805360
潍坊黄河口国际旅行社有限公司	高新区东方路锦光公寓北段 7 号	8089666
青州旅行社	青州市范公亭西路 1888 号	3231390
潍坊教育旅行社有限公司	奎文区鸢飞路 559 号	8239118
潍坊天马旅行社有限公司	奎文区东风东街 239 号老农科院三楼	8235803
寿光市泰华旅行社有限公司	寿光市迎宾路水产局沿街楼	5207111
高密市青年旅行社	高密市永安路中段	2370099
潍坊华之旅旅行社有限公司	昌乐县恒安街中国银行西 100 米路南	6270133
临朐县环球旅行社有限公司	临朐县山旺路 22 号	3121878
潍坊市新世纪旅行社有限公司	奎文区东风东街 7830 号金宝大厦 1516	8857058
潍坊市银河假期旅行社有限公司	奎文区潍州路 683 号	8860550
诸城市阳光旅行社有限公司	诸城市兴华路中段南侧	6121703
潍坊市爱邦旅行社有限公司	奎文区新华路 64 号	8285971
潍坊市北海旅行社有限公司	高新区新城西路中段	8897780
潍坊航空旅行社	奎文区文化路 458 号	8270000
潍坊市商务旅行社有限公司	高新区东风东街金马国际商务大厦一楼	8291509
寿光市青年旅行社有限公司	寿光市圣城街 73 号	5228822
青州市阳光假日旅行社有限公司	青州市范公亭西路中段	3228668
寿光时代旅行社有限公司	寿光市圣城街 211 号	5262726
昌乐九洲旅行社有限公司	昌乐县城利民街商业步行街	6800111
潍坊希望旅行社有限公司	奎文区东风东街 286 号	8291118
潍坊三元金乔旅行社有限公司	奎文区东风东街名门现代城 272－c 号 28	8263666
潍坊路通旅行社	高新区东风东街 179 号	8876620
潍坊市华夏旅行社有限公司	奎文区东风东街 248 号甲	8221951
潍坊神洲旅行社有限公司	奎文区胜利东街潍坊大酒店一楼	8240566
潍坊交运旅行社有限公司	奎文区健康东街 529 号	8255953
青州市东方旅行社有限公司	青州市范公亭西路 26 号	3885618
潍坊航宇旅行社有限公司	奎文区四平路 88 号	8347777
青州交通旅行社有限公司	青州市云门山北路 1381 号	3250998

续表 5

名　　称	地　　址	电　话
青州市东阳旅行社有限公司	青州市尧王山东路 438 号	3280968
青州宏晟航空旅行社有限公司	青州市玲珑山南路 4592 号	3234567
昌乐县宝都旅行社有限公司	昌乐县利民街 406 号	6250006
潍坊金马旅行社有限公司	奎文区东风东街 229 号 506 室	8792788
潍坊康辉旅行社有限公司	奎文区四平路 26 号	8252598
潍坊交通旅行社	高新区北海路 369 号院内 1 号楼	2936017
安丘市旅行社	安丘市利民街 109 号	4220989
诸城春秋旅行社有限公司	诸城市西关大街 399 号	6217633
潍坊友好旅行社有限公司	奎文区榕花路与北宫东街交叉口	8259976
潍坊九州旅行社有限公司	奎文区新华路 4902 号金宝广场 307 室	8864488
潍坊鑫海旅行社有限公司	奎文区健康东街 239 号	8886757
潍坊市公交旅行社	奎文区东风东街 295 号	8271166
临朐神洲旅行社有限公司	临朐县龙泉路 35 号	3211714
寿光市远山旅行社有限公司	寿光市迎宾路 139 号	5193333
潍坊金色假期旅行社有限公司	奎文区胡西小区内 1 幢 2 号楼 2 楼	8243111
安丘永安假日旅行社有限公司	安丘市兴安路	4291567
潍坊市杨家埠旅行社有限公司	寒亭区蝶园西巷 2 号	7283577
潍坊十笏园旅行社有限公司	潍城区东风西街 348 号	8358787
潍坊市中海旅行社有限公司	寿光市渤海路 319 号	5199992
寿光市大昌旅行社有限公司	寿光市广场街 189 号	2158688
潍坊观光假期旅行社有限公司	奎文区北宫东街 6388 号尚都国际商住小区 9 号楼 1011	2247558
寿光市假日旅行社有限公司	寿光市迎宾路 310 号	5265399
潍坊帝都旅行社有限公司	寒亭区帝都街以南海天路以西	7278888
青州市长城旅行社有限公司	青州市范公亭西路 801 号	3222368
潍坊森林旅行社有限公司	坊子区政府院内	7602346
潍坊科普旅行社	高新区上东购物广场 1－3F	8231977
潍坊永安旅行社有限公司	奎文区新华路玫瑰园东门	8232066
潍坊凤凰假期旅行社有限公司	奎文区金融街 B2312	6103887
潍坊国泰旅行社有限公司	高新区胜利东街 3737 号一楼东侧	2222588
潍坊市齐鲁旅行社有限公司	奎文区宝通街 298 号	8242666
潍坊市锦海旅行社有限公司	奎文区福寿东街 234 号	8501682
潍坊长荣旅行社有限公司	寿光市银海路与文庙街交叉口西 80 米路北	5218188
高密凤凰假期旅行社有限公司	高密市人民街利群路交叉口西南	2121801
寿光市金舰旅行社有限公司	寿光市公园北街 262 号	5237977

续表 5

名　　称	地　　址	电　话
青州明珠旅行社有限公司	青州市青州南路	3206118
安丘星河旅行社有限公司	安丘市国税局西临	4369123
青州中谊旅行社有限公司	青州市泰丰购物广场 D－2112－2 号	3984888
青州山水旅行社有限公司	青州市偶园街 2 号	3228837
青州春秋旅行社有限公司	青州市范公亭东路 2966 号	3302345
潍坊东方明珠旅行社有限公司	奎文区北宫东街银枫小区 A 区 306 号	8889688
诸城市交通旅行社有限公司	诸城市站前街中段(火车站东侧)	6355225
潍坊七彩假日旅行社有限公司	坊子区天润凤凰城	7620008
潍坊开元旅行社有限公司	寿光市迎宾路 25 号	5660099
潍坊山水旅行社有限公司	奎文区东风东街名门现代城 58 号	8243666
潍坊鸢之旅旅行社有限公司	奎文区虞河路盈隆广场 907	8588022
诸城市龙马假日旅行社有限公司	诸城市东关大街 267 号	6175666
潍坊乐程旅行社有限公司	奎文区东风东街 8081 号早春园小区沿街 5 号	8292287
潍坊宇翔旅行社有限公司	奎文区鸢飞路 535 号	2101757
高密市春秋假日旅行社有限公司	高密市人民大街	2331828
高密交通旅行社有限公司	高密市密水街道中国北方鞋城 B 区 1 号楼南向 112 号	2122118
临朐县交通旅行社有限公司	临朐县南环路盘龙路口西侧	3337977
诸城现代旅行社有限公司	诸城市兴华东路 68 号	6176666
潍坊沂山旅行社	临朐县山旺路 28 号	3463686
昌邑绿舟旅行社有限公司	昌邑市天水路 42 号	7010029
昌邑星辉旅行社有限公司	昌邑市解放路 436	7110011
寿光阳光旅行社有限公司	寿光市公园北街 286 号	5109922
潍坊半岛旅行社有限公司	坊子区北海南路 49 号	7632888
安丘市希望旅行社有限公司	安丘市青云山路 18 号	4289555
潍坊翰林旅行社有限公司	奎文区胜利东街 4888 泰华领域 2526	8227228
潍坊市华都旅行社有限公司	高新区胜利东街 1976 号华都集团三楼	8461198
潍坊青旅假日旅行社有限公司	高新区玉清东街 88 号中和大厦沿街写字楼 147	8899835
潍坊君泰旅行社有限公司	奎文区北苑街道办事处则尔庄村	2988807
临朐县东镇旅行社有限公司	临朐县沂山镇政府驻地	3480101
潍坊大地旅行社有限公司	奎文区东风东街 8081 号东盛广场 808	2250116
青州市长运旅游有限公司	青州市瓜市北巷 1 号	2138655
青州市泰运旅行社有限公司	青州市北关村嘉城街 1 号	3268682
潍坊市怡嘉旅行社有限公司	奎文区鸢飞路 626 号中友大厦 417 室	8262696
寿光瑞元旅行社有限公司	寿光市圣城东街 47 号	5217018

续表5

名　　称	地　　址	电　话
寿光市平安旅行社有限公司	寿光市金光街与幸福街路口100米	5201596
诸城市四季游旅行社有限公司	诸城市东环路98号	2165578
潍坊华景旅行社有限公司	潍城区福寿西街华景新城2-6号	6102577
潍坊飞翔假期旅行社有限公司	奎文区福寿东街中央丽景12-4室	8207377
昌邑五洲旅行社有限公司	昌邑市育新街290号综合楼112室	7121177
青州市花都旅行社有限公司	青州市玲珑山南路3331号	3255556
潍坊博翱旅行社有限公司	昌乐县利民街172号爱伦堡小区22号楼A2沿街门店	6636777
潍坊华纳旅行社有限公司	奎文区金融街小区A座1516室	8232399
潍坊星辰旅行社有限公司	奎文区东风东街227号德蒙商务中心A611	821620
临朐嘉华旅行社有限公司	临朐县山旺路28号临朐大酒店一楼	3663399
潍坊龙行天下旅行社有限公司	奎文区新华路5608号金江大厦1616室	8580038
青州嘉华旅行社	青州市益王府南路2309号	3229711
寿光市交运旅行社有限公司	寿光市文圣街5262号	5221035
临朐康辉旅行社有限公司	临朐县城山旺路60号(一中东100米)	3769666
寿光市神洲旅行社有限公司	寿光市正阳路与公园北街交叉口南路西	5280299
临朐清风旅行社有限公司	临朐县山旺路121号(金利源小区沿街)	2195777
青州市云门山假日旅行社有限公司	青州市大明衡王城内	3278561
寿光天鹅湖旅行社	寿光市行政服务中心办公楼四楼	5201919
山东阳光温泉酒店集团旅行社有限公司	寿光市温泉街99号	5107588
寿光市天天户外旅行社有限公司	寿光市迎宾路华茂贵宾楼302室	5899369
寿光市九州旅行社有限公司	寿光市正阳路香格里拉大酒店西门	15094993666
潍坊乐途旅行社有限公司	奎文区东风东街338号	8199737
潍坊市信诚国际旅行社有限公司	高新区东风东街5166号天马国际商务大厦	8889911
昌乐龙腾旅行社有限公司	昌乐县昌盛二期51号楼14号商铺	13780806852
潍坊凯撒国际旅行社有限公司	奎文区福寿东街222号	13616366113
安丘市百泉旅行社有限公司	安丘市辉渠镇政府驻地	4821888
潍坊坤泰旅行社有限公司	奎文区金融街1号楼A座1508室	8251860
诸城教育旅行社有限公司	诸城市和平街33号福泰华大酒店1楼	2168588
潍坊中唐旅行社有限公司	奎文区金融街1号楼A座902	6102700
安丘市畅达旅行社有限责任公司	安丘市永安路98号	4362156
高密市九州旅行社有限公司	高密市人民大街中段电影大厦21层	2888277
潍坊华青旅行社有限公司	潍城区和平路280号	8899595
潍坊自由假期旅行社有限公司	经济开发区乐川街与新华路交叉口华谊大厦517室	8835160

续表 5

名　　称	地　　址	电　话
潍坊朝阳旅行社有限公司	奎文区公安巷 77 号嘉日花园小区 1 号楼 102 室 2 楼	8280939
青州华夏旅行社有限公司	青州驼山滑雪度假村有限公司院内	3883066
潍坊宝中旅游有限公司	青州市范公亭西路 1915	3284888
潍坊扬帆旅行社有限公司	奎文区新华路新华商业广场 1 号楼 A414	8800388
青州大众旅游有限公司	青州市驼山路旗城慧博园商业 B 段 B4 房 1 层	3283101
山东省中国旅行社潍坊分社	奎文区福寿东街 219 号	8598109
青岛铁路国际旅行社有限公司潍坊分社	潍城区向阳路 4800	2903369
山东嘉华文化国际旅行社潍坊分社	潍城区青年路金沙城市广场 1 – Y030	8289260
山东旅行社国际旅游有限公司寿光分公司	寿光市迎宾路水产局沿街楼二楼	5207111
山东省中国国际旅行社寿光分社	寿光市银海路 99 号	5269880
山东高速国际旅游有限公司潍坊分公司	奎文区东风东街 28 号	8237166
中国国旅（青岛）国际旅行社有限公司潍坊分公司	奎文区东风东街亨德商务大厦二楼	8212288
江苏五方国际旅行社有限公司潍坊分公司	奎文区东风东街 7830 号金宝大厦 513 室	8265187
山东中信国际旅行社有限公司潍坊分公司	奎文区胜利东街 4888 号泰华领域 1 号楼 667 室	8666789
山东金桥国际旅行社有限公司潍坊分公司	奎文区北海路财富国际商务大厦 1106 室	8191666
南京德高国际旅游有限公司潍坊分公司	奎文区东风东街 360 号泰华城 C1109 室	8222925
无锡中国青年旅行社有限公司潍坊分公司	奎文区东风东街 360 号泰华城 C1513 室	8382601

中小企业和民营经济

综　述

【概况】 2013年，全市注册民营经济单位数量发展到41.3万家，比上年增长12.3%；从业人员192万人，增长5%；注册资金2566.7亿元，增长15.7%；纳税额450.8亿元，增长13.2%，占全市税收总额的76.1%。中小微企业发展到6.6万家，其中，中型工业企业4094家，完成主营业务收入7892亿元，比上年增长15.7%；利润456亿元、利税650亿元，分别增长22.0%、22.1%。2013年，全市中小微企业工作得到了省政府的肯定，省政府表彰的80家"山东省先进中小企业"中，潍坊上榜7家，仅次于青岛；组织14家企业参展"第十届中国国际中小企业博览会"，参展数量、质量和效果均居全省第一，被省中小企业局授予"中博会组织参展最优奖"；昌邑市柳疃镇被省局命名为"山东省产业化驱动城镇化十强镇"。

【小微企业发展考核办法】 经潍坊市人民政府同意，根据山东省中小企业局、监察局印发的《山东省小型微型企业发展考核办法(试行)》，市中小企业办公室联合市监察局制定出台了《潍坊市小型微型企业发展考核办法(试行)》；编制印发了全市产业集群、创业基地、镇域特色经济"三个规划"，进一步推动全民创新创业，促进企业集约、高效发展，在全市建立起促进小微企业发展的长效机制。

【产业集聚】 认真实施"三个规划"，采取重点培育、分类推进、递次扶持等措施，鼓励各级围绕主导产业，加快民营经济发展载体建设。(1)发展产业集群。以产业聚集为导向，以大企业为龙头，围绕产业链配套延伸，加快发展中小企业产业集群，进一步推动要素集中、资源集约、产业升级。2013年，新认定市级中小企业产业集群9个，全市总计38个，其中省级8个，铝型材、盐化工、家纺用品产业集群争取省扶持资金1700万元。(2)建设创业基地。坚持规划、建设、管理、配套"四统一"原则，通过设立创业热线，培养认定创业辅导师，提供"一站式"服务等措施，进一步完善基地培育功能，努力提高创业成功率。2013年，全市市级以上小企业创业基地发展到50个，总投入209亿元，累计培育民营小微企业6500多家。(3)发展镇域经济。按照"布局集中、产业集群、资源集约"的要求，鼓励民营企业围绕产业基础和特色优势，向镇域集群、园区、创业基地集中发展，进一步增加镇域经济实力。2013年，全市新认定市级特色产业镇6个，总数达64个，其中省级13个。

【融资渠道拓宽】 2013年，全市小微企业本外币贷款余额845.9亿元，比上年增加20.8亿元，增长28.5%，高于各项贷款增速15.5个百分点。(1)推进银保企合作。先后召开银保企对接会议10余次，向银行和担保机构推介了2400多家企业200多亿元的融资需求。组织全市民营企业积极应用"全省网上融资平台服务系统"，采取线上对接、线下服务，组织210家民营企业上报融资需求49亿元。(2)发展担保行业。全市担保机构发展到99家，注册资金62.7亿元，其中融资性担保公司56家，累计为民营企业担保贷款82.3亿元，比上年增长19.6%。(3)创新金融产品。积极引导金融机构创新质押方式，推出金融创新产品。潍坊银行为昌乐宝石城内民营业户量身定做的"蓝宝赢"贷款质押业务，以黄金、蓝宝石作为质押物质押贷款，开创了融资先例。积极争取国家和省、市级中小企业发展专项资金3980万元。

【科技创新】 广泛开展"一企一技术"活动，引导中小微企业走"专精特新"发展之路。落实创新政策，积极落实高新技术企业所得税减免、研发费用加计扣除等优惠政策，鼓励企业增加研发投入。搭建创新平台，鼓励企业与高等院校、科研院所合作，以企业为主体创建各类技术、研发中心。2013年，全市已建立市级以上公共服务平台52个、省级7个；市级以上"一企一技术"研发中心发展到82个、创新企业63家，其中省级分别达到31个和25家。筛选194家最具创新潜力和服务能力的民营企业,列入省“三项行动”培育计划,予以重点扶持,集中培育,加快了民营企业转调创进程。

【信息化服务】 抓住潍坊市被列入省级“两化融合”试验区的机遇,依托国家、省、市、县四级中小企业网,成立信息化建设推进联盟,在全省率先实施“两化融合”示范工程,围绕机械制造、海洋化工、造纸包装、纺织服装、食品加工等行业,建立中小企业“两化融合”重点项目库,加快信息化在民营企业产品研发设计、生产过程控制、企业管理和市场营销等各环节的应用。2013 年,全市共有 35 家企业通过软件企业认定,8 家企业通过计算机信息系统集成资质认证,3 家企业通过了 CMMI(集成能力成熟度模型)三级资质认证;新培育中小企业“信息化示范企业”30 家,总数达 60 家。

【公共服务平台建设】 由市政府和工信部投资,市中小企业办公室筹建,新建“市区一体化”中小企业公共服务平台。平台建筑面积 2400 平方米,于 2013 年 12 月底启用试运营。平台秉承“协同服务、创新发展”的服务理念,融线上线下服务于一体,精选 34 家专业服务机构,采取“9 + 2”服务模式,设立技术创新、融资担保、两化融合、管理咨询与诊断、创业辅导等九大功能服务区和信息化体验、“一企一技术”展示两个中心,为全市民营企业提供“全面、便捷、高效”服务,努力实现民营企业“创业辅导、培育成长、创新提升、隐形冠军”的梯次培养目标。平台主要特点:(1)共建共用。新平台是按照国家工信部统一部署,省、市协同共建的系统工程,由市中小企业办联合市财政、金融、科技、商务等部门共建,奎文、潍城、高新、保税等 8 个中心城区共用,避免了重复投资和资源浪费;远离中心城区的县(市),建立县级服务平台,作为市平台的分中心。(2)建设标准高。新平台有效利用了信息化、网络化手段,按国家示范平台标准建设,功能设置、总体思路定位准确,建设起点较高。(3)工业设计亮点突出。在全省首家建成“工业设计云服务平台”,为全市中小微装备制造企业提供二维、三维 CAD 设计和 PLM 等方面的工业设计服务,帮助企业解决研发创新和生产过程中遇到的信息化成本高、研发效率低下、设计周期较长等问题,有利于缩小中小微企业信息化“数字鸿沟”、加速企业转型升级、加快实现由“潍坊制造”向“潍坊创造”的转变。(4)搭建企业征信平台。引入第三方征信机构,建立起“11315 企业征信平台”,致力于改善全市中小微企业信用状况,加快企业信用体系建设。

【全市民营经济暨中小企业工作会议】 2013 年 4 月 28 日,全市民营经济暨中小企业工作会议在潍坊富华国际会议中心召开。会议主要任务是,深入贯彻落实全国中小企业工作会议和全市招商与转调创工作座谈会精神,表彰先进,银企合作,总结工作,部署任务,推动全市民营经济、中小企业持续健康发展。市政府副市长潘强出席会议并讲话,市纪委派驻第三纪检组书记赵清,市经信委党委书记亓传敬,市中小企业办主任、党组书记李玉军出席会议。会上,市政府命名了潍坊市第十五届优秀民营企业家,表彰了 2012 年度发展民营经济、中小企业先进单位和个人;举行了银、保、企合作签约仪式,三方代表分别作了发言。各县市区分管县市区长、中小企业办主任,市属各开发区分管主任、经发局局长,市发展民营经济领导小组成员单位、金融机构和担保机构负责人,潍坊市第十五届优秀民营企业家、2012 年度发展民营经济先进单位代表参加会议。

【全省融资平台对接活动暨启动仪式在潍坊举行】 2013 年 5 月 4 日,省中小企业局在潍坊市临朐县举行全省融资平台对接活动暨启动仪式。潍坊市中小企业办公室主任、党组书记李玉军出席仪式并讲话。省中小企业局创新服务处副处长腾典敏、潍坊市银行业协会副会长薛德绍出席会议。省中小企业融资服务平台首席运营官初孔刚讲解了平台服务功能及使用技术,齐商银行潍坊分行副行长李涛推介中小企业贷款产品,并与部分企业进行了现场对接。

【中小企业参加第十届中国国际中小企业博览会】 2013 年 9 月 25 日至 28 日,市政府办公室副主任刘跃东带领市、县中小企业办公室主要负责人和参展中小微企业代表,组团参加了在广州举办的“第十届中国国际中小企业博览会”。全市有 14 家企业参展,其中,专精特新企业 4 家、汽车零部件及用品 7 家、绿色食品 3 家,参展参会人员达 72 人。参展企业精心包装,认真布展,并拿出了各自最具代表性的产品参展,颇受中外客商青睐。会上共签订合作项目 28 个,合同金额 64674.5 万元;达成合作意向 65 个,协议金额 87740 万元。参展时间虽短,但达到了宣传潍坊、扩大交流、互利共赢、拓展市场的目的,无论是成交额,还是参展水平,均位居全省中小企业系统前列。

民营企业简介

【歌尔声学股份有限公司】 歌尔声学股份有限公司成立于 2001 年,2008 年 5 月在深圳 A 股成功上市。公司主营业务为电声器件、电子配件产品的研发、生产和销售,产品广泛应用于智能手机、平板电脑、智能电视、家用电子游戏机、个人数码电子产品和汽车电子等领域。自创立以来,歌尔坚持以提升自主创新能力为核心,以产业链垂直整合、纵深拓展为途径,以国际大客户和高端人才为保障,加快转型升级,实现了持续快速发展。到 2013 年,公司连续 9 年实现高速成长,销售收入年复合增长率达到 78%,净利润年复合增长率达到 69%。2013 年,歌尔营业收入突破 100 亿,总资产规模超过 120 亿元。公司先后被评为 2013 年中国电子元件百强企业第 6 名、中国电子信息百强企业、中国电子信息行业标杆企业。

【豪迈集团股份有限公司】 豪迈集团股份有限公司始创于1995年,旗下有豪迈科技、豪迈制造、豪迈气门嘴和豪迈教育等15家公司和机构,是从事高档轮胎模具、高端机械零部件制造的科技型民营企业。公司秉承“创新驱动,超越发展,凝魂聚力,迈向一流”的发展理念,以年均50%以上的增长速度稳健发展,并最终成长为拥有高档轮胎模具、高端机械制造、压力容器三大产业体系的国际化集团企业。公司连续4次登上美国福布斯《中国潜力企业榜》,2010年位列第10名,2次走进CCTV-10《创新无限》栏目。轮胎模具仅用10年时间便成为全球同行的领跑者,产品占国际市场份额的15%,世界轮胎业前10名轮胎厂均为豪迈客户,企业成为国际知名轮胎模具制造基地,并被推选为国内首家橡胶模具及制造装备产业技术创新战略联盟“盟主”。2013年,轮胎模具出口便占据全国出口总额的60%以上;豪迈制造的高端机械零部件,与美国通用电气、德国西门子、日本东芝、美国卡特彼勒等15家世界500强企业展开合作。在全球经济不景气的大趋势下,企业产品利润率能够始终保持在30%以上,2013年集团总产值、纳税、出口分别比上年增长40%、60%、30%。

【山东华建铝业集团】 山东华建铝业集团始建于2000年,集团旗下拥有华铝股份、华铝地产、华铝投资、华泰模具等9个子公司,经营范围涉及铝型材、房地产、金融、投资、贸易、技术服务等多个领域,初步形成了以铝型材加工为主、多业并举的发展格局。集团自成立以来,通过不断转方式、调结构、扩规模,铝型材年产能达到35万吨,销售市场辐射五大洲30多个国家和地区,短短十几年时间,迅速成长为临朐县铝型材产业集群的龙头企业,国内铝合金建筑型材和工业型材重点生产科研企业,先后荣获“中国建筑铝型材企业二十强”“中国节能型材创新企业十强”“国家高新技术企业”“山东省优质铝型材生产基地龙头骨干企业”等荣誉称号。公司作为临朐铝型材产业集群的龙头企业,坚持把铝型材作为发展主业不动摇,准确把握产业发展趋势,遵循产业发展规律,相继启动实施了高端工业铝材、高性能特种铝材、中国(国际)门窗幕墙博览城等6个铝型材及关联项目,不断拉长、加宽、增厚铝型材发展链条。

【潍坊金丝达实业有限公司】 潍坊金丝达实业有限公司是涉及工业、苗木、环境工程、旅游、文化产业的综合性产业集团,现有职工2000余人,总资产11.8亿元。公司是“农业产业化国家重点龙头企业”“山东省百强私营企业”“低碳山东模范单位”“山东省中小(民营)企业循环经济示范企业”“中国专利山东明星企业”。公司致力于转调创,在治理污染、节能减排、污水和生活垃圾资源化利用等方面进行了大量的探索和研究。印染污水资源化利用项目已经高效运行六年,实现了印染污水的循环利用,给企业带来了显著的经济效益。公司自2009年开始组织科技力量,对生活垃圾的无害化处理和资源化利用进行科技攻关,自主研发实施了“城乡生活垃圾资源化利用”项目。项目采用自主研发的全自动分选技术和设备,将生活垃圾全部分类转化利用,产出沼气、沼渣、再生原油、再生塑料制品、建筑材料、金属等。项目经省级科技成果鉴定,达到了国际先进水平,获得“山东省重大节能成果奖”,申报了110多项国家专利,其中已授权发明专利12项,并申报了美国、日本、法国、德国、意大利五国的专利。该技术不但可用于城乡生活垃圾资源化利用,还可以用于陈腐垃圾、餐厨垃圾,部分城市污水处理厂产生的污泥及农业废弃物的转化利用。

【山东德勤投资担保公司】 山东德勤投资担保公司成立于2004年,公司注册资本达到1.5亿元,拥有各类专业人员128名。公司是全省首批“规范型信用担保机构”“山东省银保信得过单位”,山东省十佳中小企业信用担保机构、山东省四星级担保机构。2013年,公司及主要负责人分别荣获山东省民营担保机构十强单位、“山东省担保机构十大领军人物”称号。公司是山东省财政厅、金融办、中小企业办和山东省再担保集团公司发起成立的“山东省再担保体系成员”单位,荣获与政府部门、银行机构“最佳合作体系成员”称号。公司自成立以来,致力于建设以诚信为核心的企业道德文化,确立了“万品德为上,万行勤为先”的企业经营理念。公司与多家金融机构建立了良好的合作关系,是全省签约行最多的专业担保机构之一。公司制定了严格的规章制度和科学的业务流程,从担保业务的申请、立项、评估、审核,到后续跟踪管理等各个环节,建立起了一套完备的风险控制制度。2013年,公司先后为1437家中小企业提供贷款担保,累计贷款担保额达48.5亿元。

2012年度百强民营企业和百佳民营服务企业

潍坊市2012年度百强民营企业

北汽福田汽车股份有限公司诸城汽车厂、孚日集团股份有限公司、山东联盟化工集团有限公司、诸城外贸有限责任公司、鲁丽集团有限公司、山东墨龙石油机械股份有限公司、山东世纪阳光纸业集团有限公司、潍坊特钢集团有限公司、新郎希努尔集团股份有限公司、歌尔声学股份有限公司、潍坊英轩实业有限公司、山东潍坊龙威实业有限公司、山东寿光第一建筑有限公司、山东大地盐化集团、诸城市科信电力投资集团有限公司、山东全福元商业集团有限责任公司、山东潍焦集团有限公司、豪迈集团股份有限公司、山东桑莎制衣集团有限公司、山东恒联投资有限公司、得利斯集团有限公司、山东矿机集团股份有限公司、山东寿光鲁清石化有限公司、山东银鹰化纤有限公司、寿光富康制药有限公司、山东裕源集团有限公司、山东华建铝业集团有限公司、山东万山集团有限公司、山东耶莉娅服装集团总公司、山东中文实业集团有限公司、昌邑华晨集团、山东广潍集团有限公司、山东海天生物化工有限公司、山东寿光天成食品集团有限公司、山东新龙集团有限公司、山东新方集团股份有限公司、寿光卫东化工有限公司、山东海王化工股份有限公司、诸城市义和车桥有限公司、山东恒安纸业有限公司、山东景建集团公司、诸城市中纺金维纺织有限公司、山东尧王控股集团有限公司、潍坊山水水泥有限公司、山东潍坊润丰化工有限公司、山东浩信机械有限公司、山东惠发食品有限公司、山东北联集团总公司、山东大源建设集团有限公司、山东圆友集团有限公司、山东泰汽投资控股有限公司、潍坊共达电声股份有限公司、山起重型机械股份公司、山东龙震集团有限公司、山东比德文动力科技有限公司、潍坊市元利科技股份有限公司、山东东方宏业化工有限公司、山东昌邑灶户盐化有限公司、山东默锐科技有限公司、汇胜集团股份有限公司、青州市坦博尔服饰有限公司、昌乐乐化集团有限公司、山东柠檬生化有限公司、山东鲁星钢管有限公司、寿光市富士木业有限公司、昌乐山水水泥有限公司、山东青能动力股份有限公司、诸城东晓生物科技有限公司、山东昌邑廒里盐化有限公司、山东恒安心相印纸制品有限公司、山东荣利中石油机械有限公司、临朐山水水泥有限公司、潍坊滨海石油化工有限公司、山东国邦药业股份有限公司、盛瑞传动股份有限公司、山东寿光健元春有限公司、山东高强紧固件有限公司、潍坊豪德贸易广场开发有限公司、山东同大集团有限公司、山东雷奥新能源有限公司、潍坊市三建集团、潍坊联兴炭素有限公司、山东省昌邑市龙池盐化有限公司、潍坊绿霸化工有限公司、山东杨春商贸集团有限公司、山东美晨科技股份有限公司、潍坊千业色纺有限公司、潍坊长安铁塔股份有限公司、诸城市鑫城房地产开发有限公司、潍坊裕川机械有限公司、潍坊伊利乳业有限责任公司、山东青州云门酒业（集团）有限公司、山东鲁丰集团有限公司、山东昌邑乾隆杯酒业有限责任公司、山东海龙博莱特化纤有限责任公司、山东潍坊金宝集团有限公司、山东华特磁电科技股份有限公司、诸城市正大置业有限公司、潍坊康地恩生物科技有限公司、昌邑市滨海盐化股份有限公司

潍坊市 2012 年度百佳民营服务企业

山东龙楷投资担保有限公司、潍坊市热力有限公司、潍坊中新双语学校、潍坊振华项目管理咨询有限公司、潍坊海华投资担保有限公司、山东亿邦投资担保有限公司、山东谊达投资担保发展有限公司、潍城区鑫泰小额贷款股份有限公司、潍坊人本之道管理咨询有限公司、潍坊市电动微卡技术研究中心、山东绿特新能源工程有限公司、山东省节能技术研究院、山东世贸国际物流有限公司、潍坊钧翰大酒店有限公司、山东北方国际物流中心有限公司、潍坊鑫汇投资担保有限公司、潍坊华润燃气有限公司、山东宇昊置业投资发展有限公司、潍坊丰华医药有限公司、潍坊佳鹏物流有限公司、潍坊百大绿洲生态园餐饮娱乐有限公司、潍坊杨家埠民俗艺术有限公司、山东华邦建设集团、山东中瑞钢铁物流有限公司、青州市飞达实业有限公司、青州顺驰汽车贸易有限公司、青州市东方投资担保有限公司、青州泰和旅游发展有限公司、山东省仰天山桃花坡度假村有限公司、山东绿圣兰业花卉科技有限公司、青州人家餐饮有限公司、诸城市刘罗锅食府有限公司、诸城密州宾馆有限公司、诸城市康源供水有限公司、诸城金安热电有限公司、诸城市春宇物业管理有限公司、诸城市建筑设计院有限责任公司、山东新郎欧美尔家居置业有限公司、诸城百盛商场有限责任公司、诸城海王医药有限公司、诸城千禧有限责任会计师事务所、山东东武律师事务所、诸城市华润投资担保有限公司、寿光渤海物流园有限公司、寿光市天华经贸有限公司、

寿光市华晟汽车销售服务有限公司、寿光环球软件科技有限公司、招商银行股份有限公司潍坊寿光支行、寿光东宇鸿翔木业有限公司、寿光鸿泰墙材有限公司、山东寿光晟宇建筑安装有限公司、寿光市宏安新型节能材料有限公司、寿光市防水行业协会、寿光市鸿运汽车运输有限公司、寿光市海纳宏洲物流有限公司、山东宏大生姜市场有限公司、昌邑新嘉大酒店有限公司、昌邑金丝达绿化苗木有限公司、昌邑市新华印刷有限公司、潍坊市技师学院昌邑分院 、潍坊天勤房地产评估有限公司 、山东鑫昌投资担保有限公司、昌邑市方舟出租汽车有限公司、昌邑市新源热力有限公司、山东金孚隆股份有限公司、高密市永平再生资源有限公司、高密市九州旅行社有限公司、山东泰华食品股份有限公司、高密市新世纪家电有限公司、高密市文联书店、安丘市南苑商贸城、山东潍坊百货集团股份有限公司安丘永安路佳乐家超市、安丘市民生水利工程有限公司、山东润东建筑安装工程有限公司、安丘市永佳物流有限公司、安丘市南王家庄草莓种植专业合作社、临朐县兴隆建安有限公司、临朐县恒丰小额贷款股份有限公司、潍坊力元有限责任会计师事务所、潍坊润金投资担保有限公司、临朐华建铝业技术服务有限公司、山东宇明律师事务所、潍坊汇中投资担保有限公司、潍坊银行股份有限公司昌乐客服中心、昌乐县昌盛医院、昌乐宏德堂药店、昌乐宝城大酒店有限公司、昌乐县城市建设综合开发有限公司、山东北方生物科技股份有限公司、山东德勤投资担保有限公司、潍坊市滨海国际中学、潍坊海洋税务师事务所有限公司、潍坊申通快递有限公司、山东鸢都英合律师事务所、山东求是和信律师事务所、潍坊豪德律师事务所、媚妮珠宝有限公司、潍坊思八达文化有限公司、潍坊杰飞网视传媒广告有限公司、潍坊和丰餐饮管理有限公司

2012年度20强特色产业镇、十大产业集群、十佳小企业创业辅导基地

潍坊市2012年度20强特色产业镇

寿光市侯镇
寿光市田柳镇
诸城市密州街道办事处
诸城市昌城镇
青州市东夏镇
青州市黄楼镇
高密市姜庄镇
高密市密水街道办事处
昌邑市柳疃镇
昌邑市围子街道
安丘市新安街道办事处
临朐县东城街道
临朐县冶源镇
昌乐鄌郚镇
昌乐城南街道办事处
潍城区北关街道办事处
坊子区凤凰街道办事处
寒亭区开元街道办事处
高新区新城街道办事处
滨海区央子街道办事处

潍坊市2012年度十大产业集群

寿光市防水产业集群
诸城市轻卡汽车及配件产业集群
青州液压工程机械产业集群
高密市家纺新材料产业集群
昌邑市家纺用品产业集群
临朐县磁电装备产业集群
潍城区节能环保产业集群
坊子碳化硅产业集群
寒亭区机械装备制造产业集群
滨海区盐及盐化工产业集群

潍坊市2012年度十佳小企业创业辅导基地

寿光市软件园小企业创业基地
诸城市皇华镇中小企业创业服务中心
青州市弥河镇中小企业创业基地
高密市醴泉街道小企业创业辅导基地
昌邑市奎聚街道小企业创业辅导基地
临朐县中小企业创业基地
昌乐县宝城街道东徐中小企业创业辅导基地
潍坊鸿腾科技创新基地
山东北方国际物流中心创业辅导基地
潍坊生物医药创新创业服务中心

第十五届潍坊市优秀民营企业家

(按姓氏笔画排序,共99名)

于　勇　山东中鸿新能源科技有限公司董事长
于风民　诸城市鸿源建筑安装工程有限公司经理
于红梅　山东虞鑫集团公司经理
马永亮　天同宏基集团股份有限公司总裁
王义善　山东蓝天首饰有限公司董事长
王亓业　潍坊国人西服有限公司董事长
王允成　潍坊市金旭防水材料有限公司总经理
王玉林　诸城市北辰机械有限公司董事长
王可珍　安丘市华安建筑安装有限责任公司董事长
王友珍　高密市永利建筑有限公司总经理
王同国　青州市国丰食品有限公司董事长
王泽富　山东绿特空调系统有限公司董事长
王春红　山东广潍集团有限公司经理
王洪玲　山东沈潍幕墙装饰工程有限公司总经理
王咏梅　昌乐屹立化工有限公司总经理
王海明　潍坊市三建集团总经理
王爱苹　安丘市通用机械有限责任公司经理
王敬伟　昌邑市龙港无机硅有限公司董事长
王媛媛　潍坊阿旺食品有限公司经理
仇长和　潍坊金凤凰建筑安装工程有限公司总经理
付乃波　昌邑市荣源印染有限公司董事长
玄恩荣　潍坊鑫源投资有限公司董事长
田仁宽　山东金宝集团有限公司经理
边继庆　安丘信川机械有限责任公司董事长
史效华　山东天普阳光生物科技有限公司董事长
孙　振　寿光市巨龙机械制造有限公司总经理
孙玉娟　潍坊六棉纺织有限公司总经理
孙志强　潍坊紫鸢乳业发展有限公司董事长
孙希洲　山东百林园林景观有限公司总经理
孙学萍　高密市永平再生资源有限公司总经理
孙若兰　潍坊泰商物流股份有限公司总经理
孙海铭　山东新致进出口有限公司董事长
孙胜国　昌邑市蒲东化工厂总经理

孙维云　潍坊崇杰污水处理有限公司总经理
刘　刚　潍坊奥敦经贸有限公司总经理
刘　林　潍坊万隆电气股份有限公司董事长
刘守吉　潍坊豪杰实业集团董事长
刘天海　潍坊天海市政工程有限公司董事长
刘宗军　青州市金顺电子器材厂厂长
刘同涛　寿光市金田丰润油脂集团有限公司总经理
刘季林　潍坊华东房地产开发有限公司董事长
曲祯祥　潍坊胜利石化机械有限公司董事长
朱保家　昌邑市吉祥包装有限公司总经理
张子军　寿光市乐福祥电子电器有限公司总经理
张立平　潍坊润伟恒大置业有限公司总经理
张洪波　昌邑市宏盛粮食有限公司董事长
张国良　潍坊兴隆建材有限公司董事长
张朝政　青州贝特化工有限公司经理
张晓军　安丘市胜业集团董事长
李　宁　潍坊华鑫包装制品有限公司总经理
李凤娟　安丘市海王鞋帽服装公司总经理
李伟军　潍坊市奎文区李家股份经济合作社总经理
李春华　潍坊千业色纺有限公司总经理
李良伟　潍坊智新电子有限公司董事长
李林海　寿光市隆泰建安有限公司经理
李兰英　诸城盛得新型建材有限公司董事长
李仕伟　诸城市龙旺工贸总公司总经理
李金中　昌乐万力钢结构工程有限公司董事长
李淑军　山东秀派服饰有限公司总经理
李锡明　潍坊华亿地产投资有限公司董事长
李克松　昌乐富美塑胶包装材料有限公司总经理
宋玉章　山东隆源液压科技有限公司经理
宋海梅　山东恒基农牧机械有限公司总经理
宋正峰　山东浩德生物科技有限公司总经理
沈孝余　山东乐化集团有限公司经理
沈孝忠　潍坊恒源丝制品有限公司经理
辛桂英　潍坊凯华碳化硅微粉有限公司总经理
辛胜芝　潍坊胜达科技股份有限公司董事长
陆　松　潍坊华奥焦化有限公司经理
邱爱玲　青州宇诚建材有限公司总经理
郑风利　山东正阳工程咨询有限公司董事长
郑洪波　诸城市大宇铸造机械有限公司总经理
尚晋青　州市华源电子有限公司总经理
周　洁　潍坊南下河商贸有限公司总经理
周茂东　潍坊华美标准件有限公司经理
赵国奎　潍坊华港包装材料有限公司经理
赵利成　山东北联机械股份有限公司总经理
赵能选　山东普洛得邦医药有限公司董事长
姜兴亮　潍坊兴瑞塑料建材厂总经理
钟庆国　潍坊龙海民爆有限公司总经理
郝文惠　山东谊达投资担保发展有限公司总经理
徐寿珍　潍坊广潍进口汽车修理厂厂长
徐景森　诸城市新华建筑工程有限公司总经理
高立明　潍坊华鑫纸业有限公司经理
郭百礼　山东寿光天成食品集团有限公司总经理
耿相辉　高密市华夏建筑安装公司总经理
耿明芳　潍坊市坊子建筑工程有限公司经理
秦光林　山东长城建材科技有限公司董事长
袁　德　潍坊滨海安盛鑫溴素厂厂长
崔　鹏　青州市人民商场有限公司总经理
韩　珉　潍坊东晨置业有限公司总经理
韩孟波　潍坊虞泓置业有限公司经理
程亚利　潍坊丰华针织经贸有限责任公司总经理
谢　东　潍坊市北海金属表面涂装有限公司总经理
谢克治　潍坊世纪天源置业有限公司经理
窦长礼　潍坊燕山机械有限公司总经理
管贻贞　高密市众和服装有限公司董事长
潘宝亮　潍坊玉振商贸有限公司董事长
潘建河　安丘临福食品有限公司董事长

（孙学山）

财政　税务

财　　政

【概况】 2013年，全市公共财政收入完成383.9亿元，增长15.6%，高于全省平均3.3个百分点，居全省第5位；全市税收收入占公共财政收入的比重为83%，高于全省平均5.5个百分点，居全省第3位。全市公共财政支出完成494亿元，增长16.1%，与居民生活密切相关的教育、医疗、就业和社会保障、保障性住房、文化体育、强农惠农等民生支出完成287.6亿元，占公共财政支出的58.2%，比上年提高2.1个百分点。

筹集3亿元，按照"自然、生态、简约、质朴"的理念，实施虞河上游综合整治工程，对截污管道、桥梁、绿化景观、园路铺装、河道水系等进行综合整治和改造，全长11公里，打造小桥流水、以野为美的城郊公园——虞舜公园

【保障和改善民生】 以普惠民生为导向，统筹财力向民生领域倾斜，加快公共财政建设步伐，着力构建城乡一体、覆盖全面、公平普惠、可持续的民生保障体系。(1)教育保障能力不断增强。完善义务教育保障机制，落实义务教育保障经费7.3亿元，提高特殊学校公用经费标准。针对贫困家庭学前儿童和不同阶段学生，实施各项免费、资助、救助政策，12万人次受益。实施义务教育重点工程，新建成41所城市义务教育学校，完成328所农村中小学标准化建设，新改扩建329所普惠性标准化幼儿园，解决"大班额""入园难"等问题。(2)就业和社会保障体系更加完善。建立大学生创业孵化中心，综合运用创业补贴、岗位开发补贴、社保补贴等扶持政策，引领扶持大学生创业。扩大失业保险基金支出，购买公益性岗位，帮扶失业人员和困难高校毕业生就业。统一城乡养老保险制度、城乡医疗救助制度，推进建设城乡统一的社会保障体系。大幅提高新农合、城镇居民医疗保险政府补助标准和最高支付限额，启动大病医疗保险制度，缓解"看病贵"。建立高龄老人生活补贴制度，推行基本殡葬服务公益化，增进社会福利。继续提高城乡低保、农村五保供养标准，扩大廉租住房保障范围，做好残疾人保障工作，编织好弱势群体生活的"安全网"。(3)强农惠农政策落实到位。投入3.3亿元，重点支持农田、水利等农业基础设施建设。成立市场化运作平台，着力培育农民专业合作社、农业龙头企业，提升农业产业化水平。改进土地治理项目管理方式，提高农业综合开发水平。政策性农业保险实现县域全覆盖，抵御农业生产风险能力明显提升。实施村级"一事一议"财政奖补政策，促进农村公益事业发展。全年发放粮食直补、良种补贴等各类惠农补贴16.9亿元，农村集中供水覆盖人口达到94.6%，农民生产生活条件明显改善。(4)文体、交通等公共服务体系不断完善。推进文化惠民工程，市图书馆面向公众开放，新建成22个乡镇标准化图书馆，500个农家书屋完成数字化升级。新建全民健身工程686处，覆盖26个乡镇(街道)。改善居民出行条件，建成公共自行车停车站点708个，配置自行车近2万辆，建成自行车专用道178公里。加大公共安全投入，维护社会稳定。

【推进经济转型发展】 把握新时期改革发展精神，充分发挥市场配置资源的决定性作用，完善财税扶持政策，强化产业投入平台，优化发展软环境，推动产业优化升级和经济转型发展。(1)完善产业政策支撑体系。围绕推进招商和转调创，制定实施重点产业招商优惠政策，推动全市招商工作开展。制定实施企业主辅业分离引导政策，引导扩大服务业投资，全市新增服务业企业2000家以上。鼓励发展总部经济，支持社会资本投资建设潍坊总部基地，全市引进企事业单位总部(分支机构)359家。综合运用贷款风险补偿、发行集优票据等政策措施，缓解小微企业"融资难"。完善创新创业政策，加大小额担保贷款扶持力度，全年提供贴息贷款6.4亿元，帮助2万人实现创业或就业。(2)强化产业投入平台。加大产业专项资金市场化改革力度，以金融控股集团为依托，运用股权、债权等投入方式，滚动投入引导资金12亿元，撬动各类金融、社会资本投入40多亿元，有力地支持了重点产业园区、重大公共服务平台等项目建设。争取省批复潍坊市设立齐鲁农村产权交易中心，引入战略投资者，搭建辐射全省的农村产权评估、定价和交易平台。(3)优化发展软环境。实施"营改增"试点，1.2万户纳税人被纳入试点范围，减轻税收负担3.5亿元。在全省率先免征62项市级行政事业性收费，降低中心城区城市基础设施配套费标准，扩大实行后置收费的投资项目范围，落实小微企业税收优惠政策，营造宽松的税费环境。

【支撑提升城市品质】　围绕实施"提升市区""突破滨海"等重大战略部署，改进资源管理运营方式，聚集各类要素资源，支撑城市建设，改善城市环境，提升城市品质。(1)强化城市资源运营。加强土地资源储备，落实2300亩土地储备任务。创新融资方式，多渠道筹集73亿元，保障了城区道路改扩建、虞舜公园等重大项目建设。积极引进社会资本，加快运营市民健康中心，建设高端妇女儿童医院，推进文华等学校办学体制改革，打造高端医疗、教育品牌。推进文化艺术中心等功能体进行市场化运营，提升城市文化品质。在城市保洁、绿地养护等领域推广政府购买服务方式，提升城市管理水平。(2)改善城市环境。加大环境保护和治理投入，支持实施"386"环保行动，改善城市环境、空气质量。在全省率先出台《黄标车提前淘汰补贴资金管理办法》，推进黄标车淘汰工作。实施"以奖代补"激励，提前4年完成10吨以下小锅炉淘汰任务。支持加大造林绿化力度，美化人民公园、植物园等休闲场所环境。(3)支持滨海突破发展。构建有利于滨海发展的财政体制，每年拿出市级财力的5%，用于支持滨海区建设发展。建立"飞地经济"长效保障机制，鼓励各县(市、区)在滨海设立园区，调动形成发展合力。筹集和运作滨海发展基金，撬动金融社会资本投入，为滨海发展注入动力。成立滨海教育投资发展公司，推进滨海科教创新区和公共实训基地建设。

【完善财政管理体系】　坚持把改革创新贯穿财政工作始终，厘清政府和市场边界，深化财政体制机制改革，加强管理制度创新，推动经济社会加快转型发展。(1)推进财税制度改革。围绕提升市区战略，对各区不再实行收入增量按比例分享政策，改为以2012年各区上解数为基数，每年按10%比例递增上解，将更多财力下放，增加各区超收自留空间，充分调动各区发展积极性。争取财政部采纳潍坊市建议，从2014年起开征卤水资源税，增加全市地方税收，促进卤水资源集约利用和沿海生态环境保护。(2)改进创新财政管理。出台加强市级财政预算管理的30条意见，全面强化预算编制、执行、监督全过程管理。积极推进预算公开，全面公开财政总预决算、"三公"经费预算。严格厉行节约，继续压减一般性支出，统筹用于事业产业发展。深化国库集中支付制度改革，直接支付率达到79%，比上年提高7个百分点。推行公务卡结算方式，刷卡支出较上年增长1.5倍。加强政府采购、投资评审管理，市本级完成政府采购额27.5亿元、节支4.8亿元，完成财政投资评审额64亿元、净审减8.1亿元。加快规范化财政所建设，扎实开展财政监督检查，基础管理水平进一步提升。(3)深化综合配套改革。改革城建投融资体系，牵头整合市级政府投融资平台和建设开发类公司，搭建专业化、市场化的投融资主体，为城市建设持续健康发展奠定基础。深化公务用车管理制度改革，完善公车配备和更新机制，市直公车减少239辆，年交通费降低1/3。推进公共资源市场化配置改革，谋求公共资源效益最大化，实施全市3处河道采砂经营权公开拍卖，溢价500%。

(李伟嵩)

国 家 税 务

【概况】　2013年，潍坊市国税局获得全省国税系统目标管理考核第一名，实现三连冠；市局班子被省局党组表彰为"先进领导班子"；获得2013年度潍坊市突出贡献奖；在全市行风评议中获得第一名；在每季度的全市机关效能和投资环境监测评议中保持第一名；7个县市区局和1个基层分局被市纪委命名为"市级廉政文化建设示范点"。黄玉远荣获"全国税务系统先进工作者"和"全省先进工作者"称号；臧英被省委宣传部确定为全省重大典型，荣获全省为民服务标兵、十佳山东好人、全国税务系统先进个人。

7月8日，山东省国税局局长刘景溪(主席台左二)到潍

坊“金税三期”试点现场调研指导工作　　　（摄影:曹君志）

【组织收入】　2013 年,全市国税系统共完成各项税收收入 295.47 亿元,同比增收 35.39 亿元,增长 13.61%,其中,剔除海关代征后,完成国内税收收入 276.29 亿元,居全省(不含青岛)第三位,同比增收 31.12 亿元,增长 12.69 %,比省内平均增幅高 6.98 个百分点,居全省第五位;完成市以下地方级收入 64.21 亿元,居全省第三位,同比增长 11.22%,居全省第六位,比省内平均增幅 8.01% 高出 3.21 个百分点。同时,落实各项税收优惠政策 114.45 亿元,同比增长 4.96%。

【金税三期试点】　金税工程是经国务院批准的“金”字头国家级电子政务工程。金税三期工程继重庆试点成功之后,山东、山西作为全国第二批试点单位于 6 月份开始试运行,潍坊是全省唯一的试点单位。潍坊国税部门扎实做好数据清理核实、数据迁移工作、系统功能模块测试、实际业务双轨运行、特色软件的对接等工作,圆满完成试点任务。

【推行“营改增”】　8 月 1 日“营改增”在全市顺利实施,政策效应充分显现。2013 年,全市 12187 户试点纳税人纳税申报率、税款入库率均达到 100%,入库增值税 13382 万元,98.57% 的试点纳税人税负下降,平均税负降低 33.02%,减税 2.89 亿元;推动全市主辅业分离 2000 余户。省长郭树清和市委书记杜昌文、市长刘曙光等领导分别对国税部门推行“营改增”促进服务业发展的相关做法做出批示。

8 月 1 日凌晨,在云顶(山东)融资租赁有限公司,财务人员成功开具出第一张“营改增”增值税专用发票(摄影:曹君志)

【营造优质税收服务环境】　制定实施“改进工作作风,优化企业发展环境”26 条具体服务措施。实施“首问负责制”“限时办理”“演示办理”“预约服务”“两快一简”等创新性服务和“纳税人减负工程”,减免税务登记证和发票工本费 2500 多万元。加大简政放权力度,将纳税人发起的涉税事项下放和前移到办税服务厅,办税服务厅前台受理事项 94 项,占全部涉税事项的 74%,占纳税人日常业务总量的 95% 以上,税务登记、发票管理等 6 大类 77 向涉税事项全面实现受理、审核、批准、发件的“一站式”服务。清理 1994 年国税局设立以来的 531 份税收规范性文件,精简规范税收审批审核事项。编制《办税服务厅常用涉税事项办理服务指南》,对 4 大类 22 项纳税人常用涉税事项进行了梳理规范。研发应用自助开具增值税专用发票系统,为纳税人开具使用发票提供了更多便利,2013 年,有 515 户小规模纳税人通过自助开具发票终端开具增值税专用发票 1794 份,开票总金额达到 4126 万元。研发委托代征管理系统,全市 54 个集贸、专业市场或代征单位 7600 余户纳税人均可通过该系统办理委托代征税款业务,系统在全省推广。制作涉税服务提醒模板,提供 5 大类 164 项提醒服务。研发覆盖办税服务厅、值班、票房等主要部位管理、监控、考核于一体的视频综合管理系统,将全市办税服务厅纳入一个平台,实现了对服务行为的动态监控、实时分析、异常情况预警提醒,系统被省局推广。立项研发注册税务师行业管理系统,实现了对中介机构的信息化监管,规范了中介服务。

【税收征管建设】　通过评估、稽查,非居民企业所得税和反避税增加入库税款 15.28 亿元,占国内税收收入的 5.52%。对 2.63 万户小规模纳税人和 113 户水电业、石油业及大型商贸零售企业推行网络发票和税控服务器,在全国率先将全部普通发票纳入税控管理,获取票源信息 8000 多万笔,实现增值税 45.33 亿元,同比增长 16.95%,比同期税收增幅高出近 5 个百分点。应用车辆税收一体化系统,全面监控分析车辆税收,强化了车购税管理。以房地产企业为重点,开展了企业所得税汇缴检查及复审复查。实施《办税服务厅受理出口退(免)税业务流程》,出口退(免)税受理前移至办税服务厅。在全省率先出台非居民企业风险特征库。重点税源交叉检查、行业专项检查、发票专项整治等稽查工作成效明显,维护了公平的经济秩序,被国家税务总局授予“打击发票违法犯罪活动先进单位”。

（胡大桢）

地方税务

【概况】　潍坊市地方税务局成立于 1994 年 7 月,内设 13 个职能科室,下辖 3 个直属分局,12 个县市区局,5 个开发区分局,2 个直属单位。全系统在职干部职工 2006 人,担负着全市14万多户纳税业户的地方税收征管和纳税服务等工作。2013年,市局顺利通过全国文明单位复审,并被授予全省地税系统服务基层优秀单位、全省地税系统"征纳共盈"纳税服务品牌创建先进单位、潍坊市直部门绩效综合考核先进单位、全市经济建设十佳服务单位等23个奖项,在全市2013年企业评议部门(单位)活动中,市局获得行政执法部门第2名。

【组织收入】 2013年,全市共组织地税收入296.88亿元,同比增长12.04%。其中,地方级地税收入总量达到274.02亿元,按可比口径增长18.42%,高于全省平均增幅2.90个百分点,增幅位居全省第6位。地税收入占全市公共财政预算收入的比重比上年提高1.72个百分点。

【金税三期试点】 作为全省地税系统金税三期上线试点单位,集中人力、财力、精力,精细推进落实试点各项基础工作,提前对上线面临的新问题、新要求、新风险进行分析、应对和防范,梳理12类近900项业务,制定包括7项配套制度、共72万字的《金税三期试点上线工作规范(试行)》。创新研究"E票通"系统"最小改动、最优实现、最小风险"的升级切换方案。运用软件模拟技术研发"金税三期软件培训模拟演练平台",提升了税务人员和纳税人培训质效,确保了征纳双方对金税三项系统的熟练操作。研发应用"税收管理业务衔接效能工作平台""电子档案影像管理应用平台",为金税三期顺利试点运行提供了机制保障和技术支撑。落实与网上报税纳税人"定人、定户、定向"的"一对一"辅导联系方式,开展便捷高效的系统运维,金税三期上线以来,潍坊地税网上报税率等各项业务办理指标在全省均名列前茅。国家税务总局副局长宋兰、省地税局局长张洪军等领导到潍坊调研指导,省地税局在全省地税系统推广应用潍坊地税做法。

金税三期山东地税试点单位双轨试运行工作对接会议在潍坊召开　（摄影:朱骅）

【优化服务】 推广应用潍坊地税"E票通",让纳税人足不出户即可办理地税发票全部业务。全市已受理纳税人网购发票申请7430户次,EMS配送发票108万份;纳税人委托代开发票24.54万份,金额17.71亿元;网开发票1072.85万份,金额639.57亿元;实施发票验真66.88万次。开发应用"潍坊地税呼叫咨询服务一体化导引平台"。推广完善微信公众平台,按需向纳税人推送信息2684条。依托网上税校组织纳税人现场培训,有25710人次纳税人现场参加了全市组织的483期培训。通过网络访谈直播进行税收政策解读,已组织访谈直播活动112期。推广应用"办税服务厅智能绩效管理系统",办税厅日办理业务量提高约60%,纳税人平均等候时间从原先的20分钟左右降低到约10分钟。集中下放21项税收审批权限,试点开展14类涉税业务"免填单"服务,努力创造更加优良的营商环境。国家税务总局《税务简报》《山东政务信息》《山东地税情况》《市委招商简报》等刊发推介。在全省地税系统纳税服务工作会议上作典型发言。

【税收征管】 2013年,全市共采集涉税信息93万条,新增税款8.90亿元。加强"营改增"下的资源财产类税收征管。全市资源税、土地使用税、土地增值税、房产税、耕地占用税、契税等6个资源财产类税种合计入库109.02亿元,占总收入的36.72%。认真开展存量房评估工作。制定《存量房交易价格评估系统操作规范》,全市共申报交易存量房2.86万套,价格调整2.57万套,增加税款7347万元。加大税收预警、纳税评估和税务稽查力度。全市共分析处理税收预警信息6351条,全部核实处理后累计增补税款1.19亿元。实施纳税评估495户,评估入库税款1.07亿元。组织9852户企业参加年度企业所得税汇缴,补缴税款2.72亿。对284户企业开展税收专项检查,查补金额1.15亿元。

严格落实《存量房交易价格评估系统操作规范》,认真测算调整标准房基准价格,提高存量房评估征管水平　（摄影:朱骅）

【队伍建设】 探索开展模拟仿真互动式培训,研发"金税三期软件培训模拟演练平台",将金税三期核心征管拆分成200

多个模块、2600 多个节点,每个模块都设有软件教学、模拟练习、单元测试功能,实现了计算机智能教、全仿真模拟练、自动化客观考,有效提高干部队伍岗位技能。高标准抓好重点培训项目的组织实施,先后举办小企业会计准则、金税三期业务等培训班次 15 期,培训人数 2568 人次。应用“快乐学习平台”考试功能,开展党建纪律知识在线考试和学分达标考试,共 5460 人次参加 32 门课程在线考试,达标率达 89.71%。更加尊重和关心群众利益诉求,市局、县局设立诉求专用邮政信箱、网络邮箱和电话短信平台,全系统收到不同层面群众诉求 42 条,全部妥善解决。

(靖树春　樊继泉)

金　融

综　述

【金融运行】 2013年，全市社会融资规模达804.1亿元，占全省的7.4%，其中，银行融资占86.7%，同比提高5个百分点。年末，全市本外币各项贷款余额4005.7亿元，成为全省第3个贷款总量超4000亿元的地市；比年初增加461.5亿元，占全省增量的9.4%，居全省第3位，仅次于青岛、济南，是烟台、淄博的1.2倍、2.2倍；较年初增长13%，高出全省平均增速1.6个百分点。年末，全市本外币各项存款余额5059.8亿元，比年初增加620.5亿元，占全省增量的7.8%，少于青岛、济南、烟台、临沂4市，居全省第5位，较年初增长14%，低于全省平均增速0.3个百分点。2013年，全市金融机构缴纳地税收入32.9亿元，缴纳国税收入14.4亿元，形成地方财政收入35.9亿元，对地方财政收入的贡献率为9.36%，同比提高0.56个百分点。银行业金融机构实现本外币利润131.3亿元，同比增盈19.8亿元，增长17.8%。

【债券和股权融资】 2013年，全市共发行各类债券19只，融资111.05亿元，其中，发行地方企业债融资16.8亿元，公司债融资9亿元，短期融资券和中期票据融资48.5亿元，区域集优票据9.05亿元，非公开定向债务融资工具15亿元，6家企业成功发行12.7亿元中小企业私募债。场外股权交易取得新进展，5家企业在齐鲁股权交易中心挂牌，1家企业在天津股权交易所挂牌，5家企业在深圳前海股权交易中心挂牌，全市在各类场外交易市场挂牌企业达22家。

【保险业发展】 2013年，全市实现保费收入111.1亿元。其中，财产险实现保费收入42.8亿元，同比增长29.05%；人身险实现保费收入68.3亿元，同比增长18.85%。

【金融组织体系建设】 银行组织体系进一步健全完善，成功引进齐商银行、恒丰银行、日照银行、东营银行在潍坊设立分行，光大银行获批筹建。在已有6家村镇银行基础上，奎文村镇银行获银监会批准筹建。新组建小额贷款公司5家，截至2013年12月末，营运资金达到62.68亿元，贷款余额69.26亿元。54家融资性担保公司资产总额达到61.9亿元，截至2013年12月末，担保总额130亿元，担保服务能力显著提升。

【金融稳定】 全市金融业整体运行平稳，各种潜在风险因素得到较好控制。地方金融风险排查和清理整顿各类交易场所“回头看”活动深入开展。高利贷、非法集资等金融犯罪活动受到遏制。银行机构内控机制建设进一步加强，保险业市场秩序持续好转。海龙、亚星等高风险上市公司处置工作取得积极进展。

（王玉伟）

【金融服务质量进一步提升】 银监分局高度重视金融创新工作，推动全市银行业研发针对性、差异化信贷产品，提升服务能力和发展活力。综合运用承兑汇票、信用证、保函、贷款承诺等表外融资方式，有效拓宽融资渠道，到2013年末，全市银行业表外业务余额1340.46亿元，较年初增加188.98亿元，增长16.41%。全市银行业研发推出了产业链式贷款、艺术品质押贷款、农业订单贷款、“诚富通”贷款等种类多样的贷款产品；全市农商银行积极开展村村通、富农惠民、阳光信贷农村金融服务“三大工程”建设；开展了农商银行“标杆银行”评选活动，寿光农商银行在“标杆银行”评选中被山东银监局评选为首批3家标杆银行之一。深入开展“送金融知识下乡”活动，银监会全国“送金融知识下乡”推进会暨金融知识专题宣传片发布仪式在潍坊召开，青州农商银行被评选全国级“送金融知识下乡”宣传服务站。推动潍坊银行在全省率先申报社区支行；积极试点网点延时服务，将8处市区网点营业时间从17:00延长到20:00。诸城农商银行全力打造农村社区两公里金融服务圈，实现了金融与城镇化的有机融合。潍坊银监分局与市金融办联合组织开展了“金融知识进万家”宣传服务月活动，地方各主流媒体进行了宣传报道，累计

为全市30万金融消费者提供了宣传教育服务。　(刘国锋)

银　行　业

【概况】　截至2013年底,潍坊市市级银行机构达到20家,包括1家政策性银行农业发展银行,中国银行、农业银行、工商银行、建设银行、交通银行5家国有控股大型商业银行,中信、招商、浦发、兴业、民生、华夏、恒丰、光大8家全国股份制商业银行,潍坊银行、市农信联社2家地方银行以及邮储银行和齐商银行潍坊分行、日照银行潍坊分行、东营银行潍坊分行;年内新成立的恒丰银行潍坊分行、光大银行潍坊分行、齐商银行潍坊分行、日照银行潍坊分行、东营银行潍坊分行。有7家村镇银行,分别是:寿光张农商村镇银行、寒亭蒙银村镇银行、高密惠民村镇银行、青州中银富登村镇银行、诸城建信村镇银行、临朐聚丰村镇银行、奎文中成村镇银行。

全市银行业有营业网点1393处、ATM机3286台、从业人员20173人,其中,乡镇及以下标准化网点624处,简易便民服务网点和流动服务网点3456处,农村金融机构网点和服务实现了对全市126个乡镇、7177个行政村的全覆盖。全市银行业各项存款5059.8亿元,较年初增加620.5亿元,增量居全省第5位,增长14.23%;各项贷款余额4005.8亿元,较年初增加461.5亿元,增量居全省第3位,增长13.42%。不良贷款率0.87%,信贷资产质量居全省第3位。实现利润总额144.8亿元,居全省第3位。

【信贷资金向重点区域、重点行业倾斜】　至2013年末,8县市贷款2428.36亿元,较年初增加363.28亿元,增长17.59%,分别高出全辖各项贷款、市区贷款4.57个、10.95个百分点。对经济薄弱环节支持力度进一步加大。2013年末,全市银行业涉农贷款余额2322.73亿元,较年初增加370.88亿元,增长19%;小微企业贷款余额845.33亿元,较年初增加197.64亿元,增长30.52%。全市制造业贷款余额1606.25亿元,贷款增加额占各项贷款增加额比例达45.53%;余额较年初增长15.52%,高于全市各项贷款增速2.1个百分点。对滨海区的支持力度进一步加大,2013年末贷款投放余额达114.24亿元,较年初增加14.04亿元,信贷支持滨海区企业总数164家,支持项目数29个。

【银行业组织体系建设】　按照市委、市政府"招大商、大招商"决策部署,银监分局在银行业组织体系建设方面确立了"引进来""深下去""走出去"的工作举措,已基本形成广覆盖、差异化、高效率的银行业组织体系。(1)积极吸引优质异地银行进驻潍坊。向银监会、山东银监局积极争取机构设立政策,2013年先后设立恒丰银行、光大银行2家股份制银行和齐商银行、日照银行、东营银行3家城市商业银行;晨鸣财务公司筹建获银监会批准,浙商银行在潍坊设立分行的计划获银监会批复同意。(2)积极推动完善县域银行业组织体系。2013年,银行业新设支行级机构36处,县域银行网点布局进一步优化;全市8县(市)设立股份制银行支行已达15处,股份制银行省内率先实现县域全覆盖;继寿光、诸城、青州、高密、寒亭、临朐6家村镇银行开业后,奎文中成村镇银行批复开业,村镇银行设立数量占全省的10%。(3)积极引导法人机构跨区域发展。截至2013年末,寿光、青州两家农商银行已主发起设立9家村镇银行;诸城农商银行主发起设立6家村镇银行的计划已获银监会批复同意。潍坊银行聊城分行顺利开业,异地分支机构达到6处。　(刘国峰)

【中国人民银行潍坊市中心支行】　按照"信用评定为基础,合同订单为依据,保险保证为保障"的思路,创新开展"订单+信贷+保险"订单融资业务,用金融支持订单,订单稳定生产,生产稳定价格。累计办理农产品订单质押融资贷款12.8亿元,支持订单蔬菜生产15.1万亩,涉及35户龙头企业、19家农民专业合作社和5260户农户。国务院副总理汪洋批转农业部要求注意总结推广,省长郭树清、市委书记杜昌文等领导先后做出批示,新华社、"经济日报"、"金融时报"等中央级媒体进行专题报道。"蔬菜订单融资"被市委、市政府评为金融创新一等奖。

2013年,指导8家企业通过银行间债券市场低成本融入资金16.35亿元,其中区域集优融资额和融资期数均居全国第一位。完成歌尔集团10亿元中期票据、世纪阳光纸业集团6亿元、新郎希努尔集团3.3亿元短期融资券以及潍坊银行50亿元中小企业专项金融债初审上报。

巩固提升农村金融支付服务品牌,荣获全国改善农村支付服务环境先进集体称号。扎实推进地方信用体系建设,在寿光和青州探索开展了社会信用信息管理平台建设试点。大力推进计划供应与市场调剂相结合的现金供应模式,《金融时报》予以专题报道。

大力支持实体经济发展。2013年,全市中长期贷款增加165.2亿元,积极争取办理再贷款和再贴现26亿元,重点支持现代农业、小微企业等薄弱领域。全力助推滨海突破,印发《金融支持突破滨海加快发展的指导意见》,滨海区贷款较年初增加54.3亿元,增长67.5%。制定支持涉外经济发展的12条措施,选取50家企业作为重点服务企业。　(赵振民)

【中国工商银行股份有限公司潍坊分行】　2013年,工行潍坊分行认真贯彻国家宏观调控政策和金融监管要求,不断扩大信贷投放,持续改进金融服务,着力防范各类风险,在倾力服务地方经济发展的同时,自身可持续竞争发展能力不断增强,经营管理各项工作迈上了新台阶,连续八年进入全国工行系统二级分行经营30强,2013年列第18位。截至年末,本外币各项贷款余额达到601.24亿元,较年初增加57.56亿元,增长 10.58%;本外币各项存款余额 540.56 亿元,较年初增加 42.29 亿元,增长 8.49%。

扩大信贷投放,服务实体经济。综合运用"存量 + 增量""表内 + 表外""传统产品 + 新型业务"等多种方式,努力扩大信贷投放,保持了新增贷款在全省系统内的领先水平,较好地服务了实体经济发展。在贷款投向方面,坚持抓大促重。紧跟潍坊市经济结构调整和产业结构优化升级步伐,积极进入传统优势企业的技术改造项目和行业龙头企业,着重支持战略性新兴产业、先进制造业、现代服务业及文化产业发展。全年累计对全市 31 个重点项目发放项目贷款 45.36 亿元,余额达到 143.44 亿元,较年初增加 20.47 亿元,排全省工行系统第 1 位。坚持扶小济微。充分发挥客户、资金、规模等方面的优势,大力拓展供应链和产业集群融资,全年累计发放小企业贷款 110 亿元,余额达到 110.54 亿元,客户数达到 1094 户,余额、客户数均排全省工行系统第 1 位。合理把握个人住房和消费贷款增长点,较好地满足了居民创业兴业、消费升级需求。全年累计办理个人贷款 58.39 亿元,余额达到 177.08 亿元,较年初增加 26.56 亿元。主动适应全市"走出去"客户需求,全年累计办理国际贸易融资 12.85 亿美元,较好地支持了全市外向型企业发展。

加快改革创新步伐,提升竞争发展能力。深入实施客户发展战略,主动加快改革发展创新,不断提升市场竞争发展能力。全年实现拨备前利润 19.83 亿元,同比增加 0.58 亿元,其中,实现中间业务收入 7.31 亿元,向地方财政缴纳税金 2.58 亿元。加快推进服务创新,推出个人"逸贷"、实物黄金回购、财智账户卡等新产品,投产借记卡快捷发卡机、快捷理财销售服务终端,积极推广网上银行、手机银行、微信银行,在资产托管、养老金、私人银行、贵金属等绝大多数新兴业务领域巩固和扩大了领先优势。截至 2013 年年末,全行信用卡存量达 38.25 万张,实现消费额 50.36 亿元;实现国际结算量 63.8 亿美元、结售汇 21.8 亿美元,市场竞争能力不断提升。始终坚持"以客户为中心"的服务理念,深入开展"服务品质提升年"活动,持续强化服务规范化管理,有效缓解客户排队问题。狠抓客户投诉专项治理,加快推进网点渠道建设,全行整体服务水平明显提升。

切实强化基础管理,实现安全稳健运营。在严把新增贷款投向的同时,密切跟踪监测风险苗头,突出加强重点业务领域风险管控,通过加快潜在风险贷款退出、加强贷款催收、加大不良贷款清收处置力度等措施,有效遏制了不良贷款反弹势头,保持了资产质量总体稳定。始终坚持依法合规和审慎稳健经营,进一步完善事前、事中、事后全过程内控管理,严格落实各级管理人员内控案防职责,持续抓好员工行为动态管理和重点风险点防控,积极开展各类应急预案演练,实现全年安全稳健运营无事故。始终坚持"关爱员工,以人为本,引领员工一起成长"的理念,深入开展党的群众路线教育实践活动,促进了员工与工行同发展、共进步。　　(聂　聪)

【中国农业银行潍坊分行】 2013 年年末,各项存款余额达到 736.1 亿元,比上年增加 54.1 亿元;各项贷款及表外资产余额达到 670.2 亿元,其中,各项贷款余额达到 521.8 亿元,比上年增加 58.3 亿元,增量居全省农行第 1 位;银行承兑汇票余额 118.5 亿元,居全省农行第 1 位。实现净利润 20.7 亿元。累计上缴各类税金 2.3 亿元,同比增长 26%。新增固定资产 1.25 亿元。全年实现安全运营无事故。综合绩效考评继续保持全省农行和全国农行重点地市分行领先位置。先后荣获总行改革发展突出成就奖、合规文化建设先进单位,山东省职工职业道德建设先进单位、山东省改善农村支付服务环境先进集体、山东省社会公信力满意单位、潍坊市履行社会责任十佳企业等荣誉称号,在市纠风办"行风在线"考评中连续 3 年位列全部上线单位第 1 名。

服务实体经济发展。积极对接"黄蓝"两区发展和经济结构战略调整,将机械装备、石油化工等六大传统产业,新能源、新材料等九大新兴产业作为重点支持行业,将潍柴集团、晨鸣纸业等一批核心企业作为支持重点。年末,重点企业贷款增加 20.8 亿元,占企业贷款增量的 68%。加大对重点项目的支持力度,近几年来累计纳入项目库项目 129 个,已批复项目 79 个,贷款金额 89 亿元,已按项目进度发放 56.5 亿元,占批复金额的 63.5%。

助力小微企业发展。认真落实国务院和市委、市政府关于支持小型微型企业发展的政策要求,围绕市政府扶持的 10 个产业集群、10 处创业基地、10 处公共服务平台,以筛选确定的 1100 家小微企业为重点,大力推广集合债、集合票据、县域中小企业动产质押融资和工业用房按揭贷款等产品。小企业贷款户数 295 户,小企业贷款余额 25.4 亿元,比年初增加 6.2 亿元,存量和增量分居全省农行第 2 位和第 1 位,增幅 32.3%,高于全行各项贷款平均增幅 19.7 个百分点。

推动民生事业发展。适应城乡居民日益增长的金融和消费需求,组织开展进"政区、社区、商区"综合服务活动,在全市筛选确定 20 个政区、30 个社区和 30 个商区作为重点服务区域,强化金融综合服务。大力发展个人综合授信贷款、住房贷款、个人助业贷款等业务,着力改善城乡居民生活条件和生产经营。个人贷款余额达到 159.2 亿元,比年初增加 58.3 亿元,存量和增量分别居全省农行第 1 位和第 3 位。加强服务能力建设,在全国农行系统率先启动了个人贷款集中经营试点,设立了市分行财富管理中心和 9 个支行个人理财中心,升格基层营业机构 20 个,装修改造网点 129 处;持续开展"客户满意在农行"活动,辖属诸城支行营业部和青州支行营业部被中国银行业协会授予文明规范服务"百佳示范单位"。

拓宽企业融资渠道。三农事业部和中小企业区域集优票据分别被市政府授予金融创新二等奖和三等奖。在加快发展贷款、银行承兑、信用证、保函等业务的同时,积极推广短期融资债券业务,在全省农行率先开展黄金租赁、国内保理、委托债权、信托融资、银赁通保理、电子商业汇票和农发行信贷资金托管业务试点。青州市北阳河综合治理3.8亿元项目贷款是全省农行系统首笔新型城镇化项目贷款。发放全国农行系统首笔法人客户农产品订单融资贷款500万元,配合办理全省首笔信用保险业务。积极提升服务内涵。组织开展法人企业普查活动,研究制定《法人企业金融综合服务方案》和支持名录,逐个企业量身定做金融服务方案,增强了对企业客户服务的针对性。针对企业“走出去”步伐加快的实际,成功开办跨境参融通等8项新业务、新产品。

服务三农、支持城乡统筹发展。到年末,“三农”和县域各项贷款比年初增加40.4亿元,占到全行的69.4%。市级以上产业化龙头企业占用贷款75.9亿元;支持省级以上农业产业化龙头企业82家,业务覆盖面达到93%。围绕农户生产经营需要,积极推广惠农卡和农户小额贷款,惠农卡发卡量达到118万张,农户贷款余额达到27亿元,均居全省农行第3位和第1位。大力加强农村基础金融服务体系建设。制定出台了农村金融服务体系建设规划、网点转型和电子渠道调整优化意见,扎实推进“万村千乡市场工程”和“惠农通”工程,构建起了物理网点、电子渠道、“惠农通”服务点、助农取款服务点 四位一体的农村金融服务平台。累计在县域设立网点136个,占比78%;装修改造县域网点82个。累计布放ATM 470台、自助终端134台(套),投放转账电话、POS机3.5万部,电子银行客户达到292万户。累计建设“惠农通”工程服务点2262个,行政村电子机具覆盖率达到83%;建设银行卡助农取款服务点1224个,取款金额2500万元,使广大农户“足不出户可转账缴费、身不离村可存款取现”成为现实。

(吕宝良)

【中国建设银行潍坊分行】 截至2013年底,一般性存款新增73.16亿元,各项贷款新增50.88亿元,实现中间业务毛收入6.36亿元,实现账面利润15.66亿元,经营效益连续五年位居全省系统前两位。

明确方向重点,促进转型升级。紧扣国家和潍坊市“十二五”规划,落实市委、市政府的总体部署,加大对实体经济发展的支持力度。全年累计对公贷款投放达到129亿元,比上年同期增长38亿元,有效支持了福田雷沃重工、盛瑞传动、华能昌邑风电、威能环保、万声信息等重点企业的发展。

突出综合融资,满足多样需求。始终坚持资产业务多元化和业务持续创新的发展方向,通过信贷与非信贷相结合、国内市场与国际市场相结合、表内业务与表外业务相结合、增量与存量相结合,着力为客户提供综合化融资服务方案。全年先后为辖内客户办理理财产品15亿元,有效满足了客户的多样化融资需求。

创新工作模式,服务小微企业。充分发挥小企业经营中心的职能和作用,向小微客户提供快捷规范的“一站式”全面金融服务。着力加大小企业“助保贷”“供应贷”“信用贷”“善融贷”“网银循环贷”等产品的推广应用力度,满足小企业客户融资需求。截至年底,小企业贷款余额57.61亿元,比年初新增26.09亿元,同比增速达82.77%,超过各项贷款增速69.7个百分点,多项业务指标名列全省系统第一和当地同业前列。

结合当地实际,助推城镇化建设。认真贯彻落实省分行与市政府战略合作协议的各项要求,密切与各县(区、市)的沟通与合作,重点支持了旧城镇改造、棚户区改造、农村社区建设、农民安置房建设、农田水利设施等项目。截至2013年年末,累计批复新农村建设类项目37个,涵盖了各个县市区,金额达到75亿元,已经投放28亿元,走在了全省系统的前列,有力助推了潍坊当地的城镇化建设。

发展消费信贷,扩大内需增长。巩固和强化个人贷款中心作用的发挥,进一步提高业务办理效率和风险防控能力,有效满足居民个人首套自住用房的贷款需求。截至年末,个人住房贷款余额162.92亿元,比年初新增23.1亿元,列全省系统第二位。加大对“学易贷”、黄金质押、“财富贷”以及产业链个体经营业主的助业贷款等消费信贷产品的营销和应用,优化了个人类产品的结构。加强信用卡业务创新,着力发展分期业务,大力拓展商户收单市场,积极做好鲁通龙卡、全球支付龙卡、安居龙卡等信用卡产品的推广,努力为广大客户提供多样化的应用体验。截至12月末,实现信用卡消费交易额65亿元,消费额首次跃居当地四行第1位,比上年提升2个位次。

强化工作落实,提升服务水平。牢固树立以“客户为中心”的服务理念,健全服务工作机制,组织两次大规模服务考试。通过神秘人检查、远程监控检查等各种方式,提高了对网点的检查频率,狠抓对发现问题的整改和客户投诉的处理。大力推进电子银行业务及渠道建设,新增布设各类自助设备279台,切实提升了全行服务客户的能力与水平。(刘 猛)

【交通银行潍坊分行】 截至2013年末,交通银行潍坊分行人民币各项存款余额达226.23亿元,较年初增加41.64亿元,增幅22.56%。存款总量在全国系统内164家辖属行中排名第11位,较年初提升2个位次,山东省系统内排名第一,增量排名全国第三。人民币各项贷款余额达到170.6亿元,较年初增加20.21亿元,增幅达13.44%,贷款总量在全国辖属行中排名第11位,较年初提升1个位次,增量全国第六,总量山东省系统内排名第一。不良贷款持续“双降”,余额5553万元,较年初下降260万元,不良贷款占比0.32%,低于全市平均水平,较年初下降了0.07个百分点。

拓宽融资渠道,加快产品创新,加强同业合作。充分利用交行全牌照、综合化、国际化的优势,全面发展各类表内外、本外币、境内外业务,综合运用信托、证券、融资租赁、供应链融资等金融产品和工具,多渠道扩大信用规模。截至2013年末,表外业务总量达到108亿元。搭建标准产业链条33条;

办理黄金租赁业务5笔，累计办理黄金租赁业务金额3亿元；投行业务落地项目8笔，项目额度11.9亿元；通过融资性保函业务，代理同业办理进口开证、出口交单业务，离岸业务，国内证业务等，实现国际结算量21.6亿美元；积极支持区（县）级财政融资业务，全年签约融资租赁项目4个，落地两个，融资总额1.6亿元。

加强自助银行和电子渠道建设，优化网点布局，提高单产效率。推进社区银行、自助银行、银亭建设。根据不同社区居民的金融需求偏好，为客户提供符合个性化的产品，充分展现社区银行的亲和力。通过整合现有资源，增强服务功能，提升服务水平，更好的服务大众。做好市民卡推广工作。调整优化网点布局，加快设立县域支行的步伐，完善服务网络。经过近三年的发展，潍坊交行已拥有寿光、诸城、青州、高密、昌乐五家县域支行，成为山东省交行系统内设立县域支行最多的分行。其中，寿光支行被省分行列为农村贷款试点行。

贯彻市委、市政府“突破滨海”战略，大力支持“黄、蓝”经济区建设。在滨海区成立之初，交通银行潍坊分行便确立了专门支行对接滨海区业务，交通银行潍坊分行滨海地区授信企业客户20多户，授信总额度12亿元，授信品种包括流动资金贷款、承兑汇票、信用证等。此外，合作领域还包括日常结算、授信业务、贸易金融、国际业务、投资银行等多个方面，拓宽了企业的融资渠道。

加强内部管理。调整考核激励机制，存款由重点考核时点转为重点考核日均，存款稳定性大幅增强。坚持客户策略先导，配合优质的服务方案，努力培育、壮大“橄榄型”客户群体。完善考核激励机制和网点经营机制，对支行实施规模管理，薪酬动态调整，增强规模意识，鼓励做大做强。对机关管理部门进行了矩阵式改革，达到了“强大前台、高效中台、集约后台”的目标。加大培训力度，建设全能客户经理队伍，全面提高干部员工整体素质。加强风险管理，狠抓案件防控，严格排查员工失范行为和职业道德风险，加强“印、钱、人”管理，确保安全运营。

（王雪涛）

【中国银行潍坊分行】 2013年，中行潍坊分行全年实现税后利润9.53亿元，列全省第2位，同比增长19%，其中，非利息收入5.95亿元，同比增长38%。本外币各项存款余额386亿元，较年初增长52.3亿元，增幅为15.7%。本外币、表内外授信余额达510亿元，较年初增长76亿元，增幅为17.5%。综合绩效考核列山东省中行系统内第一位，连续两年保持全省第一，获“支持地方发展先进单位”称号。

持续加大对小微企业、“三农”等领域的支持力度，在全省首创“大棚租金分期”产品，分行营业部与寿光支行成为全省首批微型企业贷款试点行，年末小微企业与涉农贷款增幅均高于全市各银行业机构全部贷款增速。

积极改进经营管理，带动发展质量提升。全面实施内生动力机制，按照“简单明确、强化传导”原则，简化机构考核体系，严格控制指标数量，将资源配置与核心绩效指标挂钩，并向基层机构倾斜，激发基层内生动力。积极应对宏观形势变化带来的挑战与压力，持续加大对重点领域的风险管控力度，资产质量趋于稳定。以“内控工作日常化”为总纲，以网点转型中业务风险防控为核心，狠抓教育警示与责任追究两个关键关节，加强基层网点风险防控，持续深化“平安中行”建设，积极构建安全管理长效机制，继续保持了“零案件、零事故”的良好局面。

积极推动渠道建设，带动服务水平提升。坚持以客户中心，顺应时代发展要求，积极调整客户服务模式，大力推进服务渠道建设，努力创造最佳客户体验，加强消费者权益保护，认真开展不规范经营“回头看”自查，客户满意度得到提升。分行营业部被中国银行业协会评为“2012年度中国银行业文明规范服务千佳示范单位”。网点建设步伐增快，新成立了2家城区机构，同时将2家城区网点调整到青州市与寿光市，提高了县域物理网点占比，县域金融服务水平得到明显提升。

（李　强）

【中国农业发展银行潍坊市分行】 2013年年末，各项贷款153.7亿元，日均存款余额30.76亿元，人均达到1103万元；国际业务结算额29067万美元，增加7829万美元；中间业务收入837万元，增加141万元；账面利润3亿元，较好地完成了全年各项工作任务和目标。

发挥政策性银行职能作用，确保政策性收储资金需求。认真贯彻国家粮棉收购政策，积极支持全市粮棉收购。发放粮食收购贷款1.4亿元、棉花购销贷款2.52亿元，确保了全市政策性粮棉收购资金需求，保证了全市粮食安全和社会稳定。积极支持实体经济发展，对优质商业性客户大力支持。完成对62家老客户的授信调查，新增3家客户。开展农村流通体系建设项目营销和储备工作。积极推荐上报总行级、省行级黄金客户和战略性客户，棉花信贷客户其中有2家被评为总行级黄金客户，8家被评为总行级战略性客户8家；粮油客户3家被评为省级战略性客户。对商业性贷款实现了优化结构、突出重点，着重支持了30家优质客户，贷款额超过26亿元，促进全市粮棉油全产业链优质高效、持续发展。

大力支持新农村建设和城镇化发展，中长期贷款项目营销实现新突破。围绕市委市政府“蓝黄”发展战略和重点突破滨海的大目标大决策，把握投向，重点营销农田水利建设项目。根据潍坊水资源丰富的实际，突出支持了水利和新农村建设项目，累计发放12个项目23.37亿元，累计营销9个项目36.8亿元。其中诸城市中长期贷款12亿元项目已审批发放，继续搞好高新区城乡一体化建设项目40亿元贷款后续发放，对推动高新区城镇化发挥了重要作用。

有效防控信贷风险，确保稳健经营。实施分层次、不间断风险排查，完善风险防控机制。促进整体管理水平提升。

（李桂超）

【潍坊银行】 2013年末,全行资产633亿元,较年初增加110亿元,增长21%;各项存款余额545亿元、贷款余额354亿元,较年初分别增加94亿元、44亿元,增长21%和14%。经营效益持续增长,实现经营利润13亿元,较上年增加1.4亿元,实现净利润7.3亿元,较上年增加0.1亿元;上缴税金4.95亿元,较上年增加0.6亿元,位列全市第8位,金融系统第一位;主要监管指标全部达标,经营质量持续提高。

营销工作。信贷结构不断优化,信贷资源分配始终与国家及地区产业政策保持一致,年末,全行小微贷款余额213亿元,增长31%;微小企业贷款余额15亿元,增长148%;涉农贷款170亿元,增长56%。电子银行业务不断推进。网上银行业务拓展迅速,手机银行客户端成功上线,手机支付、公务卡支付宝业务成功运行,微信银行开发启动,电子银行综合替代率达55%。货币市场对全行盈利贡献不断提升。2013年累计办理债券市场业务3660亿元,其中,债券逆回购交易1282亿元,实现净利润2.2亿元,同比增加1亿元。国际业务稳步发展。全年完成国际结算量27.7亿美元,累计发放各类贸易融资4.22亿美元,实现汇兑收益1116万元。理财业务发展良好。全年共发行自有理财产品20期,募集资金23亿元;推出"泰利达·盈财"理财产品质押贷款和品牌贵金属业务,基金销售资格获批。

金融创新。(1)小微业务管理水平实现新提升。开展小微批量平台营销竞赛活动,成功搭建70个平台项目;积极探索尝试与保险公司、政策性银行合作,拓宽小微企业服务渠道;积极推进小微技改工作,通过实施差异化授权、优化审批流程、远程审贷等措施,小微业务审批和管理效率明显提升。(2)微小金融发展迅速。微小金融事业部先后设立临朐、昌乐、高密、昌邑、莱西、即墨、聊城分中心,完成胶南海汇村镇银行微贷技术移植,服务触角进一步延伸;整合15种创新农贷产品,形成"微贷超市",在农产品和畜牧业集群形成良好口碑和影响力。潍坊银行微小金融业务得到了银监会副主席郭利根、团中央书记处书记徐晓、省银监局局长陈育林等领导的高度评价和充分肯定。(3)文化金融开局良好。成立文化金融事业部,文展会期间为11家文化企业批量授信2.2亿元,在潍坊当地文化市场迅速建立起口碑;创新书画艺术品质押融资预收购人制度,启动艺术品集保库建设,完成"艺术品质押融资课题研究",确立了在艺术金融领域的领先地位。(4)农村金融成果显著。年内召开了首届农村金融工作专题会,明确了发展农村金融工作的重点和方向;专注新型农村经营主体金融服务,推出农民合作社信用贷款、农业订单质押融资、家庭农场贷款等创新业务,引起了社会的强烈反响。年末,此类创新农金产品贷款余额38.63亿元,较年初增长88%,服务户数6360户,增长156%。(5)个人金融实现新突破。大力推进"金融进社区",签约进驻社区135家;"鸢都绿卡"品牌化营销取得积极成效,助推了全市自行车租赁工作发展;在全省城商行中首家成功发行金鼎贵宾IC卡;8家支行试点延时服务,赢得了社会的广泛关注与普遍赞誉。(6)机构建设迈出新步伐。聊城分行顺利开业,跨区域发展取得新成果。与此同时,县域扩张战略向纵深发展。当年新设8家县域支行、滨海1家城区支行,随着青岛即墨支行、莱西支行开业,实现了青岛地区首轮县域机构全覆盖。

风险管理。(1)不良贷款实现双降。成立不良贷款清收转化协调领导小组,多措并举加强不良贷款管理。至12月末,全行不良贷款余额较年初减少5470万元,占比下降0.31个百分点。(2)风险防控进一步加强。成立贷后管理中心、出账审核中心、电话回访中心并充分发挥其风险防控作用;影像审批系统上线运行,实现了信贷管理全流程电子化作业;信用风险监测管理子系统上线,信用风险监测与管理手段进一步完善。(3)从严治行理念进一步强化。开展了全员合规轮训,提升全员合规意识;严格责任追究,加大惩处力度,年内共处理责任人132名。(4)内审力度进一步加大。建立不良贷款常态化的责任认定及问责机制,将常规审计发现的较严重问题纳入责任认定及追究范围,提升不良贷款清收效果;审计信息系统上线运行,审计科技支撑能力明显增强;建立审计问题库,定期进行后续跟踪审计,重复犯错等违规行为明显减少;推进审计专员办有效开展工作,获得了青岛银监局的充分肯定。

(闫少卿)

【潍坊市农村信用合作社联合社】 截至2013年底,潍坊农信各项存款余额1357.8亿元,比年初增加197.8亿元,各项贷款余额957.1亿元,比年初增加122.6亿元,存贷款余额、新增存款余额和市场占有率均居全市银行业和全省农信系统首位。不良贷款实现了余额和占比"双下降"。实现经营利润41.8亿元,占全省农信系统经营利润总额的13.9%;综合费用22.05%,较年初下降4.51个百分点,比全省低3.62个百分点,继续排名全省第一。入库税金14.04亿元,占全市金融机构的42%,7家农商行稳居当地纳税前5名。资本充足率(新口径)13.4%,贷款损失准备覆盖率达275%。寿光农商行被评选为标杆银行、青州农商行被评为标杆银行递补名单机构;在省联社综合考核排名中,寿光、青州、诸城、临朐进入综合实力排名前10位;诸城进入发展能力排名前10位。全市已设立村镇银行9家(当年新开业4家),获批筹建9家,申请筹建13家,开创了全省农信系统跨区域经营的先河。潍坊市联社发起并成功举办了全国"农村中小金融机构管理系统核心价值研讨会",参与协办全国"送金融知识下乡"工作推进会暨金融知识专题宣传片发布仪式,为全国农村中小金融机构搭建了合作共赢的新平台,进一步提升了潍坊农信品牌整体形象和社会美誉度。

以释放生产力和整合优势资源为重点,全力推动"集约农信"建设,在前瞻性部署网点转型升级上迈出新步伐。研究出台了综合配套转型规划,建设"专业化、流程化、精细化、集约化"的现代一流网点格局,初步完成网点功能定位和以"四个中心",为重点的信贷业务流程再造,为在全市范围内全面、稳步推进网点转型升级奠定了基础。

以创造信贷管理新模式和流程再造为重点,全力推动"创新农信"建设,努力提升精细化管理水平。加大系统创新研发力度。研发并推广了贷款风险预警系统,建立了由39项规则构成的预警指标库,第一时间识别潜在风险,实现全流程跟踪记录。全市农信系统预警并实证排查风险贷款14万户71.9亿元,有效发挥了风险贷款"雷达"和"扫描仪"的作用。加强同业合作,完成了村镇银行信息系统"先托管,后自建"的运作模式,解决了农商行跨区域发展的瓶颈。根据省联社"阳光信贷"工程关于利率定价机制的要求,完成了利率定价系统、社保业务系统的研发上线。创新并优化信贷流程建设。全市农信按照"先城区后农区"的原则,对现行信贷运作模式进行了梳理、优化,在"四个中心"的基础上,创新设置了复议中心和区域性审查审批中心,进一步提升了信贷管理的专业化、集约化水平和风险防控能力。创新"两大信贷管理新模式"。按照市联社总体部署,全市大力实施了"1+N"担保组合模式和"T+2"简捷快速贷,在有效降低信贷风险的前提下,为客户提供了简便、快捷的信贷服务。

以狠抓风险管理为重点,全力推进"安全农信"建设,实现资产质量稳步提升。着重加强重点领域贷款风险防控。按户制定了压缩清退计划和风险防控措施,实行对大户贷款风险"定员跟踪",落实班子成员分工包行制度,对发现的潜在风险,及时集体研究制订防控措施。创新不良资产打包处置新模式,全市实现了不良贷款余额、占比的双降。全面构建流动性风险管理体系。全市以市联社货币市场为平台,建立了以流动性报告制度、日常头寸管理为核心的流动性风险管理体系。

以新兴业务和市场拓展为重点,积极推进"效益农信"建设,进一步提升市场竞争能力。大力推广电子银行业务,向新兴市场要效益。通过强化指标考核,加大电子机具布放和网银业务拓展力度,全市农信累计开立网上银行34万户、手机银行31万户,新增银联POS机具2.97万台,电子银行业务替代率由年初的30%增长到年末的44.8%,有效缓解了门市和柜台压力。以推广"金时贷"贸易融资等产品为依托,不断拓宽外汇业务收益渠道。截至2013年末,国际业务累计结算量14.38亿美元,同比增长57.9%。全市9家农商行已全部自营办理国际业务,成为全省农信首个全部法人机构开办自营外汇业务的单位。

以建立转变作风长效机制为重点,稳步推进"和谐农信"建设,为全市农信系统的改革发展提供强力支撑。着力构建"接地气"一线工作长效机制。围绕贯彻落实市联社研究确定的《潍坊农信系统"一线工作法"实施办法》,各农商行也制定了相应的配套方案,明确规定市(县)两级班子成员和机关中层负责人基层蹲点的时间、次数和具体工作任务。扎实开展行业作风综合治理活动,组织开展了为期100天的行业作风专项整治,共排查员工6900余人,发现问题5大类18起,处理责任人21人次。

2013年,市联社连续六年名列市政府企业评议部门(单位)金融系统第一名,连续四年名列地方行风评议的金融服务行业第一名,荣获潍坊市履行社会责任优秀企业荣誉称号和省联社信访稳定先进单位荣誉称号。"诚富通"农民信用联盟贷款荣获中国银行业协会评选的"2013年服务三农二十佳金融产品","1510"农村金融服务体系建设荣获潍坊市年度优质服务项目,创新研发的风险管理体系荣获全市金融创新二等奖。高密农商行荣获中国银监会"全国银行业金融机构小微企业金融服务优秀团队"荣誉称号;继市联社、寿光、青州、诸城、安丘、高密、昌乐获得省级文明单位后,昌邑农商行也获此殊荣;安丘农商行以"水"服务为品牌的企业文化建设以及青州、昌乐、高密农商行获"山东省服务名牌";寿光农商行创新的农业订单融资贷款荣获全市金融创新一等奖,昌乐农商行荣获潍坊市履行社会责任十佳企业荣誉称号。全市农信系统共115人次获得市级以上各类表彰奖励。全市农信系统共有13人当选为市级以上人大代表、政协委员和党代表,12人当选县级人大代表、政协委员和党代表。 (陈志成)

【邮政储蓄银行潍坊市分行】 截至2013年末,邮政储蓄银行潍坊市分行资产总额268.66亿元,其中,各项贷款62.97亿元,占总资产的23.44%;负债总额265.73亿元,其中,各项存款253.41亿元,占总负债的95.36%;所有者权益2.93亿元。实现财务收入总额6.56亿元,实现利润总额1.22亿元。连续三年被省行评为"资产保全工作先进单位"荣誉称号;代表潍坊市金融机构参加全省银行业金融机构消费者权益保护法知识竞赛,获得二等奖。

经营效益稳定增长。2013年,全行及时调整发展思路,加快发展节奏,加大市场开拓力度,实现了经济效益稳定增长,全年业务收入稳居全省第一位。转型发展奠定良好基础。根据"业务转型升级、实现均衡发展、理顺营销体系,加强精细化管理"的经营思路,加快转型升级进展,以客户为中心,结构调整成效初显。基础管理能力持续强化。进一步在精细化管理上下功夫,持续提升资源配置水平和整合使用效能,企业竞争能力不断增强。人力资源支撑经营发展能力有效提升,财务管理优化资源配置作用稳步加强,加强成本管控,严控管理性开支,招待费、会议费和差旅费等"三费"开支同比下降44.78%。授信管理引导信贷发展能力持续强化,提高了行业监测和预警能力。风险内控工作成效明显。尊重银行运行规律,统筹兼顾安全性、盈利性和流动性,培育了良好的合规文化,保障企业稳健运行。年内,高密市支行营业部被全国总工会授予"全国五一巾帼标兵岗"称号。 (李海港)

【兴业银行潍坊分行】 截至2013年底,兴业银行潍坊分行各项存款余额 158.12 亿元，较年初增长 5.24 亿元，各项贷款余额 101.47 亿元，较年初增 10.29 亿元。全行人民币对公存款余额 138.04 亿元，较年初增加 3.52 亿元；储蓄存款余额 18.93 亿元，较年初新增 4.59 亿元。本外币公司贷款 86.41 亿元，较年初增加 8.93 亿元；个贷余额 16.2 亿元，较年初增加 2.5 亿元。各项经营指标稳居全市股份制商业银行前列。

盈利能力持续提升。自 2008 年开业以来，兴业银行潍坊分行累计缴纳利税达 1.65 亿元。2013 年实现营业收入 5.28 亿元，较上年同期增长 8220 万元。实现账面利润 3.22 亿元，较上年同期增加 3175 万元。当年计提贷款损失准备 4169 万元，剔除减值准备因素实现拨备前利润 3.74 亿元。

服务网络建设稳步推进。2013 年先后成立了青州支行、高密支行，已开业县域支行数量达 4 家，营业网点增至 5 家，目前，昌邑支行也在积极筹建过程中。新设自助设备 15 台，自助机具铺设达 48 台。网点辐射面不断扩大，服务网络不断完善，服务地区的能力持续提升。

信贷支持力度持续增强。在行内信贷资源严重不足的情况下，潍坊分行积极向上级行争取信贷规模，加大信贷投放力度，全力支持重点项目及中小型企业发展，2013 年累计投放贷款 100.57 亿元，小企业贷款新增 1.01 亿元。同时，强化与信托、证券、租赁等非银机构的合作，积极协助客户对接行外融资渠道。

创新产品提升服务品质。在个人经营贷、“兴业芝麻开花”等小企业贷款的基础上，潍坊分行相继推出了简捷贷、交易贷等便捷的授信品种，丰富中小企业产品货架。充分利用兴业银行绿色金融产品优势和优惠政策，积极推广节能减排等绿色信贷产品。截至 12 月末，潍坊分行为全市节能减排客户发放贷款共计 18.81 亿元。大力推动网上银行、手机银行等电子渠道建设，加快发展电子银行业务，加大企业网银营销力度，畅通资金划转渠道，为客户提供高效优质的金融服务。

2013 年，兴业银行潍坊分行荣获潍坊市政府 2013 年度“金融创新奖”三等奖，被中国人民银行济南分行评为 2013 年度山东省提升现金服务水平专项行动先进集体，被潍坊市财政局评为 2013 年度企业财务会计信息工作先进单位。

（杜洪利）

【浦发银行潍坊分行】 截至 2013 年末，浦发银行潍坊分行账面资产总额 75.82 亿元，比年初增加 21.94 亿元，增幅 40.72%，其中各项贷款余额 61.58 亿元，比年初增加 13.13 亿元，增幅 27.1%；账面负债总额 73.72 亿元，比年初增加 20.77 亿元，增幅 39.23%，其中，各项存款余额 73.22 亿元，较年初增加 20.64 亿元，增长 39.25%。实现账面利润 2.1 亿元，同比增加 1.17 亿元，上缴税金 2696 万元。在浦发银行二级分行综合竞争力排名中位列第 24 位，比年初提升 4 个位次。

支持和服务实体经济能力进一步增强。在充分利用好有限信贷规模和风险资产的基础上，通过新业务、新产品的推广营销，不仅降低了企业融资成本，拓宽了企业融资渠道，而且带动了各项业务的综合营销，收到了银、政、企“三赢”的效果。年末，全行信用总量达到 119 亿元，比年初增加 37.3 亿元，增长 45.6%。在滨海新区授信余额 5.56 亿元，比年初增加 2.5 亿元，为滨海投资发展有限公司发放总行自营投行资金 20 亿元。进一步优化小微企业贷款流程，提高审批效率，有效满足中小企业“短、频、快”的融资需求，加大了对城乡三农类企业的扶持力度。成功开办了黄金租赁业务、上市公司募集资金、融资租赁资金托管业务、短期融资券等投行业务。

强化信贷管理，有效防范了资产风险。开展了风险排查，对检查出的问题，能纠改的立即纠改，不能纠改的采取追加担保、诉讼保全等方式，前瞻性地保全了信贷资产。完善制度，加大责任追究力度，强化了客户经理的风险意识，对部分逾期或欠息客户相关责任人进行了经济处罚。加强房地产开发贷款和政府融资平台贷款的管理。2013 年无新增政府融资平台贷款，贷款余额为零。年末，不良贷款余额 70 万元，整体信贷风险处于可控范围之内。

加强基础建设，构建了长效发展机制。2013 年 11 月 20 日，寿光支行顺利开业，各项工作取得了良好开端。青州支行的筹建工作已获山东银监局批复，各项工作正在推进。年末，ATM 机数量达到 9 台，自助银行建设步伐明显加快。加强员工新业务、新知识的学习培训，鼓励员工进行从业资格考试，开展了形式多样的技术练兵活动，业务技能不断提高，队伍素质明显提升。营业部荣获总行“百强网点”称号。（王照海）

2013 年 11 月 20 日，浦发银行潍坊寿光支行开业

（摄影：王照海）

【中国民生银行潍坊分行】 截至 2013 年末，资产规模为 74.47 亿元，负债规模为 72.15 亿元；各项存款余额 71.09 亿元，比年初增加 6.59 亿元，增长 10.22%；各项贷款余额 54.62 亿元，较年初增加 1.99 亿元，增长 3.78%。票据贴现总量达到 125 亿元；实现利润 1.49 亿元，纳税总额 3530 万元。

积极履行社会责任,全面服务小微企业。截至2013年末,小微企业各类贷款余额16.65亿元,占贷款总额30%,2013年累计发放小微企业贷款16.9亿元,服务小微客户总量达到11818户。先后推出了城市商业合作社、小微互助基金等10多种创新模式,对客户、资源、产品、规模等进行整合,实现全方面、多领域的金融服务。结合潍坊区域经济特色,实施小微客户批量开发战略,已确定盐及盐化工、机械制造、纺织服装、农副食品加工、临朐铝型材5个开发领域,涉及客户1002户,授信总额达到52亿元。

加快分支机构建设,增强服务覆盖网络。2013年,青州、寿光、安丘3家县支行作用得到全面发挥,成为服务小微的重要力量,同时成立了临朐、昌邑2家县域支行,特色支行数量达到5家。

狠抓内控合规风险,全面加强内部管理。防范案件风险,认真执行案件防控"两个意见"和"五项制度"。加强信贷风险管理,认真执行贷款新规、加强贷款"三查"和全流程管理作,防范民间融资风险向银行传递。深入开展"不规范经营"整治活动。认真执行"七不准""四公开"和"四禁止"要求,规范各类收费项目和服务行为。主动配合监管,全面完成监管指标。　　（齐少鹏）

【中信银行潍坊分行】 截至2013年10月31日,全行一般性存款余额折计人民币86.51亿,比年初增加31.77亿,增幅58%。其中,对公存款余额77.66亿元,比年初增27.12亿,增幅54%;个人存款余额8.86亿元,比年初增加4.66亿元,增幅111%。在经营规模取得突破的同时,市场份额稳步提升。截至10月末,全口径授信余额102亿元,较年初增加36亿元,增幅54.55%。各项贷款余额56.23亿元,较年初增加11.13亿元,增幅25%。全行不良贷款额、不良率保持为0,资产质量保持稳定。潍坊分行营业部获"中国银行业文明规范服务千佳示范单位"称号。

大力开展绿色信贷,严格执行信贷政策,始终坚持做绿色信贷业务,限制"两高一剩"行业信贷投放,重点支持节能减排、环保绿色行业,以实际行动促进经济"转方式、调结构"。在信贷政策上,实行区别对待、有保有压的信贷政策。加大支柱产业扶持力度,支持蓝色半岛经济区发展及新能源、低碳环保、水电供应、医院医疗等行业的发展;重点支持以农业装备、动力和汽车配套、化工原料药、造纸纸浆、电子配件、石化行业等龙头企业和支柱产业;支持发展高技术、高附加值海洋装备行业;积极支持现代物流、医疗卫生、教育服务、文化创意、信息软件等战略新兴产业和现代服务业以及与终端消费相关的弱周期行业。

支持涉农和小微企业发展。在支持小企业贷款方面,采取集群式营销、多户联保的策略,在兼顾风险防控的前提下,切实解决小企业融资难题,实现了小微企业信贷业务的区域化、集群化发展。按照"专营机构、专职团队、专门流程、专业平台"的专营业务管理模式,加大对小企业信贷业务人员的培养,成立了小企业经营团队,设立了小企业专职客户经理岗位,通过专业化与集约化的经营方式积极拓展相关信贷业务。

营销模式方面,注重对小微企业贷款集群营销和个体营销相结合,充分做好市场调研和风险特点分析,掌握客户经营活动规律和行业、产品及系统性风险。确立了"一链两圈三集群"(即供应链上下游,商贸企业集聚圈和制造企业集聚圈,市场、商会、园区集群)的目标市场定位,按照"集群营销+信用增级"的营销模式,进一步强化组织推动,完善各项机制,积极展开集群营销,小微企业客户群体不断扩大,小微企业业务呈现积极增长、良性发展的态势。在产品创新方面,根据小企业贷款的经营特点和资金需求,在发展小企业金融业务中将汽车金融、联保贷、组合贷、种子基金、园区贷、市场贷、订单贷、商会贷、销售贷、信保融资、供应链贷等特色产品进行合理运用,把小微企业绿色信贷、汽车金融业务、存货及应收账款质押业务、信保项下贸易融资业务、个人经营贷款业务等作为特色业务定位,为不同类型的客户分别提供个性化、专业化、灵活多样的金融服务,收到了较好的效果。　　（刘媛媛）

【招商银行潍坊分行】 2013年末,资产总额70.27亿元,较年初增加12.28亿元,增长21.18%;负债总额67.9亿元,较年初增加12.19亿元,增长21.88%;实现利润1.83亿元。全系统有员工202人,辖内营业网点5处。2013年1月,招商银行潍坊分行营业部被中国银行业协会评为"2012年度中国银行业文明规范服务千佳示范单位"。

经营规模进一步扩大。年末各项存款余额65.6亿元,较年初增加11亿元。其中,对公存款余额48.2亿元,较年初增长7.5亿元;储蓄存款余额17.4亿元,较年初增加3.5亿元。各项贷款余额70亿元,较年初增加13亿元。其中,一般性贷款余额68亿元,较年初增加13.5亿元;票据融资余额1.6亿元;银行承兑余额20.4亿元,比年初增加5.2亿元。

积极支持小企业发展。将信贷资源重点向中小企业倾斜,积极支持核心企业贸易链、创新成长型企业、特色产业集群和商贸专业市场四类客群,加强对集团企业上下游供应链及科技企业、孵化产业园区的区域开发。年末小企业信贷客户数量达到123户,贷款余额11亿元,较年初新增4.9亿元。

大力发展小微信贷业务。深入开展小微客群综合经营,健全小微企业贷款管理体系,持续开展"贷贷相传"贷款客户转介活动,并通过"生意会"拓展客户,全年举办生意会40场,进一步宣传了招商银行小微零售贷款优势品牌。新投放小微企业贷款1253户8.5亿元,余额达到12.54亿元,较年初新增6.5亿元。

中间业务快速发展。加快业务创新,围绕资本市场、交易市场、同业市场、银行间市场,以资产托管、债券承销、融资租赁、入池业务、信托融资等非信贷融资业务和融资性担保业务为抓手,积极拓展了新兴中间业务。实现中间业务收入9732

万元。其中,公司业务中间业务收入3050万元,零售中间业务收入3187万元,国际业务实现中间业务收入人民币2156万元,票据业务中收1339万元,收入结构得到了进一步改善。

精神文明建设取得较好成果。始终坚持"因您而变"的服务理念,通过落实服务检查、奖惩、督导机制,开展"服务礼仪提升三步曲"专项活动、"招行好体验,温暖随手发"活动,组织各行部分管负责人、大堂主管到当地的"百佳示范单位"参观学习,不断提升网点服务质量。(祝秀杰)

【恒丰银行潍坊分行】 恒丰银行潍坊分行于2013年9月11日正式开业,开业以来,坚持经营和管理两手抓,切实把控风险,未出现任何不良资产。实现了内部管理上水平、业务发展上规模、资产质量无风险的良好开局。截至2013年末,各项存款(不含同业)余额13.55亿元。各项贷款余额5.20亿元,其中,对公贷款余额4.76亿元,占各项贷款比例达91.54%。涉农贷款余额3.83亿元,占对公贷款余额的80.5%。

恒丰银行潍坊分行落户潍坊后,紧紧围绕全市经济社会发展大局,不但在业务发展上紧贴地方经济结构调整和产业换代升级,扎实支持实体经济发展,而且努力践行企业社会责任,积极投身于社会公益慈善事业,在扶危济困、关注民生等方面做出积极贡献。开业时,通过教育主管部门捐款20万元,用于资助贫困学生。

加强内部管理。结合开业前的培训教育和开业后的定期集体学习,坚持不懈的抓好内部管理,形成了各条线运行流畅、各部门紧密配合的良好局面。不断加强内控体系建设,根据实际建立和完善各项制度规章,用制度规范各项工作。制作了"服务监督卡",持续提升服务水平。坚决把防范风险作为开展业务的第一要求,努力构建全方位、多角度的风险控制体系。严把业务准入关,严格做好贷前调查、贷中审查和贷后管理。定期举办案防、合规专题培训,提高全行的案防意识和合规意识。根据潍坊的实际情况,将传统产业和新兴项目相结合,促进贷款结构、授信产品多元化。加强与相关部门和单位的对接沟通,认真筛选、择优扶持。按照转方式、调结构要求,加强重点行业、领域的信贷投放,不断加大涉农、小微企业信贷投放力度。(陈建昌)

【中国光大银行潍坊分行】 2013年12月20日,中国光大银行潍坊分行正式开业。中国光大银行成立于1992年8月,是一家全国性国有控股商业银行,已在全国28个省、市、自治区设有36家一级分行,在职员工达3万余人。在英国《银行家》杂志2012年发布的"世界1000家大银行"中,中国光大银行位列第80位。2013年先后荣获"最受尊敬银行""年度最具创新力银行""卓越小微金融服务银行""年度最佳理财品牌"等殊荣。招牌业务"阳光理财"系列产品是国内最具竞争优势的理财品牌之一。

中国光大银行潍坊分行的成立标志着光大银行立足潍坊、服务潍坊将掀开崭新的一页。中国光大银行潍坊分行坚持"支持地方建设,服务广大市民"的宗旨,以效益为中心,以风险防范、稳健经营为根本,积极进取,不断创新,为广大客户提供特色化、多元化的金融服务,努力成为功能齐全、业绩优良、运营安全、服务优质的区域性精品银行,服务好实体经济,支持好企业发展,履行好社会责任,为潍坊经济社会和谐稳定和全面发展做出应有的贡献。

保　险　业

【概况】 截至2013年底,驻潍市级保险机构达60家,其中财产险公司28家,人身险公司32家;县(市、区)机构284家。保险中介机构法人单位15家,非法人分支机构38家。全市保费收入突破百亿,达到111.06亿元,同比增长17.25%;各项赔给付37.37亿元,同比增长36.4%。其中,财产险保费收入达到42.79亿元,同比增长14.78%,赔付23.17亿元,同比增长25.39%;人身险保费收入68.27亿元,同比增长18.85%,赔给付14.2亿元,同比增长59.37%。

财产险市场运营。企业财产保险实现保费1.78亿元,占财产险保费的4.16%,比上年增长22.4%;机动车保险实现保费36.99亿元,占财产险保费的86.45%,比上年增长29.7%;责任保险实现保费0.7亿元,占财产险保费的1.63%,比上年增长54.12%;货运保险实现保费0.51亿元,占财产险保费的1.2%,比上年增长35.7%;农业保险实现保费0.91亿元,占财产险保费的2.12%,比上年降低4.91%;其他险种实现保费0.09亿元,占财产险保费的0.2%,同比增长25.95%。

财产保险市场前10位。人保财产保险潍坊公司保费收入12.98亿元,占市场份额30.34%;太保财产保险潍坊公司保费收入5.36亿元,占市场份额12.53%;平安财产保险潍坊公司保费收入4.77亿元,占市场份额11.14%;中华联合财产保险潍坊公司保费收入2.52亿元,占市场份额5.89%;阳光财产保险潍坊公司,保费收入2.02亿元,占市场份额4.72%;人寿财险潍坊公司保费收入1.96亿元,占市场份额4.58%;天平汽车保险潍坊公司保费收入1.74亿元,占市场份额4.07%;长安责任保险潍坊公司保费收入1.25亿元,占市场份额2.93%;安华农业保险潍坊公司保费收入1.1亿元,占市场份额2.58%;大地财险潍坊公司保费收入0.97亿元,占市场份额2.26%。

人身险市场运营。人身保险个险业务实现保费36.72亿元,占人身险保费的53.79%,比上年增长9.92%;团体险业务实现保费4.68亿元,占人身险保费的6.85%,比上年增长30.31%;银行代理保险业务实现保费26.87亿元,占人身险保费的39.36%,比上年增长18.85%。

人身保险市场前10位。中国人寿保险潍坊公司保费收入17.7亿元，占市场份额25.92%；太保寿险潍坊公司保费收入11.02亿元，占市场份额16.14%；新华人寿保险潍坊公司保费收入9.19亿元，占市场份额13.46%；平安人寿保险潍坊公司保费收入6.07亿元，占市场份额8.88%；华夏人寿潍坊公司保费收入4.71亿元，占市场份额6.90%；泰康人寿保险潍坊公司保费收入4.21亿元，占市场份额6.17%；人民人寿潍坊公司保费收入3.81亿元，占市场份额5.58%；太平人寿保险潍坊公司保费收入3.70亿元，占市场份额5.42%；农银人寿保险潍坊公司保费收入1.19亿元，占市场份额1.74%；生命人寿保险潍坊公司保费收入1.04亿元，占市场份额1.52%。

区域保险市场运营。寿光市保费收入11.76亿元，青州市保费收入9.36亿元，诸城市保费收入8.51亿元，高密市保费收入7.74亿元，安丘市保费收入5.76亿元，昌邑市保费收入5.91亿元，临朐县保费收入5.76亿元，昌乐县保费收入3.6亿元，坊子区保费收入1.87亿元，奎文区保费收入4.65亿元，潍城区保费收入1.93亿元，寒亭区保费收入2.32亿元，高新技术开发区保费收入0.87亿元，滨海区保费收入0.7亿元。

2013年潍坊保险业财险业务统计表

表6

机构名称	承保金额（亿元）		保费收入（万元）		赔款支出（万元）	
	本年累计	累计同比（%）	本年累计	累计同比（%）	本年累计	累计同比（%）
合计	17882.57	41.22	1110649.14	17.25	373729.92	36.45
（一）财险小计	14453.07	44.25	427903.99	14.78	231685.24	25.39
人保财险	3675.51	60.09	129806.80	11.73	78418.50	23.53
太保产险	2083.32	8.94	53603.23	17.68	28883.06	31.41
平安产险	2118.17	76.70	47668.23	20.17	22269.78	19.16
天安保险	212.32	16.31	9436.13	5.23	4933.36	-11.84
大众保险	6.15	-73.16	415.26	-58.54	559.52	-17.85
大地财险	233.19	-74.22	9679.00	-8.75	5242.65	12.96
永安保险	113.61	17.58	6674.59	28.12	6090.62	55.47
太平产险	263.11	34.76	7225.67	15.43	3259.00	57.24
中华联合	3252.33	254.68	25196.56	25.77	12957.68	1.73
阳光产险	540.08	-1.95	20187.54	0.54	11116.88	13.31
华安财险	96.86	107.96	5198.79	27.79	2433.42	57.52
安邦财险	18.30	-57.47	1691.49	-69.51	2598.43	-15.07
安华农险	112.78	46.05	11022.81	33.34	4752.07	59.17
永诚财险	233.40	17.42	8192.50	2.28	4246.12	-2.75
都邦保险	14.54	282.12	647.58	130.95	347.36	0.00
渤海保险	55.93	37.68	2775.38	20.76	1455.67	11.24
民安保险	110.76	-52.05	4584.82	-4.14	3110.98	17.12
天平汽车	223.48	20.47	17426.00	7.55	10447.24	36.71
中银保险	162.10	39.31	3178.67	41.49	1012.98	-16.23
长安责任	176.52	28.06	12521.99	16.69	6456.81	4.92
人寿财险	270.06	38.26	19605.70	24.63	9776.30	53.19
浙商财险	68.95	14.68	5166.04	-3.24	2856.05	104.57
英大泰和	70.07	-70.47	4460.08	-21.28	2766.50	57.55

续表6

机构名称	承保金额(亿元)		保费收入(万元)		赔款支出(万元)	
	本年累计	累计同比(%)	本年累计	累计同比(%)	本年累计	累计同比(%)
华泰财险	35.35	27.53	2782.30	13.47	1275.64	525.53
泰山财险	91.68	74.66	6621.37	83.02	1929.03	628.76
信达财险	78.59	19.26	4471.16	115.62	1070.18	585.40
安诚财险	94.56	562.01	4285.00	261.60	891.00	1421.78
紫金财险	41.34	358.67	3379.31	349.79	528.42	3921.46
(二)寿险小计	3429.50	29.72	682745.15	18.85	142044.68	59.37
中国人寿	69.09	-22.88	176976.10	4.52	91149.22	82.46
太保寿险	822.78	13.45	110162.32	-3.46	6013.02	2.07
平安人寿	85.68	-71.12	60650.00	14.38	12974.00	23.84
泰康人寿	27.26	116.03	42123.86	0.45	2375.52	-7.46
新华人寿	245.48	65.11	91920.66	13.66	5862.70	43.91
太平人寿	14.07	90.35	37003.52	65.95	2179.03	25.96
民生人寿	11.25	129.55	3544.00	-58.04	3087.00	20480.00
合众人寿	1.54	0.00	3801.71	-10.87	570.29	-46.80
中英人寿	3.63	82.80	5322.83	-5.20	432.17	64.95
平安养老	101.08	0.00	2561.39	108.07	3612.48	137.02
中宏人寿	14.16	32.81	4197.06	12.66	961.57	4.18
海康人寿	0.36	-4.72	180.74	-4.72	31.82	-38.39
北大方正	0.83	-49.27	479.07	27.38	11.10	-62.09
人民人寿	237.73	160.31	38125.64	85.86	4547.67	18.68
人保健康	1075.06	-4.80	4452.84	-26.84	3224.36	-39.23
生命人寿	12.25	-30.60	10399.09	-25.38	274.16	-19.65
农银人寿	15.57	6.70	11864.05	154.16	3426.83	2997.56
华泰人寿	36.01	-8.13	4749.03	5.10	384.58	46.01
国泰人寿	29.69	92.14	740.07	16.16	158.79	-6.60
恒安标准	10.24	39.41	881.66	-30.59	77.04	-2.47
阳光人寿	578.12	0.00	5436.51	18.38	214.70	-10.15
国华人寿	8.42	-62.62	5801.70	-12.34	138.17	19.89
中德安联	0.82	135.34	657.38	108.15	169.66	120.70
长城人寿	0.72	75.26	357.22	-5.46	10.40	229.19
华夏人寿	1.15	173.14	47113.21	1930.44	14.40	228.24
百年人寿	3.95	-2.55	4801.94	70.31	43.12	126.95
幸福人寿	8.32	696.63	849.43	230.52	92.21	0.00
中意人寿	0.15	20.49	65.78	-7.26	5.91	0.00

表6

机构名称	承保金额(亿元)		保费收入(万元)		赔款支出(万元)	
	本年累计	累计同比(%)	本年累计	累计同比(%)	本年累计	累计同比(%)
信泰人寿	6.01	327476.78	7153.09	254256.46	0.70	0.00
英大人寿	8.08	2374.80	373.25	723.32	2.06	0.00

（王依勤）

【中国人民财产保险股份有限公司潍坊市分公司】 2013年，公司实现保费收入12.98亿元，比上年增长11.73%；赔款支出7.84亿元，比上年增长23.53%。为全市参保客户承担经济风险250亿元，业务总量跃居全省系统第一。公司先后被授予山东人保财险"经营管理先进单位""全国模范职工之家""潍坊市纳税百强""五星级消费者满意单位"等称号。在全市"双评"中，名列全市保险行业第一。

为农业产业化保驾护航。2013年1月17日，中国人保财险公司与潍坊市政府签署《农业产业化全流程风险管控战略合作协议》，市县两级公司及时与政府及相关职能部门联系对接，争取支持，寿光市在全国率先推行的订单农业小额贷款保证保险试点，创新了"政府主导、四方参与(政府、银行、保险、涉农企业)、市场运作、风险共担、利益共享"的"订单+信贷+保险"的新型融资模式，解决了"政府想发展但没有资金扶持、银行有资金但不敢投放、涉农企业和农户需要资金投放但无法获得"的融资难题，得到了省金融办和保监局、潍坊市各级政府的充分肯定、涉农企业和农户的赞誉。在12月10日召开的全市金融工作会议上，订单农业贷款保证保险荣获潍坊市"金融创新奖一等奖"。《潍坊市积极推进农业产业化全流程风险管控改革试点》的典型经验被国家发改委《改革内参》2013年第44期刊载并向全国推广。

承保政府主导业务。连续多年独家统保了"两会"、潍坊国际风筝会、鲁台经贸洽谈会、中国(寿光)蔬菜科技博览会四个大型节会。政策性农业保险、治安保险、安全生产责任险等在全市推开，发展强劲，前景看好。全市中小学校园方责任保险，为学生安全成长撑起了平安"保护伞"，开创了学校安心、家长放心、校园平安、政府满意、社会赞誉的新局面，被誉为山东省承保面最广、业务量最大、社会效益最优的地市。《科技日报》《中国教育报》等20多家媒体给予报道。

服务至上，理赔提速。实施全国通赔、简便理赔、人伤无忧理赔、客户首问负责制、案件终身负责制和客户回访制等制度措施，方便了客户。利用移动查勘定损设备，力推现场定损，提高现场环节的服务能力。2013年，全市万元以下车险理赔周期7.58天，排名全国地市分公司第9位；万元以下非车险理赔周期2.7天，排名全国地市分公司第7位。

（赵礼忠）

【中国人寿保险股份有限公司潍坊分公司】 公司下辖17家分支机构、14家客户服务柜面、86个农村营销服务部，有4500余名个人和团体业务销售人员，拥有覆盖全市城乡的服务网络和专业高效的客户服务专线95519，是潍坊市业务规模和市场份额最大的保险企业。2013年，实现保费收入17.7亿元，比上年增长4.52%；赔款支出9.11亿元，比上年增长82.46%。

以传统人身保险为依托，不断拓宽领域，满足不同群体保险需求。积极向个人及团体提供人寿、意外和健康保险产品，涵盖了生存、养老、疾病、医疗、身故、残疾等多种保障范围。开展了针对老年人、独生子女家庭、学生、大学生村官、农民、公安干警、女性群体等特色业务，大力开拓企业年金、小额信贷保险、员工福利计划等领域保险市场。2013年公司获得潍坊市大病保险补偿承办资格，为全市近600万参合群众开展新农合大病医疗保险理赔服务工作，累计赔付大病保险金额9885万元，赔付比例超过110%。

以"1+N"客户服务为主线，遵守服务承诺，提高品牌价值和市场信誉。始终坚持以客户为中心，努力打造"1+N"客户服务品牌和体系，丰富服务内涵，完善服务标准，细化服务举措。落实八项"服务承诺"，完善理赔服务功能，建立主动、快速、便捷、合理的理赔机制，提高理赔服务效率。每年为175万人次提供承保、理赔服务。2013年给付满期保险金5.26亿元，支付赔款1.56亿元，累计承保保险金额超过70亿元。

以参与社会管理为契机，关注社会民生，充分发挥保险助推器和稳定器作用。积极参与诸城、寿光两市保险创新改革试点，紧紧围绕城镇化和服务民生，重点支持医疗健康、养老服务、现代农业等领域和产业发展，探索商业养老、医疗、重大疾病、意外和"三农"人身保险保障服务模式，不断创新完善保险保障体系，提高潍坊保险综合服务水平和保障能力。公司先后获得"AAA级信用企业""消费者满意单位""劳动保障诚信示范单位""全市金融系统文明和谐窗口"、首届全国

“敬老文明号”等荣誉称号。 (于德利)

中国人寿荣膺“2013 年度保险产品”6 项大奖

【中国太平洋财产保险股份有限公司潍坊中心支公司】 2013 年,完成保费收入 53603 万元,同比增长 17.7%;市场份额 12.53%,行业排名第二;赔款支出 28883 万元,简单赔付率 53.88%;综合成本率为 91.87%,实现考核利润 3450.9 万元。

积极应对市场变化,实现业务发展增速。面对经济发展增速放缓、市场非理性竞争抬头和监管政策多变不稳的不利局面,公司围绕“在发展中推进转型,在转型中实现发展”的中心目标,跟踪市场变化和监管政策导向,及时调整经营策略并出台有针对性的措施,从市场拓展、业务政策、费用支持、考核奖励等各个方面加大投入,提高所有可用资源的效率,实现了公司增速发展。完善车险精细化管理的各项措施,在流程管理、渠道整合、资源配置、信息导入、风险管控和差异化管理等方面制定有针对性的管理与考核措施,通过开展不同时期的业务竞赛、优化调整险种结构、实施多渠道发展策略等措施,实现了车险业务的稳步增长。全面提升非车险业务的销售与服务能力,从续保率、新兴领域与渠道业务等多方面入手,实现了非车险业务在增幅与增量两个方面的突破。

实行“双轮驱动”发展战略,深入挖掘渠道发展潜力。坚持巩固直销优势与建设有竞争力的销售渠道有机结合,努力打造直销和渠道双轮并驾齐驱的发展格局,在发展中实现规模与效益的有效平衡。不断优化电销渠道业务结构构成,建立专业化落地服务团队,努力挖掘外部优质客户,促进电网销业务快速发展。进一步巩固车商渠道业务竞争优势,通过与汽车经销商的沟通、联谊和合作,和合理调配车商资源,为车商渠道业务的发展提供了新的空间。以打造“一个太保”的一站式综合服务为触点,不断强化专员队伍建设,不断提升门店服务质量和水平,全面实施门店资源共享工作,不断提高产、寿双方合作的满意度和美誉度,不断拓展双方合作的空间。稳步推进银保渠道业务综合发展,在巩固原有优势基础上不断拓展新的合作机构和合作方式,实现了平稳发展。

加大县域机构建设与改革力度,全力促进县域机构发展。大力推进县域机构渠道业务发展,从政策支持、专员入驻、人员培训、考核办法、硬件保障、信息共享等多方面入手,建立完善县域机构的渠道业务垂直化管理体系。积极推进专业化销售团队改革与县域机构发展的有效结合,不断加大县域机构转型发展力度。推进县域机构机构延伸战略和农险发展进度,努力开拓农村市场。

全力提升客服工作质效,提升核心竞争力。坚持以客户需求为导向,通过加强日常监督和考核、深入贯彻落实总公司《三十项服务承诺》、增强对客服人员培训力度、加大小额查勘 3G 视频考核、实施小额人伤快速理赔与庭前调解以及非车险理赔辅助系统应用等多种举措,全力促进客户服务工作质效的发展,有效提升了公司的核心竞争力。

持续完善内控管理机制,不断夯实合规观念。2013 年,以集团公司常规审计为契机,一方面组织参加合规学习与测试工作,加强合规管理的理论水平,牢固树立干部员工的合规意识;另一方面开展了多次涉及承保、理赔、单证、财务、印章、固定资产等方面的整改工作,发现问题及时整改,不断将内控管理工作推向深入。全年,在公司各项内外部检查中,未发现有重大违规问题的发生。 (韩庆国)

【新华保险潍坊中心支公司】 新华人寿保险股份有限公司(简称“新华保险”)成立于 1996 年 9 月,总部位于北京市,是一家大型寿险企业,目前拥有新华资产管理股份有限公司、新华家园养老企业管理(北京)有限公司和新华卓越健康投资管理有限公司等子公司。2011 年,新华保险在香港联合交易所和上海证券交易所同步上市,A 股代码为 601336,H 股代码为 1336。2013 年,公司实现保险业务收入人民币 1036.4 亿元,公司总资产规模达到 5658.49 亿元,实现保费收入正增长,继续保持行业三甲地位。

新华保险潍坊中心支公司成立于 2002 年 4 月,现下设 10 个部门、10 家四级机构、3 家五级机构,内外勤员工 3500 余人。2013 年公司实现总保费 9.65 亿元,同比增长 19.3%,规模保费、价值保费整体增长。公司始终围绕战略转型的要求,以客户为中心,坚持现有业务持续稳定增长,坚持变革创新,坚持价值和回归保险本原,抓住城镇化和老龄化历史机遇,不断完善服务平台建设、提升理赔服务水平,从客户的需求出发,为客户提供便捷、温馨的服务。 (王　星)

证券　期货

【齐鲁证券有限公司潍坊分公司】 成立于 1992 年,现已成为集证券经纪、投行、资产管理、金融创新等全牌照业务为一体的证券经营机构。拥有7大职能部室、18家营业部、240多名员工、30多万客户，托管资产160多亿元，并以占据潍坊地区70%以上份额的雄厚实力，稳居地区券商龙头地位。多次被山东省证监局和证券业协会评为先进单位，连续两年被省国资委授予"青年文明号"称号，连续三年被授予"潍坊市文明诚信服务窗口"称号，连续三年被评为"突出贡献企业"，在人民银行年度自律评级中，潍坊分公司各营业部反洗钱工作均被评为A级。

2013年，实现股票+基金交易量1237.72亿元，营业收入1.28亿元，上缴地税1641.22万元。通过与多家银行达成全面合作协议，拓展了银证全面合作渠道；大力发展融资融券业务，带动了分公司投融资、产品销售等非通道业务的快速发展；为方便客户，搭建了123人的营销队伍，完成了39个区域市场网点的营销布局；开展"走企业、进社区"活动，延伸服务，提升品牌效应，实现"大投行业务带动经纪业务"的工作目标。

非传统业务实现跨越式发展。在与市政府、高新区政府、寿光市政府、潍坊市金融控股集团签署全面战略合作协议的基础上，主动介入并积极发挥社会资源的配置作用，完成企业债、私募债等固定收益类项目10余单，共为当地企业募集资金53.3亿元，另有固定收益类项目11单已在启动或发售之中；IPO项目已为当地企业募集资金12亿元；资产管理类项目已为企业募集资金过亿元；完成新三板项目的挂牌签约十余家以及新三板项目储备30余单；成功运作齐鲁股权挂牌项目3单；完成大型专项培训会、综合性推介会及小型专题报告会30余次。

【中信万通证券潍坊四平路营业部】 成立于2007年7月，位于潍坊市奎文区四平路33号甲齐力大厦，营业面积1000平米，设有贵宾室、大户室及营业大厅；营业部员工33人，大部分具有较高学历和丰富的行业经验，为潍坊三万投资者提供优质高效的金融服务。实行集中交易，由总部统一集中管理；提供现场、非现场等多种交易方式；客户资金实行第三方存管，保证客户资金安全。有钱龙、通达信等行情分析系统，提供多种分析手段；有港澳资讯、龙讯信息等实时资讯系统，使客户能及时、准确获得国内外的财经信息及上市公司的动态、信息。营业部设有专门的理财服务团队，依托公司资讯力量，提供全方位资讯服务，为客户进行实时解盘、答疑。定期、不定期举办各种投资者教育报告会、座谈会，加强与客户沟通，倡导理性投资，实现共赢。

2013年，业务开展以证券经纪业务为主。积极开展融资融券业务和证券投资基金代销业务，丰富业务品种。为地方企业多方位提供企融服务，为企业发行私募债1亿元。

【西藏同信证券潍坊营业部】 西藏同信证券潍坊东方路营业部成立于2011年，成立之初设立在潍坊市坊子区，2013年2月搬迁至潍坊市高新区东方路2577号世纪华润大厦。营业部有员工22名，其中本科学历12人，研究生学历2人。设有理财业务部、机构业务部、经纪业务部等部门。公司许可经营项目包括：证券经纪、证券投资基金代销、证券自营、与证券交易、证券投资活动有关的财务顾问、证券投资咨询、融资融券。营业部可为个人投资者提供多种融资服务和财富管理服务，为机构投资者提供股权融资、债权融资、财务顾问等多种服务。2013年，营业部实现A股交易量36.6亿元，营业部收入318万元，纳税总额55万元。截至2013年底，营业部共有客户3534户，客户托管总资产28.3亿元。年内营业部积极调整业务模式，在保障原有经纪业务的基础上，不断创新业务模式，约定购回式证券交易、股票质押式回购交易等信用业务全面上线，形成了以机构业务拉动营业部成长的经营理念，为机构投资者提供更加专业的金融服务。　（李　雪）

【招商证券股份有限公司潍坊通亭街证券营业部】 成立于2012年6月，营业部面积约800平方米，营业区域分为大户室和办公区，开展的业务有：证券经纪，证券投资咨询，与证券交易、证券投资活动有关的财务顾问，证券承销与保荐，融资融券，证券投资基金代销，为期货公司提供中间介绍业务，代销金融产品业务，保险兼业代理。针对公司及企业可开展IPO、新三板、城投债、企业债、兼并重组、质押回购等业务。营业部现有员工29人，本科以上学历22人，全部取得证券从业资格。其中前台员工5人，后台员工4人，客户经理20人。

截至2013年底，客户总数1659户，客户资产合计4.9亿元，全年证券交易金额28.82亿元，累计销售金融产品7048万元。年内完成两笔股票质押回购业务，共为客户融资2700万元，该业务为山东辖区证券业内的第一单，树立了招商证券在潍坊乃至山东地区的声誉。成功完成限售股减持5000万股，交易量1亿元。

【长城证券潍坊玄武东街证券营业部】 位于潍坊经济开发区玄武东街1111号四方家和花园3号楼，于2012年5月24日正式营业，下设运营中心、营销中心等部门，现有员工19人，绝大部分为年轻的高学历人员。

截至2013年底，营业部代买卖证券业务开户数量956户，客户托管资产达72.22亿元，全年交易量占潍坊地区市场份额的4.06‰。传统经纪业务方面,营业部坚持"满足客户综合性需求"的发展理念,以产品为核心,以产品销售为主线,坚持做好投资者教育和客户的适当性管理,引导投资者树立"价值投资""理性投资"的观念,努力打造私人客户服务的金融理财终端。同时,在总部"双轮驱动"的战略指导下,营业部积极拓展创新及综合业务,在2012年成功完成全国首单远程股权质押业务的基础上,2013年度再完成6单远程股权质押业务,并于2013年底成功签署10亿元中小企业私募债合作协议。加强内部管理。进一步完善营业部规章制度体系,涵盖营销管理、人力资源管理、财务管理、办公场所安保管理等多个方面。加强内部人员的业务和合规培训,提高服务客户能力,完善绩效考核和奖励、淘汰机制,充分调动员工的积极性。加强营业部日常管理,梳理日常工作流程,严格遵守国家法律法规、上级监管部门的要求以及公司各项规章制度,规范各类业务办理,保证合规经营、稳步发展。

【英大期货有限公司潍坊营业部】 成立于2002年4月26日,营业场所位于潍坊市东风东街360号泰华商务大厦15A02,是山东省境内第一家经中国证监会批准设立的期货公司营业部,是2002年挂牌的郑州商品交易所山东培训基地,营业部多次被山东省期货业协会评为"优秀期货营业部"。营业部现有员工10人,其中,3人具有15年以上从业经验,5人取得投资咨询从业资格。营业部始终坚持合规经营,不断强化风险管理,着力提高服务质量,努力适应市场快速发展。2013年,营业部代理交易量307.52万手,代理交易额2237.68亿元,期末客户权益26186.33万元,客户数量为1520人,共实现利润307.7万元。 (王玉伟)

投资公司　小额贷款公司

【潍坊市投资公司】 是于1989年3月成立的大型综合性国有投资企业,集项目投资、股权管理、资本运营和实业发展于一体,承担着政府投资主体、资本运营主体、经营性国有资产运营主体和优化资源配置平台的职能。公司主要任务是按照全市经济社会发展战略和产业政策要求,对市级大型基础设施、重点产业和重点项目(企业)进行投资并实施产权管理,以发挥国有资本在地方经济社会发展中的引导、带动和调控作用。

2013年,公司实现营业收入5.13亿元,实现利润3.14亿元;截至年底,公司总资产达到125.99亿元,净资产达到85.33亿元,公司持有潍柴动力等四家上市公司股票市值19.52亿元。

大力推进资产结构调整,实现国有资本有进有退。对多年来难以盘活的资产和债权进行了集中清理,通过转让股权、房产抵顶债权、公开拍卖、法律诉讼等市场化方式,退出不符合公司战略发展方向的项目7个,共盘活资产6000多万元,优化了资产结构,提高了资产质量,为地方国有资本在区域产业结构上的优化布局做出了积极努力。

加速推进资本运营步伐,实现国有资产保值增值。2013年,公司坚持实业发展与资本运营相结合的两轮驱动理念,将资本运营作为公司做强做大和加快发展的重要手段,在地方国有资本重整、收购兼并、资产管理等方面进行了积极探索,有效实现了国有资本的保值增值。全年完成潍坊港务有限公司等新增投资和扩股项目3个,合计投资额3.2亿元,进一步壮大了金融、创投、基础设施等业务板块。重点推进新兴优质项目和资源储备工作,项目库建设取得新进展,实现了业务创新发展,增强了发展后劲。积极抓好重点项目投资建设,十笏园文化街区项目完成投资2.3亿元,完成施工面积21.3万平方米;滨海蓝黄创业产业园项目,经过谨慎论证,将由社会物流项目转型为工业地产项目。

加强内部管控体系建设,保障措施更加有力。全资及控股子公司运营稳中求进。其中,担保公司经与省再担保集团积极协商,达成了战略合作协议;万丰混凝土公司获得省协会两项荣誉,当选为市协会会长单位,成为同行业领军企业。股权和债权项目管理工作成效明显;人力资源管理取得新成效,员工年龄和学历结构进一步改善;财务审计、资产监管工作不断规范,办公自动化系统建成运行。大力开展企业文化和精神文明建设,创先争优工作成效明显,先后获得市级荣誉称号9项,有9人次被有关部门评为先进个人。

【潍坊经济开发区财富小额贷款股份有限公司】 公司于2010年7月9日经山东省金融办批准设立。公司自成立以来,大力扶持"三农"和中小企业发展,注重企业团队文化建设和放贷防范风险管理,为创品牌打下了坚实的基础。建立、发展、选拔稳定优质的客户群体,突出便捷、快速、高效、及时的特点,对地方经济的快速发展起到了积极的助推作用,受到了区委及市领导的表扬。公司董事长蔡绪旺当选为山东省小额贷款企业协会副会长、潍坊市小额贷款行业协会会长。潍坊经济开发区财富小额贷款股份有限公司是潍坊市小额贷款行业协会会长单位,山东省小额贷款企业协会副会长单位,被潍坊市委、市政府及开发区管委会评为2011年、2012年"先进单位""纳税先进企业",2012年,被中国人民银行潍坊市中心支行评为"年度潍坊市小额贷款公司金融统计先进单位",

获中国诚信信用管理有限公司信用评级A+单位，是2011年度、2012年度山东省金融办分类评级Ⅰ级单位，2013年山东省企业文化建设先进单位。

财富公司建立了高效的组织机构和科学的业务流程，以保障公司业务在防范风险的前提下高效运转。公司在人员的选拔上，坚持“有德有才，破格重用；有德无才，培养使用；有才无德，限制录用；无德无才，坚决不用”的原则，选好才用好才。目前公司职员16名，95%都具有正规院校大专以上学历，具有从事贷款考察发放、资本运作的实际经验，有很强的企业运营、业务开拓、资源整合、学习创新的综合能力。公司多次组织人员外出培训学习，不断提高工作技能，同时定期组织团队活动，增强了团队凝聚力和协作力。公司建立了高效的工作流程，拥有金融、财务、管理等方面的高级管理人员，为企业发展奠定了坚实基础。

积极对接工商联会员企业，凡是工商联推荐的优质客户，均优先进行贷前考察，优先发放贷款。培养了一批工商联组织、商会推荐的讲诚信的优质客户，成为潍坊小额贷款公司助推工商联企业发展的一大亮点。

【潍坊市奎文区民兴小额贷款股份有限公司】　经山东省人民政府金融工作办公室批准成立，2010年11月23日完成工商注册登记，2010年12月20日开始试运营，2011年1月22日开业。公司注册资金1亿元。以潍坊昌大建设集团有限公司为主发起人，出资3000万元，占30%股份。公司实行董事会领导下的总经理负责制。拥有高素质的专业经营团队，科学的管理制度，严谨的风险控制体系，是潍坊地区最专业的小额贷款运营团队之一。根据《山东省小额贷款公司分类评级管理办法》2011年、2012年连续二年被评为一级小贷公司。

公司严格遵循国家相关金融政策、方针，依法合规经营，将贷款利率严格控制在法律规定的范围之内，实现了稳步发展，风险可控，3年连续盈利，年利润率在10%左右。公司大力为三农经济服务，针对本地区农业生产特点，向符合授信条件的农户发放农业生产借款和农产品经营借款，有力的助推了本地区农业经济的腾飞。同时针对奎文区商业集中的特点，向符合授信条件的个体工商业户发放周转经营借款，用以满足其短期的资金需求。公司在追求经济效益的同时，积极致力于职工福祉的建设，多次开办丰富多彩的拓展活动，强化了团队协作精神，丰富了职工精神生活。

【临朐县恒丰小额贷款股份有限公司】　成立于2010年8月24日，注册资本2亿元，位于潍坊市临朐县新华路18号，现有工作人员16名，公司下设信贷业务部、财务部、风险管理部、综合管理部四个部门，是一家办理各项小额贷款业务，开展小企业发展、管理、财务等咨询业务的专业化金融机构，为临朐县首家、潍坊市规模最大的小额贷款公司。公司主要业务为个人贷款、“三农”贷款和企业贷款，贷款品种丰富，担保方式灵活。公司最大的竞争优势在于业务流程快捷、方便，期限灵活多样，客户可根据自己的实际情况随意选择贷款期限，利息按实际天数收取，可以有效地降低企业财务成本。2013年度，公司累计发放贷款178166万元，年末贷款余额33886万元，贷款客户300余家，实现了信贷资金的良性循环和经济效益的稳步增长。

公司于2013年成功加入并成为中国开发性金融促进会会员单位，同时担任山东省小额贷款协会会员单位、潍坊市小额贷款行业协会副会长单位和临朐县中小企业发展促进会副会长单位。在2013年开展的山东省2012年度小额贷款公司分类评级中，被评为Ⅰ级优秀小额贷款公司，连续两年获此殊荣；在山东省财政局组织的2013年度山东省金融企业绩效评价中荣获AAA级优秀企业称号。

公司始终坚持“小额、分散”的经营原则，诚信经营，把“以诚待人、以情感人、互利共赢”的经营理念放在工作的首位，勇于创新、敢于超越，以高效、优质、规范的标准为客户提供全面专业的优质服务。2013年，不断拓宽融资渠道，向山东省金融办提交法人股东定向借款申请，成为山东省首家获批此项业务的小额贷款公司。积极调整公司业务范围、增加优质客户数量、提高风险管控能力、优化股权结构，已发展成为具有鲜明业务特色的专业化小额贷款公司。　（王玉伟）

教　　育

综　　述

【中小学素质教育荣膺全国教育改革创新最高奖】　12月14日,“四位一体素质教育推进机制”荣膺第三届全国教育改革创新奖最高奖“特别奖”,成为全国唯一一个连续三届都获最高奖的地市;市政府作为全国两个地级市之一荣获“全国教育改革创新特别贡献奖”。“深化体制机制改革区域整体推进素质教育”经验入选全国基础教育十大改革典型,作为教育部党的群众路线教育实践活动的重要学习内容,供教育部机关和各直属单位学习参阅。

【新增2项国家改革试点项目】　7月25日,教育部将潍坊确定为全国地市中唯一的“教师人事综合改革”试验区;12月3日,教育部又将潍坊确定为“国家中小学教育质量综合评价改革实验区”。至此,潍坊承担国务院、教育部确定的全国改革试点有“中小学校长职级制、中小学教师职称改革、课程改革、中考改革、职业教育改革创新”等共7项。

【专家办学的制度体系全面建立】　建立完善校长后备人才、校长遴选、特级校长评定等制度,委托第三方评选产生首批11名特级校长,面向校长后备人才库遴选17位新任校长,对1252名纳入职级管理的校长及1015名校长后备人才实施全员培训,在全国率先建立起保障专家办学的制度体系。省长郭树清批示要求在全省总结推广潍坊经验,并上报中组部;校长职级制改革被列入刘延东作序、袁贵仁主编的《教育创新典型案例》和中编办事业单位分类改革典型案例汇编。

【教育均衡发展迈上新台阶】　诸城、寿光、昌邑、高密4市通过国家首批“义务教育发展基本均衡县”验收,潍坊创建数量占全省的近1/5;奎文区通过“义务教育发展基本均衡区”省级评估认定。4月24日,国务院研究室以两个《送阅件》的形式,将潍坊促进义务教育均衡发展的经验做法报中央政治局、书记处各同志以及国务院总理、副总理、国务委员、秘书长。

【民办教育发展呈现新格局】　6月18日,市政府制定出台《关于进一步加快发展民办教育的意见》,提出鼓励发展混合制民办教育、落实民办学校教师待遇、落实财政支持和用地优惠政策、建立民办学校奖励性回报制度等10项关键政策,形成新一轮民办教育发展热潮。年内,全市协议利用社会投资53亿元,建成民办中小学11所,在建9所,形成了独具潍坊特色的“社会投资建学校、政府支持出师资、学校收费保运转、部门协调抓监管”的民办教育发展模式,进一步巩固“公办不择校、择校找民校”的办学格局。省委常委、常务副省长孙伟两次批示要求总结推广潍坊“创新机制加快发展民办教育"经验。

【部门职能加快转变】 严格落实会议文件、评选表彰、达标验收、教师培训、财务管理"五统一"归口管理规定，用制度规范权力运行。取消涉及学校、师生利益的18项达标验收项目和48项评先树优活动，对基于激发学校、师生内生动力必须保留的7项评选表彰项目全部下放评审权到学校，减少行政干扰，有力保障了学校办学自主权。在全国率先推行重大教育事项"第三方协商式民主听证制度"，率先建立部门行为纠偏纠错机制和会议、文件效能评估机制，切实提高行政效能，减少行政成本，会议文件数量，同比减少70%以上。

【教育惠民服务机制建设】 通过教育惠民服务中心、督学责任区和项目管理，较好地解决了既要对上负责更要对下负责服务型政府建设的突出问题，部门工作实现了以社会需求为导向、以群众满意为核心。全年，教育惠民服务中心共受理解决群众投诉3569件，解答群众咨询1.4万件，为群众办实事5.2万件；项目管理盘活聚集专家资源集中破解32个涉及教育民生和改革的重大问题；督学责任区发现和帮助基层学校解决实际问题320多个，教育部根据潍坊督学责任区经验做法制定《中小学校责任督学挂牌督导办法》。

【教育品牌影响力辐射全国】 教育部、省教育厅等先后3次组织中央、省新闻媒体采访团对潍坊教育进行集中宣传报道。新华社、中央电视台、《人民日报》《光明日报》《中国教育报》《大众日报》等市级以上媒体一年报道潍坊教育工作3200多篇次，其中一版头条42个。包括香港、澳门、台湾在内的全国各地到潍坊考察教育者达到10万人次，其中以校长、副校长挂职形式的有350多人次。全市校长、教师外出作报告、举办培训的超过2120人次。

2013年潍坊教育基本情况统计表

表7

学校类别	学校数（个）	毕业生数（人）	招生数（人）	在校生数（人）	教职工数（人）	专任教师数（人）	占地面积（平方米）	校舍建筑面积（平方米）	图书（册）
总计	3003	426164	433836	1503859	119482	103742	54542014	18871154	51775645
普通高校	13	37585	44297	125785	10225	7629	10375435	4411679	11512800
中职学校	33	47048	43214	125877	5613	4324	4175470	1718988	2728772
普通高中	52	56772	63973	195131	17085	14849	6578590	3165660	7395514
初中	274	102050	88371	268126	27992	25759	13274397	4375171	13093512
小学	868	89575	111454	570458	38460	37162	15289305	3543921	15094937
特教	12	167	225	1444	535	444	134950	43362	68429
幼儿园	1751	92967	82302	217038	19572	13575	4713867	1612373	1881681

学 前 教 育

【学前教育三年行动计划超额完成】 年内投资8.5亿元，新改扩建普惠性标准化幼儿园289处；学前教育三年行动计划实施以来，全市累计投资25亿元，新改扩建普惠性标准化幼儿园1218处，新增优质学位14.1万个，学前三年入园率达到98.7%，基本达到普及三年学前教育的目标要求。

【幼儿园生均经费拨款机制全面建立】 2月21日，印发《潍坊市财政局潍坊市教育局关于建立公办幼儿园生均经费拨款机制的通知》，按生均不低于300元标准，拨付经费3846万元，惠及12.4万名在园幼儿，成为全省继青岛之后第二个开展幼儿园生均拨款的地市。

【幼儿教师队伍建设取得新成效】 全面完成公办幼儿园核编工作，核定公办幼儿园教职工编制1.01万个。新进公办幼儿教师314人，学前教育三年行动计划实施以来，全市累计新进正式在编幼儿教师796人，占学前教育三年行动计划实施前全市在编幼儿教师总数的50%。对645名非公办幼儿园园长进行任职资格培训，实现所有幼儿园园长持证上岗。

【组织评选普及学前教育工作先进镇街】 评选表彰首批25个普及学前教育工作先进镇街，每个镇街给予36万元专项奖励，累计奖励900万元，拉动2亿资金投入学前教育，促进农村学前教育健康快速发展的机制初步建立。

基 础 教 育

【教育保障水平大幅提升】 圆满完成中小学校舍安全工程五年规划改造任务(2009—2013),累计投资90亿元,竣工项目6933个,新建改造校舍865.7万平方米,楼房化率达到85%。投资19亿元,开工建设城市义务教育学校75所,建筑面积120万平方米,其中,已建成41所,竣工面积70万平方米,有效缓解城区学校"大班额"问题。总投资22.56亿元,改造义务教育学校890所,全市义务教育学校基本实现办学条件标准化。实施校园安全巡查和隐患问责前置制度,安全标准化学校达到98.9%,实现全年无重大校园安全事故。

【中考改革不断完善】 将初中学生的综合素质评价权由高中学校全部下放给初中学校,并且与中考招生录取硬挂钩;将理化生实验操作和安全常识纳入高中招生考试内容,立德树人有了根本的制度保障。教育部部长袁贵仁听取潍坊中考改革的汇报,教育部基教二司专程到潍坊调研中考,潍坊探索成为制定全国中考改革指导意见的重要参考。

【特别关爱特殊群体学生】 潍坊盲校及奎文、诸城、寿光、安丘等县市区在全省率先开展自闭症儿童义务教育试点工作,有效解决困扰自闭症儿童及家长多年的入学难题。筹资2.5亿元,资助家庭经济困难学生38万人次;对孤儿学生、留守儿童、单亲家庭学生、进城务工人员子女等特殊群体学生,逐一建立个人成长档案、配备成长导师,全部实现"应助尽助"和"学有所教"。

【中小学教师队伍建设切实加强】 深化中小学教师职称改革,坚持向一线教师、班主任倾斜,又有15位中小学教师被评为"教授",全市正高级中小学教师达到32位;有38名教师被评为省特级教师。上述2项人数均位列全省第一。制定《潍坊市中小学教师师德考核管理办法》,教育部据此起草全国教师师德考核评价规定。完善"菜单式"培训机制,依托省市县三级培训体系,完成对全市所有8.9万名中小学教师的培训。7处中小学被确定为山东省中小学教师校长实践培训基地。

【教育质量效益全面提升】 继续深化课程课堂改革,全面落实国家课程方案,加强心理健康教育和学生发展动力研究,切实保障学生健康成长。深入实施"学生健康促进行动",市区学生体质健康测试优秀率三年提高了27个百分点。在全国率先建立中小学生科学素养评价系统,全国中小学生电脑制作和科技创新大赛获奖数量连续9年蝉联全国地市级之首。在全省中小学课业负担监测中,潍坊中小学课业负担连续两年为全省最轻;教育部基础教育课程教材发展中心两次大样本抽测,潍坊学生学业质量各项指标均显著高于全国"常模"水平。

职 业 教 育

【职业教育改革创新强力推进】 7月26日,市委成立全市职业教育创新发展领导小组,市委书记杜昌文亲自担任组长,常务副市长、组织部部长、分管副市长任副组长,有关部门及相关高校主要负责人为成员,下设7个工作推进小组,全力落实省部共建协议内容,加快潍坊国家职业教育创新发展试验区建设。2月1日,潍坊市政府制定《潍坊国家职业教育创新发展试验区建设实施方案》,进一步细化试验区建设职责分工,落实工作责任。省委常委、常务副省长孙伟两次批示要求认真总结并大力支持潍坊职教改革试点工作。

【人才培养模式改革不断深化】 山东科技职业学院、山东畜牧兽医职业学院、山东交通职业学院和潍坊职业学院等4所高职院校的4个专业与普通本科开展"3+2"分段培养衔接试点,山东省潍坊商业学校、诸城市福田汽车职业中等专业学校、寿光市职业教育中心学校和潍坊科技中等专业学校等4所中职学校的6个专业与普通本科开展"3+4"分段培养衔接试点,试点学校和专业数量占全省近1/2;在全省率先出台职普融通实施方案,全市9所普通高中与全市中等职业学校开展学分互认、学籍互转试点,人才成长"立交桥"建设取得历史性突破。

【特色品牌专业建设成果显著】 "3+2"和"3+4"模式人才培养衔接课程方案全部制定完成并经专家会审;市政府牵头,职能部门、行业、企业、学校参与,组建10个专业建设指导委员会;总投资1.5亿元,建成数控技术、汽车运用技术、现代物流等30个特色品牌专业及实训基地,人才培养的针对性和实效性不断提高。

【职业教育基础能力建设加快推进】 滨海职教园区引进院校14所,完成投资13.1亿元,在建面积73.4万平方米,在园师生达到8000余人。总投资20多亿元,8个县市均规划建设了高标准的职教中心学校。在全省上报的6个国家职教成教示范县中,潍坊占1/3;试验区具备单招资格的高职院校达到8所,五年一贯制高职院校11所,国家、省重点建设的示范、骨干、特色高校8所;职业教育"齐鲁名校长"和"齐鲁名师"共23人。

【校企合作育人模式日趋成熟】 深入推进产教融合、校企合作，形成职场体验、订单培养、集团化发展、生产工段承包、依托专业办产业、教产一体、做中教、把课堂搬到企业车间里、引企入校等多种校企合作育人模式，歌尔、诸城冠泓、临朐亚星等企业从中受益，职业教育成为经济社会转型发展的重要支撑力量。

【职业院校技能大赛再创佳绩】 成功承办全国职业院校模具制造和现代会计技能大赛，承办全省职业院校现代农业、现代制造技术等30多项技能大赛。在全国职业院校技能大赛中获得16枚金牌，占全省总数的57%，团体总分和金牌总数连续5年位居全省第一；2010年以来，潍坊已累计夺得全国金牌60枚，占全省的65.9%。

（周少平　宋炳华　杨效伟）

高等教育

【潍坊医学院】 潍坊医学院建于1951年。1958年开始本科教育，1986年获硕士学位授予权，1998年获留学生招生资格，2000年，成为同等学历人员在职申请硕士学位和临床医学硕士专业学位授予单位。2012年，被国务院学位委员会批准为服务国家特殊需求博士人才培养项目单位。2012年，被教育部、卫生部批准为全国第一批"卓越医生教育培养计划项目"试点高校。2013年，学校获批为山东省应用型人才培养特色名校立项建设单位。2008年，学校以优秀成绩通过教育部本科教学工作水平评估，人才培养质量和办学特色得到教育部专家组的充分肯定。

学校有16个院（系），21个本科专业，6个硕士学位授权一级学科，50个二级学科硕士点。现有国家级特色专业4个、省级特色和品牌专业9个；有"泰山学者"设岗学科1个，省级重点学科（实验室）8个；聘有泰山学者海外特聘专家5人，享受国务院政府特殊津贴10人。有博士研究生导师5人，硕士研究生导师331人，有省级教学团队5个。学校占地近120万平方米，建筑面积63万余平方米。图书馆藏书220余万册。有附属医院17所，各类实践教学基地140余个，省级研究生联合培养基地10个。学校有在校全日制博士、硕士研究生1000余人，本专科生17000余人，共招收留学生近500人来校学习。

山东省应用型人才培养特色名校立项建设单位。省级特色专业增加到9个。学校9大专业类的14个专业名列全省前列（据2013年山东省本科高校学科专业评价报告统计）。卓越医生教育改革试点工作进展顺利，1个专业获评山东省"卓越工程师"教育培养计划项目。学生连续三年蝉联全国高等医学院校大学生临床技能竞赛总决赛二等奖。

批准建设"健康山东"重大社会风险预测与治理协同创新中心。学校获批山东省高等学校协同创新中心自主培育建设项目1个。积极参与的复旦大学"健康领域社会问题预测治理"协同创新平台建设取得阶段性进展。新增4个省医药卫生重点学科（实验室），获省科技进步二等奖2项。

招收培养首批"公共卫生危机管理博士人才培养项目"博士2人。博士人才培养正式启动，招收首批两名全日制博士生。学校遴选了首届博士生导师。

高层次人才引进培养取得新成绩。聘任中国工程院院士、校友于金明教授为学校名誉院长。新聘泰山学者海外特聘专家1人。新进博士9人，考取在职博士19人。1人获国务院政府特殊津贴，1人获批山东省教学名师，2人获评高等学校重点学科（重点实验室）首席专家。

社会服务能力快速提升。三所综合性医院、七所专科性医院的附院集团雏形已逐步形成。学校筹建改建了口腔医院、整形外科医院、眼科中心、生殖医学中心、心理保健中心等专科性医院。附院通过了省卫生厅组织的"三甲"医院预评审，获批省级临床重点专科3个，兼并了潍坊市肿瘤医院。学校承办了"全省首期公立医院院长职业化建设培训班"。建立山东省"麻醉科主任培训基地"，组织了第三期全国麻醉学基础理论培训。建立省内首家高校"红十字应急救护培训基地"。

（吴周强）

【潍坊学院】 潍坊学院是一所省属全日制综合性普通本科院校，具有60余年的办学历史。学校现占地面积2100亩，校舍建筑面积81万平方米，固定资产17.7亿元。现有23个教学院部，63个本科专业，涉及10大学科门类。有教职工2110人，全日制普通在校生25000余人。与美国、英国、澳大利亚、韩国等国家和地区的40所高校开展友好交流，接收10余个国家的留学生到校学习，与青岛科技大学、山东科技大学等高校全面合作办学。学校建有潍坊文化名人馆、古籍馆，设有北海文化研究院、山东半岛经济社会发展研究院、潍坊金融财政研究院等59个研究院所和313个校内外教学实践基地，是中国教育科研网（CERNET）潍坊地区网络中心。

省应用型特色名校立项建设。落实教育部"提高质量30条"，全面推进应用型特色名校建设。召开第三次教学工作大会，坚定走以质量提升为核心的内涵发展道路。主动对接省部共建潍坊国家职业教育创新发展试验区建设，首批"3+4"联合培养学生在潍坊商校、诸城福田汽车中专入学。2013年新增本科专业3个、省教学名师1人、省特色专业1个、省卓越工程师培养专业3个、省高校成人高等教育品牌专业1个、省成教特色课程4门，机械设计制造及其自动化专业获批教育部本科改革试点专业，与歌尔声学共建的工程实践教育中心被批准为国家级大学生校外实践教育基地。面向全国29个省份录取6934人，首次录取春季高考学生，应届毕业生年底就业率达96.60%，学校被确定为山东省应用型人才培养特色名校立项建设单位。

科研创新能力进一步提高。省级重点学科、省高校科研创新平台和省重点实验室顺利通过考评。完成学科三年建设情况考核验收,各类重点学科增加到19个,联合培养在校研究生达到27人。承担纵向国家级科研项目10项,省部级项目80余项,完成理论成果720项。获第六届泰山文艺奖一等奖1项,1人被评为市十大科技女杰之一,6人被评为市社会科学十佳拔尖人才。

人才工作考核优秀。柔性引进"长江学者"2人和学科带头人1人,实现领军人物的新突破。2人被确定为省高校重点学科首席专家。青年教师"博士化工程"累计60名教师在职取得博士学位。实施"杰出青年人才支持计划",首批选拔10名青年人才重点培养,其中1人入选省有突出贡献的中青年专家。人才工作获全省考核优秀,工作案例入选省高校人才工作"十佳"创新案例。

实施住宿书院制改革。开展"学生工作年"系列活动,创新大学生思想政治教育模式,成立弘德书院、明志书院,引导学生自我教育、自我管理、自我服务。成立大学生事务中心,实现"一站式服务"。加强辅导员队伍建设,2人分别获"2013全国高校辅导员年度人物入围奖"和"山东省骨干辅导员"称号。学工在线网站被评为全国高校百佳网站。推进校园文化和社会实践活动,在全省"我的中国梦"大学生演讲比赛中获一等奖1项,第三届网络文化节被授予省高校校园文化建设二等奖。获"挑战杯"大赛省特等奖、全国三等奖。学生李福娟被选举为共青团第十七次全国代表大会代表。

"服务潍坊行动计划"再推新举措。首次面向社会公开课程100门,吸引市民走进大学课堂。开展全市干部自主选学19个专题、培训1226人。主动对接"蓝黄"国家发展战略,积极推进产学研结合,开展校企校地合作项目30余项。与山东开元电子联合成立半导体照明研发中心。 (孙玉敏)

【潍坊职业学院】 潍坊职业学院是经山东省人民政府批准组建的一所公办全日制普通高职院校,是"山东省高等教育名校建设工程"首批立项建设单位、山东省单独招生资格高校、山东省"3+2"分段培养本科生首批试点高校。学院分为奎文、滨海两个校区,占地2500余亩,建筑面积38万平方米,教学科研仪器设备总值过亿元,馆藏图书近100万册,全日制在校生20000余人。教职工970人,其中,副高级职称以上人员300余人,博士、硕士400余人,从行业企业聘请200多名兼职专业教师,"双师型"教师占现有专业课和专业基础课教师的73%。拥有国家级教学名师1名、省级教学名师6名、全国农业职业教育教学名师5名,建有国家级教学团队2个、省级教学团队5个,100多人次荣获全国、省、市特级教师、优秀教师及"富民兴鲁"劳动奖章、市专业技术拔尖人才等荣誉称号。设有10个二级学院,2个"3+2"高职本科专业、50个高职专业、11个五年制高职专业、34个中职专业,涉及农林牧渔、生化与药品、制造、电子信息、财经、文化教育等13个门类。拥有3门国家级精品课程,3门国家级精品资源共享课程,39门省级精品课程;3个中央财政支持重点建设专业,7个省级特色专业;5个市级工程技术中心和7个院级研究所,2个市级重点实验室。学生参加各级各类职业技能大赛荣获各类奖项600余项。历届毕业生就业率一直保持在96%以上。学院被确定为全国农业职业技术教育培训示范基地、山东省基层农技人员培训基地、山东省援外培训基地、山东省技能型人才培养培训基地、省级阳光工程培训基地、省级现代农业技术培训基地、省级外包服务人才培训基地等,先后被授予"全国科教兴农先进学校""全国职业教育先进单位""山东省教书育人先进单位""山东省德育工作优秀高校""山东省高校文明校园""省级文明单位"和"省级花园式单位"等荣誉称号。

特色名校建设。6月,名校建设方案通过省教育厅论证,得到了专家组高度评价,学院着力培育"三融合一对接"办学特色,创新实施"产教结合、学岗融通"人才培养模式,按照做"强"制造类专业、做"优"服务类专业、做"精"农林类专业的思路,大幅提升服务区域经济和社会发展的能力。年底,学院对各建设项目的年度完成情况进行了检查和点评,组织开展学院技能型特色名校建设一周年成果展,加强了对各建设项目特色亮点的总结和提炼。

教育教学改革。年内新增1个"3+2"本科试点专业、1个省级特色专业、5个院级特色专业,新添3门国家级精品资源共享课程、10门省级精品课程,14本主编教材获"国家十二五"规划教材立项建设。新增1个省级教学团队,1名省级教学名师、1名全国农业职业教育教学名师、3名中职齐鲁名师、12名市教学能手,1名教师入选山东省高校辅导员"十百工程"。全年学生获得省级以上职业技能大赛竞赛奖励24项,其中全国一等奖2项,省级一等奖8项。成功承办省职业院校技能大赛高职组网络赛项,完成省职业院校技能大赛、潍坊市中职技能大赛15个赛项的承办工作。

办学条件改善。自2010年10月开工建设滨海校区,已建成教学楼、实验实训楼、学生公寓等教育教学设施14.3万平方米,在建图书馆等项目13.2万平方米。9月,5000名学生入住滨海校区,学习、生活秩序井然。学院以滨海校区建设为依托,以理实一体化教学为目标,对滨海校区教学楼、实训楼和实训车间进行一体化规划和建设。

科技与社会服务。年内科研立项100余项,获市级以上成果奖59项。发表核心期刊论文30余篇,其中SCI、E14篇;《潍坊高等职业教育》连年被评为省优秀等级。坚持科研工作服务地方经济发展,年内组建了10个科技创新服务团队,全年组织科技服务活动300余次,学院获"2013年度潍坊市科协系统学会工作先进集体"称号。利用学院优势资源开展社会培训,年培训数达到15000人次。成立驾驶员培训学校和明德职业培训学校,设立山东省服务外包人才培训基地和会计专业技术资格无纸化考试考点,继续承办国家商务部"发展中国家大棚蔬菜栽培技术培训班"和"发展中国家农业机械化管理与应用研修班”，完成农业援非项目，教师再次被刚果（金）总统府授予“优秀援外专家”称号。

校企合作。合作领域不断拓展，新与省内外38家企业建立战略合作关系或达成合作意向；合作层次不断提高，新增7个订单班、冠名班，新增汇胜、神元生物企业奖学金；合作平台不断提升，潍坊市化工职教集团新增5家会员单位，牵头组建潍坊市机电设备职教集团；合作模式不断创新，拓展“企中校”合作模式，实施工学交替；与校企共建专业4个，共建技术研发中心3个。积极推进“产业文化进教育、工业文化进校园、企业文化进课堂”，定期举办“优秀企业家进校园”报告会活动，促进校园文化与企业文化的交融对接。

招生就业。经省教育厅批准，学院18个专业实施单独招生，获批招收“3+2”分段培养本科生，全年招收高职生5410人，中职生2710人。继续举办“优秀青年学子母校行”活动，承办山东省青年创业典型报告会，开展毕业生就业创业服务周活动，做好特殊毕业生群体就业帮扶工作，提升毕业生就业创业能力。广开就业渠道，举办各类校园招聘会100余场，承办“山东省春季高校毕业生专场招聘会暨学生顶岗实习双选会”，吸引省内外500余家企事业单位参会，提供就业岗位16000个，2013届毕业生总体就业率超过98%。学院被确定为潍坊市大学生创业基地，荣获“潍坊市就业工作先进集体”称号。 （邢同胜）

【潍坊工程职业学院】 2013年，学院申报成为全省第二批7所技能型特色名校立项建设单位之一，进入了山东省高职院校第一方队。经总参谋部、教育部批准，成为全国14所定向培养直招士官试点院校之一，为第二炮兵定向培养机电一体化专业直招士官生50名。争取到单独招生政策，成为全省29所设单招试点的高职院校之一。获全省教育系统优秀公文评选一等奖，省教育系统优秀调研成果一等奖1项、三等奖3项。2项成果被评为全省高校校园文化建设优秀成果三等奖；1项成果被省高校工委评为全省高校思想政治教育优秀成果三等奖。荣获“全省高校思想教育工作先进单位”“山东省普通高校学生宿舍达标单位”“山东省高校校园绿化与管理先进单位”等称号。院团委被共青团潍坊市委表彰为“2013年度红旗团委”。是2013年度潍坊市市直事业单位绩效考评先进单位。

专业课程。应用化工技术专业成为学院第八个省级特色品牌专业，机电一体化技术专业实训基地成为学院第二个中央财政支持的职业教育实训基地建设项目。10个五年一贯制、4个三二连读高职专业获准招生。建筑工程管理、食品药品监督管理、工商企业管理3个新设专业通过省教育厅考察评估。投入270余万元为数控实训中心购置了先进的四轴加工中心设备，投入80余万元加强了建筑工程综合实训中心建设。3个课程群共15门课程被评为省级精品课程，是学院历年来省级精品课程建设的重大突破，省级精品特色课程已达45门。

学生在数控实训中心实训 （摄影：孟凡帅）

科研工作。承担地市级及以上科研项目22项。发表论文231篇，其中全国中文核心期刊文章17篇。获得各级各类科研奖励15项，其中首次获得省高校优秀科研成果（高职高专自然科学类）一等奖（全省共5项），实现了历史性突破。“山楂深加工技术（学科）重点实验室”成为全市5个重点实验室之一。投入50万元成立了花卉研究所。

技能大赛。在全国、省级各类大赛中获特等奖1项、一等奖8项、二等奖13项、三等奖24项，代表山东省参加全国职业院校技能大赛高职组比赛荣获团体三等奖，连续第四次承办山东省职业院校技能大赛高职组“电子产品设计与制作”竞赛项目。在全省微课教学比赛中2名教师获一等奖、1名教师获二等奖、6名教师获三等奖，2名教师参加首届全国高校微课教学大赛获优秀奖。

招生就业。中高职招生总数5624人。学院被省教育招生考试院表彰为“全省教育招生考试工作先进集体”。2013届高职毕业生1978人，一次总体就业率96.97%。

2013年10月23日，工程职业学院与潍坊市食品工业协会共建潍坊市食品职教集团 （摄影：孟凡帅）

校政企合作。组建潍坊市食品职业教育集团、潍坊市工程机械职业教育集团和潍坊培真教育集团。与潍坊综合保税区管委会签订合作共建电子商务实训基地协议。与青州市政府共建的青州花卉学院全面开工建设，与山东圣世鸿大实业

集团合作建设的食品研究院和食品生产性实训车间竣工并投入生产。 (王兆才　张　琴)

【山东经贸职业学院】　山东经贸职业学院是山东省人民政府批准、教育部备案的具有高等学历教育招生资格的省属公办全日制普通高等学校。前身是成立于1977年的山东省昌潍供销学校,2003年7月独立升格为山东经贸职业学院。学院占地715亩,校舍建筑总面积18.9万平米,教学仪器设备总值3979多万元,图书馆馆藏纸质图书57万册。学院现有教职工483人,专任教师347人,教师队伍学历、职称、能力结构合理。全日制在校生8609人,学院现设会计系、工商管理系、财政金融系、商务工程技术系、国际商务系、科学与人文系、继续教育中心等6个教学机构,拥有40个专业,文理兼收,全国招生。学院是山东省首批技能型特色名校立项建设单位、全国供销合作社示范性高等职业院校。12月被省教育厅批准为山东省春季高考国际商务和电子商务2个专业"知识+技能"考试工作的主考院校。

顺利完成人才培养工作评估、全国供销合作社示范性高等职业院校建设计划项目中期检查。10月29日至11月1日,山东省教育厅组织专家组9人对学院人才培养工作进行了评估,给予充分肯定。2013年5月,按全国供销合作职业教育教学指导委员会要求,圆满完成五个重点建设专业项目中期检查。

教学改革与专业建设。2013年新增3个课程群共12门省级精品课程。2012年山东省省级教学改革立项的4项项目顺利通过中期检查。本年度共立项评审工学结合校本教材7部,成功申报"十二五"国家规划教材9部。连锁经营管理和资产评估与管理2个专业顺利通过了教育部、财政部支持高等职业学校提升专业服务产业发展能力建设项目验收工作。

承办2013年山东省职业院校技能大赛会计核算与信息化应用项目比赛。4月17日,学院承办由省教育厅、财政厅、人力资源和社会保障厅、经济和信息化委员会、农业厅共同举办的2013年山东省职业院校技能大赛高职组"用友新道杯"会计核算与信息化应用项目比赛。来自全省49个高职院校400多名选手参加了比赛。

参加技能大赛获佳绩。学院在山东省职业院校技能大赛"会计核算与信息化应用"项目比赛中蝉联一等奖。本年度,学生参加全国职业院校和山东省职业院校技能大赛、全国大学生会计信息化技能大赛、全国大学生英语竞赛等在内的省级以上技能大赛中共计获奖62项,其中,省级以上特等奖1项、一等奖18项、二等奖15项、三等奖20项、优秀奖8项。

科研工作。学院制定了《山东经贸职业学院科研创新团队选拔与管理办法(暂行)》等3项管理制度。学院举办(承办)学术交流活动32次,申报各级各类科研项目15类,立项27项。加大科研成果奖的申报力度,成果丰硕。本年度,教师获得各级各类成果奖28项,全院公开发表学术论文185篇,其中中文核心期刊论文57篇,EI、SCI收录4篇,教师主、参编教材21部。获潍坊市社科研究十佳拔尖人才1名、提名1名、优秀人才3名;获得2012年度社科普及先进集体4个,先进个人5名;学院被评为"2012年度潍坊市社会科学工作先进集体""2013年度潍坊市社会科学规划重点研究课题申报组织工作奖""潍坊市第二十一次社会科学优秀成果奖评选组织工作先进集体"。

招生与就业。学院2013年专科报到人数2636人,第一志愿录取率在省内同类院校中名列前茅,最高分为512分,生源数量和质量均有提升。2013届毕业生3099人,总体就业率达到99%。学院被评为综合实力前十强典范国办高职院校和最具专业特色典范高职院校。

师资队伍建设。修订、完善了专业带头人选拔管理办法、骨干教师选拔管理办法、兼职教师管理办法等办法。13人参加省高师培训中心组织的高校教师岗前培训;12人参加省高职学校专业骨干教师国家级培训,34人参加省级培训;2人赴青岛农业大学参加专业培训;1人赴知名高校进行国内访问学者培训;派出脱产实践(挂职)锻炼教师16人次;积极鼓励在职读研,本年度共有17人申请在职读研,14人顺利取得硕士学位。顺利完成2013年专业技术职务资格推荐申报工作,申报副高级5人,中级13人,初级1人。

对外交流与合作。拓宽渠道,扩大对外交流与合作。与圣约翰科技大学确立了合作项目,与大仁科技大学签订了专业建设合作协议;与美国底特律大学、北弗吉尼亚社区学院、哥伦比亚区大学社区学院和加拿大杜威职业培训学院正式缔结为友好学校,聘请2位美籍教师。进一步做好留学生工作,12位同学赴稻江科技暨管理学院进行研习。

社会服务。学院坚持为区域经济发展服务,积极支持教师开展横向课题研究和项目开发,大力拓展社会服务功能,扩大服务领域,不断提高学院的社会服务能力。2013年度,共开展管理咨询服务33次,其中开展暑期社会服务项目17项,服务领域涉及专题培训、管理咨询、财务分析、普法宣传、志愿服务、策划设计、网站建设等方面。共举办企业和社会类培训多期3567人次,潍坊市科级干部自主选学培训共259人次。学院网络教育在校生数达到113人,2013年新增自考报名学生175人,组织学生参加校内职业技能鉴定和考试、校外社会性考试总人数达6282人次,承办潍坊市公务员录用考试,考生总数2420人次。 (李　君)

【山东交通职业学院】　山东交通职业学院是经山东省人民政府批准成立的以交通类为特色的普通高等职业院校,实行山东省交通运输厅与山东省教育厅双重领导、以山东省交通运输厅为主的管理体制。1973年12月,学校始建于山东省寿光县,定名为"昌潍地区交通技工学校",1976年初迁至山东省潍坊市寒亭区。1981年7月,随"昌潍地区"改名而更名为“山东省潍坊地区交通技工学校”。1987 年 6 月，经山东省人民政府批准，设立“山东省潍坊汽车运输学校”，与“山东省公路运输潍坊技工学校”合署办公，隶属山东省交通厅。1989 年 6 月，经山东省人民政府批准，原中专部分更名为“山东省潍坊交通学校”。同年 9 月，经山东省劳动局，省编委批准，原技工部分更名为“山东省潍坊交通技工学校”。2000 年 5 月，经山东省人民政府批准，中专校名更名为“山东省交通工程学校”。2002 年 7 月 24 日，经山东省人民政府批准，将“山东省交通工程学校”改建为“山东交通职业学院”。2013 年，山东省机构编制委员会批复将山东省交通运输学校并入山东交通职业学院。学院占地 1300 余亩，校舍建筑面积 44.28 余万平方米，馆藏图书 82 万册。学院拥有教职工 800 余人，其中国务院特殊津贴获得者 1 人，全国优秀教师 1 人，全国职业院校教学名师 1 人，全国交通高等职业教育专业带头人 3 人，省级教学团队 3 个，省级教学名师 2 人，省级教学能手 2 人，山东省“十大优秀教师”1 人。学院下设 8 个二级学院，开设汽车、公路、机械、管理、航海等为主要方向的 34 个全日制高职专业，文理兼收，全国招生，全日制在校生 16000 余人。2013 年 4 月、10 月、11 月，学院通过山东省教育厅高校学生宿舍管理工作检查评估、军事课程建设评估和人才培养工作水平评估回访。6 月，交通运输部海事局专家组对学院船员教育和培训质量管理体系进行了中间审核和附加审核，船员培训机构资质许可现场核验并顺利通过。

确定为“3 +2”本科试点院校。2013 年 7 月，山东省教育厅下发了《关于在部分高职高专院校与普通本科高校开展“3 +2”分段培养职业教育招生试点工作的通知》，学院与山东交通学院联合实施物流管理专业“3 +2”分段培养本科试点工作，招生计划 100 人。

定向培养士官招生扩至 180 人。2013 年，学院军事类专科提前批定向培养海军士官生由 2012 年的 50 人扩至 180 人，招生专业由航海技术一个专业扩大至航海技术、轮机工程技术、船舶电子电气技术三个专业。

制定 3 个专业全省五年制高等职业教育专业教学指导方案。6 月，山东省教育厅、山东省财政厅下发《关于下达中等职业教育和五年制高等职业教育专业教学指导方案开发任务的通知》，学院牵头制定汽车运用技术、汽车技术服务与营销、道路桥梁工程技术 3 个专业全省五年制高等职业教育专业教学指导方案。

组建山东省交通运输职业教育专业建设指导委员会。12 月，山东省教育厅、山东省交通运输厅联合下发文件，成立山东省交通运输职业教育专业建设指导委员会，山东省交通运输厅副厅长谢涛任主任委员，山东交通职业学院院长陈留彬任常务副主任委员，副院长崔振民任秘书长。秘书处设在山东交通职业学院，为交通运输专指委日常办事机构。

技能大赛取得优异成绩。2013 年，学院参加各类技能大赛取得优异成绩，在全国职业院校技能大赛高职组汽车检测与维修、汽车营销赛项比赛中获得 2 块金牌，2 个二等奖和 1 个三等奖。在全省技能大赛高职组中分获汽车维修项目和现代物流项目的第一名。在山东省大学生科技文化艺术节测量技能大赛中取得佳绩，获得大赛团体总分一等奖。在山东省大学生数学竞赛（专科组）决赛中荣获特等奖一项，一等奖一项，并荣获优秀组织奖。

新增 7 门省级精品课程。12 月，省教育厅下发文件，学院工程机械检修联合课程和车辆制造自动化核心课程群联合课程两个课程群的共 7 门课程被评为省级精品课程。

科研立项再创佳绩。2013 年共组织申报科研项目立项 13 项，科研经费到账 100 多万元；其中杨效军博士“商用汽车电涡流缓速器集成化智能控制系统研发与应用”成功申报为交通运输部重点项目。

校企合作取得新突破。2013 年学院与德国宝马公司共同投资 1700 余万元合作共建宝马培训中心，按照国际标准合作共建的宝马集团培训基地，全国一流，代表了世界车辆工程技能型人才培养的发展方向。

招生就业工作稳步推进。2013 年，学院优化各专业招生人数，调整外省招生数，合理配置文理科比例，科学编制招生计划，构建了全方位、立体化的宣传网络，多渠道提高学院的知名度和吸引力，招生工作呈现多元化，各类招生工作都取得显著成绩，尤其是海军定向培养士官和“3 +2”分段培养招生工作实现新的突破，定向培养士官录取最高分数 537 分，最低分数 418 分；“3 +2”分段培养专本连读计划招生 100 人，实际录取 106 人，其中，文科最高分数 523 分，最低分数 503 分；理科最高分数 475 分，最低分数 461 分。学院各部门认真贯彻落实就业工作责任制，加强毕业生就业指导工作，完善就业网络，召开 5 次大型双选洽谈会和 69 场小型双选专场招聘会，提供 14665 个岗位，供需比超过 1:4，网上签约率达到 90% 以上，学生就业呈现出“三高”，就业质量高，专业对口率高，工资待遇高，实现了从“就业好”到“就好业”的转变。

（卞贵建　张吉林）

【潍坊护理职业学院】　潍坊护理职业学院是教育部和山东省人民政府批准设立的全日制普通高等学校，由原山东省益都卫生学校和潍坊卫生学校合并组建而成。学院现有三个校区，主校区坐落在古城青州云驼景区内，风景秀丽，环境宜人；青州校区为原益都卫校，其前身是英国浸礼会创建于 1885 年的青州医学堂，齐鲁大学医科在此基础上诞生，是山东近代医学教育的源头，山东护理教育的发端；潍坊校区为原潍坊卫校，其前身是 1889 年美国基督教北长老会在潍县创办的乐道院医护学校。原两所卫校都是国家级重点学校、卫生部职业技能鉴定培训基地、省级教学示范学校和省级文明单位，已为社会培养各类卫生技术人才 10 万多名。学院自 2011 年成立以来，树立“建设省内一流、国内知名高职学院”的办学目标，加强内涵建设，改善育人环境，先后获得省级文明单位、全省高校后勤服务工作先进单位、全省高校公寓管理优秀单位等13项荣誉称号。

学院成立以来,先后投资3亿多元,新建图书馆、护理实训楼、药学实训楼等教学办公场所10万平方米。学院总占地1000多亩,总建筑面积达到21万平方米;建有附属医院3所,养老护理院1所,省级以上财政支持的实训基地2个,建有高标准实验室116个,教学仪器设备总值6000多万元。现有教职工500多人,专任教师80%以上具有中高级技术职称。除此之外,学院还聘请了包括中国工程院副院长樊代明院士、中国科学院曾毅院士在内的100多名知名专家担任兼职教授。学院是教育部确定的东西部联合办学单位,在省外建立了40多个联合办学点,全日制在校生14000多人,生源遍布全国各地。

专业设置:学院专业设置集大专、中专、成教、培训于一体,开设护理、口腔医学技术、康复治疗技术、药学、助产、医学检验技术、医学营养、医用电子仪器与维护、中药、医学影像技术、医疗美容技术、老年服务与管理、卫生检验与检疫技术等13个专业,根据社会需求开展成人教育和社会培训。2013年学院先后被民政部、省民政厅、市民政局批准为国家、省、市三级养老护理员培训基地。学院专业设置领先,在中专办学时期于1993年就在全省率先开办了英语护理专业,培养涉外护士;1996年在全省率先开办了卫生信息管理专业;2000年在全省率先开办康复技术专业,2002年在全国率先开办"三二连读"高职康复医学专业;2005年在全国率先开办军护专业;2007年创办老年护理专业和社区护理专业。

专业特色:护理专业是学院的品牌专业,是山东省和潍坊市的特色专业,创建于1909年,已有100多年的办学历史。学生教育质量在同类学校中处于前列。在全省首届职业院校护理技能大赛中,学院4名选手参赛,包揽一等奖前4名;在全国职业院校护理技能大赛中,获得团体一等奖和个人全能一等奖;在首届全国英语护理技能比赛获得团体一等奖和4个个人总成绩一等奖。学院根据市场需求,将护理专业分为社区护理、老年护理、涉外护理、口腔护理、军队护理等多个方向进行分方向教学的探索与研究。其中老年护理和社区护理两项科研成果被卫生部专家组鉴定为国内领先水平,被列为市级重点课题。军护专业是学院特色专业和热门专业,实行军事化管理,主要面向部队医院实习就业,被山东省卫生厅确定为全省卫生系统质量品牌。口腔专业是学院的重点专业,依托口腔专业建有潍坊牙科医院和潍坊口腔医院。中医、消化是学院附属医院的特色科室,在当地具有较高的社会声誉。

教育教学:学院深化教育教学改革,坚持校企合作、工学结合,实行订单培养。充分发挥行业、企业专家和行业指导委员会的作用,在口腔工艺技术、药剂、医学检验技术等专业开设企业冠名班,实行校企双重评价体系。开展"双证""多证"培养,搭建行业需求人才的桥梁,学生在校期间除获得毕业证书,还要获得职业资格证书,还可以取得育婴师、中医按摩师、营养师等证书。实行课程设置改革,探索分方向、多元化教学,满足不同学生的个性需求,培养专门化急需人才。加强实验实训基地建设,培养学生动手能力,校内先后投入6000多万元建设高标准实验实训基地,校外与30多家医院合作建成实习教学医院,开展实践教学。

实习就业:学院提出"小城市培养,大都市就业"的就业模式,实行"实习就业一体化"。与全国100多家医疗卫生单位保持密切合作关系,每年有1000多人被学院推荐到解放军总医院、北京协和医院、空军总医院、海军总医院、北京军区总医院、南京军区总医院等上百家医疗卫生单位工作,与北京朗依制药、青岛华新华义齿加工厂、潍坊金通医药等20多家医药企业签订"订单培养"协议,毕业生带薪实习,全部推荐就业。学院积极开展国外合作办学,探索国外就业路子,与美国、日本、韩国等多家教育机构开展合作,专门成立了外派劳务培训中心、雅思培训中心,开展出国护士培训,300多名毕业生先后到美国、英国、加拿大、日本等国家成功就业。

(吴殿臣)

【潍坊技师学院】 潍坊技师学院是一所国办全日制普通高等职业技术学院。多年来,已为社会培育了10万余名高技能人才。先后被授予全国职业教育先进单位、国家级重点技工学校、省级教学质量优秀单位、潍坊市名牌学校称号,并被确定为山东省外派劳务培训基地、山东省技师培训基地、山东省金蓝领培训基地。

校校合作。与潍坊科技学院签订了合作办学协议,招收了首批232名"三二连读"专科班学生,设置机电一体化技术、机械制造及自动化、数控技术、会计电算化、汽车检测与维修五个专业,这部分学生毕业后可获既得大专文凭、又可获得高级工资格证书,突破了原有办学体制,率先实现了省政府提出的学历证书和技能资格证书"双证互通"。招收技校生866名,新增注册学生932人。11月份,根据省人社厅、教育厅要求,与潍坊职业学院达成合作培养意向,为学院创新发展开辟了新途径。

校企合作。与山东泰汽投资控股集团、潍坊鸿博包装有限公司、烟台华天国际有限公司等3家企业签约开展合作;与山东海王银河医药集团联合定向培养学生,该公司投资5万元设立了"冠名班";分别与大洋泊车、歌尔电子、盛瑞传动、高密澳博力纸制品、创达电子、山东青能动力、山东冠宇集团等10多家企业达成合作意向,逐步搭建起校企合作框架。对泰汽集团职工"量身定做"了考核、培训、定级方案,先后组织20名教师7次对该企业29个工种2012人进行了定级考核,并对7个工种400多名职工进行了培训。引进潍坊鸿博包装有限公司进院建厂,该公司投资150万元购置设备,致力于包装制品的设计、生产、印刷与销售,具有国家进出口技术经营许可证。与潍坊宏福德工贸有限公司达成了合作意向,该公司提供数控机床等先进设备30余台,用于机械零部件生产加工。

校所合作。4月份，十八届中央候补委员、中国科学院院士、中国科学院化学研究院原所长万立峻到学院考察指导工作，在办学理念、人才培养、校企合作、高端技术引进、专业建设、科研课题研究等方面与学院进行了广泛交流。3月下旬，院领导带队赴郑州机械研究所考察学习，与该所在人才培养、高端技术引进与推广、专业建设、科研课题研究等诸多方面达成了合作意向，聘请了3位专业建设指导委员。10月份，郑州机械研究所所长单忠德莅临学院，对实施高端引领、特色办学提出建议。

校地合作。先后与市发改委、总工会、计生委、民政局、商务局、农业局等30个部门和单位建立工作联系，争取政策性、指标性培训项目，先后完成了25名市计生委信息员培训和120人的业务考试、75名退役军人集中培训、51名市困难职工培训等任务。依托省技师培训基地、市金蓝领培训基地的优势，开发"短平快"的培训项目，先后完成了2800名会计培训、78名成教培训、2300名技能鉴定、40名厨师培训、210名金蓝领培训等项目，承接了2500名市技师、高级技师的评审工作。

专业建设。组建了汽车工程系，并投资100多万元购置了汽车实训设备器材，市公安局交警支队捐赠了38辆教学使用车辆，泰汽集团捐赠"电池包"组件等电动汽车教学设施，初步构建起适应现代教学需要的汽车专业实训体系；同时，推荐申报数控加工技术、电气自动化技术两个专业作为今年全省技工院校一体化课程改革省级试点专业，会同山东海事职业学院做好2014年度高职高专新专业申报工作，提升了学院办学层次。

教学改革。开展教学课题研究，《技工院校一体化课程体系开发与实践研究》《技工院校人才培养与企业需求研究》两个省级技工教育和职业培训"十二五"规划科研课题开题，目前已完成中期报告；10月份，学院《技工院校文化建设研究》《高职院校语文模块化教学的建设与研究》两个科研课题被市社科联批准立项。本年度，学院获省级教育教学成果14项、市级教育教学成果20项。

师资队伍建设。出台《双师型教师建设方案》《双师型教师认定标准》，加强适应高职、技工教育教学团队建设；分别举办青年教师、班主任和写作知识培训班，安排15名教师外出培训，开展说课比赛、知识讲座、教师公开课，安排具有教师序列职称的科级以上干部兼课；6月份，129名教师通过省教育厅组织的高等学校教师教育教学基本素质和能力集中测试及教师资格认定；引进硕士研究生3名、专业指导教师2名，教师队伍年龄、知识结构更趋合理；在庆祝第29个教师节大会上，隆重表彰2名省级、6名市级、15名院级优秀教师；年内，2名教师被评为市级首席技师，4名副高、4名中级职称专业技术人员参加省市专业职称评审。全省技工院校说课比赛中2名教师分别荣获一体化教学组一等奖、公共基础组一等奖。

文化建设。本着"体现特色、务实管用"的原则，系统研究提出文化理念，内容涵盖办学理念、办学定位、办学模式、办学目标、校训、校风、教风、学风、班风等9个方面，明确学院发展方向。创办学院《工作通讯》《工作简报》，先后编辑5期和28期，宣传决策部署，反映工作动态，加强信息交流，展示学院风采

基础设施建设。4月中旬，图书信息中心大楼开工建设，该工程集文献资料储藏、信息交流、文化交流、数字化信息汇集、学生课外实习与研究于一身，建筑面积13000平方米，是学院一座标志性建筑。10月份，分别开工建设了室外硅PU篮球场、排球场、网球场和羽毛球场（建筑面积8700平方米），标准体育场规划和招标工作基本完成，为教师公寓解决了自来水、地源热、制冷、有线电视信号等问题，硬化环校路120多米，整修人行路352米。分别建设了餐厅东花园（6357平方米）、教师公寓东花园（1400平方米），对教师公寓中心花园（8321平方米）进行了美化绿化。

"包村联户"工作。对安丘市石埠子镇南王家村的帮扶工作，院领导先后4次带队到该村走访，了解基本情况，研究帮扶措施，为草莓合作社争取72万元扶持资金，赠送2000公斤面粉和10桶花生油，价值5000元的慰问品75套；先后两次组织59名正科级以上干部深入到57个困难家庭，与贫困户"结对子"，赠送慰问金39800元。10月份，免费为该村安装了1套健身体育器材。　　（玄建亮）

【山东畜牧兽医职业学院】　山东畜牧兽医职业学院始建于1955年，是山东省唯一的国办畜牧兽医类普通高等学校，是山东省示范性高职院校、国家骨干高职院校。学院设有7个系部，开设24个专业（方向），其中省级品牌和特色专业8个，建有24门国家级精品课程、国家级精品资源共享课、省级精品课程和省级成人高等教育特色课程。

学院拥有教授、副教授127人，"双师型"教师占专业教师的90%。国家级教学团队1个，省级教学团队4个。有全国高校教学名师1人，全国职业教育先进个人1人，鸢都学者1人，山东省教学名师、全省教育先进工作者、优秀教师、教学能手、山东省现代农业产业技术体系创新团队岗位专家、全国农业职业教育教学名师等20多人。中国农大等知名高校和企业40多位专家、学者任客座教授。

学院拥有教育技术中心、计算机网络中心、语音室和全塑胶标准田径场等教学设施，图书馆馆藏图书60余万册；建有各专业学科实验实训室130多个，潍坊市重点实验室1个；建有动物医院、动物疾病检测中心、饲料厂、GMP标准兽药厂、畜产食品加工实训工场和畜牧科技示范园等数量充足、门类齐全的校内实训基地。与国内外500多家畜牧企业建立了良好的合作关系，在业内龙头企业设立校外实训基地200余处。牵头组建了山东省畜牧职业教育集团。

学院突出实践教学，职业资格获证率达100%。在全国职业院校农业技能大赛中荣获五连冠。建立了就业教师、创业导师和创业校友3支队伍，以创业促就业。众多企业在学院设立了奖助学金。

学院举办的毕业生和用人单位供需双选会被省人社厅确定为山东省高校毕业生畜牧兽医类就业市场，是全国最大、最具影响力的畜牧兽医类毕业生就业市场。每年600多家企业参会，每名毕业生有六七个岗位可供选择，就业率100%。

学院连续多年荣获“三下乡活动先进集体”“科技兴农先进集体”等称号，被山东省委、省政府授予“科教兴鲁先进单位”。先后荣获毕业生就业工作优秀单位、山东省大学生创业教育示范院校、最受新农村信赖的学校，连续3年被评为“年度综合实力前十强高职院校”，连续5年被评为“年度最具专业特色高职院校”。

系部调整。为适应经济社会发展的需要，突出专业特色，均衡专业发展，根据山东省编委批复精神，学院进行了系部调整。新调整后的系部为：动物科技系、动物医学系、动物营养与水产系、宠物科技系、食品与药品科技系、经济贸易系、人文与社会科学部。

岗位聘用工作。根据省人社厅文件精神和要求，完成全院在编职工和人事代理人员的首次岗位聘用工作，实现全员的岗位聘用管理，理顺管理体制机制。

师资队伍建设。新增2名教师为山东省现代农业产业技术体系创新团队岗位专家，学院山东省现代农业产业技术体系创新团队岗位专家达到3人；派出26名专业带头人、骨干教师分别赴台湾、法国、韩国培训研修；3名教师作国内访问学者；组织80多名教师参加高职学校专业骨干教师国家级培训、省级培训和国家行政教育学院远程培训；选派52名教师参加教育部全国职业核心能力认证师资培训班学习；选派20余名教师参加生产实践锻炼。2名教师获省首届微课教学比赛一等奖、三等奖，1名教师获全国微课教学比赛优秀奖。

专业建设。新上电子商务、会计电算化、水产养殖技术3个专业（方向）。完成中央财政支持的兽医、食品检测及管理专业服务产业发展能力项目建设任务。“动物微生物”和“动物营养与饲料加工”两门课程入选国家级精品资源共享课。完成6门课程校本教材编写和资源库建设，主编参编修订“十二五”国家规划教材7部，主审中央农广校教材2部。

科研工作。立项科技部课题3项，省科技厅、教育厅项目7项，市级项目12项。完成市级鉴定8项、教育厅鉴定4项。获省科技厅软科学优秀成果二等奖1项，教育厅高校优秀成果二等奖1项，三等奖2项，潍坊市科技进步奖4项、社会科学优秀成果奖二等奖1项，三等奖1项。

人才培养模式创新。继续推行和完善“四段式工学结合”人才培养模式，组织安排养禽与禽病防治、动物防疫与检疫、食品加工技术、兽药生产与营销、动物营养与饲料等8个专业集中顶岗实习。与山东圣地宝药业集团、潍坊新和盛家禽有限公司等企业联合举办“圣地宝班”“新和盛班”等8个订单式人才培养模式班，人才培养质量取得明显成效。

节约型校园建设。开展厉行勤俭节约，反对铺张浪费专项行动和节约型校园建设活动，2013年比上一年节电21万千瓦时，节水3万吨，全面实现校内资产管理节支100万元，增收100万元的年度目标。

招生就业工作。成功入选山东省首批高职与本科“3+2”分段培养职业教育招生试点院校，录取105人。在全国率先开设“执业兽医师方向班”，面向基层有畜牧实践经验从业人员招生40人。加大毕业生就业工作力度，2013届专科毕业生总体就业率为100%，连续4年在全省专科毕业生就业率排名领先。成功举办山东省2013年高校毕业生畜牧兽医类就业市场暨院2014届毕业生就业双选大会，参会单位580余家，提供了近2万个就业岗位，供需比1∶8，为毕业生就业提供了宽裕的选择空间。

社会服务。学院为菏泽、潍坊、日照、东营4地市2300名学员进行新型农民创业培训，承办省农业厅和省畜牧兽医局主办的520人的农技推广人员培训。开展农业部定点扶贫地区农民合作社负责人专题培训班、潍坊市临朐县、聊城市东昌府区农技推广班等系列培训，培训学员700余人。开展ISO内审员职业资格证书班，培训学员123人。承接潍坊市委组织部干部自主选学，培训干部271人次。

派出科技特派员到滨州、菏泽、临沂地区开展科技扶贫和技术服务，到生产一线举办科技讲座，培训专业技术人员500余人次。被表彰为全省科技兴农先进集体。对新疆、内蒙古多所农业院校进行对口支援建设，为省内外高中职院校培训师资。承办高等职业院校专业骨干教师国家级培训项目，培训来自全国14所高职院校的学员28名。

（臧智强　陈志君）

科　学

科 技 工 作

【概况】 2013年,潍坊市实现高新技术产业产值3515亿元,同比增长18.7%,占规模以上工业总产值比重为28.99%。全年共组织实施国家、省科技计划项目366项。获国家科学技术奖二等奖1项,获省科技进步奖一等奖3项、二等奖8项、三等奖15项。潍坊高新区正式创建为国家可持续发展实验区。潍坊市再次被评为全国科技进步先进市。

【高新技术及其产业】 2013年,潍坊市实现高新技术产业产值3515亿元,同比增长18.7%,占规模以上工业总产值比重为28.99%,比年初提高1.67个百分点。高新技术完成投资960.4亿元,增长12.3%,占固定资产投资比重为28.0%。新培育认定高新技术企业90家,总数达到443家。天一化学等7家企业被认定为国家火炬计划重点高新技术企业,总数达到25家。半导体发光产业集群被科技部认定为第一批创新型产业集群试点,是全省唯一一个入围的试点集群。潍坊软件园被科技部认定为国家火炬计划软件产业基地,全市国家级特色产业基地达到9家。

【科技计划】 2013年,全市承担省级以上各类科技计划项目366项,其中,"抗肠炎功能蛋白饲料添加剂研发应用及产业化"等2个项目被列入国家科技支撑计划,获得扶持资金505万元;"福田雷沃集群实时作业服务与运维的物联技术研发与示范"等4个项目被列入国家863计划,获得扶持资金2651万元;歌尔声学股份有限公司的"图像传感器集成电路专用芯片及器件研发与产业化"等16个项目被列入省10亿元自主创新专项计划,获得扶持资金1.95亿元;盛瑞传动股份有限公司的"高效节能自动变速器整车匹配及产业化"等17个项目列入省自主创新成果转化专项计划,获得扶持资金5100万元;28个项目被列入国家科技型中小企业技术创新基金项目,获得扶持资金1950万元。山东天维膜技术有限公司等企业的16个项目入选国家重点新产品计划。

【农业与社会发展】 2013年,组织实施农业科技成果转化、富民强县、农业良种工程、科技惠民等国家、省级农业科技计划16项,获得扶持资金1000万元。围绕"中国食品谷"科技研发体系建设,与中国农科院农产品加工所、天津科技大学、北京工商大学等签订了合作框架协议。潍坊(寿光)升格为省级农高区,并纳入黄河三角洲国家农业科技示范区核心区建设规划。以寿光为核心创建了蔬菜产业专业信息服务系统和示范基地,在全市建设了153个基层服务站点,涵盖了蔬菜、水产、畜禽、林果、物流等11个产业。潍坊高新区正式创建为国家可持续发展实验区,成为全国首个获此殊荣的国家级高新区。

【科技成果】 2013年,全市培育优秀科研成果462项,评审出市级科技进步奖150项,95%以上成果达到国内领先水平。获国家科学技术奖二等奖1项。获得省科技进步奖26项,其中,一等奖3项、二等奖8项,三等奖15项。专利申请总量15582件,授权专利总量8186件,增幅分别达40.2%和10.8%。其中,发明专利申请量4126件,发明专利授权量509件,增幅分别达64.3%和27.3%。

【科技创新资源与能力建设】 2013年,盛瑞传动股份有限公司创建为国家工程技术研究中心,并成功举办了8AT10万台生产线投产启动仪式;潍柴动力国家工程技术研究中心顺利通过科技部验收评审。新建市级工程技术研究中心69家,市级企业重点实验室35家,市级学科重点实验室6家。山东天维膜等7家省级企业重点实验室进入最后评审。沃华医药等3家省级企业重点实验室顺利通过验收并正式挂牌。全市已建成省级重点实验室13家。新培育市级孵化器8家,经济区科技企业孵化器被科技部批复为国家级孵化器,全市国家级孵化器达到5家,孵化面积达到100万平方米。建成了山东半岛蓝色经济工程研究院、沃华中医药研究院、生物医药研发中心等13个行业公共研发平台。新组建国家级产业技术创新战略联盟3家,市级联盟10家。全市已建成市级以上产业技术创新战略联盟40家,其中国家级4家、省级17家。

【科技合作与交流】 2013年,聘请清华大学等高校院所12名专家担任潍坊市科技合作联络员,成立专门招院引所小分队,定期到高校院所集中的城市,开展专题招院引所活动。邀请东北大学、中科院青海盐湖所等高校院所到潍坊考察和项目对接,制定完成了《东北大学潍坊研究院建设方案》。与山东信息通信技术研究院就在潍坊市设立分支机构达成合作协议。全市已建成高校院所分支机构12家,与13家高校院所达成合作意向。全市已建成省级院士工作站31家,引进院士41人,院士团队244人。全市企业与高校院所达成技术合作协议100余项,引进转化科技成果800多个。

【滨海建设】 2013年,市委、市政府印发《关于突破滨海加快蓝黄战略实施推动全市科学发展的决定》,按照2015年、2020年和远景发展三个时间节点,先后编制了产业、交通、物流、能源、用地、用海、生态等10个专项规划,并整合形成了滨海开发区、潍坊滨海海洋经济新区2个总体规划。海陆统筹、港贸带动、产业立区、科技引领、产城一体、生态支撑。基础设施配套有了突破性进展。全年完成基础设施投资总计135亿元。

【海洋科技创新】 2013年,先后组织实施国家科技支撑计划、国家重大新药创制科技专项、省科技自主创新成果转化等各类海洋科技计划项目20项,争取经费3974万元。默锐化学获批山东省卤水精细化工产业技术创新综合院士工作站,富康制药获批山东富康生物技术生产力促进中心。支持建设"潍坊市溴化技术企业重点实验室"等企业重点实验室4家。推荐山东天维膜技术有限公司建立"山东省荷电膜材料重点实验室"。山东理工大学与潍坊联兴新材料科技股份有限公司联合在滨海建设山东理工大学潍坊余热利用研究院工作扎实推进。

【政策法规与环境建设】 2013年,围绕"科技创新推动产业转型升级"主题,成功举办了"2013海峡科技论坛",全国政协副主席、致公党中央主席、科技部部长万钢,台湾"三三会"会长、台湾经济研究院董事长江丙坤等600多人参会。建立了厅市会商高层推动机制,市政府与省科技厅每半年会商一次,省科技厅对全市的重大技术研发、创新平台建设等给予重点支持,重要内容推荐纳入省部会商,形成了协同创新新格局。坚持县市区、市属开发区党政领导干部科技进步目标责任制考核制度,考核结果纳入全市年度表彰事项,强化了党政一把手抓科技创新的责任。通过广泛开展科普宣传和举办科技活动周等活动,增强全社会的创新动力与创造活力,提升了全民创新意识。

(赵有志)

知识产权

【概况】 2013年,全市专利申请15582件,专利授权8186件,均居全省第3位,分别增长40.19%和10.83%。其中,发明专利申请4126件,授权509件,分别增长64.25%和27.25%。雷沃重工和山东海龙两项专利荣获第15届中国专利优秀奖,潍柴动力孙少军荣获"山东省优秀发明家"称号,被省政府记一等功;歌尔声学宋青林等8人荣获"山东省优秀发明人"称号,数量居全省首位。2013年,市知识产权局荣获国家知识产权局"全国知识产权人才工作先进单位"称号。

【知识产权管理体系建设】 县(市、区)知识产权管理机构建设取得新进展,昌邑市成立了政府直属的知识产权局,直属政府的县市区知识产权局达到了8家。专利指标纳入高新区考核指标,更加符合科学发展要求。市政府出台《关于加强知识产权工作提升企业核心竞争力的实施意见》,推出优势企业培育、专利技术转化、设立政府专利奖、信息平台建设、加快服务业发展等十条举措,并明确了具体奖励扶持政策。

【知识产权试点示范】 9月,潍坊市被国家知识产权局评定为国家知识产权示范城市。11月22日,国家知识产权示范城市工作会谈和高标准建设国家知识产权示范城市推进会议在潍坊市召开。昌乐县和寒亭区获批"国家知识产权强县"。诸城市、高新区分别完成"国家知识产权示范创建市""国家知识产权试点园区"验收工作。高新区半导体发光产业和新型动力机械产业知识产权集群同时入选国家战略性新兴产业知识产权试点管理项目。滨海区被认定为"山东省知识产权试点园区",山东科技职业学院获批"山东省知识产权优势单位"。

【知识产权运用能力增强】 全面建成知识产权信息综合服务平台和新兴产业专利信息导航服务平台,实现了与国家专利数据库同步更新,增设了汽车、电子信息、石油化工、生物化工等九大行业专题数据库。平台已与各县(市、区)建立了联网,并与全市100多家企业实现了专利信息数据库共享,为部分重点行业和重点企业提供了专利检索和分析预警,为转调创提供了重要支撑。

【国家知识产权质押融资城市试点】 对全市中小企业有知识产权融资意向的企业进行调研汇总,将优秀专利项目向相关银行进行了推荐。以推行《企业知识产权管理规范》国家标准作为开展企业知识产权工作的重要抓手,16家企业入选省知识产权贯标优势企业。

【知识产权保护力度加大】 制定、印发《2013年潍坊市市场流通领域知识产权专项整治行动方案》，完善执法机制、规范执法行为、提升执法效能，针对医药、食品、家电等重点流通领域开展执法检查。2013年，调处专利纠纷案件37件，查处假冒专利案件207件，检查带有专利标记的产品3769件，执法案件数量位居全省前列。 （刘振兴）

防震减灾

【概况】 2013年，各县市区审核确定一般建设工程340余项。投资2100万元的潍坊市防震减灾科普馆项目建设进展顺利，市财政计划投资1500万元的潍坊地震监测预报实验场项目，已列入2014年潍坊市城市建设重点项目计划并由省国土厅完成了项目土地使用预审。诸城、奎文、昌乐等县市区完成国家级地震安全示范社区的创建工作；昌邑在全省率先建成地震快速反应系统。“国家地震社会服务工程潍坊数据采集项目”通过验收并获得省局防震减灾优秀成果三等奖。潍坊市地震局被人社部、中国地震局授予“全国防震减灾工作先进集体”，获得“全国地市级防震工作综合考核先进单位”；诸城市地震局获得“2013年度全国县级防震工作综合考核先进单位”；潍坊市地震应急指挥中心被评为“全国市级应急指挥中心建设优秀集体”；潍坊市地震局、诸城市地震局分别获得全省市级、县级防震减灾工作目标责任考核先进单位第一名，诸城、昌邑、临朐、奎文局获得“全省县级防震减灾工作目标责任考核先进单位”，青州局获得优秀单位。潍坊市地震局被省文明委授予“省级文明单位”称号。全市表彰151名地震科普示范学校优秀辅导员，有5人获“山东省防震减灾科普宣教优秀辅导员”称号。

【监测预报】 落实《山东省地震监测台网管理办法》，对潍坊市监测台网中心、震情会商中心进行了改造升级，新配置了指挥中心系统；安丘台完成国家重点项目“极低频探地工程”建设。参加省半年和年终地震趋势分析会商会议，市局获全省地震速报第一名，年终震情会商第三名。高效应对处置11月23日莱州4.6级地震事件。各类台网运行安全稳定，测震台网运行率达到98%。市台网中心监测处理地震事件300余次，其中全市ML2.0级以上地震3次，分别是：2013年3月17日17点14分，地点临朐县，震中位于北纬36.46、东经118.35，震级为ML 2.4级；2013年10月22日12点18分，地点诸城市，震中位于北纬36.05、东经119.50，震级为ML 2.3级；2013年11月14日4点44分，地点昌邑市，震中位于北纬37.04、东经119.56，震级为ML 2.0级。

【地震应急】 推进全市地震应急预案修编工作，全市各类地震应急预案数量达到3600余件。强化地震应急演练，举行潍坊市政府机关地震应急疏散演练。加强应急救援队伍建设，依托潍坊市公安消防支队组建由30人组成的潍坊市地震灾害紧急救援队并授旗；开展地震应急救援队伍培训工作，组织2期在国家地震紧急救援训练基地举办的山东省地震应急救援管理干部培训班，市、县地震系统20余名业务骨干参训。 （刘中宁）

气象测报

【概况】 圆满完成第30届潍坊国际风筝会、鲁台经贸洽谈会、中日韩青少年运动会、寿光菜博会、昌乐宝石节等重大活动的气象服务保障工作，共提供专项服务材料64份。1名同志被潍坊市委市政府评为第29届潍坊国际风筝会筹备工作先进个人。年内向社会发布预警信号55次，向市委、市政府及有关部门发送重要天气报告26份。市气象局被评为“2013年度全省气象服务先进集体”，2人被评为“2013年度全省气象服务先进个人”。

【人工增雨防雹】 2013年，共组织人工影响天气作业19场次，其中，增雨（雪）作业16次，防雹3次，共增加降水1.5亿立方米，有效保护面积4500平方千米。据统计，减少经济损失和创造经济效益2.4亿元。新建或改建规范化作业站点36处，建立了市县视频作业指挥系统。5月19日，市政府印发了《关于进一步加强全市人工影响天气工作的实施意见》。

【雷电防护与防雷审批】 3月，潍坊市气象局、安监局联合下发《关于做好2013年度防雷减灾工作的通知》，对全市防雷减灾工作进行了安排部署。10月，潍坊市安全生产监督管理局、气象局联合转发《国家安全监管总局 中国气象局关于加强烟花爆竹企业防雷工作的通知》，加大对烟花爆竹企业的检查与监管。

【依法行政】 2013年，对市区内升放无人驾驶自由气球或系留气球活动的许可和施放单位资质进行了清理。对防雷装置设计审核及竣工验收、防雷装置检测、防雷工程专业设计、施工单位资质认定四项市级行政审批事项的名称、申报材料、办理条件、审批环节、办理人员、承诺时限、收费标准和依据进行了规范。对29家房地产开发公司的防雷安全进行了检查，对10家公司进行了立案调查，促使恒大、万达、恒信等15家公司办理了防雷图纸审核手续。

【装备与保障】 2013年，完成气象装备保障工作，在寒亭安装风廓线雷达1个，新增上网行为管理器及防火墙1个。在潍坊港建设海洋水文验潮站1个，完成山洪二期预警信息综合发布管理示范平台建设和区域站升级改造工作,完成国家突发公共事件预警信息发布平台建设工作。2013年,潍坊市已拥有国家级基本观测站1个,国家级一般观测站8个,风廓线雷达1个,雷电观测站2个,GPS/MET观测站5个,区域观测站146个(含山洪项目自动站15个),移动气象台1个,设施农业气象观测站6个,海洋水文验潮站1个,海上浮标站1个,自动土壤水分观测站10个,梯度测风塔3个,能见度观测站5个,卫星广播系统1套。

【人工影响天气效益显著】 严格人影设备审验、安全检查、责任落实、弹药使用等规范化管理,实现了全年人影安全作业无事故目标。4月份,组织了全市高炮作业人员技术培训,确保关键时期消雹作业顺利开展。年内共实施人工影响天气作业12场次,其中防雹作业2次,增雨(雪)作业10次,增加降水约1.5亿立方米,减少或避免经济损失约4000万元。全市完成新建或改建炮点49处,炮点标准化建成率达到64%。寿光局被授予"山东省人工影响天气工作先进单位"。

【气象为农服务水平加强】 在诸城黄烟基地、临朐大樱桃基地建立科研服务试验点。与农业技术专家团共同研究作物生长的气象服务指标。建立的潍坊市农业气象精细化服务指标库,被评为山东省气象局2013年创新项目。编写的《山东潍坊温室大樱桃栽培气象适用技术》《山东昌乐大棚西瓜种植气象适用技术》已被中国气象局减灾司编入农业气象适用技术选编。《鲁中山区特色农业气象服务技术研究》《潍坊市农业气象服务业务平台开发应用研究》《潍坊市气候变化及其对小麦的影响研究》等专题正在研究。诸城气象局与诸城烟草公司签订了《2013年烟草生产防雹增雨协议书》。昌乐气象局为农服务和气象防灾减灾实现了政府化管理。有1人被中国气象局评为2013年气象服务贡献奖。

【汛期气象服务卓有成效】 2003年汛期降水分布不均,6月和8月降水偏少,7月降水偏多,7月降水量比历史同期偏多81%,仅7月就出现7次强降水天气过程。每次过程都做到提前预报、及时预警,为市政府领导、市应急办、市防汛抗旱指挥部以及其他相关部门提早做好服务。及时通过各种媒体、手机短信等向社会发布预警信息,尽量扩大预警信息覆盖面。汛期共发布重要天气预报11期、预警信号18次和雨情报告79期,其他决策服务信息35份。 (王松山)

水　文

【概况】 截至2013年底,潍坊市现有国家基本水文站17处,雨量站224处,报汛站103处,墒情监测站25处,蒸发观测站7处,河道泥沙监测站3处,水土保持监测站2处,地下水观测站166处,水质监测站162处,区域用水总量监测站68处。

【降水量及分布特征】 2013年,全市平均降水量为516.2毫米,比上年偏少16.0%,比历年偏少19.1%,属降水量偏枯年份。与2012年比较,昌乐县偏少最大为37.9%,寿光市偏多28.7%其他县(市、区)一般在-34.2% ~ +17.8%之间。与历年比较,坊子区偏少最大为40.1%,寿光市偏多为10.6%,其他县市区一般在-33.5% ~ -1.5%之间。

2013年,全市降水的主要特点是时空分布不均。时间分布,降水量主要集中在汛期,6~9月份降雨量311.6毫米,占年降水量的60.4%,其中,7月降雨量228.1毫米,占年降水量的44.2%;枯季的1~5月份降水量162.6毫米,占年降水量的31.5%,10~12月份降水量为42.0毫米,占年降水量的8.1%。地区分布,降水量地区差异明显,梯度变化较大,由西南到东北,由西到东降水量逐渐递减,各县(市、区)平均降水量青州市最大为634.9毫米,坊子区最小为368.9毫米,区域极值差为266.0毫米。

【水库水情】 2013年,全市26座大中型水库总蓄水量8.9346亿立方米,比年初少蓄水2.7442亿立方米。其中,大型水库蓄水量6.8292亿立方米,比年初少蓄水2.0513亿立方米,中型水库蓄水量2.1054亿立方米,比年初少蓄水0.6929亿立方米。

【河道水情】 2013年,汛期全市共有11次较大降雨过程,受其影响,全市各主要河流均发生了几次不同程度的中小洪水。潍河诸城水文站7月31日6:00最大过闸流量81.4立方米/秒,相应闸上水位54.07米,相应闸下水位48.01米;渠河郭家屯水文站7月21日8:00实测洪峰流量88.2立方米/秒,相应水位40.87米,水位变幅0.73米;弥河黄山水文站7月30日2:00实测洪峰流量43.4立方米/秒,相应水位138.53米,水位变幅0.54米;弥河谭家坊水文站7月27日5:30实测洪峰流量256立方米/秒,相应水位39.33米,水位变幅1.35米;胶莱河流河水文站7月22日6:00实测洪峰流量17.0立方米/秒,相应水位2.55米,水位变幅0.44米。2013年全市各河流入海径流量5.5496亿立方米。

【水文情报预报】 全市各类报汛站共向国家防总、省市防指拍发电报15404份,其中,水文站5494份,委托站3867份,工程站6043份,其发报率和正确率均为100%。提供大中型水库、主要河道水情表112期,雨情表116期,墒情简报24期,雨水情新闻稿件78篇,水情月报12期,雨水情综述2篇,洪水预报2次,向各级领导发送雨水情短信18715条。

【地下水位变化】 根据地下水动态监测资料,2013年末全市平原区平均地下水位埋深为11.50米,较年初下降0.17米。

年末与年初比较，青州市、寿光市、昌乐县、奎文区地下水位均不同程度的上升，地下水位升幅为 0.16～2.32 米，其他县市区地下水位均不同程度的下降，地下水位降幅为 0.14～1.72 米。

【地下水漏斗区变化】 2013 年，全市平原区地下水漏斗区有寿光～昌邑、昌邑城区、昌乐朱刘店漏斗区 3 处，年末漏斗区总面积 1620 平方千米，较年初扩大 10 平方千米，漏斗区地下水位负值区面积 1100 平方千米，较年初扩大 20 平方千米。其中，寿光～昌邑漏斗区年末面积 1220 平方千米，较年初扩大 5 平方千米，漏斗地下水位负值区面积 885 平方千米，较年初扩大 15 平方千米，该漏斗区东部白浪河附近地段地下水位负值区扩大较明显；昌邑城区漏斗区年末面积 375 平方千米，较年初扩大 5 平方千米，漏斗水位负值区面积 190 平方千米，较年初扩大 5 平方千米，该漏斗区东部地下水位负值区扩大较明显；昌乐朱刘店漏斗区面积及水位负值区面积仍为 25 平方千米。

【浅层地下水蓄水量变化】 2013 年，全市平原区浅层地下水蓄水量较年初减少 3452 万立方米，其中青州市、寿光市、昌乐县、奎文区地下水蓄水量分别较年初增加 496 万立方米、10422 万立方米、363 万立方米、276 万立方米，其他县市区地下水蓄水量均较年初减少，减幅为 51 万立方米～4910 万立方米。

【地表水水质状况】 2013 年，全市共布设地表水水质监测站 48 处，其中，河道站 22 处，水库站 26 处，全年共监测评价三次（5 月、8 月、11 月各一次）。从监测评价结果看，水库水质总体较好，河道水质污染较严重，且以有机污染为主。与历年比较，水库水质相对稳定，河道水质略有下降，有 1 处河道站点达到 II 类水质标准，达到 III 类水质标准的河道站点比往年减少。

在评价的 22 处监测河段中，水质为 II 类的 1 处，占监测河段总数的 4.5%；水质为 III 类的 4 处，占监测河段总数的 18.2%；水质为 IV 类的 6 处，占监测河段总数的 27.3%；水质为 V 类的 1 处，占监测河段总数的 4.5%；水质为劣 V 类的 10 处，占监测河段总数的 45.5%。

在评价的 26 座大中型水库中，水质为 I 类的 1 处，占监测总数的 3.8%；水质为 II 类的 2 处，占监测总数的 7.7%；水质为 III 类的 21 处，占监测总数的 80.8%；水质为 IV 类的 2 处，占监测总数的 7.7%。

【地下水水质状况】 2013 年，全市共布设地下水水质监测站 46 处，全年共监测评价 2 次（5 月、11 月各一次）。从监测评价结果看，大部分地下水监测井点水质较差，与历年比较，水质无明显变化。

按地下水质量单项指标评价，在评价的 46 处地下水井点中，水质达标（以Ⅲ类为标准）的站点有 15 处，占监测评价井点总数的 32.6%；水质为 II 类的 2 处，占评价总数的 4.3%；水质为Ⅲ类的 13 处，占评价总数的 28.3%；水质为 IV 类的 7 处，占评价总数的 15.2%；水质为 V 类的 24 处，占评价总数的 52.2%。

【主要水源地水质状况】 2013 年，全市共布设水源地监测站 20 处，其中，地表水水源地 10 处，地下水水源地 10 处，全年共监测评价 12 次。从监测评价结果看，地表水水源地 1 处水质为 II 类，9 处水质为 III 类；地下水水源地水质全部为 III 类。与历年比较，水源地水质均相对稳定。　（李秀丽）

文化　卫生　体育

社 会 文 化

【公共文化服务体系建设】　一大批市、县两级大型公共文化场馆加快建设，市图书馆新馆对外开放，青州、昌邑文化中心主体建成部分投入使用，临朐县、昌乐县、安丘市文化中心加快规划建设，全市13个文化馆有9个被评为国家一级馆，12个公共图书馆有11个被评为国家二级以上馆。基层公共文化阵地建设成效显著，全市70%的镇街综合文化站达到500平方米以上标准，70%的行政村建起了100平方米以上文化大院，覆盖市、县、乡、村的四级公共文化服务网络基本建成。文化惠民成果进一步扩大，建成27家县级城市数字化影院，放映农村公益电影97000场，在全市22个镇建成标准化图书馆，对500个农家书屋进行了数字化升级，市文广新局、奎文区、昌乐县、寿光市、诸城市被评为全省农家书屋工作先进集体，市县两级逐级组织各类专业艺术和基层文化干部培训150多期，培训人数超万人次。各级公共文化场馆免费开放，探索形式多样的为民服务新途径，打造众多服务品牌。组织开展"文明之夏"、社区文化节等丰富多彩的群众文化活动，成功举办于希宁100周年诞辰和陈介祺200周年诞辰纪念活动。文化艺术创作不断繁荣，全市文化艺术创作热情高涨，在第三届山东省社会文化"星光奖"评选中，市艺术馆舞蹈《拼极限》《风筝情》获舞蹈类金奖，小吕剧《都是钱的事》荣获戏剧类银奖，数来宝《找幸福》获曲艺类银奖，临朐小品《骆驼石》获戏剧类金奖，高密市板胡齐奏《春乐》获音乐类银奖，潍坊市亲子共成长艺术团合唱队、电视台彩虹合唱团获合唱类银奖。潍坊市、诸城市被评为首批山东省公共文化服务体系示范区，青州"百场大戏送农村（社区）"和安丘"幸福工程大合唱"两个项目被评为首批山东省公共文化服务示范项目。

【第十届中国艺术节】　按照演出标准要求，对潍坊大剧院、鲁台会展中心、昌邑大剧院、青州广电大剧院、高密大剧院5个演出场馆进行改造建设，顺利承接了25场剧目比赛展演。动员组织全市优秀创作演出力量，开展"文华奖""群星奖"剧目和美术作品创作生产，大型现代吕剧《李二嫂的新故事》荣获全国"文华奖"优秀剧目奖、"文华导演奖"和"中国艺术节表演奖"，填补潍坊市"文华奖"历史空白。小品《骆驼石》荣获戏剧类"群星奖"，有6件美术作品入围十艺节全国优秀美术作品展。开展十艺节（第十届中国艺术节）倒计时一周年宣传活动、"潍水之春"群众文艺汇演、广场舞大赛、曲艺专场表演等一系列丰富多彩的群众文化活动。潍坊市被十艺节组委会评为十艺节最佳演区，潍坊艺术剧院、临朐县文化馆荣立集体二等功。潍坊市文化广电新闻出版局被评为十艺节筹办组织工作先进集体、十艺节演交会最佳组织奖和展示奖，有4人荣立二等功、6人荣立三等功。　　（王晓晖）

新 闻 出 版

【概况】　牢牢把握正确舆论导向，加强新闻从业人员资质审核和记者证办理监管，完成2012年印刷企业、出版物经营单位、报刊及记者站、记者证年度核验，对全市464家出版物发行单位经营许可证进行了换发。规范内部资料性出版物准印证审批和内容审读，印发《关于进一步加强内部资料性出版物管理工作的通知》，组织专家对内部资料进行2次审读，对违规单位进行约谈，撤销内部资料3份，进一步规范了内部资料出版秩序。加强印刷业管理，组织开展打击非法报刊"秋风行动"，开展教辅发行专项整治，促进印刷企业管理制度化、规范化，不断提高出版物印刷质量。大力培养新兴新闻出版业态，鼓励发展数字化印刷，有2家企业完成绿色印刷认证。巩固党政机关软件正版化成果，对市、县两级政府机关软件正版化进行督导检查、查漏整改，完成省里对潍坊市正版软件检查。大力开展版权宣传，普及版权法律法规，开展免费版权登记活动，提高了社会群众的版权保护意识。规范新闻出版行业管理和审批服务，所有审批业务全部纳入市行政审批大厅，全年工作办理图书、期刊委托书备案1400余件，设立印刷企业30家，变更经营事项70家，注销企业登记7家，内部资料性出版物审核7件，设立出版物批发单位审核2家。

（武鑫）

广 播 影 视

【概况】 2013年是潍坊广播影视集团、潍坊广播电视台的“温暖广电服务年”。广播电视媒体对突破滨海、“三八六”环保行动、创建文明城市宣传成效显著；电视农业频道开播、睛彩潍坊试播一周年，树立了新的电视形象；广电新闻改革带来新变化，新闻性和信息量增强；广播剧《潍县集中营》获中国广播影视大奖，27个广电节目获省级一等奖；转企改制后的潍坊艺术剧院实现创新发展，吕剧《李二嫂的新故事》荣获“文华奖”；星光少儿艺术培训、潍坊传媒网、社区电影放映等服务品牌影响日益扩大；镇街文化广场稳步推进，峁山街道文化广场完成土建工程；“温暖广电服务年”成效明显，广电服务惠及民生。

3月27日，副省长季缃绮（前左三）在市委书记杜昌文（前左二）、市长刘曙光（前左四）等领导陪同下到潍坊广播影视集团调研

【新闻宣传】 时政宣传引导有力。市电台、电视台、广电报、传媒网4家媒体充分发挥主流媒体的舆论引导作用，利用专栏、专题、评论、访谈、深度报道等多种形式，重点开展了学习贯彻十八大和十八届三中全会精神，招商与转调创、突破滨海、创建文明城市、“三八六”环保行动，市人大政协两会、风筝会、文展会、菜博会、第十届中国艺术节等重点工作的宣传，为全市经济社会发展营造良好的舆论环境。开展潍坊好人、道德模范和沈开未、宋丰升等典型人物宣传。

宣传创新稳步推进。积极推行新闻改革，改进和规范新闻宣传，减少领导活动、会议报道的篇幅时长，强化节目的新闻性和信息量。持续推进节目本土化战略，市电台成立自办节目听评组，对全台自办节目进行拉网式听评；对新闻类、社教类、服务和文艺类节目进行专题培训；根据广播发展趋势和听众需求，改版推出私家车频率、最爱调频983，实现了频率转型。市电视台以新闻改革为契机，加大《潍坊新闻》《聚焦》栏目的信息量；《直播潍坊》实现主持人与观众在线互动；对经济生活频道进行转农改版，农业频道8月7日正式开播，每天自办4档100分钟对农节目；睛彩潍坊1月1日试播，树立了新的电视频道形象。广播电视报紧紧围绕“办潍坊老百姓最喜爱的报纸”这一目标，突出贴近性、服务性，提高文化品位。潍坊传媒网加强网站内容建设，加大原创新闻发布量，实现了潍坊电视台所有自办节目在线直播点播，在潍坊网络媒体中首家开通微博微信传播，与腾讯和新浪合作开通了“潍坊发布”官方账号，发布最新的潍坊本地新闻时讯，并积极谋划手机新闻客户端（APP）制作，逐步占领潍坊网络复合媒体第一阵地，全年在中国网站平均排名1500名，影响力有新的提升。

外宣工作继续加强。年内，市电台在中央电台发稿38篇，在省电台发稿1000多篇，其中《潍坊把港口作为促进经济转型升级的战略核心资源全面发展临港经济》等19篇稿件在中央电台《新闻和报纸摘要》《全国新闻联播》播发；市电视台在中央电视台发稿70多篇，其中《新闻联播》播发15篇，在省电视台发稿近800篇。潍坊传媒网多篇稿件被新华网、新浪网、人民网、央视网等全国知名网络媒体转载。

精品创优取得新成绩。市电台录制的广播剧《潍县集中营》荣获中国广播影视大奖。市电台、电视台在山东新闻奖、全省广电节目奖、广播文艺奖、广播剧奖、电视艺术牡丹奖等奖项评比中获得27个一等奖，获得一等奖数量及获奖作品总量列全省地级市第一位，市电台对港澳台节目《城市新跨越——风筝之都·魅力潍坊》被省广电协会推荐参加中国广播影视大奖评选。市电视台参与制作的微电影《生命之翼》获得首届亚洲微电影奖，《新闻朝天锅》栏目获得中国电视艺术家协会“2013年全国十大优秀专栏”荣誉，《四季禾风》栏目获得“城市台电视民生栏目20强”。广播电视报社被中国广播影视报刊协会授予“改革创新行业标兵”，被省报协评为全省报纸印刷质量精品报。潍坊艺术剧院十艺节参赛剧目《李二嫂的新故事》荣获“文华优秀剧目奖”“文华导演奖”“十艺节演员表演奖”，填补了潍坊市此类奖项的空白。

做好公益广告宣传。市电台主要频率每天播出公益广告

6 次以上,其中黄金时段 3 次以上;市电视台各频道每天播出 15 次以上,其中黄金时段 4 次以上;广电报每月刊登 4 个整版;传媒网在首页位置长期集中宣传公益广告,每月点击量平均达到 65000 次以上。

社会宣传活动反响良好。举办《潍坊电视台跨年演唱会》《"你好·春天"2013 年春节文艺晚会》《齐风鲁韵中国年》《潍有好声音》《电视之夜暨潍有好声音巡演》、"乐舞飞扬"少儿电视才艺大赛、关爱留守儿童大型活动、2013 名媛盛典、儿童剧演出等 100 多次社会宣传活动。承办潍坊市第六届文展会时尚艺术展,组织创作"白浪河沙滩大集"等具有潍坊元素的立体绘景作品。

12 月 17 日,潍坊广播影视集团参与制作的《大掌门》首映式新闻发布会在北京梅地亚中心举行

【产业发展】 2013 年实现经营总收入 15260 万元。广告经营向纵深发展,经营结构逐步优化。加强广告市场、客户需求、受众群体和传播规律的研究,推出品牌宣传、栏目合作、分账营销、品牌代理、大型活动、电视购物、培训讲座等经营模式,构建了新的信息服务平台。媒体营销活跃开展,组织开展"房地产精品楼盘评选""百姓最满意的银行评选""百姓最信赖的保险公司评选""民间烹饪大赛""金宝汽车展""妇女儿童产业博览会""汽车工业展览会"等营销活动,实现媒体信息的整合营销传播。

产业经营开发取得明显成效。市电影公司和中影影城结合影片内容实施个性化营销,开展广场社区和农村公益电影放映,实现了经济效益和社会效益双增长。潍坊传媒网积极开拓网站建设、软件开发、网络广告、网上商城等业务,超额完成全年任务指标。少儿艺术团继续巩固"星光少儿艺术培训"的品牌实力,扩展覆盖范围,推广加盟连锁,拉长产业链条,文化影响力进一步增强。潍坊艺术剧院积极开拓演艺市场,年内演出 100 余场,活跃了群众文化生活。镇街文化广场开发有新进展,已与青州等 7 个县(市、区)达成协议。其中,峡山区峡山街道文化广场项目已完成土建工程;安丘市景芝镇已开工建设;高密市柴沟镇等 3 个镇已完成平面规划。与美国睿智集团合作开发的山东睿智国际公寓和老年护理培训项目,经过多次交流对接,已签订协议。潍坊数码港招商工作取得阶段性成果。

【技术保障】 事业技术建设以数字化、网络化为重点,制定《2013 年广播影视科技工作要点》和《广播电视安全播出应急预案》,加强日常安全播出管理,完成了市人大政协两会、国际风筝会、十八届三中全会等重点时段的安全播出任务。电视台参加全运会比赛项目电视转播,达到较高技术水准。广电网络完成全省统一前端播控平台切换,实现了数字电视信号源和 EPG 节目排序的统一,网络双向改造工作稳步推进。保证事业投入,推进技术升级。集团全年投入事业技术资金 667.83 万元,完成电视 800 平方米演播厅灯光系统升级、电视媒资系统升级改造、高清电视制作网建设等 6 个技术更新改造项目。

【机制改革】 市电台制定《宣传工作绩效考核办法》,从宣传质量、对上发稿、评奖创优、社会活动和宣传工作总体考核评价五大方面进行细化量化,严格落实责任,加大考核奖惩力度。市电视台增设青州、诸城记者站,出台创收考核奖惩办法,对栏目在线包装工作进行了严格规定。广电网络公司细化部门和岗位职责,使内部管理更加规范。转播台制定《百日安全集中整治活动实施方案》,强化安全责任意识,筑牢安全播出基础。少儿艺术团实行奖励先进、警示后进的管理办法,建立完善的岗位工资制度。潍坊艺术剧院根据艺术创作规律和营业演出需求调整内部机构设置。 (陈华春)

风筝文化

【第 30 届潍坊国际风筝会】 第 30 届潍坊国际风筝会于 2013 年 4 月 20 日至 4 月 26 日举行。本届风筝会遵循"风筝牵线,搭建合作平台,促进文化、旅游和经贸招商发展"的办会宗旨,安排了风筝、旅游、文化、招商 4 大版块、16 项主题活动。国家体育总局副局长、国际风筝联合会主席冯建中出席并宣布开幕。开幕式演出以"同一片天空"为主题,分序幕和四个场次,通过风筝放飞、舞龙舞狮、锣鼓、武术、京剧等形式的节目表演,集中展演精彩的地方特色文化。第 9 届世界风筝锦标赛、全国运动风筝邀请赛、夜光风筝邀请赛有 67 个国家和地区的团队 300 余人和国内 20 多个省区的 56 个团队 400 余人参赛。潍坊风筝代表队在夜光风筝比赛、特色风筝比赛中分获一等奖。潍坊风筝大赛有 119 支代表队 1000 余人参赛。第六届中国潍坊风筝产品博览会在展销各式各样精品风筝的同时，新增加了潍坊国际风筝工艺大师评选，有27人报名参评，最终评出了国际风筝工艺大师6人（一级、二级各3人）。同时，新增加精品风筝拍卖活动，30余件大师级精品风筝经过现场竞拍，成交额152万元，成交率达80%以上。"春华秋实"潍坊国际风筝会30年回顾展精选130幅有代表性的图片，真实、全面地反映了风筝会30年的光辉历程。

【潍坊风筝万里行活动】 是第30届潍坊国际风筝会的重要组成部分。活动以风筝大篷车巡游为主体，分三个阶段，在国内15个重点城市的重要场所，通过风筝放飞表演、图片展览、座谈交流、现场教学、媒体互动等形式，推介潍坊城市品牌、特色文化、民间艺术、景观名胜、城市建设和发展环境等。

【2013中国(潍坊)国际品牌食品博览会】 2013中国（潍坊）国际品牌食品博览会暨第六届中国国际农产品贸易对接会于11月8日至10日，在富华国际展览中心举行。其间共有545家境内外企业参展，设立标准展位799个，其中特装展位41个。博览会还邀请采购商719家参会，共达成合作意向交易额4.59亿元，现场交易额7400万元。

【国际风筝联合会第三届代表大会】 国际风筝联合会第三届代表大会于12月7日在潍坊市召开。会议根据《国际风筝联合会章程》选举产生了国际风筝联合会第三届执委会，国家体育总局副局长冯建中连任国际风筝联合会主席，潍坊市委常委、副市长孙起生任国际风筝联合会常务副主席，柏默·汉斯彼得，史蒂夫·多诺，汉斯，彼得·林恩，芭芭拉·梅耶，刘北剑、张松林、刘建国任副主席，张崇高任秘书长兼司库，李伟任副秘书长。（张明武）

文物博物

【概况】 2013年，全市新增国家级重点文物保护单位11处，省级88处，市级166处。全市普查登记的4099处不可移动文物中，国家级重点文物保护单位达到17处，省级132处，市级237处、县市区级1000余处。省级以上重点文物保护单位的数量和质量位居全省前列。

截至2013年底，全市批复成立的各类博物馆、纪念馆13个，其中，综合性博物馆7个，风筝、民俗、古建筑、古生物化石等专题类博物馆5个。青州市博物馆为全国唯一一家入选首批国家一级博物馆的县级综合性博物馆，潍坊市博物馆为国家二级馆，临朐山旺古生物化石博物馆、诸城市博物馆为国家三级馆。全市首家传统工艺民营博物馆——潍坊鸢都红木嵌银漆器博物馆申报工作进展顺利。全市馆藏品9万余件，其中珍贵文物6200余件。全年全市各级各类博物馆共布置基本陈列30余个，举办展览138个，开展教育活动396个，接纳观众179.75万人次，其中未成年观众66.8万人次。

2013年，潍坊市文物局正式批复成立，为副县级全额拨款事业单位，进一步明确了文物保护的责任主体。全市各级各类文物机构达到24个，其中管理机构16个，潍坊市、青州市、坊子区设立了文物局，奎文、潍城、寿光、安丘、高新、滨海、峡山7县（市、区）在文广新局内部设立文物管理科，寒亭、昌邑、昌乐3县（市、区）设立文物管理所，临朐县设立文物管理办公室，高密、诸城由博物馆代行文物管理职责。市县两级均成立了文物保护管理委员会，进一步明确各乡镇文化站的文物保护管理职责，乡村设立了文物保护小组和文物管护员，形成了市县乡村四级联动的文物保护网络。健全完善文物保护规章制度，制定印发了《潍坊市博物馆藏品征集暂行办法》《潍坊市文物安全突发事故应急预案》等规范性文件。全市文博系统从业人员286人，专业技术人才197人，占68.9%，其中具有正高级职称6人，副高职称17人；文物科技保护骨干46人，包括副高级职称6人，中级职称25人；文物科技保护修复人员61人，包括副高职称7人，中级职称25人，初级职称17人。

国家级重点文物保护维修稳步推进。2013年，全市利用各类专项经费和配套资金4000余万元，其中国家、省里专项扶持资金3230万元，各级文物管理保护机构财政拨款823.6万元。十笏园古建、齐长城、德日建筑群等一批重点文物保护维修项目实现立项或完成方案的编制。十笏园、陈介祺故居、寒亭于氏宅院、峡山郑玄祠、驼山隋唐佛教石窟造像、青州真教寺、临朐东镇庙碑林等一大批重点文物保护单位经过维修后重现历史风貌，周边环境也明显改善，城市特色更加突出，城市文化内涵更加丰富。（呼晓丽）

档案工作

【档案资源建设】 修订完善《潍坊市档案馆接收档案资料范围》，征集风筝会、文展会、十艺节、鲁台会、党代会、人代会、政协会和党和国家领导人到潍坊等重大活动档案450件；组织"潍县战役"档案史料、地方族谱捐赠活动，接收"潍县战役"华野九纵指战员战地照片、手稿和回忆录等档案资料145件，地方族谱、家谱32本（册）；征集潍坊市首批15位民间艺术大师和15位提名奖民间艺人档案资料及《潍坊日报》《潍坊晚报》等地方资料、报纸642件（册）；征集光绪三十年

(1904年)北洋大臣袁世凯、山东巡抚周馥联名奏请“济南、周村、潍县自开商埠”奏折,清政府批复,胶济铁路照片等11件;接收市委宣传部图书资料17732册。《潍县大观》成功申报中国档案文献遗产。

【档案文化建设】 充实完善“记忆潍坊—大型档案史料展”,坚持向社会开放,年内有10000多人到市档案馆参观;开展档案文化下基层活动。“古城沧桑——馆藏老照片巡回展”,先后在潍坊富华春季庙会、第三届潍坊房展会和淘宝大集展出,10万余名商贾和市民观看展览;精心打造档案文化精品。编辑出版《岁月如歌——潍坊撤地设市30周年档案史料选萃》《潍坊往事》,每月编印一期《潍坊大事记》,系统记录展现潍坊的发展历程和历史事件。《山东往事——档案背后的故事》电视栏目录制播放潍坊题材11期。

【档案公共服务建设】 完善档案馆爱国主义教育基地和党员教育基地建设,会同潍坊国际风筝会办公室举办“潍坊国际风筝会30年摄影展”,联合市委宣传部举办“风筝之都 魅力潍坊”摄影展,联合鸢都收藏沙龙举办“雷锋事迹史料展”“潍坊历史照片展”“红色档案史料展”。积极开展全市中小学档案教育实践活动,市档案馆成功创建“全国中小学档案教育社会实践基地”。市区10多所学校2000多师生到市档案馆开展爱国主义教育和革命传统教育实践活动。全市举办以“档案见证发展”为主题的第4个档案馆开放日活动,市、县档案馆举办活动40项,拉近社会公众与档案馆的距离。完善政府信息查询中心功能建设。全部取消档案利用收费,全年共接待利用者1200余人次,查阅数字档案38000余卷(件),提供案卷852余卷(件)。

【档案规范化建设】 完成指导全市机关、企事业单位文件材料归档立卷工作。开展档案规范化管理上等级活动,全市晋升省特级5家,省一级34家,省二级26家;安丘市档案馆晋升国家二级档案馆。至此,潍坊市国家一级档案馆3家,国家二级档案馆5家,数量全省第一。开展社会主义新农村建设档案工作县乡村示范创建活动,寒亭区和临朐县创建成为“全省社会主义新农村建设档案示范县”,全市8个镇(街道)成为“全省社会主义新农村建设档案示范镇(街道)”。

【档案基础业务建设】 落实市委办公室、市政府办公室《关于加强数字化档案馆建设的意见》,市委督查室进行了专项督查。各县市区数字档案馆建设工作全面展开。与无锡市档案馆互结为档案数据异地备份基地,首批档案数据(4TB)移交无锡市档案馆保存。国家档案局科技项目“潍坊市电子文档云管理平台”开发完成等待评审验收。完善档案利用审核机制,对废止和失效的中央文件进行清理标注。加强档案宣传工作。年内在市级以上新闻媒体刊发稿件80余篇,全省档案宣传工作会议在潍坊召开,潍坊市等9个县市区档案局被评为“全省档案宣传工作先进单位”。 (刘树平)

非物质文化遗产保护

【概况】 高水平编制完成保护区总体规划,一次性通过省文化厅、文化部组织的专家评审论证会,2013年5月获文化部正式批准实施,被评为山东省非遗保护十大亮点工作之一。组织开展第四批省级非物质文化代表性传承人和第四批市级市级非物质文化遗产评审工作,完善非遗名录体系和传承人体系。制定《潍坊市非物质文化遗产代表性传承人考核管理办法》。在青州市试点探索非物质文化遗产保护和活态传承新模式(县域非物质文化遗产保护“一三五”模式),被评为“首届山东省文化奖”。加快推进规范化非遗博物馆、传习所和传承基地建设,评选命名50个市级非遗传习所、10个非遗传承示范基地、6个非遗传承教育基地,规划建设寿光盐业、青州范公亭等10多个非遗展示厅和博物馆。有7个县(镇)被评为“山东省民间文化艺术之乡”。编辑出版《非物质文化遗产校园传承教材》,在育华中学使用,并逐步在全市中小学推广。 (呼晓丽)

卫　　生

【概况】 2013年,全市有各级各类医疗卫生机构1834家,较2012年增长13.2%,卫生技术人员75937人,增长11.75%。2013年门诊、急诊人次5939.43万人次,增长2.6%。资产总值181.68亿元,增长13.17%;总收入129.6亿元,增长11.24%,其中财政投入12.7亿元,增长12.4%;总支出122.5亿元,增长11%。房屋建筑面积423.32万平方米,增长5.1%,其中业务用房面积256.95万平方米,增长2%。万元以上设备28118台,增长21.2%,总价值72.8亿元。另外,设置村卫生室5592家,乡村医生12025人。

【新型农村合作医疗制度】 全市农民参合率达到99.98%,累计筹集资金21.5亿元,完成报销1865.52万人次。新农合实际住院补偿比在一、二、三级定点医疗机构分别提高到80%、75%~85%和60%,国家基本药物和中医药补偿比再提高10个百分点。补偿封顶线提高到20万元,重大疾病最高补偿30万元。推进新农合大病保险工作，对20类大病实行“二次补偿”，累计为6.8万人次补偿1.02亿元，为参合农民建立了“二重”健康保障机制。制定《关于进一步做好新型农村合作医疗惠民利民便民工作的意见》，推动建立新农合便民服务机制，群众满意率达到98.6%。

【基层医疗卫生服务体系】 争取中央预算内投资建设项目44项，总建筑面积35571平方米，总投资8850万元，其中中央和省补助4486万元。投资50万元，为中心城区80家社区卫生服务机构配备200辆“健康电动车”。创建1家“全国示范社区卫生服务中心”（全省共9家）、4家“省级星级社区卫生服务机构”，全市省级以上星级社区卫生服务机构总数达到20家，已形成覆盖全体社区居民的服务网络。启动乡镇卫生院管理年活动，完成1.4万名乡村医生医改专项培训。潍坊市中医院滨海分院门诊病房综合楼建成投入使用。出台《关于进一步规范和发展医疗联合体的指导意见》，采取“医疗集团、院办院管、纵向一体、委托经营、技术合作和对口帮扶”等多种形式，组建医疗联合体27个，全市80%的各级医疗机构均纳入到了不同的医疗联合体中。支持发展民营医院，新审批社会办医机构18家，新增床位539张；全市民营医院总数达到82家，较2010年翻了一番，多元化办医格局初步形成。

【国家基本药物制度】 推动国家基本药物制度在实现乡、村和城市社区基层“全覆盖”的基础上，延伸到8家县级公立医院改革国家级试点医院。全市288个基层医疗卫生机构、3982处村卫生室和参与国家试点的8家县级公立医院均推行了基本药物制度，实行基本药物省级集中采购、统一配备和“零差率”销售，群众医药费用负担明显减轻。严格药品采购管理，全市网上采购药品共计4.51亿元，总到货率达到96.3%，同比提高12个百分点。采取多种形式落实对村卫生室的补助政策，农民“看病难、看病贵”问题得到有效缓解。

【基本公共卫生服务】 人均基本公共卫生经费标准由25元提高到30元。健全完善基本和重大公共卫生项目的组织实施、监督检查、考核评价等政策体系，组建基本公共卫生服务考核专家库，完善“第三方”考核机制。全市城乡居民健康档案建档率达到85.05%，其中电子档案建档率达到79.94%，均超出省里确定的指标值；高血压、糖尿病和重性精神病患者规范化管理人数分别达到76.19万、15.83万和4.04万人，管理人数再创新高；全市农村妇女住院分娩补助27.3万人，农村妇女增补叶酸23.3万人，两个项目完成率均居全省前列。3个“两癌”检查国家级项目县，分别提前完成14000名和4000名农村妇女宫颈癌、乳腺癌检查任务；新增“两癌”筛查省级项目县4个。推进预防艾滋病、梅毒和乙肝母婴阻断项目，对查出的患病孕产妇均给予及时指导和治疗。

【重点疾病防控与卫生应急工作】 加强重点传染病预防控制，落实疫情研判、监测和干预等综合性防控措施，全市法定传染病累计报告发病数与2012年持平，实现了无重点传染病暴发流行的目标。重点传染病监测人数创历年最高，数字化接种门诊建设数量和质量位居全省前列，新建成2个“国家慢性病综合防控示范区”、1个“山东省慢性病综合防控示范区”，通过省地方病“十二五”规划中期评估，6个县（市）创建为“潍坊市精神疾病综合防治示范区”，全市没有发生H7N9禽流感等重点传染病疫情。市卫生局被国家卫计委表彰为“人感染H7N9禽流感疫情防控工作表现突出单位”。在全省率先按每人每年2万元标准对苯丙酮尿症患儿进行特殊食品补助。年内孕产妇、婴儿和5岁以下儿童死亡率继续保持全省较低水平；筛查新生儿遗传代谢病9.6万例，筛查率为99%；筛查高危孕产妇2806人，产前诊断异常661人，均给予有效治疗；出生缺陷干预工作顺利通过省委、省政府《妇女儿童发展“十二五”规划》中期评估；加强孕产妇和儿童系统保健管理，相关指标高于全国平均水平。

【卫生监督执法】 公共卫生和医疗机构监督执法覆盖率达到100%；启动为期一年的“进一步整顿医疗秩序、打击非法行医”专项行动，整个工作走在全省前列。对全市16个县级卫生监督机构、150名卫生监督人员及356件卫生执法案件进行稽查，查处投诉案件127起。开展创建法治卫生局、法治疾控中心、法治医院和法治血站“四个法治创建”活动；围绕优化软环境，制定《关于努力打造最优发展环境，为经济社会持续健康发展服务的意见》，就卫生行政部门所有审批事项、时限、收费、自由裁量权等进行了全面清理，下放卫生行政审批事项5项，办理许可事项4686件，打造最优的卫生软环境。全面完成省卫生厅下达的全部1000份食品样品的安全风险检测任务；配置价值270万元的检验检测设备，食品安全风险检测能力大幅提高。

【行业管理】 医政管理取得新进展，以医院评审为抓手，指导12家三级和二级医院通过了省、市评审，医疗服务质量和水平明显提升。对6857家基层医疗机构的制度建设、执业行为等进行清理清查和规范整顿。组织无偿献血2462.4万毫升，满足了临床用血需要。组织救治手足口病患儿1668例，其中重症12例。组织为152名唇腭裂患儿实施了矫形手术。组织“服务百姓健康”大型义诊活动周，服务群众2.6万余人次。中医药工作蓬勃发展，推动实施“基层中医药服务能力提升工程”,在全市巡回举办中医药“进农村、进社区、进家庭”大型巡诊公益活动。全市8处中医医院均以优异成绩通过等级评审。

【全省第一家在全域内规划健康产业】 根据潍坊市人民政府关于建设市健康产业区域中心的决定,自2013年8月份开始,市卫生局牵头,委托华南理工大学现代服务业研究院组织编制《潍坊市健康产业发展规划(2013—2020)》(简称《规划》)及《推动健康产业突破发展行动计划(2013—2015)》等成果,市政府办公室于10月25日印发。《规划》内容涵盖与健康产业相关的一二、三产业,范围涉及全市每个县(市、区)(开发区)。潍坊市成为全省第一家在全域内规划健康产业的地级市。

【全国县级公立医院综合改革试点顺利通过国务院评估】 全市6市2县全部被列入全国首批311家县级公立医院综合改革试点县(市),试点数量全省最多。以破除“以药补医”机制为关键环节,对列入试点范围的8家县级公立医院启动综合改革试点,探索形成公立医院“一三三三”改革模式。试点工作通过国务院医改办的总结评估。年内,全国政协副主席马飚,省委常委、常务副省长孙伟,副省长王随莲,省政协副主席王新陆,省卫生厅厅长刘奇等领导,先后到潍坊调研医改及公立医院改革试点工作。共5次在国家、省有关会议上介绍经验做法;接待河北、天津、深圳等试点工作考察团6批50余人次。

【全省率先建立市、县、镇(街)、社区四级心理健康服务体系】 为及时有效向城乡居民提供心理健康服务,降低精神疾病发病率,保障人民群众身心健康,促进社会和谐,市政府确定集中三年时间在全市率先启动市、县、镇(街道)、村(社区)四级心理健康服务体系建设,免费向城乡居民提供心理咨询、心理治疗和其他精神卫生服务。截至年底,全市已建成市、县两级心理健康服务中心13处,开通心理援助热线电话13条;在县级以上医疗卫生机构建成心理咨询门诊35处;在乡镇卫生院和社区卫生服务中心建成心理健康咨询室87处。以上均超额完成年度规划任务。 (郭小刚)

体　育

【概况】 2013年,全市7个单位被国家体育总局授予“2009—2012年度全国群众体育先进单位”称号,5人被授予“全国群众体育先进个人”称号。

【第21届中日韩青少年运动会圆满成功】 由中华全国体育总会主办,山东省体育局、潍坊市人民政府承办的第21届中日韩青少年运动会,8月23日至29日在潍坊市成功举办。国家体育总局副局长、中华全国体育总会副主席冯建中,山东省副省长王随莲,国家体育总局青少司司长、中国代表团团长郭建军,山东省体育局局长张松林,潍坊市委副书记、市长刘曙光,以及远道而来的日本体育协会理事、日本代表团团长不老浩二,大韩体育会创意经营学校委员长、仙游高中校长、韩国代表团团长安载协等出席了开幕式及相关活动。大会历时7天,进行了举重、田径、手球、足球、篮球、排球、乒乓球、羽毛球、网球、软式网球、橄榄球11个项目的比赛,中日韩三国近千名运动员参加了本项赛事。大会以“一流的场馆设施、一流的竞赛组织、一流的服务保障、一流的环境氛围”赢得了国家体育总局和日韩代表团的高度肯定和赞扬。

2013年8月23日第21届中日韩青少年运动会开幕式,副市长王桂英主持开幕式,左前一位日本代表团团长不老浩二,中为国家体育总局青少司司长郭建军,右前为韩国代表团团长安载协 (摄影:王涛)

【群众体育迈上新台阶】 全年各级组织体育活动600余项,举办了第三届全民健身运动会、第四届全市老年人运动会和全省“百千万”三大赛潍坊赛区比赛等大型活动。组队参加山东省第三届全民健身运动会,获得一等奖10个、二等奖18个、三等奖26个。全年各级共投入1092万元,建成县级全民健身活动中心2处,大型示范健身工程3处,乡镇、街道健身工程22处,农民体育健身工程520处,社区、居委会健身场地37处。发展各等级社会体育指导员2192名。完成体质监测6000余人,其中,市体质监测中心完成监测3000余人,县(市、区)完成3000余人。

2013 年 8 月 8 日，潍坊市全民健身日活动（摄影：王涛）

【竞技体育实现新突破】 潍坊市运动员参加第十二届全国运动会，夺得 12 枚金牌、17 枚银牌和 7 枚铜牌，其中，28 人次获得金牌、38 人次获得银牌、22 人次获得铜牌，金牌和奖牌数列全省第四位。组队参加 2013 年山东省锦标赛、冠军赛获得金牌 227.5 枚、银牌 117 枚、铜牌 119 枚。承办了 2013 年全国少年田径锦标赛暨世少赛选拔赛、“世纪泰华杯”2013 年全国男女排宿将队排球比赛、2013 年第十九届全国青少年软式网球锦标赛、“汇强重工杯”2013 年全国气排球比赛等系列赛事；举办了潍坊市中小学生足球、篮球、排球、乒乓球、田径、游泳等六个项目的体育联赛，全市共有 166 所学校 235 个运动队的 1600 余名普通中小学生参赛；举办了第 4 届潍坊“希望杯”国际青少年足球联赛、第八届“潍坊杯”国际青年足球邀请赛和中国·滨海风筝冲浪等大型体育赛事，形成了品牌效应。中国潍坊“希望杯”国际青少年足球联赛在第九届 CCTV 中国体育营销论坛年会上被评为“2013 年度中国城市十大体育营销案例”之一。

【市体校建设】 2013 年 3 月，潍坊市体校开工建设。截至 12 月底，办公楼、教学楼、学生公寓楼等 5 个单体土建部分完成封顶，校区内两条主要道路实现硬化，圆满完成年度建设任务。

【体彩发行销售】 2013 年，全年累计销量 10.72 亿元，居全省第三位，同比增长 6400 万元，增幅 6.35%。临朐、寿光、诸城、青州四个县（市）体彩销量超过了 1 亿元。（张建辉）

社 会 民 生

人 口

2013 年，全市户籍总人口 8828788 人，其中，男性 4458095 人，女性 4370693 人，男女性别比为 102.00（女 = 100）。总户数为 2809275 户，全市平均每户人数为 3.14 人。年平均人口为 8808752 人，年人口增长率为 4.56‰，2013 年全市共出生登记 95460 人，其中，男性 49910 人，女性 45550 人，出生性别比为 109.57（女 = 100），出生率为 10.84‰。死亡登记 56436 人，死亡人口性别比为 130.88（女 = 100），死亡率为 6.41‰。全市 60 岁以上人口为 1659032 人，占总人口的 18.79%，18 ~ 35 岁人口为 1549956 人，占总人口 17.56%，35 ~ 60 岁人口为 5619818 人，占总人口 63.65%。2013 年，全市共有城镇人口 4638011 人（统计口径为：街道和镇政府驻地村（居）的常住人口为城镇人口），占总人口数量的 52.53%。

按照行政区划统计数字看：全市市辖区（指潍城区、奎文区、寒亭区、坊子区）总人口为 1841292 人，其中，潍城区 365658 人，奎文区 502403 人，寒亭区 433104 人，坊子区 540127 人。全市人口最多地区是诸城市 1091251 人，其次是寿光市 1057497 人，安丘市 952662 人，青州市 924506 人，临朐县 882110 人，县（市）中人数最少的地区是昌邑市 582785 人。

（秦伟博）

计 划 生 育

【概况】 2013 年，全市共出生人口 78458 人，较上年同期少出生 13923 人，人口自然增长率 2.64‰，合法生育率为 97.5%，出生人口性别比为 106.6。潍坊市连续五年在全省人口责任目标考核中名列前茅，被确定为全国创建幸福家庭活动试点市，开展的“手牵手家连家结对帮扶计生家庭大行动”荣获第八届中华慈善奖。市人口计生委被评为全省人口计生工作先进集体，委主要负责人被省政府通报表彰并记一等功。

【宣传教育】 深化完善“双四”（空中四条线，地上四个一）宣教模式，与《大众日报》等主流媒体开展战略合作，在省级以上媒体刊发稿件 2645 篇；积极利用计生通短信平台、互联网开展宣传；定期出版并免费发行《鸢都人口》46 期、55.2 万册，获评山东省优秀连续性内部资料出版物；组织群众性演出 700 余场次，出动宣传车辆 1100 余辆次，张贴宣传标语、悬挂过街横幅 15000 余条。

【强基提质】 开展“基层基础建设提升年”活动，重新修订基层基础工作规范，进一步提升规范化水平。在寿光召开全市统筹解决人口问题推进会议，形成了争创统筹解决人口问题示范单位的生动局面。改进调查考核方式，集中组织一次综合性平时考核，实现了提效减负；加大分类指导力度，市委人口计生领导小组对考核排序靠后的 65 个镇街党（工）委书记进行约谈调度，促进了后进转化。制定《流动人口服务管理“4 + 1”模式创建活动实施方案》，全市流动人口服务管理到位率进一步提高。

【依法行政】 深入开展“阳光计生先进镇街”创建活动，全市有 63 个镇街达标受奖。举办依法行政培训班，执法人员参训率达 100%。率先启用网上办证系统，累计受理网上办证申请 10107 例，办结率 100%。严密组织病残儿医学鉴定，全市参加鉴定 528 人，符合病残标准的 502 人，鉴定合格率为 95.1%。妥善处理群众来电来访，年内接待到市上访群众 1000 多人次，答复群众咨询电话 6100 余例，受理“市长公开电话”和“行风在线”“潍坊民声”等事项 773 件次，答复率为 100%。市人口计生委连续第二年位居全市企业“双评”前十名。

【优质服务】 深化优质服务“三级联创”活动，安丘获评“国优”，高密、临朐通过“国优”评估，奎文、潍城、坊子成为“省优”，全市实现了“市优”“省优”全覆盖，“国优”连续六年入围、总数已达9个。连续第七年开展计划生育“三项建设”（舆论环境、技术服务、生育关怀）观摩点评，全市基建、装备投入10亿多元，累计新建高标准县级服务站6处，改建8处；新建镇街服务站72处，改扩建46处。全面落实婚检、唐筛、补充叶酸、孕前优生健康检查“四免”制度，年内完成免费婚检87749人次，免费唐筛69940人，孕前优生健康检查17.3万人，完成年度计划的211.6%。引进组建深圳华大基因研究院潍坊分院，基因检测优势初步显现，开创了高科技提升计生优质服务的先河，造福了潍坊人民。

【扶助机制建设】 全面落实市委、市政府《关于进一步健全完善人口计生政策推动体系的意见》，全市累计投入资金达4.6亿多元，2013年发放计划生育奖扶、特扶资金8285万元，83682人受益。市政府出台《关于做好失独计生家庭关爱救助工作的意见》，对失独计生家庭发放一次性1万元抚慰补助金和每人每月435元特别扶助金，率先在全省建立起失独家庭特殊关怀和长效救助机制。积极落实企业退休职工中独生子女父母加发养老补助政策，切实保障计生家庭的合法权益。继续推进“手牵手家连家结对帮扶计生家庭大行动”，已结对帮扶计生家庭17.5万户，帮扶资金、物品达1.36亿元，4月份该活动荣膺第八届中华慈善奖“最具影响力慈善项目”。继续与市民政局等六部门开展贫困大学生救助工作，年内共资助贫困大学生3100名，发放资金达920余万元。

【信息化建设】 坚持把人口计生信息化建设融入社会信息化建设全局，围绕构建“智慧潍坊”“数字计生”目标，紧跟信息技术发展轨迹，加强顶层设计和规划实施，自主开发应用了以“三网一库八系统”为主体构架的人口计生信息平台，发挥了辅助决策、指导管理、引导服务、提高效能、群众受益的作用。其中，以市（县）办公局域网、计生系统专线网、面向社会的政府公众信息网为基础的“三网”，累计投入近5000万元，在全省人口计生专线中网速最高、运行最好；各县（市、区）投入600余万元，新上设备200多台套，开发应用的基于二代身份证技术和手掌静脉验证系统的健康查体综合信息管理平台，有效提升了管理科学化水平。 （王磊）

居 民 生 活

【城区居民生活】 据对城区百户居民家庭抽样调查，2013年潍坊市城区居民可支配收入和消费支出均创历史新高。城区居民人均可支配收入达到28386元，同比增长10.0%，比全省城镇居民人均可支配收入高122元，比全国城镇居民人均可支配收入高1431元。其中，全年人均工资性收入21008.07元，同比增长7.63%；人均经营净收入2857.06元，同比增长11.82%；人均财产性收入1211.95元，同比增长10.08%；人均转移性收入5029.45元，同比增长15.42%。

城市居民支出稳步增长，消费结构不断优化。全年人均消费支出达到17482元，同比增长8.6%。从支出构成看，食品支出稳步增长。城镇居民人均食品支出5300.67元，同比增长8.13%。其中，粮油类支出762.98元，增长6.52%；肉禽蛋水产品类支出1033.80元，增长1.84%；蔬菜类支出499.40元，增长16.22%；糖烟酒饮料类支出510.13元，增长1.18%；干鲜瓜果类支出537.48元，增长-5.71%；糕点、奶及奶制品类支出434.89元，增长9.45%。

衣着支出保持增长态势。城镇居民人均衣着支出2373.41元，同比增长5.79%。其中，服装单价支出201.00元，增长11.67%；鞋类单价支出170.13元，增长2.40%。

家庭设备用品及服务增长较快，城镇居民人均家庭设备用品及服务支出1304.8元，同比增长14.97%。其中，耐用消费品支出640.12元，增长5.56%。

医疗保健支出保持增长态势。城镇居民人均医疗保健支出1500.82元，同比增长7.15%。其中，药品费支出623.52元，增长-2.50%；滋补保健品支出300.29元，增长26.43%；医疗费支出557.03元，增长9.83%。

交通和通信继续增长，城镇居民人均交通和通信支出3158.99元，同比增长2.47%。其中，交通支出2367.77元，增长1.72%；通信支出791.22元，增长4.79%。

教育文化娱乐服务快速增长，城镇居民人均教育文化娱乐服务支出1712.24元，同比增长18.70%。其中，文化娱乐用品支出出470.19元，增长16.21%；文化娱乐服务支出477.11元，增长60.28%；教育支出764.95元，增长3.34%。

杂项商品和服务大幅增长，城镇居民人均杂项商品和服务支出542.43元，同比增长35.38%。黄金大幅降价是主要原因。其中，其他商品支出428.9元，增长46.46%；服务支出113.53元，增长5.30%。

2013年末，潍坊市城区百户居民家庭拥有彩电108台，电冰箱112台，洗衣机94台，空调器104台，移动电话219部，家用电脑96台，淋浴热水器82台，家用汽车37辆。城市居民家庭食品消费支出占消费总支出的比重（恩格尔系数）为30.32 %；城市居民人均住房建筑面积达到34.66平方米。

【农村居民生活】 农民收入大幅增长，消费层次不断提升。2013年潍坊市农民人均纯收入达13272.7元，比上年增长12.5%。人均工资性收入为6170元，比上年增加1034.6元，增长20.2%，占农民纯收入的46.5%，工资性收入对农民人均纯收入增长贡献达70.1%。家庭经营纯收入人均6278.1元，比上年增加300.3元，增长5%，占纯收入的47.3%。财产性人均收入281.3元，比上年增加78.5元，增长38.9%。转移性纯收入人均543.3元，比上年增加62.4元，增长13%。

2013年,农民人均生活消费支出8555.7元,比上年增长14.3%。食品消费支出人均2503.5元,比上年增加147.7元,增长6.3%。其中,粮食支出人均352.6元,增长6%;肉禽蛋奶支出人均595.6元,增长3.3%;水产品支出人均111.3元,增长12.9%;衣着消费支出人均516.7元,增长7.5%。

居住质量明显提高。2013年末,全市农村居民人均住房面积38.2平方米。楼房和砖瓦房面积占整个住房面积的99%;住房结构基本为钢筋混凝土和砖木结构住房,其他结构占整个住房面积的0.6%。

健康意识明显增强,医疗保健支出增加。农民家庭人均医疗保健支出达498.6元,比上年增加19.5元,增长4.1%。

每百户居民拥有洗衣机91台、电冰箱97台、移动电话202部、空调机39台、热水器74台、照相机14台、家用计算机40台、汽车25辆。 (郭川)

社会保障

【养老保险】 继续完善企业养老保险待遇调整机制,连续第九年调整提高企业退休人员养老金,全市25.4万名退休职工人均月增223元,增幅达到14.5%,高于全省平均水平。调整完善各项社会保险政策,城乡居民养老保险基础养老金提高到每人每月65元,高新区、奎文区达到80元,滨海区提高到110元,待遇增长水平走在全省前列。

【失业保险】 稳步推进扩大失业金支出范围试点,强化失业动态监测,失业保险金标准由每人每月730元提高到830元,失业保险保生活、促就业、防失业的功能得到进一步发挥。

【医疗保险】 在全省率先建立职工重特大疾病保障制度,城镇职工医保最高支付限额由34.5万元提高到50万元,大病总报销额度达到100万元。城镇居民普通门诊统筹制度全面建立,失业保险金标准提高到每人每月830元,工伤人员伤残津贴、护理费和遗属抚恤金月人均最高增幅分别达到255元、102元和90元。企业女职工生育医疗费最高达到4600元,生育保险医疗费联网结算、生育津贴社会化发放等工作在全市范围内全面推开。

【工伤保险】 进一步完善工伤保险制度,调整提高了一级至四级工伤职工伤残津贴、生活护理费和供养亲属抚恤金标准,积极推进工伤康复试点,维护了工伤职工的合法权益。生育保险医疗费联网结算、生育津贴社会化发放工作在全市范围内全面推开,参保职工得到更多实惠。

【社会保险经办】 自主研发了"社会保险参保缴费稽核信息系统",实现了由"手工稽核"向"网上稽核"的历史性突破。完善企业养老、医疗保险转移接续网上办理,积极参与制定全省复退军人养老保险转接经办流程,并作为全省唯一的地市级代表,参与了人社部关于职工养老、居民养老转移接续办法及经办流程的起草制订工作。网上社保服务系统建设实现新突破,在人社部召开的电子社保示范城市建设现场会上,潍坊市从全国52个推荐城市中脱颖而出,以总分全省第一名的优异成绩,荣获首批"全国电子社保示范城市"荣誉称号。

【社会保险基金监督】 进一步规范基金预决算工作,社保基金预决算编制工作获得全省第一。

劳动就业

【概况】 坚持把稳定就业作为刚性目标,全面实施积极的就业政策,加快完善城乡一体的就业服务体系,城乡就业继续保持较快增长,就业局势保持总体稳定。全市实现城乡就业24.87万人,其中,城镇新增就业12.49万人,完成年度计划的124.9%;农村劳动力转移就业12.38万人,完成年度计划的123.8%。城镇登记失业率控制在2.98%,城乡就业连续十年实现"双十万"目标。

【就业政策落实】 认真贯彻落实《〈山东省促进就业规划(2011—2015年)〉实施意见》,制定下发了《2013年度全市就业工作要点》《就业工作联席会议2013年工作要点》和《发展家庭服务业促进就业工作联席会议2013年工作要点》等文件,分解下达了2013年城镇就业任务指标,为进一步做好就业工作奠定了基础。各县(市、区)及时出台配套措施,狠抓贯彻落实,切实发挥了政策效力,有力地推动了就业工作,维护了就业局势稳定。

【高校毕业生就业】 始终把促进高校毕业生就业工作放在首位,不断完善和落实高校毕业生就业政策,深入开展了创业教育、创业培训、政策扶持、创业服务"四进"校园活动,积极营造有利于大学生创新创业的良好氛围。大学生创业工作取得新突破,在中心城区建设了全省规模最大的楼宇型的大学生创业孵化中心。孵化中心地上27层,总建筑面积3.9万平方米,设有"潍坊市高校毕业生、外国专家、留学回国人员创业服务大厅"、创业展示区、创业孵化区、综合服务区、商务洽谈区、技能培训厅、多功能会议厅、创业培训大讲堂等服务专区,可为创业大学生提供创业场所、政策扶持、创业培训、创业指导、项目推介、融资支持、就业派遣、档案管理等一条龙创业服务。全市规范认定大学生创业孵化基地9家,大学生创业园6家,省级创业示范基地和园区13家,占全省八分之一,位居全省前列。

【创业带动就业】 充分发挥小额贷款扶持创业的作用，依托特色优势产业，开展了小额担保贷款“快易贷”“信贷助推花卉业创业就业”“小额担保贷款进社区”等活动，推动了全市小额担保贷款快速增长，全年共发放小额担保贷款13.9亿元。以创建全国百家职业培训示范城市为契机，全面落实就业培训五年规划，积极开展“送培训下乡”“送培训进企”“送培训入校”等活动，切实为广大农民实现就地就近稳定就业提供服务。

【困难群体就业】 深入开展“就业援助月”“春风行动”“联百乡包千村”和“农民工恳谈日”等活动，重点针对准备外出务工、外来务工、就地就近就业和准备创业的农村劳动者，提供有效就业援助。全市共举办农民工专场招聘会102场，提供免费服务人数8.78万人。

【公共就业服务体系建设】 创新完善公共就业服务体系，建立了全省首家人力资源服务产业园，设立了全省首家“中国海洋人才市场（山东）潍坊分市场”。该园采用“政府主导、市场化运作”模式，建立起了“一园多区”人力资源综合服务体系，对于提高全市人力资源开发配置能力，满足区域经济发展的人才需求，推进全市人力资源服务产业化和人才服务社会化发挥了积极的推动作用。 （刘先谨）

民 政 工 作

【养老服务体系建设】 新建社区日间照料中心150处、农村幸福院280处，免费为1000户居家养老困难家庭实施了无障碍设施改造，全年新增养老床位9600张。争取726亩省级建设用地指标分配给18家新建非营利养老机构，协调财政局设立了市级专项扶持资金，超额完成了省、市政府确定的年度任务。研发了信息化居家养老服务系统，搭建了7家县级居家养老信息化服务平台。全市登记注册社会养老服务机构达64家，正在筹建的40家，设计床位4万余张，计划总投资166亿元。申报了65个省级专项资金资助项目。举办了第二届养老护理职业技能大赛，省民政厅组织各市现场观摩。代表全省参加了全国比赛。承办了全国养老院院长联谊会。市政府在全省推进社会养老服务体系建设座谈会上作重点发言。

【优抚安置】 调整了部分优抚对象抚恤和生活补助标准，按时发放抚恤定补金23215.5万元。全市义务兵家庭优待金标准达11246元，为8961户义务兵家庭发放优待金11156万元。完成了2012年冬季退役士兵4012人的接收安置任务。免费培训退役士兵3065人，知晓率和意愿参训率达100%。潍坊市涉军稳定的经验做法被中央军委首长批示转发，市民政局被表彰为全省民政信访稳定工作先进单位，在全省会议上作为地级市唯一典型介绍了经验。

【社会救助】 中心城区城市低保标准提高到每人每月450元以上；中心城区和诸城市、寿光市农村低保标准提高到每人每年2700元，其他县（市）提高到每人每年2400元。加快推进城乡低保规范化建设，加大对“人情保、关系保”等问题的治理，有11个县（市、区）基本建成了低收入家庭经济收入信息比对系统，走在全省最前列。全市五保集中和分散供养标准分别提高到每人每年4800元和3600元以上。完成了省、市政府下达的任务指标。

【城乡社区和基层民主政治建设】 市委、市政府两办出台了《关于进一步加强城市社区建设的意见》。开展了公共服务均等化、城镇化和农村现代化等课题调研。指导滨海区制定了《规范城市社区管理工作方案》。新建及改扩建城乡社区综合服务中心112处，城市社区综合服务设施覆盖率达97%。升级改造了社区信息化管理平台，90%以上的社区实现了居民信息动态管理。积极开展和谐社区创建活动，8个单位被推荐为第二次全国和谐社区创建示范单位，居全省地级市首位。9月底省政府在诸城市召开现场会，推广了潍坊市农村新型社区建设经验。

【社会组织管理服务】 自2013年5月1日起，对行业协会商会类、公益慈善类、科技类、城乡社区服务类社会组织实行直接登记。8月1日起，市、县两级民政部门同步实施非公募基金会登记。积极探索行业协会一业多会，稳妥推进行业协会商会与行政机关脱钩。现场核查和认定了23家社会组织总部（分支机构）。全市社会组织总数达到2734家，其中，社会团体1186家，民办非企业单位1548家。

【双拥共建】 在全省双拥创城工作年度考评中，受考评的四个区（市）获得较好成绩。潍坊作为全省推荐的四市之一，接受全国双拥考评，获得较好评价。“五融合、五创新”（深化思想融合、创新工作理念，深化机制融合、创新保障体制，深化文化融合、创新双拥品牌，深化人才融合、创新培养手段，深化资源融合、创新共建载体）的经验做法，被济南军区和省里推广并上报。

【防灾减灾】 进一步明确了市减灾委全体成员单位职责，完善了市、县两级自然灾害救助应急预案体系，建立了救灾物资基本储备与社会储备相结合的储备制度。建设了救灾物资储备库修缮工程和城区应急避难场所。基本完成了青州灾区恢复重建工作。“5·12”防灾减灾日宣传活动扎实深入。培训灾害信息员3000余人次。创建全国、全省综合减灾示范社区12个。

【社会工作人才队伍建设】 以市委、市政府出台了《关于加强社会工作专业人才队伍建设的意见》。完成了市里确定的2013年社会工作课题调研。在全市选取69个单位进行了社会工作服务标准化建设示范试点。筛选上报了2个社会工作实务实习实训基地。全市通过全国考试获得社工师资格197人,居全省第三位。市社工协会通过神华爱心行动,救助42名先心病儿童实施了手术。争取中国社工协会在市委党校设立了全国第二家培训基地。

【福利和慈善事业】 为1.8万名80周岁以上老年人发放高龄津贴,保障939名社会散居和289名集中供养孤儿基本生活。实施"明天计划"和低保家庭先心病患儿免费手术26例。全市福利彩票发行量达12亿元,保持全省第二位次。全市募集款物1.2亿元,新增慈善基金2.8亿元,救助困难群众8万多人次。出资920多万元,资助3100名贫困家庭大学新生顺利入学。召开全市慈善基层组织建设现场会议、潍坊市慈善大会、市慈善总会第二届第三次理事会。组织2013年"慈心一日捐"。举办"爱在富华"慈善义演大会,现场募集款物365万元。

【社会事务工作】 争取省民政厅同意,破格在滨海区设立婚姻登记处。打造"鸢都温馨驿站"救助管理服务品牌。在全市实施免除基本殡葬服务费用政策。成功举办潍坊市第十三届殡葬用品集中公开订货会。民政部行风检查组将潍坊市改进殡葬行业作风建设的做法总结为"潍坊经验"。

(董德才)

老 龄 工 作

【概况】 全市人口老龄化形势日益严峻,且进入快速增长时期。据2013年底市公安局户籍统计,全市老年人口已达165.3万,占总人口的18.7%,预计到"十二五"末将突破200万,占总人口的23%左右。老年人口、老龄化程度均居全省前位。对此,市委、市政府高度重视,积极应对,全市各级老龄部门、老龄委成员单位认真履行职责,紧紧围绕市委、市政府工作部署和"五个老有"(老有所养、老有所医、老有所为、老有所学、老有所乐)任务目标,积极构建社会养老、医疗、保障、维权等体系,扎实有序的推进的快速发展,努力让老年人共享经济社会发展成果。

【养老保障体系建设】 全市城乡居民养老保险参保人数已达471.99万人,做到了应保尽保。共为134.54万城乡居民发放了基础养老金,发放率为100%;连续10年提高企业职工养老金,企业退休人员基本养老金调整机制基本形成;全市城乡居民基础养老金提高到每人每月65元,奎文区、高新区提高到每人每月80元,滨海区达到每人每月110元。"银龄安康工程"扎实推进,市政府办公室再次转发了市老龄办、中国人寿保险潍坊分公司《关于加快实施银龄安康工程的意见》,对全面实施"银龄安康工程"提出了具体要求;全市有68.5万老年人参保,有3684名老年人出现意外伤害,赔偿金额830余万元,充分发挥了商业保险在养老保障中的重要补充作用。老年社会福利水平进一步提高。全市各级财政投入1400万元,建立实行了90~99岁老年人每人每月补助60元的高龄生活津贴制度,百岁以上老人每人每月600元的长寿补贴制度进一步完善。滨海区百岁老人长寿补贴达到每人每月3000元;奎文区、高新区、滨海区将高龄生活津贴发放范围扩大到80岁以上老年人;全市认真落实省民政厅、省财政厅《关于为全省80周岁以上低保老年人发放高龄津贴的通知》文件精神,对80~89岁低保老年人每人每月增发100元的高龄生活津贴,对90~99岁的低保老年人每人每月增发200元的高龄生活津贴。

【医疗保障体系建设】 2013年,全市新农合参合率达到99.98%,人均筹资水平从2005年的30元提高到350元。政策范围内住院、门诊实际补偿比分别达到76.9%、64.0%。全年累计筹集资金21.5亿元,完成报销1865.52万人次,惠及老年患者360余万人;建立新农合大病保险,提高大病患者报销水平。从新农合基金中人均拿出15元,拨付给由省统一确定的商业保险机构,由其对国家确定的20类重大疾病,所发生的医疗费用经新农合报销后,个人负担超过8000元的部分进行二次补偿,个人最高年补偿限额达到30万元。2013年,大病保险共为1.59万名老年人报销3095万元,有效减轻了农村老年居民的就医负担。对全市65岁以上老年人全部实施健康管理,每年为65岁以上老年人免费提供1次体格检查、辅助检查和健康指导。2013年,对全市62.3万名65岁以上老年人进行了健康管理,其中,高血压、糖尿病患者规范化管理人数分别达到9.19万人和2.83万人。在全省率先建立起市、县、镇(街道)、村(社区)四级心理健康服务体系,向城乡居民提供心理咨询、心理治疗和临床精神卫生服务。已建成市、县两级心理健康服务中心13处,开通心理援助热线电话13条。在县级以上医疗卫生机构建成心理咨询门诊35处。市卫生局以提升中医药服务能力为突破口,加快发展健康服务产业,与山东省中医药研究院合作成立健康产业(潍坊)推广中心,经市政府批准成立潍坊市中医师承基地,着力打造老年人中医健康保健"加油站"。市民政局、市财政局、市卫生局、市人力资源和社会保障局联合修订完善了《潍坊市城乡医疗救助办法》,将救助对象由城乡低保老人、"五保"老人扩大到政府供养的城市"三无"(无劳动能力、无生活来源、无赡养人和扶养人)老人。在救助比例上,取消医疗救助起付线,住院费用在政策范围内的,经基本医疗保险报销后,个人自付费用在规定的最高限额内，按照不低于55%的比例给予医疗救助。

【养老服务体系建设】 市政府办公室下发了《关于推动社会化养老服务机构发展任务分工的通知》。全市新建社区日间照料中心150处、农村幸福院280处，新增养老床位9600张。全市社会养老服务机构183家，养老床位达到31560余张，占全市老年人口数的20.6‰。“银龄居家乐工程”全面推进。市老龄办持续打造以信息化呼叫中心为平台、以养老服务企事业单位和有关服务行业加盟的信息化、专业化、网络化居家养老服务模式，推动各县（市、区）和市属开发区普遍建立起以12343民生万事通，12349、12341热线为依托的养老信息服务平台，为居家老年人提供紧急救援、家政预约、健康咨询、物品代购等服务，推动了社会养老服务规范化建设。

【老年维权保障】 市老龄办与市司法局联合下发《关于设立老年人法律维权服务机构的通知》，在市、县两级老龄工作机构和司法行政部门分别设立了“老年人法律维权服务中心”和“老年人法律援助工作站”，各县（市、区）所属镇街司法所均有专人负责老年人法律维权工作。市老龄办设立了老年人权益保障科，落实专人负责，建立完善了老年人来信来访制度。2013年，全市各级司法机构办理老年人法律援助案件516件，同比增长26％，受理老年人来信来访1898人次，有效地维护了老年人的合法权益。

【基层老龄组织建设】 市老龄委认真贯彻全国老龄办《关于加强基层老年协会建设的意见》和山东省民政厅、山东省老龄办《关于加强基层老年组织建设的通知》精神，将2013年确定为“全市基层老龄组织建设年”，积极推动全市基层老龄组织规范化建设。市老龄办采取市、县两级联动的形式，对全市基层老龄组织规范化建设情况进行了专题调研，形成了《对全市基层老龄组织建设情况的调查与建议》，并获得2013年度市政府优秀调研成果奖。市政府办公室下发了《关于进一步加强全市基层老龄组织规范化建设的意见》，提出在2014年6月底前，成立老年协会的城镇社区达到80%以上，农村社区达到70%以上的任务目标。

【敬老氛围更加浓厚】 全市深入学习宣传贯彻《中华人民共和国老年人权益保障法》（简称《老年法》），大力营造敬老养老助老的社会氛围。市老龄办组织开展了以“学习贯彻《老年法》，幸福潍坊千万家”为主题的集中宣传月活动，编印《老年法》单行本和宣传单6万多份，市老龄办领导班子成员带头向市直机关干部和市民发放，产生了很好的宣传效果。组织了由“鸢都银龄艺术团”各支持单位参与的文艺演出活动，宣传“家家有老人、人人都会老，人人都敬老、社会更美好”的孝德文化。市老龄委在全市各级涉老部门、为老服务组织、公共服务窗口行业深入开展了以“弘扬敬老养老助老传统美德，落实老龄政策规定，拓展为老服务空间，提升为老服务水平，努力为老年人提供热情周到服务”为内容的“敬老文明号”创建评选活动，历经两年时间，全市共有6个单位创建为全国“敬老文明号”、有14个单位创建为全省“敬老文明号”、有100个单位创建为全市“敬老文明号”。市老龄委还组织开展了首届“潍坊市十大孝星”评选活动，对当选的“潍坊市十大孝星”和提名奖人选通报表彰。全国第一个法定老年节之际，市委书记杜昌文、市长刘曙光联名在《潍坊日报》发表了《致全市老年人和老龄工作者的慰问信》，市委常委、常务副市长、市老龄委主任陈白峰发表了题为“关爱老年朋友，共建幸福潍坊”的答记者问文章。市委办公室、市政府办公室下发《关于组织开展“敬老月”和庆祝老年节活动的通知》。全市各级各部门各行业以庆祝老年节和开展“敬老月”活动为契机，开展了形式多样的走访慰问和志愿服务等活动。

市老龄办在人民广场组织庆祝中国共产党成立92周年暨新修订《老年法》颁布实施老年文艺演出活动

（摄影：穆长海）

【机关建设】 2013年，市老龄办在原有13人的基础上，新增编制4人，增设了老年人权益保障和老年活动科（挂老龄事业服务中心牌子），有5名同志得到提拔和重用，机关干部队伍建设进一步优化。（穆长海）

民族宗教

【民族工作】 深入开展“基层基础建设年”活动，编印了3万册《基层民族宗教工作60问》一书，下发到全市所有镇街、村居。在奎文区召开了全市基层基础建设现场推进会。对全市12个县市区开展基层民族宗教联络员培训，6000多名基层民族宗教联络员已培训完毕。在全省2013年度民族宗教工作会议上，潍坊市民族宗教局被表彰为“基层基础建设年先进单位”。开展民族团结宣传教育，组织全市民族系统工作干部参加了国家民委、全国普法办开展的“民族政策法规有奖知识竞赛”,张贴标语宣传画100多条幅,制作宣传板报30块,发放宣传资料3000余份。在诸城市召开了全市民族团结进步创建“三三六〇”工程推进会,会同市委宣传部、市委统战部命名了16个单位为“全市民族团结进步创建示范单位”,全市4个单位被省命名为“全省民族团结创建示范单位”。联合8部门制定了《潍坊市清真食品管理办法》下发到各县(市、区)贯彻执行。4家企业被确定为民品企业,确定贷款额度94740万元,可享受国家财政贴息2427.264万元。争取到省少数民族发展资金项目5个,扶持资金120万元和省民族宗教事业发展资金62万元。及时为全市3501户穆斯林农户和339户城市穆斯林低保户发放了牛羊肉价格一次性补贴46.08万元。在全省少数民族武术邀请赛上,潍坊市运动员获得一等奖1个,二等奖2个,市民宗局获得优秀组织奖。

【宗教工作】 扎实开展了以“教风”为主题的和谐宗教活动场所创建活动,不断规范宗教事务管理。青州市广福寺、潍坊市东关基督教堂被中央统战部、国家宗教局联合表彰为“全国第二届和谐寺观教堂先进集体”;4处宗教活动场所被命名为全省和谐创建“示范窗口”。组织全市宗教界开展“慈爱人间、五教同行”为主题的“宗教慈善周”活动,募得善款20余万元、探访500余名老人、为万余名群众义诊、帮助困难学生200余人、走访贫困户1000余户。按《潍坊市宗教团体领导班子及领导成员考核办法》,组织对全市性宗教团体领导班子进行考核。召开了基督教第九次代表会议,顺利完成市基督教两会班子的换届工作。继续推进“学习型宗教团体”建设,指导市基督教两会举办“神学思想建设读书班”,邀请专家学者辅导。审核上报3处宗教活动场所。按程序指导有关县市区开展神佛像开光等活动。对全市民间信仰情况进行调研,摸清了全市民间信仰的主要类型,排查出了民间信仰场所的数量及活动开展情况。配合省宗教局对佛道教寺观信息进行了网上公开。在山东民族宗教网公开了9处佛道教寺观的基本信息,接受社会监督,便利广大信众参加宗教活动。

(张伟)

县 市 区

奎 文 区

【国民经济和社会发展概况】 政区人口。2011 千米年 1 月奎文行政区划调整，现总面积 187.8 平方千米，人口 67.27 万，辖 10 个街道办事处，其中新城、清池 2 个街道办事处面积 130.22 平方千米、人口 18.93 万，由高新技术产业开发区管理。奎文区直接管理面积 57.58 平方千米，设 8 处街道办事处、2 个经济发展区，100 个行政社区居委会，总人口 44.34 万人（第六次人口普查数据）。2013 年，人口出生率为 7.75‰，死亡率 3.23‰，自然增长率 4.51‰。

经济。2013 年，奎文区实现地区生产总值 200.9 亿元，比上年增长 10.5%。其中，第一产业增加值完成 0.6 亿元，增长 1.8%；第二产业增加值完成 41.6 亿元，增长 11.3%；第三产业增加值完成 158.7 亿元，增长 10.4%。二、三产业对经济增长的贡献率分别为 24.9%、75.1%。三次产业构成由上年的 0.4∶21.9∶77.7 调整为 0.3∶20.7∶79.0。经济运行质量稳步提高。2013 年，奎文区公共财政预算收入占 GDP 比重达 13.7%；国地两税占二、三产业增加值比重达 18.8%，非公有经济纳税额占税收比重达 90.6%。非公有制经济健康发展。2013 年，非公有制经济注册户数达到 24792 户，增长 11.7%；从业人员 11.7 万人，纳税金额 34.1 亿元，增长 32.1%。民生支出持续加大。2013 年，奎文区公共财政预算支出 17.1 亿元，增长 19.3%，比上年提高 6.4 个百分点。公共财政预算支出中教育支出 4.3 亿元，增长 19.4%；社会保障和就业支出 2.3 亿元，增长 36.4%；医疗卫生支出 1.2 亿元，增长 37.5%。

农业经济实现良好发展。2013 年，农林牧渔业总产值完成 11230 万元。其中，农业产值完成 635 万元，畜牧业产值完成 9905 万元。粮食总产量 1910 吨，蔬菜总产量 1177 吨。2013 年，农业产业结构调整步伐加快，水貂、狐狸特种动物养殖业主导优势明显，特种动物饲养量 35.1 万只，完成产值 8938 万元，占畜牧业产值的比重达 90.2%，占农林牧渔业总产值的比重达 79.6%。奎文区肉蛋奶总产量 1500 吨，生猪出栏 5112 头，存栏 2375 头，家禽存栏 2.1 万只。林业生态建设进展顺利。2013 年，奎文区郊区绿化总投资 5600 余万元，植树 40 多万株，新建林地 1012 亩，其中，建设沿海防护林 1000 亩，造林成活率 95%，全区林木覆盖率达到 42%。

工业经济运行缓中趋稳。2013 年，奎文区工业总产值 73.0 亿元，比上年增长 5.7%，其中，26 家规模以上工业企业完成总产值 57.0 亿元，增长 3.9%。规模以上工业实现主营业务收入 60.3 亿元，增长 7.3%，实现利税 2.5 亿元，工业产品产销率达 99.08%。建筑业市场快速发展。2013 年，奎文区三级资质以上建筑业企业 53 家，完成总产值 75.8 亿元，增长 41.8%；建筑企业施工面积 907 万平方米，增长 13.9%；竣工面积 216 万平方米，工程合格率达 100%。固定资产投资平稳增长。2013 年，奎文区开工在建固定资产投资项目 135 个，完成投资 153.1 亿元，增长 19.6%。2013 年，奎文区房地产开发投资 116.5 亿元，增长 19.8%，商品房施工面积 810.6 万平方米，增长 20.8%；商品房销售面积 201.4 万平方米，增长 23.5%；商品房销售额 89.2 亿元，增长 20.3%。

国内消费市场健康活跃。2013 年，奎文区社会消费品零售总额完成 107.7 亿元（仅法人单位零售额，不含产业活动单位零售额），比上年增长 10.4%。分行业看，批发零售贸易业零售额 93.0 亿元，增长 11.0%；住宿餐饮业零售额 14.7 亿元，增长 6.2%。物流市场体系进一步健全。商业网点达到 9150 处，5000 平方米以上的大型商业网点达 18 处，其中亿元以上商品交易市场 8 处，年交易额达到 132.7 亿元。

现代交通运输体系日益完善。全区共有客货营运车辆 6282 部，其中出租车 525 部。全年完成货运量 1105 万吨，增长 6.1%。完成客运量 1194 万人，增长 2.6%。交通基础设施建设稳步推进。全年共完成公路建设工作量580万元,公路通车里程88.6千米,公路密度达每百平方千米155.4千米。综合好路率国道、省道均达到100%,县、乡公路达到97.6%。

科技创新能力不断增强。共取得主要科技成果7项,达到国内先进水平和填补国内空白2项,达到省内先进水平5项。已建立省级工程技术研究中心2家,市级工程技术研究中心16家。高新技术产业健康发展。2013年,奎文区以控制设备、化工产品、新材料等为主导产品的高新技术产业企业6家,其中工业总产值过亿元的3家。高新技术产业产值占规模以上工业总产值比重达40%。品牌创建进一步加强。奎文区累计获得中国名牌1个,山东名牌6个,山东服务名牌12个,山东省省长质量奖1个,潍坊市市长质量奖1个。标准化良好行为AAAA级企业2家,标准化良好行为AA级企业8家,计量合格确认企业14家。

城市建设重点工程稳步推进。2013年,投资1.16亿元,完成潍州路辅路和6条背街小巷改造,改造面积16万平方米。完成各类征收面积70多万平方米,完成廉租房租赁补贴96户,棚户区改造1157户。新建节能建筑129万平方米,完成既有居住建筑节能改造14万平方米,建成太阳能光热利用面积50多万平方米。投资300万元对区管道路进行了全面维护。2013年,投资4000万元,栽植乔灌木260万株,新增绿化面积10万平方米,城区绿化覆盖率达到42.2%,人均占有公共绿地面积19.5平方米。2013年,24个村开工建设,开工面积76.8万平方米,竣工面积58.1万平方米。

生态环境质量继续改善。2013年,环境保护总投资3亿元,其中,废水治理设施投资0.8亿元,废气治理设施投资2.2亿元。工业废水处理率、燃料燃烧中废气处理率、工业废气消烟除尘率、烟尘控制区覆盖率均达到100%,工业固体废物综合利用率达到99.5%,区域环境噪声达标区覆盖率达到84.6%。

教育水平不断提高。共有普通小学25所(不含分校),在校生27384人;普通中学9所,在校生9453人;特殊教育学校1所,在校生101人。各类学校拥有在职教职工2845人,其中专任教师2715人。有幼儿园74所,在园幼儿12210人,3至6周岁幼儿入园率达到99%。适龄儿童入学率100%,在校生巩固率小学、初中均为100%。市级以上规范化学校24所,占中小学总数的79%,社会力量办学发展到98家,在校生达到50000余人。

文化旅游繁荣发展。农家书屋、街道综合文化站和社区文化中心、数字化公益电影放映、公共电子阅览室、广播电视村村通工程文化建设"五大工程"实现全覆盖。投入图书3.6万册,新建农家书屋50处。数字化公益电影进社区放映1100场,新建公共电子阅览室13处。投入20多万元建成奎文美术馆和奎文画院,填补奎文区无公益性美术馆的空白,全年举办大型画展活动25场。区图书馆被文化部命名为"国家一级馆",跨入全国先进馆行列。组织引导奎文区84个民间群众文艺团体、3995名业余演员参与公益性群众文化活动。相继组织"星光大道"潍坊地区海选、全国十艺节等系列文化活动226场,受益群众达30余万人次。

卫生事业再上新台阶。拥有医疗卫生机构225处,床位2072张,卫生技术人员2927人;社区卫生服务中心5处,社区卫生服务站21处,健全城市卫生服务网络。新建健身工程11处。

生活水平不断提高。2013年,城镇居民人均可支配收入28386元,增长10%;城镇居民人均消费性支出17482元,增长8.6%。社会保障体系不断完善,保障能力进一步增强。社会保险扩面取得新进展。奎文区新增企业养老保险参保职工55618人,共有1130家企业单位的45363名在职职工参加了养老保险,收缴企业养老保险费29688万元。为10255名企业离退休人员发放离退休费18092万元,社会化发放率始终保持100%。失业保险当年收缴495.7万元,发放失业保险金514.79万元。就业再就业工作再上新台阶。全年组织参加市劳动人才交流市场45次,提供就业岗位12700个,办理求职登记6563人次,达成用工意向5650人次。奎文区共开发公益性岗位1000个,市级以上充分就业和谐社区达到52家,城镇登记失业率为2.17%。2013年,城市低保标准由每人每月360元提高到400元,全年发放低保金2828.9万余元,为5507名贫困居民提供了生活保障。

风筝广场

【经济开发区(廿里堡街道)】 奎文经济开发区位于潍坊市奎文区南部,面积25.7平方千米。辖25个社区,8652户,总人口5万,2013年,开发区完成地方财政收入17731万元,比上年增长19.2%;规模以上工业企业主营业务收入36.62亿元,利税20965万元,分别增长26.6%和123.3%;居民人均纯收入10870元。

辖区区位优越,产业发达,现代汽车服务业、文化旅游产业、现代物流产业和滨海"飞地经济"得到了长足发展。一是汽车服务业加速繁荣,全年完成投资8亿多元,建设金阳光奔驰、上汽观致、上汽大通、福特全顺、福田轿车等8个品牌汽车4S店,全年销售各类车辆15万台,销售收入突破180亿元,占据潍坊市场份额的85%,上缴国家税收8亿元,汽车服务产业园被评为省级先进服务业重点园区。二是文化旅游产业崛起,新建成开放金宝乐园两栖动物展馆、地震科普馆等一批文化旅游产业项目,潍坊文博园、南屯古镇、"星期八"儿童文化广场等文化旅游项目正在加快规划论证,全年完成旅游业投资1.5亿元,实现旅游业总收入1亿多元,金宝文化产业园被评为省级文化产业示范园区。三是现代物流业加速发展,丰泰电商物流园区完成注册,新征用100亩土地的规划基本完成,一个集货运、商贸和信息服务有机互补,陆、空交通运输全面升级的现代化物流新基地雏形初备;四是"滨海飞地经济"成效显著,浩泰机械、神舟重工、冠通铁塔、金宝集团等企业到滨海投资开发,盘活土地近2000亩。浩泰船用发动机缸体加工、精鹰医疗蒸馏水机、中瑞机械凿岩机三个项目升级为市级工程研究中心。

奎文经济开发区党工委书记　杨焕民

奎文经济开发区管委会主任　庞立雁

廿里堡街道党工委书记　田玉军(兼)

廿里堡街道办事处主任　李良军

【大虞街道】 大虞街道办事处位于潍坊市奎文区东北部,面积7.88平方千米。辖9个网格大社区,36554户,人口6.38万人。2013年,全街道完成地区生产总值25.7亿元,比上年增长8.9%,地方财政收入21575万元,比上年增长19.3%,居民人均纯收入12300元。

一是片区建设实现新突破。全街道共汇集投资过亿元的大项目14个,总投资75亿元,建筑面积近300万平方米,其中,新开工投资过亿元的大项目6个。二是优势产业实现新提升。继续把楼宇经济作为未来发展的主攻方向,积极启动潍坊中心、新华国际、新华广场、丹桂里三期等17万平方米的新建商务楼宇载体招商,完成租售面积达60%以上;大虞文化村着力打造非遗一条街,潍坊市非物质文化遗产传承示范基地,奎文区非物质文化遗产保护中心分别在此挂牌,11名国家、省、市级非物质文化遗产传承人在此安家落户,开展的中国紫砂收藏鉴赏高峰论坛暨大师传人紫砂艺术研讨会活动被列为第六届中国(潍坊)文化艺术展示交易会分会场;突出特色街路经济发展,大润发、佳世客两家知名大型零售企业先后开业,社区商业发展至2900余家;滨海招商取得重大突破,新引进了占地485亩,总投资12亿元的环保锅炉项目。三是社会管理实现新作为。孙家社区全年共接待外地考察团129余批次;开展"包居联万户、为民办实事"活动,与辖区123名困难户建立帮扶联系,积极为群众排忧解难;组织开展群众文化进社区展演,全年共组织文化展演活动和报告会、培训班50余场次;投资打造东盛广场红色家园,探索创新楼宇综合服务中心、党建中心、商务文化中心"三合一"工作模式。

街道先后荣获全国体育先进社区、全国商业服务示范社区、全国社区服务先进街道、全国学习型街道示范单位、全国安全社区、全国社区睦邻文化建设示范街道、全国社区志愿服务示范街道、全国社区睦邻文化建设工程示范街道、2012年度安全生产国家级先进单位等荣誉称号。

党工委书记　赵天宝

办事处主任　蔡小东

【梨园街道】 梨园街道办事处位于潍坊市奎文区东南部,面积5.6平方千米。辖10个社区,26796户,人口8.04万人。2013年街道完成公共财政收入1.34亿元,同比增长21.8%;规模以上工业主营业务收入3.32亿元;实现固定资产投资14.8亿元,同比增长26.6%;完成社会消费零售总额2.4亿元,同比增长11.2%。

2013年,街道实施和谐"拆迁清零"行动,九龙山社区城中村改造全面和谐"清零"。新开工建设6个重点项目,形成以樱前街和虞河景观带为轴心的楼宇经济集群,为产业转型发展提供载体支撑。规划10大社区,打造街道、樱园社区"街居一体化"公共服务中心,举办"虞水情·梨园梦"群众文艺晚会。将"稳定零上访,安全零事故"作为安全稳定工作总目标,实施"2+1"的社会矛盾化解模式,化解8起长达5年之久的信访积案。推进用人管权理事制度化、程序化,实施科级干部、一般干部及村官、民情巡访员全部下沉社区,包靠到户,服务到人。

党工委书记　王　磊

办事处主任　谭立权

【潍州路街道】 潍州路街道办事处位于潍坊市奎文区中西部,西起白浪河,东到鸢飞路,南至宝通街,北接民生街,环境秀丽,交通便捷,地理位置优越。辖区面积6.1平方千米,辖10个社区,24848户,人口7.8万人。

2013年,街道全年实现地方财政收入1.61亿元;完成固定资产投资22.84亿元,同比增长23.3%,总量及增幅均位列全区第二名;实现社会消费品销售总额34.21亿元,同比增长20.6%,总量全区第三,增幅全区第一。街道全年完成项目征收102户、腾出土地224亩,在规定时间内完成上级交付的潍州路拆迁任务;全年实现和扬·万悦城、潍坊信圆金融服务中心、恒易·宝莲等9大项目的全面开工,新建成楼宇2座,投入运营楼宇累计6座,运营面积突破20万平方米;集中实施社区提升、养老安老、平安社区、卫生整治及暖冬等五项民生工程;开展包居联户、民情大走访等主题活动及庸懒散浮专项整治行动。2013年全区综合表彰奖励中,街道荣获科学发展综合考核二等奖、战略性投资考核二等奖、招商引资工作先进单位、宣传思想工作先进单位等18项集体荣誉,12个个人荣誉,基本囊括区设立的所有奖项。

党工委书记　王庆汉

办事处主任　王国明

【东关街道(泰华城商务园区)】　东关街道办事处位于潍坊市奎文区中部,东起虞河,西到白浪河,北至北宫东街,南接民生东街,面积5平方千米。辖9个社区,3.6万户,人口12.2万人。2013年,全街道完成地区生产总值4.11亿元,比上年增长9.5%;地方财政收入2.58万元,比上年增长23.24%;固定资产投资14.68亿元,比上年增长21.6%;居民人均纯收入28386元。

2013年,东关街道加快推进片区开发,完成老体育场、国美楼房屋征收扫尾工作,老市委片区一期房屋征收进入签约期,仅一个月时间,就圆满完成任务。开工建设泰华荣观大厦、中医院门诊综合楼、万达广场二期、东关日间照料中心等项目,阳光100一期、潍美国际、力拓国际等项目基本完工,万达广场一期全部封顶。突出发展楼宇经济,打造奎文区首座电子商务特色楼宇,成立金融街楼宇综合服务中心,税收过5000万达6栋。创新推进社会治理,投资420万元,对42个"三无"小区进行综合治理,对10处摊点群、街巷实施改造提升,网格化建设、民生家政、社区养老、幸福东关群众艺术节等经验做法打出了品牌。

2013年,荣获全国安全社区、全国社区睦邻文化建设工程示范街道、第一批全国人口和计划生育依法行政示范街道、省级文明单位、全省反邪教示范街道、全省科学、关爱和示范街道等荣誉称号。

党工委书记　石凌峰

办事处主任　郑　海

【北苑街道】　北苑街道办事处位于潍坊市奎文区西北部,面积6.13平方千米,辖则尔庄、卧龙、金都、丁家、沙窝5个社区,居民23934户,人口5万余人。2013年,街道完成地方财政收入8531万元,同比增长8.3%;完成规模以上固定资产投资22亿元,同比增长18.2%。

2013年,街道突出"产业转型",着力打造虞河高端商贸区、则尔庄现代商贸区等五大产业片区,先后引进并开工建设总投资200亿元、总规划建筑面积600万平方米的虞河生活城、金都时代新城、爱琴海等18个重点项目,中国家居建材流通业第一品牌——居然之家于2013年12月开业运营;突出"民本民生",新建、改建1800平米的金都社区服务中心、400平方米的丁家社区服务中心,玉清街、乐川街等城市主干道和则尔庄西路、中意支路等3条背街小巷建设改造完成,"三纵五横"路网体系基本形成;突出"创先争优",街道荣获省级"科学、关爱、和谐示范街道""潍坊市2013年度先进党委(党组)中心组"等荣誉称号,谭瑞霞被评为山东省道德模范,并举办了"女性之光""德孝之光"等群众性文化活动20余场次,丰富居民的精神文化生活。

党工委书记　段宏喜

办事处主任　孙宝春

【广文街道】　广文街道位于潍坊市区中心,面积4.22平方千米,辖6个社区,人口8.6万人。2013年,街道完成固定资产投资28.72亿元,同比增长19.3%;规模以上批发零售住宿餐饮业销售额2.1亿元,同比增长16.2%;实现地方财政收入1.67亿元,同比增长21%。

广文街道围绕片区发展构架,共确定拆迁改造、商务楼宇培育、重点项目建设等29个项目。11月份,代表奎文区参加潍坊市新型城镇化建设观摩交流,并提供唯一停车现场;12月份,在奎文区组织的科学发展观摩交流中取得第一名。打造"全国领先、全省一流"的东上虞社区服务中心,投入使用街道中心幼儿园、广文苑居民文体活动中心等一批便民服务设施,基本实现就医、托幼、养老、休闲等"八不出社区";完善城镇居民社会养老保险、医疗保险、慈善救助等"兜底线"的社会保障体系,发放各类低保、优抚、救助金约1000万元;举办社区群众文化艺术节、全民健身运动会,指导各社区举办趣味运动会、联欢会等系列文体活动,在区组织的群众满意度电话随机访问中取得各街道第一名。

党工委书记　刘　煜

办事处主任　赵立果

【北海路街道】　奎文区北海路街道(北海路商贸经济发展区)位于潍坊市奎文区东部,东至北海路,西至新华路,南至张面河,北至通亭街,辖区面积3.1平方千米,辖7个社区,2.8万户,常住人口5.3万人。2013年,街道完成公共财政收入9302万元,同比增长17.4%;完成固定资产投资10.4亿元,同比增长19.6%;完成招商引资14.2亿元,同比增长37%;居民人均纯收入10494元。

北海路街道(商贸经济发展区)围绕建设富裕、活力、人文、幸福新北海的总体目标,充分发挥区位优势,转变经济发展方式,加快构建以高端商贸、现代商务、金融保险、文化创意、科技信息、社区经济为主要内容的现代化服务业体系。辖区内有沃尔玛、银座等跨区域、多业态的大型连锁商业企业4家,中小服务业企业490家,商务楼宇20座,形成新华路商业片区、沿北海路商务片区、十里堡商贸集聚片区三个各具特色的现代服务业经营区,形成一个宜商宜居宜业的北海路商贸经济隆起带。

党工委书记　李德宝

办事处主任　迟安斌　　　　　　　　　　(孙　涛)

潍　城　区

【国民经济和社会发展概况】 潍城区是潍坊市中心区之一,总面积269.5平方千米,辖6个街道、1个开发区、2个管理区,共169个行政村、83个社区。2013年末全区总人口(户籍人口)35.37万人。

经济运行稳中向好,综合实力跃上新台阶。深入开展项目建设年活动,落实项目包靠责任,开工千万元以上投资项目201个。完善招商组织体系,新引进恒信住宅产业化示范园、泊车产业园等高品质项目199个,到位资金152.3亿元。强化扶持企业措施,制定重点项目(企业)名录,搭建银企合作信息平台,区内银行实现区内企业贷款余额47.6亿元,较年初新增3.3亿元;协调争取上级政策扶持,雷诺特汽轮机、国建高创、富特空调、广告产业园等17个项目争取上级专项资金9400万元;落实惠企政策,减轻企业负担,取消涉企收费14项。2013年,全区完成地区生产总值208.7亿元、固定资产投资178.2亿元、公共财政预算收入16.5亿元,比上年(下同)分别增长10.5%、19.1%和19.8%;城镇居民人均可支配收入达到28386元,农民人均纯收入达到13961元,分别增长10%和12.2%。

产业结构调整优化,转型升级迈出新步伐。现代服务业繁荣活跃。以载体建设凝聚产业优势,突出6个服务业园区培育壮大,抓好商业中心提档升级和10条特色街区规划建设,促进现代物流、城市商贸、文化创意等产业聚集发展。鲁东物流中心新增国通快递、德邦物流等专业物流企业9家,豪杰建设物资物流中心等5个综合性园区建设加快推进;十笏园文化街区基本建成,城隍庙"金银仓"老街建设全面启动,广丰特艺城开业运营;广告创意产业园聚集创意企业210家,创意西街、西街68业态和运营管理水平有效提升,西街99视觉中心等公共服务设施基本建成,启动西街88—新媒体大厦建设招商,设立山东省广告交易中心并成功运营;鲁台会展中心承办第十届中国艺术节等42个大型展览和文化交流活动,被中国会展经济研究会授予"2013年度中国十佳品牌会展中心"称号;健康产业园前期准备工作进展顺利。商业中心设施提升和品牌聚集步伐加快,金源大厦等3处商务综合体建成运营,百大商务中心、金沙小商品城等9处大型商业设施相继开工或运营,华美达广场酒店、香港四季百货等国际品牌落户,新引进博文咨询等7家企事业总部和永安财产保险、潍坊银行文化金融事业部2家金融机构。茶文化街、文化创意街、IT产业街、浮烟山特色餐饮街日益繁荣,特色业态加快聚集;月河楼、清平路、五道庙、城隍庙等商业街加快建设,三里庄老潍县大街开工建设,两岸文化时尚购物街正在进行规划设计。全区完成社会消费品零售总额122.5亿元,增长16%;完成服务业增加值110.9亿元,增长11.4%;服务业实现税收18亿元,占全部税收比重达到64%;潍城区连续两年被省政府评为服务业发展绩效考核先进单位。

城市工业后劲增强。以培育壮大乐埠山创新科技产业园、潍城经济开发区低碳产业园、潍城滨海特色产业园三大园区为重点,大力发展城市工业,规模以上工业企业实现增加值、主营业务收入、利税、利润分别增长10.6%、12.2%、20.8%和27.7%,全区坚定不移抓工业的成效逐步显现。乐埠山创新科技产业园建成双乐路等"四纵五横"9条道路,大洋泊车、银河泊车实现了当年建设、当年投产,大正科技等11个项目开工建设,恒信住宅产业化示范园等8个项目签约入驻;潍城经济开发区低碳产业园新引进一立涡喷发动机等4个高新技术项目,聚集雷诺特汽轮机、中海检测等低碳项目15个;潍城滨海特色产业园一期完成道路、管网等基础设施配套,总投资21.3亿元的绿特空调等9个高新工业项目落地开工。强化科技创新和品牌支撑,实施工业技改项目41个,完成投资20.2亿元;新增高新技术企业9家、市级企业重点实验室2家、市级工程技术研究中心4家,新增市级技术中心、工业设计中心和中小企业"一企一技术"中心6家,开发新产品、新技术58项,获得市科技进步二等奖9项,完成专利申请754件。申报驰著名商标16件,益康宝被认定为中国驰名商标,瑞福油脂等3件商标成为省著名商标。

都市农业特色明显。三六九高科技农业示范基地、圣裕果蔬等优质高效项目初具规模,农业加快向休闲体验、旅游观光等功能拓展。全区拥有市级以上重点龙头企业16家,带动周边农户7.6万户,6家省级重点农业龙头企业获得财政贴息贷款1.76亿元;各类农民专业合作经济组织新增55家、发展到185家,新发展家庭农场5家,认定"三品一标"农产品34个。

城乡建设有序推进,环境面貌展现新变化。基础设施建设稳步推进。潍高路延伸工程潍城段基本完成施工,卧龙西街等9条道路开工建设,向阳路、永安路改造工程竣工。城市集中供热面积达567.8万平方米,普及率达到65%以上;城市燃气普及率达到95%以上。

重点片区开发拉开框架。完成齐鲁台湾城、火车站南广场、军埠口三大重点片区总体规划,开发推进机制进一步完善。齐鲁台湾城,铺开玉清西街等4条道路改造,渤景湾、圣菲漫步等13个重点项目加快推进;火车站南广场,月河路等3条道路建设顺利实施,新开工四方幸福里等3个高品质社区,茶博城二期等重点项目顺利推进;军埠口片区,实施了12千米道路和地下管网配套提升工程,和平南路改造工程基本完成。加快十笏园、利昌、大于河和"两山一湖"四大组团开发,新铺开凡尔赛丽都等14处高品质楼盘,小许家等22个城中村改造稳步推进,贵和苑等7个新型农村社区加快建设。

城市精细化管理机制逐步完善。深入开展城乡环境综合整治,在市区,打造胜利西街等6条城市管理示范路段,对火车站、商业中心等重点区域实施综合提升,建立了市政道路、市容环境等网格化管理体系,公共设施完好率达到98%以上;在农村,深入开展乡村文明行动,城乡环卫一体化实现初级全覆盖。以六项集中整治行动为抓手,推进文明城市创建,顺利通过全国、全省文明城市测评。狠抓违法违规用地清理清查,土地管理秩序日臻完善,耕地保有量和基本农田保护面积超额完成任务。启动智慧城区试点,与中国移动通讯潍坊分公司进行战略合作,建成4G基站28处。

"三八六"环保行动深入实施。大于河整治工程一期基本完成,展开二期施工,城区西部生态景观长廊初步形成;加大道路绿化改造和居住区绿化提升力度,全年新增绿地面积1.3万亩,城市绿化覆盖率达到47%,城市绿地率达到39.5%;集中整治水污染和大气污染,完成21.5千米城区西部排污管道铺设工程并与城市主管网对接,整治违规排污企业3家,拆改10吨以下燃煤锅炉33台,治理空气异味点源45处,黄标车正分阶段实行淘汰,扬尘污染得到有效防控,超额完成市政府下达的总量减排约束性任务指标。强化技术治理措施,农业面源污染治理工作成效显著,测土配方施肥面积占农作物种植面积的比重达到88%,化学农药使用量减少12%,秸秆综合利用率达到88%以上,畜禽粪污无害化处理率达到30%以上。实施益康宝太阳能锅炉、盛瑞铸造新型节能电机等五大节能工程,万元GDP能耗降低3.6%,规模以上工业万元增加值能耗降低4.5%。

改革开放逐步深入,创新发展迸发新活力 。农村体制、要素市场等4个方面17项改革专题取得阶段性成果,国家级广告产业园区试点、服务业综合改革试点等4个自主创新项目进展顺利。积极稳妥推进农村土地承包经营权确权登记颁证工作,全区45个村居基本完成集体资产股份制改革工作。完成第五轮行政审批事项清理,取消审批事项7项、冻结17项,审批事项减少11.2%。落实鼓励创业政策措施,支持市场主体增量升级,新登记个体工商户3960户、私营企业1051户,新增注册资本9.8亿元,新发展股份公司和企业集团3家。推进企业主辅业务分离工作,新设立服务业企业152家,其中限额以上服务业企业87家。实际利用外资2214万美元,增长222%;完成对外承包劳务营业额1600万美元,外派劳务人员700人,新增境外企业4家,中方协议投资额1250万美元。

民本民生持续改善,社会事业实现新进步。教育优先均衡发展。新建、改扩建于河实验中学等7处学校和军埠口中心幼儿园等4处普惠性幼儿园,完成芙蓉小学等10处城乡学校加固改造,实施39处学校标准化建设;公开招考中小学和幼儿园专任教师50名,引进市级以上教学能手10名;设立"潍州名师"奖励基金,评选表彰首届"潍州名师"20名,在全社会推动形成尊师重教浓厚氛围。城乡医疗卫生服务体系日渐完善。新建医学院附属医院西院区;打造城乡公共卫生服务品牌,家庭医生签约式服务覆盖189个村居、15.8万人,南关街道社区卫生服务中心被评为全市唯一的全国示范社区卫生服务中心,6家机构被评为省级社区卫生示范机构;实施基层中医药服务能力提升工程,18家机构创建为市级中医特色医疗机构;加强心理健康服务能力建设,建立了心理援助热线和心理干预队伍;积极争创国家慢性病综合防控示范区,实施减盐防控高血压等慢性病防控项目,建立全民健康生活方式示范点60处、健康自助监测点42处。人口计生工作基层基础更加稳固。人口自然增长率控制在4.7‰,保持适度低生育水平,流动人口计划生育服务管理机制和模式更加完善,潍城区获"山东省计划生育优质服务先进区"荣誉称号。"文化惠民"工程深入实施。完成1.8万户农村数字电视整体转换,配备提升9个街道综合文化站、28个村文化大院和34家农家书屋设施,放映公益电影2520场。投资2000万元建设符山水库自来水厂供水扩建工程,完成全区205个村居规模化集中供水工程建设,解决了19.6万人的饮水安全问题。

社会保障体系更加完善。打造"数码潍州""创意潍州""物流潍州"三大创业实训基地,创立全市首家农民创业示范基地,城镇新增就业6792人,农村新增劳动力转移就业4903人,城镇登记失业率为2.49%,控制在3.5%目标以内。试点推行新农合大病保险政策,重大疾病病种扩大到50种;城乡低保标准分别提高到每人每年5520元和2700元,对全区90岁以上老年人和80岁以上低保老年人发放高龄补贴,城乡居民养老保险实现全覆盖;推行医养结合养老新模式,建成区老年医养中心,老年会所增至59处,农村五保户集中供养率达到92%;实施城市棚户区改造2220户,新增发放廉租住房租赁补贴165户、270.4万元,建成各类保障性住房790户,完成168套经济适用住房实物分配,完成农村住房建设与危房改造438户。救助社会弱势群体5万余人次。

【潍城区荣获"全省计划生育优质服务先进单位"称号】 潍城区把人口发展战略作为推动科学发展的重要内容,形成了统筹解决人口问题的强大合力,促进了人口长期均衡发展。

全区人口计生工作基层基础稳固，低生育水平稳定，流动人口计划生育服务管理机制和模式进一步完善，人口计生工作不断走上新台阶。2013年3月，山东省人口和计划生育领导小组授予潍城区"全省计划生育优质服务先进单位"荣誉称号。

【社区卫生服务建设卓有成效】 潍城区不断完善社区卫生服务体系，提高社区服务能力，积极打造优质服务、便民惠民、群众满意的社区卫生服务，建成覆盖社区居民的服务网络，建有达标社区卫生服务机构19处，其中社区卫生服务中心4处，社区卫生服务站15处，形成了以南关街道社区卫生服务中心为代表的服务品牌。2013年，南关街道社区卫生服务中心被评为全国示范社区卫生服务中心，另有6家社区卫生服务机构被评为全省星级示范社区卫生服务机构，1家社区卫生服务机构被评为全省中医药特色社区卫生服务机构，3家社区卫生服务机构被评为潍坊市社区卫生服务示范机构，5家社区卫生服务机构被评为潍坊市中医药特色社区卫生服务机构。

【中小企业服务体系建设进一步完善】 潍城区不断加强中小企业服务体系建设，多措并举，助推中小企业健康运行。依托中国中小企业山东潍城网，向企业及时、准确地传递政策和服务信息，积极培育中小企业创业辅导基地，为优秀中小企业提供发展场所和系列化服务。全区有豪德贸易广场、节能环保科技等7处市级小企业创业基地，入驻企业3822家，年营业收入141.3亿元，实现利税7亿元。搭建人才平台，以企业家联合会为平台，加强与城区高层次培训机构合作，借助省、市培训资源，加大人才培训服务力度，累计承办和组织企业高层培训活动23期，参加人员达1300人次。通过组织银企对接、企业互保、向银行点对点推荐等方式，开展了一系列融资服务活动。积极完善落实产业集群培育规划，以打造装备制造、纺织服装、食品调料、新型建材四大主导产业为重点，加快制造业转型升级和生产性服务业发展，全区有节能环保、机械制造加工配套两个市级命名的特色产业集群，军埠口、望留、乐埠山、北关、于河5个市级特色产业镇。完善公共服务平台，引导公共服务平台为集群企业提供产品研发、技术检测、人才培训等服务，全区有省、市中小企业主管部门命名的公共服务平台11个，其中耶莉娅集团服装技术中心获得省级命名表彰。

【鲁台会展中心荣膺"中国十佳品牌会展中心"称号】 潍坊鲁台会展中心管理有限公司坚持"专业化、市场化、国际化"的办展理念，凭借"以展览创品牌、以会议造影响"的运营策略，充分发挥鲁台会展中心的场馆优势，依托科学系统的运营方案、完善的基础设施和专业的服务，在2013年度成功举办第十届中国艺术节等42个大型展览与文化交流活动，累计使用面积800余万平方米，意向成交额近30亿元，现场成交额10余亿元。通过举办高水准的会展项目，带动了潍坊市、山东省乃至整个华北地区的会展经济发展，得到行业专家的首肯，被中国会展经济研究会授予"2013年度中国十佳品牌会展中心"称号。

【于河街道】 位于潍城区西北部，辖35个行政村，人口3.04万人。2013年，实现公共财政预算收入2078.4万元。500万元以上固定资产投资3.32亿元。规模以上工业企业5家，实现销售收入32644万元，利税874万元，利润400万元。粮食总产量22762吨，农村经济总收入19.88亿元，农民人均纯收入13494元。

青银高速公路横贯境域东西。辖区内都家村是被国务院授予"全国老艺人"称号的核雕艺人都兰桂故里，流饭桥村是地方名吃"杠子头"火烧起源地。

以项目建设推进各项重点工作。全年共确定了20个重点项目，其中投资类重点项目17个，非投资类重点项目3个，总投资8.6亿元。加快工业项目建设。完成香野麦芽油、福鼎重工、大全机械、金通管业等11个投资过千万的重点工业项目建设，总投资2.9亿元；以潍城（滨海）特色产业园建设为契机，抢占滨海开发先机，新引进山东亿源机械科技有限公司码垛机械手项目。推进农业项目建设。引进山东天美意农业科技项目，建设集高端、现代、有机、休闲于一体的大型农场，已流转陈平片区2000亩土地；发展生态有机农业。绿星种苗项目，投资3000万元，新建自动调温育苗室4000平方米；圣裕果蔬项目，投资1200万元，新建31米宽大跨度大棚12个，种植甜瓜、葡萄、五彩椒等绿色无公害果蔬产品。加快民生项目建设。推进中小学改造工程，投资1000万元，对于河实验中学进行了整体改造，对实验小学西侧教学楼进行了加固；抓好农村饮水安全工程，辖区35个村已全部接通自来水，率先在全区完成农村自来水"村村通"；深化平安于河建设，投资78万元，安装监控31个村，安装探头391个，安装完成率达89%。加快重点工程建设。重点实施了"两路一河"工程，潍日高速工程（于河段）全长6.58千米，总投资5.6亿元，正在完善征地手续；潍高路延伸线工程，总投资6200万元，路基施工已全面铺开；大于河综合整治工程，进行了河道清理，基本完成排污管网的管道埋设任务。2013年，街道荣获"全市依法行政示范单位""潍坊市政府机关公文处理工作先进单位"等称号。

党工委书记　齐春正

办事处主任　李茂福

【潍坊鸢都湖—浮烟山综合开发区　望留街道】 位于潍城

区中南部,潍坊鸢都湖—浮烟山综合开发区管委会与望留街道办事处合署办公,实行街区合一体制。辖59个行政村、1个社区,人口4.87万人。2013年,实现公共财政预算收入5084.1万元。500万元以上固定资产投资16.51亿元。规模以上工业企业8家,实现销售收入24701万元,利税1196万元,利润539万元。粮食总产量29516吨,农村经济总收入47.72亿元,农民人均纯收入11717元。

境内有3A级浮烟山休闲旅游度假区,环境优美,融自然风光和人文景观于一体,是潍坊市郊一处旅游胜地。中国风筝放飞基地(潍坊国际风筝会放飞场)位于浮烟山麓。

重点项目建设富有成效。30个新上重点项目开工,完成投资39.2亿元。其中潍坊医学院附属医院、三六九高科技示范园等11个总投资16.8亿元的新上项目进展顺利。12个续建项目动工建设,其中博瑞雷克萨斯4S店等4个项目完工并投入使用。工业经济优化提升。云飞机械完成8000平方米新厂区建设,新上设备80台(套),形成年产200万件旋压皮带轮的产能。爱普环保投资3000万元建设的潍坊学院环境工程研发基地3月份正式投入使用。潍州电动车、中正电器等企业通过抓技改、抓投入,积极申报区级以上企业研发中心2个。潍星拖拉机加强与山东工业技师学院的合作交流,深度开展节能挖潜,根据泰国等东南亚国家的市场需求,开发大功率农用拖拉机。进一步完善了大柳树工贸园区水、电、排污等配套设施,来康纺织、德美纺纱、恒昌纺织等4家企业全部投产。文化旅游业提档升级。在明宗山实施片林工程,栽植侧柏、黑松等常绿树木6万余株,高标准实施潍胶路绿化工程,在绿化带植树1.6万株,在放飞基地栽植乔灌木1.2万株,营造了优良的生态旅游环境。浮烟山国际放飞基地按照国际标准对接待中心进行了装修配套,大洋生态村完成游泳俱乐部建设并投入使用,促进了旅游业结构优化、层次提升。进一步提升浮烟山休闲旅游度假区品位,浮烟山森林公园改造提升工程已完成初步规划设计,浮烟山国际生态旅游温泉健身项目建设报告已上报市政府。商贸服务业繁荣发展。打造集商贸、休闲、居住、购物等为一体的精品高端社区,加快商住开发建设步伐,其中浮烟山国际社区投资4亿元,一期工程101栋高档住宅楼已完成主体建设并封顶。打造城镇商贸核心区,着力推进总投资2.3亿元的大柳树商贸街、福源商贸大厦、利民路二期等4个重点项目,其中,利民路二期、大柳树商贸街一期交付使用,福源商贸大厦已建至三层。2013年,街道荣获"潍坊市阳光计生先进镇街""市级食品药品安全监管示范街办""市级学前教育示范街办"等荣誉称号。

潍坊鸢都湖—浮烟山综合开发区管委会党工委书记 刘焕成(兼)

潍坊鸢都湖—浮烟山综合开发区管委会主任 王成义(兼)

望留街道党工委书记 刘英杰

望留街道办事处主任 张景刚

【**北关街道**】 位于潍城区东北部,辖31个社区,人口6.04万人。2013年,实现公共财政预算收入6651.5万元。500万元以上固定资产投资29.4亿元。规模以上工业企业7家,实现销售收入206361万元,利税25762万元,利润18097万元。粮食总产量2405吨,农村经济总收入67.04亿元,农民人均纯收入14023元。

著名的潍县萝卜原产地位处辖区内。潍县萝卜已有300多年的栽培历史,东夏庄周围1500亩土地是潍县萝卜原产地保护区,所产萝卜注册"潍州牌萝卜"商标,为弘扬和发展萝卜文化打造了知名品牌。

发挥奥体公园、鲁台会展中心等重点功能性项目的辐射带动作用,加大重点项目建设力度,其中续建项目20个,新建项目15个。15个新建项目中,总投资过亿元的11个。加快齐鲁台湾城项目、白浪河黄金河岸项目、中心片区项目、"两条隆起带"(北宫西街和玄武西街)项目建设。服务业繁荣发展。全街道商贸服务业实现营业收入35.4亿元,增长17.9%,完成商贸服务业载体面积8.9万平方米,投资3.6亿元。促进了总部经济、文化创意、餐饮娱乐、购物经济、会展体育"五大板块"为载体的服务业发展。创意产业园西街99、西街88等文化创意产业园区的招商和运营工作进展顺利。其中西街99已转入常态化运营,共引进山东宏易、深圳至上等知名公司23家;西街88装修完毕,新媒体工作取得进展,已与国内10多家广告策划、动漫影视等新兴文化产业公司进行了招商洽谈。清平路餐饮娱乐、和平路装饰材料、向阳路建材、卧龙西街体育用品的特色街区建设成效明显。佳乐家超市、万家福超市、新纪元建材市场的设施、业态、环境进一步提升,带动了福寿西街、北宫西街品牌店、特色店、精品店的发展与繁荣。工业品牌建设加快发展。耶莉娅工业总部品牌效应进一步放大。培育了以纺织服装、电气电子、装备制造、塑胶建材"四大产业"为龙头的工业经济体系。推进滨海项目品牌招商,潍坊隆丰建材有限公司已入驻滨海特色产业园。创新服务模式,街道建成综合老年公寓1处,设立老年会所14处,四点半学校18处,日间照料中心6处,其中,后姚社区、蔡家庄社区日间照料中心达到市级规范化标准。开展就业技能培训2300多人次,实现新就业人员1160余人,转移农村劳动力280人,为256户农村零转移家庭和城镇零就业家庭解决了就业问题。2013年,街道荣获"省级文明单位""市阳光计生先进镇""市富民兴潍劳动奖状"等荣誉称号23个。

党工委书记 马佐昌

办事处主任 刘 涛

【西关街道】 位于潍城区中部，辖19个社区，人口5.81万人。2013年，实现公共财政预算收入6694.3万元。500万元以上固定资产投资29.9亿元。规模以上工业企业4家，实现销售收入13774万元，利税829万元，利润238万元。粮食总产量1164吨，农村经济总收入13.21亿元，农民人均纯收入15400元。

推动片区开发建设。西关中心商务区，重点加快推进总投资16.3亿元的西苑华府、圣基铭座等5个项目建设，完成投资2亿元。利昌片区，重点加快推进总投资131.7亿元的世纪泰华·金泰广场、鲁发名城等11个项目的建设，完成投资19.5亿元。春鸢片区，抓好总投资10亿元的小许家村和大胥家村城中村改造，完成投资3亿元。清平片区，重点加快总投资89亿元的上城国际、茂华·紫苑公馆、奥文·国际城等10个项目建设进度，完成投资13.5亿元。加快重点项目建设。新签约中百益家园家居广场、金都世家一期、中百佳乐家上城店3个过亿元项目，合同利用资金10.5亿元；西苑华府、金都·聚福园、西关中心小学、景谊苑4个新上项目顺利开工；恒大·翡翠华庭、常青藤·国际花园等15个续建项目平稳推进；新启动南三里工业园、月河南路、利昌路、宏伟路、三里庄路、三里庄支路、胥山街8个建设项目，已完成南三里工业园、月河南路、利昌路、宏伟路、三里庄路、胥山街6个项目，完成面积20万平方米。全年共开工单体192个，主体完工111个。潍城区（滨海）特色产业园西关先进制造业项目建设顺利。加大教育事业投入，投资3336万元迁址新建了西关中心小学，投资360万元对大胥家村小学、南小于河村小学和西关中心幼儿园进行了改造提升。加大社区服务中心建设力度，600平方米福寿街社区服务中心正在进行内部装修，投资360万元建设了2100平方米的胜利西社区服务中心，新建、改建日间养老照料中心6000余平方米。2013年，街道共获得市级及以上荣誉44项。

党工委书记　李贵武

办事处主任　王　韧（女）

【南关街道】 位于潍城区东部，辖22个社区，人口4.59万人。2013年，实现公共财政预算收入7103.7万元。500万元以上固定资产投资31.97亿元。规模以上工业企业3家，实现销售收入58639万元，利税1617万元，利润975万元。粮食总产量1848吨，农村经济总收入15.88亿元，农民人均纯收入15925元。

南关街道交通便利，潍坊火车站位于境内，胶济铁路横贯东西。辖区内“状元胡同”闻名遐迩，清末状元曹鸿勋和王寿彭诞生于此。

构建现代化商业商务中心区，加快白浪河黄金河岸、滨湖商务区、火车站南广场等重点区域开发，引进过亿元的项目16个，过10亿元的项目7个。广丰文化特艺城开业运营，新增商业面积3万多平方米，商务楼宇发展到37家。推进五道庙步行街、茶文化特色街、青年路IT科技街等特色街区建设，聚集各类经营户近万家。加快重点项目建设进度。新开工四方·幸福里、瑞景嘉苑、潍城春天二期3个项目，13个续建项目全部开工。浩博·香港城、金源大厦、翔和嘉园、四方·幸福里等重点项目建设全面提速。教育事业蓬勃发展。投资21万元对南关中心幼儿园进行内外装修，投资10万元对南关中学校舍、操场进行了加固维修；金都南苑幼儿园内外装修完毕。社会保障体系稳步前进。组织就业技能培训320人次，开发公益性岗位22个，实现新就业人员420人，转移农村劳动力440人，安排就业困难人员160人。为6090人办理了农村保险养老业务，参保资金142万元。低保救助1211人，发放低保金340万元。人居环境得到改善。投资30多万元为22个社区统一配备了垃圾箱500个，投资40多万元对花前街、姚徐路、老宝通街、宝通街以南林网道路等路段整修维护和治理，投资20多万元对新建的小康路两侧、农田林网及已建成小区进行高标准绿化，投资30多万元对全长600米的富民西街进行硬化，人居环境进一步优化。社区卫生服务建设卓有成效，南关街道社区卫生服务中心被评为全国示范社区卫生服务中心。

党工委书记　王成义

办事处主任　杨在民

【城关街道】 位于潍城区东部，辖10个社区，人口3.73万人。2013年，实现公共财政预算收入1974.9万元。500万元以上固定资产投资9.86亿元。城镇居民人均可支配收入28386元。

城关街道辖区地处老潍县城里，历史文化璀璨悠久，人文资源积淀厚重。历史上潍州、潍县治所设于辖区内。境内有国家级重点文物保护单位十笏园，有省级重点文物保护单位万印楼（清代著名金石学家陈介祺故居之东楼）、郭味蕖故居“疏园”和城隍庙。地方名吃“朝天锅”和“鸡鸭和乐”起源于城关。

现代化新城区建设日益成型。推进旧城片区提升工程，先后投入资金300余万元，对10个小区进行整治提升。重点项目建设成效显著，16个投资类重点项目和24个非投资类重点项目，开工率和时间节点完工率均为100%，累计完成投资12.8亿元。其中，月河楼商业街项目进展顺利，已完成总工程的85%；平寿湖龙熙园创意谷，已全部完成主体建设和内外部装修。城市商贸基地聚集区日益繁华。借助中百、百货大楼、V1购物广场等一批高端产业的引领带动，加快推进潍美国际中心、和平广场、百大商务中心等在建项目建设，形成了以中百商圈为主体的地上地下互为联动的城市商贸基地。曼哈顿、万兴隆等6座高层商务楼宇相继引进了华夏银行、中信银行、天合典当、中华保险等企业总部80多家。老城根、京广国际、福纳、育英等6家餐饮服务业，未来经典、王梓设计、爱华广告3家重点服务业，康成大润发、中普电器、同和福珠宝3家商贸服务业，成为重点企业骨干。文化产业基地核心区日益壮大。以潍水风情十笏园为核心的古韵文化、以中仁文化为核心的现代文化、以西街68为核心的创意文化等各类文化组团开发，培育做大了十笏园、文化名人、艺术品交易、广告创意、前沿教育等文化品牌。十笏园文化街区项目已累计完成投资9.6亿元，主体结构施工全部完成。依托西街68创意产业发源地示范带动作用，引进落户科技创新、广告策划、文化传媒等各类创意企业300余家。建成大型文化广场12余处，郭味蕖美术馆等文化展示平台6处。民生服务基地示范区效果明显。建成全省首家街道级养老服务指导中心，成立了潍坊市首家居家养老邻里互助协会。建成专业养老机构6家、日间照料中心10处、各类养老服务网点60余处，街道养老工作有了大幅度提升。建成各类家政服务网点300余家，开发公益性岗位156个，安置各类劳动力3500余人，扶持自主创业个体800余人，落实低保救助家庭780余户，实现了便民利民、成果共享。

党工委书记　谭福春(女)

办事处主任　陈丽波

【山东潍城经济开发区】　位于潍城区中西部，辖24个行政村，人口2.31万人。2013年，实现公共财政预算收入22150.4万元。500万元以上固定资产投资41.69亿元。规模以上工业企业22家，实现销售收入289902万元，利税23640万元，利润19477万元。粮食总产量13072吨，农村经济总收入17.95亿元，农民人均纯收入14123.8元。

招商引资卓有成效。新引进海恩德新材料、朝日光伏太阳能跟踪器、潍百集团、益康宝冷链物流园、银座配送、国通物流等17个项目，总投资50亿元。滨海产业园引进了投资2.1亿元的新型高速插秧机项目，雷诺特汽轮机、富特空调争取到中央节能重点工程预算内无偿资金1690万元。项目建设快速推进。34个重点项目施工总面积达115万平方米，完成投资34.2亿元。其中，鲁东物流中心16个重点项目完成投资18.5亿元，豪信商务酒店、国通物流、德邦物流、润华汽车4S店、保时捷汽车4S店等8个项目建成运营。新增经营业户近千家，新增限额以上服务业企业18家。豪杰建设物资物流、力威体育用品物流入列全省服务业载体项目；瑞福公司芝麻油(香油)及芝麻制品公共技术服务平台和潍百集团电子商务项目被评为潍坊市服务业优秀项目。工业经济平稳增长。全年工业实现销售收入82.8亿元、利润2.7亿元、利税5.9亿元，分别增长16%、17%和14%。完成了26家企业主辅业分离工作。实施技改、扩能，金隆纺织新引进喷汽织机生产项目，亚通玻璃自主研发的真空玻璃获国家专利；国建高创列为省重点建设项目，承担的2013年山东省自主创新专项计划项目——“建筑能耗管理系统开发及产业化”立项实施，并获省自主创新专项扶持资金1000万元。园区形象进一步改观。大于河(开发区段)生态综合整治工程基本竣工，完成工业三街、东风西街、长胜路和南徐路部分路段排水工程，豪德中路建成通车。西部热源厂90吨热水锅炉投入使用，投资3000万元新增8条10千伏供电线路，自来水主管道西延工程完成投资250万元。投资100万元更新了辖区道路交通标线、标志。城乡环卫一体化实现全覆盖。民生事业扎实推进。管委会全额承担辖区群众新农合基金195万元，为辖区学龄前儿童每人每学期发放200元入园补助；按时兑付被征地群众生活定补、粮补及税收返还款3000多万元。加强对老年人、孤儿、五保户、“三无”人员、孤老优抚对象等特殊群体的权益保护工作，发放低保金累计50余万元。投资400万元、新建1700平方米银河家园社区服务中心。

党工委书记　李学光

管委会主任　冯延东(兼)

【乐埠山生态经济发展区】　位于潍城区西南部，辖19个行政村，人口2.09万人。2013年，实现公共财政预算收入2941.3万元。500万元以上固定资产投资6.7亿元。规模以上工业企业8家，实现销售收入69621万元，利税9019万元，利润7212万元。粮食总产量10519吨，农村经济总收入18.29亿元，农民人均纯收入12297元。

创新科技产业园建设强势推进。引进项目11个，总投资达26亿元，占地面积1000亩，开工总面积达58万平方米。其中，大洋自动泊车立体车库生产项目实现了当年建设当年投产。银河泊车项目已实现部分投产，大正科技、胜利石油装备、天成精工、信科电器等项目建设进度加快。新修建全长3200米的乐山路、天成街、双乐路3条园区主干道完成路面硬化。仓南街至大洋街段、潍昌路至中兴街段等7条总长4026米的排水、排污管网全部完工，天然气管网已与产业园落户企业对接，大于河排污管网已铺设1200米。园区水、电、路、气等基础设施建设投资累计达3亿元，以拥军路、潍昌路、仓南街等9条道路为主干道的“四纵五横”的路网框架已建成，基础设施配套不断完善，园区承载力和竞争力进一步提升。大力发展生态旅游业。区域内基本实现了“四季常绿、三季有花、两季有果，层林尽染、山花烂漫”的开发效果。天成生态园完成投资2000多万元，园区内水电管网铺设完成，部分儿童游乐设施安装完毕，山体进一步绿化，建成观光亭、护林房、警卫室。积极发展教育、文化事业。投资800万元、建筑面积4000平方米的幼儿园教学楼投入使用，投资1200

万元、建筑面积4200平方米的中学教学楼已封顶。农村有线电视数字周转工作全部完成，覆盖率达到100%。筹措资金购置了高档健身设备，建设了社区健身房。完善了图书阅览中心、农家书屋。组建了32支舞龙舞狮等表演队伍，参加了文展会、风筝会等节会活动。建设22处文化大院，丰富了群众的业余文化生活。完善农村基础设施配套。实施了总投资909万元的中低产田改造项目，改造中低产田9000亩，打机井46眼，修建生产路36千米，修筑过路桥涵120余座。开展了农村安全饮水工程，保证了宝通街南8各村都能用上安全放心的自来水。

党工委书记　曹升曦

管委会主任　窦玉波

【军埠口综合项目区】　位于潍城区东南部，辖32个行政村，人口2.9万人。2013年，实现公共财政预算收入2685.7万元。500万元以上固定资产投资9.79亿元。规模以上工业企业9家，实现销售收入78541万元，利税9067万元，利润6080万元。粮食总产量15097吨，农村经济总收入18.71亿元，农民人均纯收入11801元。

辖区内10平方千米的白浪绿洲湿地公园和8平方千米的白浪河水库凸显军埠口滨水绿色生态特点。积极推进示范镇规划编制，获得全省优秀规划设计成果三等奖，并顺利通过了省级示范镇建设年度考核。全面强化项目化管理，推进实施重点项目48个，其中，投资类重点项目28个，非投资类重点项目20个。推进实施了总投资2.5亿元的和平南路、长安街、长清街、工业三路、官河路等7条道路建设。官河路、长清街西段、长安街中段、工业三路全部竣工通车，并配套建设了燃气、雨污管网等设施。完成了潍胶路镇区段人行道及绿化亮化等工程建设。“四区”（文庄社区、中心社区、申家社区、金域天下社区）规划建设取得新进展。工业转型发展实现新突破。组织实施了荷美尔食品、昌盛超市货架等19个项目，完成投资7.06亿元。总投资7500万元的绿特空调20万千瓦多功能多效热泵机组和研发中心项目顺利竣工投产，总投资2.1亿元的鼎晟电气科技项目进展顺利，总投资2.6亿元的绿特滨海项目开始建设，总投资1.25亿元的兴旺塑胶滨海项目已签约。传统农业转型发展步伐加快。积极推进辖区农业向安全、生态、优质、高效、品牌化发展，组织实施了长清河农业科技、景润农业科技、华辰农业科技、景润花卉基地等5个新项目建设。民生事业不断发展。投资150万元，在辖区32村以及重要道路、重点区域全部安装了公共安全视频监控系统，实现了“天网工程”全域联网和覆盖。投资280万元，完成了赵家文庄、皂户等7个村改水工程建设，辖区32村安全饮水率达到100%。军埠口、大崖头被评为省级乡村文明行动示范村，北张友村被评为省级文明村，市级生态文明村建设达标率超过85%。投资1100万新建省级规范化幼儿园一处；完成了大寨、官庄两处小学的校舍改造工程建设。中心小学获得潍坊市爱国主义教育先进单位、全国创新型教师培养科研单位等荣誉称号。建立全市第一家农民创业示范基地，先后举办创业技术培训班6期，培训1200人次，孵化农民工创业项目11个，融资扶持创业发展家庭8户，被潍坊市人社局推荐为省级先进创业社区。

党工委书记　杨永健

管委会主任　石金波

（曲福刚）

坊　子　区

【国民经济和社会发展概况】　坊子区位于潍坊市区东南部，面积412平方千米，辖5个街道、2个发展区、1个省级高新技术产业园区、301个村居，总人口31.4万人。

经济平稳较快增长。全区完成地区生产总值116.1亿元，增长11%，其中第一产业增加值8亿元、第二产业增加值64.02亿元、第三产业增加值44.07亿元。实现财政总收入15.87亿元、公共财政预算收入9.46亿元，分别增长12.6%和17.1%，其中，税收收入8.61亿元，占公共财政预算收入的91%。完成固定资产投资93.5亿元，增长19.5%。社会消费品零售总额达到47.54亿元，增长16.2%。完成外贸进出口总额6.33亿美元，其中，出口3.81亿美元、进口2.52亿美元；实际利用外资3089万美元。完成对外承包工程营业额3059万美元、新增境外投资企业（机构）3家。粮食总产达到18.5万吨，新增市级农业龙头企业8家、家庭农场23个、农民合作社54家、“三品”品牌9个；奶类产量0.59万吨，禽蛋产量0.66万吨，肉类总产2.79万吨，生猪出栏13.25万头，家禽出栏813.18万只；农业机械总动力达到56.6万千瓦，拥有农用拖拉机4671台，联合收割机1197台。新增规模以上工业企业21家，规模以上工业增加值增长11.6%，实现主营业务收入241.1亿元，增长12.1%。服务业规模不断扩大，分离组建服务业企业110家，服务业投资和税收分别增长20.5%和27.4%，服务业增加值占比提高2.2个百分点。金融市场发展良好，全区银行业金融机构存款余额127.92亿元，较年初增加13.74亿元；城乡居民储蓄存款余额84.78亿元，较年初增加10.6亿元；银行业金融机构贷款余额87.96亿元，较年初增加12.01亿元。

转型发展步伐加快。把园区作为招商和转调创的载体，统筹资源加快重点园区建设，推动项目聚集和产业集约发展，共引进投资过亿元项目37个。测绘地理信息产业园、人机交互智能控制系统等5个项目建设顺利，孵化配套中心和专家公寓一期基本建成,6个项目确定入驻孵化配套中心。坊子(滨海)特色产业园,完成道路及雨污管网配套,引进的7个新材料、新能源项目全部开工建设。机械装备制造园,引进建设远东传动轴、金浦瑞恩等8个项目,其中3个已建成投产。坊茨小镇,铁产、电产置换工作实现突破,炭矿遗址文化园列为全省重点文化产业项目。潍州路商贸物流产业带,引进建设华安·海聚汽博城、泰华·车港等汽车后服务综合体项目,建成及在建投资过亿元项目达到14个。九龙生态旅游度假区,完成总体规划编制,为区域整体开发奠定了基础。加大企业创新扶持力度,新增市级以上企业研发中心7处、重点实验室2处,7个项目列入省级科技计划,授权专利319件,富源增压器"内燃机高增压关键技术"项目获得国家科技进步奖。实施骨干企业和品牌带动战略,新增山东省著名商标1个、名牌产品4个,主营业务收入过亿元企业达到50家,税收过千万元企业达到25家。

城乡建设扎实推进。全区基础设施投资达到8.5亿元。编制新型城镇化体系规划,成立工业发展区,城乡发展布局更加优化。加快虞河、金山、沟西、双羊、龙山等城市组团开发,完成五棉、十马路等片区拆迁,盘活利用土地2000余亩,商品房销售额和销售面积分别增长114%和74.8%。推进小城镇建设提升,镇域发展活力进一步增强,九龙小城镇示范镇建设取得明显成效。开工建设11个城乡社区,在建居民安置房35万平方米,新建和改造农村住房1881户。全面完成农村饮水安全工程,解决了城区以外206个村、17.6万人的安全饮水问题,实现了城乡供水一体化。建设公共自行车站点71处,投放公共自行车1300余辆。实施凤凰西街改造、金山街修建、双羊街西延等工程,完成恒安街改造和北海路西岭段拓宽,修建乡村道路225千米,铺设天然气管道32.5千米,改造电力线路47.9千米,路灯达到5710盏。全区营运汽车达4257部,全年完成货运量1237万吨,客运量343万人。完成邮政业务总量1758万元,增长7.82%;电信企业实现电信业务总量2.04亿元,增长7.3%;电话用户总数60.5万户,其中固定电话用户8.5万户、普及率37部/百人,移动电话用户52万户、普及率216部/百人;互联网用户7.8万户;数字电视用户5万户。

生态环境持续改善。扎实开展"三八六"环保行动,完成城区10吨以下燃煤锅炉拆除改造,空气异味、城市扬尘、农业面源污染得到有效防治,完成节能减排目标任务,"蓝天白云、繁星闪烁"天数达到171天。全面完成虞河、白沙河综合治理,流域生态环境明显改善。其中,白沙河综合治理工程全长6千米,总投资3.3亿元,按照"一河、三段、五园"的总体规划,突出生态、休闲、文化特色,对河流进行综合整治,直接拉动沿河10多处商住地产增值1000元/平方米以上,形成城市水景长廊、休闲公园和沿河经济发展带。虞河综合治理工程全长6.4千米,总投资8亿元,建成湿地公园、翠微湖等4大景区和8个休闲健身广场,修建凤凰桥、崇文桥等16座桥梁,形成集旅游观光、文化教育、休闲娱乐、康体运动等多功能于一体的滨水景观带,改善区域生态和居民生活环境,提升城市品质和价值,带动沿河周边相关产业发展。全区成片造林6200亩,实有林地面积达到6332.5公顷,新增市级绿化模范街道1个、模范村18个,城区绿化覆盖率达到41.7%,全区林木覆盖率达到25.6%。大力发展绿色建筑,凤凰太阳城、双羊新城等8个项目被评为省级以上可再生能源建筑应用项目,低碳社区建设做法被《人民日报》刊发推广,商品房销售面积32.6万平方米,增长74.8%。

各项事业全面发展。完成民生事业投入7.6亿元,占公共财政支出的比重达到58.5%。新建中小学校舍2万平方米,建成4所普惠性幼儿园,31所中小学校通过省级标准化学校验收。2013年底全区拥有各类学校47处,在校生3.74万人。其中,国有普通中学8处,在校生1.5万人;小学39处,在校生2.24万人。适龄儿童入学率100%。全区幼儿园45处,在园幼儿5400人。实施41项免费公共卫生服务项目,把肺癌等20种疾病纳入农村大病保障范围,城乡居民基本医疗保险政府补助标准提高到每人每年280元,新农合区内住院报销比例达到80%以上。全区拥有医疗卫生机构310个,其中医院、卫生院11个,床位1298张,卫生技术人员1704人。全区新建农村文体活动场所20处,组织区级文艺活动60余场次,镇级文艺活动140余场次。区图书馆创建为国家一级馆,德日建筑群、杞国故城遗址列入全国重点文物保护单位。110余万字的《坊子区志(1990~2007)》正式出版发行。新建成全民健身工程36处,FBA被评为全省"县级特色全民健身项目"。参加市级以上体育比赛36次,获金牌47枚、银牌23枚、铜牌27枚,获体育道德风尚奖8个。群众性体育运动发展活跃,举办第3届全民健身运动会。夯实人口计生基层基础,人口自然增长率3.71‰,合法生育率97.5%,被评为全省计划生育优质服务先进单位。

社会保障更加有力。城乡居民养老保险实现全覆盖,全区参加企业基本养老保险职工4.05万人,机关事业单位参保人数达到0.77万人,当年收缴基本养老保险基金3.57亿元,收缴率达到100%;有15.07万名农民参加了农村社会养老保险,当年实现投保额5028.34万元。全区累计共有6.14万名职工参加基本医疗保险,当年收缴基本医疗保险费1.39亿元,收缴率达到100%。就业形势进一步好转,培训转移农村劳动力3800人,新增城镇就业3760人,城镇登记失业率控制在2.92%。全区拥有各类专业技术人员9367人,其中高级职称632人、中级职称3068人、初级职称5667人。城乡居民收入稳定增长,生活水平普遍提高,全区在岗职工平均工资4.63万元,农民人均纯收入达到1.34万元。城市低保、农村低保、五保集中供养和分散供养标准分别上调25%、17.3%、33.3%和63.6%，新建改建街道敬老院6处，10处农村幸福院建成使用。完善保障性住房制度，建设保障性住房723套，多渠道解决751户低收入家庭的住房问题。

【《坊子区志(1990～2007)》出版发行】 2008年3月，根据省政府统一部署，坊子区成立由区委、区政府主要负责同志任主任的地方史志编纂委员会暨《坊子区志》编纂委员会，研究制定工作方案，编发《指导手册》，开展专业培训，正式启动区志续修工作。续修过程中，专门聘请了5名熟悉坊子区情的退休老同志和4名专业教授，全程参与区志修编工作。历经三调篇目、六易其稿、专家评审、修改完善，2013年11月，110余万字的《坊子区志(1990～2007)》正式出版发行，并被评为全省优秀市县级志书，获2013年度“山东省优秀史志成果奖”，是潍坊市唯一获此殊荣的县级志书。

【山东测绘地理信息产业园建设顺利】 山东测绘地理信息产业园是2011年经国务院和省政府批准设立的省级地理信息产业园区，总规划面积10平方千米，一期占地2039亩，计划5年内投入150亿元，打造立足山东、辐射全国的地理信息装备制造业基地。园区已完成道路、水、电、气等基础设施配套，开展了一系列招商活动，并组织参加了2013年全国地理信息产业大会，先后与2000多家企业进行了对接，引进北京国遥新天地、苍穹数码等20多个高端项目，其中工业机器人、航空涡轮增压器等项目即将建成投产。

【坊茨小镇被列入全国重点文物保护单位】 坊茨小镇核心区规划面积2平方千米，主要依托现存的166处百年德日建筑这一独特历史文化资源，集聚创意人才，挖掘文化内涵，着力打造集文化、旅游、休闲等于一体的欧式风情小镇和文化产业园区。坊茨小镇计划总投资20亿元，目前已完成投资3亿元，建成了坊茨美术馆、雕塑馆等特色文化产业项目，举办一系列高层次文化旅游活动，成为潍坊市旅游业五大重点项目之一，2013年德日建筑群被列入全国重点文物保护单位。

【白沙河综合治理成效显著】 白沙河综合治理工程全长6千米，总投资3.3亿元，于2012年1月份正式启动，2013年7月底竣工。工程由上海中建院规划设计，按照“一河、三段、五园”的总体构想，突出生态、休闲、文化特色，搬迁沿岸种植、养殖户416户，清运垃圾、淤泥75万立方米，整理土方71万方，防渗处理30万平方米，栽植乔灌木70余万株，种植草皮35万平方米，铺设管网8610米，铺装道路2.7万平方米，安装坐凳、垃圾箱、路灯、健身器材等公共设施，建成白沙河凤凰桥、金山桥、10处综合性广场以及23处小型广场、亲水平台和公园景点。白沙河综合治理工程带动沿河及周边2000多亩土地增值，其中沿河10多处商住地产增值1000元/平方米以上，形成城市滨水景观、休闲公园和沿河经济发展带。

【凤凰山高新技术产业园区】 山东潍坊凤凰山高新技术产业园区(凤凰街道)位于坊子区西北部，面积32平方千米，辖23个行政村(居)、9个城市社区、2.7万户、8.1万人口，耕地面积0.84万亩。2013年，完成地区生产总值80亿元，增长11%；实现公共预算收入9032.7万元，增长18.3%；工业主营业务收入184.6亿元、利税10.7亿元；第三产业增加值14.8亿元。荣获全市巾帼文明岗、全市安全生产工作先进单位等荣誉称号。

城市建设全面提档升级。加快重点地块清障，完成响河子邓家养殖区、小吴家等16个重点地块清障，累计腾空土地2100余亩。加快推进恒信伯爵公馆、新方新璟园等17个重点项目建设，完成投入19亿元，新开工建筑面积60余万平方米。抓好回迁小区管理提升，投资300余万元，对6个回迁小区进行道路、绿化改造提升工程。

转型升级步伐不断加快。强化重点园区、项目建设服务，完成山东测绘地理信息产业园辛王家160亩地块、郭家50亩地块清障及剩余养殖户拆迁扫尾。加速现有企业转型升级，推动共达电声、帅克机械、富源动力等优势骨干企业发展，完成技改投入6.2亿元，其中富源增压器“内燃机高增压关键技术及工程应用”项目获得国家科技进步奖。服务业发展提速增效，分离组建服务业企业27家。

城乡基础配套日益完善。加快重点工程建设，完成金山街东延、金山桥等路桥工程，做好凤凰街西延、双羊街西延、金山街西延、龙山路南延等4条重点道路建设服务。深化城乡环卫一体化建设，投入360余万元，抓好村容村貌整治和农村基础设施建设，硬化整修村级道路25万平方米。民生事业显著改善。投资2700万元的凤凰小学、葛家幼儿园建成投入使用。

凤凰山高新技术产业园区党工委书记　于晓旭
凤凰山高新技术产业园区管委会主任　杨洪岩
凤凰街道党工委书记　李春玉
凤凰街道办事处主任　王丙正

【经济发展区】 位于坊子区西南部，北海路以西，八马路以南，西与昌乐县搭界，南与安丘市接壤，总占地面积35平方千米，辖33个行政村、6469户、2.3万人口，耕地面积2035公顷。2013年，完成地区生产总值19.06亿元，增长32.7%；实现公共财政预算收入823.9万元，增长49.7%；工业主营业务收入9.97亿元、利税1.08亿元，分别增长26%和19%；第三产业增加值5500万元；农民人均纯收入1.36万元。

积极开展招商活动，引进落实招商项目9个，规划占地500亩的孵化器项目区。依托潍州路交通便利的优势，发展先进制造业和商贸物流业，以美林卫浴、鲁元建材、百乐卫浴、新创陶瓷等企业为主的新型材料制造业和以华安汽博城为主的商贸物流业发展较快，潍州路"一带"的先进制造业和商贸物流业已初具规模。

农业主要经济作物有大棚花卉、反季节蔬菜、芦笋、草莓、花生等，林果主要有苹果、大樱桃、布朗李等，建成草莓等合作社18家，高效农业发展框架基本形成；规划建设了占地5000亩的金鹰现代农业示范园项目，总投资1.2亿元的潍坊盈丰现代农业综合体项目。畜牧业主要以猪、肉鸡、蛋鸡、樱桃谷鸭、奶牛等养殖为主，同时还发展了七彩鸡、黑凤鸡、肉鸡、狐狸等特种养殖。

党工委书记　王国光

管委会主任　刘　强

【工业发展区】　坊子工业发展区于2013年8月25日成立，位于坊子区东北部，潍河西岸，与寒亭、高新、保税、昌邑四区市交界，面积36平方千米，辖25个行政村、7365户、2.7万人口，耕地面积1765公顷。2013年，实现公共财政预算收入1453万元，工业主营业务收入40.66亿元、利税2.56亿元，第三产业增加值7461万元，农民人均纯收入1.37万元。

工业基础较好，拥有纺织、铸造、塑编、风筝和膨润土加工五大支柱产业。规划建有工业园区1处，入园企业25家。民营经济发展较快，共有各类民营企业726家，其中年产值过500万企业45家。境内矿产资源丰富，膨润土储量达1.2亿立方米，居全国第二位。纺织业历史悠久，明清时期就已形成规模。农业基础较好，东部潍河干渠境内长度4.4千米，沿河村庄土地肥沃，水资源丰富，粮食作物旱涝保收；大力发展高效经济作物，其中万亩大姜无公害生产基地通过省农业厅鉴定达标，2008年被山东省人民政府授予"无公害大姜引智成果示范园"；文化旅游资源丰富，既有潍河生态旅游风光，又有汉代罗都古国遗址、太白庙、戒赌碑等名胜古迹，沿潍河的王家庄子风筝全国闻名，家家户户轧制风筝，素有"世界风筝都在潍坊，风筝生产基地在王家庄子"之说，产品主要销往浙江义乌、广东等地及欧美等地区和国家。

党工委书记　潘锡才

管委会主任　于世升

【坊城街道】　坊城街道位于坊子区西部，面积65.67平方千米，辖51个行政村(居)、2.02万户、7.5万人口，耕地面积1812公顷。2013年，完成地区生产总值39.9亿元，增长12%；实现公共财政预算收入7468.8万元，增长29.2%；工业主营业务收入25亿元、利税2.13亿元，分别增长15%和12%；第三产业增加值1.5亿元；农民人均纯收入1.36万元。

先进制造业快速发展。加快占地2000亩的机械装备制造园规划建设，完成天然气管道迁移和115亩土地拆迁清障，引进建设总投资17.3亿元的远东传动轴、金浦瑞恩等8个项目。占地7000亩的潍州路现代商贸物流产业带规划建设，建设庞大汽车文化广场、泰华·车港等现代商贸物流项目16个，总投资99.6亿元。沿长宁街建设欧蓓莎家居购物广场、新南苑商城、美的亚城市广场、十三千米商务港等4个商业服务中心，总投资8.3亿元，建筑总面积21.2万平方米，构筑集餐饮、购物、休闲、居住为一体的商业发展新格局。

建成水墨庄园等8处特色种养基地；流转土地2339亩，引进青龙山高端农业生态示范园、房仕现代农业示范园、美城无公害蔬菜基地等3个现代农业项目。

党工委书记　高凤金

办事处主任　刘新喜

【坊安街道】　坊安街道位于坊子区中部，面积90.65平方千米，辖59个行政村、1.57万户、5.3万人口，耕地面积5467公顷。2013年，实现公共财政预算收入1337.1万元，增长20.9%；工业主营业务收入8.68亿元，增长23.5%；第三产业增加值6460万元；农民人均纯收入1.25万元。

打造潍坊城区南部生态大美农业示范街道为目标，确立"一中心、一基地、两带、十社区"总体规划，即：以街办驻地为中心，规划建设一个工业生产基地、两个农业产业带和除街办驻地中心社区之外的其他十个农村社区。现初步形成以鲁伟新型节能墙体项目为引领、馨帝都木结构项目和金鹏钢构项目为支撑的新型节能与建筑产业一体化生产基地；以玉泉洼观光园、九龙口生态农庄为带动，沿潍安路两侧布局的生态休闲观光农业产业带和以鑫环农业科技示范园为载体，沿汶河沿岸以芦笋、平菇、黄烟、花卉、苗木为主的优质高产高效农业产业带。街道先后被国家农业部等单位授予"中国芦笋之乡""全省信访工作先进单位""山东省最佳休闲乡镇""山东省旅游强乡镇"等称号。

党工委书记　冯　涛

办事处主任　王文成

【九龙街道】　九龙街道位于坊子区东部，面积87平方千米，辖51个行政村、1.29万户、4.5万人口，耕地面积5.6万亩。2013年，完成公共财政预算收入1400.9万元，增长26.4%；工业主营业务收入9.72亿元、利税5453万元，分别增长21%和18%；第三产业增加值1429万元；农民人均纯收入1.34万元。

交通条件便利，胶济铁路、青银高速横穿境内，眉南路、杨瓦路贯穿南北。区位优势明显，距离潍坊市区仅15千米，宝通街贯通后，从市区到九龙街道将缩短至10分钟车程。生态资源丰富，水是最主要的景观，以九龙涧和潍河构成"一涧一水"特色，潍河、汶河、渭水河3条河流及7座水库环绕街道，水域面积6.7平方千米。潍河生态林场和九龙涧森林公园形成万亩原生态林带，景观独特，在潍坊市区周边30千米圈内具有得天独厚的优势。历史文化积淀深厚，有姜太公垂钓九龙涧等传说，太公堂庙、天齐庙等文物保存完好。"三水七湖九龙涧，万亩森林千顷田；水润绿绕人文地，春花秋果冬温泉"是对九龙街道的生动写照。

党工委书记 张 波

办事处主任 杨晓军

【黄旗堡街道】 黄旗堡街道位于坊子区东南部，面积70平方千米，辖50个行政村、1.58万户、5.4万人口，耕地面积5.8万亩。2013年，完成地区生产总值23.4亿元，增长10.7%；实现公共财政预算收入1167万元，增长20.6%；工业主营业务收入9.8亿元、利税9982万元，分别增长8.2%和9.3%；第三产业增加值1.28亿元；农民人均纯收入1.32万元。

街道历史悠久，文化源远流长。楚汉相争时，汉将韩信率兵与楚军决战于潍河，为振军威，插黄旗于埠顶，遂取名黄旗堡。街道内有杞城遗址、乙甲遗址、麦埠子遗址、柏台遗址、杞隐公陵等重点保护文物，其中杞城遗址为春秋战国时期古杞国都城的所在地，共在此建都262年，出土文物丰富，已列入全国重点保护文物。街道地势平坦，地下水资源丰富，适合休闲观光农业发展。汶桥山楂系列产品、阳春系列啤酒畅销全国各省市自治区。大葱、牛蒡等农产品经加工直销日韩、欧美。街道以新和盛食品为龙头，培育发展农产品加工企业30多家，加工总量和加工品种不断增加，年出口蔬菜4.5万吨，经济实力日益增强。

街道先后荣获全国创建文明村镇工作先进单位、全国亿万农民健身活动先进乡镇、全国科教兴村计划省级示范单位、山东省中心镇、省级文明镇、山东省环境优美乡镇、潍坊市农业十强乡镇等荣誉称号。

党工委书记 戴德彩

办事处主任 肖 健 （赵兴书 张洪茂 王志伟）

寒 亭 区

【国民经济和社会发展概况】 寒亭区位于山东半岛中部、渤海莱州湾南岸，东界昌邑，西接寿光，紧邻坊子、奎文、潍城三区和潍坊高新技术产业开发区。全区总面积623平方千米，辖6个街道、寒亭经济开发区和杨家埠旅游开发区，414个行政村（居委会），年末全区总人口37.2万人。

2013年，全区实现地区生产总值170亿元，同比增长10.2%；实现公共财政预算收入12.2亿元，增长12.5%；农民人均纯收入达到13232元，增长12%。工业经济稳步增长。规模以上工业增加值增长12.3%，利润、利税分别增长33.1%和25.6%。工业振兴"1030"计划中的40家企业的主营业务收入、利润、利税增幅分别高出规模以上工业企业8.3个、105.5个和41.4个百分点。科技创新能力不断增强，技改投资占工业投资的比重达到96%，新增市级以上企业技术中心和工程技术研究中心2家，实施"产学研"合作项目57项，两名企业人才被评为潍坊市高层次"双创"人才，被认定为"国家知识产权强县工程试点区"。现代服务业发展提速。服务业增加值达到65.6亿元，同比增长10.3%。中凯国际水产冷链物流园被列为全省重点服务业载体项目，中国兽药饲料交易大厦、环宇机电大市场等一批项目主体已完工，青辰国际、辰硕大厦等商务楼宇入驻企业45家，引进3家保险公司到寒落户。杨家埠文化生态旅游项目顺利启动，朱里街道被评为"山东省旅游强乡镇"。都市农业品质提升。新认证标准化基地12.5万亩、"三品一标"农产品50个，新建农民专业合作社63家、联合社10家，新增市级农业龙头企业6家。3个基本农田土地整理项目基本完成，1万亩高标准农田建设、小麦产业项目县等项目进展顺利。完成成片造林1.58万亩，禹王生态湿地成功创建为国家级湿地公园。荣获"山东省平安农机示范县"称号。

高里街道禹王湿地一角 （摄影：窦涛）

园区经济迅速崛起。在全区布局中国食品谷、临港产业园、先进制造工业园、北海工业园、高新技术 产业园等"一谷四园"，加快主导产业板块化聚集。推进中国食品谷核心区建设，建成启用中国潍坊畜禽交易城，启动食品谷总部基地建设，中国食品谷核心区被列为国家级农业产业化示范基地和部省共建项目并被列入全市十大服务业集聚区之一。临港产业园开工建设兴业路、曲范路等3条道路，中俄农副产品出口仓储示范基地等5个项目正在加紧建设。先进制造工业园

"两横一纵"路网框架已经形成,强弱电、供排水等地下管网完成配套,年产5万吨柴油机连杆、曲轴锻件项目车间主体已完成,天润曲轴第一条生产线已批量生产。北海工业园核心区全面实现"七通一平",美洋康线缆、华源内燃机等项目进展顺利。高新技术产业园一期全面完成,进驻企业26家,山东省盐化工装备检验研究中心、山东水文科研基地等项目启动建设。全年"一谷四园"共完成基础设施投资3亿元,新引进项目20个,总投资近70亿元。

渤海路上的山东省首批特色商业街　　(摄影:王鹏)

城乡统筹协调发展。按照全域城市化目标,组织编制完成《寒亭区统筹城乡发展规划》《浞河片区控制性详细规划》等规划。启动城区18个片区的拆迁改造,寒亭宾馆、农机局等片区完成拆迁。投资5500多万元,完成城区12条道路的建设改造工程。总投资3.2亿元的开元立交桥正式通车。开通41路环城公交,公共自行车系统投入运营。投资1300多万元改造完成7个老旧小区、42.4万平方米的庭院管网,新铺设供热管网4.9千米,东部热源项目开工建设。稳步推进12个城中村改造工程,新建安置楼21万平方米。集中力量开展"三八六"环保行动,实施一批空气异味污染治理工程,启动重点污染企业退城进园,拆除10吨以下燃煤锅炉39台,西浞河治理完成总工程量的80%。小城镇建设成效显著,市级示范镇固堤街道启动市民文化广场和总投资25亿元的商贸综合体项目,固高路改建、李寒路延伸和白浪河禹王湿地景观路大桥全部完成,潍高路东西连接线和潍县北路拓宽改建工程进展顺利。推进旧村迁村并点,蔡家栏子、南纸房等农村新型社区建设取得较大进展。全面完成农房建设和危房改造任务。扎实推进城乡环卫一体化,将各街道垃圾转运站全部收归区里统一管理,创建市级生态文明先进街道3个。和谐城乡建设行动通过潍坊市考核验收。

改革开放纵深推进。158个村完成农村集体土地承包经营权确权登记工作,高里街道被评为"全市农村土地承包经营权确权登记工作优秀镇街"。依托区农村产权交易市场,组建潍坊市农村产权交易中心,齐鲁农村产权交易中心获批建设。规范农村产权交易程序,积极稳妥地推进农村土地承包经营权、林权和农业知识产权等农村产权交易,促成交易8200宗、交易额3.8亿多元。校长职级制改革不断深入,全区61名中小学校长全部纳入职级工资发放范围。深化财税体制改革,调整完善区街财政体制,稳步推进"营改增"试点。实施企业主辅分离,新成立服务业企业194家。全面推进大招商、招大商,建立项目评审机制,新引进项目59个,总投资106.7亿元。融资工作成效显著,累计融集到位资金8.38亿元,促成发放"三农"小微企业贷款13.2亿元,国瑞医药在深圳前海股权交易中心成功挂牌。开展"大项目突破年"活动,163个投资过千万元的重点项目顺利推进,全区固定资产投资增长18.8%。对外开放成效明显,寒亭区与韩国仁川广域市东区正式建立经济合作伙伴关系,全年进出口总额完成7.1亿美元,实际利用外资3766万美元。

民生建设力度加大。推动政府公共资源更多投向民本民生,民生支出占到公共财政预算支出的64.3%,高出全市平均水平6.1个百分点。寒亭区在全市群众满意度测评调查中由上年的倒数第二名跃居第二名。认真落实各项就业创业政策,对城乡居民统一进行免费技能培训和就业创业指导服务,建成寒亭区基层公共(就业)服务平台,城镇登记失业率控制在2.63%,转移农村劳动力5000多人。社会保障体系更趋完善,城镇职工医保待遇大幅提高,城乡低保和五保供养标准进一步提高,新建社区老年人日间照料中心5处。顺利完成190套经济适用房的分配,超额完成保障性住房建设任务。38处学校标准化建设和30个校安工程全部完成,学前教育三年行动计划稳步实施,新改扩建幼儿园7处。新农合大病保险启动实施,基层中医药服务能力提升工程和心理咨询服务工作扎实推进,政府购买基本公共卫生服务考核列全市第一,商城社区卫生服务站被评为"山东省星级社区卫生服务机构",区人民医院顺利通过"二级甲等综合医院"复审。被命名为"山东省民间文化艺术之乡""潍县布玩具"入选山东省非物质文化遗产名录,全区所有社区全部设立文化中心,以年画为题材的电视连续剧《大掌门》在央视八套播出。成功举办寒亭区第三届全民健身运动会。人口计生工作扎实推进,人口自然增长率为3.87‰。荣获"山东省社会主义新农村建设档案工作示范区"称号。

【杨家埠旅游开发区】 位于寒亭城区东南部,2001年3月正式成立,2008年8月独立建制。开发区占地5.9平方千米,区境北临张面河,中有浞河景观带纵贯南北,南界和西界与寒亭街道接壤,东与朱里街道毗连。辖齐家埠、南埠子、西杨家埠(习称杨家埠)、东杨家埠、东三角埠、西三角埠6个行政村。2013年,共有2443户、6719口人,耕地5068余亩。闻名中外的杨家埠木版年画即在于此,它起源于明初,兴盛于清代,延续至今,已有600多年的历史,杨家埠与天津杨柳青、苏州桃花坞并称为中国三大木版年画产地。杨家埠同时也是潍坊风筝的发源地。2006 年 5 月 20 日，杨家埠木版年画和潍坊风筝制作技艺同时被国务院列入第一批国家级非物质文化遗产名录。

西杨家埠村是潍坊风筝、年画的发祥地，是集民间年画与风筝于一体的国家非物质文化双遗产村。主要发展民俗旅游业，经营年画、风筝等民间工艺品。2000 年，得到世界旅游组织的充分肯定，2002 年，被评为“山东省历史文化名村”，并有中国民俗风情第一村的美誉。2009 年，被授予“山东省旅游特色村”、2013 年，被评为“山东省十大非物质文化遗产保护特色村”。村办企业杨家埠民间艺术大观园是山东省老字号和潍坊市老字号。2007 年，被评为国家 AAAA 级旅游景区。曾被授予“山东省旅游休闲场所十佳品牌”“全国农业旅游示范点”“56 个最具民族特色的景区”“中国低碳旅游示范景区”“国家文化产业示范基地”“山东省非物质文化遗产生产性保护示范基地”。

到 2013 年，辖区内已引进落户风筝缘民俗文化社区、宝地·御园、富庭大第、玫瑰花园、颐和庄园等 10 余个重点项目，涉及文化旅游、星级酒店、民俗居住体验等领域，计划总投资 35 亿元以上。到 2013 年底，已竣工 37 万平方米，有 7 个项目的一期工程建成使用。东、西三角埠两个村计划整体向西搬迁，在富亭街以南、友谊路以东区域，建设新村，总占地 446 亩，计划总投资 16 亿元，总建筑面积 80 万平方米，分三期建设。2013 年 12 月完成了项目一期 173 亩的拆迁倒地，将于 2014 年开工一期建设。

杨家埠大观园俯瞰　　（摄影：王鹏）

积极做好全国文明城市及省级文明区创建工作，先后投入 100 余万元，增添垃圾桶和垃圾清扫车，建立起全日制卫生保洁队伍，农村卫生环境持续改善。扎实做好就业和农村劳动力转移工作，劳动就业率不断提高。做好困难救助、失地农民生活保障等工作，努力完善社会保障体系，新农合参合率达到 100%，新农保参保率达到 95% 以上。到 2013 年底，累计投入 10 万多元，在辖区安装监控探头 31 处，实现全域监控，促进开发区平安建设。

主要负责人　周宝勇

管委会副主任　王安刚

【寒亭街道】 是寒亭区委、区政府所在地，全区政治、经济、文化中心，版图面积 63.3 平方千米，人口 8.69 万人，其中农村人口 3.46 万人。辖 42 个村，10 个城市社区居委会，耕地面积 5.6 万亩。2013 年，全街道完成固定资产投资 59 亿元，同比增长 96%；实现地方财政收入 12656 万元，完成全年计划的 116%。

寒亭街道加快实施“一心一轴两园两区三带”发展战略，全街道经济科学快速发展，社会各项事业全面进步，和谐文明建设扎实推进。一心，即在中心城区重点打造现代服务及生态旅游中心；一轴，即通亭街行政商务旅游发展轴；两园，即寒亭街道生态工业园和先进制造工业园；两区，即以寒亭近郊为主的都市农业区和生态绿化区；三带，即围绕泥河、涨面河与运河绿化美化为主的三条生态文明景观带。

以寒亭生态工业园和寒亭先进制造工业园为载体，通过突出招商引资和项目进区，不断完善基础设施建设。两个重点工业园区现已落户企业 59 个，累计投资达 140 亿元，现已形成机械制造、纺织、造纸、建筑机械、家具、建材等为主导产业的工业体系，其中潍柴铸造、恒联纸业、园友建机、天润曲轴等，已经发展成为全区支柱产业。2013 年，全街道规模以上企业主营业务收入完成 47.7 亿元，同比增长 21%，实现利税 5.6 亿元，实现利润 3.8 亿元。

坚持规划引导、特色品牌、土地流转、招商引资并举，走产业化经营的路子，现已形成以花卉苗木、精品瓜菜两个都市农业基地建设为重点，龙头带基地、基地连农户的产业化经营格局。2013 年，全街道完成土地流转面积达 4500 亩；新引进农科院良种、新绿达景观苗木、宏信园林等农业项目 3 个，花卉苗木面积、精品瓜菜面积均已达到 10000 亩以上，形成了特色鲜明、品牌带动的发展局面。

充分发挥区位优势，在加快发展物流、交通运输、批发零售、餐饮服务等传统服务行业的同时，注重金融、保险、咨询、家政等现代服务业的发展，建设和培育了华元商贸城、金海岸商贸城、商业步行街、通发瑞都广场，以及木材、煤炭、建材、文化旅游等大型商贸市场。以改善民生为目标，以城中村改造为重点，改造提升老城区，加快开发建设新城区。目前，全街道已有 19 个村实施了旧村改造，建筑安置面积达 200 万平方米，城乡建设投入 30 余万元，2500 户农民住上了楼房。

党工委书记　李忠强

办事处主任　叶增明

【开元街道】 位于寒亭区城区西部，面积 48 平方千米，辖 29 个行政村，3 个城市社区居委会，总人口 4.8 万人，耕地面积 1648.76 公顷。2013 年，地方财政收入 5107 万元，比上年增长 61%；工业实现销售收入 50.34 亿元，利税 4.96 亿元，分别增长 40.1% 和 28.9%。

开元街道立足打造潍坊中心市区北伸的服务业发展新高地和突破滨海一体化发展的战略前阵地，科学规划布局，加快产城融合，促进城乡互动、跨越发展。以打造全市现代服务业特色镇街为目标，着力培植以专业市场、商贸物流、总部经济为主的新型服务业，规划建设千亿级的"中国食品谷"高端产业聚集区和百亿级的"大三角"现代商贸服务区。目前，两大片区引进中凯冷链物流园、食品谷总部基地一期、佳乐家中央大厨房、红星美凯龙、环宇机电市场、中国兽药饲料交易大厦等一批大项目，计划总投资约150亿元，规划面积近500万平方米，现已开工建设和投入运营达100万平方米，带动从业人员近3万人。

按照"一轴、两带、两区"空间发展布局，持续加大投入，着力推进全域城市化进程。虞河以南区域，按照城市化标准，加快融入中心城区；虞河以北区域，重点通过加快实施"迁村并点"，实现"就地城市化"。以生态文明乡村创建为抓手，先后启动8个村的旧村改造，新建成鑫堡佳园、祥泰花园等居民小区；投资5000万元，实施农村道路网格化、饮用水安全、电力改造等基础设施配套工程，为居民创设优美舒心生活环境。

加快基本公共服务均等化改革，全面发展各项社会事业。着力改善民生，累计投资6000万元，统筹发展教育、医疗、养老等民生事业，让群众学有所教、老有所养、病有所医。大力服务民生，规划建设3个城市社区和8个农村社区，将计划生育、医疗等便民服务纳入服务范畴，打造"10分钟"便民服务圈。倾力保障民生，建立健全基本养老保险、基本医疗保险、低保救助等制度，积极推行安全生产、信访维稳网格化管理，提高群众幸福感和满意度。

党工委书记　孙令波

办事处主任　施其聪

【固堤街道】　位于寒亭区北部，面积152平方千米，辖73个行政村，16407户，6.8万人，耕地面积98675亩。2013年，街道完成地方财政收入1426万元，比上年增长18.6%；工业实现主营业务收入91799万元，上缴税金2453万元，分别增长31.07%和28.23%；农民人均纯收入11200元。

街道南承潍坊中心市区，北接滨海新城，地处"蓝黄"两大战略叠加开发的重点区域，区位优越，交通便捷，地域特色产业鲜明，2012年被列为"潍坊市小城镇建设示范镇"。街道现代都市农业发展迅速，现已发展现代农业园区14个，总面积达3.2万亩。其中，仅大棚西瓜种植面积已达2.5万亩，成为远近闻名的"西瓜之乡"。先进制造业已发展了临港产业园、龙达锌工业园和固堤工业园三大园区，基本形成了以医药物流、机械加工、纺织、食品加工为主导的工业体系。其中，临港产业园位于街道北部，紧邻滨海经济开发区，规划面积56平方千米，致力打造寒亭经济发展新的隆起带。小城镇开发建设取得新突破，以城镇西部片区开发为重点，新引进了滨海·福地世家、市民文化广场等项目，打造以商居楼宇、休闲娱乐为主体的现代服务业聚集区。

党工委书记　程国栋

办事处主任　孙新江

【高里街道】　位于寒亭区西部，面积145.1平方千米，辖83个行政村，6.39万人，耕地面积9733.2公顷。2013年，街道共完成固定资产投资11.59亿元，同比增长19.9%，实现地方财政收入966万元，农民人均纯收入11096元。荣获山东省农村集体经济组织清产核资工作先进单位、山东省社会保障所基层平台建设示范镇街、潍坊市阳光计生先进镇街、潍坊市人口和计划生育工作科学管理先进镇街、潍坊市第一批普及学前教育工作先进镇街、潍坊市2013年农村土地承包经营权登记颁证工作优秀镇街、潍坊市群众工作先进单位、潍坊市生态文明乡村建设示范镇街等荣誉称号。

加快经济转型升级。工业经济稳步增长，街道规模以上企业总产值31.22亿元，主营业务收入22.06亿元，利税2.55亿元，分别同比增长7%、13.6%和13.5%，完成固定资产投资11.59亿元，同比增长19.9%。科技创新能力不断增强，大力推进"产学研"结合，建立潍坊永和院士工作站和万亩河豚研发培育基地2处院士工作站，引导双蛟机械、永和药业和佳盛纺织等项目引进新生产线2条和新设备10余台（套）。都市农业品质提升。新成立家庭农场3个，完成流转土地2万亩，新建农民专业合作社21家，新增市级龙头企业2家。4万亩高标准农田项目和1万亩农业综合开发项目进展顺利。投资1.2亿元的美和牧业项目主体建筑基本完成，配套设施正在建设。投资5亿元的万亩河豚研发培育基地项目6个高标准养殖大棚基本完成，4个室外养殖区已建设完成。现代服务业发展全面起步，新成立服务业企业25家，巴斯夫商贸楼、供销商贸楼等一批项目开始招商，鑫鼎特色商业街项目进展顺利，十月天禹王文化产业园区顺利启动，禹王湿地成功申报为国家级湿地公园。

扎实推进民生事业建设。大力推进改水、改电工程，全街道实现自来水村村通、户户通。投资1500万元实施道路网格化工程，硬化路面12万平方米，修建砂石路18万平方米，提升居民出行条件和经济发展承载能力。110千伏变电站项目进展顺利，主体大楼已建至地上三层。协助做好固高路拓宽改建和潍日高速路面清障的服务工作。投资2000万元实施镇区亮化工程，打造潍坊市第一个LED路灯镇区全覆盖小城镇；投资200万元在街区主次干道安装红绿灯、监控摄像头和交通指示牌。积极与上级有关部门对接，启动固高路拓宽改建后戈翟村和杨家营子村安置区的建设工作。积极开展"三八六"环保行动，封堵污水直排口6处，整治自备井10眼，消灭畜牧业污染源3处，潍河综合治理项目即将进行招标。深化城乡环卫一体化工作，投资130万元提升城乡环卫一体化工作，采取市场化运作方式，加强与江苏淮安绿化公司和一鸣保洁公司合作，对全街道绿化和环境保护工作实行托管，提升街道绿化和环境水平。

各项社会事业蓬勃发展。成功举办首届农民才艺大赛，联合寒亭区文联成功举办“中国梦·高里情”文学、书画、摄影大赛。组织广场舞、扭秧歌、跑旱船等各类活动30余次，参与人数达500余人次。推进投资2800万元的高里中心学校项目二期、三期和投资1400万元的西王庄小学、朱马小学等省级规范化学校改造工程，落成第三所DMG希望小学——沈家营希望小学，街道先后荣获“潍坊市标准化学校示范街道”和“潍坊市学前教育先进街道”等荣誉称号。完善养老保障体系，利用旧校舍改造在西官亭村规划建设投资260万元的“湿地·夕阳红”日间照料中心；利用废弃工矿用地，采取民营资金投入的方式，与三科药业对接，落户投资2000万元的养康乐老中心项目。完善医疗保障体系，新农合、新城合、新农保参与率达100%。

党工委书记　张金海

办事处主任　辛　冲

高里街道禹王湿地莲藕喜获丰收　（摄影：窦涛）

【朱里街道】　位于寒亭东部，是寒亭区的“东大门”，与坊子、高新、昌邑三区市交界，版图面积112平方千米，辖88个行政村，6.5万人。2013年，街道实现工业总产值109.4亿元、主营业务收入104.5亿元、利税9.7亿元，同比分别增长18.1%、18.6%、18.5%。完成固定资产投资30.8亿元，同比增长49.7%。实现公共预算财政收入1212万元，同比增长18.8%。街道荣获山东省旅游强乡镇称号，并顺利通过省级安全社区验收，柳毅山生态文化旅游景区被评为国家2A级旅游景区，连续承办六届中国（寒亭）潍县萝卜文化节。

文化旅游业发展迅速。柳毅山生态文化旅游景区建设向纵深发展，完成景区总体规划，路、水、电、绿化等基础设施基本配套，建成柳毅湖、神泉、情缘谷、天池等十多处景点，情缘文化广场、接待中心、庙宇群等项目正在加紧建设，成功举办了第一届柳毅山相亲大会，一年两度的柳毅山庙会人气逐年攀升，柳毅山景区的知名度不断提升。

先进制造业上档升级。抓住寒亭先进制造工业园规划建设和市区突破滨海的重大机遇，加大招商力度，新引进华铃动力天然气抽油机、六和生物复合饲料添加剂和华源新能源发动机等3个投资过2亿元的项目，全部动工建设。富亨达新能源、新时代食品、克强冲压件等12个投资过千万元的项目开展续建扩建，汇力达钢管、恒德纸业等老工业企业实现增资扩产和转型升级，企业经济效益不断提高。

现代农业不断提升。充分发挥农业传统种养优势，努力在抓规模、抓品牌上下功夫，重点围绕206国道、寒朱路两侧打造以俊清、益民为核心的生态农业示范园和潍县萝卜、朱里大姜为特色的二个“万字号”种植基地，成功培育潍县萝卜、柳毅山牌蔬菜、恒瑞调味品、祥源鹿产品等十余种农业品牌。其中，潍县萝卜、紫薯等5种农产品通过国家有机食品认证，潍县萝卜获准使用“地理标志保护产品专用标志”，“俊青”牌有机潍县萝卜等系列产品被评为中国著名品牌。农村经济专业合作社已达到83家，带动发展无公害蔬菜生产基地2万亩，培育花卉苗木基地2000亩。

商贸物流体系展新姿。凭借206国道、309国道的区位交通优势，推进柳毅山生态文化旅游景区、名流家俬、金正工业园等项目建设，加强旅游商贸中心和生态体验项目之间的联系，逐步形成文化生态旅游产业发展新格局。通过高标准建设，努力打造以“情缘”为主题、集“吃、住、行、游、购、娱”于一体的旅游——商贸——物流服务体系。

党工委书记　李中强

办事处主任　党好玲　（孙建松　张慧慧）

青　州　市

【国民经济和社会发展概况】　青州市总面积1569平方千米，辖4个街道、8个镇，共1060个行政村（居），全市总人口91.8万人。2013年，实现地区生产总值504.3亿元，增长11.1%。其中，第一产业增加值47.5亿元，增长3.5%；第二产业增加值257.6亿元，增长11.4%；第三产业增加值199.2亿元，增长12.6%。三次产业比重由上年的9.3∶53.2∶37.5调整为9.4∶51.1∶39.5，三产比重提高2个百分点。

农业　2013年，完成农业总产值95.2亿元，增长3.6%，其中，粮食、瓜菜、果品、畜牧、花卉所占比重达95%以上。粮食播种面积84.9万亩，粮食总产量32.7万吨，单产384.6公斤/亩。蔬菜面积40.2万亩，增长7.0%，蔬菜总产量147.3

万吨,增长7.6%。瓜类面积12.2万亩,与上年持平,瓜类总产量45.6万吨,增长1.6%。水果总产量10万吨,下降2.9%。肉类总产量10.2万吨,下降3.2%;禽蛋产量3万吨,下降4.2%。全市农业机械总动力达192.7万千瓦,增长6.3%。其中,农用运输车45046辆,增长0.4%;农用拖拉机12808台,增长5.9%;联合收获机2420台,增长2.2%;节水灌溉类机械9916套,增长0.5%;节水灌溉面积达58.9万亩,增长0.8%;农村用电量79811万千瓦小时,增长15%;化肥施用量12.9万吨,下降9.2%。

工业及建筑业。2013年,全市规模以上工业企业524家(含青州卷烟厂,下同),实现总产值1509.7亿元,增长13.3%。规模以上工业企业实现主营业务收入1483.7亿元,增长13.6%;实现利税133.8亿元,增长24.7%;实现利润70.8亿元,增长25.4%。实缴税金过千万的工业企业达到24家,比上年新增3家;实缴税金过五千万的工业企业达到6家,比上年新增1家。规模以上工业企业综合能源消耗量为158.3万吨标准煤,取水总量为1040.3万立方米,规模工业万元增加值能耗和万元增加值水耗均完成节能目标。全市三级及以上资质建筑企业44家,签订合同额99.4亿元,其中,本年新签合同额57.8亿元,同比增长6.9%;实现建筑业总产值78.1亿元,增长11.4%;营业收入77.4亿元,增长20.8%,实现营业利润5.4亿元;房屋建筑施工面积747万平方米,增长16.3%。

贸易与旅游。2013年,全市实现消费品零售额161.1亿元(不含中石化、中百等产业活动单位的分劈数据),比上年增长16.0%。其中,批发零售业占主导地位,实现零售额144.8亿元,占总零售额89.9%。大众类消费增长较快,粮油食品类增长17%,服装类增长22.4%,化妆品类增长27.6%,金银珠宝类增长30.8%,日用品类增长32.7%,鞋帽类增长44.2%。全市进出口总额4.8亿美元,比上年增长13.2%。其中,出口3.9亿美元,增长12.3%;进口0.8亿美元,增长17.7%。利用外资量质齐升,全年合同利用外资10172万美元,增长62.5%;实际到账外资4717万美元,增长14.8%。全年派出外派劳务人员848人,增长22.6%。

2013年,全市新建续建文化旅游项目40个,被确定为省乡村旅游示范县,云门山文化旅游度假区创建为省级旅游度假区。5A级景区创建工作全面启动,“古城热线”效应初步显现。全市现有4A级旅游区3个,3A级旅游区5个,注册旅行社21家。全年共接待国内外游客548.7万人次,增长12%。全市旅游总收入51.9亿元,增长16.2%。

固定资产投资及房地产。2013年,全市固定资产投资完成359亿元,比上年增长19.9%。从投资结构看,第一产业投资6.2亿元,增长2.6%;第二产业投资144.4亿元,增长20.3%;第三产业投资208.4亿元,增长20.2%;三次产业投资比重为1.7:40.2:58.1。2013年,房地产市场完成投资37.0亿元,比上年增长14%。商品房销售面积119万平方米,同比增长8%。商品房销售额46.1亿元,同比增长5.3%。

交通运输邮电业。2013年末,全市境内公路通车里程达2506.3千米,比上年末增加105.3千米。按行政等级分,国道89.4千米、省道181.7千米、县道213.1千米、乡道425.1千米、村道1597千米。按技术等级分,高速公路56.8千米、一级公路118.9千米、二级公路95.4千米,其它2235.2千米。全市拥有出租车469辆,客运班车293辆,客运线路51条,年末实有公共汽车运营车辆326辆(含校车、小公交),公交线路40条(含校车线路17条)。加快发展绿色交通,累计建成公共自行车站点528个,投放自行车10000辆。公共自行车租赁系统被列为国家公共服务标准化试点。全年完成公路货运周转量803689万吨千米,客运周转量80255万人千米。完成邮电业务总量6.2亿元,比上年增长5.1%。其中邮政业务总量4675万元(不含速递),下降3.1%;电信业务总量5.8亿元,增长5.9%。年末固定电话用户(含小灵通)14.6万户,移动电话105.9万部,年末互联网用户11.8万户。

财政、金融、保险。2013年,全市完成财政总收入71.2亿元,比上年增长17.5%。公共财政预算收入34.3亿元,比上年增长18.1%;其中:税收收入27.7亿元,增长20.1%;非税收收入6.6亿元,增长10.4%。全年完成国地税收入69.4亿元,比上年增长17.6%。其中,国税收入完成43.2亿元,地税收入完成26.2亿元,分别增长15.6%和21.2%。完成公共财政预算支出40.5亿元,增长26.0%。重点支出得到较好保障,教育、社会保障、医疗卫生支出分别增长26.6%、9.8%、2.1%。全市新增银行1家,总量达到13家,金融机构本外币各项存款年末余额531.1亿元,较年初增加81.7亿元,增长18.2%,其中,城乡居民储蓄存款余额349.4亿元,较年初增加47.4亿元,增长15.7%。金融机构各项贷款余额397.9亿元,较年初增加66.5亿元,增长20.1%。

截至2013年年末,全市拥有商业保险分支机构38家,全年实现保费收入9.4亿元,比上年增长12.5%。其中,财产险保费收入3.6亿元,增长18%;人寿保险保费收入5.7亿元,增长9.3%。全年财产险业务支付赔款12232万元,增长13.3%,赔付率为33.9%;人寿保险业务支付赔给付款15746万元,增长57.3%,赔付率为5.5%。

科学技术。2013年,争取国家级计划项目1项,省级4项,潍坊市级28项,荣获潍坊市科技进步奖45项,再次荣获“全国科技进步先进市”称号。新增省级企业技术中心1家、潍坊市级4家(含1家工业设计中心);新增6家潍坊市级工程技术研究中心,潍坊市级工程技术研究中心发展到36处;建设潍坊市重点实验室2处,全市潍坊市级重点实验室发展到5处；新增潍坊市创新型试点企业4家，全市省级创新型试点企业发展到2家，潍坊市创新型试点企业10家。2013年，全市实现高新技术产业产值268.3亿元，同比增长16.2%，占规模以上工业比重达到17.8%，比年初提高2个百分点。全市专利申请量1726件，比上年增长31.3%，专利授权量830件，比上年同期下降12.9%。全市引进硕士以上高层次人才275人，其中博士生52人，建成了第一家博士后科研工作站——华盛农业博士后工作站。评选青州市第六批专业技术拔尖人才12人、首席技师10人。截至2013年年底，全市共有中国驰名商标8个，山东著名商标35个，注册地理标志证明商标6件。全年新增山东名牌4个，累计拥有16个，办理企业标准登记2048次。全年共对277家企业的475批次产品进行了抽检。全年共进行各类气象服务795次，接受电视新闻天气预报专访6次，发布灾害性天气预警信息53次，编发灾害预警决策服务短信36次，重要天气预报26次，撰写农气服务材料17篇，收到了显著的社会经济效益。全年平均气温13.3℃，最高气温38.6℃，最低气温-16.2℃，累计降水量706.1毫米。

教育、文化、卫生和体育。2013年，全市拥有普通高中8处，在校生2.1万人；职业学校3处，在校生1.7万人；初中33处，在校生3万人；小学101处，在校生5.1万人；幼儿园204所，在园幼儿1.9万人；特殊教育学校1处，在校生50人。适龄儿童入学率100%、巩固率100%。

2013年，新成立古城艺术团，全市专业艺术团体达14个，专业文艺人员710人，进行文化惠民演出1208场次。举办各种大型展览121次，组织大型文艺活动260次，送戏下乡1059场次。全市13处镇、街道、开发区全部建有文化站；31支农村电影放映队伍，放映电影10000余场。成功举办“翰墨青州”书画年会，荣获省民间文化艺术之乡称号。非遗保护取得新成绩，《县域非物质文化遗产保护“一三五”模式》被评为首届山东省文化创新奖。2013年，全市拥有非物质文化遗产保护项目国家级1项，省级9项，潍坊市级29项。

深入推进公立医院改革试点。截至2013年末，全市共有各类卫生机构839个，其中医院3个，乡镇卫生院14个，妇幼保健院1处，疗养院1处，疾病预防控制中心1个，防治站所3处，门诊部、所101处，村卫生室679处，其他卫生机构12处、个体开业人员24处。各类卫生机构共有卫生技术人员8995人，其中执业（助理）医师4552人，护师3935人；床位5042张，其中医院4035张。

2013年输送的运动员参加第十二届全国运动会获金牌1枚、银牌1枚、铜牌1枚；参加潍坊市2013年锦标赛获得奖牌108枚。建成120处村级体育广场，体育器材配套到位。新增体彩站点5处，现有体彩销售站点83处，全年完成体育彩票发行1.01亿元。

城乡建设。2013年，全市建成区面积49.3平方千米。城区新增道路面积46万平方米，新增排水管道59.4千米；年末城市道路面积982万平方米，城市道路长度554千米，排水管道总长度698.6千米。建成区绿化覆盖率和人均公共绿地面积分别达到46.2%和25.5平方米。城市供热面积不断扩大，新增供热面积53.9万平方米，年末城市集中供热面积达791.6万平方米；积极推广清洁能源的应用，新增天然气管道95.3千米，达525千米，天然气用气人数达26.1万人。全市小城镇建设投资24.6亿元，其中公共基础设施投资9.8亿元，新增排水管道128.8千米，新增绿地60.1公顷，新安装路灯1032盏。小城镇建成区面积达到18.9平方千米，镇区道路硬化率达到99%。开工建设各类保障性住房2366套，完成农村住房建设5245户、危房改造858户。城乡环卫一体化深入实施，普及率达到95%。邵庄镇被列入省“百镇建设示范行动”第二批示范镇。

环境保护与安全生产 2013年，全市可吸入颗粒物、二氧化硫、二氧化氮日平均分别为0.056毫克每标准立方米、0.048毫克每标准立方米、0.036毫克每标准立方米，达到国家控制标准。环境噪声达标面积30.5平方千米，工业废水排放达标率，工业烟尘排放达标率，工业固体废物综合利用率，集中饮用水水源水质达标率均达到100%。青州国家地质公园被评为首届“中国最美地质公园”，入选全国第五批小农水重点县和首批中小河流治理重点县建设项目，弥河文化旅游度假区湿地公园成功跻身国家湿地公园行列，弥河、阳河被评为省级水利风景区。2013年，全市共发生生产安全事故35起，死亡13人，同比分别下降42.6%和48%。

人口、就业和社会保障。2013年，全市出生人口8543人，出生率9.27‰；死亡人口4743人，死亡率5.15‰；自然增长率4.12‰。据公安部门统计，年末全市户籍总户数268955户，户籍总人口924506人，其中，男性465665人，女性458841人，平均每户家庭人口3.44人。

全市城镇新增就业人员13652人，完成全年目标任务的124%。城镇失业人员再就业3500人，其中困难群体再就业728人；城镇登记失业人员1299人，年末城镇职工登记失业率为3%；农村劳动力转移输出15598人。2013年年末，城镇职工基本养老保险、基本医疗保险参保人数分别为15.5万人和13.5万人，分别比上年末增加8955人和5809人。失业、工伤和生育保险参保人数分别为7.4万人、10.5万人和7.9万人，分别比上年末增加21650人、1416人和3202人。城乡居民社会养老保险参保人数达51.9万人，比上年末增加8000人。城镇居民医疗保险参保人数达12.7万人。全市拥有敬老院8个，敬老院床位1960张，收养各类人员1461人。年末城市享受最低生活保障2153人，城市低保标准提高到每人每月410元，月人均补助水平由215元提高到267元。农村享受最低生活保障20952人,农村低保标准提高到每人每年2400元,月人均补助水平由117元提高到140元。农村五保集中供养标准由每人每年不低于3000元提高到不低于4800元,农村分散供养标准由不低于2200元提高到不低于3600元。

【翰墨青州·2013中国书画年会】 2013年9月28日在青州市开幕,10月7日结束。本届年会集书画艺术展示、学术交流、艺术品交易为一体,主场馆展览面积达3万平方米,同时还设有青州博物馆、青州市艺术馆、界山艺术馆、青州书画艺术城、泰丰书画古玩城、宋城书画馆六个分场馆,展出作品2000余幅,由"当代名人名家巨幅作品展""青州画廊收藏精品展""全国中青年书法50人提名展"等六大板块组成。本届书画年会有三大亮点:书画同台、草根巨匠同台和画家画廊同台;三大看点:尺幅大、数量多、作品精。年会期间共有50余万人参观,对潍坊、山东乃至全国书画艺术水平的提高起到了积极的推进作用。

【青州成为潍坊市首个国家历史文化名城】 2013年11月18日,国务院批复同意将青州市列为国家历史文化名城,成为潍坊市首个国家历史文化名城,至此,我国国家历史文化名城共达123座,青州也是继曲阜、济南、青岛、聊城、邹城、临淄、泰安、蓬莱、烟台之后,山东省第10个国家历史文化名城。

【王府街道】 位于青州市城区中西部,面积143.5平方千米,辖18个城市社区、84个行政村,1.94万户,人口11.8万,耕地面积4.12万亩。2013年,全街道完成地区生产总值73亿元,比上年增长18%;地方财政收入1.06亿元,比上年增长35.8%;工业实现销售收入290.78亿元,利税17.57亿元,分别增长12.37%和11.48%。

城乡一体,统筹发展。立足区位、交通、环境和资源优势,确立了"13423"工作思路,明确了以驻地城市化为核心,统筹城乡互动发展,全力建设生态文明、美丽自信、和谐一体王府街道的工作目标。对办事处驻地,实施有序开发建设,打造城市西南次中心。对东部城区,加快发展商贸服务业;对莲花盆片区,加快发展高效农业和电子工业;对赵河片区,加快发展特色农业和制造业;对刘井和下逢片区,加快发展生态特色旅游。

做强支撑,转型发展。积极争取国家低丘缓坡试点土地指标,形成民营科技创业园南区、北区和莲花盆电子工业园"三足鼎立"的工业发展格局。积极打造以古城游为核心的文化古城旅游和以井塘、南闫、张家峪和玲珑山"三村一山"为主体的生态旅游黄金线。现代农业上档升级。依托青州蜜桃国家地理标志商标品牌优势,大力发展有机循环农业。

紧扣民生,和谐发展。坚持把道路建设作为基础民生,把发展教育作为核心民生,把强村富民作为长远民生,让广大群众共享科学发展成果。全面完成植树造林任务,绿化荒山3万亩,植树600多万株。完成4处小学、2所初中校安工程建设,新建4处省级规范化幼儿园,实现了东西部教育均衡发展。"三八六"环保行动扎实推进,城乡环卫一体化实现全域化,农村平安亮化和安全饮水完成全覆盖。

党工委书记　吕耐彬

办事处主任　曲荣智

【益都街道】 位于青州市西北部,辖区面积56.1平方千米,辖17个社区、39个行政村,24053户,8.3万人,耕地面积4.02万亩。2013年,全街道完成地区生产总值67.5亿元,比上年增长15%;地方财政收入12315万元,比上年增长20%;工业实现销售收入114亿元,利税9.5亿元,分别增长11.2%和26.6%;第三产业增加值达30.24亿元;农民人均收入15010元。

工业经济转型发展。规划建设了经济开发区益都项目区、镇区工业起步区,新上龙马新能源、尧王大输液等项目,建成3家省级高新技术企业,培育新能源、生物制药等新兴产业。拥有尧王制药等年纳税过百万企业十余家。

物流业规范提升。引进中晨物流园等2家投资过10亿元市场,工业原材料城等大型市场投入运营,形成309国道物流产业带。新上天保工贸钢板型材等项目,向生产性物流迈进。

城市形象极大改善。联升富贵苑等花园式小区相继入住,提升背街小巷硬化亮化绿化水平,设立5处网格化大社区,推进精细化管理。

镇区建设按步实施。规划建设工业区等5大功能区,形成"井"字型道路体系,中医药服务楼投入使用,为民服务中心等5大服务中心即将投入使用。

现代农业蓬勃发展。拥有10家潍坊市级以上农业龙头企业,带动发展马官水貂等特色农业基地,形成以309国道、吕东路为轴心的花卉苗木产业带。

党工委书记　赵凤鸣

办事处主任　王玉荣

【云门山街道】 位于青州市中心城区,东临花卉发展区、南接云门山生态文化旅游区,总面积67.8平方千米,辖63个行政村,6个居委会,人口10.8万人,耕地面积2.5万亩。2013年全街道完成地方财政收入过亿元;工业实现销售收入1105005万元,利税77037万元,分别增长8.8%和18.7%;第三产业增加值达185461万元;农民人均收入15173元。

辖区交通便利,有五纵五横10条主要干道;旅游资源丰富，有云门山、驼山、广福寺、元代真教寺、昭德古街等名胜古迹；工业基础良好，形成了以卡特彼勒山工为龙头，以卡特彼勒工业区为载体的高端工程机械制造产业聚集区；现代商贸服务业发展迅速，形成了大润发、中百佳乐家、泰丰购物广场为代表的现代商贸综合体，以海天干鲜货、瓜市副食品、传信楼服务鞋帽为代表的专业市场物流群；城市建设与管理水平较高，以中央商务区、中国书画艺术城、世纪泰华城、亿丰时代广场、市民文体活动中心、规划科技展馆、美术馆为代表的东部新城建设初具规模，海岱苑、益王府等新型"网格化"城市社区管理服务水平不断提升；街道生态秀丽、宜商宜居，是青州市旅游、居住中心和新崛起的经济、商贸中心。

2013 年，街道以全力打造"生态秀美宜居地、经济繁荣云门山"目标，扎实抓好经济发展和各项社会事业，先后被评为"省级文明单位""山东省社区建设示范街道""山东省公民道德建设示范点""山东省民族团结进步先进集体""山东省爱国卫生模范街道""山东社会文化先进街道"。

党工委书记　冷传波

办事处主任　张红伟

【黄楼街道】　位于古城青州城区东部，区域面积 90 平方千米，辖 96 个行政村，人口 8.3 万人，耕地面积 8.8 万亩。境内 309 国道、325 省道、宝通街、长深高速、胶济铁路纵贯南北，青州的母亲河——弥河自南向北蜿蜒近 20 千米穿境而过，交通便利，区位优势明显。2013 年，全街道完成地区生产总值 51.86 亿元，比上年增长 15.2%；地方财政收入 5043 万元，比上年增长 23.7%；工业实现销售收入 85.46 亿元，利税 6.15 亿元，分别增长 8.9% 和 16.1%；第三产业增加值达 19.1 亿元；农民人均收入 12276 元。

辖区内土地肥沃，气候条件优越，四季鲜花盛开，风光秀丽如画。经过 30 多年花卉生产基地的建设，20 多年花卉交易市场的发展和 13 届花博会品牌的打造，花卉产业已经成为黄楼街道的支柱产业，也成为青州市的一张靓丽名片。投资 20 亿元筹建，占地 1650 余亩的中国北方花卉苗木交易中心是"十二五"期间山东省十大农产品批发市场之一，截至目前，全街道花卉种植面积达 5.6 万亩，花卉专业村 52 个，从业人员 5.5 万多人，种植业户 1 万多户，年产盆花 2.4 亿盆，花卉品种 300 多个系列，1000 多个品种，花卉专业运输车 1600 多辆，花卉年产值 29 亿元，年交易额 40 亿元。形成了"城中有花，花中有城，车在花中行，人在花中游"的生态格局，是全国最大的草花和盆栽花生产基地，长江以北最大的花卉生产基地和集散中心。

党工委书记　刘全林

办事处主任　袁晓颖

【弥河镇】　位于青州市南部，面积 110 平方千米，辖 77 个行政村，14192 户，人口 5.5 万人，耕地面积 4.8 万亩。2013 年，全镇完成地区生产总值 90.6 亿元，比上年增长 21%；地方财政收入 3969 万元；工业实现销售收入 826466 万元，利税 93945 万元，分别增长 21.1% 和 22%；第三产业增加值 55642 万元；农民人均纯收入 13028 元。

镇党委、政府按照打造活力弥河、魅力弥河、和谐弥河、幸福弥河的工作思路，以全省"百镇建设示范行动"示范镇为总抓手，将全镇规划为北部工程机械工业片区、东部现代农业片区、西南生态文化旅游片区和中部综合服务区等四大片区，形成了"一城四区"的产业发展格局。工业发展提速增效，加快卡特彼勒工业园东扩南延，云内动力、欧泰隆重工等大项目投产达效。现代农业提档升级，以青州花卉公园、青州（国际）花卉创业园、山东华盛育种育苗中心等农业示范园区为依托，积极调整和优化农业产业结构，实现了农业增效、农民增收。文化旅游亮点凸显，云门山文化旅游度假区获批成为潍坊市首批、青州市唯一一处省级旅游度假区。城镇建设全面提速，建设完成为民服务中心、社区运动休闲中心和上院路等 6 条主干道路，启动中心卫生院新院、弥河佳苑建设，城镇承载能力和服务水平全面提升。

党委书记　赵延福

镇　　长　郇金刚

【王坟镇】　位于青州市西南部，面积 229.6 平方千米，辖 101 个行政村，14415 户，人口 5.1 万人，耕地面积 4.5 万亩。2013 年，全镇完成地区生产总值 9.28 亿元，比上年增长 13%；工业实现销售收入 442314 万元，利税 32098 万元，分别增长 18.6% 和 2.5%；第三产业增加值达 19327 万元；农民人均收入 9700 元。获得了中国优秀乡村旅游目的地、全国首批生态建设示范区、山东省旅游强镇、山东省特色产业镇、山东省文明镇等多项荣誉称号，是潍坊市经济发展规划中重点发展的生态旅游型小城镇。

王坟镇境内山脉纵横，生态良好，旅游资源丰富。有大小山峰 200 多座，河流 12 条。王坟镇依托丰富的旅游资源优势和生态优势，以"三项提升"为手段，努力做大做强乡村旅游产业，取得明显成效。2013 年，王坟镇共接待游客 30 余万人次，同比增长 35%。引进建设了投资 13 亿元的九龙峪景区、投资 5 亿元的清风寨景区、投资 1.5 亿元的百纳城酒庄有机葡萄种植基地等大项目，带动全镇旅游业发展持续向好；全镇兴办"农家乐"52 处，完善了乡村旅游发展模式；实施孝德文化工程，建成两处省级以上孝文化教育基地，使孝文化成为独特的旅游卖点；举办仰天山高山槐花节、西股香椿采摘节、青州市庆祝老年节等大型活动，发行《魅力王坟》《大山孝子》、王坟旅游画册等宣传材料，每两年举办一届孝文化艺术节，提升旅游品位,扩大文化的影响力。

王坟镇是著名的干鲜果品生产基地,常年果品产量2.6万吨。全镇拥有通过QS认证的果品加工企业130多家,年产山楂系列制品8万吨,占全国山楂制品市场份额的70%左右,占国际市场份额30%左右,被誉为“中国山楂制品第一镇”。王坟镇果品加工基地现已成为农业部第三批全国农产品加工业示范基地。

党委书记　陈湘颖

镇　　长　孙洪亮

【庙子镇】　位于青州市西南部,面积195.3平方千米,辖68个行政村,12186户,人口4.023万人,耕地面积3.2万亩。2013年,完成地区生产总值16.2亿元,比上年增长3.8%;地方财政收入3359万元,比上年增长33.2%;工业实现销售收入832881万元,利税20180万元,分别增长19.3%和22.3%;第三产业增加值达7782万元;农民人均收入11554元。

2013年,庙子镇社会各项事业都取得了显著成效。现代工业方面,完成庙子和楚家峪两个工业园区建设,打造工业转调示范区,共引进企业21家;生态农业方面,形成东峪、龙宫、南术店三大现代农业生产基地,建成万亩核桃基地、万亩杜仲基地、万亩苗木基地和万亩林果种植基地;旅游产业方面,完成了漂流项目和溪畔人家项目建设,规划仁河谷和黄花湾两个景区,启动国家5A级景区创建工作,旅游总收入过亿元;小城镇建设方面,打造“白墙灰瓦、绿树青石”特色小城镇;社会事业方面,全部完成校安工程、镇村道路建设、环卫一体化、平安亮化、安全饮水工程和卫生室改造工程,建设两处污水处理厂,新建横栏、朱崖两处“幸福院”,新建图书馆一处。

党委书记　张洪刚

镇　　长　孙培伟

【邵庄镇】　东接青州市区,西与齐鲁石化毗邻,面积164.8平方千米,辖92个行政村,2.03万户,人口6.89万人,耕地面积7.96万亩。胶济铁路、309国道、济青公路穿境而过,区位交通优势明显。2013年,实现公共财政预算收入6983万元,增长22%;规模以上企业完成主营业务收入103.8亿元,利税10.7亿元,利润8.9亿元,分别增长20.1%、34.8%和36.9%。

青州市猩山经济发展区,自2006年11月在邵庄镇开工建设,规划面积54.64平方千米,以汽车生产及配套、装备制造、新能源、高新技术为主导产业,全力打造新型、生态、现代化工业园区。截至目前,园区内总体规划布局合理、基础设施配套完善、工业项目初具规模,形成了猩山、杏木山、月山、江淮、稷山、佳山、普通高新技术“六园一区”工业项目园区,落户工业项目98个,其中投产达效67个。

邵庄镇属齐鲁文化圣地,历史文化悠久,文物古迹众多。境内石灰石、铁矿石资源丰富,有省内储量最大的褐铁矿。林果种植、畜牧养殖等有机农业发展迅速,已经初具规模,是有名的“柿子之乡”“冬雪蜜桃之乡”。环境优美,有著名的尧王山、黑山、雀山等旅游风景区。

党委书记　徐剑发

镇　　长　徐九华

【高柳镇】　位于青州市北部,面积96.6平方千米,辖71个行政村,15836户,人口5.3万人,耕地面积9.48万亩。2013年,全镇完成地区生产总值32亿元,比上年增长17%;地方财政收入1252万元,比上年增长28%;工业实现销售收入128000万元,利税20000万元,分别增长21%和19%;第三产业增加值达10666万元;农民人均纯收入12224元。

高柳镇地处三市四县交界,交通条件便利,区位优势明显。现代农业发展迅速,形成有机蔬菜、畜牧养殖、粮食生产为主的高产高效农业格局;工业发展初具规模,依托阳河工业园,搭建了招商引资新平台,形成机械制造、钢结构加工、塑料农膜、精细化工等产业体系;社会事业稳步发展,教育、就医、道路、居住等民生改造工程全方位推进,形成和谐发展的良好局面。

党委书记　李世斌

镇　　长　袁加龙

【何官镇】　位于青州市东北部,地处青州、寿光、广饶三县交界,东北与寿光相邻,西北与东营接壤,总面积115平方千米,辖74个行政村,19550户,人口7.2万,耕地面积13.8万多亩。镇区内交通便利,青银、东红高速公路交汇于境内,羊临路、济寿路穿境而过,青羊铁路横贯南北。2013年,全镇完成地区生产总值23.3亿元,同比增长15.8%;地方财政收入1331.6万元,同比增长39.4%;工业实现销售收入23.37亿元,利税1.89亿元,分别增长18.15%和22.62%;第三产业增加值达9336万元;居民人均纯收入11067元。

2013年,全镇工业经济发展迅速,口埠工业园、南张机械工业园、何官工业园扩容提升,园区内吉青化工、京青科技、方正机械、南张石油机械等高新技术企业不断壮大。山东吉青化工有限公司与中国工程院合作,成立院士工作站暨山东省绿色超细无机功能材料产业技术创新战略联盟。现代农业持续上档升级,有机农业特色鲜明,2013年,新成立家庭农场一处,为加速土地流转和经营模式创新起到极大的带动作用。南小王晟丰土地股份合作社与北京中信信托投资公司合作的“土地经营权流转信托化”项目已达成协议。村镇基础设施完善,第三产业繁荣昌盛,社会事业长足发展。

党委书记　曹建国

镇　　长　常方刚

【东夏镇】　位于青州市东北部,面积91.2平方千米,辖72个行政村,13262户,人口4.6万人,耕地面积7.24万亩。2013年,地方财政收入2414万元,比上年增长37.39%;工业实现销售收入83.79亿元,利税8.85亿元,分别增长20.46%和19.76%;农民人均纯收入11749元。

东夏镇交通便捷,长深高速、309国道、羊青路穿境而过。按照"11252"的工作思路,以建设"富裕进步、和谐幸福"现代化强镇为目标,突出工业发展一条主线,扎实做好"小城镇建设、新农村建设"两篇文章,深入推进"现代农业、三产物流、生态文明、民生工程、党的建设"五项重点工作,全面落实"提升工作标准、转变干部作风"两项保障性措施。该镇规划建设了东夏物流园,7家过亿元物流项目入驻园区;建立以镇区工业园为中心,以二府工业园、堂子工业园和309国道沿线工业区为代表的机械配件聚集区;重点扶持花卉苗木产业成为镇的新型主导产业;镇区休闲广场投入使用,王小新型示范社区建设走在全市前列,小城镇建设水平不断提升。

党委书记　褚兴春

镇　　长　陈　伟

【谭坊镇】　位于青州市东部,面积162平方千米,辖114个行政村,26814户,人口9.8万人,耕地面积15万亩。2013年,全镇完成地方财政收入3465万元,比上年增长11.5%;工业实现销售收入965414万元,利税76038万元,分别增长13.1%和22.5%;农民人均收入18984元。

谭坊镇是传统农业大镇,现有优质瓜菜生产面积13.5万亩,高档花卉、苗木、果品面积1.5万亩,形成了南部林果满坡、北部瓜菜飘香的现代农业发展布局,素有"中国瓜菜第一镇"和"状元故里、花卉之乡"之称,是山东省中心镇、山东省生态镇、全国一村一品示范乡镇。工业经济发展迅速,建成了东山工业园、两路工业园和八里工业园三大镇工业园区,限额以上企业34家,形成了农产品加工、机械加工制造、金属制品、高新技术等七大产业集群。小城镇建设日新月异,"高木小镇"等大型建设项目顺利推进,各类瓜菜、劳务、农资、生活必需品等大型专业市场30多处,是周边地区重要的生活必需品配给中心、价格生成中心。境内旅游资源丰富,宜子孙玉璧、赵秉忠状元卷、龙山文化、香山汉俑,"南山观林、香山看海、弥河泛舟"农业生态旅游每年都吸引大批游客前来观光。

党委书记　刘文革

镇　　长　朱英坤

【青州经济开发区】　位于青州市北部,面积70.2平方千米,辖69个行政村,15599户,人口5.9万人,耕地面积7.98万亩。2013年,全区完成地区生产总值198.43亿元,比上年增长26.3%;地方财政收入2.01亿元,同比增长37.1%;规模以上工业企业实现销售收入565.73亿元,利税19.87亿元,利润12.43亿元,分别增长16.2%、27.9%、29.3%;第三产业增加值达54.77亿元;农民人均纯收入11113元。

青州经济开发区坚持突出"工业发展"重点,全面推进各项招商引资工作,先后被授予"山东最佳投资园区""山东科学发展园区""潍坊市先进基层党组织""潍坊市先进省级开发区"荣誉称号。连续六年被青州市委、市政府评为年度科学发展综合考核一等奖。

截至2013年,落户青州经济开发区的注册企业658家,其中年主营业务收入2000万元以上的规模企业146家,初步形成了机械加工、海洋装备、石油化工、食品饮料、电子信息、橡胶技术等产业集群,涌现出中化弘润、青能动力、尧王制药、荣利中石油机械、山起重工、汇强重工、天容食品、金保罗饮料、奥普电子、施耐德捷远电器、盛泰橡胶科技等一大批龙头企业和重点骨干企业。青州经济开发区已成为青州市工业发展重要平台、高端产业聚集区和新的城市发展区。

党工委书记　宋执湖

管委会主任　庄新江

（刘洪昌　李琛琛）

诸　城　市

【国民经济和社会发展概况】　诸城历史悠久,汉代置县,始称东武,隋代称诸城,宋代为密州州治所在地,明清时期又称诸城,建国后设诸城县,1987年撤县建市。全市总面积2151平方千米。辖13个镇(街道)、1个省级开发区、235个社区(其中农村社区208个)。年末全市户籍总人口109.1万人。

县域经济竞争力持续增强。完成地区生产总值642.7亿元,增长11.4%。实现财政总收入79亿元、增长13.4%,其中公共财政预算收入57.1亿元、增长13.3%。收入结构进一步优化,税收收入占财政收入比重提高4.7个百分点,主体税收增长21.5%。完成固定资产投资402.4亿元,增长19.4%。规模以上工业企业实现主营业务收入2181.8亿元,增长14.1%。完成农村经济总收入2325.2亿元,增长14.6%。实现社会消费品零售总额183.8亿元,增长16.6%。完成进出口总额18亿美元,增长10%;实际到账外资9024万美元,增长8.6%。县域经济基本竞争力升至全国百强县(市)第32位。

产业转型实现新突破。三次产业比例调整到8.9∶57.1∶34。"三区两带多园"战略和"五个集聚区两大体系"建设加快推进。规模以上工业企业发展到707家,主营业务收入过10亿元的达到26家、过百亿元的3家,利税过亿元的24家。实施技改项目160个、完成投资70亿元;战略性新兴产业产值占比升至9.2%。省级以上研发中心达到35家,创建产业技术创新战略联盟8个,申请专利2468件,省级以上品牌达到182件,高新技术产业产值占比达到37.6%。连续五次被评为国家科技进步先进市。服务业增加值比重提高2.2个百分点。金融机构增加到62家,本外币存贷款余额分别比年初增加66.8亿元和55.5亿元。恐龙国家地质公园入选中国最美地质公园,恐龙文化旅游区获批省级旅游度假区。农业现代化水平不断提升,家庭农场增加到617家,潍坊市级以上农业龙头企业达到110家。畜牧业产值占比达到63.9%。被评为省级现代农业示范区,连续六年荣获全国粮食生产先进单位称号,连续七年荣获全国生猪调出大县称号。承办了全国烟叶收购暨现代烟草农业建设现场会。"三招三引"全面展开,签约及开工过亿元项目45个;引进成立研究院所(实验站)22家;引进高层次人才440名,其中,国家"千人计划"、省"泰山学者"各1名。

新型城镇化加速推进。完成新型城镇化发展规划编制,加快构建"1313"全域新型城镇化体系,城镇化率达到55.2%。城市功能逐步完善,中心城区片区化开发稳步推进,新开工高层楼宇71栋、封顶46栋。示范镇和农村新型社区建设有序推进,完成镇街驻地改造1365亩,改造提升社区服务中心100个,聚合区新竣工面积10万平方米。承办了全省农村新型社区建设工作会议。社区建设荣获"中国人居环境范例奖"。城乡基础设施日渐完善,完成兴华路东延、文化路改造等道路工程,建成东部、西南部热源点,新建改建农村公路241公里,建成投运220千伏水泊变电站和110千伏两河变电站,农村安全饮水实现全覆盖。"智慧诸城"建设进展顺利。城市经济、镇域经济、社区经济协调发展,财政收入过亿元的镇街达到6个。

生态环境不断改善。"三八六"环保行动完成年度任务。拆除城区小型燃煤锅炉18台,完成5家热电企业除尘脱硫脱硝治理工程,淘汰黄标车867辆,城区空气质量良好率保持95%以上。完成5家污水处理厂一级A升级改造,开工潍河、芦河、淇河等河流生态治理工程,集中式饮用水源地水质达标率100%。节能降耗成效明显,淘汰落后设备120台(套),15家企业通过清洁生产审核,万元GDP能耗、电耗分别降至0.61吨标准煤、433千瓦时,分别是潍坊市平均水平的65%和45.5%。开展了城乡环境、路域环境综合整治,城乡环卫一体化体系基本建成,成功创建国家园林城市,顺利通过国家卫生城市技术评估。完成成片造林5.6万亩,林木覆盖率、城市建成区绿化覆盖率分别达到37.6%和42.5%。密州森林公园晋升为国家森林公园。

社会建设全面加强。完成民生支出39.9亿元,占财政支出的65.4%。城镇居民人均可支配收入23788元、农民人均纯收入14408元,分别增长11.3%和12.5%。城镇新增就业1.7万人,转移农村劳动力2.6万人。社会保障持续扩面提标,城乡居民社会养老保险参保率100%。社会救助投入近7200万元,惠及困难群众6.2万人。建成保障性住房1758套。社会养老体系更加健全。高中学校布局进一步优化,建成投用中小学校15所,校舍安全工程全部完成,全省首批通过"全国义务教育发展基本均衡市"验收。文化惠民工程深入实施,被评为首届文化强省建设先进市。医疗卫生服务水平不断提高,启动基层中医药服务能力提升工程,基本药物零差率销售政策全面实施。人口计生工作保持良好态势。深化平安诸城建设,综治维稳、安全生产、食品药品安全等工作得到加强,被确定为全国安全生产隐患排查治理常态化机制建设示范地区,被表彰为全国平安建设先进市。

改革创新进一步深化。30个综合配套改革项目进展顺利。行政审批制度改革力度加大,取消审批事项41项,调整64项,审批效率大幅提高。户籍制度改革扎实推进,落户条件进一步放宽。农村经营体制改革更加深入,871个经联社完成产权改制,717个经联社完成土地承包经营权确权登记颁证,启动农村集体"三资"管理平台系统。健全土地节约集约利用机制,累计挖潜盘活存量土地2300亩。金融创新扎实推进,探索推行农村住房、大棚、土地承包经营权、林权抵(质)押贷款,通过债券、集合票据直接融资5.4亿元。

【荣获多项荣誉称号】 2013年5月31日,全国深化平安中国建设工作会议在江苏苏州召开。诸城市被中央综治委授予2009—2012年度"全国平安建设先进市"荣誉称号,这是潍坊市唯一获此殊荣的城市。诸城市委书记、市人大常委会主任陈汝孝参加会议并领奖。10月,诸城市荣获"首届山东省文化强省建设先进县市区"称号。11月,诸城市再次被评为全国科技进步先进市,这是诸城市连续5次获此殊荣。

【省委副书记、省长郭树清到诸城调研】 2013年7月24~25日,省委副书记、省长郭树清带领省政府党组成员到诸城市调研烟农专业合作社建设和发展情况。调研期间,郭树清听取了诸城悦贾烟农专业合作社的工作情况汇报,到辛兴镇鑫兴烟农专业合作社进行了实地考察,分别与合作社经理和烟叶农场经理进行了座谈,详细了解了合作社的规模、产权和专业化服务的具体流程等情况。郭树清对烟草企业在带动农业发展、实现农民增收方面所做的工作给予肯定。郭树清要求,烟农专业合作社要在服务好烟农的基础上,进一步挖掘潜力,拓展思路,积极探索服务大农业的新路子、新方法,不断壮大合作社实力,推进现代农业发展。

【全省农村新型社区建设工作会议在诸城召开】 2013年9

月29~30日，全省农村新型社区建设工作会议在诸城市召开。会议传达了省长郭树清关于加强农村新型社区建设工作的意见，总结交流经验，对下步工作进行了安排部署。副省长孙绍骋出席会议并讲话，潍坊市领导刘曙光、夏芳晨及诸城市领导陈汝孝、张洪全等出席会议。与会人员参观了诸城部分社区，并对诸城市农村社区服务与管理工作给予好评。

【全国烟叶收购暨现代烟草农业建设现场会在诸城召开】 2013年7月3~5日，全国烟叶收购暨现代烟草农业建设现场会在诸城市召开。国家烟草专卖局党组书记、局长凌成兴，国家烟草专卖局副局长何泽华出席会议；副省长赵润田，潍坊市委书记杜昌文，潍坊市委常委、副市长孙起生及诸城市领导陈汝孝等参加。与会人员参观了诸城市闫家庄王汝礼农场、苏金祥农场、洛庄烟站、琅埠科技园等现代烟草农业建设现场，并对诸城市探索推行"家庭农场+合作社"生产经营组织模式，推动烟叶生产转型升级的做法给予高度评价。

【省委副书记王军民到诸城调研】 2013年6月6~7日，省委副书记王军民到诸城市就加快现代农业发展工作进行调研。在潍坊市领导杜昌文、王献玲、刘德成及诸城市领导陈汝孝、张洪全等陪同下，王军民实地察看了得利斯集团、冠泓工业化社区、辛兴镇辛兴社区、齐沟黄烟农场、密州街道东山社区大森林特种动物养殖基地，并对诸城市统筹推进农村社区化、农业现代化、农民市民化，着力解决三农问题，加快构建城乡一体化的经验做法给予充分肯定。

【密州街道】 位于诸城市城区东部，总面积105平方千米，辖19个社区，人口15.9万人，耕地面积4.7万亩。2013年，街道实现农村经济总收入402亿元；完成地方财政收入3.96亿元，比上年增长28.7%；限额以上企业实现销售收入258亿元，利税29.5亿元，分别增长18%和34%；居民人均纯收入15378元。

2013年，现代服务业发展迅速。街道共完成服务业固定投资73亿元，新开工楼宇82栋，新封顶76栋，其中开工高层楼宇29栋，共完工建筑面积120万平方米。积极推进清明上河园、时尚巴黎购物广场等10个在建服务业项目，强化鑫城购物广场、蓝博湾购物广场等已运营服务业项目的监管服务。全年现代服务业增加值完成66.8亿元；完成服务业投资73亿元，实现税收1.7亿元。工业经济转型跨越发展。新开工投资53.8亿元的裘皮产业园和投资3亿元的烟草物流仓储加工2个重点项目，督促华源生物制剂、金昊三扬脱硫除尘、华宏机械等续建项目投产达效。完成企业技改投资42亿元，完成技改项目32项。推进卢山生态休闲园、大王门社区草莓种植基地等项目建设；加快特种动物标准化养殖和品种改良技术推广，推进特种动物养殖产业内涵式发展。城乡基础设施不断完善。完成兴华路东延段的主体铺设，启动驻地南路建设，推进城东热源点、东鲁学校、东武小学、卢山小学等基础设施建设。

党工委书记　刘永军

办事处主任　张晓升

【龙都街道】 位于诸城市城区西部，面积101平方千米，辖20个社区，31673户，人口10.8万人，耕地面积4067.7公顷。2013年，全街道完成地区生产总值57.6亿元，比上年增长23%；地方财政收入2.54亿元，比上年增长33.9%；工业实现销售收入205亿元，利税15.4亿元，分别增长29.8%和23.2%；第三产业增加值达30.5亿元；农民人均纯收入15634元。

2013年，龙都街道形成了"一园一带两组团"的产业发展格局。龙都产业园布局纺织服装、装备制造、冷链物流、生态农业四大板块，总占地12平方千米，投资68亿元建设了龙海水产品冷链物流、昊宝高档服装、天耀婴童针织服装等大项目；培育起杨春商贸城、杨春汽贸城、东升物流城等大型专业市场6个；建设大源生态农业示范园区、龙泽生态园等千亩以上的镇街级农业产业园区4个，潍坊市级农业龙头企业发展到14家，培育标准化专业合作社41家，注册家庭农场35个；共规划建设杨春数码科技广场、佳和世纪城等高端城市综合体项目4个，建设高层楼宇170栋，其中17层以上楼宇110栋，房地产开发面积累计达360万平方米。建成科信小学等6处省级标准化社区幼儿园、5处社区小学、1处城区小学，一体化卫生室达到31处，五保老人集中供养率87%。荣获省级文明村镇、全省百镇千村建设示范工程文化特色建设示范镇等荣誉称号。

党工委书记　王　勇

办事处主任　张　伟

【舜王街道】 位于诸城市城区北部，面积178平方千米，辖18个社区，2.1万户，人口6.8万，耕地面积10.4万公顷。2013年，全街道完成地区生产总值42.5亿元，比上年增长13.5%；地方财政收入0.6亿元；工业实现销售收入115.6亿元，利税12.3亿元，分别增长26.8%和22.6%；第三产业增加值达14.3亿元；农民人均纯收入16820元。

2013年，街道城镇规划布局进一步优化。按照新型城镇化发展要求，确立了"一点两带三区"的总体布局。工业转型升级加快，引进项目15个、高端技术人才35名。进一步加快青岛保税港区诸城功能区、舜王高端装备产业园建设，推动项目集聚发展。建成企业研发机构4家，新申请专利13件，实施技改项目11个。现代服务业发展提速，区内投资3亿元的中储棉诸城储备库项目已经国家发改委核准。永续·舜和苑、锦程·御台苑等楼宇项目进展顺利。农业现代化步伐加快。新增流转土地1万亩,新增合作社10家,总数达到151家。加快现代农业基地建设,发展高效农业示范园18处,发展家庭农场29家。注册优质农产品商标5个。公共基础设施不断完善。扩建驻地中心广场,建成投用新为民服务中心和九台社区服务中心。新修大柳家庄至无忌段等道路8条、40多公里,对丁麦路、五公里路等8条道路进行改造提升。实施7个社区34个自然村自来水主管道铺设和管网改造。对舜王污水处理厂进行一级A升级改造工程。社会管理服务不断深化。

党工委书记　秦嗣炜

办事处主任　孙海森

【枳沟镇】　位于诸城市西南部,面积85.2平方千米,辖9个社区,13276户,人口5.1万人,耕地面积3867公顷。2013年,全镇完成地区生产总值16.9亿元,比上年增长8.8%;地方财政收入2180万元,比上年增长0.7%;工业实现销售收入232006万元,利税20857万元,分别增长21.4%和20.1%;第三产业增加值达58313万元;农民人均纯收入10462元。

2013年,枳沟镇全面推进北杏社区红色文化生态小镇和北老屯社区绿色蔬菜生态小镇建设,着重突出"中心镇区"建设这个龙头,着力抓好东枳沟、西枳沟、乔庄、普庆4个社区的融合发展,规划建设了驻地中心商业街、乔庄工业园、现代农业园等特色产业发展板块,加快新型生态城镇建设。稳步推进东枳沟社区薛家官庄自然村126户居民的整村搬迁安置工作,复垦135.13亩,节余土地80.14亩,进一步加快了新型社区建设;坚持以项目建设为支撑,依托乔庄工业园,加快环保机械、生物科技、机械铸造、智领生物等9个续建项目的建设进度,加快培育国信橡胶、新润食品、丰沃新农等龙头骨干企业,推进项目集群化发展;坚持以园区建设为载体,培育壮大现代农业,成立农民专业合作社104家,签订土地流转合同5233份,流转土地1.9万亩,发展现代农业园区10个,引进农业招商引资项目2个,农业龙头企业6家,培育家庭农场53个、种植大户110多家,促进了经济社会转型跨越发展。

党委书记　冯士磊

镇　　长　范昕昕(女)

【贾悦镇】　位于诸城市西部,面积288平方千米,辖27个社区,2.8万户,人口10.9万人,耕地面积23.5万亩。2013年,全镇完成地区生产总值28.65亿元,比上年增长13.9%;地方财政收入6709万元,比上年增长10.9%;工业实现销售收入38.6亿元,利税4.3亿元,分别增长14.5%和16.4%;第三产业增加值达10.8亿元;农民人均纯收入1.27万元。

2013年,全镇规模以上工业企业达到35家,销售收入过亿元企业12家,利税过千万元企业10家。贾悦商贸城、孟疃建材城、马庄农产品批发城和驻地3公里商贸街"三城一街"区域商业格局初步成型,现代物流企业发展到5家,新增规模以上服务业企业15家,储蓄余额达到11.6亿元。植烟面积达3.6万亩,农民增收1.5亿元,顺利迎接全国烟叶收购暨现代烟草农业建设现场会。培育起农民专业合作社140家,家庭农场135家,300亩以上示范种植园区110个,规模养殖园区38个,各级农业龙头企业11家,建成省级优质农产品示范基地8个。"三品一标"认证达到16个,农产品商标12件,优化保持了井邱茄子、杨庄芹菜、甜宝草莓等20多个特色农产品品牌。王家哨子自然村被评为省级计划生育村民自治示范村,和利农业达到国家一级标准化,马庄社区被命名为全国综合减灾示范社区。

党委书记　杨连富

镇　　长　管延升

【石桥子镇】　位于诸城市西北部,面积169平方千米,辖18个社区,1.7万户,人口6.4万人,耕地面积1万公顷。2013年,全镇完成地区生产总值36.3亿元,比上年增长20.6%;地方财政收入3475万元,比上年增长28.1%;规模以上工业实现销售收入17.2亿元,利税4.1亿元,分别增长19.6%和38.9%;第三产业增加值达3.8亿元;农民人均纯收入12120元。

2013年,全镇工农业经济发展迅速。紧紧围绕高端制造、木器、食品三大主导产业,广泛开展产业链招商,共引进招商引资项目12个,总投资28.6亿元。全镇过千亩的农业示范园区11家,家庭农场80家,潍坊市级农业龙头企业9家。实施"东扩西移南拓"战略,把镇区面积扩展到16.2平方千米,划分为四个功能区:东部建设工业集聚区,西部建设现代物流聚集区,西北部建设现代农业休闲观光区,中部为行政办公区、商贸服务业聚集区和聚合居住区,打造新型城镇化体系。加大民生投入,投资5000万元完成综合教育区标准化改造,投资1500万元建成省标准化镇中心幼儿园、都吉台小学和社区教育学院,完成石桥子、楼子等6个社区幼儿园和8所小学校舍的除险加固工程;加强为民服务中心建设,不断完善集文化服务、文体健身、社会管理服务于一体的综合性文化广场;深化社区化发展,完成8个社区服务中心的改造提升。

党委书记　李　磊

镇　　长　邱世峰

【相州镇】　位于诸城市北部,总面积120平方千米,辖12个社区,71个自然村,2万户,人口6.9万人,耕地面积7267公顷。2013年,全镇完成地区生产总值32亿元,比上年增长

16.9%；地方财政收入3500万元；工业实现销售收入1703123万元，利税164795万元，分别增长18.5%和19.2%；第三产业增加值达103653万元；农民人均纯收入13210元。

2013年，相州镇紧紧围绕“建设富强文明和谐幸福的现代化新相州”目标，确定了“一核两带三园五区”的新型城镇化体系。全镇有限额企业46家，橡塑制品、生物医药、食品加工、新型材料主导产业突出，新开工了恒信基车辆部件、晨光电力铁塔、华宝熟食深加工、嘉德成套设备制造等7个投资过亿元的重点项目。坚持“商贸兴镇”，全镇有现代物流企业9家，个体业户3300户，银行机构3家、农民资金互助组织1家，金融网点遍布全镇各社区。坚持“产业富民”，高标准规划建设12个特色产业园区，有潍坊市级以上农业龙头企业6家，合作社155家、家庭农场30家，注册“刘墉”“鑫鲜”等农产品商标8个。年出栏大猪150万头、肉鸡180万只、珍稀动物存栏200万只。

党委书记　王雪玲(女)

镇　　长　李学勇

【昌城镇】　位于诸城市东北部，面积118.4平方千米，辖15处农村社区，1.6万户，人口6.5万人，耕地面积10.78万亩。2013年，全镇完成地区生产总值50.64亿元，比上年增长11.7%；地方财政收入1.2亿元，比上年增长59.6%；完成工业销售收入245.5亿元，利税18.7亿元，分别增长11.8%和17.3%；第三产业增加值达15.5亿元；农民人均纯收入16514元。

2013年，全镇坚持科学规划，驻地以芦河为轴、南北两翼并进发展，全域构建“一区三园三组团”的发展格局，建设特色昌城。坚持以产兴城，全镇规模以上企业发展到33家，其中，主营业务收入过亿元的23家、过百亿元的1家，拥有省级以上品牌10件，高新技术产业产值占比45%。重点实施得利斯国际食品城、佳士博和华昌食品冷链物流等优质项目，着力打造200亿级高端食品产业链条。吸引香港融汇集团投资118亿元建设龙城国际旅游度假区，提升开发刘墉栗园，建设10万平米的得利斯生态城市综合体，建设富强昌城。坚持生态优先，加快实施潍河、芦河、百尺河“三河”生态治理工程，扎实推进“三八六”环保行动，投资1200万元完成了昌城污水处理厂一级A升级改造，延伸拓展输污管网；投资600万元，完成了同路热电脱硝和脱硫改造工程，建设宜居昌城。

党委书记　于鹏展

镇　　长　方有海

【百尺河镇】　位于诸城市东北部，面积126平方千米，辖13个社区，14540户，人口5.21万人，耕地面积7470公顷。2013年，全镇完成经济总收入118.04亿元，比上年增长21.5%；地方财政收入2280.4万元，比上年增长11.5%；工业实现销售收入672469万元、利税84101万元，分别增长26.62%和27.87%；第三产业增加值达293847万元；农民人均纯收入12292元。

百尺河镇是山东省精密铸锻特色产业镇，规划建设的诸城精密铸锻产业园内有规模以上企业25家，其中精密铸锻企业15家，精密铸造、锻造、加工能力30多万吨，主导产品有数控机床和锻造设备、船舶和汽车部件、供排水阀门和管件三大系列2000多个品种。通过完善产业链、提升价值链、优化供应链，推动园区向现代科技型、功能服务型方向发展，产业向高端装备制造业和先进制造业方向发展，产品向数控装备和精细尖端的汽车、船舶发动机部件方向发展，工艺向电子化、自动化、绿色低碳方向发展。2013年，园区由国家工商总局注册了青潍铸锻城商标。园区内圣阳机械有限公司是山东省高新技术企业，三维管件有限公司是山东省特色产业镇明星企业。园区内现有山东名牌2件、省著名商标2个、专利产品90多件。

党委书记　李　向

镇　　长　王先信

【辛兴镇】　位于诸城市东部，面积72.2平方千米，辖11个社区，1万户，3.5万人，耕地面积4533公顷，是省级中心镇、省百镇建设示范镇、全国生态镇。2013年，全镇完成地区生产总值72亿元，比上年增长24%；地方财政收入1.06亿元，比上年增长25%；工业实现销售收入225亿元，利税30亿元，分别增长21%和23%；第三产业增加值达22.7亿元；农民人均纯收入13986元。

2013年，镇域综合实力持续增强。规划建设了生物医药产业园、高端装备制造产业园和现代农业园区三大园区，规模以上入园企业达到70家，销售收入过亿元企业25家。其中，胎圈钢丝国内市场占有率达30%以上，是全国最大、世界排名第二的胎圈钢丝生产基地；淀粉产能占全国总量的1/5，是全国最大的玉米淀粉深加工基地；现代农业园区培育起高效种养示范基地28个，成立家庭农场50个、农民专业合作社115家，累计完成农业品牌认证47个，建成全国规模化生态烟叶示范基地、全省现代烟草农业示范点，饮马泉蔬菜产业基地成功申报国家级菜篮子工程。新型城镇化加速推进。完成滨河仁居、聚金园小区、康宁小区3个聚合区建设，建筑面积9.5万平方米；投资1300万元，深入推进农村饮水安全和道路硬化工程。

党委书记　王桂华

镇　　长　徐开荣

【林家村镇】　位于诸城市东南部，镇域总面积325平方千米,辖27个社区,29127户,人口9.8万人,耕地面积18.5万亩,山场面积9.3万亩。2013年,全镇完成地区生产总值66.4亿元;地方财政收入5043.7万元,比上年增长2.8%;工业实现销售收入54.6亿元,利税6.1亿元,分别增长8.5%和10.9%;第三产业增加值达8.8亿元;农民人均纯收入12958元。

2013年,全镇工业经济快速增长。青岛产业园配套完善了园区内电网、供排水管网等基础设施。全镇共引进项目7个,投资过亿元的项目3个。围绕花生、黄烟、林果、蔬菜、养殖五大主导产业,突出区域化布局,专业化生产,规模化经营。新增黄烟面积2000亩,发展300亩以上的种植业园区12个,200亩以上的特色林果基地6个。完成污水处理厂一级A升级改造,配套供排水排污管网3.5公里。对全镇的部分小学初中进行达标扩建,新建石门小学和小寨小学;建成启用高标准综合病房楼,医疗卫生条件得到改善。新农保、新农合征收到位率达到100%;完成有线电视数字整转12600户;完成133个自然村安全饮用水工程,铺设供水管道204公里。

党委书记　王大鹏

镇　　长　孙希海

【桃林镇】 位于诸城市南部,面积142平方千米,辖11个农村社区,10500户,人口3.57万人,耕地面积6.2万亩。2013年,全镇完成地区生产总值38.59亿元,比上年增长19.7%;地方财政收入579.3万元,比上年增长26.1%;工业实现销售收入32.39亿元,利税1.94亿元,分别增长14.5%和16.8%;第三产业增加值3.59亿元;农民人均纯收入10009元。

2013年,桃林镇以建设"临港新镇、山韵茶乡"为目标,突出"三招三引"工作主线,加强园区、镇区、山区、社区"四区建设",推进招商与转调创工作,加快新型城镇化建设,有力地促进了镇域经济和社会各项事业的转型跨越发展。工业实力持续增强。投资2000余万元,加快山东头临港高端产业示范区的基础设施建设,重点抓了东厅食品加工、润农海洋功能性产品深加工、高档老年疗养中心等过亿元项目的规划建设。农业现代化水平稳步提升。打造"山韵茶乡",新发展茶园面积2000亩,引导企业建立自属绿茶种植基地1000亩。推进规模化经营,打造了草屋绿茶种植基地等8个特色农业园区。加快品牌培育力度,在已有"诸城绿茶"国家地理标志保护商标的基础上,新申报诸城黄樱桃、"密州红茶"2个地理产品保护证明商标,新申报潍坊市级农业龙头企业1家。

党委书记　林　飞

镇　　长　隋天宁

【皇华镇】 位于诸城市南部,面积192平方千米,辖14个社区,1.8万户,人口5.9万人,耕地面积6466.7公顷。2013年,全镇完成地区生产总值163.3亿元,比上年增长11%;地方财政收入2010万元,比上年增长9%;工业实现销售收入103.5亿元,利税11.4亿元,分别增长12%和24%;第三产业增加值达10.3亿元;农民人均纯收入14260元。

2013年,投资800万元,对镇西工业园、中小企业创业服务基地路网进行了完善提升,签约及开工过5000万项目12个。完成山水皇华百里自驾游总体规划,开工建设了石龙口生态观光园、镇图书馆、地方文化展馆等文化旅游项目8个。总投资2亿元的镇驻地房地产组团开发项目、封家官庄聚合区、寿塔聚合区等竣工面积1.5万平方米。新增3家诸城市级农业龙头企业,认证家庭农场28个。郝戈庄、寿塔生态小镇建设稳步推进。完成西小庄、封家官庄土地增减挂钩项目房屋搬迁工作。投资1012万元,完成诸王路大修主体工程,农村安全饮水实现全覆盖。投资2000万元,完成郝戈庄标准化学校一期工程并投入使用,柏戈庄标准化学校建设工程基本完工。投资300万元对敬老院进行了合并改造。18家规模以上工业企业、6家小微企业达到安全生产标准化规范要求。

党委书记　王学斌

镇　　长　李　刚

【诸城经济开发区】 位于诸城市主城区北部,面积56平方千米,辖6个社区,11327户、人口3.6万人,耕地面积3.6万亩。2013年,完成地方财政收入1.35亿元;限额以上工业实现销售收入119.9亿元,利税13.3亿元,分别增长35.3%和31.3% 。农民人均纯收入15500元。

2013年,全年新开工过亿元的大项目3个,总投资5.5亿元;续建项目5个,总投资25.6亿元。落实湖北商会投资10亿元的日月星8万吨玉米油深加工、投资5000万元的中铁铁龙物流运输项目等项目9个,总投资83亿元。实施技改项目32个,总投资13.4亿元,省级以上高新技术企业已经发展到15家,高新技术产值占比达到43.6 %。投资2.2亿元,完成了官庄片区四平路、纵一路南段、纵二路南段道路及雨污、热力、自来水等管网铺设,万兴路及高速公路上路口绿化带补植,明德学校建设,5个自然村的自来水安装工程。健全安全监管体系,有54家企业通过国家三级以上安全生产标准化评审。扎实开展"三八六"环保行动,舜河污水处理厂出水水质达到一级A标准,加大对潍河、尚沟河流域及养殖场治理力度,完成改造燃煤锅炉2台。

党工委书记　王洪发

管委会主任　刘华坡

【南湖生态经济发展区】 位于诸城市主城区南部,面积62.5平方千米,辖9个社区,1.1万户,人口3.9万人,耕地面积

2360公顷。2013年全区完成地区生产总值9763万元，比上年增长8.4%；地方财政收入4270万元，比上年增长10.2%；工业实现销售收入93亿元，利税7.3亿元，分别增长13%和10.5%；第三产业增加值达7亿元；农民人均纯收入14227元。

2013年，坚持“以人为本、生态优先、规划引领、基建先行”的发展理念，围绕“环山环湖，三区三轴”的发展框架，以提升城镇承载力和产业支撑力为重点，推动南湖区经济社会事业创新发展、科学发展。投资1000万元，聘请苏州设计有限公司进行总体规划，拉起“环山环湖、三区三轴”的发展框架。全力推进基础设施建设。重点开展了“六路、三河、两泵站、一湿地”规划建设。植物园路已完成道路基础施工，环湖东路输污泵站及压力管道已开工建设，以扶河、淇河、展村河生态综合治理为重点的生态环境治理工作已经全面展开，滨湖西路、环湖东路南延段、普乐街和融合路已完成清障和施工图纸的设计工作，城镇化发展的承载能力明显提高。

党工委书记　刘华坡

管委会主任　刘华坡

【高新技术产业园】　位于诸城市主城区东部，面积40平方千米，辖6个社区，6023户，人口2.2万人，耕地面积2.6万亩。2013年，限额以上工业企业实现销售收入20.8亿元，利税23390万元，分别增长24.7%和23.3%；农民人均纯收入15772元。

2013年，聘请省城乡规划设计研究院专家，科学编制园区总体规划和产业发展规划，将园区规划为汽车及零部件、智能装备制造、战略性新兴产业、高端生活服务四大产业板块，着力以科学规划引领率先发展。突出产业支撑。加快大项目引进，全年新开工建设过3亿元大项目6个，总投资63.6亿元。加快企业技改转型，全年实施技改项目11个，成立产学研联合机构5家。加快在建项目进度，对13个在建过亿元大项目，健全完善项目建设包靠和跟踪服务推进机制，确保项目建设快速推进。加快园区孵化平台建设，完善高端生产力服务平台和人才引进培养机制，推动园区高端高质发展。深化管理服务。以健全为民服务体系、社会保障体系、就业服务体系为重点，大力实施服务联动、文化覆盖、素质提升战略，全年共为群众办实事1200多件，化解各类矛盾纠纷400多起。

党工委书记　刘金明

管委会主任　刘金明　　（孙铭杰　孙艳华）

寿 光 市

【国民经济和社会发展概况】　寿光市总面积2072平方千米，辖15个镇（街道、经济开发区），975个行政村（社区）。2013年，全市户籍总人口105万人。全年实现生产总值701.3亿元，比上年增长11.2%。其中，第一产业增加值86.4亿元，第二产业增加值341.3亿元，第三产业增加值273.6亿元。全社会固定资产投资406.5亿元，公共财政预算收入70.7亿元，公共财政预算支出，78.4亿元。年末金融机构本外币各项存款余额639.6亿元，其中居民储蓄存款余额352.7亿元。社会消费品零售总额204亿元，进出口总额26.4亿美元，是“中国蔬菜之乡”。先后荣获“中国优秀旅游城市”“国家园林城市”“国家卫生城市”“国家环保模范城市”“中国金融生态城市”“国家生态市”“联合国人居奖”等荣誉称号。

加快推进产业之间的均衡。工业上，攻坚“转调创”，狠抓节能减排，全年实现主营业务收入1739亿元、利税135亿元，有29家企业主营业务收入过10亿元；新增2家国家级创新战略联盟，国家“千人计划” 达到4人，高新技术产业产比达到37.2%，高于全省6.97个百分点，实现四年翻番。农业上，主攻种苗、高端，建立了全国唯一的蔬菜分子育种公共实验平台，新增国家地理标志商标5个，拥有自主知识产权蔬菜新品种36个，蔬菜种苗年繁育能力达到13亿株。三产上，坚持规模化、特色化发展，以建设“百亿级物流园区”为目标，扎实推进“五十百千”工程。

加快推进城乡之间的均衡。突出城、镇、村三个节点，从建设管理、公共服务等方面推进城乡共融。按照“生态文化现代、开放包容大气”的理念，着力突破东城、提升老城，全市建成、在建高层建筑达到750栋，成为首批国家“智慧城市”试点市，荣获“中国人居环境奖”称号。坚持以“小城市”的定位，加快建设新型城镇，全年完成基础设施投入25亿元，有7个镇街地方财政收入过亿元，其中6个过2亿元、3个过5亿元。积极稳妥推进农村社区建设，全年全市新建大型农村社区20个，消除了集体经济收入5万元以下村。90%以上的村庄开展了环境综合整治。

加快推进发展与生态之间的均衡。坚持“均衡发展、生态优先”的理念，着力推进生态与经济良性互动、协调发展，规划建设193平方千米的双王城生态经济区，成为全国“美丽乡村”创建试点区。全年完成生态环保投入29.3亿元，在潍坊率先实现污水处理、卫生直管全覆盖，确定了34处永久性保护绿地，完成植树造林1600万株，通过“国家生态市”验收。

加快推进经济增长与民生事业之间的均衡。始终把保障和改善民生作为经济发展的最终目的，2013年，财政用于民生领域的投入达到50.3亿元，占财政总支出的64.2%。省级标准化卫生所覆盖率达到100%，成为“全国县域义务教育发展基本均衡市”，实现农村集中供水全覆盖，提高城乡低保人员补贴标准，开展选派“第一书记”推动“包千村联万户”“干部直接联系服务群众"活动,在潍坊市科学发展群众满意度、社会治安群众满意度调查中,寿光市均居第一位。

【稻田镇】 位于寿光市东部,面积136平方千米,辖112个行政村,2.6万户,人口9.5万人,耕地面积14.3万亩。2013年,全镇完成地区生产总值31亿元,比上年增长11.3%;地方财政收入5720万元,比上年增长32%;工业实现销售收入35.9亿元,利税3.8亿元,分别增长18.9%和30.2%。

狠抓招商,工业发展后劲不断增强。在寿北新落实阳波新型阻燃剂项目等投资过2亿元的项目2个,在镇区新上白灵菇深加工等投资过5000万元的工业项目6个,企业活力和竞争力进一步增强。

提质增效,农业优势不断放大。共流转土地5800亩,新上规模农业园区、畜牧业园区27个;田马瓜果市场二期、东稻田蔬菜批发市场、桂河芹菜产业园顺利投入运营,投资2.8亿元的田马电子交易市场主体框架完成。

统筹发展,城镇化进程明显加快。新启动南河崖、崔西、常乐营等社区建设;投资3500万元,先后更换镇区自来水供水主管道1万米,新修镇区道路3条(3500米)。

服务群众,民生保障更加有力。维修道路43条,改造总里程25公里;总投资1400万元的万亩高标准农田综合开发项目通过潍坊验收;3000亩基本农田整理项目完成。

党委书记　李增国

镇　　长　张　帅

【古城街道】 位于寿光市区北郊,与寿光经济开发区"区街合一"建制,总面积85.8平方千米,辖61个行政村,1.5万户,人口5.5万人,耕地面积7.8万亩。2013年,全街道完成地区生产总值59.6亿元,比上年增长39.6%;地方财政收入32447万元,比上年增长56.4%;全年规模以上企业实现销售收入52.3亿元、利税6.1亿元,分别增长19.6%和24.9%;第三产业增加值达55000万元;农民人均纯收入14800元。

新型工业实力雄厚。境内设有省级经济开发区,有联盟、巨能、墨龙等三大集团和康跃科技、光耀玻璃、福瑞化工、三洋木业等一批骨干企业。2013年,完成战略性固定资产投资37.6亿元、招商引资11.6亿元,规模以上工业企业达到58家。自2004年以来,寿光经济开发区在潍坊市综合排名中实现了"十连冠";在2013年山东省综合评价中首次跃升至第6名。

城镇形象显著提升。以原古城、北洛2处镇区驻地为依托,沿羊临路、寿济路、特钢路两侧建设了3条大型商业街;建成了康跃苑、特钢花园等5大生活居住区;构建起了"四横五纵"的路网体系;建成城北污水处理厂;建设占地1000亩的渤海物流园和占地400亩的安顺物流园。

农村社区加速推进。抢抓土地增减挂钩政策机遇,加快新型农村社区建设,将全街道61个村整体规划为洛东、洛中、尚临、古城、久安5大组团、14个社区,现已全部或部分建成9个、在建3个,涉及25个村。

现代农业独具特色。以西红柿生产闻名,系著名的"中国西红柿之乡",已获批1.5万亩国家级西红柿标准化示范区,全街道种植面积达到2.6万亩。

党工委书记　李铁柱

办事处主任　任光学

【侯镇】 位于寿光市东北部,面积218平方千米,辖86个行政村、1个居委会,3.24万户,人口10万人,耕地面积12.9万亩。2013年,全镇完成地区生产总值83亿元,比上年增长24.8%;地方财政收入5.3亿元,比上年增长42%;工业实现销售收入380亿元,利税18.6亿元,分别增长27%和37.8%;第三产业增长值达20.4亿元;农民人均纯收入15196元。

工业经济提质增效。全镇新开工过2亿元项目30个,续建过亿元项目13个,项目总投资达280亿元,其中8个项目投资超过10亿元。潍坊(滨海)寿光产业园在侯镇落户,并引进建设入园第一个项目——鲁丽木业生态产业园,总投资50亿元、占地3000亩。城市建设日新月异。按照建设"现代化特色小城市"的目标定位,加大镇区改造和开发力度。新开工建设了文景苑、百信·怡和佳苑、紫金花园等6个大型居住社区,全镇新增楼房建筑面积近80万平方米。投资2.9亿元,完成了四十米中心大街、五台镇区、岔河镇区的高标准改造,实施了镇区集中供热扩覆盖、天然气铺装工程。农业农村稳步发展。完成土地流转2000亩,建设农业园区3处、养殖小区3处。注册成立了全市第一家家庭农场,全镇家庭农场发展到65家。新成立各类农民专业合作社25家,全镇各类农民专业合作组织发展到113家。镇村两级完成成片造林1900亩,植树58万株,绿化总投资超过4000万元。社会民生持续改善。统筹资金近2亿元,完成了18.6公里镇村道路的新修改造,建设镇实验小学、五台小学、挑沟小学、24处卫生室。重新修编了《侯镇志》,创作出版《赵寄舟传》《李莪华传》《文化侯镇》等文学精品。举办"2013侯镇李莪华庙会暨第二届寿光市非物质文化遗产展演"和"宏源酒业杯"侯镇第四届文化艺术节等文体活动10场;开展"侯镇好人"等群众性创建活动以及"助残助困助学""爱心救助"等慈善活动,全镇有14人被评为"寿光好人"。

党委书记　卜庆华

镇　　长　苗光盛

【化龙镇】 位于寿光市西部,面积75平方千米,53个行政村，13924 户，人口 52845 万人，耕地面积 8.5 万亩。2013 年，全镇完成地区生产总值 21 亿元，比上年增长 19.1%；地方财政收入 3503 万元，比上年增长 25%；工业实现销售收入 67 万元，利税 7.9 万元，分别增长 28% 和 14.1%；第三产业增加值达 38000 万元；农民人均纯收入 14500 元。

化龙镇是“中国胡萝卜第一镇”，拥有一处大型胡萝卜批发市场和胡萝卜加工园区，被国家质检总局和农业部评为“国家级化龙胡萝卜标准化生产示范区”和“全国农产品加工创业基地”。2013 年，全镇胡萝卜种植面积超过 4 万亩，形成了种植、加工、销售、出口的全产业链条。全镇建成 500 亩以上的生产基地 15 家，发展河北、内蒙古、厦门等外埠种植基地 10 万亩，每年往韩国、日本、新加坡、缅甸等国家和地区出口胡萝卜 120 万吨。

党委书记　李存启

镇　　长　李　栋

【纪台镇】 位于寿光南部，西临弥河，南与昌乐、青州两县市搭界，总面积 90 平方千米，辖 72 个行政村，人口 5.4 万人，耕地面积 7.4 万亩。2013 年完成地区生产总值 21.6 亿元，同比增长 17.9%；地方财政收入 2630 万元，同比增长 53%；工业实现销售收入 112749 万元，利税 13467 万元，分别增长 8.6% 和 8.8%；第三产业增加值 81141 万元。先后被授予“国家级生态镇”“省级文明城镇”“潍坊市文明村镇”“潍坊市科普工作先进单位”等荣誉称号。

境内寿尧路纵贯南北，青银高速横贯东西，距寿光、青州、昌乐半小时，潍坊、淄博、东营一小时车程，交通便利，区位优势明显。人文历史悠久，文化底蕴深厚，是周朝纪国故都，境内有古纪国“点将台”“古城墙”等遗址，西汉时期东方朔祠、清初著名学者安致远“才子碑”“晚读堂”等历史文化古迹。

纪台镇农业优势明显，是寿光大棚蔬菜主产区。全镇冬暖式大棚、拱棚等近 3 万个，种植面积 5 万余亩，以种植茄子为主，另有辣椒、西瓜、甜瓜等多个优秀品种，并注册有“纪都”蔬菜商标。全镇已建成标准化农业园区 21 个，育苗基地 23 个。镇区沿弥河拥有特色“万亩黄桃基地”，盛产的黄桃口味纯正，绿色无公害，适宜做罐头、果脯等食品。

党委书记　付乐启

镇　　长　刘玉玲

【洛城街道】 位于寿光市东城新区，总面积 136 平方千米，辖 118 个行政村，居民 3 万户，人口 11.6 万人，耕地面积 12.4 万亩。2013 年，全街道完成地区生产总值 77.3 亿元，比上年增长 16.2%；地方财政收入 3.2 亿元，比上年增长 46.5%；工业实现销售收入 181 亿元，利税 23.7 亿元，分别增长 20.8% 和 26.2%；第三产业增加值 27.5 亿元，农民人均纯收入 15000 元。先后荣获省级文明单位、省级卫生镇、省级旅游强镇、潍坊市十佳魅力城镇、潍坊市人口和计划生育工作先进镇街等称号。在 2013 年度寿光市群众满意度调查中，列全市第一位。

抓拆迁、落项目，强势推进东城新区建设。抓设施建设。全面启动金光街、永乐路、豪源路等 6 条、全长 1.5 万米的道路工程，成功扎起东城新区“六横五纵”道路框架；积极推进东城学校、全福元商业综合体等服务性、功能性项目，提升了新区承载能力。抓拆迁扩容。共完成 80 个项目的拆迁任务，拆迁企业 15 家、大棚 6000 多个、沿街商业房 50 多口，拆迁村庄 16 个，房屋 6300 多口，拆迁土地 1.5 万亩。抓村庄改造。启动了 25 个村、八大组团的城中村改造工程，桥南李、屯东等 5 个村的安置房建成投用。

抓招商、抓投入，打造高端产业聚集区。街道东城工业园共有 258 家企业，其中，规模以上企业 73 家，已初步形成以凯马汽车为龙头的汽车和先进制造业，以泰汽电动为龙头的新能源产业，以富康制药为龙头的新医药化工业，以嘉兴纺织为龙头的纺织业，以富士木业、童安木业为龙头的木制品加工业等五大产业集群。

抓高端、抓优质，努力促进农民增收。高标准规划建设国家级蔬菜种业研发中心、中荷蔬菜种业孵化器等 8 个高端高效项目。积极运作土地流转，探索家庭农场、股份合作社等新型业态，抓好台湾东盈 15 万头生猪养殖基地等高标准农业基地建设。加强农产品质量监管，打造“浮桥萝卜”“斟灌彩椒”“洛城特菜”等农业品牌，抓好农业标准化生产，扩大品牌效应，实现了产业富民。

抓服务、抓民生，提高群众幸福指数。总投资 8.5 亿元，启动东城学校、新区实验小学等高标准学校建设，提升教育现代化水平；投资 5000 多万元硬化镇村道路 77.8 公里，群众出行更便捷；推行城乡环卫一体化工程，改善镇村环境卫生状况；完善社会救助关爱体系，设立 100 万元党员关爱基金，走访慰问 60 岁以上老党员、80 岁以上老人 8000 多人次，提高了群众满意度。

党工委书记　马焕军

办事处主任　桑海强

【上口镇】 位于寿光市中北部，面积 80.6 平方千米，辖 65 个行政村，20452 户，人口 6.8 万人，耕地面积 7.9 万亩。2013 年，全镇完成地区生产总值 26.35 亿元，比上年增长 6.8%；地方财政收入 6798 万元，比上年增长 35.3%；工业实现销售收入 731647 万元，利税 2.8 亿元；第三产业增加值达 59896 万元；农民人均纯收入 15000 元。

工业项目迈上新台阶。在寿北，新建了中澳高端石油装备产业园、昊邦物流、氯碱综合利用 3 个过亿元项目。在镇区,新建了总投资1亿元的汉诺森重工机械制造项目,续建了二和铝型材、通利窗饰等6个过5000万元的工业项目。同时,积极鼓励扶持传统产业转型升级,成立了四个行业协会,为各大支柱产业上档升级、加快镇域经济发展搭建了平台。

特色农业取得新突破。创新实施了"跨村联合经营""大户承包经营""股份合作经营""村户联合经营""招商引资经营"五种土地流转模式,流转土地5650亩,引进、新建农业园区20个,发展家庭农场59处,为全市培育新型农业经营主体现场会提供了现场。上口冰果、寿光大葱被认定为"国家地理标志证明商标",泉泰牧业被认定为"山东省无公害农产品产地"。

城镇建设取得新成效。在建和建成广陵中心社区、兴业家园、嘉祥茗苑、开元小区、盛世华府、南广新村6个社区,在建和建成公寓楼45栋、沿街楼10万平方米;新发展方瑞物流、福惠商业综合体等物流项目7个,查处违法占地案件15宗,拆除违法建设房屋11间,并对东堤市场 、上口二集贸市场进行规范管理。

维修镇村道路50条、46公里,对部分破损路段进行挖补整修;投资1700万元,对原二职专资产进行了整合利用;完成污水处理厂及管网配套工程建设,65个村实现了村村通安全饮水;定期对65个村的大街小巷进行集中清理,为全省城乡环卫一体化管理现场会、全市农村环境整治等会议提供现场;严格落实包靠责任制,有效处结矛盾纠纷18起,开展拉网式安全生产大检查12次,完成重要节点安保任务。

党委书记　孙荣新

镇　　长　张天华

【圣城街道】 地处寿光市城区,面积65平方千米,辖13个城市社区,78个行政村,106028户,总人口26万人,耕地面积3.1万亩。2013年,全街道完成地区生产总值140亿元,比上年增长15.9%;地方财政收入5.05亿元,比上年增长2.1%;工业实现销售收入115亿元,利税10.7亿元,分别增长16.3%和38.3%;第三产业增加值达91.6亿元;城镇居民可支配收入29130元。

2013年,圣城街道大力实施产业优化升级战略,全力推进上海车配龙国际汽车广场等"五大物流平台"、红星美凯龙等"十大城市综合体"、乐尚中心等"六大商务楼宇"的建设,规划东付兴仕路、后朴正阳路等5纵7横"12条特色街区",现代服务业成为核心产业和主导产业;推进梨园、高家等6个村的改造建设进度,新铺开延庆寺、父子候、仁和、李家等5个村的改造准备工作,全年新开工公寓楼126栋,其中高层72栋;13个城市社区全部建立党委,完成实有人口登记工作,承接公安、民政、计生、人社、房管等20个市直部门下延的55项公共服务,建立起社区党委领导、居委会自治、服务站和综治站承载、业主委员会和物业公司参与的"六位一体"的社区服务模式;推进历史文化中心、蔬菜文化中心等民生项目的建设,城镇新增就业人数1800人,农村劳动力转移就业1100人,设立"扶贫济困救助基金",救助对象135人,发放救助金46.5万元。

党工委书记　袁义林

街道办主任　张其振

【双王城生态经济区】 位于寿光市西北部,面积193平方千米,辖14个行政村,9200户,人口2.7万人,耕地面积18万亩。2013年,总投资58亿元的洰淀湖水生态修复、海洋湿地休闲度假中心等30个生态旅游项目全速推进,双王城水库成功蓄水,成为全国"美丽乡村"试点、省级湿地公园、省级水利风景区、山东省首批生态旅游示范单位、山东省休闲农业与乡村旅游示范点。洰淀湖风景区当年成为国家3A景区,重磅推出"水上王城"旅游品牌,中央电视台、《经济日报》等国内主流媒体,先后进行重点报道、重点推介,"十一"期间游客突破10万人次,生态效益、社会效益全面显现。

洰淀湖风景区突出水生态特色,将党性教育、爱国主义教育、革命传统教育、国防教育和生态旅游开发融为一体,在挖掘利用地域传统文化资源的基础上,融进现代文化元素与手段,集中再现以生态休闲、汉武文化、湿地文化为主体的湿地大氧吧,游大湿地。做深呼吸成为洰淀湖的特色和品牌。围绕生态新区建设,加大特色农业项目招商力度,推进农业园区建设,在盐碱地上成功种植水稻、西瓜、高粱、油葵等经济作物,洰淀湖泥鳅、洰淀湖鸭蛋申报成为国家地理标志产品,打造牛头小菠菜、郭井子西瓜、南木桥西红柿、洰淀湖有机米、洰淀湖鸭蛋、双王城莲藕等盐碱地农产品品牌。

党工委书记　燕黎明

管委会主任　韩效启

【孙家集街道】 位于寿光市西南部,北邻市区,东邻弥河,南接青州,交通便利。总面积78平方千米,辖78个行政村,15083户,5.9万人,耕地面积8.2万亩。2013年,全街道实现地方财政收入6473万元,同比增长57.8%,固定资产投入13亿元。工业实现销售收入365000万元,利税38000万元;第三产业增加值达95000万元;农民人均纯收入12800元。

街道经济特色显著。现代农业发展优势明显:大西环万亩现代农业园区初具规模,农业龙头企业信义果蔬、世纪三元、红梅园艺等发展势头足,"乐义"品牌驰名中外。工业发展势头良好:以蔬菜、食品加工、节能设备、电器制造、大棚卷帘机及保温被生产等产业为主导的企业90余家。三产服务业逐步走强:餐饮商贸业发展至89家,4家物流企业合理布局,铁路货运蓄势待发,高端科研中心逐步落地。文化旅游资源丰富:“宋台神釜”、边线王古文化遗址孕育千年文明,静山和承云千年的银杏树见证孙集辉煌巨变,陈少敏纪念馆及故居、三元朱村3A级旅游景区、青少年德育宫传承红色革命精神。民间艺术“闹海”“荷花灯”,名吃王裴驴肉、乐义酱菜、信义果蔬彰显浓郁地方特色。

党工委书记　范福民

办事处主任　王　帅

【台头镇】 位于寿光市西部,面积100平方千米,辖41个行政村,1.3万户,人口5.3万,耕地面积9.9万亩。2013年,全镇完成地区生产总值40亿元,同比增长12.6%;实现地方财政收入8634万元,同比增长42.2%;工业实现销售收入198亿元,利税16亿元,分别增长12.2%和34.6%,第三产业增加值达2.3亿元;农民人均纯收入14408元。

台头镇境内凤凰台有“凤凰一栖成台”的优美传说,山东省第一个农村党支部诞生于此,张玉山故居是寿光市革命传统教育基地。特色产业闻名全国:防水材料、橡胶轮胎是台头镇两大主导产业,其中防水材料年产4.6亿平方米,产销量占国内市场份额的三分之一以上,是全国最大的防水材料生产基地。橡胶轮胎年产3000多万套,全钢载重子午轮胎年产400万套,是潍坊市最大的全钢载重子午轮胎生产基地。全镇拥有规模以上工业企业52家,创成国家级高新技术企业2家、省级6家,争创中国驰名商标5个,著名商标、名牌产品30多个,先后获得“中国建筑防水之乡”“中国建筑防水产业基地”“山东省特色产业镇”等荣誉称号。现代农业蓬勃发展:以打造循环农业、生态农业、特色农业为目标,抢抓现代农业发展机遇,累计流转土地16000亩,引建现代农业园区30多个,发展家庭农场70多家。

党委书记　王爱民

镇　　长　吴振山

【田柳镇】 位于寿光市中北部,面积108平方千米,辖68个行政村,1.8万户,人口6.8万人,耕地面积10.3万亩。2013年,全镇完成地方财政收入5672万元,比上年增长54.6%;工业企业主营业务收入54.38亿元,比上年增长15.7%,利税6048.5万元,比上年增长21.2%,农民人均纯收入14800元。

田柳镇以创建“生态、活力、文明”新田柳为目标。现代农业方面:发展具有地域特点的特色农业,打造“北岭樱桃”“王里大葱”“凯瑞丹参”等农产品商标;流转土地2万亩,建设东广农业生态园、华浚园艺等500亩以上大型农业园区9个,组建专业合作社71家。围绕村集体增收、农民致富,由村集体领办、创办各类农民专业合作社32个,村集体累计增收200多万元,入社社员户均增收约3000元。新型工业方面:2013年新上过氧化氢、CPVC新材料等过亿元项目8个,关停并转高耗能、有污染的小造纸、小化工项目13个。文化建设方面:王高塔历史文化遗址恢复重建项目一塔六殿全面封顶,王高虎头鸡、东头箩艺等先后入选潍坊市和寿光市非物质文化遗产名录,植庭纪念馆、崔家庄党史馆累计接待各级领导干部和群众30000多人,投资1300多万元的北岭图书馆正式启用,覆盖镇区和周边的20多个村,上架图书4万册。

党委书记　崔　欣

镇　　长　苗光彬

【文家街道】 位于寿光市城区西部,面积69平方千米,辖56个行政村,14100户,人口5.4万人,耕地面积4.5万亩。2013年,全街道完成地区生产总值33亿元,比上年增长19.2%;地方财政收入2.1亿元,比上年增长19.2%(剔出不可比因素);工业实现销售收入265000万元,利税34000万元;第三产业增加值187628万元;农民人均纯收入14000元。

物流集散区。以农产品物流园为带动,街道先后在文圣街以北、黄海路两侧共拆迁流转土地4000多亩,先后落实东宇茶城、副食百货商城、现代物流、桑家花卉市场和占地1200亩的半岛建材物流城项目,部分项目已建成运营,市场物流形成集群效应。

工业集约区。街道依托晨鸣工业园良好载体,发展新型工业,已落户企业120多家,发展形成造纸、制药、板材、包装、精细化工、机械制造等多产业相支撑的工业生产体系。2013年,新开工玉马窗饰、福欧仪表等高新技术项目。

农业集中区。借助位于大西环高端农业走廊核心区的区位优势,先后落地神农种苗、永盛种业、丰谷牧业、兴源养殖、桑盛现代农业园区等高端农业项目8家,并且有被评为“国家现代农业示范区”的万亩有机韭菜种植基地,街道农业发展逐步走向高端化、规模化、品牌化。

商住集聚区。集中抓好社区建设和街区改造,共新建楼房140多栋,开发面积超过50万平方米;在民生项目上,改造扩建马店小学及幼儿园、文家中心小学、西城小学、新世纪幼儿园校舍;实施的农村道路网化工程对24条乡村道路进行高标准改造。

党工委书记　刘乐朋

办事处主任　步宪群

【羊口镇】 位于寿光市最北部,面积351平方千米,辖22个行政村、6个居委会,12540户,人口4.3万人,耕地面积9.5万亩。2013年,全镇完成地区生产总值55亿元,比上年增长9.6%;地方财政收入6亿元,比上年增长49%,工业实现销售收入211.7亿元,利税15.2亿元,分别增长21%和74%;第三产业增加值达11亿元;农民人均纯收入15528元。

羊口镇以“经济发达、生态文明、群众满意”为目标,瞄准建设“千亿级新型工业基地”和“现代化滨海生态新城”两个定位,规划建设60平方千米的先进制造业产业区、10平方千米的高新技术产业区、10平方千米的临港物流产业区、20平方千米的生态旅游区和15平方千米的中心商务区。先后投入40亿元完善基础设施,实现了路、水、电、暖、天然气等基础设施全覆盖。引进过2亿元先进制造业和高新技术项目92个,高新技术产业占比达到90%以上,有潍坊市级以上科技创新平台34家,神华、中材、中钢研、烟台港等实力企业先后落户,形成生物基材料、海洋化工、石油装备、汽车配套、特种管材、临港物流“六大产业集群”。

党委书记　吴广兴

镇　　长　孙向前

【营里镇】 位于寿光市中北部,面积303平方千米,辖50个行政村,16957户,人口5.6万人,耕地面积10万亩。2013年,全镇完成地区生产总值28.7亿元,比上年增长12.3%;地方财政收入11322万元,比上年增长42.3%;工业实现销售收入26.8亿元,利税2.31亿元,分别增长13.4%和17.2%;第三产业增加值达126830万元;农民人均纯收入14265元。

区位优势明显。东邻滨海经济开发区,北接羊口新港,省道新海路、南大路横贯东西,羊临路、羊田路纵贯南北,荣乌高速、黄大铁路穿境而过,镇域内村村通柏油路,是寿北地区重要的交通枢纽,是“国家级生态乡镇”“省级环境优美乡镇”“省级文明镇”。

资源丰富。拥有滩涂5万亩,海岸线11.6公里,宜盐面积30万公亩,年产原盐100多万吨,溴素1万多吨,是国内重要的原盐及盐化工生产基地。

工业、服务业经济发达。形成现代物流、新型能源、海洋化工、盐化工、畜禽产品养殖深加工为主导的新型工业、服务业体系,限额以上企业30家。

城镇建设日新月异。高标准规划建设福海佳苑社区、金海花园、玫瑰园、中心片区、教育片区等重点片区,建设道口商贸街、水产品综合市场、全福元商场、怡圆广场、农贸市场、城镇污水处理厂等城镇重点工程,形成营里镇区和道口镇区两翼齐飞的镇域发展新格局。

农业产业化体系完善。建成现代化大型养殖基地42处,畜禽年出栏量突破2200万只;新增6000亩贝类放流基地和4处工厂化水产养殖园区,海水养殖区面积达2.5万亩以上,形成畜牧养殖、水产养殖、苗木种植、优质菜果和食用菌四类园区齐头并进的现代农业新格局。创建“寿光麻蚬”“寿光文蛤”“老河口白蛤”3个国家地理标志产品。

党委书记　袁恩庶

镇　　长　王庆忠

(李　鹏)

安　丘　市

【国民经济和社会发展概况】 安丘市市境总面积1712平方千米,辖14个镇(街、区),870个村(社区)。年末全市户籍总人口95.27万人。2013年完成地区生产总值247.9亿元,增长10.3%;规模以上固定资产投资190.7亿元,增长22.5%;公共财政预算收入13.76亿元,增长25.2%。城镇居民人均可支配收入和农民人均纯收入分别达到23567元和12131元,分别增长15.2%和12.6%。城乡居民储蓄余额达到194.4亿元,比年初增加28.8亿元。

(一)努力建设“富强安丘”,综合实力不断提升。公共财政预算收入13.76亿元,增长25.2%。三次产业比重由上年的18.5∶47.6∶33.9调整为18.5∶45.6∶35.9。

工业经济实力增强。高新技术产业园、先进制造产业园等园区初具规模,安丘(滨海)特色产业园建设顺利。完成工业投资100亿元,实施投资过亿元的大项目115个。规模以上工业企业发展到354家,实现主营业务收入405亿元、利税25.1亿元,分别增长12%和14.7%。新增高新技术企业6家、潍坊市级科研机构7家,9个项目列入国家科技计划,获潍坊市级以上科技进步奖21项,高新技术产业产值占比达到14.3%。申请专利654件、授权370件,分别增长37.1%和21.7%。2家企业获省节能奖,4家企业获潍坊市节能奖,7家企业通过清洁生产认定。新增省著名商标3件、省名牌产品3个。景芝酒业公司董事长刘全平和鲁安药业公司获潍坊市市长质量奖,3家企业和2名个人获首届安丘市市长质量奖。

现代农业加快发展。深入推进“五个一百”工程,成立了全国首个农业综合标准化研究所,创建为国家级农业综合标准化优秀示范市。新建标准化种植园区50个、规模化养殖园区59个,新增潍坊市级以上农业龙头企业14家、“三品一标”农产品21个。农民专业合作社发展到1158家,家庭农场发展到327家,新增土地流转面积6.1万亩。向国内大中城市销售农产品60多万吨,农产品出口创汇2.9亿美元。柘山镇被评为全国“一村一品”花生产业示范镇。全面完成2012年度全国小型农田水利重点县项目,受益农田2.2万亩。建设“旱能浇、涝能排”高标准农田14.1万亩,被确定为全国高标准基本农田建设示范县。

现代服务业更加繁荣。金融中心、颐高电子商务产业园、翰沃城等重点项目加快推进,盛大农产品交易市场已部分建成运营。完成企业主辅业分离384家,新发展限额以上商贸流通企业99家,总量达到175家,社会消费品零售总额增长15.7%。市供销联社被国家标准委确定为农贸综合服务标准化试点单位。齐鲁酒地文化创意产业园被评为国家3A级旅游景区,青云国际旅游度假区被省政府批准设立为省级旅游度假区,留山景区被评为国家级森林公园。新建商品房销售面积112.5万平方米,增长52%。金融"43123"计划全面落实,金融机构各项贷款余额203.4亿元,域外银行贷款余额33.9亿元,分别比年初增加41.3亿元和10.4亿元;表外融资余额30.2亿元;新引进设立银行和保险机构6家,3家企业在齐鲁股权交易中心挂牌。

改革创新和对外开放取得新成绩。经济体制综合配套改革扎实推进,市立医院改革试点取得初步成效。675个村开展农村土地承包经营权确权登记颁证工作。新发展股份制企业17家。金融创新力度加大,发放土地使用权、农机具、大棚抵押和家庭农场贷款2亿多元。积极实施城乡建设用地增减挂钩和低丘缓坡未利用地开发试点,获批各类建设用地8829亩,创建为省国土资源执法模范县。引进到位市外资金112亿元,开工投资过亿元的招商引资项目28个。争取上级非普惠性无偿资金10.5亿元。引进硕士以上学位或高级职称以上人才312名、外国专家45人次、国家"千人计划"专家2名,培训技能型人才2060名。完成进出口总额8.2亿美元,其中出口7.2亿美元,分别增长10%和15.9%。新增外商投资企业6家,实际利用外资2349万美元,增长127.2%。

(二)努力建设"秀美安丘",城乡面貌日新月异。

中心城区建设力度加大。开展了城区控制性详细规划、重点区域详细规划和市场、绿地系统等专项规划编制。新修改造北外环、新潍安路等城市道路14条、33.6公里,新建改建汶河大桥3座。环城河改造二期工程、汶河核心段景观改造工程基本完成。改造提升城市绿地公园4个,新增改造绿地面积142万平方米,铺设雨污管网98.1公里。片区改造扎实稳妥,搬迁房屋面积19.8万平方米。新开工建设17层以上高层建筑108栋。青云山市民广场和新汽车站建成投入使用。新增新能源公交车40辆;建成公共自行车站点95个,投用公共自行车2280辆。完成金山水厂向中心城区供水工程。

特色城镇和新型农村社区建设步伐加快。改造维修县乡公路90公里、大中桥梁6座。被列为第二批全省村级公路网化示范县,争取省专项资金9600万元,已竣工农村公路网化工程488.7公里。完成电网建设投资4.7亿元,云湖、翠山、团埠3处输变电工程建成投入使用。建成农村饮水安全工程136处,解决了259个村、14.15万人的饮水安全问题,农村自来水覆盖率和水质合格率均达到100%。启动建设新型农村社区37个,整体搬迁32个村、部分搬迁93个村,建设安置楼231栋,搬迁入住2850户。景芝镇被评为全省百镇建设示范行动十强,凌河镇被确定为潍坊市小城镇建设示范镇,郚山镇被评为山东省旅游强镇,辉渠镇被评为山东省乡村旅游示范镇、好客山东最美乡村。

城乡环境综合整治和生态文明建设成效显著。实施城市管理"十大提升工程",启动"数字城管"建设。城镇生活垃圾无害化处理率、环卫一体化村级覆盖率均达到100%。开展了"美丽村庄"和"环卫工作先进村"创建评选活动。扎实开展"三八六"环保行动,以水和大气污染防治为重点的"八大战役"全面展开,关停违法排污企业53家。景芝镇污水处理厂建成运营。实施汶河综合治理、牟山水库灌区北干渠二期改造等工程,被列为国家水土保持重点建设工程项目储备县。完成成片造林4.32万亩,植树1560万株,建成绿化模范村73个。成功创建为省级森林城市、省级园林城市、省级优秀旅游城市。

(三)建设"幸福安丘",民生事业持续发展。全面落实承诺为群众办好的15件实事。在潍坊市群众满意度调查中列12个县市区第四位。

教育文体事业快速发展。实施了实验中学新校、第二实验小学、新安学校等9处城区学校建设项目,57处学校通过了潍坊市标准化建设达标验收,新建和改扩建普惠性标准化幼儿园38处,实施农村中小学校舍安全工程项目30个、11.6万平方米。改造提升农村文化大院200个,新增全国重点文物保护单位1处、省级文物保护单位5处,建成郚山、柘山2处镇级图书馆。竞技体育实现新突破,安丘市输送的运动员在第12届全运会上夺得金牌2枚、铜牌1枚。

卫生和人口计生工作扎实开展。开工建设市人民医院北院区和妇女儿童医院,市老年康复中心开业运营。创建为国家级除"四害"先进市和省级慢性病综合防控示范区。新农合补助标准由人均240元增加到280元,个人补偿封顶线提高到20万元。全市合法生育率达到97.4%,出生人口性别比105。

社会保障更加有力。新增城镇就业人员1.1万人,登记失业率控制在2.9%以内;成立创业贷款担保服务中心,为2167名创业人员提供小额贴息贷款1.28亿元;设立了大学生创业孵化基地和创业园,吸引125名大学生入驻创业。城乡居民社会养老保险人均基础养老金增加到65元,企业退休人员基本养老金平均提高16%。城乡低保标准分别提高到每人每月410元和每人每年2500元;以每人每月60元的标准为90~99岁的老人发放生活补贴;农村五保集中供养和分散供养标准分别提高到每人每年4800元和3600元。为4298名低保和贫困重度残疾人发放生活补助202.7万元,安丘市被评为全省第二个"全国阳光家园示范区"。开工改造棚户区住房2061套,新建经济适用房270套,分配经济适用房330套,发放廉租房补贴36.5万元。全面免除基本殡葬服务费。

城乡居民收入持续增长。城镇居民人均可支配收入和农民人均纯收入分别达到23567元和12131元,分别增长15.2%和12.6%。城乡居民储蓄余额达到194.4亿元,比年初增加28.8亿元。

（四）加强政府自身建设，执政能力全面增强。办理人大代表建议和政协委员提案177件，满意率达到98%以上。市政务服务中心投入使用，新建社区便民服务点18处。清理取消行政审批事项80项，下放行政审批事项63项。通过市长公开电话、政府门户网站等渠道受理群众反映事项1.6万件，群众满意率达到95%以上。

【安丘市被评为全国农田水利建设先进单位】 安丘市成立以市长任组长的“安丘市农田水利建设领导小组”，实行行政首长负责制，对全市农田水利基本建设统一部署，统一领导。建立部门分工合作的工作制度和奖优惩劣的激励约束机制，市政府与相关部门、单位签订“农田水利工程建设责任书”，制定《安丘市农田水利建设工作年度目标考核办法》，将农田水利基本建设工作列入政府重点督查事项。制定《安丘市农田水利工程质量验收办法》，成立“安丘市农田水利建设技术指导委员会”严格执行水利相关技术标准。

安丘市获选全国农田水利建设先进单位，是潍坊各县（市、区）的第一家。2013年4月份举行授牌仪式，省水利厅副厅长曹金萍为安丘市颁发先进单位奖牌。

【安丘市省级森林城市创建成功】 2013年10月29日，山东省绿化委员会下发《关于授予日照、安丘等5个市“山东省森林城市”称号的决定》，安丘市省级森林城市创建工作已顺利通过省绿化委员委验收，为“六城联创”实现了首创开门红。

市领导以身作则，带头建立绿化示范点，253个市直部门、单位和企业开展广泛的义务植树活动，加快全市造林绿化步伐。全市义务植树建卡率100%，尽责率100%。“造林绿化，保护环境”的理念成为全市人民的共识。安丘市有林地面积达到86万亩，森林覆盖率达到33.6%，林业产业年产值24亿元。城区绿化覆盖率达到41.04%、绿地率达到38.61%；人均公共绿地面积达到20.32平方米；安丘市镇区绿化覆盖率达到40.8%，行政村绿化覆盖率达到34.7%。安丘市累计建成省级绿化示范镇2个、省级绿化模范镇2个、省级绿化示范村28个，市级绿化示范镇4个，市级绿化示范村450个。

【柘山镇评为全国一村一品示范村镇】 7月31日，农业部公布第三批全国一村一品示范村镇名单，安丘市柘山镇继被确定为“山东省一村一品示范镇”的基础上，为安丘市农业再添殊荣。

全镇耕地总面积10万亩，其中花生面积8万多亩，产业比重达80%以上，同时辐射沂水、诸城、临朐等周边地区花生种植100多万亩，作为乡镇一级，全国唯一。柘山镇建成花生标准化种植基地面积8万亩，其中，在五池山流域建立了10000亩富硒花生种植基地，在西古庙村建立了花生示范基地1000亩，在谭家秋峪村建花生推广示范基地1000亩。全镇共建设6处镇级农业化学投入品专营店和1处农产品质量检测中心，具体负责全镇农业化学投入品的管理使用和农产品的质量检测，建立农业化学投入品进货、销售台账，为确保全镇花生质量提供了可靠的保证。此次评选全国“一村一品示范村镇”，柘山镇是潍坊市唯一一个上榜单位。

【安丘市获“山东省优秀旅游城市”荣誉称号】 2013年12月19山东省旅游局下发文件，正式命名安丘市为“山东省优秀旅游城市”。

在全省打响“青山绿水自行车·田园安丘逍遥游”旅游品牌，市委、市政府多次召开专题会议进行部署，成立由市长任组长、市直有关部门和镇街主要负责人为成员的创城工作领导小组。根据《山东省优秀旅游城市标准》，制定《安丘市创建山东省优秀旅游城市工作实施方案》，把各项创城指标任务进行细化分解，层层落实到责任单位。

【安丘市省级园林城市创建成功】 2012年5月，市委、市政府召开了“六城联创”动员大会，做到了目标明确、责任到人、措施到位、真抓实干。城市绿化覆盖率40.41%，绿地率32.39%，人均公园绿地面积19.38平方米。2013年5月，省住建厅就委托专业单位对安丘市的绿化进行了遥感测试；10月14日至15日，省住建厅组织检查验收组到安丘市现场考核省级园林城市创建工作；10月29日，省政府发文，正式命名安丘市为“山东省园林城市”。

【安丘市农业综合标准化研究所挂牌】 安丘市农业综合标准化研究所是全国首个农业综合标准化研究所。研究所成立于2013年10月，主要职能是研究、制定和推广农业标准综合体，开展农业综合标准化学术和技术交流，宣传普及农业综合标准化知识和培训，提供农业综合标准化业务咨询服务，接受委托，承担农业综合标准化科技项目的研究、试验以及农业综合标准化科技成果的推广应用等。

【经济开发区】 安丘经济开发区是1992年经省政府批准设立的省级开发区，位于安丘市北部，面积55平方千米，辖18个行政村，8500户，人口2.9万人，耕地面积4万亩。2013年，全区完成地区生产总值18亿元，比上年增长22%；地方财政收入2452万元，比上年增长60.1%；工业实现销售收入15.9万元，利税8580万元，分别增长29.2%和22%；第三产业增加值达3.2亿元；农民人均纯收入10260元。

高新技术产业园配套建设。已落户闰成能源、齐鲁酒地文化创意产业园、华汶实业新型卫生材料、潍坊金科环保设备、潍坊嘉农机械、新瑞新能源汽车、明德环保科技、博力通轻工自动化装备等企业20多家,合同利用资金80多亿元。同时,不断加大园区基础设施配套力度。规划建成6条、14公里园区路。建设220千伏变电站1座,架设4条、28公里电力线路。铺设自来水、污水及天然气管网8000多米,园区承载能力大大增强。

大项目建设顺利推进。总投资37.7亿元的闰成能源项目,已累计完成投资9.4亿元;总投资60亿元的齐鲁酒地文化创意产业园项目,已完成投资8亿多元、建筑面积12万平方米、绿化面积500亩,并通过国家AAA级景区评审验收;总投资30亿元的山东华汶实业新型卫生材料项目,2个大生产车间已基本完工,办公楼主体已完成。

党工委副书记、管委会主任　　周新发

管委会副书记、管委会副主任　戴　军

【新安街道】　新安街道位于安丘市北新区,面积74.78平方千米,辖25个行政村,11307户,人口3.8352万人,耕地面积4.9万亩。2013年,全街道地方财政收入6167万元,比上年增长15%;工业实现销售收入74.7亿元,利税3.8亿元,分别增长16.8%和6.9%;农民人均纯收入12977元。

工业经济势头强劲。加快推进低碳产业园、中小企业创业园两个市级重点工业园区建设,引进落户总投资3亿元的盛宝传热复合型空冷器项目等大项目10个,其中,过亿元的9个,经潍坊市认定的大项目2个,总投资30多亿元,利用外资12.6亿元;新发展规模以上工业企业12家,服务业规模以上企业19家。

农业经济独具特色。共新建标准化种植园区2个,标准化养殖园区3个,新发展农业品牌3个,潍坊市级农业龙头企业1个。新发展农业专业合作社7家,市级示范社4家。“尧洼牌”商标通过了绿色认证,注册了地理性商标。

社会事业全面发展。投资1.32亿元,新建了新安学校、关王小学及新安、关王、十里、下埠及石龙五处普惠性幼儿园,全部完成了校安工程、普惠性标准化幼儿园和标准化学校建设任务;农民参合率、参保率均达到了100%;村村通自来水、柏油路均达到100%。

党工委书记　刘　超

办事处主任　孙志杰

【兴安街道】　兴安街道位于安丘市中北部,面积150平方千米,辖59个行政村,58268户,人口20.4万人,耕地面积9.7万亩。2013年,全街道实现地方财政收入1.7亿元,比上年增长53.1%;工业实现销售收入54.5亿元,利税2.4亿元,分别增加28.1%和16.0%;农民人均纯收入11962元。

2013年,街道规模以上工业企业新增9家,总数达到63家,实现主营业务收入49亿元,同比增长30%,其中主营业务收入过亿元的企业达到15家。引进龙鼎重工、高智工程机械等过亿元项目5个,全年共完成招商引资35亿元、完成固定资产投资18.7亿元。

完成企业主辅业分离76家,新增限额以上服务业企业59家,总数达72家。依托双丰路3000亩服务业园区,引进了汽车城、翰沃城、盛大农产品市场等项目,其中,盛大农产品市场、颐高电子商城被列为省服务业载体项目,汽车城内雪佛兰、起亚4S店成为首批进驻的汽车4S店。完成物流港、华安等四大片区中317户的拆迁,建成御景天城等商住小区12个,在建新华府、名门世家等商住小区11个,总建筑面积达600多万平方米。

完成1000亩的阡里大姜基地、1100亩的大庄西瓜基地等4个农业种植示范基地建设,新增巨峰果蔬专业种植合作社等17家农业合作社。

新农合、新农保参保率均达到100%。完成147个自然村的环卫一体化工作;投资500余万元,完成68个村的高标准绿化任务。完成总投资1.1亿元的和平学校和总投资3500万元的安丘市第二实验小学建设工作。投资920余万元完成36条全长39.2公里的公路网化建设。

街道先后被授予省“生态乡镇”“文明镇”“明星镇”“经济百强镇”和潍坊市级“文明镇”“模范镇”“经济十强镇”“农产品质量安全区域化建设示范乡镇”等荣誉称号。

党工委书记　冷文清

办事处主任　肖　明

【大汶河旅游开发区】　大汶河旅游开发区位于安丘市南城区东北部,总面积约97平方千米,辖58个行政村,84个自然村,1.9万户,7.2万人,耕地面积7.3万亩。2013年,全区完成地区生产总值23亿元,比上年增长9%;地方财政收入3177万元,比上年增长14%;工业实现销售收入13.2亿元,利税1.13亿元,分别增长14%和13.5%;第三产业增加值达1.8182亿元;农民人均纯收入12280元。

城镇化建设步伐明显加快。一是在片区建设改造方面,实施了李五里、王五里两个城中村整村搬迁改造;完成了青云山以西14个城区村3100多个坟墓搬迁;周田戈村、魏家村、杏杭、曹五里、李五里等村的安置楼正按照建设计划顺利推进。二是市政工程拆迁清障方面,完成了“七路”(莲花山路南延、青云山东路、青云山西路、青云山南路、担石路、大汶河南岸路、世贸中心路),“三桥”(莲花山路大桥、青云山西路墨溪河桥、青云山南路墨溪河桥),“三河”(墨溪河污水管网、环城河二期改造、大汶河景观提升改造),“一广场”(青云山市民广场),“一中心”(世贸中心项目)建设的拆迁清障任务,拆除房屋2万多平方米,腾空土地1860亩。三是新型农村社区建设方面,完成孙家庄整村搬迁,担山芙蓉社区孙家庄3栋安置楼已经封顶;实施西许戈、院庄、庵顶砖厂、贺戈等7个土地增减挂钩项目,共腾出土地526亩,节余土地指标427亩。

招商引资成效明显。2013年,全区共引进招商项目12个,总投资26亿元。限额以上工业企业发展到17家,其中新增2家。限额以上服务业企业发展到18家,其中新增15家。

现代农业实现新提升。农民专业合作社发展到113家,注册家庭农场10家,新认定标准化种植示范园区3个,新认定标准化养殖示范园区5个。特色农产品众多,自20世纪90年代引进种植的牛蒡,现已发展到1.3万亩。牛蒡精深加工技术不断改进,其中,尤以圣川饮品有限公司成产的牛蒡系列产品为佳,先后荣获好客山东十佳品牌、中国绿色健康食品、中国食品农产品著名品牌等荣誉称号。

民生民本持续改善。新建的贾戈小学、中心幼儿园教学楼投入使用;完成韩吉学校教学楼加固工程;开工建设7200平方米的担山中学教学楼。农村公路网化工程全面完成,硬化村级道路39条、36千米。环卫一体化正常运转。农村饮水安全工程全面完成,完成34个村的村村通自来水工程建设,自来水通村率达到100%。改造提升农村文化大院13处,完成刘家沙埠、东院庄等26个村的电网升级改造。

党工委书记　王发亮

管委会主任　郑可德

【景芝镇】　景芝镇位于安丘市东南部,面积217平方千米,辖139个行政村,3.5万户,人口16万人,耕地面积约19.9万亩。2013年,全镇完成地区生产总值30亿元,比上年增长8.5%;地方财政收入7832万元,比上年增长27.7%;工业实现销售收入78.79亿元,利税4.63亿元,分别增长31.7%和23.2%;第三产业增加值84263万元;农民人均纯收入13815元。

工业上,新建续建工业项目7个,3个实现投产。新增规模以上企业7家,总数达到了33家,引进到位外资155万美元。凯仕利公司研发的环保阻燃聚氨酯超纤合成材料被省科技厅评为自主创新项目,获得扶持资金2000万元。服务业上,新增限额以上商贸企业和服务业企业12家,建成2个房地产开发项目,2个镇区村启动旧村改造。总投资2亿元的文化综合体项目动工建设。引进落户了潍坊银行、工商银行2家金融分支机构,镇区商业银行达到7家,营业网点9个。现代农业上,新发展标准化种植基地8个,新建标准化养殖基地6个。完成总投资1200万元的千亿斤粮食项目。在潍坊市率先注册成立了第一个家庭农场——彤辉家庭农场,在安丘市率先成立了第一个家庭林场和第一家农业社会化服务中心,全镇农场总数发展到60家。城镇建设上,启动了景芝新城建设,完成了总长4.2公里的阜康街东延、汇泉路南延、文圣街西延、新城道路硬化5条道路建设工程,实施了广告牌匾整治等5项镇区管理提升工程,完成了小浯河镇区段综合整治,在大浯河两侧安装路灯120盏。实施了王水崖、老庄子、伏戈庄3个新型农村社区建设,王水崖村实现整体回迁。社会事业上,启动教育园区、由方小学教学楼、宋官疃小学实验楼、宋官疃中心幼儿园4处学校建设。49个村新开通自来水,新修农村道路网化工程67公里。

党委书记　田　友

镇　　长　周作刚

【凌河镇】　凌河镇位于安丘市西部,面积180平方千米,辖145个行政村,3.4万户,11.2万人,耕地面积11.7万亩。2013年,全镇完成地区生产总值41亿元,比上年增长7.9%;地方财政收入2910万元,比上年增长15.5%;工业实现销售收入130.77亿元,利税14.13亿元,分别增长21%和19%;第三产业增加值达5.3亿元;农民人均纯收入11460元。

经济发展方面,着力推动农产品加工业转型升级,新上了一批精深加工项目,其中,黄河食品生姜深加工、宜家福食品胡萝卜深加工、三通食品薯条等项目投产达效。中国500强企业大北农集团投资的华有饲料、中国500强企业新希望六和集团投资的禽肉熟食加工等项目开工建设。全镇规模以上农字号企业达到27家,其中,省级龙头企业2家、潍坊市级龙头企业16家。以龙头企业为依托,采取“龙头企业+合作社+农户”的模式,建成以大姜、大葱、西瓜、蔬菜等为主的4个区域化种植基地和11处示范园区,总面积8万亩,被评为山东省绿色蔬菜产业加工基地。民本民生方面,组织实施8大重点工程,其中全省一事一议财政奖补“乡村连片治理”试点项目涉及9个村,惠及2981户、11377口人,总计硬化道路27270米、修砂石路12600米、铺花板13400平方米、安装路沿石2160米、修排水沟24380米、安路灯278盏、植绿化树15600棵、建文化广场11处,成为全省美丽乡村建设的样板。推进山东拥翠湖国家湿地公园建设,在公园内新植黑松、樱花等绿化树23.5万株,硬化道路19公里,景区招商工作全面展开。

党委书记　牛茂荣

镇　　长　郑建成

【石埠子镇】　石埠子镇地处安丘、诸城、沂水三地交界,由三镇合并而成,面积156平方千米,辖67个行政村,1.8万户,人口6.7万人,9.2万亩耕地。是“中国樱桃之乡”和“中国草莓之乡”,是首批“山东省历史文化名镇”、第二批“全国特色景观旅游名镇”和“山东省旅游强乡镇”“山东省生态乡镇”。2013年全镇完成地区生产总值17.16亿元,比上年增长16.7

%；地方财政收入1343万元，比上年增长28%；工业实现销售收入4.12亿元，利税3873万元；第三产业增加值2364万元；农民人均纯收入10590元。

工业成效显著。以山水水泥公司为代表，是安丘纳税大户之一。坚持工业立镇不动摇，全镇引进过亿元工业项目2个，其中投资4.0433亿元的中广核风电项目已建成投产，投资1.5亿元200万吨山水新型骨料及机制砂项目已开工建设。新建了永佳和唐力两家物流公司。全镇限额以上工业企业10个、服务业企业3个。

农业特点突出。种植草莓3万亩、大樱桃3万亩，被命名为“中国草莓之乡”“中国樱桃之乡”，樱桃基地和草莓基地分别被命名为“国家级标准化示范区”，“石埠子樱桃”是国家地理标志产品，是“潍坊市现代农业发展先进镇”。“石埠子”草莓和“石埠子”樱桃国家地理标志证明商标通过国家工商局审核。完成造林16000亩，栽植各类苗木150多万株。

城镇稳步推进。规划“一主两副五个支点”8个新型农村社区，召忽社区一期工程已开工建设，完成夏口村整体搬迁、柳河峪村地质灾害点搬迁和崩沟村部分搬迁，全面启动西柿子园村省环境敏感点整体搬迁。进一步加强镇区建设。完成河滨路建设，建成观光旅游长廊；加快1000亩龙盘休闲农庄建设，打造休闲采摘亮点；完成渠河公园5000平方米大理石铺装，栽植绿化苗木2万株。

旅游资源丰富。拥有“天下无二坊”之称的石雕珍品—庵上石坊和国家AAA级景区——公冶长书院及城顶山省级森林公园等景点。依托“国家特色景观旅游名镇”品牌，确立“念山水经，打文化牌，走特色路，建旅游名镇”的发展思路，加快“一区两点”建设，新修道路36千米，建成“三纵三横”公路网络，整合书院、石坊、樱桃、草莓、水生态和人文资源，走历史文化游、自然景观游和农业观光游三位一体的旅游发展路子。

党委书记　王忠学

镇　　长　王嘉斌

【大盛镇】 大盛镇位于安丘西南部，面积76平方千米，辖62个行政村，10439户，人口3.6319万人，耕地面积5.6万亩。2013年，全镇完成地区生产总值10.69亿元，比去年增长20%；地方财政收入809万元，比上年增长21%；工业实现销售收入4.94亿元，利税3883万元，分别增长18%和26%；第三产业增加值达4534万元；农民人均纯收入10266万元。

整治挖潜成绩突出。完成吴家院庄、旺山子两个整体村搬迁，节余土地指标183亩，金湖、盛源、汶苑3个社区7个村安置楼正在建设，金湖社区被确定为潍坊市五个新型社区试点之一。

招商引资成效显著。潍坊顺尔佳食品项目、科发柴油机项目均已建成投产。投资1.1亿元潍坊华正电器项目，工程建设全面铺开。镇区内的立华牧业养殖项目，已投产运行，发展散养殖户300多家。

生态建设扎实推进。2013年完成造林绿化16000亩，栽植黑松等绿化苗木374万株，道路绿化21.5千米，四旁植树15万株，治理“四荒”4700亩，完成全年绿化任务的145%。扎实推进城乡环卫一体化建设，以第一名的成绩提前一年实现托管，打造秀美乡村。2013年，在安丘市美丽村庄评选活动中，娄家庄、朱家官庄等6个村进入前100名；娄家庄、后大盛进入前20名。大力实施饮水安全工程，全镇除10个村因实施整体搬迁未实施饮水安全工程外，其余52个村饮水安全工程均按上级验收标准完工，是全市率先向市委、市政府报捷的镇。积极实施农村道路网化工程，新建道路26条、31.3千米，提前一年完成村级公路网化工程，是全市第一个全部完成道路网化工程的镇。

党委书记　贺纯栋

镇　　长　代锋军

【辉渠镇】 辉渠镇位于安丘市西南部，面积206平方千米，辖40个行政村，1.9万户，人口6.7万人，耕地面积8.8万亩。2013年，全镇完成地区生产总值18.7亿元；地方财政收入912万元；农民人均纯收入10578元。

辉渠镇境内有珍珠泉、绪泉、温泉等泉眼100多处，被誉为“百泉之乡”。先后荣获国家级生态镇、山东省旅游强镇、山东省乡村旅游发展重点单位、山东省文明村镇等称号。辉渠百泉旅游区是国家AAA级旅游景区、省级休闲农业旅游示范点。留山景区被评为国家级古火山森林公园。雹泉村、黄石板坡村获山东省第三批历史文化名村。

辉渠镇农产品品牌有蜜桃、樱桃、水晶梨、辉渠大葱、辉渠小米、花生等，获得三品认证的食品达到25个。2万多亩红冠蜜桃基地是省级农业标准化示范区，万亩“望海山”小米是国家地理标志产品，与“吴家沟的安丘蜜桃”同是中南海专供产品。

2013年，重点抓好了“城镇化、五个一百工程、生态建设、乡村旅游、社会事业建设等方面的工作。城镇化建设工作。辉渠镇被潍坊市确定为五个特色试点镇之一。全镇规划了“2+6”个社区。已启动辉渠和雹泉两个中心社区建设，搬迁韩家庙子等3个村。同时，完成复垦土地167.54亩，全部通过了省验收。“五个一百”工程建设。新建有子山核桃等种植和云军肉牛5个养殖示范园区；新培植安丘壮民土地合作社等6家；完成歌尔蜜桃等三品认证8个；发展家庭农场31家；发展入画农业4000多亩；流转土地1.8万多亩。通过了留山古火山国家森林公园、省乡村旅游发展示范点、省最美乡村验收。李左车传说被列入省非物质文化名录。关停矿山开采、石子加工业户35家,拆除石灰窑111支。完成春季造林8600亩,栽植银杏等苗木100多万株。完成39.5千米的村级公路网化工程;完成118个自然村的环卫一体化托管;完成惠及83个自然村、4.5万人的农村饮水安全工程;完成温泉小学及幼儿园建设。同时启动雹泉小学和幼儿园建设。

党委书记　房师靖

镇　　长　郭　伟

【郚山镇】 郚山镇位于安丘市西南部,面积113平方千米,辖54个行政村,1.1万户,人口3.8万人,耕地面积5400公顷。2013年,全镇完成地区生产总值16.9亿元,比上年增长11%;地方财政收入989万元,比上年增长56.2%;工业实现销售收入38.7亿元,利税5.42亿元,分别增长32%和29%;第三产业增加值达4.5亿元;农民人均纯收入11280元。

郚山镇是"国家级生态镇""省级文明镇""山东省村务公开民主管理示范镇""山东省绿化示范镇""山东省环境优美镇""山东省旅游强镇""潍坊市级中心镇"。投资5亿元的太平山风电场已运行4年,投资5亿元的大安山风电场2014年9月份建成投产;总投资10亿元安丘润达太阳能光伏发电项目和总投资10亿元的中国电力投资集团光伏发电项目正在进行规划设计。围绕建设中国核桃之乡,推动25度以上坡地全部栽植核桃,全镇核桃总面积已达3.5万亩。城镇化进程明显加快,9个自然村整体迁入新型农村社区,"多村一社区"在安丘率先破题。五龙山公园被评为国家AAA级景区、国家级古火山森林公园景区之一;五龙湖被评为国家AA景区、省级水利风景区;总投资1.1亿元、中国最大的百合创意文化产业园正在规划设计。

党委书记　王加利

镇　　长　谢谦彪

【石堆镇】 石堆镇位于安丘市东部,面积67平方千米,辖47个村,9600户,人口3.8万人,耕地面积7.2万亩。2013年,全镇完成地区生产总值4.3亿元,比上年增长13.1%;地方财政收入446万元,同比增长43.6%;规模以上工业实现销售收入5.4亿元,增长16.8%;农民人均纯收入11338元。

工业持续健康发展。完善富东工业园和东城工业园基础设施配套,打造招商引资平台。全镇共引进项目11个。其中,进园项目1个,新开工及续建项目9个,签约项目2个。富星木业、富东电器、科兴机械、盛隆环保机械等企业实施增资扩产。

农业区域化稳步发展。大力发展设施农业,流转土地5000多亩,建成面积100亩以上的家庭农场、农业示范园8个。注册"阿乐"牌西瓜商标,通过农业部的绿色食品认证。新注册"河洼"黄金梨商标,通过"石堆伏梨"国家地理标志农产品认证,农产品商标达到12个。

社会事业蓬勃发展。加快推进新型农村社区建设,甘泉社区已开工建设安置楼21栋,总建筑面积9万平方米。兵马营村已搬迁入住。中心社区规划建设安置楼68栋,建筑面积26万平方米。实施农村道路网格化建设工程,新修村村通硬化道路18条,1.28万米。完成成片造林1500亩,完善农田林网5000亩,植树50多万株。搞好土地增减挂钩和土地复垦工作,腾出土地481亩。实施校舍安全改造工程,加固面积3900平方米。

党委书记　李永刚

镇　　长　李金峰

【柘山镇】 柘山镇位于安丘市西南部,面积156平方千米,辖41个行政村,9869户,人口2.97万人,耕地面积9.99万亩。2013年,全镇完成地区生产总值10.68亿元,比上年增长10.2%;地方财政收入739万元,比上年增长44.63%;工业实现销售收入1.4759亿元,利税1139万元,分别增长17.6%和118.6%;第三产业增加值达4265万元;农民人均纯收入11427元。

柘山镇被授予中国花生产业品牌名镇、山东旅游强乡镇、山东最佳休闲乡镇、山东文化产业品牌名镇、山东历史文化名镇、山东生态旅游示范镇、省级生态镇、省级文明镇和省级安全社区等荣誉称号。

花生、山货和文化生态旅游是柘山镇三大特色产业。"柘山花生"被国家有关部门相继认定为"有机食品""绿色食品""中国地理标志产品""中国地理标志证明商标"。建成国内首个"中国花生博物馆"。柘山镇盛产山蝎子、蚂蚱、知了龟、山羊、笨鸡、山鸡蛋、小杂粮、板栗、黑木耳等,建设"山货一条街",成立了山货专业协会。柘山文化历史悠久,我国古代著名思想家老子曾在此居住、采药,现有"摘药山""老子庙""老子村"等,历代区划沿革均以"柘山"命名,驻地设在"老子"村。境内有齐长城文化遗址,大小山头500余座。

党委书记　刘庆玲

镇　　长　王晓强

【官庄镇】 官庄镇位于安丘市南部,区位优越,交通便利,南依渠河与诸城市毗邻。官庄镇是三国名士管宁的故里,是著名的大蒜之乡、大桃之乡和肉牛养殖之乡。镇域面积125平方千米,辖59个行政村,14236户,人口5.6万人,耕地面积12.5万亩。2013年,全镇完成地方财政收入525万元,完成固定资产投资5.45亿元,储蓄余额5.02亿元,同比分别增长24.6%、17%和25%;工业实现销售收入10.06亿元,利税3098万元,分别增长22.4%和48.1%;农民人均纯收入12196元。先后荣获潍坊市计生工作先进镇、阳光计生工作先进镇、安丘市科学发展先进镇一等奖、招商引资工作先进镇、十佳农业品牌先进单位、对上争取工作先进单位、公路网化项目建设先进单位等荣誉称号。

工业方面。落户经济开发区总投资3.3亿元的潍坊耀宇数控装备有限公司项目一期工程顺利投产；引进落户滨海（安丘）产业园总投资2.6亿元的北京化工大学—安丘金源建材新型材料研究所和聚苯乙烯板材生产项目；引进落户镇域内总投资1041万美元的潍坊金鹭时装有限公司项目。限额以上企业发展到15家。

农业方面。培育6家农民专业合作社百家示范社；创建11个农产品农业品牌；建成4个规模化养殖场投入使用。"两河"大蒜国家地理标志证明商标已获公示；潍坊晟佑食品有限公司申报为潍坊市农业产业化龙头企业；于家洼大桃种植基地申报为林业产业示范园区和绿色产业园区；国晨肉鸡、天惠肉鸡和金海养猪场通过省畜牧兽医局无公害农产品产地认定。争取受益面积3万亩的全国新增1千亿斤粮食产能项目、2.6万亩高标准基本农田项目和5000亩高标准示范工程项目等3个土地整理项目。

城镇化建设方面。全镇规划建设永昌、金湖、寨庄、朱家庄、坡庄5个新型农村社区。现已启动永昌、金湖、寨庄3个，已整体搬迁小洼、下家洼、西挑河、都家寨庄、董家寨庄等5个村庄，搬迁居民420户，腾出建设用地节余指标364亩。

社会事业方面。农村饮水安全通村率100%，入户率90%以上。完成涉及25个村，总长度20581米的农村公路网化工程，实现了全镇连村通。新农合参合率和新农保参保率均达到了98%以上。在12月份安丘市组织对镇区工作群众满意度测评中，取得全市第一名。

党委书记　张宪宝

镇　　长　王跃启

【金冢子镇】　金冢子镇位于安丘市东南部，面积88.5平方千米，共辖56个行政村，人口4万人，耕地面积8万亩。2013年，完成固定资产投资4.2亿元，同比增长32%；农村居民储蓄余额3.8亿元，增长30%。被授予山东省科普村村通先进镇、山东省生态镇等荣誉称号。

投资4.6亿元，规划建设300亩的金安产业园，全部设计为三层建筑，采用转让和出租方式开展招商。一期工程8栋标准化厂房和1栋餐厅公寓楼、办公楼正在进行内部装修，5月底可落户第一批企业。现在建设的8栋办公楼5月底完成主体；利用镇域闲置土地资源引进瑞峰机械、胜洋玻璃钢、裕川精密铸造等6个项目，总投资2亿元，规划建设安丘市特色产业园，落户投资3.7亿元，占地187亩的飞恒机械加工项目。

规划建设占地600亩的杰腾果树标准化种植基地，已建成冬暖式大棚56个；占地200亩的同泰花卉产业示范园完成3万平方米的花卉种植和展示交易大棚；验收高标准农田示范工程和千亿斤粮食田间工程项目；3000亩的大姜示范基地项目已通过国家立项；建成4个养殖示范园区、2家规模化养殖基地；注册大桃商标一个；2个养殖基地通过省无公害认证。

新型农村社区建设。开工建设金冢子社区，后舒角埠166户全部顺利搬迁，5月底入住，置换土地指标176.4亩；先后完成郑戈庄、兴隆、前舒角埠等7个村的整治挖潜项目，全年共整理土地490亩，置换土地指标440亩。

民本民生。投资1451万元的校安工程和普惠性幼儿园建设全部竣工；投资950万元，完成村级公路网格化工程项目27个，总里程22.9公里；完成56个村的饮水安全工程，入户率达到96%。

党委书记　马康谊

镇　　长　王晓丽

（林卫成　辛立兴）

高　密　市

【国民经济和社会发展概况】　高密，西周称夷维，战国始有高密之名，秦置高密县，1994年5月撤县设市。高密位于潍坊市东端，东与青岛市接壤。全市总面积1526.63平方千米，辖10个镇（街道），1个省级经济开发区，960个村（社区）。年末全市户籍总人口87.87万人，人口自然增长率3.37‰。全年实现生产总值501.36亿元，比上年增长10.8%。其中，第一产业增加值50.51亿元，第二产业增加值284.02亿元，第三产业增加值166.83亿元。全社会固定资产投资337.3亿元，公共财政预算收入36.3亿元，公共财政预算支出35.9亿元。年末金融机构本外币各项存款余额297.4亿元，其中居民储蓄存款余额202.8亿元。社会消费品零售总额139.5亿元，进出口总额18.27亿美元。

农业。2013年，全市农作物总播种面积237.37万亩，粮食播种面积191.84万亩，增长1.66%。蔬菜面积25.24万亩，下降7.03%。昌邑市粮食总产实现"十一连增"，被评为全国粮食生产先进市，入围全省现代农业生产发展资金小麦产业项目县。全市实现畜牧业总产值36.7亿元，连续7年被评为全国生猪调出大县。全市完成造林面积1257公顷，其中，新增经济林103公顷，育苗455公顷，改善农田林网4866公顷，"四旁"植树500万株。全年完成植树造林1000万株，森林覆盖率达到39.3%。全市淡水养殖面积3098公顷，水产品产量4840吨，水产品总产量增加3.2%。年末全市农业机械总动力达181.14万千瓦，增长5.8%。联合收割机4862台，增长6.6%；拖拉机机引农具74852台（套），机具配套比达1:3.1。全年完成机耕、机播、机收作业面积分别为106.86万亩、235.5万亩、235.5万亩。全年完成水利建设投资2.12亿元,投工18万个,搬动土石方310万立方米;有效灌溉面积达102万亩,占总耕地面积的比重为70%。

工业、建筑业。全市规模以上工业企业实现主营业务收入1656.35亿元,比上年增长13.6%;产品销售率为99.2%;实现利税155.69亿元,增长20.8%;实现利润101.70亿元,增长20.2%。年末全市共有资质等级三级以上的建筑施工企业43家,从业人员10847人,全年房屋建筑施工面积317.6万平方米,竣工79.8万平方米。建筑业实现总产值30.8亿元,增长32.2%。

国内贸易、对外经济合作。全市实现社会消费品零售总额139.5亿元,增长16.2%。城乡市场协调发展,城镇零售额实现101亿元,增长15.1%;农村实现38.5亿元,增长15.4%。分行业看:批发业实现零售额15.8亿元,增长13.6%;零售业实现零售额109.2亿元,增长16.5%;住宿和餐饮业实现零售额14.5亿元,增长8.2%。全市完成进出口总额182735万美元,增长1.5%。其中进口43795万美元,增长4.2%;出口138940万美元,增长0.7%。全年共完成合同利用外资2.02亿美元,同比增长48%,实际利用外资7514万美元,同比增长13.7%。

固定资产投资。全市完成固定资产投资337.3亿元,增长20.1%。一、二、三产业分别完成15.2亿元、155亿元和167.1亿元,分别增长9.5%、33.6%和10.7%,占固定资产投资的比重分别为4.5%、46.0%和49.5%。从城乡看,城镇投资267.9亿元,增长18.8%;农村投资69.8亿元,增长9.4%。在建项目达到402个,其中过亿元项目达到132个,计划投资总规模656.4亿元,同比增长38.9%。全市房地产开发完成投资30.4亿元,增长24.7%。商品房施工面积323.9万平方米,增长17.3%,其中新开工面积128.32万平方米,增长81.5%;商品房销售面积90.4万平方米,增长10.5%。

教育、科学、文化、卫生、体育。有普通高等院校1所,在校生3960人。职业中学4所,在校生15939人。普通中学37所,在校生47397人。小学115所,在校生63632人。幼儿园159所,在园幼儿25967人。共取得市(地)级及以上各类重要科技成果35项,专利申请量1548件,授权专利582件。博物馆1个,档案馆2个,公共图书馆1所,文化馆1个,农村文化大院实现全覆盖。广播、电视人口综合覆盖率均达到100%。卫生机构200处,乡村卫生室474处。各类卫生机构共有床位4956张,卫生技术人员8064人。体育馆2座,全年参加市级及以上体育比赛共获奖牌134枚。

交通运输、邮电通信。全年完成交通基础建设投资4.07亿元。年末全市公路通车里程达3856.9公里,其中,国道31.3公里,省道125.6公里,县道333.9公里,乡道283公里,村道3083.1公里,公路密度达252.7公里/百平方千米,公路养护里程3825.6公里。全市营业性机动车辆9151辆,其中,客车272辆,货车8879辆。全年完成客运量1563万人次,客运周转量75959万人公里,增长2.97%;完成货运量3034万吨,货运周转量1002339万吨公里,增长7.07%。全年完成邮政业务总量4133万元,比上年增长11.3%。全市年末各类电话总计103.29万部,其中,移动电话89.86万部,固定电话13.43万部。每百人拥有手机102.3部,固定电话普及率达到15.3部/百人。互联网用户达到15.11万户,比上年增长8%。

社会生活。2013年,全市在岗职工平均工资44100元,比上年增加4775元,增长12%;农民人均纯收入13136元,比上年增加1362元,增长12.5%。农村居民人均居住面积32.24平方米。居民集中供热面积达到972万平方米,城区新建建筑供暖普及率达95%以上。全年城镇新增就业再就业9133人,转移农村富余劳动力8648人,城镇登记失业率控制在2%以内。全市养老保险参保单位1295家,参保人数127077人,全年实际收缴养老保险费91375万元。职工基本医疗保险参保单位1137家,参保人数124580人,全年实收24676万元。居民基本医疗保险参保人数697594人,职工生育保险参保人数50290人。全市城乡低保对象23943人,其中城镇3134人,月均补助236元/人;农村20809人,月均补助133元/人,共支出保障金4455.5万元。年末全市各种收养性社会福利单位拥有床位3909张,累计供养“五保老人”2090人。

【“百家企业提升行动”成效显著】 启动“百家企业提升行动”,孚日集团、豪迈集团率先转型发展,引领中小企业和传统产业上档升级。在2013年中国制造业自主品牌价值评价中,“孚日”品牌价值达到37亿元,居纺织轻工业第三位;豪迈集团被《福布斯》评为2014年上市潜力企业40强。全市规模以上工业企业实现主营业务收入1660亿元、高新技术产业企业完成产值345亿元,同比增长13%和32.8%。

【农村改革取得较大进展】 农村土地承包经营权、农村宅基地使用权确权登记颁证和农村集体经济组织产权制度改革推进,在全省率先完成农村集体土地确权登记发证工作。

【通过省级生态市验收】 生态市建设步伐加快,投资5.5亿元的胶河综合治理和湿地公园建设基本完成,建成潍坊市级生态绿化村597个,森林覆盖率达到38.5%,省级生态市通过验收,生态美丽高密建设迈向新层次。

【文体事业欣欣向荣】 举办第四届中国(高密)红高粱文化

节，并首次通过卫星转播，电视剧《红高粱》在高密市开机拍摄，单应桂美术馆建成使用，文化名市建设成效显著，获得首届山东省文化强省建设先进县（市、区）称号；创建为全国象棋之乡，被评为全国群众体育工作先进单位。

【经济开发区】 位于高密市东部，面积95平方千米，辖36个居委会、26个行政村，14892户，人口4.6万人。2013年实现财政总收入1.49亿元，可比增长95.6%；实现地方财政收入8405万元，可比增长91%；工业实现销售收入60亿元、利税6.8亿元，分别增长18%和21%。经济开发区与青岛市接壤，临近青岛海港、空港，胶济铁路、海青铁路在域内交汇，青岛西部南北大通道贯穿开发区南北，距青岛胶东新国际机场仅15分钟车程。

经济开发区以建设现代化经济新区为基本定位，坚持“项目立区、工业兴区”，主要有机械制造、劳动防护、房产开发、木器加工等支柱产业，在机械制造业方面，豪迈产业园初具规模，重型机械项目、精密铸锻项目、美国卡麦隆项目投产运行，压力容器、换热器等项目即将投产。劳动防护产业目前已发展成为全国最大、世界知名、销售份额占全国70%的防护制造业生产基地，生产企业300余家，从业人员1万多人，年销售收入40多亿元，培育出星宇、登升、鑫瑞达等知名企业11家，拥有中国驰名商标2个。房地产开发势头强劲，有胶河花园、水岸东方、半岛花园、豪迈城市花园等多个在建项目。临港产业园发展势头迅速，目前有高博木器产业园、鹏诚服饰、锦绣纺织、翰华新能源等6个项目施工建设，还有10余个项目正在洽谈对接。2014年，经济开发区将围绕贯彻落实全市“1364”的思路举措和各项部署，实施“一个目标、三线并进、创新驱动”的工作举措，推动二次创业实现全面大幅提升，争创国家级经济开发区。

党工委副书记（主持工作） 李 铭

党工委副书记、管委会副主任 张元忠

【密水街道】 位于高密市区南部，面积135平方千米，辖86个行政村，48478户，人口16.1万人，耕地面积7333公顷。2013年，全街道完成地方财政收入2.28亿元，比上年增长17.6%；工业实现销售收入128.4亿元，利税16.6亿元，分别增长20.6%和19%；农民人均收入13309元。被评为“山东省信访工作先进单位”“潍坊市群众工作先进单位”“省级生态乡镇”。

开展“旧城改造攻坚年”活动，实施梨园路口片区、烟草公司西片区、东三里片区、大胡片区等新片区的搬迁改造，共搬迁居民2066户，搬迁建筑面积29万平方米，拆出净地1050亩。新开工梓童家园、康成福地、康成大院、佳乐家中央商务区、盛世御景、御林华府等城建项目15个，开工面积200万平方米。开展“重点项目突破年”活动，新引进工业、服务业、现代农业项目26个，总投资66亿元。新建成1300平方米的南洋河社区服务中心，南洋河集中居住区一期工程186户居民搬迁入住，1400平方米的敬老院建成使用，拒城河社区全面升级改造，投资3500万元的校舍改造工程竣工并投入使用。

党工委书记 张友勤

办事处主任 禚见前

【醴泉街道】 位于高密市中西部，面积134平方千米，辖76个行政村（居），43418户，人口11万人，耕地面积9万亩。2013年，全街道实现财政总收入2.56亿元；地方财政收入完成1.72亿元；工业实现主营业务收入210.9亿元，利税20.3亿元，分别同比增长16.2%、22.7%；农民人均纯收入10600元。

坚持“文化立街、工业强街、城建靓街、城乡一体兴街”的发展理念，突出全域谋划，确立“一体两翼双支撑”的整体构架，以“百米跨栏”“弯道超越”的气魄，弘扬“奋发有为、昂扬向上、勇于拼搏、敢打必胜”的新时期醴泉精神，围绕“城区、工业园区、农业农村”三大板块坚定不移地实施旧城改造、工业转调、都市农业、城乡统筹、党的建设“五位一体”提升战略，各项主要经济指标均保持增幅，经济和社会各项事业实现平稳持续健康发展。先后被授予国家级生态镇、山东省先进基层党组织、潍坊市文明单位等荣誉称号。

党工委书记 乔日升

办事处主任 展世祥

【朝阳街道】 位于高密市东部，总面积30.138平方千米，辖区内共30个居委会，总人口5.66万人，其中，固定人口3.71万人，流动人口1.95万人。现有规模以上企业105家，其中工业企业65家，服务业企业40家。2013年，全街道完成地区生产总值333.7亿元，比上年增长6.6%；实现财政总收入4.65亿元，比上年增长16.5%，；工业实现销售收入331亿元，利税21.9亿元，分别增长5.6%和14%；第三产业增加值达24亿元；农民人均纯收入22100元。纺织业、制鞋业、机械制造业及现代服务业为朝阳街道优势及特色产业。

一是坚持“转调创”为主线，传统产业利用新技术、新平台加快转型升级。在纺织行业内，由思美尔服饰有限公司发起，依托中国电子商务协会和淘宝、京东、苏宁等电商合作，建设电子商务产业园，开创纺织行业的电子商务经济模式。制衣、机械等传统工业企业引入“企业自转智慧系统”。二是现代服务业快速发展。2013年客流物流中心、五金建材贸易广场、泰华冷链物流中心等陆续完工投入使用。金孚隆家居超市、商务酒店和精品商场，全宇圣华广场，荆都大酒店等完成主体。街道打造现代物流、金融保险、商贸流通、文化创意和商务服务等五大现代服务业聚集区。三是推进新城建设。提升人居环境,提高城市精益化管理水平,建立健全街道、社区、居委会三级管理体系。四是社会事业稳步发展。2013 年人口和计划生育工作位列潍坊市镇(街区)计生工作排名第 15 名,位列高密市各镇(街区)第 1 名。开发区医院与千佛山医院联合成立"高密市脊柱外科微创治疗中心",标志着开发区医院在脊柱外科微创治疗方面迈进一大步。开发区中学与诸城龙源小学组成结对学校,实现干部教师多元化、多层次、大密度地接触。社保体系不断完善,覆盖面不断扩大。全年,新农保参保人数达到 16025 人次,参保金额为 327.68 万元。

党工委书记　朱永利

办事处主任　郭金桥

【柏城镇】　位于高密市东南部,与市区紧密相连,面积 54.39 平方千米,辖 35 个行政村,9171 户,人口 3.2 万人,耕地面积 2605.67 公顷。2013 年,全镇完成地区生产总值 48.6 亿元,比上年增长 13%;地方财政收入 8297.3 万元,比上年增长 27.6%;工业实现销售收入 131 亿元,利税 17 亿元,分别增长 16% 和 17.3%;农民人均纯收入 13791 元。

现代工业分布优化。玻璃制品、纺织服装、机械制造、新能源设备制造、现代物流服务业五大现代产业布局优化,实现转型发展,跨越发展。镇城内拥有企业 244 家,服务业 36 家,其中规模化以上企业 42 家。现代农业特色鲜明。建起万亩胶河花卉产业园。产业园内拥有辉煌国际半岛苗木花卉示范园、天香园牡丹培植基地、百诚花卉园、青檀古木园等"十大特色花卉园",万亩花卉园在胶河岸边形成一条花香四溢的绿色经济长廊。完善高密市柳林现代循环农业科技示范园的"产—养—沼—肥—种"于一体的现代循环农业发展链条,带动周边及全市农业发展模式的转变。城镇建设效果显著。镇域内建有华安丽景、晏都秀府、百诚居、珠江帝景、宏泰家园、欧洲城、新济国际医疗综合体、赵家庄集中居住区(白羊山社区)、高密一中新校区、莫言文学馆,通过规划建成宜居生态镇。文化建设繁荣发展。建设现代高标准中心小学、省级敬老院,举办第六届晏子文化节暨第十四届白羊山艺术节,第二届半岛花卉博览会。

党委书记　邱纯洁

镇　　长　赵小燕(女)

【姜庄镇】　位于高密市区北部 5 公里处,青银高速横穿东西,平日公路纵贯南北,交通便利发达。版图面积 123.75 平方千米,辖 71 个行政村,15224 户,5.3 万人,耕地面积 10 万亩。是扑灰年画、泥塑的发源地,并被评为第一批国家级非物质文化遗产。2013 年,全镇完成地区生产总值 51.4 亿元;财政总收入 1.53 亿元,地方财政收入 8049 万元;工业实现销售收入 225.5 亿元,利税 17.9 亿元;第三产业增加值达 4.3 亿元;农民人均纯收入 13660 元。

始终坚持工业强镇的理念不动摇,全年共引进签约、在建投资过亿元的项目 20 个,总投资额 70 亿元。抓住被山东省政府评为"百镇建设示范行动"第二批示范镇和入围潍坊市 20 个特色示范镇为契机,六区(综合行政服务区、中心商务区、工业发展区、现代农业集聚区、民艺民俗文化产业发展区和集中居住生活区)建设实现新的突破,城镇功能更加完善。获得"国家级生态镇"等 2 项国家级荣誉和"省城乡一体化先进镇""省级旅游强镇""省级百镇建设示范镇""省级文明镇"等 10 项省级荣誉称号。

党委书记　刘思芳

镇　　长　孙桂新

【大牟家镇】　位于高密市西北部,面积 174 平方千米,辖 89 个行政村,1.6 万户,人口 5.3 万人,耕地面积 11000 公顷。2013 年,全镇完成地方生产总值 22.8 亿元,比上年增长 13.6%;地方财政收入 1031.8 万元,比上年增长 8%;工业实现销售收入 17.4 亿元,利税 1.6 亿元,分别增长 14.2% 和 13.9%;第三产业增加值达 6.5 亿元;农民人均纯收入 11984 元。

大牟家镇是传统的农业大镇,土地资源丰富。从 20 世纪 90 年代开始关注高产高效农业,全镇发展蔬菜大棚 840 个,面积 2300 亩,主要种植番茄。建成高密健怡农业科技园、花石桥现代农业示范园等现代农业园区 8 个。2010 年国家级土地综合整治项目开始实施,2013 年 5 月份完工并接受上级验收。总投资 1.42 亿元,整理耕地 5.4 万亩,共涉及 21 个行政村 3508 户 1.2 万人,借助项目实施,建成集中居住区 3 处,完成搬迁 9 个村 500 余户。另外,由寿光蔬菜集团投资建设的七彩庄园农产品批发市场于 2013 年投产运营,届时全镇的大棚蔬菜产业将进一步壮大。拥有各类企业 68 家,以纺织业和制鞋业为主,其中规模以上企业 11 家,企业职工总数 3700 人。

党委书记　魏　征(女)

镇　　长　邱　栋

【阚家镇】　位于高密西部,面积 150 平方千米,辖 93 个行政村,1 个居委会,25100 户,人口 7.8 万人,耕地面积 13.4 万亩。2013 年,全镇地区生产总值比上年增长 12.2%;地方财政收入比上年增长 26.8%,规模以上企业实现销售收入、利税分别增长 26% 和 34%;农民人均纯收入 12874 元。

工业经济提质增效。建设安泰动车、丰沃新农等过亿元项目 6 个,奥通轮胎、兴隆毛巾等企业实施扩产。现代农业加快发展。已建成鲜食葡萄、大棚蔬菜、食用菌、花卉苗木等多品种、多形式的现代农业园区16个。其中，龙业农业科技创建为农业部“菜篮子”工程示范基地和农业部园艺作物标准园。城镇面貌焕然一新。完善双羊社区、初家社区、高戈庄社区道路、排水系统等基础设施。加快集中居住区建设。谢家屯新村顺利搬迁，容纳600户的嘉和花园小区基本竣工，建设凤凰景苑、锦绣康成、康成书香苑等5个集中居住区。社会事业全面发展。校舍安全改造工程全面完成，校改建筑面积36000多平方米。

党委书记　张建明

镇　　长　齐有春

【井沟镇】 位于高密市西南部，面积133平方千米，辖98个行政村，23300户，人口6.8万人，耕地面积8300公顷。2013年，全镇完成地区生产总值57亿元；地方财政收入2162.3万元；工业实现销售收入621420万元，利税82683万元，分别增长14.5%和19.7%；第三产业增加值达2158万元；农民人均纯收入11538元。

井沟镇是工业铸造之乡，农业重镇。在镇区东部，打造呼家庄产业园区，引进宁波荣杰贸易加工区、山东一诺环保科技、正大畜禽销售中心、晟辉管业、亿隆田科技等11个项目。弘泰散热器、中意德机械等12家骨干企业增资扩产、产销两旺。在镇区西部，发展现代农业，现有黄烟面积4500亩，宏丰菊花、鑫盛蔬菜、新丰核桃、秀林五角枫等特色农业产业园区稳步发展。统筹提升各项社会事业，建设井沟中学、井沟医院、呼家庄社区派出所等民生项目。荣获全国三星级农村五保供养服务机构、全国救灾示范社区、安全教育先进单位等3项全国性表彰，山东省绿化模范镇、省级文明镇等4项省级表彰奖励。

党委书记　钟元国

镇　　长　李　侠

【柴沟镇】 位于高密市西南部，面积211平方千米，辖124个行政村，1处林场。全镇共有2.5万户，8.5万人，耕地面积13066公顷。2013年，全镇完成地区生产总值99.2亿元，比上年增长12.6%；地方财政收入5746万元，比上年增长12%；工业实现销售收入90.5亿元，利税8.9亿元，分别增长22.1%和24.5%；第三产业增加值18.5亿元；农民人均纯收入13040元。

工业经济蓬勃发展。引进和建设顺和阀门、金诺汽配、艾德环保、盛德物流、中储粮等5个过亿元大项目，容大机械、田源食品、发民饲料等15个项目实现增资技改扩产，增资额达5亿多元。全镇各类企业发展到185家。小城镇建设不断提升。重点打造东部工业区，完善提升中央商务区，实施集中居住区建设。加快五龙河集中居住区、府前街综合改造、锦绣嘉苑、青龙花园、苹果花园、土庄平日路综合改造等项目建设；推动柴沟、柴北旧村改造，新建二层楼房300多户、面积9万平方米；稳步推进柴沟文化综合体、五龙河综合改造等项目建设。现代农业亮点纷呈。以园区建设为主，完善20公里现代农业经济长廊。新建东阳花卉苗木、高家村蓝莓大樱桃、金祥花卉苗木等示范园3个，提升李家埠设施农业、龙河花卉苗木、泰华有机芦笋、东朱翰大樱桃等示范园10个。发展农业龙头企业31家、农业专业合作社180家、家庭农场100家，有15种农产品、7种畜产品通过无公害认证，22种农产品通过绿色食品认证。

党委书记　田凯文

镇　　长　宿立军

【胶河疏港物流园区】 位于高密市东北部，面积76平方千米，辖17个行政村和国营高密胶河农场，6174户，人口1.71万人，耕地面积3584公顷。2013年，全区完成地区生产总值16亿元，比上年增长16%；地方财政收入2019万元，比上年增长24.3%；工业实现销售收入138738万元，利税11492万元，分别增长17%和14%；第三产业增加值达6407万元；农民人均纯收入12884元。

2013年，按照市委、市政府“13612”总体部署，以四区引领为契机，以打好莫言、胶东国际机场2张牌为主线，建设“文化名乡、产业重镇、临港新城”3张亮丽名片。财政总收入、地方财政收入、国税、地税四项主要经济指标增幅均在15%以上。加快文化名乡建设。投入7500多万元完善旅游路网建设，加快推进包括莫言旧居乡村文化体验区、青草湖影视基地在内的“一心一环一带三区多点”的旅游景点建设。加快产业重镇建设。聘请中国人民大学商学院对园区产业规划进行完善提升。巩固以永平再生资源为主的废旧金属物流、提升以盛高冷链物流为主的农产品冷链物流、加快以三川国际贸易为主的集装箱物流和以世亚物流为主的铁运物流项目建设。加快临港新城建设。聘请上海同济大学对总规进行修编，聘请中国人民大学商学院对产业规划加以完善。投资4400万元完成全长10千米的平营路、高东路综合配套，新修、改造旅游线路道路40千米；投资400多万元，进行全城亮化，实现疏港全区常年亮灯；投资600多万元新修排水管道7700平方米，解决污水直排问题；新建绿地4万平方米；胶河综合治理，投资1800多万元完成堤顶3公里硬化、绿化和亮化，治理后的胶河防洪抗灾能力显著增强，达到了20年一遇。

党工委书记　范　珲

管委会主任　楚洪鹏

【咸家工业区】 位于高密市北部，面积43.82平方千米，辖

24个行政村,3763户,人口13887人,耕地面积2577.86公顷。2013年,全区完成地区生产总值106.43亿元,比上年增长18.03%;地方财政收入5913.3万元,比上年增长13.39%;工业实现销售收入846407万元,利税72896万元,分别增长11.45%和18.94%;第三产业增加值1105万元;农民人均纯收入14032元。

工业区传统纺织业发达,现有纺织企业112家。已有36家纺织企业累计更新高档设备2900台套,全区各类织机扩至2万台(套),年产人棉5亿米,工业区成为全国最大的人棉生产基地;通过实施基础设施建设十大工程,区内基本实现道路、供水、供电、排水、排污、燃气、通信、照明和土地平整"八通一平",带动了元裕机械智能落纱机器人、台湾安佑生物科技等近20个过亿元项目的落地建设,形成外资出口、先进制造、高端纺织、生物科技、新能源五大新项目集中区。在2013年度高密市群众满意度测评中,以93.79分的总成绩名列全市第一;工业区是省级非物质文化遗产地秧歌发源地,正在申报国家级非物质文化遗产。

党工委书记　禚朝晖

管委会主任　赵华功

【胶河生态发展区】 位于高密市东南部,面积95平方千米,辖57个行政村,13862户,人口3.9万人,耕地面积4533公顷。2013年,全区财政总收入912.3万元,比上年增长72.7%;地方财政收入427万元,比上年增长124.3%;工业实现销售收入186449万元,利税23716万元,分别增长30.4%和27%。第三产业增加值达27000万元;农民人均纯收入11020元。

交通便利,地理位置十分优越。北临高密东部新城,东、南两面与青岛相接,离青岛流亭机场仅50公里路程,省道胶王路、胶新铁路横穿境内,高密交通大动脉昌安大道纵穿南北。山清水秀,人文自然资源丰厚。区内晏王庙村为春秋时期齐国名相晏婴故里。高密"母亲河"胶河蜿蜒20公里流经全区,高密水源地王吴水库为国家2A级优质水源地。南山万松园为国家2A级旅游景区。此外还拥有晏婴生态园林、晏冢穹碑等人文自然资源。总库容2600万立方米的孟家沟水库已列入水利部"十二五"规划,2014年将开工建设。每年举办一次的晏子文化节和胶河土豆节,吸引客商数万人次,被省文化厅评为百佳山东省农村特色文化品牌。水土丰沛,现代农业特色鲜明。六万亩"胶河土豆"先后被评为国家级无公害农产品和国家地理标志保护产品,南山酥梨、胶河白菜等12种特色产品均被评为国家绿色食品。

党工委书记　管增璋

管委会主任　李沛聃

(呼　杰　迟善旭)

昌　邑　市

【国民经济和社会发展概况】 昌邑市位于山东半岛西北部,渤海之滨,莱州湾畔,东与烟台、青岛毗邻,西与潍坊相接。全市总面积1627.5平方千米,辖9个镇(街道),691个行政村(社区)。年末全市户籍总人口58万人。全年实现地区生产总值326.5亿元,比上年增长10.5%。其中,第一产业增加值35亿元,第二产业增加值185.4亿元,第三产业增加值106.1亿元。实现财政总收入39.2亿元,其中,公共财政预算收入23.4亿元,分别增长22%和18.2%。完成全社会固定资产投资237.1亿元,社会消费品零售总额124.4亿元,进出口总额6.1亿美元。年末金融机构本外币各项存款余额304亿元,其中居民储蓄存款余额210.7亿元。被评为"中国中小城市综合实力百强县市""中国最具投资潜力中小城市百强县市""中国全面小康成长型百佳县市""全国科技进步先进市""全国义务教育发展基本均衡县""首批国家智慧城市试点市""山东省投资环境最佳县市""全省生态文明乡村建设工作先进市""全省农业物联网技术应用示范市"。

大力推进"转调创",发展质量稳步提升。以科学投入促进"转调创",三次产业比例由2012年的10.5∶59∶30.5调整为10.7∶56.8∶32.5。新型工业化加速推进。规模以上工业企业信息化应用率达到80%,主营业务收入达到1003.7亿元。高新技术产业投入达到90.7亿元,产值占工业总产值的比重达到22.2%。新增中国驰名商标1件、山东省著名商标1件。现代服务业全面提升。引进企业总部(分支机构)19家,96个项目列入潍坊市服务业重点项目。完成主辅业分离企业404家,新增限额以上服务业企业196家,完成数量居潍坊市前列。实现服务业增加值106.1亿元,增长11.3%。农业现代化稳步实施。新增国家地理标志证明商标4件、无公害农产品品牌2个、国家级农业龙头企业1个、国家级蔬菜标准园1处、省级现代渔业示范园区1处,被评为"省级现代农业示范区"。中国(昌邑)北方花木城投入使用,绿博会规模和影响力进一步扩大。

深入实施"蓝黄"战略,突破滨海成效显著。滨海经济开发区下营、柳疃、龙池三个工业园累计完成基础设施投入12.65亿元,配套面积56.4平方千米。新引进项目28个,总投资115.2亿元;共落户项目143个,总投资533.6亿元;成泰化工等80个项目相继建成投产,华星机械装备制造等58个项目正在加快建设。昌邑海洋精细化工产业园获批全省首批蓝黄"两区"特色产业园。昌邑市潍坊滨海产业园完成基础设施投入9560万元,落户项目4个,总投资41亿元,开工建筑面积达到38.7万平方米,居潍坊市各县市区前列。下营滨海新城完成投资6.8亿元，公共服务、商住开发、生态建设等项目投入使用。

加快新型城镇化进程，城乡面貌持续改善。中心城区沿潍河、跨潍河发展步伐加快，院校街大桥、新昌路等重点工程建成投入使用，36项片区改造等工程扎实推进。完成市政基础设施投资4.5亿元，新建、改造城市道路18.8公里，房地产竣工面积86万平方米。“智慧昌邑”建设成效显著，建立中科院县域农业信息化研究中心和院士工作站；中国绿色交易网成为国内首家绿化行业在线交易平台；智慧应急、统一视频监控平台等15个服务平台及应用系统建成运行，技术水平和应用效果在全省领先，城市管理效能明显提升。小城镇建设加快推进，编制完成《昌邑市城镇化发展规划》，完成小城镇建设投资32亿元，柳疃镇被评为“山东省产业化驱动城镇化十强镇”，柳疃镇、饮马镇先后入选全省“百镇建设示范行动”示范镇。重新规划建设农村社区92个，公共服务水平不断提升。开展村容村貌整治工程，全部完成691个行政村的“三大堆”（农村的乱土（垃圾）堆、草堆、粪堆））清理，顺利通过全省“乡村连片治理”试点验收，农村环境全面改善。新建、改造县乡道路176.5公里。总投资1.2亿元的昌南水厂建成运营，全市规模化集中供水覆盖率达到100%，提前两年解决农村饮水安全问题。城乡环卫一体化“昌邑模式”走向全国，被列为国家标准化试点项目，已通过国家标准委专家验收，成为潍坊市首批通过验收的国家级服务业试点项目之一。

全面深化改革开放，发展活力日益增强。推进经济体制综合配套改革，16个改革试点项目取得重要成果。农村土地承包经营权确权登记颁证、宗地统一编码工作经验在全省推广，并在全省率先开展土地承包经营权抵押贷款业务。金融体系不断完善，金融机构各项存、贷款本外币余额分别突破300亿元和200亿元，有3家公司在股权交易中心挂牌交易，民生银行在昌邑设立分支机构。建成运营潍坊市首个县级中小企业公共服务综合平台。实际利用外资6177万美元，完成进出口总额6.1亿美元，出口创汇5.1亿美元。

加大节能减排力度，生态环境更加优美。全面启动“三八六”环保行动，关停污染企业5家，拒批化工类项目12个。空气质量综合排名居潍坊市第2位。城市居民管道燃气普及率达100%，注销达到报废标准的机动车3300辆。完成6处污水处理厂升级改造，城镇污水处理厂实现全覆盖，出水水质全部达到一级A标准。封闭城区57眼非法自备井。化学需氧量、二氧化硫排放量分别削减5.4%和5.2%，万元GDP能耗、规模以上工业增加值能耗分别下降4.2%和5.2%。完成成片造林1.5万亩，新建高标准苗木基地1.7万亩、农田林网4.5万亩。科学合理开发矿产资源，被确定为全国唯一一家县级“和谐矿区建设示范点”。

着力保障和改善民生，社会保持和谐稳定。全市民生支出16.3亿元，占财政总支出的57.6%。完成义务教育阶段中小学标准化建设和学前教育三年行动计划，潍水学校一期、实验幼儿园新园等建成投入使用，通过首批“全国义务教育发展基本均衡县”验收，被评为“山东省教育科研先进单位”。深化医药卫生体制改革，市人民医院、市妇幼保健院双双通过二级甲等医院评审；代表潍坊市通过国家卫计委妇幼卫生工作检查验收。文化中心、艺体馆投入使用，承办“十艺节”部分展演节目和全国中学生排球联赛、中日韩青少年运动会手球比赛等重要赛事。新引进中科院寒旱所等科研院所9家、院士工作站2处，院士、国家“千人计划”专家、泰山学者8名，实现招院引所、招才引智重大突破，连续四次荣获全国科技进步先进市称号。连续24年荣获潍坊市人口目标达标一等奖。社会保障体系不断完善，征缴各项社会保险费8.9亿元，新增城镇就业9780人、农村劳动力转移就业1.1万人。城镇在岗职工年人均工资达到43354元，农民人均纯收入达到13331元，分别增长12%和12.6%。城市低保标准每人每月提高50元，农村低保标准每人每年提高200元，发放社会救助款3755万元。建成公共租赁住房120套，改造城市棚户区230户。深入推进“平安昌邑”建设，强化安全生产和食品药品监管，社会保持和谐稳定。

【中国中小城市综合实力百强和最具投资潜力中小城市百强】 在由东北亚开发研究院、中国社科院社会科学文献出版社、中小城市经济发展委员会等单位联合举办的《2013年中国中小城市绿皮书》发布会暨中小城市新型城镇化座谈会上，发布2013年度中国中小城市综合实力百强县（市），昌邑市成功入选，位列综合实力排名第89位。绿皮书同时发布了2013年中国最具投资潜力中小城市百强县（市），昌邑市以第75名成为潍坊市唯一入围县（市）。

【首批国家智慧城市试点市】 在住建部组织召开的国家智慧城市试点创建工作会议上，昌邑市被确定为首批国家智慧城市试点市。作为山东省首个全面系统地推进智慧城市建设的县级市，突出“全新实”，打好发展、转型、绿色“三张牌”，智慧应急、城市公共信息平台等15个服务平台及应用系统已建成运行，技术水平和应用效果在全省领先；坚持数据融合共享，整合公安、园林、环卫等6部门资源，建立统一视频监控平台。“智慧昌邑”建设促进发展环境的改善和城市综合竞争力的提升。

【城乡环卫一体化工作被列为国家标准化试点项目】 结合“智慧昌邑”建设，建成“智慧环卫”系统，城乡环卫一体化“昌邑模式”成功迈出昌邑、走向全国，相继承接了省内外30多个保洁项目，保洁面积达1亿平方米。投资1.08亿元建设城乡生活垃圾资源化利用项目,荣获山东省重大节能成果奖,达到国际先进水平,实现全域生活垃圾无害化处理。全省乡村文明行动第二次现场推进会议和潍坊市城乡环卫一体化工作调度推进会议先后在昌邑召开。城乡环卫一体化工作被列为国家标准化试点项目,成为潍坊市首批通过验收的国家级服务业试点项目。

【全国唯一县级"和谐矿区建设示范点"】 昌邑市高度重视和谐矿区建设,及时足额发放征地补偿款,鼓励企业主主动参与公益事业,着力推进矿区生态化建设,有效保护被征地群众的合法权益。2013年6月被国土资源部确定为全国唯一一家县级"和谐矿区建设示范点"。

【农村土地承包经营确权登记颁证工作经验在全省推广】 按照试点先行、稳步推进的原则,在2013年上半年完成50个村试点的基础上,有力、有序推进农村土地承包经营权确权登记颁证工作。2013年底,全市50%以上的村全面完成土地承包经营权确权登记颁证工作;在全省率先开展土地承包经营权抵押贷款业务,累计为150多户农民发放贷款900多万元。潍坊市农村土地承包经营权确权登记颁证工作现场会议和全省农村经营管理工作暨土地承包经营权确权登记颁证工作培训会议先后在昌邑召开。

【奎聚街道】 位于昌邑市区中部,面积67.8平方千米,辖59个行政村(社区),总人口8.5万人,耕地面积3.9万亩。2013年,全街道完成地方财政收入1.18亿元,比上年增长16%;工业实现销售收入36.2亿元,利税4亿元,分别比上年增长27.6%和40.3%;农民人均纯收入1.2万元。

街道城市建设日新月异,环境优美、配套完善,潍水风情湿地公园风景秀丽、景色怡人,被住房和城乡建设部评为国家城市湿地公园;建成文泽园、名将花园、龙源国际等居民小区20余个。现代服务业繁荣发展,拥有中百佳乐家、全福元等大型超市、商场数十家;新嘉国际大酒店、翰林大酒店等星级酒店设施完善、服务周到。工业经济转型升级,以纺织印染、机械制造、医疗器械等行业为主导,限额以上工业企业25家;金丝达城乡生活垃圾资源化利用项目拥有65项专利,取得了显著的社会效益和经济效益,作为"昌邑经验"向全国推广。特色农业独具优势,注册"岔河"牌葡萄绿色品牌、"潍水"牌冰糖梨、"道照红"牌山楂无公害品牌3处。社会事业统筹发展,街道养老服务中心被省民政厅授予全国三星级农村五保供养服务机构称号,五保老人实现集中供养;拥有中小学校10余处,师资力量雄厚、办学条件一流。

党工委书记　李子石

主　　任　陈大生

【都昌街道】 位于昌邑市中西部,面积191.4平方千米,辖82个行政村(社区),2.8万户,人口8.8万人,耕地面积17.8万亩。2013年,全街道完成地区生产总值119.7亿元,比上年增长12.9%;地方财政收入9024.4万元,比上年增长20.7%;工业实现销售收入355亿元,利税19.1亿元,分别比上年增长22.3%和28%;第三产业增加值达6亿元;农民人均纯收入1.2万元。

都昌街道盛产大姜,素有"大姜之乡"的美誉,大姜种植面积达1.7万亩,年产量6.5万吨,产品销往日本、韩国等国家和中国香港地区。都昌街道以设施农业建设为突破口,大力发展现代农业,打造了东俟、西永安两个千亩葡萄园,栽植巨星、玫瑰香、维多利亚等十几个葡萄品种。同时,鼓励引导渔洞埠村利用3000亩苇田资源优势,大力发展苇编产业,主要产品有苇席、苇帘、菜篮等,具有较高的观赏和装饰收藏价值。该村的苇编项目成功申报潍坊市级非物资文化遗产。街道辖区内现有规模以上工业企业37家,招商引资实现新突破,成功引进总投资9000万美元的康迈信汽车轮端产品项目。一期项目建成后,将形成年产制动鼓及轮毂120万件的生产能力,实现年销售收入3亿元,利税5000万元。打造城西汽车交易市场,建设长安、日产、一汽大众3家4S店和1个精品展示区。广潍集团新投资5000万元,开工建设占地面积9300平方米的上海大众4S店,计划2014年9月份建成投用,实现汽车年销量1000台,销售额1.5亿元。

党工委书记　张英杰

主　　任　孙秀卿

【围子街道】 位于昌邑市东部,面积161.88平方千米,辖127个行政村,2.9万户,人口10万人,耕地面积14.8万亩。2013年,全街道完成地区生产总值60.6亿元,比上年增长10.1%,地方财政收入8729万元,比上年增长18.7%;工业实现销售收入192.5亿元,利税18.3亿元,分别比上年增长13%和12.6%;第三产业增加值达15.3亿元;农民人均纯收入11490元。

机械装备制造业膨胀发展。先后被授予"山东省机械铸造业基地""潍坊市机械制造产业集群""潍坊市首批新型工业化产业示范基地",拥有国内最大的汽车轮毂、制动鼓、刹车盘、洗衣机用弹簧生产基地。苗木产业发展迅猛。全街道苗木种植面积达到3.5万亩,共有600多个绿化树种。2011年被授予"AAAA国家级旅游景区"的绿博园,连续举办了十一届中国(昌邑)北方绿化苗木博览会和八届中国园林花木信息交流会,与中国北方绿色物流园和中国绿色交易网共同形成苗木产业"三大市场"协调发展的新格局。近年来,围子街道先后荣获"第二批全国人口和计划生育依法行政示范乡镇”“山东省十二五期间中小企业专项资金重点支持产业强镇”“山东省环境优美镇”“山东省文明镇”“山东省旅游强镇”“山东省绿化示范乡镇”“山东省最佳休闲乡镇”“山东省苗木花卉百强镇”“全省十佳苗木乡镇”等荣誉称号。

党工委书记　宋晓波

主　　任　孙效治

【龙池镇】 位于昌邑市西北部，面积182平方千米，辖27个行政村，7911户，人口2.4万人，耕地面积5.8万亩。2013年，全镇完成地区生产总值118.6亿元，比上年增长14.6%；地方财政收入5961万元，比上年增长18%；工业实现销售收入63.2亿元，利税5.9亿元，分别比上年增长7.1%和6.6%；第三产业增加值达2.6亿元；农民人均纯收入12680元。

该镇地处蓝黄“两区”建设前沿，地理位置优越。北部海岸线长约6千米，滩涂辽阔，主要海产品有40余种。沿海地下蕴藏着大量卤水、溴素、石油等资源，盐及盐化工和纺织印染是该镇两大优势产业。拥有盐田27万公亩，年产原盐130万吨，溴素生产能力达到1.5万吨。以海能化学18万吨离子膜烧碱项目为基础，规划建设120平方千米的龙池工业园区，是加快滨海开发的重要载体。目前，共落户项目18个，总投资达60多亿元。2013年，龙池镇以评为“山东省民间文化之乡”“山东省旅游强镇”为契机，发挥龙池属革命老区和历史文化厚重的优势，坚持文化产业与旅游业融合发展，用文化包装旅游，用旅游承载文化，加大文化投入，发展文化产业，建设“文化龙池”。北白塔烈士祠、孙膑庙、陈干墓、齐西故居群等6处历史文化遗迹被评为省级文物保护单位。齐西村被评为“山东省历史文化名村”。编撰《龙池年俗》，向外推介龙池的水文化、盐文化、名人文化、古迹文化、红色文化、非遗文化，打响龙池文化旅游品牌。

党委书记　韩文宏

镇　　长　刘广杰

【柳疃镇】 位于昌邑市区北10千米，总面积324.7平方千米，辖72个行政村，人口4.8万人，耕地面积7.5万亩。2013年，全镇完成地区生产总值67.3亿元，比上年增长21.3%；地方财政收入1.68亿元，比上年增长30.5%；工业实现销售收入279.7亿元，利税26.3亿元，分别比上年增长4.1%和2.7%；第三产业增加值达20.1亿元；农民人均纯收入14912元。

柳疃镇区位优势明显，荣乌高速公路、大莱龙铁路、新海路穿越东西，昌灶路纵贯南北。距青岛港和青岛机场110千米，属青岛一小时经济圈。距潍坊港37千米，距潍坊机场43千米，属潍坊半小时都市圈。是全国重点镇、国家小城镇经济综合开发示范镇、山东省中心镇、山东纺织印染产业第一镇、山东省小城镇建设示范镇。2013年9月被评为山东省产业化驱动城镇化十强镇。纺织印染、盐及盐化工是柳疃镇主导产业和传统产业。现有纺织印染企业511家，年实现产值19亿元，从业人员2.1万余人。拥有各类织机2.3万台，纺纱能力12.6万锭，年产丝绸、纯棉、化纤等各类布匹16.2亿米，印花布2.35亿米。产品覆盖了丝绸、化纤、涤棉、纯棉、装饰布、色织布等6大类200多个品种，是江北最大的装饰布生产印染基地。盐及盐化工产业，全镇共有盐田52万公亩，年产原盐225万吨；盐化工企业7家，年产溴素2.3万吨。柳疃工业园区规划面积50平方千米，已完成基础配套10平方千米。主要承接传统产业转型升级，产业定位是纺织印染、食品加工、机械制造、生物制药等先进制造业和高新技术产业，发展方向是建设生态型、环保型、现代化经济新区。现有纺织服装、食品加工、机械制造、生物制药等产业的35家企业落户，总投资92.1亿元，有25个项目建成投产。

党委书记　王明胜

镇　　长　肖　波

【下营镇】 位于昌邑市北部，面积220平方千米，辖35个行政村，8601户，人口2.4万，耕地面积5.6万亩。2013年，全镇完成地区生产总值8.4亿元，比上年增长16.7%；地方财政收入1.7亿元，比上年增长16.3%；工业实现销售收入33.6亿元，利税2.6亿元，分别比上年增长0.2%和26.9%；农民人均纯收入11797元。

下营镇自然资源丰富，生态系统独具特色，产业基础较好，海岸线长18千米，浅海滩涂4.6万亩，渤海莱州湾盛产三疣梭子蟹、东方对虾、鲈鱼等名优水产；是全国知名的溴素及原盐产地，区域内现有国家一级渔港一处，5000至10000吨级的下营商港正在规划实施中。依托科学的规划布局，滨海特色城镇日益崛起。“海上”重点发展精品海洋渔业，逐步形成滩涂贝类养殖产业带和现代化海水养殖示范区，其中东方对虾、银鱼、海参、单环刺螠（海肠）、三疣梭子蟹为下营名产。“陆上”突出发展工业和休闲旅游业，位于该镇东部的下营工业园，是建设以海洋精细化工、石化盐化一体化为主导的高端化工园区，规划面积45平方千米，为昌邑滨海（下营）经济开发区内面积最大的工业组团。园区内已落户项目85个，投资额达356.4亿元，其中已投产项目46个。整合各类海洋旅游资源，形成以月牙湖景区为“龙头”，依托万亩生态林场和滨海湿地公园，突出“渔港观光、滩海拾贝、渔家品鲜”为主要内容的滨海休闲旅游区。

党委书记　李寿岩

镇　　长　郝炳伟

【卜庄镇】 位于昌邑市东北部,地处潍坊、烟台、青岛三市交界,交通便利。总面积114.8平方千米,辖95个行政村,5.2万人,耕地面积11.2万亩。2013年,地方财政收入4362.4万元,比上年增长24.4%。工业实现销售收入42.6亿元,利税6.9亿元,分别比上年增长22%和25%;农民人均纯收入11088元。

围绕"工业强镇"目标,加大招商引资力度,引进高端技术、机械加工、现代物流等重点项目。投资2.2亿元的金昌树项目试产顺利,投资2.2亿元的恒信达项目二期工程已启动,新引进总投资5亿元的潍坊柏立化学项目和投资2.3亿元的山东百士威生物工程项目。坚持"以商带住、以住促商、以商住聚人气"的新型城镇化路子。突出基础设施建设这个重点,投资500余万元,完成青年路、战备路、文化路、庙高路等框架路建设及管网、路灯等设施配套,形成三横四纵的城镇道路框架;完成镇区综合商贸楼、泰康商贸楼等的建设,提升镇区承载力。抓好农村土地承包经营权确权登记工作;推进村级事务五代理工作;启动"386"环保行动;抓好社区服务功能完善。先后荣获"省文明镇""全省平安创建先进乡镇""潍坊市文明和谐单位""潍坊市文明镇"等荣誉称号。

党委书记 董明明

镇　　长 朱永红(女)

【饮马镇】 位于昌邑市中南部,面积166.1平方千米,辖101个行政村,2.45万户,人口8.5万人,耕地面积14.3万亩。2013年,全镇农民人均纯收入11691元。

饮马镇地理位置优越,交通便利,属青岛"一小时经济圈"和潍坊市"半小时经济圈",是山东省"百镇建设示范行动示范镇""省级环境优美镇""山东省中心镇""省级旅游强镇""潍坊市农业十强镇"。形成以纺织、高新技术、矿业开采和设备制造为主的四大特色产业,其中以高端装备制造、新能源为代表的战略性新兴产业——瑞其能风力发电、同大集团锂电池等项目发展迅速。农业发展向特色产业化、规模化发展,打造四个现代农业示范园区,即以林海生物为核心的食用菌生产示范园;以东方园林、金山苗木为核心的万亩高档苗木种植园;以绿欣家庭农场为核心的家庭农场示范园以及以种苗培育、花卉种植和有机蔬菜种植为核心的高效设施农业示范园。饮马镇盛产的"山阳大梨""林海春天"牌食用菌于2011年获得绿色食品和农产品地理标志产品。山阳村已连续举办五届山阳梨花节,吸引游客50多万人。2012年山阳博陆山生态旅游区被评为国家3A级旅游景区,2013年被评为省级休闲农业与乡村旅游示范点、山阳梨园被评为"齐鲁最美田园""山东省精品采摘园"。

党委书记 曲　伟(女)

镇　　长 许增贤

【北孟镇】 位于昌邑市南部,面积178平方千米,辖92个行政村,2万户,人口7.2万人,耕地面积15.6万亩。2013年,全镇完成地区生产总值25亿元,比上年增长11.6%;地方财政收入1918.3万元,比上年增长18.6%;工业实现销售收入28.3亿元,利税1.7亿元,分别比上年增长9.5%和14.7%;第三产业增加值达到9.1亿元;农民人均纯收入11600元。

北孟镇区位优势明显,交通便利,潍胶路、济青高速公路、胶济铁路、下小路四条交通要道穿境而过,属青岛1小时经济圈、潍坊半小时经济圈、黄河三角洲高效生态经济区范畴。民营企业达到300余家,形成以纺纱织造、纸箱包装、农产品加工等"三大产业"为主,新型电子、玩具制作、机械制造、饲料加工、工艺镜框加工等产业齐头并进的格局。培育发展花生、大蒜、半夏、大棚果、梨枣、黄金梨、苹果、核桃、草莓、大姜等"十大特色产业",农业龙头企业10余家。

党委书记 孙　磊

镇　　长 陈　诚

(毕刚清　李文军)

临　朐　县

【国民经济和社会发展概况】 临朐县位于潍坊市西南部,总面积1831平方千米,其中山区、丘陵面积占87.3%,辖8个镇、2个街道,345个行政村(居),总人口88万人。2013年,全县完成地区生产总值205.6亿元,比上年增长10.7%。财政总收入17.6亿元、公共财政预算收入10.4亿元,分别增长24.2%和28.5%。金融机构本外币存款余额244.7亿元,增长19.8%;贷款余额178.8亿元,增长23.5%。完成固定资产投资207.5亿元,增长20.4%。规模以上工业企业实现主营业务收入451.2亿元、利税24.1亿元,分别增长9.5%和8.3%。实现社会消费品零售总额105亿元,增长13.3%。城镇居民人均可支配收入、农民人均纯收入分别达到20815元和11835元,同比增长12.5%和12.6%。

注重转型升级,发展质量持续向好。突出抓好现有骨干企业规模膨胀,华建高性能特种铝材、伟盛高档工业铝材、恒远利废等骨干财源项目投产达效,山水新型建材、华特工业园二期、万豪汽车滤芯纸等重点项目进展顺利。引导传统产业转型升级,组织实施重点技改项目72项,完成技改投入85亿元。全县主营业务收入过亿元工业企业达164家。龙山高新技术产业园建成"四纵四横"八条道路,临朐(滨海)特色产业园完成总体规划和一期项目区基础设施配套,东城工业园新规划八期项目区,县中小企业创业产业园被认定为省级小企业创业辅导基地。积极引导企业开展"产学研"对接和品牌创建活动,与高等院校签订合作协议34项,专利授权366件,新认定中国驰名商标3件，山东省著名商标、山东名牌产品8件。

全县标准化奶牛养殖场发展到45个，新增奶牛9000头。五井现代农业、柳山金柳牧业等示范园区建设进展顺利，市级以上农业龙头企业、农民专业合作社分别发展到46家、33家，新增"三品一标"农产品30个，新认证有机农业示范基地3000亩。全面加强农田水利建设，争取各类农业发展资金1.6亿元，新增旱涝保收高标准农田3.9万亩。

组织实施"创5A九大任务"和"十一项重点工程"。举办中国沂山文化节等宣传推介活动，沂山成功创建为全市首家国家5A级旅游景区。老龙湾综合开发、石门坊景区改造提升等重点工程顺利推进。佳乐家购物中心、全福元商业步行街开业运营，银座集团与华兴商场实现合作，国际门窗幕墙博览城投入使用，江北物流城、汽车贸易城、广潍汽车园等项目进展顺利。家政服务体系日趋完善，电子商务发展加快。聚丰村镇银行、民生银行临朐支行相继营业，金融体系进一步健全。大业化工在天交所正式挂牌，华建铝业、新裕东铝业成功发行区域集优集合票据，直接融资取得突破性进展。

注重统筹发展，城乡面貌持续改善。启动新一轮城市总体规划修编，深入开展城市管理集中整治行动，加大城市绿化、美化、亮化和规范化建设力度，成功创建为"国家园林县城"。完成吴家庙、颜家洼、安家林等5个村、1160户的搬迁任务，新竣工验收安置楼137栋。建设各类保障性住房948套，新开工碧桂园、清华园、鼎盛园等房地产项目。仲临路改线工程完成搬迁，营龙路基本建成。新建、改建黄山路东段、粟北路东段等城市道路18条、31.2千米，完成新华路、山旺路等道路改造提升。新敷设供水、供气、供热管网143公里，新增供热面积46万平方米。县农贸综合批发市场一期工程投入使用。"智慧临朐"建设全面启动。新建改建农村公路101条、206公里。城乡环卫一体化实现规范化运转，农村新型社区建设全面启动，小城镇自主发展水平不断提高。

注重环境保护，生态环境持续优化。扎实开展"三八六"环保行动，清理取缔各类"土小"项目65家，拒批污染项目9个，第二污水处理厂一期工程建成投运，清源污水处理厂升级改造、山水水泥脱硝等重点减排工程全面完成，第三污水处理厂和辛寨、冶源污水处理厂建设启动。城区自备井关闭工作有序推进。全面开展弥河"三乱"综合整治，"路平、水清、河通、洁净"的近期目标初步实现。大力实施造林绿化，新增成片造林2.5万亩，完成森林抚育5.5万亩，辛寨凤凰谷建成省级森林公园。强化节能评估审查，积极推进企业清洁生产，实现节能减排目标。

注重民本民生，社会事业持续进步。新解决358个村、24.4万人饮水安全问题，实现农村饮水安全全覆盖。新建、改建临朐中学教育园区、职教中心、城关教育园区、南苑小学等学校23处，建成标准化幼儿园29所。县人民医院门诊医技楼、海浮山医院病房楼建成使用，辛寨医院病房楼完成主体。数字电视用户达19.4万户，被评为"山东省民间文化艺术之乡"。县社会福利服务中心基本完工，新建农村幸福院23处，"12349"居家养老服务平台正式启用。城乡低保、农村五保和居民养老保险、工伤保险、城镇职工医疗保险标准进一步提高。创新推广"两托管一代办"便民服务模式，村（社区）服务水平明显提升。人口计生工作扎实开展，被评为全省人口文化建设示范单位。安全生产形势持续稳定。扎实开展严打整治活动，深入推进"平安临朐""法治临朐"建设，社会保持和谐稳定。

【沂蒙山旅游区荣膺国家5A级旅游景区】 2013年12月，全国旅游景区质量等级评定委员会正式发出公告，批准山东沂蒙山旅游区为国家5A级旅游景区，标志着潍坊市5A级景区实现零的突破。沂蒙山旅游区由蒙山、沂山两大景区组成，自2012年始，山东省旅游局统一协调，临朐沂山与临沂蒙山联合创建国家5A级景区。

【中国国际门窗幕墙博览城建成】 中国国际门窗幕墙博览城位于山东临朐江北建材城核心位置，一期工程建有3个门窗幕墙交易馆和1个门窗幕墙展览馆。馆内设有设备展区、系统门窗区、型材展区、五金配件及密封胶区、玻璃及配套件区等专业展区。窗博城突破传统展览模式，将展览、洽谈、贸易等多种经营方式巧妙融合，整合业内精品和高端产品资源，着力打造精品展销基地、交易中心和信息中心。

【城关街道】 位于临朐县境西北部，面积90平方千米，辖30个行政村（居），100个自然村，14.4万人，耕地面积4.2万亩。2013年，全街道完成地方财政收入2.3亿元，比上年增长26.8%；工业企业实现主营业务收入73.2亿元，利税3.4亿元；农民人均纯收入11375元。

大力发展现代农业，形成大棚樱桃、青石山柿子、奶牛养殖、食用菌四大支柱产业，被誉为中国（江北）大棚樱桃第一镇，樱桃年销量7500吨，年销售额3亿元。2013年，全街道农业总产值达25亿元。

强力推进大项目建设，依托城南、朱封、华特、伊利、海洋生物、玉龙造纸六大产业园区，引进伊利复合加工、华特磁电低温超导、恒远利废环保设备、万豪汽车滤芯纸等过亿元项目，形成先进设备制造、新型造纸、纺织织造、工艺雕塑、新材料等产业，全街道工业企业达610家，规模以上企业49家，有中国驰名商标2个，山东省著名商标4个，山东名牌6个。

城市建设加快推进，开发建设晨晖丽都城、湖畔龙城、阳光水岸等40多个住宅小区，引进全福元中央商务区、中百商务区、鼎基国际城市广场等现代服务业,新修朐山西路,贯通弥河路、龙泉路等"梗阻路",拓宽改造纸风路,拉动城区全面发展。

党工委书记　沈明新

办事处主任　傅绍学

【东城街道】 位于临朐县城东2千米处,面积144平方千米,辖41个行政村(居),176个自然村,2.8万户,10.8万人,耕地面积6.68万亩。2013年,全街道完成地方财政收入2.9亿元,比上年增长29%;工业企业实现主营业务收入115亿元,利税5.9亿元,同比分别增长11%和21.8%。

规划建设占地4000亩的高端新型工业铝材产业园,新签约落户投资过10亿元的项目4个。华铝高性能特种铝材、伟盛高端工业铝材项目建成投产,建美、鸿明、永富、润弘等10家铝材扩能项目进展顺利。中国国际门窗幕墙博览城建成运营。全街道规模以上工业企业达45家。

重点抓好草庙岭现代农牧示范园、北石庙奶牛养殖产业园,全街道奶牛存栏1800头、生猪3.6万头,核桃3300亩、蜜桃2000多亩,形成"以奶牛生猪为主导,核桃、蜜桃为支撑,有机蔬菜为补充"的现代农业发展格局。积极推广先进农机具和农业技术,被评为"山东省农机平安优秀乡镇"。

江北物流城一期21栋建材商铺、340座钢材商铺建成。规划建设汽车贸易城。广潍汽车园、大众4S店已营业,别克4S店建设主体;富民汽车城综合展厅投入使用;昌通二手车市场2个展厅建成。江北建材城建成2万平方米沿街楼房。

建成双语学校初中部塑胶操场,基本完成双语教育园区建设;投资2亿元建设七贤教育园区、兴安小学、孔村小学,两处小学已交付使用。加强基层卫生院、卫生室建设,计生服务水平进一步提高,安全生产和食品药品安全形势良好。

党工委书记　孙传坤

办事处主任　王金来

【五井镇】 位于临朐县西南部,面积102.3平方千米,辖20个行政村,55个自然村,5.2万人,耕地面积3.3万亩。2013年,全镇完成地区生产总值23.5亿元,比上年增长15.8%;地方财政收入4850万元,比上年增长10.4%;工业企业实现主营业务收入29.2亿元,利税3.58亿元;第三产业增加值8.4亿元;农民人均纯收入10400元。

农业集约化程度不断提高,开发建设柿子、山楂、黄烟、佛手瓜、中草药五大生产基地,建成1600亩现代农业示范园,引进落户奶牛、沼气、肉羊等高效生态农业项目10家。全年实现粮食总产2761.1万公斤,果品总产1911.5万公斤。

大项目建设成效显著,建成纺织、水泥、碳酸钙加工和机械铸造四个工业项目园区,落户山水水泥、临朐轨枕、赛银钙业、白石化工和瑞达印染等骨干财源项目。全镇工业企业达120家,其中规模以上21家;工商业、服务网点达2560家,从业12400余人。

城乡一体化进程明显加快,高标准建成傅家庄、阳城、莲花山、花园河四处农村社区,着力打造"两公里、一刻钟"综合服务圈,使群众享受到近距离的服务。

旅游产业稳步发展。五井风景石市场,从业者2000余人,年销售额过亿元,远销东南亚地区。嵩山风景区,基础设施不断改善,旅游品牌进一步打响。

党委书记　马建平

镇　　长　李守成

【冶源镇】 位于临朐县中北部,面积153平方千米,辖39个行政村,104个自然村,3.5万户,10.5万人,耕地5.5万亩。2013年,全镇完成地方财政收入3909.3万元;工业企业实现主营业务收入60.8亿元,利税6.6亿元;农民人均纯收入11600元。

农业产业化格局逐步形成。大棚西瓜种植面积达1.2万亩,年总收入3.6亿元;葡萄面积达1万余亩,年总收入3亿元。成功引进金鳟、中华鲟、西伯利亚鲟、哲鲑、细鳞鱼、观赏鱼等20多个品种,养殖水面达1000余亩,年渔业收入3000余万元,所产商品鱼被农业部评定为无公害产品。2013年,农业总收入1.36亿元。

工业园区建设成效显著。已建成杨善工业园、洼子工业园、冶泉工业园、鞍达山工业园,正在建设凤凰山工业园,全镇形成纺织、机械电子、汽车配件、食品、教学用具制造、印刷、塑料包装、饲料加工、水泥建材、环保设备等支柱产业,共有工业企业500余家,规模企业42家。

以旅游业带动城乡发展,实施老龙湾风景区综合开发工程,加快推进省级旅游度假区建设,以此推动城乡一体发展。全镇已建成傅家李召、潘家埠、石庄、广尧、宋庄、王舍等社区,李召、洼子、冶北、冶西等建成居民安置楼,镇区建成旺龙、浮阳、芙蓉居和冶泉、鹏翔园等居住小区。

党委书记　赵洪军

镇　　长　贺志健

【寺头镇】 位于临朐县西南部,面积276平方千米,辖34个中心村,175个自然村,2.1万户,7.4万人,耕地面积8.6万亩。2013年,全镇共完成社会生产总值26.2亿元,比上年增长10.2%;工业企业实现主营业务收入19.7亿元,利税2900万元,同比分别增长22%和28%;地方财政收入1173.9万元,同比增长30.7%;第三产业增加值达7.1亿元;农民人均纯收入11650元。

注重发展品牌农业,寺头山楂、寺头红香椿获得国家地理标志认证，丹崮越夏西红柿通过绿色食品认证，呈子山楂、板栗和苹果通过国家有机产品转换认证。全镇发展山楂、香椿、中草药、黄烟等合作社17个，相亮山楂合作社、春早红香椿合作社被省林业厅评为省级示范社。全粮食总产量2994万公斤，果品总产量4500万公斤。

大力实施“工业立镇”战略，坚持走新型工业化道路，加快矿产、铸造、制丝、农副产品加工等支柱产业转型升级。全镇工业企业达99家，规模以上企业13家，从业人员3000余人。

城镇建设全面加快，完成寺头新区安置楼建设，300多户搬迁群众按期入驻；建成占地15000平方米的文化广场和体育公园；完成石家河镇区改造、石家河医院搬迁改造、自来水村村通工程，重建、维修桥梁11座。

党委书记　瞿志敏

镇　　长　窦海燕

【九山镇】　位于临朐县境南部，面积254平方千米，辖26个中心村，144个自然村，5.2万人。2013年，全镇完成地区生产总值9.32亿元，比上年增长7.2%；实现地方财政收入1103.1万元，同比增长20%；工业企业实现主营业务收入7.35亿元，利税6612万元，同比分别增长10.2%和9.8%；第三产业增加值869.4万元；农民人均纯收入8948元。

优势产业持续壮大。建成青杨峪板栗、牛寨褚庄苹果、岸头葡萄、晋家沟早生桃、申家庄山楂、龙湾沂山黄烟、花龙潭中草药等7个农业生产板块。九山板栗、苹果通过有机食品再认证，青杨峪板栗基地通过“全国有机农业（板栗）示范基地”验收。

乡村旅游实现突破。新建、提升节点公园6处，新增绿地面积1.5万平方米，绿化荒山3000亩。新拓宽、硬化黑松林、神牛谷景区道路23千米；新建神牛湖、南牛寨农家乐旅游区。

镇村容貌得到提升。新修铜牛路、滨河路、九铜路，治理麻坞河、红旗河、白沙河8.5千米，形成水面100万平方米。实施南店沿街、白沙沿街和崖下沿街等拆旧建新工程，新建沿街商贸楼18000平方米。全面推进城乡环卫一体化，投资100万元，购置清扫车、垃圾运输车、专用垃圾箱等设备。

项目建设强力推进。依托钾钠长石、石灰石、铁矿石等矿产资源，引进恺达高钙石、洪东矿石等7家加工企业；依托林果和农副产品资源，建成龙泰食品、海兰德食品、沂山缫丝、九山木材等10余家龙头企业，形成食品加工、木材营销、胶木座椅、缫丝、酿酒等产业链条。

社会事业全面发展。新建九山中心幼儿园、九山初中标准化操场，对八一希望小学进行校舍改造。全镇自来水通村率达到100%，入户率达到86%。卫生、民政优抚等各项工作持续发展。

党委书记　张守兵

镇　　长　李　斌

【辛寨镇】　位于临朐县中部，面积230平方千米，现辖49个行政村，192个自然村，3.71万户，12.7万人。2013年，全镇完成地区生产总值21.33亿元，比上年增长20.33%；地方财政收入6142.9万元，同比增48.5%；工业企业主营业务收入63.2亿元，利税2.8亿元，同比分别增长16.7%和19.1%；第三产业增加值达6.5亿元；农民人均纯收入11835元。临朐凤凰谷森林公园获批省级森林公园。

坚持“工业强镇”战略不动摇，全力打造卧龙、辛寨、凤凰山三大工业园，新引进过亿元项目12个，逐步形成橡胶、童车、合金、铝型材、食品饮料、汽配等九大支柱产业。全镇工业企业发展到400余家，其中规模以上企业42家。

按照“西部林果、东部瓜烟”的布局，建成曹家庄流域万亩优质桃、三山峪流域3.5万亩山楂等8个农业示范园，发展黄烟5000多亩，扩建永昌等奶牛养殖场3处，新增奶牛1300头。“三山峪”牌山楂、“意合”牌紫甘薯取得绿色农产品品牌认证。

大力发展商贸服务业，建设建筑面积6.9万平方米的辛寨综合商贸城、建筑面积2.2万平方米的辛寨供销商厦。以卧龙路口为节点，实施商业开发，建设辛寨物流园区和商贸服务业园区。

强力推进新型化城镇建设，实现镇区集中供暖、供气。先后实施辛寨医院综合楼、夕阳红老年福利院一期工程建设；辛寨初中、卧龙中心小学及幼儿园建设；文苑广场、丹阳湖公园广场建设；辛寨、卧龙、凤凰山工业园区，现代物流园区，晨鸿、福乾居住区，丹阳湖生态观光休闲区建设；辛杨、辛白、冶伦等道路改造提升。

党委书记　白文玉

镇　　长　刘万军

【蒋峪镇】　位于临朐县东南部，面积178平方千米，辖8个农村社区，29个行政村，1.59万户，5.7万人，耕地面积6.57万亩。2013年，全镇完成地区生产总值12亿元，比上年增长13.8%；地方财政收入1218.8万元，增长13.6%；规模以上工业企业实现主营业务收入61436万元，利税5100.1万元，分别增长16.3%和25.6%；第三产业增加值达2.9亿元；农民人均纯收入10536元。

镇域经济实现新突破。突出抓好酿酒、陶瓷、花生制品加工等资源型项目落户，着力推进盛安食品、春冠食品等企业转型升级，积极申报省级农业龙头企业、山东省著名商标。建成贺家洼流域大棚瓜菜特色园区、刘家营流域特色养殖园区，新建扩建奶牛场6处，新增奶牛1200头，黄烟种植面积达7500

亩。完成“花生、糖蒜”国家地理标志产品申报,“芋头、土豆、红薯”等产品绿色食品认证,新发展农民专业合作社12家。完成蒋峪供销社沿街楼建设,镇区经营业户发展到1000多家。

城镇建设实现新跨越。按照“南扩、北延、中提升”的思路,高标准完成镇域10.5千米东红路改造提升;搞好常庄河道治理、蒋峪河片区改造建设;改造提升中心镇区;对大沂路镇区段、海尔路、顺河路等镇区道路进行拓宽提升,对镇区高标准绿化、美化、亮化,着力搞好“蒋峪大集”城镇综合体建设。

社会事业得到新发展。完成蒋段路、蒋蒲路、常王路等30多千米乡村道路建设。抓好农村饮用水安全工程建设,实现农村集中供水全覆盖。购置垃圾箱、运输车等环卫工具,建垃圾池400个,实现环卫一体化全覆盖。加快实施学校标准化建设,从严执行计划生育政策,加大社会保障、医疗卫生等民生事业投入,促进社会事业全面发展。

党委书记　王锡利

镇　　长　王炳涛

【柳山镇】　位于临朐县境东部,面积97.1平方千米,辖21个行政村,67个自然村,1.2万户,4.2万人,耕地面积6.5万亩。2013年,全镇完成地方财政收入724.2万元,同比增长17.2%;工业企业实现主营业务收入10.9亿元,利税1.8亿元。

大力发展瓜菜、黄烟、奶牛三大支柱产业,全镇瓜菜面积达3.5万亩,年栽植黄烟7000亩,喂养奶牛2500头;建成3000亩辛庄生态农业示范园和280亩洋河奶牛养殖基地;完成“临朐酱菜”国家地理标志产品认证。

以招商引资推动工业发展,在镇域引进落户新旭电子、童宝工艺品、伟翔塑料助剂等带动力强、无污染工业项目,在县工业园引进宇鑫机械科技、润弘镁型材、汇金新型防火墙体材料等铝型材产业集群链条产品。

大力实施城乡一体化建设。在镇区组织实施“平改楼”工程,新建农资、商铺122家,个体商户达1772家。完成旅游路、柳五路柳山段拓宽改造,完成42个村、3.5万群众的饮水工程,实施丹山河、孟津河等河道治理,开工建设后疃社区服务楼。

党委书记　耿怀金

镇　　长　窦圣健

【山旺镇】　位于临朐县东北部,面积108平方千米,辖16个行政村,9578户,3.6万人,耕地面积5.1万亩。2013年,全镇完成地区生产总值12.9亿元,比上年增长11%;地方财政收入804.9万元,比上年增长40%;工业实现主营业务收入5.56亿元,利税5900万元;第三产业增加值达1.2亿元;农民人均纯收入10070元。

工业经济快速发展。全力抓好中小企业创业产业园建设,完成水、电、路、排污等基础设施配套,被评为山东省优秀中小企业创业辅导基地,新落户投资过3亿元项目3家。着力抓好骨干财源项目建设,投资5亿元的中广核风力发电二期工程,已全部运营。

农业经济稳步提升。大力推进高效生态农业示范园、金鸽山有机小米生产基地建设。突出抓好大樱桃生产,新发展大棚樱桃基地6个,种植户2232户,新建大棚2720个,面积5840亩。新建5000平方米樱桃交易市场,年交易量1500吨。积极推进“三品一标”认证,全镇共注册农产品商标11个,国家地理标志认证产品2个。新建扩建一鸣、宏达、桃花、崔家河、黄山店五处奶牛养殖场,新增奶牛1000头。

社会事业全面进步。投资1600万元高标准完成教育园区三期工程建设。新型农村合作医疗参合率达到98%,医疗、防疫实现全覆盖。启动镇村环卫一体化建设,实现镇村环卫保洁“全覆盖”。完成57个村农村饮水安全工程建设。完成乜家河流域土地整理项目建设。

党委书记　魏林卿

镇　　长　吕学志

【龙山高新技术产业园】　位于临朐县北部,面积67平方千米,辖16个行政村,3.4万人。2013年,工业企业达到36家,其中规模以上企业6家;工业企业主营业务收入6.5亿元,上缴税金1445万元;全年社会消费品零售总额321万元;实现财政总收入1661万元,地方财政收入925万元。

龙山产业园坚持“高起点规划、高标准建设、高水平经营、高效能管理”理念,制定了“一城两带五区”的总体发展规划。分设高端制造业发展区、科教创新产业发展区、高分子材料发展区、中小项目提升发展区和现代工业服务区等5个功能区,主要引进新能源、新材料、新医药、新信息和海洋开发及高端装备制造等“四新一海”新兴产业项目。一期项目区共落户投资过3亿元的项目12个、总投资达100亿元。

产业园耕地面积4.2万亩。形成以花卉苗木和林果蔬菜生产的现代农业格局,建成万亩花卉苗木、万亩果品、万亩瓜菜生产基地,成立龙山苗木、华胜农产品等68家农民专业合作社。2013年,农业经济总收入达10亿余元,农村人均纯收入10479元。被省林业厅评为“全省花卉苗木百强镇”。

党工委书记　王　军

管委会主任　李本元

【沂山风景区】　位于县境东南部,总面积148平方千米,辖沂山林场、大关水库、沂山水库、东镇庙管理所和14个行政村,8341户,2.9万人。2013年,沂山风景区财政总收入1006万元,增幅21.6%;地方财政收入767万元,增幅8.1%;农民人均纯收入11835元。被评为国家AAAAA级旅游景区。

主要景区有东镇庙景区、百丈崖景区、法云寺景区、玉皇顶景区、歪头崮景区等,自然景观80余处,人文景观60余处。

大力实施"突破沂山"战略,先后完成东大门综合服务区、旅游专线、玉皇阁、东镇庙重建、百丈瀑布景区、东镇御园大酒店、神龙大峡谷开发、圣水河开发等升级改造工程。注重旅游管理和营销,举办第一届沂山国际登山比赛、沂山全国文学大奖赛、2013中国沂山攀冰精英赛、2013年东镇沂山祀山大典。

景区有耕地面积2.5万亩,粮食作物为小麦、玉米、杂粮,特色产业有核桃、蓝莓、花生。景区有企业3家,以加工钠长石粉、玄武石、农机配件为主。

党工委书记　王成德

管委会主任　张忠刚　　　　　　　　　　(刘建国　程国栋)

昌 乐 县

【国民经济和社会发展概况】 全县总面积1101平方千米,辖369个行政村,人口61.8万人。2013年,实现地区生产总值238.5亿元,增长10.8%;完成公共财政预算收入18亿元,增长10.2%,收入质量明显提升;完成固定资产投资208.6亿元,增长19.1%;实现社会消费品零售总额102.8亿元,增长16.5%;在岗职工平均工资、农民人均纯收入分别达到40213元、13037元。

工业转型步伐加快。培植装备制造、黄金珠宝加工交易两个千亿级和新能源汽车500亿级产业,推进造纸包装、食品加工、精细化工等传统产业转型升级,加快蓝色经济特色产业园、昌乐(滨海)特色产业园建设,规模以上工业实现主营业务收入825.9亿元,其中过50亿元的企业3家,过30亿元的7家。新建博士后工作站1处、市级以上企业技术中心和研究中心11家,51个项目列为省技术创新项目。新创省级以上名牌名标10件,新获专利授权392件。

现代农业创新发展。规划建设现代农业示范园区15处,注册中国地理标志证明商标2件,认证"三品"35个。西瓜产业产值突破15亿元。农产品质量安全监管体系不断完善、力度不断加大。建成"合作社一条街",搭建"合作社之家",合作社达到1229家。实施农业基础设施项目32个,完成投入3亿元。

服务业实现扩量增效。增加值占比提高2.1个百分点。古火山群被确定为国家自然遗产和国家地质公园,寿阳山旅游度假区被确定为省级旅游度假区,远古火山口群文化旅游景区列为省重点建设项目,成功举办2013中国(昌乐)国际宝石博览会。3个项目列为省服务业载体项目。新引进银行4家,银行机构存贷款余额分别增长20.9%和18.1%,3家企业实现债券融资7亿元。房地产市场健康运行,交易面积增长37.4%。企业主辅业分离任务超额完成,新增限额以上服务业企业153家。

新型城镇化体系不断完善。加快东部生态新城、方山路两侧、10个重要节点组团开发建设,实施雨污管道配套、弱电管线下地、公共自行车系统等工程,新修改造22条道路,其中方山路贯通改造等16条道路建成通车,完成城建投资33.8亿元。红河镇申报国家重点镇、全国卫生镇,鄌郚镇入选全省第二批"百镇建设示范行动"示范镇并评为国家特色景观旅游名镇,乔官镇评为省特色景观旅游名镇。规划114个农村新型社区,27个示范社区加快建设。大力推进工作力量下沉,镇(街、区)70%以上的干部吃住在社区、工作在社区、服务在社区。城市社区网格化管理加快推进。

改革开放继续深化。县人民医院综合改革试点顺利完成。农村集体资产股份制改造工作已完成42%的村,土地承包经营权确权登记颁证工作已完成62.4%的村,被评为全省农村土地承包经营权确权登记颁证工作示范单位。农村宅基地确权登记颁证国家试点全面完成。国土资源部低丘缓坡开发利用试点加快推进,完成征地报批4060亩。经济体制综合配套改革试点项目有序推进。招商引资市认定到位资金34.2亿元,利用外资4634万美元。完成进出口总额18.5亿美元,居全市第二位。

生态文明建设扎实推进。下大决心推进"386"环保行动,城区污水直排问题基本解决、6吨/小时以下燃煤锅炉全部停用、自备井关闭率达到85%,环境空气质量综合排名跃居全市前列。拆除环保不达标企业152家,万元GDP能耗下降4.2%。启动"六河"生态修复工程,新建改造7处污水处理厂,城镇污水基本实现集中处理、达标排放。省市县土地开发整理项目全面完成,耕地总量连续14年保持动态平衡。启动全国绿化模范县创建,森林覆盖率达到35.2%。"三托管"实现全覆盖,城乡环卫一体化考核连续三年居全市前三名。所有的镇街被评为省级以上生态镇街,83%的村被评为市级生态村。

民生和社会事业持续改善。10件民生实事如期完成。民生支出占公共财政支出比重达到60%以上。加快推进总投资450亿元的"十个一"工程,"一路、一园、一湖、一区、一体、一院、一中心"加快建设,"一校、一山、一城"正在完善规划。农村饮水安全工程提前两年实现全覆盖。新建8处中小学、幼儿园,学前教育三年行动计划圆满完成。县养老中心投入使用。保障房建设任务超额完成。新农合大病医保全面启动。新增城镇就业1.1万人,转移农村劳动力1.5万人。社会保障水平大幅提高,被评为全省城乡居民社会养老保险工作先进单位。市民文化体育公园、县公共电子阅览室建成投用,昌乐传媒网获"全国地方网站最佳本土传播力品牌奖"。物价保持稳定,居民用热、用水、用气价格居全市较低水平。人口目标责任考核连续三年获全市一等奖第一名。完善社会治安防控体系,刑事案件发案数下降20%。积极开展矛盾纠纷集中化解行动,狠抓安全生产、食品药品安全,社会保持和谐稳定。

【昌乐火山地质公园入选国家地质公园】 2013年12月26日,国土资源部公示了第七批国家地质公园申报评审结果,山东昌乐火山地质公园成功入选国家地质公园。此次评选全国共有22家申报单位获得国家地质公园评审资格,山东省唯此一家。昌乐火山地质公园以火山、蓝宝石以及地质遗迹为主体,有100余座古火山,是不可再生的地质遗产。

【昌乐古火山群入选国家自然遗产】 2013年10月29日,住房和城乡建设部对《中国国家自然遗产、自然与文化双遗产预备名录》予以更新,山东省昌乐古火山群作为4处新增的国家自然遗产之一位列其中。昌乐古火山群诞生于新近纪,距今约1800万年,分为北岩火山口群、团山子火山口群、方山火山口群3个大的火山口群,构成了规模宏大的古火山群,有山东省迄今为止保存最完整、特征最典型的古火山颈地质遗迹和蓝宝石原生矿,是不可再生的地质遗产,具有完整性和典型性,对研究新生代构造运动、岩浆活动、火山活动演化规律及追溯地质历史具有重大的科研价值。

【昌乐县获全国科技进步先进县称号】 2013年,新建潍坊市功能性油脂工程技术研究中心、潍坊市环保节能型涂料工程技术研究中心等8家市级以上工程技术研究中心;新建山东柠檬酸产业技术创新战略联盟、电声乐器产业技术创新战略联盟2家;获批山东乐捷空调、山东英轩重工等6家市级创新型企业。建设昌乐县高新技术创业园市级孵化器;引进济大混凝土研究院、广东农科院动物研究所2家院所;引进院士刘修梵、国家青年创新基金获得者贾永峰、国家千人计划特聘专家赵常营3名高层次人才。2013年,全县高新产业产值达到163.6亿元,占规模以上工业产值的比重达到20%。受到国家、省、市科技部门的充分肯定,顺利通过考评,获得2013年全国科技进步先进县称号,这是昌乐县连续第五次荣膺全国科技进步先进县称号。

【昌乐县被表彰为全国群众体育先进单位】 2013年8月,昌乐县被国家体育总局表彰为"2009—2012年度全国群众体育先进单位"。加强群众身边的体育组织建设。设立县体育总会,完善县、镇、村三级全民健身组织网络体系,单项体育协会队伍不断壮大。加强群众身边的场地建设。争取各级体彩公益金和社会资金,为超过200个行政村(社区)建设了体育健身工程,为县体育公园增建了健身广场和塑胶篮球场。加强群众身边的体育活动开展。每年组织开展篮球联赛、乒乓球联赛、中老年健身展演等大型群众性体育活动10次以上,从2011年开始每年举办一届全民健身运动会,组队参加潍坊市全民健身运动会,并先后多次代表潍坊参加山东省的比赛。此外,每年举办并参加6次以上社会体育指导员培训,共培养了757名社会体育指导员。这些社会体育指导员分布在不同地区、不同行业,指导群众科学健身,有力地推动了群众体育的发展。

【昌乐县被命名为首批全省水资源管理规范化建设示范县】 实施最严格的水资源管理制度,牢牢把握水资源开发利用总量控制、用水效率控制、水功能区限制纳污"三条红线",加大执法力度,封关城区自备井,加强节水型社会建设,严格落实节水"三同时"制度,完善入河排污口监督管理体系,严格入河排污口设置审批、登记及监督管理,全县地下水基本实现了采补平衡,用水效率符合控制指标,水功能区水质达标。严格论证许可、计划用水、计量缴费"三个管理"。建立了新建、改建、扩建建设项目水资源论证,取用计划分水源逐月下达,水资源费"应征尽征、足额征收",超计划用水累进加价征收等制度。强化组织机构、督导考核、水政执法"三项保障",全面落实水资源管理区域化、网格化管理和巡查、稽查、督查三项制度,严厉打击违法违规行为,实现了全县水资源的可持续利用。2013年5月,昌乐县被命名为第一批"全省水资源管理规范化建设示范县(市、区)",成为全省首批11个示范县(市、区)之一,为潍坊市第一家。

【昌乐经济开发区(宝城街道)】 位于昌乐县城北部,面积43.4平方千米,辖8个行政村,7644户,人口2.6万人,耕地面积2.2万亩。2013年,全区地方财政收入11455万元,比上年增长24.8%;工业实现销售收入235.7亿元,利税11.5亿元,分别增长15.5%和13.2%;第三产业增加值达28.89亿元;农民人均纯收入18277元。

开发区(宝城街道)地处"三区"建设交汇点,交通便利、地理区位优越、发展潜力巨大。建区22年来,开发区始终坚持把优化投资环境、壮大工业经济作为立区之本,累计投资9亿元用于基础设施建设,全区实现"九通一平",绿化园区500万平方米,先后引进各类企业200多家,形成了装备制造、黄金珠宝首饰加工、造纸包装印刷等优势产业集群,有规模以上企业30家,上市企业4家,国家重点扶持高新技术企业14

家,拥有中国驰名商标7件,建有省级技术中心5家、市级研发中心9家。在全省省级经济开发区中排名位居30强。先后荣获“山东最佳投资园区”“山东省低碳经济示范园区”“山东省生态工业和循环经济示范园区”等称号。

昌乐经济开发区(宝城街道)党工委书记　张金涛
昌乐经济开发区管委会主任　高明胜
宝城街道办事处主任　史志军

【朱刘街道】 位于昌乐县城东部,面积50.79平方千米,辖23个行政村,人口3.8万人,耕地面积2.1万亩。2013年,区域内规模以上企业实现主营业务收入320.93亿元,利税22.28亿元,分别增长13.3%和13.4%;财政总收入18676万元,地方财政收入8326万元;第三产业增加值达15822万元;农民人均纯收入22938元。

朱刘街道是一处以新能源电动汽车、新型建材、精细化工、现代物流和休闲旅游度假为主的“蓝色、高端、低碳”现代产业示范区。区域内已汇聚规模以上企业46家,各类中小企业280多家,从业人员达到20000多人。有5家企业跨入潍坊市工业百强,有29家企业主营业务收入过亿元,其中1家过80亿元,2家过30亿元,6家过10亿元。拥有中国驰名商标7个,省名牌名标12个,省级以上高新技术企业10家,市级以上企业技术中心、工程(技术)研究中心11家。街道先后被评为“中国电动车产业第一镇”“中国减水剂生产基地”“山东电动车产业基地”“山东省钢结构产业集群基地”“山东产业集群建设十大突出贡献镇”“山东省文明单位”首批“乡村文明行动”省级示范街道和“山东省生态乡镇”等。

党工委书记　王永信
办事处主任　张庆科

【宝都街道】 位于昌乐县城区,面积89平方千米,辖55个行政村,人口13.7万人,耕地面积4.7万亩。2013年,街道地方财政收入2.4亿元,比上年增长6.3%;规模以上工业实现主营业务收入71.71亿元、利税12.2亿元,分别增长12.5%、41.2%;第三产业增加值达26.2亿元;农民人均纯收入18700元。

辖区东部有寿阳山兀然耸立,西部有30里丹河流贯全境。境区309国道、胶济铁路、宝通街横贯东西,火车站座落腹中,距潍坊市、青州市、寿光市中心和潍坊机场均20分钟车程,到潍坊港仅50分钟,区位优势明显。街道紧紧围绕建设“三个昌乐”的任务目标,做大高效农业、做强现代工业、做优现代服务业,区域内一、二、三产业均衡发展,经济社会实现科学快速发展。街道先后被评为“中国柠檬酸特色产业基地”“中国电子散热器产业基地”“全国模范人民调解委员会单位”“省级卫生工作先进街道”“省级最具投资潜力十佳街道”“省级生态镇”“省级文明镇”“省级旅游强镇”“省级城市社区建设示范街道”“省级群众性体育工作先进单位”等。

党工委书记　张　彬
办事处主任　赵中国

【五图街道】 位于昌乐县城南部,面积104平方千米,辖41个行政村,1.3万户,人口5万人,耕地面积6.93万亩。2013年,街道地方财政收入4539万元,比上年增长39.28%;工业实现销售收入59亿元,利税53530万元,分别增长12.7%和13.29%;第三产业增加值达39000万元;农民人均纯收入达到14298元。

街道环境和谐优美。北临寿阳山国家森林公园、桂河滨水景观带,南依钟灵毓秀的方山,山灵水美,人杰地灵。矿产资源丰富。境内已探明蓝宝石矿藏面积54平方千米,储量数亿克拉,是亚洲最大的蓝宝石矿床,蓝宝石产业已形成比较完整的产业链条,被誉为“中国宝石第一镇”,被评为“山东省蓝宝石产业基地”;煤炭、油页岩储量丰富,开发前景广阔。工业经济迅速发展。培育形成了电子配件、塑料加工、机械制造、轻纺、拉链和农副产品生产加工等产业集群。特色农业显著。按照“安全、优质、高效、品牌”的发展思路和要求,坚定不移发展现代化生态农业,以庵上湖瓜菜专业合作社为依托,建设了高标准的现代农业示范园区,形成了集农事活动、自然风光、科技示范、休闲娱乐为一体的农业生产基地,高端农产品饮誉齐鲁。

党工委书记　刘德利
办事处主任　郭雪梅(女)

【乔官镇】 位于昌乐县中部,面积195平方千米,辖73个行政村,2.5万户,人口8.8万人,耕地面积14.8万亩。2013年,全镇地方财政收入2431万元,比上年增长50%;工业实现销售收入120.7亿元,利税8.6亿元,分别增长12%和8%;第三产业增加值达3亿元;农民人均纯收入14018元。

镇域内蓝宝石、膨润土、玄武岩、木鱼石等矿产资源储量丰富,方山、隋姑山、乔山、荆山、黄山等处风景秀丽。2013年,远古火山群被住建部确定为国家自然遗产,火山地质公园被国土资源部确定为国家地质公园。塑料、板材、织带、针织服装等特色产业集群规模不断膨胀,是“中国塑料包装制品加工出口基地”“山东省木质板材产业集群”。现代农业发达,拥有农产品品牌26个,有机、绿色、无公害农产品112个,市级农业龙头企业6家、示范园区12处、农业专业合作社280个,省级示范社3家,国家级示范社1家。重点培育“昌乐火山小米”农业品牌,“昌乐火山小米”有悠久的种植历史,依托古火山群区域独特的地理位置和自然环境,造就了昌乐火山小米优良的品质,品种丰富,具有色泽鲜黄、颗粒圆润、光滑沉实、香味浓郁、微量元素含量高、糊化温度低等特点,在主产地乔官镇高标准规划建设了昌乐古火山口区有机杂粮基地,总面积3万亩,大力发展火山小米、火山绿豆等原生态杂粮,新注册了小米等杂粮种植专业合作社5家和联合社1家。基地年生产小米、绿豆、玉米等杂粮3万吨,实现销售收入2亿元,农民年人均纯收入达到15000元以上。

党委书记　王龙之

镇　　长　刘衍斌

【营丘镇】 位于昌乐县东南部,面积218平方千米,辖64个行政村,29042户,人口9.7万人,耕地面积18万亩。2013年,全镇地方财政收入1228.41万元,比上年增长18%;工业实现销售收入482500万元,利税15375万元,分别增长17.6%和35.7%;第三产业增加值达4600万元;农民人均纯收入13992元。

镇域内有姜太公遗址、崇山石祖林、孝子王裒墓等历史文化资源,是姜太公始封地、齐文化发源地。深入实施"工业立镇、工业强镇"战略,完善以镇驻地为主体,崖头、河头两大工业经济增长极为两翼的"一体两翼"经济发展总体布局,持续壮大机械制造、铸造及纸品加工等特色优势产业,工业经济发展实现新跨越;以"转调创"、新型农村社区建设及招商引资工作为总抓手,依托丰厚的文化资源,努力打造齐文化旅游特色品牌;马宋饼、阿陀粉皮、营丘有机粮、石祖林瓜菜、孝妇河芦笋、紫芽果蔬等具有地方特色的农产品商标已逐步得到广大消费者的青睐与认可,品牌效应显现。先后被授予"中国草莓之乡""中国拖拉机基地镇""山东省机械制造产业第一镇""山东省环境优美乡镇""省级文明镇""潍坊市绿化示范镇"等荣誉称号。

党委书记　秦春军

镇　　长　崔爱江

【红河镇】 位于昌乐县南部,面积194.5平方千米,辖62个行政村,26766户,人口11.6万人,耕地面积16万亩。2013年,全镇地方财政收入4058万元,同比增长39.2%;工业实现销售收入1173028万元,利税90611万元,分别增长31.8%和30.6%;第三产业增加值达93056万元;农民人均纯收入16652元。

围绕建设山东省"百镇建设示范行动"示范镇这一目标,按照"产城一体、三化融合"的工作思路,镇域经济社会实现新突破、大发展。经济发展迈上新台阶。以食品产业为主导,不断完善红河出口食品特色产业园功能,强力推进一、二、三产业融合发展。新引进食品深加工企业和项目13个,新注册合作社30家,新建高端农业项目8个,新增"三品一标"6个,新增个体工商户300余户。积极培育以"红河花生""朱汉苹果"等为代表的农业品牌。红河花生种植历史悠久,种植面积达5.6万亩,建有国家级农业标准化花生种植示范区3.25万亩,主要种植富硒花生、鲁花11号等,具有颗粒饱满、含油量高、营养丰富等特点,现已发展为种植、深加工等系列产业,成为当地群众致富主导产业;朱汉苹果栽种历史悠久,种植面积达8000亩,主导品种为美国新红星、红富士,具有大、甜、脆,颜色鲜艳、含糖量高、果肉脆、耐运输等特点。新型城镇化实现新突破。聘请北京华高莱斯国际地产顾问公司和同济大学规划设计院,对城镇总体规划、控制性详细规划和社区布局、产业发展、基础设施、生态景观规划进行了编制和修编。配套完善城镇基础设施,基本实现集中供水、供电、供暖、污水处理、垃圾收运"五集中";新建市民服务大厅等8个公共服务设施项目,增强小城镇承载力。生态建设取得新成效。大力植树造林,新增成片造林4600亩。着力构建镇域"水生态"体系,对镇域红河等4条河流实施生态修复工程。扎实推进"三托管",深层次治理了农村环境。深入开展乡风文明行动,大力倡树"一孝三实"新风正气,全镇上下形成了文明和谐的社会风气。

党委书记　张志强

镇　　长　刘莹有

【鄌郚镇】 位于昌乐县南部,面积166.3平方千米,辖26个行政村,24459户,人口8.2万人,耕地面积11.2万亩。2013年,全镇地方财政收入3981万元,比上年增长26.7%;工业实现销售收入215900万元,利税12300万元,分别增长27.6%和14.2%;第三产业增加值38948万元;农民人均纯收入12200元。

围绕特色小城镇建设,突出乐器产业园、城镇基础设施等6项重点工作,狠抓工作落实,开创了各项工作新局面。乐器产业园新建区一期3万平方米车间建成,引进过亿元项目2个,剥离各类服务业企业41家。实施了九曲河改造、卫生院病房楼等十项工程建设。培植起兆田育苗等12处现代农业示范园区。实施了"三山三岭一路一河"八大绿化工程,完成成片造林6000亩,完善农田林网2000亩,绿化道路20多公里。探索建立了"1212"信访维稳、视频远程接访等工作模式,化解信访案件6起,解决群众难题300多件。扎实做好群众保障工作,新农合、新农保参保率达到100%。农村饮水安全工程实现全覆盖。夯实计划生育基层基础,各项指标均控制在责任书规定范围之内。镇中心幼儿园顺利通过了省示范园验收,镇文化站被评为国家一级文化站。鄌郚镇被评为国家级生态乡镇和山东省"百镇建设示范行动"示范镇。

党委书记　张义增

镇　　长　刘　刚

【高崖水库库区】 位于昌乐县南部，面积57.6平方千米，辖17个行政村，6761户，人口2.34万人，耕地面积2.6万亩。2013年，全区地方财政收入280万元，比上年增长137.29%；工业实现主营业务收入9700万元，利税846万元，分别增长52%和53%；第三产业增加值达1.3亿元；农民人均纯收入7686元。

立足水源地保护职责，坚持生态经济化、经济生态化，全力建设生态富强幸福新库区。生态环境建设，确定了生态造林、产业造林、景观造林三位一体绿化思路，栽植各类苗木38.7万株，森林覆盖率达42.6%。生态旅游业发展，建成游览码头、潍坊市摄影家协会鹭鸟拍摄基地、"湖畔人家"民俗文化小院等景点，开工建设仙月湖半岛群生态景观绿化长廊和南山农场，打造"槐香幽谷""松海听涛""悠然南山"等景观，正申报国家级湿地公园和省级生态小镇。现代农业发展，规划建设"万亩有机高效农业特色产业园"，扩建生态莲藕示范区，打造"荷塘月色"景观，培育了一批优质黄烟、富硒芋头和地瓜种植基地，成立了马头山核桃等31个农民专业合作社；"白塔"牌有机芋头荣获"中国特产知名品牌""中华饮食文化特色精品"，并获准使用国家风筝联合会标志、吉祥物及唯一专利称号，正申报山东省著名商标；新建农产品质量检测中心，完成农超对接。社会民生改善，规划建设白塔等5个农村新型社区，率先开工建设东篱湖畔社区，新建国家标准化库区小学投入使用。

党工委书记　孔德奎

管委会主任　李富强

（赵保昌　刘海平）

开 发 区

潍坊高新技术产业开发区

【国民经济和社会发展概况】 潍坊高新区成立于1991年，1992年获批国家级，现辖4个街道，面积110平方千米，人口19.6万人。2013年，完成地区生产总值308.5亿元、增长15.7%，工业总产值745亿元、增长19.9%，公共财政预算收入27.73亿元、增长20.2%，固定资产投资200.9亿元、增长19.6%，社会消费品零售总额259.17亿元、增长12.6%。

高新技术产业提质增量。坚持有所为有所不为，突出高端、高质、高效，着力培育壮大汽车及装备制造、声光电子、生物医药、软件信息等新兴高端产业集群。全区完成高新技术产值472亿元、占比63.4%，高新技术企业达到139家、省级以上创新型企业21家。新引进总投资163亿元的129个项目，加快建设149个重点项目，其中昌大新型建材工业园等30个项目列入省市重点计划。盛瑞8AT年产10万台自动生产线正式投产。半导体发光产业被科技部确定为全国首批10个国家创新型产业集群建设试点之一，物联网技术应用产业集群被列为全省首批产业集群示范。获批国家火炬计划软件产业基地、国家级新型工业化产业示范基地，被评为中国地理信息产业示范基地，全区省级以上产业化基地达到26个。

自主创新能力不断增强。着眼创新驱动、内生增长，努力打造区域科技创新高地。新引进国家"千人计划"2人、省"泰山学者"7人，总数分别达到20人、30人，数量均居省内高新区首位；新增市"双创人才"14人，总数达到45人，占全市一半以上，获批建设首批国家创新人才培养示范基地，获得全省人才工作考核第一名。获批建设国家内燃机产品质检中心、国家电声及固体照明产品质检中心、盛瑞传动国家乘用车自动变速器工程技术研究中心、华辰生物国家和地方联合工程实验室。获批省级以上科技计划和重大专项135项，获得省自主创新成果转化重大专项5项，全区30项成果技术水平国内第一、8项世界第一。抢抓3D打印产业发展机遇，加快建设潍坊3D打印技术创新中心和总部基地；与清华科技园合作迈出实质性步伐，联合共建潍坊孵化基地和美国硅谷孵化器。新注册海外商标65件，争创著名商标4件，潍柴、鲁伟2家公司争创为国家级"守合同重信用"企业，实现了高新区零的突破。

现代服务业快速发展。把现代服务业作为打造经济升级版的战略选择，向"微笑曲线"两端要效益。山东呼叫中心产业基地座席达到6000个；实现离岸服务外包执行额8097万美元，增长128%；国家电子商务示范基地加快建设，恩源公司被评为国家电子商务示范企业；新引进15家银行、保险、担保等金融机构，银行业贷款余额502亿元、贷存比144%。科技与金融的结合取得新突破，与鲁信集团合作成立2亿元创投基金，与清华金控合作设立并购基金；完成企业主辅业分离62家，是市下达任务的145%；新引进万豪酒店、海信广场、安宝时代广场、中国高端食品电子商务总部、360山东区域总部等一批高端服务业项目。

城市化水平明显提升。坚持以人为本，努力实现城市品质提升与民生改善的和谐统一。全区91个村全部完成"村改居"挂牌工作。年内财政投入资金约8000万元，全面打造城乡一体化的社会保障体系，提高13项保障标准，覆盖辖区居民15万人，养老保险、五保、三属抚恤、优抚对象医疗保障实现城乡并轨。新建续建8所学校和幼儿园，建成公办学校全部通过标准化验收；全面实施"先诊疗后付费""五免五减"等20项医疗惠民措施；获批建设全省首家人力资源服务产业园，新增就业7000人；被评为省级计划生育基层基础工作示范区。全面实施"三八六"环保行动，生态环境质量明显提升。

发展活力显著增强。坚持向改革要红利。对光电园、软件园、生物园实行市场化运作,将高密、寿光、坊子、滨海相关园区纳入辐射范围,形成“一区多园”发展模式。深化行政审批服务改革,压减区级行政审批事项121项、行政事业性收费17项,审批时限提速67%。整合政府采购、工程项目招投标、土地交易、产权交易4项职能,设立公共资源交易服务中心。按照“三个三分之一”人员布局原则,将工作力量重点向招商引资、产业园区和街道社区基层一线倾斜,进一步增强了经济社会发展活力。

【潍坊高新区获批“国家可持续发展实验区”】 2013年4月10日,科技部正式批准潍坊高新区建设国家可持续发展实验区,成为首个获此殊荣的国家级高新区。至此,潍坊高新区在全国高新区中率先形成国家创新型科技园区、国家知识产权试点园区和国家可持续发展实验区“三区”共建和协同发展的新格局。潍坊高新区突出“科技驱动、高端服务、绿色低碳、宜居城镇”实验主题,充分发挥科技支撑和引领作用,积极探索有益经验和模式,把全区建设成贯彻落实科学发展观和建设创新型国家高新区的重要载体,在推进区域可持续发展中发挥示范带动作用。

【盛瑞8AT十万台生产线投产现场评估暨国家乘用车自动变速器工程技术研究中心建设】 2013年6月28日,盛瑞传动股份有限公司在潍坊盛瑞8AT工程院举行盛瑞8AT十万台生产线投产现场评估暨国家乘用车自动变速器工程技术研究中心建设启动活动。这是潍坊高新区现代装备制造业在自主创新道路上又迈出了成功的一步,国家乘用车自动变速器工程技术研究中心的建设启动,标志着潍坊高新区不仅开启了8AT产业化的新篇章,而且开始承担起加快成果转化和技术辐射、为全行业服务的重任。

【潍坊高新区成为全国首批创新型产业集群试点】 2013年7月2日,科技部下发了《科技部关于认定第一批创新型产业集群试点的通知》,以潍坊高新区为核心区的潍坊半导体发光创新型产业集群被科技部确定为全国首批十大创新型产业集群试点之一,也是全省唯一一个入围的试点产业集群。潍坊高新区的半导体发光产业集群以浪潮华光光电、歌尔光电、中微光电等行业知名企业为引领,以130家高成长性中小企业和研发机构为支撑。2013年,潍坊半导体发光产业集群产值、主营业务收入、利润等主要指标均实现20%以上的增幅,成为区域产业发展的新亮点。

【清池街道】 清池街道位于高新区东部济青高速公路以南、胶济铁路以北,是高新区行政中心所在地、潍坊市区的东大门。辖区面积39平方千米,辖34个社区、8123户,2.5万人,耕地面积931.27公顷。2013年,全街道完成地区生产总值145亿元,比上年增长12.5%;地方财政收入14.37亿元,比上年增长13%;工业实现销售收入394亿元,利税58.4亿元,分别增长15.8%和33.7%;第三产业增加值达57亿元;居民人均纯收入9660元。

2013年,清池街道科学规划确立“一个城市广场、五大产业园、五大聚集区、七大居住区”四大版块城市发展格局,牢牢抓住产城融合、社会事业、文化软实力三大亮点,强力推进旧村改造、重点项目和社区建设等工作,不断完善基础设施配套,大力发展社会事业,精心打造宜居社区,努力建设富裕文明、美丽和谐、平安幸福的新清池。目前,辖区社区居委会全部启动城市化综合改造,有7个社区居委会旧村改造已基本完成,安置居民近7000户。已竣工楼盘共计206座,建筑面积109.86万平方米,在建楼盘45座,建筑面积30多万平方米。获得“国家综合减灾示范社区”“省级安全社区”“省级党风廉政建设示范所”“省五四红旗团委”“市镇街纪检组织建设先进单位”等称号。

党委书记　杜业新

办事处主任　梁炳海

【新昌街道】 新昌街道位于高新区东部,面积12.6平方千米,辖13个社区、2228户,0.76万人,耕地面积397公顷。2013年,街道完成地区生产总值0.37亿元,比上年增长5.1%;地方财政收入650万元,比上年增长40.1%;工业实现销售收入2200万元,利税200万元,分别增长6.5%和5.3%;第三产业增加值达945万元;农民人均纯收入5889元。

2013年,新昌街道各项工作进展顺利,完成新昌学校、潍柴国际物流园、半导体发光产业园、城投浞河1号项目等980多亩地的征地补偿工作。基础设施建设全面铺开,规划设计了“八纵四横”的路网框架,确定了水电气暖配套方案,新昌一路、五路、七路、新昌二街西段已建成通车,水电气主要管道铺设完成。农村城市化进程加速推进,规划了马宿、寨子、冯家三个集中居住区,旧村改造工作稳步进行,并已顺利完成辖区13个村的村改居和产权制度改革。安全形势良好,定期开展安全生产大检查活动。计生服务水平不断提升,2013年被评为省级计划生育基层基础工作示范街道。社保、民政、城乡环卫一体化等各项社会事业全面进步。

党委书记　丛兴军

办事处主任　刘相合

【新城街道】 新城街道位于高新区中西部,面积31.1平方千米,辖24个行政村、6个城市社区居委会,4.7万余户,人口14.4万人,耕地面积约186公顷。

2013年,新城街道全力加快高端产业集群化、科技服务高端化、农村全面城市化、社会事业一体化,致力于打造"富强、美丽、幸福"新城,经济社会实现了更好更快发展。辖区产业基础雄厚,有国家级科技企业孵化器、软件园等高新技术产业载体,现已经形成光电子信息、软件信息等产业集群。区内商贾云集,有中百益家园、佳乐家、谷德广场等现代商贸、服务业、生产经营性企业3000余家,街道农民纯收入约12400元。区内环境优美,绿化覆盖率达43%。辖区商业经济日益繁荣,有金茂大酒店、富华大酒店等五星级酒店2家,四星级酒店一家,市文化艺术中心、人民广场、富华游乐园等休闲娱乐场所90余处。2013年街道荣获"全省消防安全基层基础强化年活动先进单位""潍坊市20强特色产业镇""潍坊市绿化模范单位""潍坊市餐饮服务食品安全示范街道"等荣誉称号。

党委书记　孙　波

办事处主任　胡　洁

【新钢街道】 新钢街道位于高新区南部,面积26平方千米,辖20个社区、4200余户,1.4万人,耕地面积1200公顷。2013年,全街道完成地区生产总值2.03亿元,比上年增长7%,农民人均纯收入9676元。街道先后荣获全省安全生产示范社区、全省无邪教乡镇、全市学习型党组织、全市依法行政先进单位、全市人口和计划生育工作科学管理先进镇街等荣誉称号。

抓好村企共建,加快现有产业转型升级。依靠电厂、特钢、汇胜三大企业,实现村民就近转移就业2000多人,实现了村企双赢。加快旧村改造,银通社区和渭水苑"两大片区"共规划建筑面积105万平方米,现已投入使用20万平方米,在建高层37栋40万平方米,完成整村拆迁6个、1100户,腾出工业用地800亩,土地复垦370亩。办好民生事业,与辖区大企业共同投资6000多万元,建成钢城现代学校和钢城现代幼儿园,实现了义务教育集中办学和素质教育整体提升;投资建成社区卫生中心1处,中心卫生服务室6处;完善市政配套,投资6000多万元完成了张虾路改造和穆响路整治,完善了辖区市政管网和市政设施配套。推进综合改革,以集体积累股份制改造和存量土地经营权流转为主要内容,已成立股份经济合作社19个,完成土地流转2700亩。夯实基层党建,创办和实施了支部书记论坛、"两委"干部述职述廉、派驻"第一书记"等制度,依托退职老干部组建群众工作委员会,深化党员干部"包村联户",保持了辖区和谐稳定社会大局。

党委书记　钟世旺

办事处主任　齐亚杰　　(李新军　李国强)

潍坊滨海经济技术开发区

【国民经济和社会发展概况】 潍坊北部沿海主要包括滨海开发区、寿光北部、昌邑北部三部分,面积2657平方千米,是国务院、省政府确定的海洋经济新区,"蓝黄"两大国家战略和胶东半岛高端产业聚集区省级战略在这里融合叠加。潍坊滨海经济技术开发区(以下简称滨海区)是潍坊滨海海洋经济新区的核心区,陆域面积677平方千米,海域面积510平方千米,海岸线长69千米,辖2个街道,人口20万。滨海区是"黄区"重点发展的四大临港产业区之一,区内的滨海产业园是"蓝区"重点打造的三个中外合作产业园之一。滨海区先后被确定为国家科技兴贸创新基地、国家生态工业示范园区、国家职业教育创新发展试验区、全国科技兴海示范区和山东科学发展园区、循环经济示范区。2013年,全区完成地区生产总值220亿元,规模以上工业主营业务收入663亿元,固定资产投资266亿元,财政总收入36.6亿元,公共财政预算收入20.5亿元。

产业发展。围绕落实潍坊滨海海洋经济新区开发建设规划和系列专项规划,突出海洋特色,利用海洋资源,集中发展海洋动力、海工装备、海洋运输、临港物流、生物医药、海洋化工、海洋能源、海洋渔业等海洋特色产业,重点在港口建设、海洋动力装备产业培育、应用型海洋科技人才培养等方面实现新突破,打造海洋产业聚集区。2013年底,全区有工业企业538家,其中规模以上工业企业200家;纳税过百万的企业159家。

城市建设。加快推进新城片区、央子片区、大洼片区3大城市片区和先进制造业产业园、滨海产业园、临港工业园、科技项目区、海港经济区等5大产业园区联动开发、融合发展;白浪河、北海路、渤海路"一河两路"同步配套、互补发展;重大设施、重点产业、城建配套等项目统筹推进、特色发展。新城片区主要包括中央商务区、科教创新区、生态商住区、旅游度假区四部分。中央商务区规划面积17平方千米,签约项目13个,开工建筑总面积100万平方米。科教创新区规划面积21.3平方千米,以海洋科技大学为龙头,加快院校院所聚集,18所院校所签约入驻,13所开工建设,2所建成招生。生态商住区规划面积36平方千米,已配套5平方千米,落地项目9个,开工建筑总面积30万平方米。旅游度假区规划面积52

平方千米,已配套风筝冲浪基地、人工沙滩等一批公共服务设施,签约项目11个,海丰海洋公园、游客服务中心、情人湾酒店船等4个项目在建。央子片区,建成区3平方千米,人口3万,正在实施山海湖河综合改造工程,南海新城中心学校、潍坊市中医院滨海分院建成投用,世纪泰华商业综合体、北海水产国际市场、乘德五星级酒店等一批重点项目加快推进。大洼片区,建成区10平方千米,常住人口10万,大洼新城中心学校建成投用,怡居园、数码广场等12个项目加快建设。

产业园区建设。潍坊滨海产业园规划面积55平方千米,重点发展装备制造业,落户项目47个,总投资499亿元,投产企业26家。先进制造业产业园规划65平方千米,重点发展高端制造业,落户项目165个,总投资543亿元,投产企业78家。临港产业园规划60平方千米,重点发展现代海洋化工产业,落户项目110个,总投资388亿元,投产企业96家。正与海化集团以公司化运作方式开发5000亩北扩区。科技项目区规划18.5平方千米,重点发展高新技术产业,落户项目68个,总投资140亿元,投产企业50家。海港经济区规划面积130平方千米,以发展临港产业、新能源、现代渔业为主,其中,海港物流园落户项目11个,总投资67亿元;新能源产业园有华能50兆瓦风电和国电80兆瓦风电并网发电;综合保税B区正在进行围网等设施配套,龙威海关监管区已通过青岛海关正式验收。15个特色产业园,完成配套20平方千米,引进投资过2亿元的项目55个,总投资520亿元,41个开工建设。

基础设施配套。累计完成投资260多亿元,配套面积160平方千米。沿海防护堤、疏港公路等一批重大基础设施建成投用。潍坊港是区域性重要港口、国家一类开放口岸,已实现对台直航。由潍坊市政府、森达美、山东高速三方共同组建潍坊港务有限公司正加快建设。由交通运输部、山东省、辽宁省共同合作的鲁辽陆海联运滚装甩挂运输项目加快推进,建成泊位全部实现对外开放,2个3万吨级客货滚装泊位和15个5万吨级多用途泊位开工建设,2015年建成亿吨大港。潍坊渔港已经具备渔船停靠条件,建成后将成为潍坊最大的渔港和首个外海渔港。疏港铁路、潍日高速、进港路、潍县路等重大工程加快推进。

创新政府服务。着眼提高行政效率、服务质量,进一步简政放权,切实转变和全面正确履行政府职能,打造法治政府和服务型政府样板。完善提升"三制三零三全"服务机制,实现了小政府大服务。192项行政审批业务实行备案登记,一次性取消45项行政事业性收费;近百家企业零首付注册,缓交首期资本近3亿元。

生态文明建设。按照潍坊市"三八六"环保行动统一部署,深入开展水、异味、固废专项治理和绿化全覆盖工程,生态环境质量得到持续改善。实施白浪河综合整治,开工建设第二平原水库,弥河、虞河、围滩河综合治理等工程。按照国际直饮水标准,在滨海打造国内第一个直饮水新城区。加强污水治理,已建成污水处理厂2处,1处正在建设,配套污水管网315千米。实施海化集团热电、联兴科技海水淡化余热发电等22项节能减排工程,确保企业全部达标排放。加快生态林网建设,重点实施沿路、沿河、沿海以及重点片区绿化,大面积增加绿量,白浪河生态示范带和南海生态组团建设进展顺利,全区绿地面积15.1万亩,绿化覆盖率14.9%。

社会民生。按照产城一体、统筹城乡要求,加快推进全域城市化。财政每年拿出3亿元,按照政府、集体、个人3:3:4的比例,把所有农民纳入城市居民保障范围,全区范围内公交免费、教育免费、直饮水免费。教育卫生事业,有中小学校、幼儿园19所,正在建设2所省级规范化九年一贯制学校、2所省级示范幼儿园、1所国际学校;医院、卫生中心、疾控中心5处,新农合覆盖率和参合率均为100%。金融商业,金融机构22家,其中银行机构7家、保险机构10家、小额贷款公司3家;大型商场连锁超市12家,中百商业、世纪海王、澜海国际等商业综合体加快建设。

【突破滨海战略】 潍坊沿海开发由来已久。1958年建设羊口盐场,奠定了潍坊盐业发展的基础;1986年建设潍坊纯碱厂,开始发展现代海洋化工产业;20世纪90年代开展大规模养殖和盐业生产;1995年盐碱联合,组建山东海化集团和海化开发区。2005年潍坊设立滨海项目区,主要承接化工产业和城区工业转移,2008年滨海项目区与海化开发区合并成立滨海经济开发区,2010年经国务院批准升级为国家级经济技术开发区。2009年、2011年国务院先后批复黄河三角洲高效生态经济区规划、山东半岛蓝色经济区规划,2012年省政府批复潍坊滨海海洋经济新区和潍坊滨海产业园发展规划。经过多年的开发,滨海区基础设施初步配套,产业形成一定规模,具备了大规模发展的条件和基础。

中共的十八大提出加快建设海洋强国,十八届三中全会作出全面深化改革开放的部署,省委、省政府深入实施"蓝黄"国家战略,使滨海成为潍坊发展最大的空间和平台。潍坊市委、市政府着眼全市腾笼换鸟转型升级大局,举全市之力突破滨海。2013年6月29日,作出突破滨海、加快蓝黄战略实施的《决定》,市人大作出各县(市、区)开发区在滨海建设产业园的《决议》。成立了突破滨海总指挥部,市委主要领导任总指挥,统筹谋划突破滨海的思路举措、政策措施和重大问题。指挥部下设办公室,在滨海集中办公,对各县(市、区)、开发区、市直部门突破滨海重点任务进行协调、调度、督查。组织编订了潍坊滨海海洋经济新区开发建设规划和10个专项规划,制定下发了20条特色产业园区、30条特色生态小镇建设标准。15个县(市、区)、开发区都在滨海设立了特色产业园,选派得力干部在滨海办公、现场推进工作。滨海区规划了总面积56000亩的15个县(市、区)特色产业园,大力发展飞地经济,有效解决了其他县市区、开发区发展空间受限问题。滨海区积极为特色产业园区搞好配套服务,先后拆除盐田4万亩、供地2万亩,配套总长50千米的道路13条,水电全部配套至园区"红线"。截至2013年底,各特色产业园共引进项目55个,总投资520亿元,41个项目动工建设。有关市直部门与滨海区对口部门联合办公,共同推动任务落实,掌握和争取的资源向滨海倾斜。

【建立"三制三零三全"服务机制】 潍坊滨海经济技术开发区全面推行以审批备案制、专管员联评制、限时办结制,零首付注册、零收费管理、零距离服务,全方位、全过程、全天候服务为内容的"三制三零三全"服务机制,打造效率最高、成本最低、政策最优、服务最好的发展环境。截至2013年底,全区办理备案登记事项2223件,专管员联评事项71件,完成零首付注册企业12家,累计为企业和居民减少行政事业性收费9864万元,提供上门服务72车次,办理事项272项。

【探索园区企业化运营模式】 潍坊滨海经济技术开发区对所有园区逐步实行"企业化运营、市场化运作"的模式,由一个或多个实体公司作为主体推进园区开发,公司自主经营、自负盈亏,园区管理部门为公司和园区内的其他项目搞好服务。2013年,滨海区在旅游度假区、中央商务区、科教创新区等园区以及山海湖河综合改造工程、潍坊体育学校等项目,探索实行了国有公司开发、企业独立开发、政企联合开发、企企联合开发等多种公司化运作模式,取得明显效果。

【大家洼街道】 大家洼街道地处潍坊北部沿海,渤海莱州湾南畔,东与滨海开发区央子街道毗邻,西与寿光市营里镇相连,南与寿光市侯镇接壤,辖区面积340平方千米,辖12个社区和21个行政村,总人口3.6万人,耕地面积2.53万亩,浅海滩涂面积13.5万亩。2013年农村经济总收入16.4亿元,同比增长13%,农民人均纯收入1.71万元,同比增长13.5%。

大家洼街道以全市支持滨海发展为契机,加快推动产业发展,逐步形成了海洋化工、海港物流、先进制造、商贸服务、特色养殖等为龙头的支柱产业。已有海洋化工化工企业200余家,年实现销售收入300亿元;物流企业40余家,年实现主营业务收入2.2亿元;制造业企业40余家,年实现主营业务收入4.2亿元;工商业户4000余家,年实现利税2.2亿元。

党委书记　于建云

办事处主任　王曰泉

【央子街道】 央子街道位于潍坊滨海经济技术开发区东部,陆域面积338平方千米,海岸线20千米,辖18个行政村,共5393户,15933人,2013年人均纯收入达16000元,街道工业实现销售收入50亿元,利税1.2万元,分别增长27%和62%。

街道实行村级事务规范化管理,严格落实"村民代表议事制度""五会制度""热点、难点问题公推、公决、公示制度""村务、财务公开制度"等,充分发挥村务监督委员会的作用,切实抓好群众工作。同时加快推进城市化建设步伐,街道产业定位上以发展高档商住业、现代服务业和高效农业为重点,为园区做好配套服务。结合央子中心社区、嵩山镇、衡山镇、华山镇、白浪河综合治理,建设新型城市社区,引导群众向社区集中。2013年央子中心社区、现代新型城市社区服务综合体、高档商业步行街、新海路商旅中心二期建设等项目已全面启动,同时加快澜海国际、世纪泰华、新和成等商住开发项目建设进度,发展繁荣三产服务业,带动地方经济发展。

党委书记　刘天光

办事处主任　王全博

(刘其鹏)

峡山生态经济发展区

【国民经济和社会发展综述】 峡山生态经济发展区(以下简称峡山区)于2008年1月1日正式组建运行,面积491平方千米,辖4个街道,277个行政村,23万人。拥有山东省最大的水库——峡山水库,水面面积144平方千米,总库容14.05亿立方米,兴利库容5.5亿立方米,是潍坊市的主要水源地和"蓝黄"两区的战略水源地。建区以来,先后荣获国家可持续发展实验区、国家级水利风景区、国家湿地公园试点、国家级潍水文化生态保护实验区的核心区、国家有机产品认证示范创建区5块"国"字号牌子。

2013年,实现公共财政预算收入9388万元,同比增长35.7%;农民人均纯收入突破万元;完成全社会固定资产投资20亿元,同比增长30%。

生态建设。大力实施水净、地绿、天蓝三大工程,生态环境进一步优化。水净方面,增殖放流滤食性鱼苗6890万尾,环湖迁移坟墓3833个、拆除养殖场9个、整治饭店15家,安装围网和视频监控,渔业资源实现一体化管理,水质稳定保持在Ⅲ类以上标准，峡山湖被纳入全国第二批生态环境保护试点湖泊。地绿方面，采取苗圃式绿化等模式，完成造林 2 万亩，森林覆盖率达到 41%。天蓝方面，强化大气污染治理，加快“无农作物秸秆焚烧区”建设，水源地周边负氧离子每立方厘米达 3000 多个，高于世界卫生组织“空气清新”标准的 2 倍，优良天气达 300 天。全年空气质量综合排名居全市第一名。加快生态文明建设，与东北亚开发研究院产经所、北京东亚汇智经济咨询中心成立了峡山生态文明建设研究院，并发布生态文明建设指标体系，聘请北京大学城市与环境学院编制了《峡山生态文明示范区建设规划（2013—2030）》，走在了全国县一级前列。

生态产业。初步建立了以有机农业、健康休闲养生和文化旅游业为主导的生态产业体系。有机农业方面，建成有机农庄 28 个、面积 1.75 万亩，22.6 万亩野生鱼通过有机认证，面积为江北最大。9 月份在浙江嘉兴召开的国家有机产品认证示范区创建工作暨第七届有机认证技术研讨会上，作典型发言，引起较大反响。健康休闲养生和文化旅游业方面，开工了雕塑艺术博览园等总投资过百亿元的 12 个项目，新建开放式公园 6 处，举办了第 4 届环湖国际马拉松邀请赛、第 21 届中日韩青少年运动会网球赛等赛事。峡山区被列入全省首批乡村旅游规划编制单位，获省重点扶持，荣获“2013 好客山东最美风景县”称号。绿色工业方面，适度发展与生态区相匹配的绿色工业，落户项目 10 个，总投资 40 亿元，被评为“山东省生态工业和循环经济示范区”。滨海（峡山）特色产业园进展顺利。

城乡建设。主城区建成和在建项目 89 个，建筑面积达 360 万平方米，城市的基础性、功能性、服务性作用开始显现。4 个小城镇突出特色，差异发展，产业支撑和辐射带动能力增强。稳步推进社区建设，建成和基本建成社区 6 个，90% 的村达到“生态文明洁净家园”标准，群众居住条件逐步改善。

民生事业。完成民生事业投入 4.3 亿元，占财政总支出的 78%。峡山中学投入使用，教育系统群众满意度测评居全市第二名。区人民医院试运营。昌峡路等 11 条道路通车。集中供水率和水质合格率均达 100%。社会保障体系日趋完善。年初承诺的 10 件民生实事较好兑现。

作风建设。扎实开展“强基固本做实功”活动，村级班子健全率达 96%，66 个村集体收入过 5 万元，村级组织活动场所全部达标，实现了有人、有钱、有地方办事。加强社会管理，安全生产持续稳定，“天网”工程基本建成，信访量下降 29.7%，党风廉政建设群众满意度测评居全市第一名，群众安全感和满意度切实增强。

【举办第四届环湖国际马拉松邀请赛】 9 月 21 日，2013 第四届“大华木业杯”中国（峡山）国际马拉松邀请赛举行，市人大常委会副主任花兆贤出席开幕式。本次比赛以“体育搭台、经贸唱戏”为宗旨，以“生态秀水、宜人峡山、休闲养生、健康时尚”为主题，设全程、半程、短程和迷你马拉松 4 个项目，吸引了来自 21 个国家和地区的 561 名运动员参加，河南选手范杰夺得男子全程冠军，淄博选手唐辉夺得女子全程冠军。

第四届“大华木业杯”中国（峡山）国际马拉松邀请赛

【加快创建国家“生态文明先行示范区”】 8 月 29 日，与东北亚开发研究院产业经济研究所、北京东亚汇智经济咨询中心共同发起，成立了峡山生态文明建设研究院，为全国首个地方政府与研究机构联建，专门从事生态文明建设研究的公益性研究机构。同日发布了峡山区生态文明建设指标体系，包括 13 个具体指标、3 个特色指标、5 个否定指标，在全国县（区）当中是第一个，具有首创意义。12 月，聘请北京大学城市与环境学院编制了《峡山生态文明示范区建设规划（2013 ~ 2030）》，包括 11 项内容、5 大体系建设。

峡山生态文明建设研究院成立暨我国首个县（区）生态文明指标体系发布

【城乡环卫一体化初步形成】 开展“生态文明洁净家园”活动，以清理草堆、粪堆、垃圾堆“三大堆”为重点，全力推进环卫一体化，加快城乡环卫均衡发展。全区秸秆还田面积达到24万亩，还田率达到88%；277个村配备垃圾桶、垃圾池2929个，配备保洁员765人，村边植树16.3万株，建成垃圾中转站4个、垃圾处理厂1处。“户集、村收、街运、区处理”的垃圾管理体系初步形成。

【环湖综合整治】 开展环湖综合整治，迁移坟墓3833个，拆除养殖场9个，整治饭店15家，水质保持在地表水Ⅲ类以上标准，正在向Ⅱ类水提升，峡山湖被纳入全国第二批生态环境保护试点湖泊。强化水源地管理体制，完善环湖围网和视频监控工程，成立环湖执法大队和保洁大队，实行24小时巡查机制，渔业资源实现一体化管理，确保了水源地安全。

【有机农业实现新突破】 健全完善组织领导、诚信保障、执法监管、技术支撑、市场流通、品牌推介、政策保障“七大推进体系”。突出抓了“四大监管体系”建设，即：健全农业投入品可追溯体系，实现了质量可追溯、投入品可召回；健全农业网格化执法监管体系，完善“三纵四横”农业联合执法网络，实现了监管全覆盖、执法无缝隙；健全农产品质量检测体系，实现了检测动态化、监控全过程；健全农业规模化标准化体系，实现了种植规模化、生产标准化。建成有机农庄28个、面积1.75万亩，22.6万亩野生鱼通过有机认证，面积为江北最大。8月份，通过了国家认监委组织的“2013年食品农产品认证专项监督检查”，有机产品全部合格。9月中旬，在浙江嘉兴召开的国家有机产品认证示范创建区有机技术研讨会上，作典型发言，引起较大反响。

【民本民生得到新改善】 全年完成民生事业投入4.3亿元，占财政总支出的78%。峡山中学投入使用，区人民医院试运营，昌峡路等11条道路通车，集中供水率和水质合格率均达100%，社会保障体系日趋完善，年初承诺的10件民生实事全部兑现。农民人均纯收入突破1万元。全区长寿率达16.77%，高出全国平均水平3.67岁。

【王家庄街道】 位于峡山生态经济发展区西南部，面积148平方千米，辖107个行政村，24982户，7.8万人，耕地面积6000公顷。2013年，全街道完成地区生产总值6.1亿元，工业实现销售收入2.8亿元，利税3640万元，分别增长5.6%、6.7%和7.1%；第三产业增加值达1.08亿元，农民人均纯收入10206元。突出生态农业特色，与潍坊市农科院建立了全市首个有机蔬菜试验示范基地，现已发展有机蔬菜1500亩，绿色蔬菜6万亩，优质果品4000亩，形成了以白菜、芹菜、香菜、大姜、元葱、果品为主的农业品牌。加快发展机械铸造、服装绣品和农产品加工3大特色产业，现有机械铸造、服装绣品和农产品加工企业72家，其中规模以上企业2家，产品远销欧、美、日等二十多个国家和地区。加快生态旅游发展。以环湖路为依托，建成20公里环湖柳堤、十里荷塘、万亩生态林场和生态湿地、龙湖生态庄园、潍泉农家乐鱼馆，成为休闲旅游的理想胜地。

党委书记 岳光德

办事处主任 于京凯

【太保庄街道】 位于峡山生态经济发展区中部，峡山水库北岸，潍河以东，总面积152.4平方千米，辖80个行政村，16400户，5.8万人，耕地面积10.64万亩。2013年，全街道完成地区生产总值9.86亿元；工业实现销售收入6.18亿元，利税2535万元；农民人均纯收入8900元，比上年增长11.12%。

太保庄街道淡水和渔业资源丰富，与峡山、草山、鞋山相依偎，风景秀丽。在望仙埠村坐落着中共著名的地下工作领导人之一卢志英烈士的故居，革命历史悠久，人杰地灵。潍峡路、潍胶路、兴峡路纵穿南北，胶济电气化铁路、甘丈路和潍胶路横贯东西，路网框架基本形成。现有规模以上企业7家。以聚天农牧为代表的集饲料、养殖、加工等一条龙服务的综合性农牧工作得到长足发展，为省、市知名信用企业；雕塑园、野生鱼体验公园、水中央公园、羽网中心、峡山景点改造提升等生态文化旅游项目基本完成。有机农业初见成效，新北海有机农庄等11个有机农业基地投入使用。完成植树造林5000余亩，森林覆盖率明显提高；全街道80个村全部完成“天网工程”，覆盖率达到100%。清泉社区、望仙埠社区、盛棠水岸等3大社区已基本建成，有效改善了主城区居民生活条件。

党委书记 栾贵城

办事处主任 刘昌宝

【岞山街道】 位于市峡山生态经济发展区北部，面积75.6平方千米，辖48个行政村，13526户，4.5万人，耕地面积6.4万亩。2013年，全街道实现地区生产总值10.2亿元，同比增长12.8%；项目和基础设施建设等固定资产投入7.7亿元，同比增长29.5%，；工业销售收入14.9亿元，利税2.235亿元，分别增长24%和14%；农民人均纯收入11655元，同比增长35%。

岞山街道区位优势明显，交通便利，南临峡山水库，西依潍河，潍胶路、青银高速公路、胶济铁路横穿东西，潍峡路、兴峡路纵贯南北，省道下小路贯穿整个街道。矿产丰富，白云花岗岩等储量充足。旅游资源得天独厚，境内峠山山、惺惺山与潍河、太祖河相依相偎，景色秀丽，综合开发潜力巨大。

党委书记　彭长胜

办事处主任　刘振军

【郑公街道】 位于峡山生态经济发展区东南部，面积101平方千米，辖42个行政村，10948户，4.04万人，耕地面积3952.47公顷。2013年全街道完成地区生产总值7.9亿元，工业实现销售收入9530万元，利税948万元；第三产业增加值999万元，农民人均纯收入7726元。

郑公街道历史文化底蕴深厚，历史遗迹分布众多，其中以郑公祠为主线，龙且冢、韩信坝、张良沟、袁绍墓、凉台遗址等历史遗迹星罗棋布。郑公街道有着天然的自然资源，西临峡山湖，拥有狭长的湖岸线，自然风光优美，气候温和。近年来，该街道加大对砺阜花廊的改造力度，环湖路沿岸风景优美、景色宜人，成为人们休闲度假的好地方。郑公街道农业比较发达，是峡山区最大的粮食基地，有著名的有机香米、有机面粉、有机仙桃，有机香米畅销全国，每年砺阜山仙桃采摘节都能吸引来自海内外的游客。郑公街道以深入发掘历史资源，着力打造生态旅游为主题，以有机农业提水平、上档次为目标，全面打造宜居、宜业、宜游、和谐、幸福的小城镇。

党委书记　韩法宝

办事处主任　高　胜　　（郭夕武）

潍坊综合保税区

【国民经济和社会发展概况】 潍坊综合保税区于2011年1月经国务院批准设立，是全国第14个综合保税区，具有“保税加工、保税物流、货物贸易、服务贸易、虚拟口岸”五大功能，是国内功能齐全、政策优惠、通关便捷的海关特殊监管区域。总规划面积20平方千米，其中网内保税区5.17平方千米，网外配套区14.83平方千米。下辖1个街道，23个村，总人口4万人。2013年，综合保税区进出口额和公共预算财政收入分别增长82%和76%，两项主要经济指标增幅位居全市第一、全国综合保税区前列。综合保税区实施的“网内网外一体化、网上网下一体化、国际国内一体化和四大产业一体化”的发展思路和发展模式，受到海关总署、商务部等国家有关部委的多次肯定和表扬。

服务平台建设。围绕发挥保税区功能政策作用，突出抓好五大政策服务平台建设，着力打造全市对外开放的服务区。2013年，进区开展业务的企业已近1000家，保税区服务辐射作用逐步显现。(1)虚拟口岸服务平台。利用口岸直通功能，实现青岛机场和青岛港口功能后移潍坊综合保税区，已有400多家企业进区开展业务，年实现保税物流货值8亿美元。(2)电子商务服务平台。抢抓电子商务发展机遇，大力推进实体经济和虚拟经济融合发展。开工建设总投资10亿元12万平方米的电子商务中心，打造进口商品网上交易平台，全部运营后年交易额达300亿元。同时，与国内十大进口商之一的优传公司合作，建设跨境电子商务服务平台。(3)检验检疫服务平台。积极争取国家质检总局批准，实现进口货物检验检疫功能落户潍坊保税区，为全市企业提供便捷高效的检验检疫服务，让企业在“家门口”就能完成检验检疫业务。(4)国际物流服务平台。为满足社会企业国际物流需求，建设了30多万平方米的保税仓库和查验场站，为潍坊及周边地区企业提供系列化进出口服务。(5)联网监管服务平台。与潍坊海关一起探讨通过信息化方式，实现在全市范围内电子联网监管，让企业不需入区就能享受优惠政策，扩大保税区服务范围。

四大产业发展。围绕提升全市对外开放层次和水平，坚持国际加工、国际物流、国际贸易、国际商务“四大产业”同步推进，着力打造全市外向型经济的聚集区。2013年，全区注册企业达800多家，总投资300多亿元，初步形成高端入区、周边配套、辐射带动、集聚发展的格局。(1)国际加工业势头强劲。引进了歌尔电子产业园、加拿大纳米新材料、美国医疗器械设备、佩特来百万台发电机、上存能源锂电池、圣和新材料等总投资200多亿元的30多个高端制造项目，为国际加工业大发展集聚后劲。(2)国际物流迅速膨胀。引进了中国供销集团、中国外运集团、香港中基集团、中俄冷链物流、国家国资委商品检测中心、优传供应链、泰国农副产品配送等20多个国际物流项目，以棉花为代表的大宗原材料物流集散地初具规模。(3)国际贸易繁荣发展。建设了长江以北最大的国际商品展示交易中心，引进了80多个公司，1000多个品种，打造“永不落幕的国际商品展示交易会”。规划建设了棉花、塑料、纸浆、农副产品等大宗商品专业市场，探索发展现货和期货交易，打造国际大宗商品定价交易中心。(4)国际商务服务不断完善。规划了2000多亩的国际商务生活城，大力发展总部经济、国际金融、国际商务、生活服务等现代服务业，打造与国际接轨的高端商务生活区，既满足保税区商务配套需要，又为潍坊对外开放提供国际化配套环境。

国家试点政策。围绕为全市探索改革开放新路径和新模式，快速跟进并全面对接上海自贸区，积极争取和探索六个方面的国家试点政策，着力打造全市以开放促改革的实验区。

(1)跨境电子商务试点。加强政策研究,制定实施方案,积极向海关总署申报试点。(2)金融服务试点。积极申报融资租赁、舱单质押融资、期货保税交割等政策试点,打造国际金融服务中心。(3)"跨关区"通关试点。利用保税区海关监管系统,探索建立全国各个关区之间一体化通关模式,确保企业在全国范围都能便利通关。(4)"区区联动"试点。通过智能化、信息化监管手段,实现货物在全国保税区之间自由买卖,不需缴纳关税,促进全国保税区内企业合作。(5)"先入区后报关"试点。创新监管模式,实现货物凭进口单证直接入区,再集中补办手续,为企业提供高效快捷通关服务。(6)"选择性征税"试点。积极向海关总署申报,对企业的内销货物,由企业自主选择按成品或按零部件缴税,解决区内企业产品内销问题。

民生社会事业。围绕改善民生、服务群众,在居住、交通、教育、卫生等民生社会领域加大投入,着力提升保税区群众幸福指数。实施旧村改造工程,董坊村1027名群众整体搬迁入住。实施饮用水改造工程,辖区内23个村全部改造到位,在全市率先完成。实施村级财务、资金、公章"三代管",村务更加公开透明,基层基础更加牢固。加强实施城乡环卫一体化建设,村居覆盖率达100%。开工建设了保税区实验学校、行知高中等学校,群众就近享受优质教育资源。新设立5个自行车站点,新增79路公交车,方便群众出行。

【综合保税区北区筹建全面启动】 北区位于滨海开发区,西邻潍日高速、疏港铁路起点,距潍坊港5公里,总规划面积9.73平方千米。建成后,综合保税区将分为南区和北区两部分运营,形成"一体两翼"发展格局。南区即现在的综合保税区,主要依托青岛港口和青岛机场,为潍坊及周边地市企业服务;北区主要依托潍坊港口,为北部沿海2700平方千米的开发开放服务。两区各有服务重点,又相互补充,使保税区的功能政策覆盖全市、辐射全省。

【综合保税区通过国家正式验收】 争取土地指标2500亩,多方筹措建设资金,全面完成了1.9平方千米的首期围网建设。2013年10月,顺利通过山东省政府预验收;2013年12月26日,顺利通过由海关总署等国家十部委组成的联合验收组的国家正式验收,标志着潍坊综合保税区正式封关运作。潍坊综合保税区的封关运作,为潍坊扩大对外开放搭建了新的、更高层次的平台,也为潍坊市深入实施"蓝黄"两大国家战略、加快对外开放步伐提供了更加有力的支撑。

2013年12月26日,潍坊综合保税区颁发证书仪式上,国家联合验收组组长、海关总署加工贸易监管司副司长吴海平(左一),向潍坊综合保税区党工委书记、管委会主任徐洪吉(右一)颁发验收合格证书

【汶泉发展区】 位于潍坊综合保税区东南部,是潍坊综合保税区下设唯一镇级单位,面积14.83平方千米,辖23个行政村,3770户,1.17万人,耕地面积887.8公顷。2013年,汶泉发展区充分利用综合保税区的政策优势和功能优势,大力推动招商引资工作,积极引进大项目、大企业,年内辖区共落户企业26家。依托区位地理优势,推动综合保税区、汶泉发展区"区区联动",承接保税区内产业转移,推动一体化发展。发挥土地、人力等资源优势,对接歌尔电子、潍柴动力、北汽福田、潍坊电厂等大企业,强化就业培训,提供配套服务,变村民为产业工人、技术人才,帮助解决周边村民就业问题。

党委书记　蒋建新

管委会主任　李致颖　　(李兆鑫)

山东潍坊经济开发区

【国民经济和社会发展概况】 山东潍坊经济开发区是1994年5月经省政府批准成立、2006年4月国家发改委审核确认的省级开发区,位于潍坊核心市区北部,总规划面积106平方千米,辖3个街道,83个村(居),总人口15万。2013年,全区完成地区生产总值37.9亿元,增长10.5%;固定资产投资85亿元,增长20.1%;规模以上工业企业实现主营业务收入98.6亿元、利润4.1亿元、利税4.8亿元,分别增长10.2%、12.4%、11.9%;公共财政预算收入4.24亿元,增长18.3%;进出口总额1.73亿美元,增长12.5%。

转型升级迈出新步伐。制定工业“1020”和服务业十强计划，推动企业做大做强。积极鼓励企业进行技术改造，累计完成技改投入46亿元，增长26%。出台《鼓励支持高新技术发展和科技创新的意见》，引导企业加快科技创新，北辰高新产业投资发展有限公司成功获批国家级科技企业孵化器；高新产业园被认定为“省级小企业创业辅导基地”；新增4家市级工程技术中心，3个项目列入省级以上科技计划，高新技术产业产值占比达到36.3%。扎实做好主辅业剥离工作，新增服务业企业18家，服务业完成投资43.7亿元，增长19%。新发展股份制公司3家，新认定省著名商标1件。积极推进生态园区建设，省级循环化改造示范园区通过创建批复；万泉食品、光大机械、长城建材3家企业建成5兆瓦光伏电站，具备年发电400万千瓦时能力。

项目建设取得新成效。调整招商思路，创新招商方式，2013年新洽谈项目170个，总投资451亿元，同比增长36%。其中，半岛总部基地、万创总部基地、平安大厦、国药控股潍坊总部、世界500强德国麦德龙（潍坊）卖场、中迪科技等19个项目签约落地，总投资150.5亿元。建立项目包靠调度机制，调度续建新建项目66个，总投资186亿元，光大机械、惟远新材料、峰鸣科技等项目建成投产。

城市建设呈现新局面。基础设施更加完善，投资1.8亿元，实施了北环路延伸、基线路、北园路、北五路等10条道路和化肥沟改造、北环路垃圾转运站、北辰中央休闲区等11个市、区重点工程，新修道路22万平方米，绿化12.8万平方米。采用合同能源管理模式，实现LED路灯全覆盖。双杨街道自来水配套一期工程实现供水；涉及26个村、全长110千米的“小农水”工程，通过省水利厅验收并投入使用。旧村改造步伐加快，新开工面积30万平方米，东小营、店子、东贾二、西贾庄、小贾庄、小里庄6个村、35栋住宅楼竣工，1800余户居民实现回迁。

社会事业实现新进步。民生投入累计达到1.9亿元，占公共财政预算支出的61%。教学质量大幅提升，顺利通过义务教育均衡县验收，中考升学率达到55.8%，创3年来新高。医疗卫生事业健康发展，双杨医院综合改革圆满完成。社会保障不断增强，城市低保、农村低保标准逐年提高，新农合参合率连续六年达到100%。社区管理更加规范，出台了社区和物业管理意见，提升了社区服务水平。发展环境更加优化，审批效率提速65%，为中小企业落实税收优惠政策近7000万元。“三八六”环保行动扎实有效，空气质量排名位居中心城区前列。安全监管实现全覆盖，没有发生重特大安全事故。社会治安形势良好，群众安全感满意度大幅提升。“六五”普法教育扎实有效，锦绣学校作为全市实地检查点之一，得到了省领导的高度评价。

3月21日，市委书记杜昌文（前右一）到前阙庄村调研

（摄影：胡晓丽）

5月10日，市委副书记、市长刘曙光（前右一）到经济区调研高成长性企业

（摄影：胡晓丽）

【半岛总部基地项目落户经济区】 该项目由总部基地（中国）控股集团有限公司投资100亿元建设，占地2500亩，分东西两个园区，计划建设1200栋总部办公楼，建筑面积200万平方米，建成后可吸纳1000家企业总部和分支机构入驻，形成集研发中心、采购中心、运营中心、销售中心、金融机构、星级酒店、高端会所等于一体的特色化园区，为推动全市产业转型升级、繁荣现代服务业发展、提升中心城区整体实力提供强劲动力。

12月23日，市政府与总部基地(中国)控股集团签署战略合作协议　　(摄影：胡晓丽)

【潍坊白浪河国家湿地公园获批国家级试点】　1月21日，国家林业局正式下发通知，同意潍坊白浪河国家湿地公园开展国家湿地公园试点工作。该湿地公园规划区位于白浪河中下游，南起经济区北城街道济青高速，北至经济区双杨街道后岭村北界，南北跨度9300米，东西跨度355～1000米；总面积为713.06公顷，其中，湿地面积264.48公顷，占总面积的37.09%，包括河流湿地203.94公顷，沼泽湿地60.54公顷。

【经济区与华安保险签署全面战略合作协议】　6月21日，潍坊经济开发区与华安财产保险股份有限公司签署了全面战略合作协议，双方将在小微企业贷款信用保证保险、小额农贷信用保证保险、华安国家助学贷款信用保险、城镇化建设融资投资、总部经济园区开发、国有资产信托融资、政府财务顾问服务、政府理财服务以及综合金融服务等诸多领域开展业务合作。同时，启动了"华安学贷险人才交流项目"，经济区作为该项目在全国的首个合作伙伴，每年将为华安学贷险受助大学生提供一定数量的实习与就业机会。

经济区与华安保险签约　　(摄影：胡晓丽)

【经济区列入省级园区循环化改造示范试点园区】　6月24日，省经济和信息化委、省财政厅、省政府节约能源办公室联合下发《关于同意山东明水经济技术开发区等19个园区循环化改造实施方案的批复》，通过潍坊经济开发区园区循环化改造实施方案，经济区成为全省首批列入省级园区循环化改造示范试点的开发区。

【科技企业孵化器成功获批国家级】　12月24日，国家科技部公布了2013年度国家级科技企业孵化器名单，潍坊经济开发区北辰高新产业投资发展有限公司名列其中，成为今年全市唯一一家获批的国家级孵化器。该孵化器由企业研发孵化区、模具平台服务区、产业加速发展区、教育实践培训区和公共服务配套区组成，以电子信息、生物医药、精密模具、新能源、新材料作为支柱产业，建立了完善的"科技研发—孵化—产业发展"创新体系，拥有多个国际先进的公共技术平台、技术转移中心、企业研发中心，为科技型中小企业项目的开发和转化搭建了良好的平台。现已建成孵化面积3万平方米，累计孵化毕业企业16家。

【张氏街道】　位于潍坊经济开发区东部，北海路以西，白浪河以东，总面积24平方千米，辖18个行政村和南部4平方千米城区，划分为3个农村社区和2个城市社区，总人口7.5万人，耕地面积636公顷。2013年，农民人均纯收入1.35万元，比上年增长10%。

街道以全力打造经济持续快速发展、生态环境自然优美、群众生活文明富裕、社会秩序和谐稳定的城市区域发展中心为目标，借力一带一谷一区一基地(北海路经济隆起带，中国食品谷，北辰中央休闲区，半岛总部基地)四大项目，坚持旧村改造、土地流转、农村集体资产股份制改造和村改居"四步走"战略，协调推进农村城市化。2013年，完成旧村改造1570户拆迁工作，实现1384户村民回迁，竣工面积达45.85万平方米；推进半岛总部基地、海事学校、申通快递、大连鹏坤等项目进地工作；完成友谊村集体资产股份制改造试点；农村集体资产新增收益600万元，村民生活有了大幅提升。荣获"市级文明单位"荣誉称号。

党委书记　王海华
办事处主任　牟　涛

【北城街道】　位于潍坊经济开发区西南部，北外环以南，白浪河以西，西外环以东，总面积30.2平方千米，辖29个行政村，划分为4个农村社区和1个城市社区居委会，总户数5920户，人口2.5万人，耕地面积1133公顷。2013年，农民人均纯收入1.26万元。

街道紧紧围绕城乡一体化的发展总目标，重点抓好旧村改造、征地拆迁、招商引资三项工作，切实打牢社会民生、安全稳定两项基础。2013年，启动3个旧村改造项目，完成建设面积18.8万平方米，443户村民顺利回迁；推进市500亩储备地、化肥沟项目、南京机床二厂、检测中心等18个项目的进地工作，腾出土地1060亩；完成向阳城市社区建设、省级规范化财政所创建、李家庄子集贸市场建设等一系列惠民工程；开展郭家楼村"两定责三评议三挂钩"基层党建试点，基层基础进一步夯实。荣获"市级文明单位"荣誉称号。

党委书记　解小辉

办事处主任　范　敏

【双杨街道】　位于潍坊经济开发区西北部，北外环以北，白浪河以西，总面积45.2平方千米，下辖36个行政村，划分为4个农村社区，总户数7834户，人口3.16万人，耕地面积2948公顷。2013年，农民人均纯收入1.04万元。

街道距离中心城区较远，地域广阔，目前以农业为主。自2012年6月成立以来，街道始终坚持发展第一要务，抓好稳定第一责任，以土地流转为突破口，重点做好改善民生、生态文明、基础建设、社会管理、村民增收等工作，全面夯实城乡一体化发展基础。2013年，完成拆迁进地任务1100亩；成功启动前阙二期"东篱乡村"旧村改造工程；在建、建成道路6条、20公里，"三横四纵"主干路网基本成形；流转土地近万亩；省级水利工程"小农水"建成，覆盖农田近3万亩；自来水改造一期工程实现供水，31个村并入市自来水网。荣获省级"生态文明乡镇"荣誉称号。

党委书记　王丽君(女)

办事处主任　吴传华

（王　立）

人　物

新任市级领导人

郝树东　男，潍坊军分区政治委员。1962年12月出生，山东邹平人，汉族。1981年10月入伍，1986年1月入党，大学学历，大校军衔。历任团政治处俱乐部主任、干事、政治指导员、副股长、股长等职。1994年6月起先后任省军区政治部组织处干事、副处长、纪检处处长、宣传保卫处处长、组织处处长，2007年5月任日照军分区政治部主任，2013年11月任现职。

2013年全国五一劳动奖章获得者

李玉良　山东新方集团股份有限公司开拓区长
王丽丽（女）　歌尔声学股份有限公司仓管员
耿贵生　高密大昌纺织有限公司浆纱操作主管
王金琴（女）　山东省潍坊盲童学校教师
卢洪凯　潍坊市人民医院院长
窦宝荣　山东四达工贸股份有限公司董事长

2013年山东省劳动模范（56名）

于明华　潍坊英轩实业有限公司车间主任
马金英（女）　山东金亿机械制造有限公司董事长
王　航　寿光市康跃科技股份有限公司技术中心主任
王东兴　山东世纪阳光纸业集团有限公司董事长
王兆连　山东华特磁电科技股份有限公司董事长
王成利　山东神舟重工工程机械技工学校校长
王明峰　山东新方集团股份有限公司党委书记、董事长
王洪泉　山东广潍集团公司党委副书记
王敬信　潍坊市寒亭区供电公司经理
东庆德　安丘市庆德线路维修队队长
付香芹（女）　昌邑市环卫管理局保洁科科长
吕　峰（女）　潍坊市奎文区东关街道苇湾社区党支部书记
史跃峰　潍坊银行股份有限公司董事长、党委书记
任光海　潍坊市潍城区南关街道西南关社区党支部书记
孙立平（女）　孚日集团毛巾二公司工段长
孙俊成　山东同大集团有限公司董事长、总经理
张　勇　潍坊富源增压器有限公司加工车间工段长
张春华（女）　山东潍坊百货集团股份有限公司佳乐家超市新华店财会处经理
张敏之　潍柴重机股份有限公司滨海铸造厂车间副主任
李大明　潍柴动力股份有限公司技术中心电控所所长
李海山　山东荣利中石油机械有限公司研发中心开发室主任
杨守伟（女）　潍坊市儿童福利院护理员
闵令民　中国农业银行股份有限公司潍坊分行党委书记、行长
周传彬　潍坊市邮政局建设街投递部主任
房　蕾（女）　中国工商银行股份有限公司潍坊分行客户

经理
郇 磊 山东中烟工业有限责任公司青州卷烟厂维修工
郎素梅(女) 山东省临朐外国语学校教师
姜 滨 歌尔声学股份有限公司董事长
姜连勇 山东昌邑石化有限公司工程处处长
徐金芳(女) 诸城外贸食品冷藏有限公司卫检班班长
寇祥森 山东墨龙石油机械股份有限公司大班长
黄政一 北汽福田汽车股份有限公司山东多功能汽车厂厂长、党委副书记
程法正 青州市第一建筑工程有限公司施工员
舒广秀(女) 山东全福元商业集团有限责任公司世纪广场二楼楼层主任
魏金明 山东寿光建设集团有限公司董事长
魏洪林 山东宏昌路桥集团有限公司项目经理
于遵森 潍坊市峡山生态经济发展区岞山街道东夏湾村党支部书记
王焕新 山东舜岳瓜菜专业合作社理事长
冯先家 青州市王坟镇侯王村党支部书记
卢立功 昌邑市海星虾蟹鱼水产养殖专业合作社理事长
刘 庆 昌乐宝城瓜菜专业合作社理事长
刘 娟(女) 高密市永恒养猪场场长
刘纪堂 安丘市新安街道磨埠村党支部书记
刘连德 潍坊市坊子区坊城街道前宁家沟村党总支书记
孙志强 潍坊紫鸢牧业发展有限公司董事长
张俊海 临朐县城关街道兴隆村党总支书记、村委会主任
李志军 潍坊三益西瓜专业合作社理事长
杨 明 山东省寿光蔬菜产业集团有限公司董事长
杨兆华 山东华茂集团有限公司总裁
罗相明 高密市经济开发区罗家庄社区党支部书记
南秀霞(女) 潍坊市奎文区廿里堡街道南屯村主任
崔瑞福 潍坊市潍城区于河街道崔家村党支部书记
葛茂学 寿光市洛城街道屯田西村党总支书记
褚玉国 山东青州农村商业银行股份有限公司董事长、党委书记
惠增玉 山东惠发食品股份有限公司董事长、总经理
鲁太湖 安丘市兴鲁果树种植专业合作社理事长

2013 年山东省先进工作者（14 名）

于允锋 山东省潍坊第一中学校长
刘大勇 青州市公安局弥河派出所民警
张兴伟 潍坊市公安局副大队长
张桂凤(女) 潍坊市城市管理监督指挥中心主任
李宜才 安丘市市立医院院长
李树国 诸城市人民医院党委书记、院长、泌尿外科主任
孟凡霞(女) 昌乐县中医院院长
胡东文 山东省潍坊第三中学校长、党委书记
赵桂霞(女) 潍坊广文中学校长
曹汝顺 诸城繁华中学教师
曹沛德 高密市中医院院长
黄玉远 山东省潍坊市国家税务局党组书记、局长
谭 波 临朐县中医院院长
潘云平(女) 潍坊市农产品质量检测中心副站长

2013 年潍坊市劳动模范(182 名)

朱希升 潍坊市奎文区出租汽车服务公司和谐车队队长
程寿远 潍坊浩泰机械有限公司工装班班长
徐寿珍(女) 潍坊广博汽车销售服务有限公司维修技师
王玲玲(女) 潍坊天润房地产开发有限公司董事长
田百川 潍坊大洋自动泊车设备有限公司潍城分公司附件车间主任
王英明 山东弘易传媒控股有限公司策划总监
倪 孟 雷奇节能科技股份有限公司技术员
张正俊 潍坊山水水泥有限公司技术员
丁卫东 山东东瑞集团有限公司董事长
徐金军 潍坊泰润城建开发有限公司董事长、总经理
徐以远 潍坊市潍城区南关街道大庄村党支部书记、村委会主任
鞠修喜 潍坊益康宝食品有限公司董事长
马 强 潍坊万达汽车工具有限公司加工车间主任
周海波 潍坊市阳春啤酒有限公司总工程师
刘建生 潍坊裕川机械有限公司生产部经理
王桂民 福田雷沃国际重工股份有限公司董事长、总经理
李传升 潍坊市坊子区凤凰街道韩尔庄李家党支部书记、居委会主任
赵 霞(女) 潍坊市玉泉洼种植专业合作社联合社理事长
张县国 潍坊市三建集团有限公司技术员
苗春蕾 山东昱合食品集团有限公司会计
王瑞龙 山东圆友重工科技有限公司技术中心副主任
李恒伟 山东亚康药业股份有限公司科技创新攻关小组组长
郭希田 潍坊柏立化学有限公司董事长

于英智　潍坊经济开发区双杨街道前阙庄村党支部书记
孙传德　潍坊市寒亭区开轩花卉科技有限公司经理
韩志勇　潍坊经济开发区张氏街道虞河社区党总支书记
赵玉芳(女)　青州益能热电有限责任公司司磅员
张成磊　中化弘润石油化工有限公司车间副主任
刘建新　青州金青云新材料有限公司车间副主任
司　同　山东吉青化工有限公司副总经理
李少波　中国农业银行股份有限公司青州市支行行长
李金平　中国联合网络通信有限公司青州市分公司经理
肖春菊(女)　山东中烟工业有限责任公司青州卷烟厂厂长、党委书记
汲英民　山东青州云门酒业(集团)有限公司董事长
王建文　青州经济开发区王七联村党支部书记
姚忠修　青州市庙子镇南术店村党支部书记
赵　强　青州市兰丰大樱桃专业合作社理事
张春堂　青州市黄楼街道辛庄村花农
尹则宏　青州市王坟镇前黄马村种植户
王珉芝　山东绿圣兰业花卉科技有限公司董事长
徐良新(女)　诸城百盛商场有限责任公司百盛超市店长
张淑华(女)　诸城市中纺金维纺织有限公司织布车间穿筘值车工
张德峰　山东兰凤针织集团有限公司织造技术中心技术员
董培元　山东阳光金源置业有限责任公司技术员
刘志强　诸城市供电公司安全运检部技术员
张英霞(女)　山东惠发食品股份有限公司物流调度员
王海霞(女)　诸城市美洁环卫园林服务有限公司清洁工
李增兴　北汽福田汽车股份有限公司诸城汽车厂财务总监
张祚岩　新郎希努尔集团股份有限公司执行总裁、党委副书记
孔宪庆　诸城海王健康医院院长
王绪平　山东迈赫自动化装备股份有限公司工程设计研究院院长
窦宝森　山东大业股份有限公司董事长、党委书记
张　磊　山东美晨科技股份有限公司董事长
李　艳(女)　山东天雁服饰股份有限公司董事长、总经理
刘正光　诸城市枳沟镇乔庄社区党委书记、居委会主任
王沐亮　诸城市辛兴镇辛兴社区党总支书记、居委会主任
孙万红　诸城市大森林特种动物养殖专业合作社理事长
魏玉元　诸城市玉元蛋鸡专业合作社社长
丁　强　诸城市汇鑫牧业专业合作社理事长
丁向富　诸城市皇华镇寿塔社区党支部书记
张　博　山东佳士博食品有限公司董事长
董联军　山东晨鸣纸业集团股份有限公司美伦铜版纸工厂叉车班班长
李冠兴　山东凯马汽车制造有限公司质量部检验员
孙军华　山东全福元商业集团有限责任公司世纪广场店电工班班长
丁志坚　山东寿光富康制药有限公司动力车间主任
张全景　山东联盟化工集团股份有限公司技术员
魏晓东　山东寿光供电公司运维检修部变电检修班技术员
李延昭　康跃科技股份有限公司副总工程师
别永合　寿光市泰丰汽车底盘制造有限公司技术员
董　甜　山东省寿光蔬菜产业集团有限公司实验室主任
张兴利　山东墨龙石油机械股份有限公司技术员
张文英(女)　寿光市蔬菜高科技示范园管理处5号展厅厅长
王学清　山东寿光鲁清石化有限公司总经理
马清礼　寿光市羊口镇齐家庄子村党支部书记
刘文喜　寿光市洛城街道洛西村党支部书记
张敬才　寿光市上口镇付吴邵村二村党支部书记
韩全亮　寿光民隆蔬菜专业合作社理事长
杨树军　寿光利邦养殖专业合作社理事长
李培盈　山东寿光百信蔬菜专业合作社理事长
孙凤堂　寿光鲁寿天成种苗专业合作社理事长
郭百礼　山东寿光天成食品集团有限公司总经理
鞠卫民　安丘市供电公司兴安供电所所长
曹英英(女)　潍坊雷克兰劳保用品有限公司一车间缝纫班班长
李玉顺　山东奥宝化工集团有限公司销售员
孙业君(女)　中国农业银行股份有限公司安丘市支行财会运营部经理
李小营　汶瑞机械(山东)有限公司压力容器电焊工
刘海燕(女)　山东鲁丰集团有限公司总经理、党委副书记
丁长显　山东华安铁塔有限公司董事长
张晓军　安丘市供销大厦有限公司董事长
张克明　安丘市大汶河旅游开发区大沙埠社区党支部书记、居委会主任
孙业岭　安丘市凌河镇凌河村党支部书记
臧全世　安丘市南王家庄村草莓专业合作社理事长
董兆华　安丘市大盛镇中山北头村村民
董连玉　安丘市官庄镇寨庄大桃专业种植合作社理事长
李奎珍(女)　安丘市辉渠镇雹泉村村委会主任
邹增杰　安丘市金冢子镇团埠村党支部书记
薛永喜　孚日集团毛巾三厂织造车间主任
李玉林　山东盛德物流有限公司调度室主任
李明利　高密市供电公司西城供电所线路工

郭伟才　山东银鹰化纤有限公司粘胶一厂技术员
郭　飞　豪迈集团股份有限公司研发中心技术员
朱相中　山东高密农村商业银行股份有限公司董事长、党委书记
张绍森　山东永和精密金属有限公司董事长
耿相辉　高密市密水街道城西社区党支部书记、居委会主任
李明新　高密市姜庄镇翻身庄村党支部书记
蒋小平　高密市柴沟镇柴北村党支部书记
张恩勤　高密市惠荣菌菇专业合作社理事
李万俊　高密市柏城镇万俊畜牧养殖场场长
孙　忠　高密市旺忠畜禽养殖专业合作社理事长
徐林收　高密市阚家镇松兴屯村党支部书记
刘效仁　山东泰华食品股份有限公司董事长
杨　凯　潍坊金丝达实业有限公司车间主任
董双义　山东昌邑石化有限公司运营维护中心技术员
于素芬(女)　昌邑市杨金华纺织有限公司物流部长
魏福彬　山东同大集团有限公司镍网公司技术部经理
宫振忠　昌邑市永富弹簧有限公司科技开发部经理
李德罡　山东昌邑乾隆杯酒业有限责任公司董事长、总经理
王敬伟　昌邑市龙港无机硅有限公司董事长
郝茂森　昌邑市奎聚街道郝家城后社区党支部书记、居委会主任
韩新县　昌邑市永安葡萄种植专业合作社社长
邢吉胜　昌邑市围子街道邢家村党支部书记
李仲明　昌邑市鑫洋水产养殖专业合作社副理事长
董玉兵　昌邑市下营镇常家村畜禽良种养殖户
冯爱涛　山东华特磁电有限公司磁选机组技术一部主任
胡刚文　山东玉龙造纸有限公司生产技术部副主任
齐恩亮　潍坊国一铝材有限公司董事长
杜立胜　临朐县龙岗镇西上林村党支部书记
衣兰明　临朐县城关街道东郡社区党支部书记
王永法　临朐县天润农场场长
张传胜　临朐县东城街道烟家铺村党支部书记
张存忠　临朐县梅烽奶牛养殖专业合作社社长
张克田　临朐县田江果蔬专业合作社社长
杨兆波　山东沂山丹参茶制品有限公司经理
林　昌　山东世纪阳光纸业集团有限公司十车间班长
王继成　昌乐县宇通服装有限公司车间主任
张春梅(女)　山东元利科技股份有限公司车间主任
张春晓(女)　山东昌乐农村商业银行股份有限公司综合柜员
黄传喜　山东矿机集团股份有限公司综机设备制造部研究所所长
刘明全　山东万山集团有限公司生产技术部经理
刘良玉　山东潍焦集团有限公司董事长
刘培文　昌乐县朱刘街道魏家庄社区党总支书记
王江堂　昌乐县凤凰岭果蔬专业合作社理事长
陈志强　昌乐县丹河瓜菜专业合作社理事长
庞忠孝　昌乐宝城水貂养殖专业合作社社长
刘术梅(女)　汇胜集团股份有限公司工段长
王　宇　山东中动文化传媒有限公司技工
刘海燕(女)　山东贝瑞康生物科技有限公司技术总监
刘祥伍　盛瑞传动股份有限公司董事长、总经理
侯永生　山东潍坊润丰化工有限公司技术组组长
单立伟(女)　山东海化集团电网改造项目组主任
孟庆升　山东裕源集团有限公司董事长
李希环　山东鑫环置业集团有限公司董事长
张发义　潍坊市鸿发铸材有限公司董事长
胡廷东　潍坊市峡山生态经济发展区郑公街道北戈庄村党支部书记
郭建光　潍坊市峡山生态经济发展区太保庄街道望仙埠村党支部书记
刘俊峰　山东鸢都英合律师事务所副主任
尹会丽(女)　潍坊市农村信用合作社联合社综合部主任科员
刘彤彤(女)　帛方纺织有限公司值车工
王树军　潍柴动力股份有限公司一号工厂检修中心检修工
赵修欣　山东新华印刷厂潍坊厂机修车间主任
张晓煜(女)　山东恒联投资有限公司研发经理
范成军　潍坊五洲浩特电气有限公司电表中心研发主任
张卫东　青岛啤酒(潍坊)有限公司总经办主任、工会副主席
宋英军　山东鲁能泰山足球学校教务部主任
李振杰　潍坊供电公司副总经理
熊卓远　华电潍坊发电有限公司总经理
李建新　潍坊市第二建筑工程公司潍菱水泥制品厂制品车间主任
孙法生　潍坊昌大建设集团机械化施工分公司安拆班长
肖　华　中建三局潍坊文化艺术中心项目部项目经理
张玉强　潍坊恒信建设集团董事长、总裁
任孝云(女)　潍坊市环境卫生管理处生活垃圾处理厂工人
李　欣(女)　潍坊交运汽车运输有限公司潍坊汽车总站站务员
王振刚　潍坊市公共交通总公司党委书记、总经理
陆　立　潍坊路桥开发有限公司董事长、总经理
赵洪周　山东世纪泰华集团有限公司理货员
张　萍(女)　潍坊市兴鲁农业生物科技有限公司撒可富化

肥部门经理
李月淑(女) 山东潍坊百货集团股份有限公司董事长
王海宏(女) 中国移动通信集团山东有限公司潍坊分公司10088中心主任
孟凡良 中国联合网络通信有限公司潍坊市分公司网络优化中心专项优化班班长
李 强 中国农业银行股份有限公司潍坊高新区支行行长
马佐光 中国人保财险潍坊分公司理赔中心主任
刘安奎 交通银行股份有限公司潍坊分行党委书记、行长

2013年潍坊市先进工作者(77名)

耿艳丽(女) 潍坊市实验小学教师
秦恒丰 潍坊市地方税务局奎文分局办税服务厅科员
张绍坤 潍坊市第二人民医院医生
丁秀书 潍坊市奎文区北苑街道丁家社区党委书记
王华恩 潍坊市潍城区环境卫生管理处公厕管理队小队长
韩志亮 山东省潍坊第八中学校长、党支部书记
胥科辉 潍坊市坊子区人民医院医生
王科全 山东省潍坊第四中学教导处主任
朱会霞(女) 潍坊市寒亭区人民医院五官科护士
张希军 潍坊市寒亭外国语学校校长
胡德亮 青州市广播电视中心副主任
孙淑华(女)青州市妇幼保健院护士
张永刚 山东省青州第五中学教师
郝炎辉 青州市谭坊镇农业综合服务中心副主任
孙祥礼 山东省青州第二中学校长
牛洪伟 青州市艾滋病项目办公室主任
牛建一 潍坊市益都中心医院院长
夏永明 诸城市城市供排水管理处管道维护工
陈世全 诸城市技工学校教师
李凤臻(女) 诸城市人民医院妇产科主任
张 丽(女) 寿光市实验小学教师
马同英(女) 寿光市人民医院副院长
高振元 安丘市环境卫生管理处保洁科长
徐国栋 安丘市交通运输局养护科科长
张在国 安丘市公安局监管大队副大队长
曹相华 安丘市计生协会常务副会长
王礼华(女) 安丘市人民医院妇科主任
王秋慧(女) 高密市第二实验小学教师
吴宗海 高密市国家税务局税源管理科副科长
李锡朋 高密市疾病预防控制中心主任
张 敏(女) 高密市人口计生妇幼保健中心主任
管国锋 昌邑市公安局督察大队信访科副科长
李明芳(女) 昌邑市计划生育服务站护士长
刘荣芬(女) 昌邑市人民医院护理部主任
张景和 昌邑市第一中学校长
张永德 临朐县城关街道计生服务站片长
韩祥芬(女) 临朐县东城双语学校教师
沈开未 临朐县公安局寺头镇派出所副所长
张福生 临朐县东城街道总工会专职副主席
孟祥军 临朐县农村能源环境保护办公室主任
赵丰平 山东省昌乐二中校长
殷好治 昌乐县人民医院院长
王跃军 潍坊滨海经济开发区装备制造业产业园管理办公室主任
林大奎(女) 潍坊滨海经济开发区央子幼儿园园长
马寿营 潍坊综合保税区官路小学校长
孙 良 潍坊市峡山水库方家屯供水管理所科员
刘树忠 潍坊实验中学校长
邢根福 中共潍坊市委办公室车队副队长
郭建民 潍坊市人民政府办公室资料室管理员
徐 红(女) 潍坊市计划生育指导中心副主任
于国波 潍坊市重点竞技体育学校副校长
宋传宝 潍坊市财政投资评审中心主任
秦伟博 潍坊市公安局治安警察支队科员
周 军 潍坊市公安局交通警察支队奎文大队事故处理中队中队长
王国华 潍坊市发展和改革委员会车队队长
孙新胜 山东科技职业学院教师
李新功(女) 山东工业技师学院计算机应用教研室主任
刘彦明 山东省潍坊商业学校教师
张吉刚 山东省潍坊第一中学教师
赵洪东 山东省潍坊中学科研处主任
谭福宁 潍坊市第一殡仪馆火化车间主任
王良斌 潍坊市人力资源管理服务中心人力资源市场科科长
刘 敏(女) 潍坊市规划设计院规划二室副主任
高升明 潍坊市规划局建筑工程科科长
杨宗明 潍坊市住房和城乡建设局科技教育科科长
田松英(女) 潍坊市园林管理处科长
康恒兴 潍坊市公路勘察设计院院长
李爱萍(女) 潍坊市水利建筑设计研究院设计一室主任
林建波 潍坊市农业技术推广中心副科长
范新建 潍坊市艺术馆科员

罗传福 潍坊电视台广告中心主任
徐兆万 潍坊市人民医院脊柱外科主任
刘兴山 潍坊市中医院消化内科主任
隋洪林 潍坊市市直机关医院院长
尹文强 潍坊医学院管理学院教授
侯金奎 潍坊学院计算机工程学院软件开发与评测技术研究所所长
李秀龙 潍坊职业学院教务处副处长 （市总工会）

第四届全国道德模范(1 人)

沈星 男 生前系第二炮兵工程大学士官职业技术教育学院副营职参谋

第四届全国道德模范提名奖(1 人)

郭庆刚 男 青州市东夏镇双庙村村民

第四届全省道德模范(5 人)

沈星 男 生前系第二炮兵工程大学士官职业技术教育学院副营职参谋
郭庆刚 男 青州市东夏镇双庙村村民
宋丰升 男 潍坊交运集团潍城交运分公司职工
谭瑞霞 女 潍坊市奎文区北苑街道则尔庄社区居民
卢清芳 女 昌乐县乔官镇陶家庄村村民

第四届全省道德模范提名奖(5 人)

刘守吉 男 潍坊豪杰实业集团董事局主席
刘晓清 女 诸城市青年书法家协会副主席
王新民 男 潍坊市坊子区九龙街道初级中学教师
陈光聚 男 生前系昌邑市龙池镇白塔村村民
臧 英 男 寿光市国家税务局稻田税务分局税收管理员

潍坊市第四届道德模范(12 人)

刘守吉 男 潍坊豪杰实业集团董事局主席，中国个体劳动者协会常务理事
杨浩楠 女 诸城市龙城慈善义工联合会会长
王栋椿 男 山东海得尔实业公司董事长
梁学才 女 安丘市兴安街道东关居委“夕阳红”活动站、拉呱站负责人
臧 英 男 潍坊寿光市国家税务局稻田税务分局税收管理员
沈开未 男 临朐公安局寺头派出所副所长
王晓玲 女 寒亭区第四运输公司退休职工
王传丽 女 潍城区西关街办西关大街社区居民
王新民 男 潍坊市坊子区九龙街道初级中学教师
于保忠 男 中国人民银行昌乐县支行调查信息部副主任科员
陆运泽 男 昌邑市卜庄镇大陆村党支部书记
魏金明 男 山东寿光建设集团有限公司党委书记、董事长、总经理

中国好人(3 人)

宋丰升 男 潍坊交运集团潍城交运分公司职工
魏金明 男 山东寿光建设集团有限公司党委书记、董事长、总经理
柴洪新 男 潍坊滨海网阔网络工程公司总经理

山东好人(49 人)

肖世修 男 昌乐县城关街道东南村村民
赵继海 男 昌乐县人民医院消化内科主任
肖 敏 女 滨海经济技术开发区第一初中教师
刘绍堂 男 解放军八十九医院原副政委，现已退休
陈官良 男 昌邑市龙池镇瓦北村村民
赵西磊 女 潍坊市奎文区苇湾社区居民居民
谭军环 女 安丘市柘山中学学生
肖 波 男 潍坊市奎文区苇湾社区居民居民

李卓欣　女　寒亭区固堤街道南辛庄村主任、妇代会主任
李季玉　女　安丘市辉渠小学教师
李金一　男　坊子区关工委副主任
梁学才　女　安丘市兴安街道“拉呱站”创始人
王新民　男　坊子区九龙街道初级中学教师
姚成凤　女　安丘市柘山镇程家车庄村村民
张禾云　男　昌乐县人民医院主管检验师
汤全国　男　奎文区环卫处职工
柴永春　女　潍城区仓南路学校教师
宋丰升　男　潍坊交运集团潍城交运分公司职工驾驶员
李晋侠　男　潍坊市奎文实验初中学生
杨　爽　男　诸城市供电公司运维检修部线路运检班职工
高德祥　男　山东昌乐乐化集团副总经理、法律顾问
李玉金　男　寿光市清水泊农场退休工人
刘万华　男　昌乐县乔官镇方南刘村村民
孙秋风　女　坊子区坊城街道一马路居委会居民
周承山　男　潍城区望留街道河湾村村民
黄显万　男　奎文区院校街26军宿舍居民
李松美　女　潍城区实验小学教师
孟祥晓　男　昌乐县农业局农业技术推广站站长
王中华　男　坊子区交通局坊安交管所所长
李全忠　男　寿光稻田镇田马一村村支书
王小蕾　男　寿光市营里镇第一实验小学教师
张永星　男　山东昌乐营丘大河洼村村民
朱子严　男　潍坊市公安局奎文分局刑警大队二中队中队长
邓汉玲　女　昌乐县新城中学教师
毛玉洋　男　生前系诸城市金旭纺织厂工人
王明生　男　寿光市纪台镇中心小学教师
禚秀梅　女　高密市中医院针灸科主任
郭　艳　女　潍坊知心大姐家政养老服务中心负责人
刘大勇　男　青州市公安局弥河派出所民警
滕树贞　女　山东昌乐县城关街道南关社区居民
王立坤　男　新安街道薛家庄社区环卫小组组长
吕　文　男　昌乐县国家税务局城区税务分局副局长
王怡诺　女　潍坊德润国际双语学校学生会副主席
徐海英　女　安丘市华安建筑安装有限责任公司技术科科员
杨丙光　男　寿光市宏丰种苗公司经理
刘志刚　男　潍坊市金伟达钢结构工程有限公司总经理
闫　明　男　诸城市公安局辛兴派出所辛兴社区民警
吕洪果　男　山东经贸职业学院教师
林明星　男　奎文区梨园街道前栾社区居民

2013年度“潍坊好人”(178人)

黄显万　男　奎文区院校街26集团军宿舍区居民
朱子严　男　潍坊市公安局奎文分局刑警大队二中队中队长
林明星　男　奎文区梨园街道前栾社区居民
肖　波　男　潍坊004潜水打捞队队长
赵西磊　女　奎文区东关街道苇湾社区居民
张金儒　男　奎文经济开发区鑫叶居委会居民
彭家新　男　奎文区东关街道新华社区居民
尹彦涛　男　奎文区大虞街道东园社区居民
武际杰　男　奎文经济开发区武家社区卫生服务站站长
刘相莲　女　奎文区北苑街道则尔庄社区居民
汤全国　男　奎文区环卫处职工
王怡诺　女　潍坊德润国际双语学校学生会副主席
李松美　女　潍城区实验小学教师
刘瑞永　男　潍城区符山中心卫生院放射医师
李　贵　男　潍城区疾病预防控制中心防疫科主任
宋海琛　女　潍州外国语学校教务副主任
柴永春　女　潍城区仓南路学校教师
刘建德　男　潍坊市公路局筑路机械厂退休职工
李秀娥　女　潍城区西关街道胜利西社区卫生服务站站长
刘绍堂　男　解放军八十九医院原副政委
翟鹏林　男　潍坊市公安局潍城分局外商投资开发区派出所教导员
周承山　男　潍城区望留街道河湾村村民
王中华　男　坊子区交通局坊安交管所所长
王志琨　男　坊子区黄旗堡中学教师
许耀华　男　潍坊市质量技术监督局坊子区分局综合科科长
迟　萍　女　坊子区服务业办公室主任
刘寿福　男　坊子煤矿退休工人
赵玉清　女　坊子区人民法院政治处科员
商勇祥　男　山东共达电声股份有限公司PMC部经理
王新民　男　坊子区九龙街道初级中学教师
李金一　男　坊子区关工委副主任
刘向东　男　坊子区坊安街道洼里村村民
李晋侠　男　生前系奎文实验初中学生
孙秋风　女　生前系潍坊市坊子区坊城街道一马路居委会居民
王　军　男　坊子区公路局养护科副科长
王鸿梅　女　寒亭区寒亭街道泰祥社区居委会主任
潘秀芳　女　寒亭区人民医院产科主任

庄京华　寒亭区交通运输监察大队办公室主任、督查室主任
李卓欣　女　寒亭区固堤街道南辛庄村村主任、妇代会主任
王庆元　男　寒亭区朱里街道敬老院院长
董兴梅　女　山东圆友重工科技有限公司副总经理
张华春　男　寒亭区皮肤病防治院院长
李世恩　男　寒亭区供电公司水电暖班班长
张甲礼　男　寒亭区开元街道安固三村村民
杨清华　男　青州农村商业银行阳河支行职工
刘大勇　男　青州市公安局弥河派出所民警
薛居冰　男　青州市立医院药械科主管药师
段文博　男　山东中文实业集团有限公司董事长
闫树海　男　青州市工商局邵庄工商所工作人员
贾玉臻　女　潍坊市益都中心医院主管护师
陈青春　女　青州市云门山街道西十里村村民
孙吉刚　男　青州市邮政局杨集支局投递员
李海梅　女　诸城市辛兴镇中心小学教师
王诚干　男　诸城市石桥子镇石桥子社区居民
毛玉洋　男　生前系诸城市金旭纺织厂工人
王树梅　女　诸城市西郊学校工会副主任
臧运生　男　诸城市贾悦镇马庄社区党总支书记
王海波　男　诸城市百尺河镇敬老院院长
隋术兰　女　诸城市人民医院东关医疗中心主任
娄金平　男　诸城市西郊公路站站长
侯术芹　女　诸城市第四中学教师
杨　爽　男　诸城市供电公司检修运维部员工
钟兆英　女　诸城市辛兴镇敬老院院长
闫　明　男　诸城市公安局辛兴派出所辛兴社区民警
王玲玲　女　诸城市人民法院技术室主任
王小蕾　男　寿光市营里镇第一实验小学教师
王明生　男　寿光市纪台镇中心小学教师
李玉萍　女　寿光市妇幼保健院妇女保健科主任
杨丙光　男　寿光市宏丰种苗公司经理
范金柱　男　寿光市洛城街道南纸房村村民
崔　燕　女　寿光工商局蔬菜批发市场管理所所长
董秀香　女　寿光市孙家集街道胡二村村民
田有民　男　寿光市出租车公司驾驶员
张金龙　男　寿光市羊口镇货车驾驶员
李玉金　男　寿光市清水泊农场退休工人
燕法周　男　寿光市古城街道临泽二村村民
魏金明　男　寿光建设集团有限公司党委书记、董事长、总经理
王锡锟　男　寿光市邮政局杨庄支局投递员
张在国　男　安丘市公安局监管大队副大队长
李春军　男　安丘市大盛镇东辛兴村村民
王立坤　男　安丘市新安街道薛家庄社区环卫小组组长
曹志升　男　安丘市人民医院感染科副主任
徐海英　女　安丘市华安建筑安装有限责任公司技术科科员
谭军环　女　安丘市柘山中学学生
王慧霞　女　安丘市兴安街道兴安小学教师
梁学才　女　安丘市兴安街道东关“拉呱站”创始人
李季玉　女　安丘市辉渠小学教师
姚成凤　女　安丘市柘山镇程家车庄村村民
朱卫涛　男　安丘市公路局路政科科长
辛连芳　女　安丘市第一中学教师
张瑞萍　女　昌邑市都昌社区卫生服务中心主任
韩素梅　女　昌邑市人民法院立案一庭庭长
卢焕梅　女　昌邑市环卫局保洁科保洁队长
李香革　男　昌邑市下营镇廒里村村民
闫迎波　男　昌邑市富昌街西首公交公司驾驶员
李欣萍　女　昌邑市妇幼保健院副护士长
石桂英　女　昌邑市柳疃镇后官庄村村民
付秀梅　女　昌邑市柳疃镇西付村村民
王邦亮　男　昌邑市饮马镇山阴村村支部书记
姜丽芳　女　昌邑市柳疃镇敬老院院长
付忠东　男　山东昌邑灶户盐化有限公司董事长、党委书记
耿贵生　男　高密大昌纺织有限公司准备车间浆纱操作员
禚秀梅　女　高密市中医院针灸科主任
卢新学　男　高密市水业公司水运行工
隋青山　男　高密市水业公司水运行工
刘益昌　男　高密市水业公司水运行工
董世贤　男　高密市水业公司水运行工
刘云霞　女　生前系山东省华诚工程咨询监理有限公司助理工程师
刘洪国　男　高密市阚家镇李营村村民
郭文正　男　高密市民政局退休干部
冯艳艳　女　临朐县第二中学女工委主任、级部主任
王　梅　女　临朐县公安局出入境管理科民警
吴维光　男　山东华建铝业集团董事长
王淑华　女　临朐县人民检察院政治处副主任、研究室主任
衣光欣　男　山东富山集团董事长
孟祥晓　男　昌乐县农业局农业技术推广站站长
张永星　男　昌乐县营丘镇大河洼村村民
邓汉玲　女　昌乐县新城中学教师
韩龙吉　男　昌乐县供电公司检修工区班长
滕树贞　女　昌乐县城关街道南关社区居民
吕　文　男　昌乐县国家税务局城区税务分局副局长

张元友　男　昌乐县宝城街道安监所所长、北郭片片长
刘志刚　男　潍坊市金伟达钢结构工程有限公司总经理
田思安　男　昌乐育才双语学校党支部书记、校长
于保忠　男　中国人民银行昌乐县支行科员
王杏林　男　昌乐县乔官镇吕家庄村村民
赵成娟　女　昌乐县高崖库区窝铺村村民
张克福　男　昌乐县高崖库区赵庄村党支部委员
张禾云　男　昌乐县人民医院主管检验师
高德祥　男　昌乐县红河镇东于家庄村村民
秦振荣　女　昌乐县鄌郚镇中心小学教师
刘万华　男　昌乐县乔官镇方南刘村村民
祝翠香　女　昌乐县营丘镇崖头小学教导主任
焦念宾　男　山东潍坊百货集团股份有限公司谷德广场物业安保部广场管理员
李　蕾　女　高新国际学校教师
张爱莲　女　高新区鸢都社区春华苑小区居民
刘银娥　女　高新区新昌街道北冯家村村民
于洪涛　男　经济区锦绣学校教师
楚军锋　女　经济区锦绣学校教师
孙中昌　男　山东胜伟园林科技有限公司生产副总
李纪超　男　滨海经济开发区住房和城乡建设局科员
郭笃学　男　滨海经济开发区作家协会顾问
王校波　男　中国海油山东海化集团有限公司石化分公司操作工
慈海鑫　男　滨海幸福城管理办公室科员
杨志民　男　滨海开发区志愿者协会石化服务大队队长
杨成立　男　峡山生态经济发展区郑公街道郑公小学校长
楚爱华　女　峡山生态经济发展区王家庄初级中学教师
孙瑞荣　女　潍坊市广播影视集团职工
吕洪果　男　山东经贸职业学院教师
郭　艳　女　潍坊知心大姐家政养老服务中心负责人
刘甜甜　女　潍坊电视台经济生活频道《观点》栏目记者
刘永丹　女　潍坊人民广播电台城市广播频率节目部副主任
李全忠　男　潍坊凤栖村饮食有限公司总经理
于国波　男　潍坊市重点竞技体育学校副校长、自行车教练
冯　雁　女　潍坊市人民检察院控申处处长
郭严平　女　潍坊市公交总公司驾驶员
吕日建　男　潍坊市公路工程监理处副主任
宋丰升　男　潍坊交运集团潍城交运分公司驾驶员
孙士富　男　潍坊公路路政管理大队办公室主任
唐兵兵　男　潍坊市公交总公司环16路驾驶员
周海军　男　潍坊市寒亭区公路局工程科科长
孟冬生　男　荣乌高速公路潍坊管理处昌邑收费站中队长
马承生　男　潍坊市第一中学教师
张建彬　男　潍坊商业学校教师
周　华　女　潍坊中学教师
路　军　女　华电潍坊发电有限公司退休职工
王树楼　男　华电潍坊发电有限公司锅炉队安全培训员
王秀娟　女　潍坊市节能监察中心党支部书记
齐树泉　男　潍坊市第三殡仪馆火化车间主任
王玉华　男　潍坊市殡仪馆服务部主任
刘明山　男　潍坊市荣复军人医院病区主任、主任医师
邵明增　男　潍坊市殡仪馆火化车间职工
刘　平　女　潍坊市第三殡仪馆职工
尹继收　男　潍坊市城市管理行政执法局直属三大队一中队队长
张桂凤　女　潍坊市城市管理监督指挥中心主任
孙晓燕　女　潍坊市人民医院ICU护士长
王泽颖　男　潍坊市中医院主任医师
张吉柱　男　潍坊市精神卫生中心康复科主任

“潍坊最美”系列人物(36人)

最美干警

沈开未　男　临朐县公安局寺头派出所副所长
刘大勇　男　青州市公安局弥河派出所民警
翟鹏林　男　潍坊市公安局潍城分局外商投资开发区派出所教导员
于春兰　女　寒亭区人民法院民二庭副庭长
王淑华　女　临朐县人民检察院政治处副主任、研究室主任

最美军人(军属)

曲举东　男　潍坊军分区卫生所所长
宁玉帅　男　71366部队战士
郑　伟　女　解放军第89医院心内胸外科护士
李俊美　女　潍坊中学教师
尹京荣　女　寒亭区寒亭街道蝶园社区居委会居民

最美企业家

刘守吉　男　潍坊豪杰实业集团董事局主席、总裁
董玉坤　男　山东阳春羊奶乳业有限公司董事长
吕继贤　男　山东浩信集团董事长
李金凤　女　山东尧王控股集团公司董事长
李春忠　男　山东新富房地产集团有限公司董事长

杨爱君　女　山东东盛控股集团有限公司董事长

最美教师

王新民　男　坊子区九龙街道初级中学教师
吕映红　女　诸城市枳沟镇枳沟小学教师
林子丹　女　诸城市皇华小学教师
于美霞　女　昌邑市饮马镇杨屯小学教师
宋作爱　女　临朐县九山镇宋王庄小学教师

最美医生(护士)

卢正海　男　潍坊市中医院滨海分院院长、中风三科副主任
孙好荣　男　青州市王府街道井塘卫生所所长
台月初　男　诸城市百尺河镇岳沟社区中大村卫生室卫生员
刘海芳　女　临朐县海浮山医院妇产科护士
陈　琳　女　潍坊市红十字中心血站护士

最美环卫工人

刘恩水　男　潍坊市环境卫生管理处白浪河管理办公室工人
梁　英　女　青州市环卫局保洁一公司保洁员
张复顺　男　寿光市古城街道路林管理处环卫工人
张玉森　男　寿光市环境卫生管理处垃圾清运工
张树茂　男　安丘市环境卫生处保洁员

最美出租(公交)车司机

丁恒文　男　潍坊交运出租公司出租车驾驶员
张君涛　男　潍坊联运出租公司出租车驾驶员、“爱心车队”队长
朱希升　男　奎文出租公司出租车驾驶员、“和谐车队队长”
唐兵兵　男　潍坊市公共交通总公司环16路驾驶员
李　红　女　潍坊市公共交通总公司第一公共汽车公司22路驾驶员

(李健正)

逝世人物

王金卓(1947.1—2013.3) 男,山东省高密市人,1947年1月出生,1968年10月参加工作,1974年7月加入中国共产党。历任高密县井沟联中教师、井沟公社干部、县革委办公室秘书;昌潍行署办公室秘书、秘书科副科长;潍坊市政府办公室副主任、市政府副秘书长、办公室主任;潍坊市政府党组成员、秘书长兼办公室主任;奎文区委书记;1997年12月至1998年2月任政协第八届潍坊市委员会党组成员;1998年2月任政协第九届潍坊市委员会副主席、党组成员。2013年3月11日逝世,享年67岁。

(惠刚)

附　　录

2013年市委主要文件目录

序号	发布文号	文　件　名　称
1	潍发〔2013〕1号	中共潍坊市委关于印发《中共潍坊市委2013年工作要点》的通知
2	潍发〔2013〕2号	中共潍坊市委关于印发《中共潍坊市委常委会关于落实中央和省委改进工作作风、密切联系群众有关规定的意见》的通知
3	潍发〔2013〕3号	中共潍坊市委、潍坊市人民政府关于深化农村改革进一步增强发展活力的意见
4	潍发〔2013〕4号	中共潍坊市委、潍坊市人民政府关于印发《潍坊市文明单位、文明村镇、文明社区建设管理办法》的通知
5	潍发〔2013〕5号	中共潍坊市委、潍坊市人民政府关于印发《2013年全市党风廉政建设和反腐败工作任务分工意见》的通知
6	潍发〔2013〕6号	中共潍坊市委、潍坊市人民政府关于进一步强化招商工作组织领导体系的通知
7	潍发〔2013〕7号	中共潍坊市委、潍坊市人民政府、潍坊军分区关于在县(市、区)人民武装部开展"四部"创建活动的实施意见
8	潍发〔2013〕8号	中共潍坊市委、潍坊市人民政府关于突破滨海加快蓝黄战略实施推动全市科学发展的决定
9	潍发〔2013〕9号	中共潍坊市委关于进一步加强关心下一代工作委员会工作的意见
10	潍发〔2013〕10号	中共潍坊市委、潍坊市人民政府关于加强社会工作专业人才队伍建设的意见
11	潍发〔2013〕11号	中共潍坊市委关于集中解决突出问题切实加强基层组织建设的意见
12	潍发〔2013〕12号	中共潍坊市委关于党员干部密切联系群众的意见
13	潍发〔2013〕13号	中共潍坊市委、潍坊市人民政府关于实施"三八六"环保行动加快生态美丽潍坊建设的意见
14	潍发〔2013〕14号	中共潍坊市委关于严格执行改进工作作风、密切联系群众有关规定的通知
15	潍发〔2013〕15号	中共潍坊市委关于认真学习宣传贯彻党的十八届三中全会精神的通知
16	潍发〔2013〕16号	中共潍坊市委、潍坊市人民政府关于进一步加快全市金融创新发展的若干意见
17	潍发〔2013〕17号	中共潍坊市委关于学习贯彻总书记习近平视察山东时重要讲话精神的意见

2013年市政府重要文件目录

序号	发布文号	文　件　标　题
1	潍政发〔2013〕1号	关于印发2013年《政府工作报告》的通知
2	潍政发〔2013〕2号	关于下达潍坊市2013年国民经济和社会发展计划的通知
3	潍政发〔2013〕3号	关于印发《潍坊市水土保持管理办法》的通知
4	潍政发〔2013〕4号	关于印发行政裁决工作规定的通知
5	潍政发〔2013〕5号	关于印发行政调解工作规定的通知
6	潍政发〔2013〕6号	关于印发潍坊国家职业教育创新发展试验区建设实施方案的通知
7	潍政发〔2013〕7号	关于印发《潍坊市国有土地上房屋征收与补偿办法》的通知
8	潍政发〔2013〕8号	关于下达2013年主要污染物总量减排计划及2013年度减排指标的通知
9	潍政发〔2013〕9号	关于创建山东省水生态文明城市工作的意见
10	潍政发〔2013〕10号	关于印发《加快山东测绘地理信息产业基地建设若干政策》的通知
11	潍政发〔2013〕11号	关于印发《潍坊市城区2013年度国有建设用地供地计划》的通知
12	潍政发〔2013〕12号	关于命名表彰潍坊市劳动模范和先进工作者的决定
13	潍政发〔2013〕13号	关于进一步深化行政审批制度改革加快推进政务服务建设的意见
14	潍政发〔2013〕14号	关于印发《潍坊市海域使用权流转办法》的通知
15	潍政发〔2013〕15号	关于印发《潍坊市地方史志工作管理办法》的通知
16	潍政发〔2013〕16号	关于做好失独计生家庭关爱救助工作的意见
17	潍政发〔2013〕17号	关于进一步加快发展民办教育的意见
18	潍政发〔2013〕18号	关于对我市新机场预选址规划建设项目进行严格控制的通知
19	潍政发〔2013〕19号	关于做好2012年冬季退役士兵接收安置工作的通知
20	潍政发〔2013〕20号	关于加强知识产权工作提升企业核心竞争力的实施意见
21	潍政发〔2013〕21号	关于进一步加强全市国省道公路综合整治工作的意见
22	潍政发〔2013〕22号	关于调整市政府领导成员分工的通知
23	潍政发〔2013〕23号	关于调整李瑞阳同志分工的通知
24	潍政发〔2013〕24号	关于调整完善市以下财政体制的意见
25	潍政发〔2013〕25号	关于公布第五轮市级行政审批事项清理目录的通知
26	潍政发〔2013〕26号	关于印发《潍坊市旅游船舶安全管理办法》的通知
27	潍政发〔2013〕27号	关于印发《潍坊市市区"门前三包"责任制管理办法》的通知
28	潍政发〔2013〕28号	关于印发《支持潍坊港集装箱运输业发展的若干政策》的通知
29	潍政发〔2013〕29号	关于加快建筑业改革与发展的意见
30	潍政发〔2013〕30号	关于改革完善市县食品药品工商质监管理体制的实施意见
31	潍政发〔2013〕31号	关于印发《潍坊市绿色建筑行动实施方案》的通知
32	潍政发〔2013〕32号	关于印发《潍坊市建设工程项目审批流程优化方案》的通知
33	潍政发〔2013〕33号	关于对潍坊机场搬迁新增预选场址及周边区域内规划建设项目进行严格控制的通知
34	潍政发〔2013〕34号	关于印发潍坊市市区声环境功能区划分规定的通知

索　　引

说明：

1. 本索引为主题索引。“特载”“大事记”“附录”具体内容未做索引。
2. 本索引按汉语拼音音序排列。同音字按声调，首字相同者按第二个字的音序排列，以此类推。
3. 索引主题词后面的数字表示索引内容所在的页码，拉丁字母 a 表示所在页码的左栏，b 表示右栏。

2013 年度“潍坊好人”（178 人）　320b
2013 年全国五一劳动奖章获得者　314a
2013 年山东省劳动模范（56 名）　314b
2013 年山东省先进工作者（14 名）　314a
2013 年潍坊市劳动模范（182 名）　b315b
2013 年潍坊市先进工作者（77 名）　318a
2013 中国（潍坊）国际品牌食品博览会　229a

A

AAAAA 级旅游景区创建　173a
安丘市　276b
安全生产监督管理　126b

B

百尺河镇　269a
柏城镇　286a
半岛总部基地项目落户经济区　311b
宝都街道　299a
保密工作　68a
保险业　202b
保险业发展　193a
北城街道　312b
北关街道　248b
北海路街道　244b
北孟镇　292b
北苑街道　244a
标准定额管理　164a
标准化战略不断深化　124b
卜庄镇　291b

C

财政　188a
财政审计　127a
参加省军区实弹战术演习　109a
残疾人特色工作　106b
测绘地理信息工作　122b
查办和预防职务犯罪　115a
查处党员干部违纪违法案件　91b
柴沟镇　287a
产权管理和财务监督监管工作　121b
昌城镇　269a
昌乐经济开发区（宝城街道）　298b
昌乐县　297a
昌邑市　288b
长城证券潍坊玄武东街证券营业部　207b
朝阳街道　285b
城关街道　249b
城关街道　293b
城建重点项目　159b
城区居民生活　235a
城市防汛　162a
城市管理行政执法　161a
城市管理行政执法工作　162b
城市规划　158a
城市建设　159b
城市照明　162a
城乡社区和基层民主政治建设　237b
城镇化体系建设　163a
出证认证　105a
创新代表工作　76b
村镇建设　163a

D

打击走私工作　79b
大家洼街道　306a
大牟家镇　286b
大气污染治理　165b
大盛镇　281b
大事记　15
大汶河旅游开发区　279b
大虞街道　243a
党史工作　71a
党外代表人士队伍建设　67b

党校工作 72a
档案工作 229b
稻田镇 272a
低碳社区建设 164b
地方史志工作 83a
地方税务 190b
地情书籍编纂工作 84a
地下水漏斗区变化 225a
地下水位变化 224b
地质矿产管理 122b
第 14 次常务会议 78a
第 15 次常务会议 78a
第 16 次常务会议 78a
第 17 次常务会议 78a
第 18 次常务会议 78a
第 19 次常务会议 78b
第 19 届鲁台经贸洽谈会 85b
第 20 次常务会议 78b
第 21 次常务会议 78b
第 21 届中日韩青少年运动会圆满成功 232b
第 22 次常务会议 78b
第 23 次常务会议 78b
第 30 届潍坊国际风筝会 228b
第三次经济普查工作 128b
第十届中国艺术节 226b
第十五届潍坊市优秀民营企业家 186b
第四届环湖国际马拉松邀请赛 307b
第四届全国道德模范(1 人) 319a
第四届全省道德模范(5 人) 319a
第四届全省道德模范提名奖(5 人) 319a
电力 146a
东城街道 294a
东关街道(泰华城商务园区) 244a
东夏镇 265a
都昌街道 290b
督办大会议案和代表建议 76b
督查工作 79a
对台工作 85b
对外经济技术合作 168a
对外经贸 167b
对外贸易 167b

F

发展改革 120a
法律服务管理工作 118b
法院工作 116a
法治 112a
法治潍坊建设 113a
法治政府建设 113a
坊安街道 254b
坊城街道 254a
坊茨小镇 253a
坊子区 251b
《坊子区志(1990—2007)》出版发行 253a
防空防灾一体化建设 111a
防震减灾 223as
房地产市场管理 160b
房屋登记管理 160b
纺织工业 143a
非物质文化遗产保护 230b
风筝文化 228b
凤凰山高新技术产业园区 253b
服务滨海工作 136b
服务业 120b
福利和慈善事业 238a
附录 324a

G

干部教育培训和远程教育工作 65b
干部人事制度改革 65a
港航建设 150b
高等教育 213a
高里街道 258b
高柳镇 264b
高密市 283b
高校毕业生就业 236b
高新技术产业园 270a
高新技术及其产业 221a
高崖水库库区 300b
歌尔声学股份有限公司 183b
工伤保险 236a
工商行政管理 123a
工业 141a
工业发展区 254a
公安工作 114a
公共交通 151b
公共就业服务体系建设 237a
公共文化服务体系建设 226a
公共文化服务体系建设 66b
公共资源交易工作 113b
公路建设 149a
公务员管理 85b
公用事业 162a
供销合作经济 169b
共青团潍坊市委 98b
古城街道 272a
固堤街道 258a
固定资产投资 120a
官庄镇 282b
贯彻落实《残疾人保障法》 105b
广播影视 227a
广文街道 244b
规范性文件审查工作 113a
规范性文件选录 326a
规划审批管理 158b
国际风筝联合会第三届代表大会 229a
国家基本药物制度 231a
国家税务 189b
国家知识产权质押融资城市试点 222b
国土资源管理 122a
国土资源科技创新 122b
国有企业改革重组 121b
国有资产监督管理 121a
国资监管体制改革 121b

H

海关 129b
海洋与渔业 136a
寒亭街道 257b
寒亭区 255a
豪迈集团股份有限公司 184a
何官镇 264b
河道水情 224b
恒丰银行潍坊分行 202a
红河镇 300a
宏观调控 120a
侯镇 272b
化龙镇 272b
化学与建材工业 144b
环境保护 165a
环境卫生管理 161b
皇华镇 270a
黄楼街道 263a
黄旗堡街道 255a
辉渠镇 281b

J

机采棉试验示范 170b
机构编制工作 68b
机械电子工业 143b
基本公共卫生服务 231a
基层党组织建设 65a
基层反走私综合治理 80a
基层医疗卫生服务体系 231a
基础教育 212a
计划生育 234a
纪台镇 273a
既有建筑节能改造 164b
加快滨海开发推进会议 61b
贾悦镇 268a
价格法制 124a
价格管理 123b
价格监督检查 124a
价格认证 124a
检察工作 115a
检验检疫 129a
建设环保 158a
建设科技与建筑节能 164b
建筑市场管理 163b
建筑业 163b
姜庄镇 286a
蒋峪镇 295b
降水量及分布特征 224b
交通 149a
交通银行潍坊分行 196b
胶东调水 138b
胶河生态发展区 288a
胶河疏港物流园区 287b
教育 210a
节能减排 142a
节能降耗工作 166a
节水治污和节能降耗 162b
金融 193a
金税三期试点 190a
金冢子镇 283a
经济发展区 253b
经济和社会发展 55
经济监督管理 102a
经济开发区(廿里堡街道) 242b
经济开发区 278b
经济开发区 285a
经济责任审计 127b
精神文明建设 59b
井沟镇 287a
景芝镇 280a
九龙街道 254b
九三学社潍坊市委员会 96a
九山镇 295a
就业政策落实 236b
居民生活 235a
军埠口综合项目区 251a
军转安置 85b

K

开发区 302a
开元街道 257b
开展廉政教育 92a
勘察设计管理 164a
阚家镇 286b
科技工作 221a
科技馆建设 102b
科技计划 221a
科技企业孵化器成功获批国家级 312b
可再生能源建筑应用 164b
口岸 154a
快递行业监管 153b
奎聚街道 290a
奎文区 241a

L

“蓝黄”两区建设 84a
劳动就业 236b
劳教工作 118b
老干部工作 72b
老龄工作 238a
乐埠山生态经济发展区 250b
雷电防护与防雷审批 223b
梨园街道 243b
醴泉街道 285b
立案、信访和司法救助工作 117a
粮食流通 171a
林家村镇 269b
林业 134b
林业科技 135a
临朐县 292b
临朐县恒丰小额贷款股份有限公司 209b
凌河镇 280b
柳山镇 296a
柳疃镇 291a
龙池镇 291a
龙都街道 267b
龙山高新技术产业园 296b
旅游 172b
绿色建筑 164b
洛城街道 273a

M

煤炭冶金工业 145b
弥河镇 263b
密水街道 285a
密州街道 267a
庙子镇 264a
民航建设 150b
民事审判 116b
民营企业简介 183b
民政工作 237a
民主党派工商联人民团体 93a
民族工作 239b
民族宗教 239b

N

南关街道 249a
南湖生态经济发展区 270b
南水北调工程 138a
年鉴工作 83b
农产品经营服务 170a
农产品质量安全监管 133b
农村产权制度改革 132a
农村供水 137a
农村居民生活 235b
农村水利建设 137b
农村现代经营服务网络 169b
农村新型社区建设 163a
农民合作经济组织 170b
农业 132a
农业产业化水平 133b
农业机械化 139a
农业科技支撑能力 133b
农业社会化服务体系 170a
农业综合开发 140a

P

平安潍坊建设 112b

浦发银行潍坊分行 200a
普法依法治理工作 118a

Q

齐鲁证券有限公司潍坊分公司 206b
企业金融审计 127b
企业融资工作 121b
气象测报 223b
浅层地下水蓄水量变化 225a
强化诉讼监督 115b
强化执法监督 113a
乔官镇 299b
青州经济开发区 265a
青州市 259b
轻工业 142a
清池街道 303a
全国“法律进单位”专场推进会 119a
全市“三八六”环保行动动员大会 62a
全市表彰大会 61a
全市概况 34
全市金融工作会议 63a
全市经济工作调度会议 61b
全市民营经济暨中小企业工作会议 183a
全市应急应战和国防动员调研 108b
全市招商与转调创工作座谈会 61a
群众工作 71b

R

人才工作 65a
人防工程建设 111a
人工影响天气 224b
人工增雨防雹 223b
人口 234a
人民调解工作 118a
人民防空 111a
人民武装 107a
人事工作 85a
人事任免 76b
人物 314a
日常统计报表工作 128a

S

“三八六”环保行动 165a
森林资源保护 135a
山东测绘地理信息产业园 253a
山东德勤投资担保公司 184b
山东好人(49 人) 319b
山东华建铝业集团 184a
山东交通职业学院 216b
山东经贸职业学院 216a
山东潍城经济开发区 250a
山东潍坊经济开发区 310b
山东畜牧兽医职业学院 219b
山旺镇 296a
商贸流通 167a
商贸旅游 167a
商品房预售款监管 161a
商事审判 116b
商业贸易 167a
上口镇 273b
邵庄镇 264a
社会保险基金监督 236b
社会保险经办 236a
社会保障 236a
社会救助 237b
社会民生 234a
社会事务工作 238a
社会文化 226a
社会主义核心价值体系建设 65b
社会组织管理服务 237b
社情民意调查工作 128b
审计监督 127a
生态文明乡村建设 132b
省级旅游度假区创建 173a
圣城街道 274a
失业保险 236a
石埠子镇 280b
石堆镇 282a
石桥子镇 268b
食品安全工作 81b
食品工业 147b
食品药品监督管理 125a
市长公开电话 82b
市级政府投融资体制改革 121b
市纪委十一届四次全会 91a
市情网站建设 84a
市区公共自行车系统 161a
市十六届人大常委会第八次会议 74a
市十六届人大常委会第九次会议 74b
市十六届人大常委会第十次会议 74b
市十六届人大常委会第十二次会议 75a
市十六届人大常委会第十三次会议 75b
市十六届人大常委会第十四次会议 75b
市十六届人大常委会第十一次会议 75a
市十六届人大二次会议 74a
市体校建设 233b
市委常委会 62a
市委常委扩大会议 61a
市委理论学习中心组读书会 62b
市委民主协商会议 63a
市委十一届四次全体会议 62b
市委十一届五次全体会议 63a
市政设施养护管理 161b
市政协常委会议 88a
市政协全委会议 88a
市政协主席会议 88b
市直机关中共工作 69b
市志续修工作 83a
事业单位人事制度改革 85b
逝世人物 323b
收费管理 124a
寿光市 271a
输送水圆满完成并试通水一次成功 138b
数字化城市管理工作 162b
双王城生态经济区 274b
双杨街道 313a
双拥工作 109b
双拥共建 237b
水库水情 224b
水利 137a
水文 224a
水文情报预报 224b
水污染防治 165b
水系生态建设 137b
舜王街道 267b
司法行政工作 117b
四级心理健康服务体系 232a
寺头镇 294b
孙家集街道 274b

T

台头镇 275a
太保庄街道 308b
谭坊镇 265a
郚部镇 300b
桃林镇 270a

特殊人群管理服务工作 118b
体彩发行销售 233b
体育 232a
田柳镇 275a
铁路建设 150a
统计创新工作 128a
统计工作 127b
统计监测工作 128a
统计信息咨询职能 128b
统计质量效益年活动 128a
统一战线工作 66b
突发事件应对工作 80a
突破滨海“转调创”专项法律服务 119b
土地管理 122a
推进农业现代化 132a

W

外事与侨务 86a
王坟镇 263b
王府街道 262a
王家庄街道 308b
围子街道 290b
维护群众合法权益 115b
潍城区 244a
潍坊白浪河国家湿地公园获批国家级试点 311a
潍坊滨海经济技术开发区 304b
潍坊风筝万里行活动 229a
潍坊高新技术产业开发区 302a
潍坊工程职业学院 215a
潍坊护理职业学院 217b
潍坊技师学院 218b
潍坊金丝达实业有限公司 184a
潍坊经济开发区财富小额贷款股份有限公司 208b
潍坊军分区 107a
《潍坊人物年鉴》编纂 84a
潍坊市2012年度20强特色产业镇 186a
潍坊市2012年度百佳民营服务企业 185a
潍坊市2012年度百强民营企业 184b
潍坊市2012年度十大产业集群 186a
潍坊市2012年度十佳小企业创业辅导基地 186a
潍坊市残疾人联合会 105b
潍坊市第四届道德模范(12人) 319b
潍坊市妇女联合会 99b
潍坊市工商业联合会 97a
潍坊市归国华侨联合会 103a
《潍坊市海域使用权流转办法》 136b
潍坊市科学技术协会 102a
潍坊市奎文区民兴小额贷款股份有限公司 209a
潍坊市农村信用合作社联合社 198b
潍坊市人民代表大会 74a
潍坊市人民政府 78a
潍坊市社会科学界联合会 104a
潍坊市首届工艺美术节 142b
潍坊市投资公司 208a
潍坊市文学艺术界联合会 100b
潍坊市总工会 97b
《潍坊通讯》宣传工作 64a
潍坊学院 213b
潍坊医学院 213a
潍坊银行 198a
潍坊鸢都湖—浮烟山综合开发区 望留街道 247b
潍坊职业学院 214a
潍坊综合保税区 309a
“潍坊最美”系列人物(36人) 322b
潍州路街道 243b
卫生 230b
卫生监督执法 231b
文化改革发展 66a
文化卫生体育 226a
文家街道 275b
文物博物 229a
汶泉发展区 310b
无线电管理 156b
部山镇 282a
五井镇 294a
五图街道 299b
物业管理 161a

X

西藏同信证券潍坊营业部 207b
西关街道 249a
峡山生态经济发展区 306b
下营镇 291b
咸家工业区 287b
县市区 241a
县市区修志工作 83b
县域经济和区域合作 121a
现代水网建设 137b
现役干部强化训练考核 108a
乡村旅游 173b
相州镇 268b
小城镇建设 163a
小微企业发展考核办法 182a
辛兴镇 269b
辛寨镇 295b
新安街道 279a
新昌街道 303b
新城街道 304a
新钢街道 304a
新华保险潍坊中心支公司 206b
新任市级领导人 314a
新闻出版 226b
新型农村合作医疗制度 230b
信访工作 70b
兴安街道 279a
兴业银行潍坊分行 199b
刑事审判 116a
行政复议裁决工作 113b
行政审判 117a
畜牧业 135b
宣传工作 65b
学前教育 211a
循环经济 142a

Y

烟草 172a
盐及盐化工 147a
央子街道 306b
羊口镇 275b
杨家埠旅游开发区 256b
养老保险 236a
养老服务体系建设 237a
冶源镇 294b
医疗保险 236a
医药工业 145a
沂山风景区 296b
益都街道 262b
银行业 194a
饮马镇 292a
隐患整治 126b
英大期货有限公司潍坊营业部 208a

“营改增” 190a
营里镇 276a
营丘镇 300a
优抚安置 237a
邮政 153b
邮政储蓄银行潍坊市分行 199b
油区协调和油气管道监管 85a
有形市场管理 164a
于河街道 247b
舆论引导 66a
预备役高炮团完成海上适应性训练 108b
园林绿化工作 161b
云门山街道 262b

Z

债券和股权融资 193a
站场物流 151b
张氏街道 312b
招商工作 168b
招商银行潍坊分行 201b
招商证券股份有限公司潍坊通亭街证券营业部 207b
招投标管理 164a
柘山镇 282b
征兵工作 109a
证券期货 206b
郑公街道 309a
政府工作报告 8
政策研究 63b
政法委及综治工作 112a
政府民事合同审查工作 113b
政府投资审计 127b
政协潍坊市委员会 88a
知识产权 222b
职业教育 212b
枳沟镇 268a
质量安全监管 163b
质量技术监督 124b
质量强市战略深入推进 124b
智慧交通 152a
中共潍坊市纪律检查委员会 91a
中共潍坊市委 61a
中国工商银行股份有限公司潍坊分行 194b
中国光大银行潍坊分行 202a
中国国际贸易促进委员会潍坊市委员会 105a
中国国际门窗幕墙博览城建成 293b
中国国民党革命委员会潍坊市委员会 93a
中国好人(3 人) 319b
中国建设银行潍坊分行 196a
中国联通潍坊分公司 155b
中国民生银行潍坊分行 200b
中国民主促进会潍坊市委员会 94b
中国民主建国会潍坊市委员会 94a
中国民主同盟潍坊市委员会 93b
中国农工民主党潍坊市委员会 95a
中国农业发展银行潍坊市分行 197b
中国农业银行潍坊分行 195b
中国人民财产保险股份有限公司潍坊市分公司 205b
中国人民武装警察部队潍坊市支队 110b
中国人民银行潍坊市中心支行 194b
中国人寿保险股份有限公司潍坊分公司 205b
中国太平洋财产保险股份有限公司潍坊中心支公司 206a
中国移动山东潍坊分公司 155a
中国银行潍坊分行 197a
中国致公党潍坊市委员会 95b
中小企业和民营经济 182a
中小学素质教育荣膺全国教育改革创新最高奖 210a
中信万通证券潍坊四平路营业部 207a
中信银行潍坊分行 201a
种植业 133b
仲裁工作 114b
重点工程建设 159a
重点疾病防控与卫生应急工作 231b
重点领域监管 126b
重点项目建设 120b
重要规划编制 158a
重要会议 61a
朱里街道 259a
朱刘街道 299a
诸城经济开发区 270b
诸城市 265b
住房保障 160b
住宅与房地产业 160a
专家办学制度体系 210b
专项资金审计 127b
宗教工作 240a
综合运输 151a
组织工作 64b
组织机构 36
峰山街道 308b